D1752753

Kommentar zum Medizinproduktegesetz (MPG)

Erwin Deutsch · Hans-Dieter Lippert ·
Rudolf Ratzel · Brigitte Tag · Ulrich M. Gassner

Kommentar zum Medizinproduktegesetz (MPG)

3. Auflage

Springer

Prof. Dr. Dr. h.c. mult. Erwin Deutsch
Göttingen
Deutschland

Dr. Hans-Dieter Lippert
Institut für Rechtsmedizin
Universitätsklinikum Ulm
Ulm
Deutschland

Dr. Rudolf Ratzel
Ratzel Rechtsanwälte
München
Deutschland

Prof. Dr. Brigitte Tag
Rechtswissenschaftliche Fakultät
Universität Zürich
Zürich
Schweiz

Prof. Dr. Ulrich M. Gassner
Juristische Fakultät
Universität Augsburg
Augsburg
Deutschland

ISBN 978-3-662-55460-9   ISBN 978-3-662-55461-6 (eBook)
https://doi.org/10.1007/978-3-662-55461-6

Die Deutsche Nationalbibliothek verzeichnet diese Publikation in der Deutschen Nationalbibliografie; detaillierte bibliografische Daten sind im Internet über http://dnb.d-nb.de abrufbar.

© Springer-Verlag GmbH Deutschland, ein Teil von Springer Nature 2018
Das Werk einschließlich aller seiner Teile ist urheberrechtlich geschützt. Jede Verwertung, die nicht ausdrücklich vom Urheberrechtsgesetz zugelassen ist, bedarf der vorherigen Zustimmung des Verlags. Das gilt insbesondere für Vervielfältigungen, Bearbeitungen, Übersetzungen, Mikroverfilmungen und die Einspeicherung und Verarbeitung in elektronischen Systemen.
Die Wiedergabe von Gebrauchsnamen, Handelsnamen, Warenbezeichnungen usw. in diesem Werk berechtigt auch ohne besondere Kennzeichnung nicht zu der Annahme, dass solche Namen im Sinne der Warenzeichen- und Markenschutz-Gesetzgebung als frei zu betrachten wären und daher von jedermann benutzt werden dürften.
Der Verlag, die Autoren und die Herausgeber gehen davon aus, dass die Angaben und Informationen in diesem Werk zum Zeitpunkt der Veröffentlichung vollständig und korrekt sind. Weder der Verlag, noch die Autoren oder die Herausgeber übernehmen, ausdrücklich oder implizit, Gewähr für den Inhalt des Werkes, etwaige Fehler oder Äußerungen.

Gedruckt auf säurefreiem und chlorfrei gebleichtem Papier

Springer ist ein Imprint der eingetragenen Gesellschaft Springer-Verlag GmbH, DE und ist ein Teil von Springer Nature.
Die Anschrift der Gesellschaft ist: Heidelberger Platz 3, 14197 Berlin, Germany

Vorwort

Bis zum Erlass des Medizinproduktegesetzes galt für medizinische Produkte ein Konglomerat unterschiedlichster Rechtsvorschriften wie zum Beispiel das Arzneimittelgesetz (für die „fiktiven" Arzneimittel, die eigentlich Medizinprodukte waren), das (ehemalige) Lebensmittel- und Bedarfsgegenständegesetz, das Gerätesicherheitsgesetz und das Eichgesetz. Die Röntgen- und die Strahlenschutzverordnung waren damals wie heute noch bei klinischen Prüfungne zu beachten. Den Anstoß zur Zusammenführung der Regelungen in einem Gesetz und zur gesetzlichen Verselbständigung des Medizinproduktbereiches gaben zwei Richtlinien der EU, nämlich die Richtlinie 90/385 EWG über aktiv implantierbare medizinische Geräte, die Richtlinie 93/42 EWG über Medizinprodukte. Später kam noch die Richtlinie 98/48/EG über In-vitro-Diagnostika hinzu.

Zweck des MPG ist es, den Verkehr mit Medizinprodukten zu regeln, also dem freien Warenverkehr zu dienen. Immerhin trifft das Gesetz für rund 500.000 medizinische Produkte Regelungen zu deren medizinischer und technischer Sicherheit, wobei sich diese Zahl fortlaufend erhöhen und der Markt mit Medizinprodukten expandieren dürfte. Es ist aber auch Zweck des Gesetzes, für die Sicherheit Eignung und Leistung der Medizinprodukte sowie die Gesundheit und den erforderlichen Schutz der Patienten, Anwender und Dritter zu sorgen. Es geht also auch um Produktsicherheit und so gesehen ist das MPG auch ein Verbraucherschutzgesetz. Das vorliegende Werk reiht sich ein in den Reigen der Kommentare, die seit 1994 zum Medizinproduktegesetz erschienen sind. Es wendet sich an den Praktiker, weniger an den Wissenschaftler. Anregungen aus dem Nutzerkreis sind uns herzlich willkommen. Das Werk berücksichtigt die seit dem Erscheinen der ersten Auflage eingetretenen Änderungen im Bereich medizinprodukterechtlicher Vorschriften bis hin zum Gesetz zur Änderung medizinprodukterechtlicher Vorschriften (2009) (4. Novelle zum MPG), sowie die kleineren Änderungen seither.

Das Medizinproduktegesetz ist aus sich heraus ohne die zugehörigen Rechtsverordnungen nur schwer verständlich. Deshalb sind die Fundstellen der zugehörigen Verordnungen direkt nach dem Text der einzelnen Paragrafen abgedruckt. Lediglich die MPBetreibV, die MPSV und die MPV sind – da kommentiert – separat abgedruckt. Links für den Abruf der konsolidierten Fassungen der zugrundeliegenden Richtlinien der EU sind – so lange sie noch einschlägig sind – im Anhang enthalten.

Die Lebenszeit, oder soll man besser sagen, die Überlebenszeit des MPG war absehbar, seit die EU an zwei Verordnungen laborierte, die sowohl das Recht der Medizinprodukte als auch das der In-vitro-Diagnostika regeln sollten. Inzwischen liegen die Texte der Verordnungen vor. Aus ihnen ergibt sich eine drei- bzw. für In-vitro-Diagnostika fünfjährige Übergangsfrist, ehe die Normen „scharf" geschaltet werden. Hinzu kommt, dass noch eine Einpassung in das nationale Recht vorzunehmen ist, ohne die die Verordnungen nicht anwendbar sind, auch wenn sie unmittelbar geltendes Recht sind. Die längere Übergangsfrist bis zur Geltung der neuen Vorschriften hat uns dazu bewogen zunächst die Kommentierung der noch geltenden Vorschriften zu überarbeiten. Wo dies dem Verständnis dient, haben wir auch Ausblicke auf die künftig geltenden Normen aufgenommen. Deren vollwertige Kommentierung ersetzt dies natürlich nicht.

Auch mit der dritten Auflage ist ein personeller Wechsel zu vermelden. Herr Prof. Dr. Dres h.c. mult. Erwin Deutsch, der von Anfang an am Kommentar beteiligt war, ist am 10.03.2016 verstorben. Dennoch bleibt er weiterhin Namensgeber des Werkes. Für ihn ist neu Herr Prof. Dr. Ulrich M. Gassner, Universität Augsburg, zum Autorenteam hinzugestoßen.

Dank gebührt wiederum Herrn Prof. Dr. E. Miltner, dem Ärztlichen Direktor des Instituts für Rechtsmedizin im Universitätsklinikum Ulm, der die Arbeit an diesem Kommentar auch nach dem Eintritt eines der Co-Autoren in den Ruhestand noch immer nachhaltig unterstützt hat

Göttingen/Ulm/München/Zürich/Augsburg im Oktober 2017 Erwin Deutsch (†)
Hans-Dieter Lippert
Rudolf Ratzel
Brigitte Tag
Ulrich M. Gassner

Zitiervorschlag: Ratzel in: Deutsch, Lippert, § 3 Rz. 3

Inhaltsverzeichnis

Abkürzungsverzeichnis XI

Literaturverzeichnis XV

Gesetz über Medizinprodukte (Medizinproduktegesetz – MPG)........ 1

Einleitung... 46

Erster Abschnitt Zweck, Anwendungsbereich des Gesetzes, Begriffsbestimmungen 49

§ 1 Zweck des Gesetzes................................. 51

§ 2 Anwendungsbereich des Gesetzes 52

§ 3 Begriffsbestimmungen 61

Zweiter Abschnitt Anforderungen an Medizinprodukte und deren Betrieb 93

Vorbemerkungen vor § 4 ff............................. 95

§ 4 Verbote zum Schutz von Patienten, Anwendern und Dritten 98

§ 5 Verantwortlicher für das erstmalige Inverkehrbringen 108

§ 6 Voraussetzungen für das Inverkehrbringen und die Inbetriebnahme..................................... 112

§ 7 Grundlegende Anforderungen........................ 117

§ 8 Harmonisierte Normen, Gemeinsame Technische Spezifikationen ... 121

§ 9 CE-Kennzeichnung................................. 125

§ 10 Voraussetzungen für das erstmalige Inverkehrbringen und die Inbetriebnahme von Systemen und Behandlungseinheiten sowie für das Sterilisieren von Medizinprodukten 128

§ 11 Sondervorschriften für das Inverkehrbringen und die
Inbetriebnahme.. 133

§ 12 Sonderanfertigungen, Medizinprodukte aus Eigenherstellung,
Medizinprodukte zur klinischen Prüfung oder für
Leistungsbewertungszwecke, Ausstellen........................... 137

§ 13 Klassifizierung von Medizinprodukten, Abgrenzung zu
anderen Produkten... 148

§ 14 Tätigkeiten im Zusammenhang mit Medizinprodukten........... 159

Dritter Abschnitt Benannte Stellen und Bescheinigungen 161

§ 15 Benennung und Überwachung der Stellen, Anerkennung
und Beauftragung von Prüflaboratorien 163

§ 15a Benennung und Überwachung von
Konformitätsbewertungsstellen für Drittstaaten................... 177

§ 16 Erlöschen, Rücknahme, Widerruf und Ruhen der Benennung..... 181

§ 17 Geltungsdauer von Bescheinigungen der Benannten Stellen....... 186

§ 18 Einschränkung, Aussetzung und Zurückziehung von
Bescheinigungen, Unterrichtungspflichten......................... 189

Vierter Abschnitt Klinische Bewertung, Leistungsbewertung,
klinische Prüfung, Leistungsbewertungsprüfung 195

Vorbemerkungen vor §§ 19–24 197

§ 19 Klinische Bewertung, Leistungsbewertung 199

§ 20 Allgemeine Voraussetzungen zur klinischen Prüfung............ 201

§ 21 Besondere Voraussetzungen zur klinischen Prüfung............. 213

§ 22 Verfahren bei der Ethik-Kommission 217

§ 22a Genehmigungsverfahren bei der Bundesoberbehörde 221

§ 22b Rücknahme, Widerruf und Ruhen der Genehmigung
oder der zustimmenden Bewertung 226

§ 22 c Änderungen nach Genehmigung von klinischen Prüfungen...... 230

§ 23 Durchführung der klinischen Prüfung......................... 234

§ 23a Meldungen über Beendigung oder Abbruch von
klinischen Prüfungen 237

§ 23b Ausnahmen zur klinischen Prüfung 240

§ 24 Leistungsbewertungsprüfung 242

Inhaltsverzeichnis

Fünfter Abschnitt Überwachung und Schutz vor Risiken 245

§ 25 Allgemeine Anzeigepflicht. 247

§ 26 Durchführung der Überwachung 250

§ 27 Verfahren bei unrechtmäßiger und unzulässiger
Anbringung der CE-Kennzeichnung 260

§ 28 Verfahren zum Schutze vor Risiken 262

§ 29 Medizinprodukte-Beobachtungs- und –Meldesystem 266

§ 30 Sicherheitsbeauftragter für Medizinprodukte.................. 273

§ 31 Medizinprodukteberater 276

**Sechster Abschnitt Zuständige Behörden, Rechtsverordnungen,
sonstige Bestimmungen** 279

§ 32 Aufgaben und Zuständigkeiten der Bundesoberbehörden
im Medizinproduktebereich. 281

§ 32a Besondere Zuständigkeiten 285

§ 33 Datenbankgestütztes Informationssystem,
Europäische Datenbank. 286

§ 34 Ausfuhr. 288

§ 35 Gebühren und Auslagen 289

§ 36 Zusammenarbeit der Behörden und Benannten Stellen
im Europäischen Wirtschaftsraum und der Europäischen
Kommission. 290

§ 37 Verordnungsermächtigungen............................... 291

§ 37a Allgemeine Verwaltungsvorschriften. 302

**Siebter Abschnitt Sondervorschriften für den Bereich
der Bundeswehr** 303

§ 38 Anwendung und Vollzug des Gesetzes. 305

§ 39 Ausnahmen. 306

Achter Abschnitt Straf- und Bußgeldvorschriften. 307

§ 40 Strafvorschriften. 309

§ 41 Strafvorschriften. 310

§ 42 Bußgeldvorschriften 311

§ 43 Einziehung. 313

Haftung für Medizinprodukte 337

Neunter Abschnitt Übergangsbestimmungen 367

§ 44 Übergangsbestimmungen 369

Verordnung über das Errichten, Betreiben und Anwenden von Medizinprodukten (Medizinprodukte- Betreiberverordnung – MPBetreibV) 373

Verordnung über Medizinprodukte (Medizinprodukte-Verordnung - MPV) 403

Verordnung über die Erfassung, Bewertung und Abwehr von Risiken bei Medizinprodukten (Medizinprodukte-Sicherheitsplanverordnung - MPSV) 417

Anhang Richtlinien 432

Linkliste 509

Stichwortverzeichnis 511

Abkürzungsverzeichnis

a. A.	anderer Ansicht
a. F.	alte Fassung
aaO	am angegebenen Ort
ABl.	Amtsblatt (der EU)
Abk.	Abkürzung
Abs.	Absatz
Abschn.	Abschnitt
a. F.	alte Fassung
AMG	Arzneimittelgesetz
Anm.	Anmerkung
AOÄ	Approbationsordnung für Ärzte
Art.	Artikel
ArztR	Arztrecht (Zeitschrift)
AWMF	Arbeitsgemeinschaft der Wissenschaftlichen Medizinischen Fachgesellschaften
BAnz	Bundesanzeiger
BÄO	Bundesärzteordnung
Bd.	Band
BDSG	Bundesdatenschutzgesetz
BfArM	Bundesinstitut für Arzneimittel und Medizinprodukte
BGB	Bürgerliches Gesetzbuch
BGBl	Bundesgesetzblatt
BgesBl	Bundesgesundheitsblatt
BGH	Bundesgerichtshof
BGHSt	Entscheidungen des Bundesgerichtshofes in Strafsachen
BGHZ	Entscheidungen des Bundesgerichtshofs in Zivilsachen
BMG	Bundesministerium für Gesundheit, Berlin
BO	Berufsordnung
BTDrS	Bundestagsdrucksache
BRatDrS	Bundesratsdrucksache
BVerfG	Bundesverfassungsgericht

BVerfGE	Entscheidungen des Bundesverfassungsgerichts
BVerwG	Bundesverwaltungsgericht
BVerwGE	Entscheidungen des Bundesverwaltungsgerichts
bzw.	beziehungsweise
DAkkS	Deutsche Akkreditierungsstelle GmbH
DÄ	Deutsches Ärzteblatt
DGMR	Deutsche Gesellschaft für Medizinrecht
DIMDI	Deutsches Institut für Medizinische Dokumentation und Information
DSGVO	Datenschutzgrundverordnung der EU
dt.	deutsch
EG	Europäische Gemeinschaft
EGBGB	Einführungsgesetz zum Bürgerlichen Gesetzbuch
EU	Europäische Union
EuGH	Europäischer Gerichtshof
EWG	Europäische Wirtschaftsgemeinschaft
EWR	Europäischer Wirtschaftsraum (EU und Norwegen, Island, Liechtenstein)
FDA	Food and Drug Administration
FS	Festschrift
GCP	Good Clinical Practice
GenTG	Gentechnikgesetz
GG	Grundgesetz für die Bundesrepublik Deutschland
ggf.	gegebenenfalls
GmbH	Gesellschaft mit beschränkter Haftung
GMP	Good Manufacturing Practice
Hdb.	Handbuch
Hrsg.	Herausgeber
hrsg.	Herausgegeben
i.d.F.v.	in der Fassung vom
IfSG	Infektionsschutzgesetz
i.V.m.	in Verbindung mit
JZ	Juristenzeitung (Zeitschrift)
KammerG	Kammergesetz
Kap.	Kapitel
KHR	Zeitschrift für das gesamte Krankenhausrecht (Zeitschrift)
Komm.	Kommentar
LDSG	Landesdatenschutzgesetz
LFGB	Lebensmittel und Futtermittelgesetzbuch
lit.	litera (für Nicht-Lateiner: Buchstabe)
LG	Landgericht
m.	mit
MBOÄ	Musterberufsordnung für die deutschen Ärzte
MedGV	Medizingeräteverordnung
MedR	Medizinrecht (Zeitschrift)
MPJ	Medizinprodukte Journal (Zeitschrift)

MPR	Medizin Produkte Recht (Zeitschrift)
m. w. Nachw.	mit weiteren Nachweisen
Nachw.	Nachweis
n.F.	neue Fassung
NJW	Neue juristische Wochenschrift (Zeitschrift)
Nr.	Nummer
NVwZ	Neue Zeitschrift für Verwaltungsrecht (Zeitschrift)
OLG	Oberlandesgericht
OVG	Oberverwaltungsgericht
OwiG	Ordnungswidrigkeitengesetz
PharmR	Pharmarecht (Zeitschrift)
Phi	Haftpflicht international – Recht & Versicherung (Zeitschrift)
ProdhaftG	Produkthaftungsgesetz
QM	Qualitätsmanagement
QS	Qualitätssicherung
RiLi	Richtlinien (der EU)
Rn.	Randnummer
Rz.	Randziffer
s.	siehe
sog.	sogenannt
SOP	Standard Operation Procedure
StGB	Strafgesetzbuch
StoffR	Stoffrecht (Zeitschrift)
StPO	Strafprozessordnung
TFG	Transfusionsgesetz
TPG	Transplantationsgesetz
u. a.	unter anderem
u. U.	unter Umständen
VersR	Versicherungsrecht (Zeitschrift)
VG	Verwaltungsgericht
VGH	Verwaltungsgerichtshof
vgl.	vergleiche
VO	Verordnung
VwVfG	Verwaltungsverfahrensgesetz (des Bundes)
w.	weiteren
WHO	World Health Organization (dt. – Weltgesundheitsorganisation)
z. B.	zum Beispiel
ZEuP	Zeitschrift für Europäisches Privatrecht (Zeitschrift)
Ziff.	Ziffer
ZLG	Zentralstelle der Länder für Gesundheitsschutz bei Arzneimitteln und Medizinprodukten
ZPO	Zivilprozessordnung
z. Z.	zur Zeit

Literaturverzeichnis

Anhalt, Dieners (2016) Handbuch des Medizinprodukterechts 2. Auflage
Bamberger, Roth, (2012) Kommentar zum Bürgerlichen Gesetzbuch, 3. Auflage
Böckmann Durchführungshilfen zum Medizinproduktegesetz, Loseblattsammlung (Stand: 2016)
Bohnert, Krenberger, Krumm (2016) OWiG, Kommentar zum Ordnungswidrigkeitenrecht, 4. Auflage
Bülow, Ring, Artz, Brixius (2011) Heilmittelwerbegesetz, 4. Auflage Kommentar
Deutsch, Spickhoff (2014) Medizinrecht, 7. Auflage
Deutsch, Bender, Eckstein, Zimmermann (2007) Transfusionsrecht, 2. Auflage
Deutsch, Lippert (1998) Ethikkommission und klinische Prüfung
Deutsch, Lippert, Ratzel, Anker, Tag, Koyuncu (2010) Kommentar zum Arzneimittelgesetz, 3. Auflage
Dimitropoulos (2012) Zertifizierung und Akkreditierung im Internationalen Verwaltungsverbund
Fischer (2016) Strafgesetzbuch: StGB und Nebengesetze, 63. Auflage
Graf von Westphalen (2012) Produkthaftungshandbuch, 3. Auflage
Gröning, Weihe- Gröning (1998) Heilmittelwerberecht, Loseblattkommentar Stand: 2005
Kindler, Menke, (1998) Medizinproduktegesetz
Kloesel, Cyran, Arzneimittelgesetz, Kommentar, Loseblattsammlung (Stand: 2016)
Kopp, Ramsauer (2016) Verwaltungsverfahrensgesetz, 17. Auflage
Kullmann, Produkthaftungsgesetz, Stand: 2016
Kullmann, Pfister (1989 ff.) Produzentenhaftung,
Lackner, Kühl (2014) Strafgesetzbuch: StGB, Kommentar, 28. Auflage
Laufs Katzenmeier, Lipp (2015) Arztrecht, 7. Auflage
Laufs, Kern (2009) Handbuch des Arztrechts, 4. Auflage
Lemke, Mosbacher (2005) Ordnungswidrigkeitengesetz: OWiG, 2. Auflage
Lippert, Flegel (2018) Transfusionsgesetz, 2. Auflage
Merten (2005) Private Entscheidungsträger und Europäisierung der Verwaltungsrechtsdogmatik
Nöthlichs (1994) Sicherheitsvorschriften für Medizinprodukte, Loseblattkommentar Stand: September 2015
Quaas, Zuck (2014) Medizinrecht, 3. Auflage
Palandt (2017) Bürgerliches Gesetzbuch, 76. Auflage
Ratzel, Lippert (2000) Medizinproduktegesetz - Eine Einführung
Ratzel, Lissel (2013) Handbuch des Medizinschadensrechts
Ratzel, Luxenburger (2015), Handbuch Medizinrecht, 3. Auflage
Rehmann (2015) Arzneimittelgesetz, 4. Auflage
Rehmann, Wagner (2010) Medizinproduktegesetz, 3. Auflage
Rieger, Dahm, Steinhilper, (Hrsg.), Heidelberger Kommentar Arztrecht Krankenhausrecht Medizinrecht, Stand 2015,
Röhl (2005) Akkreditierung und Zertifizierung im Europäischen Produktsicherheitsrecht

Röhl (2005) Konformitätsbewertung im Europäischen Sicherheitsrecht, in: Schmidt-Aßmann, Schöndorf-Haubold, Der europäische Verwaltungsverbund
Röhl/Schreiber (2006), Konformitätsbewertung in Deutschland, http://nbn-resolving.de/urn:nbn:de:bsz:352-opus-19333
Roxin, Schroth (Hrsg.), (2007) Handbuch des Medizinstrafrechts, 3. Auflage
Roxin (2006) Strafrecht Allgemeiner Teil, Band 1, 4. Auflage
Sachs (2014) Grundgesetz, 7. Auflage
Sander Arzneimittelgesetz, Kommentar, Loseblattsammlung Stand: 2015
Schmidt-Bleibtreu, Klein, (2014) Kommentar zum Grundgesetz für die Bundesrepublik Deutschland, 13. Auflage,
Schönke, Schröder, Eser (2014) Strafgesetzbuch, Kommentar, 29. Auflage
Schorn, Baumann (1995) Medizinprodukterecht. Loseblattsammlung Stand: Oktober 2010
Senge (Hrsg.) (2014) Karlsruher Kommentar zum Gesetz über Ordnungswidrigkeiten: OWiG, 4. Auflage
Spickhoff, (2014) Handbuch Medizinrecht, 2. Auflage
Taschner, Friesch (1990) Produkthaftungsgesetz und EG Produkthaftungsrichtlinie, 2. Auflage
Terbille (2013) Münchener Anwaltshandbuch Medizinrecht, 2. Auflage
Wenzel, (2013) Handbuch Fachanwalt Medizinrecht, 3. Auflage
WiKo - Wiesbadener Kommentar zum Medizinproduktegesetz, Hill, Schmitt (Hrsg.) Loseblattsammlung Stand: 2015

Gesetz über Medizinprodukte (Medizinproduktegesetz – MPG)

in der Fassung der Bekanntmachung vom 07.08.2002 (BGBl. I S. 3146), das zuletzt durch Gesetz durch Art. 16 Drittes Pflegestärkungsgesetz vom 23.12.2016 (BGBl. I S. 3191) geändert worden ist.

Erster Abschnitt
Zweck, Anwendungsbereich des Gesetzes, Begriffsbestimmungen

§ 1 Zweck des Gesetzes
Zweck dieses Gesetzes ist es, den Verkehr mit Medizinprodukten zu regeln und dadurch für die Sicherheit, Eignung und Leistung der Medizinprodukte sowie die Gesundheit und den erforderlichen Schutz der Patienten, Anwender und Dritter zu sorgen.

§ 2 Anwendungsbereich des Gesetzes
(1) Dieses Gesetz gilt für Medizinprodukte und deren Zubehör. Zubehör wird als eigenständiges Medizinprodukt behandelt.

(2) Dieses Gesetz gilt auch für das Anwenden, Betreiben und Instandhalten von Produkten, die nicht als Medizinprodukte in Verkehr gebracht wurden, aber mit der Zweckbestimmung eines Medizinproduktes im Sinne der Anlagen 1 und 2 der Medizinprodukte- Betreiberverordnung eingesetzt werden. Sie gelten als Medizinprodukte im Sinne dieses Gesetzes.

(3) Dieses Gesetz gilt auch für Produkte, die dazu bestimmt sind, Arzneimittel im Sinne des § 2 Abs. 1 des Arzneimittelgesetzes zu verabreichen. Werden die

---

Dieses Gesetz dient der Umsetzung
- der Richtlinie 90/385/EWG des Rates vom 20.06.1990 zur Angleichung der Rechtsvorschriften der Mitgliedstaaten über aktive implantierbare medizinische Geräte (ABl. EG Nr. L 189 S. 17), zuletzt geändert durch die Richtlinie 93/68/EWG (ABl. EG Nr. L 220 S. 1),
- der Richtlinie 93/42/EWG des Rates vom 14.06.1993 über Medizinprodukte (ABl. EG Nr. L 169 S. 1), zuletzt geändert durch die Richtlinie 2001/104/EG (ABl. EG Nr. L 6 S. 50) und
- der Richtlinie 98/79/EG des Europäischen Parlaments und des Rates vom 27.10.1998 über In-vitro-Diagnostika (ABl. EG Nr. L 331 S. 1).

Medizinprodukte nach Satz 1 so in den Verkehr gebracht, dass Medizinprodukt und Arzneimittel ein einheitliches, miteinander verbundenes Produkt bilden, das ausschließlich zur Anwendung in dieser Verbindung bestimmt und nicht wieder verwendbar ist, gilt dieses Gesetz nur insoweit, als das Medizinprodukt die Grundlegenden Anforderungen nach § 7 erfüllen muss, die sicherheits- und leistungsbezogene Produktfunktionen betreffen. Im Übrigen gelten die Vorschriften des Arzneimittelgesetzes.

(4) Die Vorschriften des Atomgesetzes, der Strahlenschutzverordnung, der Röntgenverordnung und des Strahlenschutzvorsorgegesetzes, des Chemikaliengesetzes, der Gefahrstoffverordnung, der Betriebssicherheitsverordnung, der Druckgeräteverordnung, der Aerosolpackungsverordnung sowie die Rechtsvorschriften über Geheimhaltung und Datenschutz bleiben unberührt.

(4a) Dieses Gesetz gilt auch für Produkte, die vom Hersteller sowohl zur Verwendung entsprechend den Vorschriften über persönliche Schutzausrüstungen der Richtlinie 89/686/EWG des Rates vom 21.12.1989 zur Angleichung der Rechtsvorschriften der Mitgliedstaaten für persönliche Schutzausrüstungen (ABl. L 399 vom 30.12.1989, S. 18) als auch der Richtlinie 93/42/EWG des Rates vom 14.06.1993 über Medizinprodukte (ABl. L 169 vom 12.07.1993, S. 1) bestimmt sind.

(5) Dieses Gesetz gilt nicht für

1. Arzneimittel im Sinne des § 2 des Arzneimittelgesetzes; die Entscheidung darüber, ob ein Produkt ein Arzneimittel oder ein Medizinprodukt ist, erfolgt insbesondere unter Berücksichtigung der hauptsächlichen Wirkungsweise des Produkts, es sei denn, es handelt sich um ein Arzneimittel im Sinne des § 2 Absatz 1 Nummer 2 Buchstabe b des Arzneimittelgesetzes,

2. kosmetische Mittel im Sinne des § 2 Absatz 5 des Lebensmittel-, Bedarfsgegenstände- und Futtermittelgesetzbuchs,

3. menschliches Blut, Produkte aus menschlichem Blut, menschliches Plasma oder Blutzellen menschlichen Ursprungs oder Produkte, die zum Zeitpunkt des Inverkehrbringens Bluterzeugnisse, -plasma oder -zellen dieser Art enthalten, soweit es sich nicht um Medizinprodukte nach § 3 Nr. 3 oder § 3 Nr. 4 handelt,

4. Transplantate oder Gewebe oder Zellen menschlichen Ursprungs und Produkte, die Gewebe oder Zellen menschlichen Ursprungs enthalten oder aus solchen Geweben oder Zellen gewonnen wurden, soweit es sich nicht um Medizinprodukte nach § 3 Nr. 4 handelt,

5. Transplantate oder Gewebe oder Zellen tierischen Ursprungs, es sei denn, ein Produkt wird unter Verwendung von abgetötetem tierischen Gewebe oder von abgetöteten Erzeugnissen hergestellt, die aus tierischen Geweben gewonnen wurden, oder es handelt sich um Medizinprodukte nach § 3 Nr. 4.

§ 3 Begriffsbestimmungen

1. Medizinprodukte sind alle einzeln oder miteinander verbunden verwendeten Instrumente, Apparate, Vorrichtungen, Software, Stoffe und Zubereitungen aus Stoffen oder andere Gegenstände einschließlich der vom Hersteller speziell zur Anwendung für diagnostische oder therapeutische Zwecke bestimmten und für ein einwandfreies Funktionieren des Medizinproduktes eingesetzten Software, die vom Hersteller zur Anwendung für Menschen mittels ihrer Funktionen zum Zwecke

a) der Erkennung, Verhütung, Überwachung, Behandlung oder Linderung von Krankheiten,

b) der Erkennung, Überwachung, Behandlung, Linderung oder Kompensierung von Verletzungen oder Behinderungen,

c) der Untersuchung, der Ersetzung oder der Veränderung des anatomischen Aufbaus oder eines physiologischen Vorgangs oder

d) der Empfängnisregelung

zu dienen bestimmt sind und deren bestimmungsgemäße Hauptwirkung im oder am menschlichen Körper weder durch pharmakologisch oder immunologisch wirkende Mittel noch durch Metabolismus erreicht wird, deren Wirkungsweise aber durch solche Mittel unterstützt werden kann.

2. Medizinprodukte sind auch Produkte nach Nummer 1, die einen Stoff oder eine Zubereitung aus Stoffen enthalten oder auf die solche aufgetragen sind, die bei gesonderter Verwendung als Arzneimittel im Sinne des § 2 Abs. 1 des Arzneimittelgesetzes angesehen werden können und die in Ergänzung zu den Funktionen des Produktes eine Wirkung auf den menschlichen Körper entfalten können.

3. Medizinprodukte sind auch Produkte nach Nummer 1, die als Bestandteil einen Stoff enthalten, der gesondert verwendet als Bestandteil eines Arzneimittels oder Arzneimittel aus menschlichem Blut oder Blutplasma im Sinne des Artikels 1 der Richtlinie 2001/83/EG des Europäischen Parlaments und des Rates vom 6.11.2001 zur Schaffung eines Gemeinschaftskodexes für Humanarzneimittel (ABl. L 311 vom 28.11.2001, S. 67), die zuletzt durch die Verordnung (EG) Nr. 1394/2007 (ABl. L 324 vom 10.12.2007, S. 121) geändert worden ist, betrachtet werden und in Ergänzung zu dem Produkt eine Wirkung auf den menschlichen Körper entfalten kann.

4. In-vitro-Diagnostikum ist ein Medizinprodukt, das als Reagenz, Reagenzprodukt, Kalibriermaterial, Kontrollmaterial, Kit, Instrument, Apparat, Gerät oder System einzeln oder in Verbindung miteinander nach der vom Hersteller festgelegten Zweckbestimmung zur In-vitro-Untersuchung von aus dem menschlichen Körper stammenden Proben einschließlich Blut- und Gewebespenden bestimmt ist und ausschließlich oder hauptsächlich dazu dient, Informationen zu liefern

a) über physiologische oder pathologische Zustände oder

b) über angeborene Anomalien oder

c) zur Prüfung auf Unbedenklichkeit oder Verträglichkeit bei den potentiellen Empfängern oder

d) zur Überwachung therapeutischer Maßnahmen.

Probenbehältnisse gelten als In-vitro-Diagnostika. Probenbehältnisse sind luftleere oder sonstige Medizinprodukte, die von ihrem Hersteller speziell dafür gefertigt werden, aus dem menschlichen Körper stammende Proben unmittelbar nach ihrer Entnahme aufzunehmen und im Hinblick auf eine In-vitro-Untersuchung aufzubewahren. Erzeugnisse für den allgemeinen Laborbedarf gelten nicht als In-vitro-Diagnostika, es sei denn, sie sind auf Grund ihrer Merkmale nach der vom Hersteller festgelegten Zweckbestimmung speziell für In-vitro-Untersuchungen zu verwenden.

5. In-vitro-Diagnostikum zur Eigenanwendung ist ein In-vitro-Diagnostikum, das nach der vom Hersteller festgelegten Zweckbestimmung von Laien in der häuslichen Umgebung angewendet werden kann.

6. Neu im Sinne dieses Gesetzes ist ein In-vitro-Diagnostikum, wenn

a) ein derartiges Medizinprodukt für den entsprechenden Analyten oder anderen Parameter während der vorangegangenen drei Jahre innerhalb des Europäischen Wirtschaftsraums nicht fortwährend verfügbar war oder

b) das Verfahren mit einer Analysetechnik arbeitet, die innerhalb des Europäischen Wirtschaftsraums während der vorangegangenen drei Jahre nicht fortwährend in Verbindung mit einem bestimmten Analyten oder anderen Parameter verwendet worden ist.

7. Als Kalibrier- und Kontrollmaterial gelten Substanzen, Materialien und Gegenstände, die von ihrem Hersteller vorgesehen sind zum Vergleich von Messdaten oder zur Prüfung der Leistungsmerkmale eines In-vitro-Diagnostikums im Hinblick auf die bestimmungsgemäße Anwendung. Zertifizierte internationale Referenzmaterialien und Materialien, die für externe Qualitätsbewertungsprogramme verwendet werden, sind keine In-vitro-Diagnostika im Sinne dieses Gesetzes.

8. Sonderanfertigung ist ein Medizinprodukt, das nach schriftlicher Verordnung nach spezifischen Auslegungsmerkmalen eigens angefertigt wird und zur ausschließlichen Anwendung bei einem namentlich benannten Patienten bestimmt ist. Das serienmäßig hergestellte Medizinprodukt, das angepasst werden muss, um den spezifischen Anforderungen des Arztes, Zahnarztes oder des sonstigen beruflichen Anwenders zu entsprechen, gilt nicht als Sonderanfertigung.

9. Zubehör für Medizinprodukte sind Gegenstände, Stoffe sowie Zubereitungen aus Stoffen, die selbst keine Medizinprodukte nach Nummer 1 sind, aber vom

Hersteller dazu bestimmt sind, mit einem Medizinprodukt verwendet zu werden, damit dieses entsprechend der von ihm festgelegten Zweckbestimmung des Medizinproduktes angewendet werden kann. Invasive, zur Entnahme von Proben aus dem menschlichen Körper zur In-vitro-Untersuchung bestimmte Medizinprodukte sowie Medizinprodukte, die zum Zweck der Probenahme in unmittelbaren Kontakt mit dem menschlichen Körper kommen, gelten nicht als Zubehör für In-vitro-Diagnostika.

10. Zweckbestimmung ist die Verwendung, für die das Medizinprodukt in der Kennzeichnung, der Gebrauchsanweisung oder den Werbematerialien nach den Angaben des in Nummer 15 genannten Personenkreises bestimmt ist.

11. Inverkehrbringen ist jede entgeltliche oder unentgeltliche Abgabe von Medizinprodukten an andere. Erstmaliges Inverkehrbringen ist die erste Abgabe von neuen oder als neu aufbereiteten Medizinprodukten an andere im Europäischen Wirtschaftsraum. Als Inverkehrbringen nach diesem Gesetz gilt nicht

a) die Abgabe von Medizinprodukten zum Zwecke der klinischen Prüfung,

b) die Abgabe von In-vitro-Diagnostika für Leistungsbewertungsprüfungen,

c) die erneute Abgabe eines Medizinproduktes nach seiner Inbetriebnahme an andere, es sei denn, dass es als neu aufbereitet oder wesentlich verändert worden ist.

Eine Abgabe an andere liegt nicht vor, wenn Medizinprodukte für einen anderen aufbereitet und an diesen zurückgegeben werden.

12. Inbetriebnahme ist der Zeitpunkt, zu dem das Medizinprodukt dem Endanwender als ein Erzeugnis zur Verfügung gestellt worden ist, das erstmals entsprechend seiner Zweckbestimmung im Europäischen Wirtschaftsraum angewendet werden kann. Bei aktiven implantierbaren Medizinprodukten gilt als Inbetriebnahme die Abgabe an das medizinische Personal zur Implantation.

13. Ausstellen ist das Aufstellen oder Vorführen von Medizinprodukten zum Zwecke der Werbung.

14. Die Aufbereitung von bestimmungsgemäß keimarm oder steril zur Anwendung kommenden Medizinprodukten ist die nach deren Inbetriebnahme zum Zwecke der erneuten Anwendung durchgeführte Reinigung, Desinfektion und Sterilisation einschließlich der damit zusammenhängenden Arbeitsschritte sowie die Prüfung und Wiederherstellung der technisch-funktionellen Sicherheit.

15. Hersteller ist die natürliche oder juristische Person, die für die Auslegung, Herstellung, Verpackung und Kennzeichnung eines Medizinproduktes im Hinblick auf das erstmalige Inverkehrbringen im eigenen Namen verantwortlich ist, unabhängig davon, ob diese Tätigkeiten von dieser Person oder stellvertretend für diese von einer dritten Person ausgeführt werden. Die dem Hersteller nach diesem Gesetz

obliegenden Verpflichtungen gelten auch für die natürliche oder juristische Person, die ein oder mehrere vorgefertigte Medizinprodukte montiert, abpackt, behandelt, aufbereitet, kennzeichnet oder für die Festlegung der Zweckbestimmung als Medizinprodukt im Hinblick auf das erstmalige Inverkehrbringen im eigenen Namen verantwortlich ist. Dies gilt nicht für natürliche oder juristische Personen, die – ohne Hersteller im Sinne des Satzes 1 zu sein – bereits in Verkehr gebrachte Medizinprodukte für einen namentlich genannten Patienten entsprechend ihrer Zweckbestimmung montieren oder anpassen.

16. Bevollmächtigter ist die im Europäischen Wirtschaftsraum niedergelassene natürliche oder juristische Person, die vom Hersteller ausdrücklich dazu bestimmt wurde, im Hinblick auf seine Verpflichtungen nach diesem Gesetz in seinem Namen zu handeln und den Behörden und zuständigen Stellen zur Verfügung zu stehen.

17. Fachkreise sind Angehörige der Heilberufe, des Heilgewerbes oder von Einrichtungen, die der Gesundheit dienen, sowie sonstige Personen, soweit sie Medizinprodukte herstellen, prüfen, in der Ausübung ihres Berufes in den Verkehr bringen, implantieren, in Betrieb nehmen, betreiben oder anwenden.

18. Harmonisierte Normen sind solche Normen von Vertragsstaaten des Abkommens über den Europäischen Wirtschaftsraum, die den Normen entsprechen, deren Fundstellen als „harmonisierte Norm" für Medizinprodukte im Amtsblatt der Europäischen Union veröffentlicht wurden. Die Fundstellen der diesbezüglichen Normen werden vom Bundesinstitut für Arzneimittel und Medizinprodukte im Bundesanzeiger bekannt gemacht. Den Normen nach den Sätzen 1 und 2 sind die Medizinprodukte betreffenden Monografien des Europäischen Arzneibuches, deren Fundstellen im Amtsblatt der Europäischen Union veröffentlicht und die als Monografien des Europäischen Arzneibuches, Amtliche deutsche Ausgabe, im Bundesanzeiger bekannt gemacht werden, gleichgestellt.

19. Gemeinsame Technische Spezifikationen sind solche Spezifikationen, die In-vitro-Diagnostika nach Anhang II Listen A und B der Richtlinie 98/79/EG des Europäischen Parlaments und des Rates vom 27.10.1998 über In-vitro-Diagnostika (ABl. EG Nr. L 331 S. 1) in der jeweils geltenden Fassung betreffen und deren Fundstellen im Amtsblatt der Europäischen Union veröffentlicht und im Bundesanzeiger bekannt gemacht wurden. In diesen Spezifikationen werden Kriterien für die Bewertung und Neubewertung der Leistung, Chargenfreigabekriterien, Referenzmethoden und Referenzmaterialien festgelegt.

20. Benannte Stelle ist eine für die Durchführung von Prüfungen und Erteilung von Bescheinigungen im Zusammenhang mit Konformitätsbewertungsverfahren nach Maßgabe der Rechtsverordnung nach § 37 Abs. 1 vorgesehene Stelle, die der Europäischen Kommission und den Vertragsstaaten des Abkommens über den

Europäischen Wirtschaftsraum von einem Vertragsstaat des Abkommens über den Europäischen Wirtschaftsraum benannt worden ist.

21. Medizinprodukte aus Eigenherstellung sind Medizinprodukte einschließlich Zubehör, die in einer Gesundheitseinrichtung hergestellt und angewendet werden, ohne dass sie in den Verkehr gebracht werden oder die Voraussetzungen einer Sonderanfertigung nach Nummer 8 erfüllen.

22. In-vitro-Diagnostika aus Eigenherstellung sind In-vitro-Diagnostika, die in Laboratorien von Gesundheitseinrichtungen hergestellt werden und in diesen Laboratorien oder in Räumen in unmittelbarer Nähe zu diesen angewendet werden, ohne dass sie in den Verkehr gebracht werden. Für In-vitro-Diagnostika, die im industriellen Maßstab hergestellt werden, sind die Vorschriften über Eigenherstellung nicht anwendbar. Die Sätze 1 und 2 sind entsprechend anzuwenden auf in Blutspendeeinrichtungen hergestellte In-vitro-Diagnostika, die der Prüfung von Blutzubereitungen dienen, sofern sie im Rahmen der arzneimittelrechtlichen Zulassung der Prüfung durch die zuständige Behörde des Bundes unterliegen.

23. Sponsor ist eine natürliche oder juristische Person, die die Verantwortung für die Veranlassung, Organisation und Finanzierung einer klinischen Prüfung bei Menschen oder einer Leistungsbewertungsprüfung von In-vitro-Diagnostika übernimmt.

24. Prüfer ist in der Regel ein für die Durchführung der klinischen Prüfung bei Menschen in einer Prüfstelle verantwortlicher Arzt oder in begründeten Ausnahmefällen eine andere Person, deren Beruf auf Grund seiner wissenschaftlichen Anforderungen und der seine Ausübung voraussetzenden Erfahrungen in der Patientenbetreuung für die Durchführung von Forschungen am Menschen qualifiziert. Wird eine Prüfung in einer Prüfstelle von mehreren Prüfern vorgenommen, so ist der verantwortliche Leiter der Gruppe der Hauptprüfer. Wird eine Prüfung in mehreren Prüfstellen durchgeführt, wird vom Sponsor ein Prüfer als Leiter der klinischen Prüfung benannt. Die Sätze 1 bis 3 gelten für genehmigungspflichtige Leistungsbewertungsprüfungen von In-vitro-Diagnostika entsprechend.

25. Klinische Daten sind Sicherheits- oder Leistungsangaben, die aus der Verwendung eines Medizinproduktes hervorgehen. Klinische Daten stammen aus folgenden Quellen:

a) einer klinischen Prüfung des betreffenden Medizinproduktes oder

b) klinischen Prüfungen oder sonstigen in der wissenschaftlichen Fachliteratur wiedergegebenen Studien über ein ähnliches Produkt, dessen Gleichartigkeit mit dem betreffenden Medizinprodukt nachgewiesen werden kann, oder

c) veröffentlichten oder unveröffentlichten Berichten über sonstige klinische Erfahrungen entweder mit dem betreffenden Medizinprodukt oder einem ähnlichen

Produkt, dessen Gleichartigkeit mit dem betreffenden Medizinprodukt nachgewiesen werden kann.

26. Einführer im Sinne dieses Gesetzes ist jede in der Europäischen Union ansässige natürliche oder juristische Person, die ein Medizinprodukt aus einem Drittstaat in der Europäischen Union in Verkehr bringt.

Zweiter Abschnitt
Anforderungen an Medizinprodukte und deren Betrieb

§ 4 Verbote zum Schutz von Patienten, Anwendern und Dritten
(1) Es ist verboten, Medizinprodukte in den Verkehr zu bringen, zu errichten, in Betrieb zu nehmen, zu betreiben oder anzuwenden, wenn

1. der begründete Verdacht besteht, dass sie die Sicherheit und die Gesundheit der Patienten, der Anwender oder Dritter bei sachgemäßer Anwendung, Instandhaltung und ihrer Zweckbestimmung entsprechender Verwendung über ein nach den Erkenntnissen der medizinischen Wissenschaften vertretbares Maß hinausgehend unmittelbar oder mittelbar gefährden oder

2. das Datum abgelaufen ist, bis zu dem eine gefahrlose Anwendung nachweislich möglich ist.

(2) Es ist ferner verboten, Medizinprodukte in den Verkehr zu bringen, wenn sie mit irreführender Bezeichnung, Angabe oder Aufmachung versehen sind. Eine Irreführung liegt insbesondere dann vor, wenn

1. Medizinprodukten eine Leistung beigelegt wird, die sie nicht haben,

2. fälschlich der Eindruck erweckt wird, dass ein Erfolg mit Sicherheit erwartet werden kann oder dass nach bestimmungsgemäßem oder längerem Gebrauch keine schädlichen Wirkungen eintreten,

3. zur Täuschung über die in den Grundlegenden Anforderungen nach § 7 festgelegten Produkteigenschaften geeignete Bezeichnungen, Angaben oder Aufmachungen verwendet werden, die für die Bewertung des Medizinproduktes mitbestimmend sind.

§ 5 Verantwortlicher für das erstmalige Inverkehrbringen
Verantwortlicher für das erstmalige Inverkehrbringen von Medizinprodukten ist der Hersteller oder sein Bevollmächtigter. Werden Medizinprodukte nicht unter der Verantwortung des Bevollmächtigten in den Europäischen Wirtschaftsraum eingeführt, ist der Einführer Verantwortlicher. Der Name oder die Firma und die Anschrift des Verantwortlichen müssen in der Kennzeichnung oder Gebrauchsanweisung des Medizinproduktes enthalten sein.

§ 6 Voraussetzungen für das Inverkehrbringen und die Inbetriebnahme
(1) Medizinprodukte, mit Ausnahme von Sonderanfertigungen, Medizinprodukten aus Eigenherstellung, Medizinprodukten gemäß § 11 Abs. 1 sowie Medizinprodukten, die zur klinischen Prüfung oder In-vitro-Diagnostika, die für Leistungsbewertungszwecke bestimmt sind, dürfen in Deutschland nur in den Verkehr gebracht oder in Betrieb genommen werden, wenn sie mit einer CE-Kennzeichnung nach Maßgabe des Absatzes 2 Satz 1 und des Absatzes 3 Satz 1 versehen sind. Über die Beschaffenheitsanforderungen hinausgehende Bestimmungen, die das Betreiben oder das Anwenden von Medizinprodukten betreffen, bleiben unberührt.

(2) Mit der CE-Kennzeichnung dürfen Medizinprodukte nur versehen werden, wenn die Grundlegenden Anforderungen nach § 7, die auf sie unter Berücksichtigung ihrer Zweckbestimmung anwendbar sind, erfüllt sind und ein für das jeweilige Medizinprodukt vorgeschriebenes Konformitätsbewertungsverfahren nach Maßgabe der Rechtsverordnung nach § 37 Abs. 1 durchgeführt worden ist. Zwischenprodukte, die vom Hersteller spezifisch als Bestandteil für Sonderanfertigungen bestimmt sind, dürfen mit der CE-Kennzeichnung versehen werden, wenn die Voraussetzungen des Satzes 1 erfüllt sind. Hat der Hersteller seinen Sitz nicht im Europäischen Wirtschaftsraum, so darf das Medizinprodukt zusätzlich zu Satz 1 nur mit der CE-Kennzeichnung versehen werden, wenn der Hersteller einen einzigen für das jeweilige Medizinprodukt verantwortlichen Bevollmächtigten im Europäischen Wirtschaftsraum benannt hat.

(3) Gelten für das Medizinprodukt zusätzlich andere Rechtsvorschriften als die dieses Gesetzes, deren Einhaltung durch die CE-Kennzeichnung bestätigt wird, so darf der Hersteller das Medizinprodukt nur dann mit der CE-Kennzeichnung versehen, wenn auch diese anderen Rechtsvorschriften erfüllt sind. Steht dem Hersteller auf Grund einer oder mehrerer weiterer Rechtsvorschriften während einer Übergangszeit die Wahl der anzuwendenden Regelungen frei, so gibt er mit der CE-Kennzeichnung an, dass dieses Medizinprodukt nur den angewandten Rechtsvorschriften entspricht. In diesem Fall hat der Hersteller in den dem Medizinprodukt beiliegenden Unterlagen, Hinweisen oder Anleitungen die Nummern der mit den angewandten Rechtsvorschriften umgesetzten Richtlinien anzugeben, unter denen sie im Amtsblatt der Europäischen Union veröffentlicht sind. Bei sterilen Medizinprodukten müssen diese Unterlagen, Hinweise oder Anleitungen ohne Zerstörung der Verpackung, durch welche die Sterilität des Medizinproduktes gewährleistet wird, zugänglich sein.

(4) Die Durchführung von Konformitätsbewertungsverfahren lässt die zivil- und strafrechtliche Verantwortlichkeit des Verantwortlichen nach § 5 unberührt.

§ 7 Grundlegende Anforderungen
(1) Die Grundlegenden Anforderungen sind für aktive implantierbare Medizinprodukte die Anforderungen des Anhangs 1 der Richtlinie 90/385/EWG des Rates vom 20.06.1990 zur Angleichung der Rechtsvorschriften der Mitgliedstaaten über aktive

implantierbare medizinische Geräte (ABl. L 189 vom 20.07.1990, S. 17), die zuletzt durch Artikel 1 der Richtlinie 2007/47/EG (ABl. L 247 vom 21.09.2007, S. 21) geändert worden ist, für In-vitro-Diagnostika die Anforderungen des Anhangs I der Richtlinie 98/79/EG und für die sonstigen Medizinprodukte die Anforderungen des Anhangs I der Richtlinie 93/42/EWG des Rates vom 14.06.1993 über Medizinprodukte (ABl. L 169 vom 12.07.1993, S. 1), die zuletzt durch Artikel 2 der Richtlinie 2007/47/EG (ABl. L 247 vom 21.09.2007, S. 21) geändert worden ist, in den jeweils geltenden Fassungen.

(2) Besteht ein einschlägiges Risiko, so müssen Medizinprodukte, die auch Maschinen im Sinne des Artikels 2 Buchstabe a der Richtlinie 2006/42/EG des Europäischen Parlaments und des Rates vom 17.05.2006 über Maschinen (ABl. L 157 vom 09.06.2006, S. 24) sind, auch den grundlegenden Gesundheits- und Sicherheitsanforderungen gemäß Anhang I der genannten Richtlinie entsprechen, sofern diese grundlegenden Gesundheits- und Sicherheitsanforderungen spezifischer sind als die Grundlegenden Anforderungen gemäß Anhang I der Richtlinie 93/42/EWG oder gemäß Anhang 1 der Richtlinie 90/385/EWG.

(3) Bei Produkten, die vom Hersteller nicht nur als Medizinprodukt, sondern auch zur Verwendung entsprechend den Vorschriften über persönliche Schutzausrüstungen der Richtlinie 89/686/EWG bestimmt sind, müssen auch die einschlägigen grundlegenden Gesundheits- und Sicherheitsanforderungen dieser Richtlinie erfüllt werden.

§ 8 Harmonisierte Normen, Gemeinsame Technische Spezifikationen
(1) Stimmen Medizinprodukte mit harmonisierten Normen oder ihnen gleichgestellten Monografien des Europäischen Arzneibuches oder Gemeinsamen Technischen Spezifikationen, die das jeweilige Medizinprodukt betreffen, überein, wird insoweit vermutet, dass sie die Bestimmungen dieses Gesetzes einhalten.

(2) Die Gemeinsamen Technischen Spezifikationen sind in der Regel einzuhalten. Kommt der Hersteller in hinreichend begründeten Fällen diesen Spezifikationen nicht nach, muss er Lösungen wählen, die dem Niveau der Spezifikationen zumindest gleichwertig sind.

§ 9 CE-Kennzeichnung
(1) Die CE-Kennzeichnung ist für aktive implantierbare Medizinprodukte gemäß Anhang 9 der Richtlinie 90/385/EWG, für In-vitro-Diagnostika gemäß Anhang X der Richtlinie 98/79/EG und für die sonstigen Medizinprodukte gemäß Anhang XII der Richtlinie 93/42/EWG zu verwenden. Zeichen oder Aufschriften, die geeignet sind, Dritte bezüglich der Bedeutung oder der graphischen Gestaltung der CE-Kennzeichnung in die Irre zu leiten, dürfen nicht angebracht werden. Alle sonstigen Zeichen dürfen auf dem Medizinprodukt, der Verpackung oder der Gebrauchsanweisung des Medizinproduktes angebracht werden, sofern

sie die Sichtbarkeit, Lesbarkeit und Bedeutung der CE-Kennzeichnung nicht beeinträchtigen.

(2) Die CE-Kennzeichnung muss von der Person angebracht werden, die in den Vorschriften zu den Konformitätsbewertungsverfahren gemäß der Rechtsverordnung nach § 37 Abs. 1 dazu bestimmt ist.

(3) Die CE-Kennzeichnung nach Absatz 1 Satz 1 muss deutlich sichtbar, gut lesbar und dauerhaft auf dem Medizinprodukt und, falls vorhanden, auf der Handelspackung sowie auf der Gebrauchsanweisung angebracht werden. Auf dem Medizinprodukt muss die CE-Kennzeichnung nicht angebracht werden, wenn es zu klein ist, seine Beschaffenheit dies nicht zulässt oder es nicht zweckmäßig ist. Der CE-Kennzeichnung muss die Kennnummer der Benannten Stelle hinzugefügt werden, die an der Durchführung des Konformitätsbewertungsverfahrens nach den Anhängen 2, 4 und 5 der Richtlinie 90/385/EWG, den Anhängen II, IV, V und VI der Richtlinie 93/42/EWG sowie den Anhängen III, IV, VI und VII der Richtlinie 98/79/EG beteiligt war, das zur Berechtigung zur Anbringung der CE-Kennzeichnung geführt hat. Bei Medizinprodukten, die eine CE-Kennzeichnung tragen müssen und in sterilem Zustand in den Verkehr gebracht werden, muss die CE-Kennzeichnung auf der Steril-Verpackung und gegebenenfalls auf der Handelspackung angebracht sein. Ist für ein Medizinprodukt ein Konformitätsbewertungsverfahren vorgeschrieben, das nicht von einer Benannten Stelle durchgeführt werden muss, darf der CE-Kennzeichnung keine Kennnummer einer Benannten Stelle hinzugefügt werden.

§ 10 Voraussetzungen für das erstmalige Inverkehrbringen und die Inbetriebnahme von Systemen und Behandlungseinheiten sowie für das Sterilisieren von Medizinprodukten

(1) Medizinprodukte, die eine CE-Kennzeichnung tragen und die entsprechend ihrer Zweckbestimmung innerhalb der vom Hersteller vorgesehenen Anwendungsbeschränkungen zusammengesetzt werden, um in Form eines Systems oder einer Behandlungseinheit erstmalig in den Verkehr gebracht zu werden, müssen keinem Konformitätsbewertungsverfahren unterzogen werden. Wer für die Zusammensetzung des Systems oder der Behandlungseinheit verantwortlich ist, muss in diesem Fall eine Erklärung nach Maßgabe der Rechtsverordnung nach § 37 Abs. 1 abgeben.

(2) Enthalten das System oder die Behandlungseinheit Medizinprodukte oder sonstige Produkte, die keine CE-Kennzeichnung nach Maßgabe dieses Gesetzes tragen, oder ist die gewählte Kombination von Medizinprodukten nicht mit deren ursprünglicher Zweckbestimmung vereinbar, muss das System oder die Behandlungseinheit einem Konformitätsbewertungsverfahren nach Maßgabe der Rechtsverordnung nach § 37 Abs. 1 unterzogen werden.

(3) Wer Systeme oder Behandlungseinheiten gemäß Absatz 1 oder 2 oder andere Medizinprodukte, die eine CE-Kennzeichnung tragen, für die der Hersteller eine Sterilisation vor ihrer Verwendung vorgesehen hat, für das erstmalige Inverkehrbringen sterilisiert, muss dafür nach Maßgabe der Rechtsverordnung nach § 37 Abs. 1 ein Konformitätsbewertungsverfahren durchführen und eine Erklärung abgeben. Dies gilt entsprechend, wenn Medizinprodukte, die steril angewendet werden, nach dem erstmaligen Inverkehrbringen aufbereitet und an andere abgegeben werden.

(4) Medizinprodukte, Systeme und Behandlungseinheiten gemäß der Absätze 1 und 3 sind nicht mit einer zusätzlichen CE-Kennzeichnung zu versehen. Wer Systeme oder Behandlungseinheiten nach Absatz 1 zusammensetzt oder diese sowie Medizinprodukte nach Absatz 3 sterilisiert, hat dem Medizinprodukt nach Maßgabe des § 7 die nach den Nummern 11 bis 15 des Anhangs 1 der Richtlinie 90/385/EWG, nach den Nummern 13.1, 13.3, 13.4 und 13.6 des Anhangs I der Richtlinie 93/42/EWG oder den Nummern 8.1, 8.3 bis 8.5 und 8.7 des Anhangs I der Richtlinie 98/79/EG erforderlichen Informationen beizufügen, die auch die von dem Hersteller der Produkte, die zu dem System oder der Behandlungseinheit zusammengesetzt wurden, mitgelieferten Hinweise enthalten müssen.

§ 11 Sondervorschriften für das Inverkehrbringen und die Inbetriebnahme
(1) Abweichend von den Vorschriften des § 6 Abs. 1 und 2 kann die zuständige Bundesoberbehörde auf begründeten Antrag das erstmalige Inverkehrbringen oder die Inbetriebnahme einzelner Medizinprodukte, bei denen die Verfahren nach Maßgabe der Rechtsverordnung nach § 37 Abs. 1 nicht durchgeführt wurden, in Deutschland befristet zulassen, wenn deren Anwendung im Interesse des Gesundheitsschutzes liegt. Die Zulassung kann auf begründeten Antrag verlängert werden.

(2) Medizinprodukte dürfen nur an den Anwender abgegeben werden, wenn die für ihn bestimmten Informationen in deutscher Sprache abgefasst sind. In begründeten Fällen kann eine andere für den Anwender des Medizinproduktes leicht verständliche Sprache vorgesehen oder die Unterrichtung des Anwenders durch andere Maßnahmen gewährleistet werden. Dabei müssen jedoch die sicherheitsbezogenen Informationen in deutscher Sprache oder in der Sprache des Anwenders vorliegen.

(3) Regelungen über die Verschreibungspflicht von Medizinprodukten können durch Rechtsverordnung nach § 37 Abs. 2, Regelungen über die Vertriebswege von Medizinprodukten durch Rechtsverordnung nach § 37 Abs. 3 getroffen werden.

(3a) weggefallen

(4) Durch Rechtsverordnung nach § 37 Abs. 4 können Regelungen für Betriebe und Einrichtungen erlassen werden, die Medizinprodukte in Deutschland in den Verkehr bringen oder lagern.

§ 12 Sonderanfertigungen, Medizinprodukte aus Eigenherstellung, Medizinprodukte zur klinischen Prüfung oder für Leistungsbewertungszwecke, Ausstellen

(1) Sonderanfertigungen dürfen nur in den Verkehr gebracht oder in Betrieb genommen werden, wenn die Grundlegenden Anforderungen nach § 7, die auf sie unter Berücksichtigung ihrer Zweckbestimmung anwendbar sind, erfüllt sind und das für sie vorgesehene Konformitätsbewertungsverfahren nach Maßgabe der Rechtsverordnung nach § 37 Abs. 1 durchgeführt worden ist. Der Verantwortliche nach § 5 ist verpflichtet, der zuständigen Behörde auf Anforderung eine Liste der Sonderanfertigungen vorzulegen. Für die Inbetriebnahme von Medizinprodukten aus Eigenherstellung nach § 3 Nr. 21 und 22 finden die Vorschriften des Satzes 1 entsprechende Anwendung.

(2) Medizinprodukte, die zur klinischen Prüfung bestimmt sind, dürfen zu diesem Zwecke an Ärzte, Zahnärzte oder sonstige Personen, die auf Grund ihrer beruflichen Qualifikation zur Durchführung dieser Prüfungen befugt sind, nur abgegeben werden, wenn bei aktiven implantierbaren Medizinprodukten die Anforderungen der Nummer 3.2 Satz 1 und 2 des Anhangs 6 der Richtlinie 90/385/EWG und bei sonstigen Medizinprodukten die Anforderungen der Nummer 3.2 des Anhangs VIII der Richtlinie 93/42/EWG erfüllt sind. Der Sponsor der klinischen Prüfung muss die Dokumentation nach Nummer 3.2 des Anhangs 6 der Richtlinie 90/385/EWG mindestens 15 Jahre und die Dokumentation nach Nummer 3.2 des Anhangs VIII der Richtlinie 93/42/EWG mindestens fünf und im Falle von implantierbaren Produkten mindestens 15 Jahre nach Beendigung der Prüfung aufbewahren.

(3) In-vitro-Diagnostika für Leistungsbewertungsprüfungen dürfen zu diesem Zwecke an Ärzte, Zahnärzte oder sonstige Personen, die auf Grund ihrer beruflichen Qualifikation zur Durchführung dieser Prüfungen befugt sind, nur abgegeben werden, wenn die Anforderungen der Nummer 3 des Anhangs VIII der Richtlinie 98/79/EG erfüllt sind. Der Sponsor der Leistungsbewertungsprüfung muss die Dokumentation nach Nummer 3 des Anhangs VIII der Richtlinie 98/79/EG mindestens fünf Jahre nach Beendigung der Prüfung aufbewahren.

(4) Medizinprodukte, die nicht den Voraussetzungen nach § 6 Abs. 1 und 2 oder § 10 entsprechen, dürfen nur ausgestellt werden, wenn ein sichtbares Schild deutlich darauf hinweist, dass sie nicht den Anforderungen entsprechen und erst erworben werden können, wenn die Übereinstimmung hergestellt ist. Bei Vorführungen sind die erforderlichen Vorkehrungen zum Schutz von Personen zu treffen. Nach Satz 1 ausgestellte In-vitro-Diagnostika dürfen an Proben, die von einem Besucher der Ausstellung stammen, nicht angewendet werden.

§ 13 Klassifizierung von Medizinprodukten, Abgrenzung zu anderen Produkten

(1) Medizinprodukte mit Ausnahme der In-vitro-Diagnostika und der aktiven implantierbaren Medizinprodukte werden Klassen zugeordnet. Die Klassifizierung erfolgt nach den Klassifizierungsregeln des Anhangs IX der Richtlinie 93/42/EWG.

(2) Bei Meinungsverschiedenheiten zwischen dem Hersteller und einer Benannten Stelle über

1. die Anwendung der vorgenannten Regeln,

2. die Abgrenzung von Medizinprodukten zu anderen Produkten oder

3. die Einstufung, ob es sich bei Medizinprodukten der Klasse I um solche mit Messfunktion oder um steril in Verkehr gebrachte Medizinprodukte handelt,

hat die Benannte Stelle der zuständigen Bundesoberbehörde die Angelegenheit zur Entscheidung vorzulegen.

(3) Die zuständige Bundesoberbehörde entscheidet ferner auf Antrag einer zuständigen Behörde oder des Herstellers über

1. die Klassifizierung einzelner Medizinprodukte,

2. die Abgrenzung von Medizinprodukten zu anderen Produkten oder

3. die Einstufung, ob es sich bei Medizinprodukten der Klasse I um solche mit Messfunktion oder um steril in Verkehr gebrachte Medizinprodukte handelt.

(4) Die zuständige Behörde übermittelt alle Entscheidungen über die Klassifizierung von Medizinprodukten und zur Abgrenzung von Medizinprodukten zu anderen Produkten an das Deutsche Institut für Medizinische Dokumentation und Information zur zentralen Verarbeitung und Nutzung nach § 33 Abs. 1 Satz 1. Dies gilt für Entscheidungen der zuständigen Bundesoberbehörde nach Absatz 2 und 3 entsprechend.

§ 14 Tätigkeiten im Zusammenhang mit Medizinprodukten
Medizinprodukte dürfen nur nach Maßgabe der Rechtsverordnung nach § 37 Absatz 5 betrieben und angewendet werden. Medizinprodukte dürfen nicht betrieben und angewendet werden, wenn sie Mängel aufweisen, durch die Patienten, Beschäftigte oder Dritte gefährdet werden können.

Dritter Abschnitt
Benannte Stellen und Bescheinigungen

§ 15 Benennung und Überwachung der Stellen, Anerkennung und Beauftragung von Prüflaboratorien
(1) Bei der zuständigen Behörde kann ein Antrag auf Benennung als Benannte Stelle gestellt werden. Voraussetzung für die Benennung ist, dass die Befähigung der Stelle zur Wahrnehmung ihrer Aufgaben sowie die Einhaltung der Kriterien des Anhangs 8 der Richtlinie 90/385/EWG, des Anhangs XI der Richtlinie 93/42/EWG, des Anhangs IX der Richtlinie 98/79/EG und der Durchführungsverordnung (EU) Nr. 920/2013 der Kommission vom 24.09.2013 über die Benennung und Beaufsichtigung benannter Stellen gemäß der Richtlinie 90/385/EWG des Rates über aktive implantierbare medizinische Geräte und der Richtlinie 93/42/EWG des

Rates über Medizinprodukte (ABl. L 253 vom 25.09.2013, S. 8) entsprechend den Verfahren, für die sie benannt werden soll, durch die zuständige Behörde in einem Benennungsverfahren festgestellt wurden. Die Benennung kann unter Auflagen erteilt werden und ist zu befristen. Die zuständige Behörde teilt der Europäischen Kommission die Benannten Stellen, die für Aufgaben im Zusammenhang mit der Durchführung von Konformitätsbewertungsverfahren nach Maßgabe der Rechtsverordnung nach § 37 Absatz 1 benannt wurden, sowie die Aufgabengebiete der Benannten Stellen mit.

(2) Die zuständige Behörde überwacht die Einhaltung der in Absatz 1 für Benannte Stellen festgelegten Verpflichtungen und Anforderungen. Die zuständige Behörde trifft die Anordnungen, die zur Beseitigung festgestellter Mängel oder zur Verhütung künftiger Verstöße notwendig sind. Die Überwachung der Benannten Stellen, die an der Durchführung von Konformitätsbewertungsverfahren für Medizinprodukte, die ionisierende Strahlen erzeugen oder radioaktive Stoffe enthalten, beteiligt sind, wird im Auftrag des Bundes durch die Länder ausgeführt. Die zuständige Behörde kann von der Benannten Stelle und deren mit der Leitung und der Durchführung von Fachaufgaben beauftragten Personal die zur Erfüllung ihrer Überwachungsaufgaben erforderlichen Auskünfte und sonstige Unterstützung verlangen. Die zuständige Behörde ist befugt, die Benannte Stelle bei Überprüfungen zu begleiten. Die Beauftragten der zuständigen Behörde sind befugt, zu den üblichen Betriebs- und Geschäftszeiten Grundstücke und Geschäftsräume sowie Prüflaboratorien zu betreten und zu besichtigen und die Vorlage von Unterlagen, insbesondere Unterlagen über die Erteilung der Bescheinigungen und zum Nachweis der Erfüllung der Anforderungen des Absatzes 1 Satz 2, zu verlangen. Das Betretungsrecht erstreckt sich auch auf Grundstücke des Herstellers und seiner Unterauftragnehmer von entscheidender Bedeutung, soweit die Überwachung dort erfolgt. § 26 Absatz 4 und 5 gilt entsprechend.

(3) Stellen, die der Europäischen Kommission und den anderen Mitgliedstaaten der Europäischen Union auf Grund eines Rechtsaktes des Rates oder der Europäischen Kommission von einem Vertragsstaat des Abkommens über den Europäischen Wirtschaftsraum mitgeteilt wurden, sind Benannten Stellen nach Absatz 1 gleichgestellt.

(4) Die zuständige Behörde macht die deutschen Benannten Stellen mit ihren jeweiligen Aufgaben und ihrer Kennnummer auf ihrer Internetseite bekannt.

(5) Soweit eine Benannte Stelle zur Erfüllung ihrer Aufgaben Prüflaboratorien beauftragt, muss sie sicherstellen, dass diese die auf sie zutreffenden Kriterien des Anhangs 8 der Richtlinie 90/385/EWG, des Anhangs XI der Richtlinie 93/42/EWG in Verbindung mit Anhang I der Durchführungsverordnung (EU) Nr. 920/2013 oder des Anhangs IX der Richtlinie 98/79/EG entsprechend den Verfahren, für die sie beauftragt werden sollen, erfüllen. Die Erfüllung der Mindestkriterien ist in einem Anerkennungsverfahren durch die zuständige Behörde festzustellen. Die Anerkennung kann unter Auflagen erteilt werden und ist zu befristen. Absatz 2 Satz 1, 2, 4 bis 8 und Absatz 4 gelten entsprechend.

(6) Die Anerkennung nach Absatz 5 erlischt mit Fristablauf, mit der Einstellung des Betriebs des Prüflaboratoriums oder durch Verzicht. Die Einstellung oder der Verzicht sind der zuständigen Behörde unverzüglich schriftlich mitzuteilen. Die zuständige Behörde nimmt die Anerkennung zurück, soweit nachträglich bekannt wird, dass ein Prüflaboratorium bei der Anerkennung nicht die Voraussetzungen für eine Anerkennung erfüllt hat. Sie widerruft die Anerkennung, soweit die Voraussetzungen für eine Anerkennung nachträglich weggefallen sind. An Stelle des Widerrufs kann das Ruhen der Anerkennung angeordnet werden.

§ 15a Benennung und Überwachung von Konformitätsbewertungsstellen für Drittstaaten

(1) Mit der Benennung als Konformitätsbewertungsstelle für Drittstaaten ist eine natürliche oder juristische Person oder eine rechtsfähige Personengesellschaft befugt, Aufgaben der Konformitätsbewertung im Bereich der Medizinprodukte für den oder die genannten Drittstaaten im Rahmen des jeweiligen Abkommens der Europäischen Gemeinschaft oder der Europäischen Union mit dritten Staaten oder Organisationen nach Artikel 216 des Vertrages über die Arbeitsweise der Europäischen Union wahrzunehmen. § 15 Absatz 1, 2 und 4 gilt entsprechend.

(2) Grundlage für die Benennung als Konformitätsbewertungsstelle für Drittstaaten ist ein von der zuständigen Behörde durchgeführtes Benennungsverfahren, mit dem die Befähigung der Stelle zur Wahrnehmung ihrer Aufgaben gemäß den entsprechenden sektoralen Anforderungen der jeweiligen Abkommen festgestellt wird.

(3) Die Benennung als Konformitätsbewertungsstelle für Drittstaaten kann unter Auflagen erteilt werden und ist zu befristen. Erteilung, Ablauf, Rücknahme, Widerruf und Erlöschen der Benennung sind der Europäischen Kommission sowie den in den jeweiligen Abkommen genannten Institutionen unverzüglich anzuzeigen.

§ 16 Erlöschen, Rücknahme, Widerruf und Ruhen der Benennung

(1) Die Benennung erlischt mit Fristablauf, mit der Einstellung des Betriebs der Benannten Stelle oder durch Verzicht. Die Einstellung oder der Verzicht sind der zuständigen Behörde unverzüglich schriftlich mitzuteilen.

(2) Die zuständige Behörde nimmt die Benennung zurück, soweit nachträglich bekannt wird, dass eine Benannte Stelle bei der Benennung nicht die Voraussetzungen für eine Benennung erfüllt hat; sie widerruft die Benennung, soweit die Voraussetzungen für eine Benennung nachträglich weggefallen sind. An Stelle des Widerrufs kann das Ruhen der Benennung angeordnet werden.

(3) In den Fällen der Absätze 1 und 2 ist die bisherige Benannte Stelle verpflichtet, alle einschlägigen Informationen und Unterlagen der Benannten Stelle zur Verfügung zu stellen, mit der Hersteller die Fortführung der Konformitätsbewertungsverfahren vereinbart.

(4) Die zuständige Behörde teilt der Europäischen Kommission unverzüglich das Erlöschen, die Rücknahme und den Widerruf unter Angabe der Gründe und der für notwendig erachteten Maßnahmen mit. Erlöschen, Rücknahme und Widerruf einer Benennung sind von der zuständigen Behörde auf deren Internetseite bekannt zu machen.

(5) Die Absätze 1, 2 und 4 gelten für Konformitätsbewertungsstellen für Drittstaaten entsprechend.

§ 17 Geltungsdauer von Bescheinigungen der Benannten Stellen

(1) Soweit die von einer Benannten Stelle im Rahmen eines Konformitätsbewertungsverfahrens nach Maßgabe der Rechtsverordnung nach § 37 Abs. 1 erteilte Bescheinigung eine begrenzte Geltungsdauer hat, kann die Geltungsdauer auf Antrag um jeweils höchstens fünf Jahre verlängert werden. Sollte diese Benannte Stelle nicht mehr bestehen oder andere Gründe den Wechsel der Benannten Stelle erfordern, kann der Antrag bei einer anderen Benannten Stelle gestellt werden.

(2) Mit dem Antrag auf Verlängerung ist ein Bericht einzureichen, der Angaben darüber enthält, ob und in welchem Umfang sich die Beurteilungsmerkmale für die Konformitätsbewertung seit der Erteilung oder Verlängerung der Konformitätsbescheinigung geändert haben. Soweit nichts anderes mit der Benannten Stelle vereinbart wurde, ist der Antrag spätestens sechs Monate vor Ablauf der Gültigkeitsfrist zu stellen.

§ 18 Einschränkung, Aussetzung und Zurückziehung von Bescheinigungen, Unterrichtungspflichten

(1) Stellt eine Benannte Stelle fest, dass die Voraussetzungen zur Ausstellung einer Bescheinigung vom Hersteller nicht oder nicht mehr erfüllt werden oder die Bescheinigung nicht hätte ausgestellt werden dürfen, schränkt sie unter Berücksichtigung des Grundsatzes der Verhältnismäßigkeit die ausgestellte Bescheinigung ein, setzt sie aus oder zieht sie zurück, es sei denn, dass der Verantwortliche durch geeignete Abhilfemaßnahmen die Übereinstimmung mit den Voraussetzungen gewährleistet. Die Benannte Stelle trifft die erforderlichen Maßnahmen unverzüglich.

(2) Vor der Entscheidung über eine Maßnahme nach Absatz 1 ist der Hersteller von der Benannten Stelle anzuhören, es sei denn, dass eine solche Anhörung angesichts der Dringlichkeit der zu treffenden Entscheidung nicht möglich ist.

(3) Die Benannte Stelle unterrichtet

1. unverzüglich das Deutsche Institut für Medizinische Dokumentation und Information über alle ausgestellten, geänderten, ergänzten und, unter Angabe der Gründe, über alle abgelehnten, eingeschränkten, zurückgezogenen, ausgesetzten und wieder eingesetzten Bescheinigungen; § 25 Abs. 5 und 6 gilt entsprechend,

2. unverzüglich die für sie zuständige Behörde in Fällen, in denen sich ein Eingreifen der zuständigen Behörde als erforderlich erweisen könnte,

3. auf Anfrage die anderen Benannten Stellen oder die zuständigen Behörden über ihre Bescheinigungen und stellt zusätzliche Informationen, soweit erforderlich, zur Verfügung,

4. auf Anfrage Dritte über Angaben in Bescheinigungen, die ausgestellt, geändert, ergänzt, ausgesetzt oder widerrufen wurden.

(4) Das Deutsche Institut für Medizinische Dokumentation und Information unterrichtet über eingeschränkte, verweigerte, ausgesetzte, wieder eingesetzte und zurückgezogene Bescheinigungen elektronisch die für den Verantwortlichen nach § 5 zuständige Behörde, die zuständige Behörde des Bundes, die Europäische Kommission, die anderen Vertragsstaaten des Abkommens über den Europäischen Wirtschaftsraum und gewährt den Benannten Stellen eine Zugriffsmöglichkeit auf diese Informationen.

Vierter Abschnitt
Klinische Bewertung, Leistungsbewertung, klinische Prüfung,
Leistungsbewertungsprüfung

§ 19 Klinische Bewertung, Leistungsbewertung
(1) Die Eignung von Medizinprodukten für den vorgesehenen Verwendungszweck ist durch eine klinische Bewertung anhand von klinischen Daten nach § 3 Nummer 25 zu belegen, soweit nicht in begründeten Ausnahmefällen andere Daten ausreichend sind. Die klinische Bewertung schließt die Beurteilung von unerwünschten Wirkungen sowie die Annehmbarkeit des in den Grundlegenden Anforderungen der Richtlinien 90/385/EWG und 93/42/EWG genannten Nutzen-/Risiko-Verhältnisses ein. Die klinische Bewertung muss gemäß einem definierten und methodisch einwandfreien Verfahren erfolgen und gegebenenfalls einschlägige harmonisierte Normen berücksichtigen.

(2) Die Eignung von In-vitro-Diagnostika für den vorgesehenen Verwendungszweck ist durch eine Leistungsbewertung anhand geeigneter Daten zu belegen. Die Leistungsbewertung ist zu stützen auf

1. Daten aus der wissenschaftlichen Literatur, die die vorgesehene Anwendung des Medizinproduktes und die dabei zum Einsatz kommenden Techniken behandeln, sowie einen schriftlichen Bericht, der eine kritische Würdigung dieser Daten enthält, oder

2. die Ergebnisse aller Leistungsbewertungsprüfungen oder sonstigen geeigneten Prüfungen.

§ 20 Allgemeine Voraussetzungen zur klinischen Prüfung
(1) Mit der klinischen Prüfung eines Medizinproduktes darf in Deutschland erst begonnen werden, wenn die zuständige Ethik-Kommission diese nach Maßgabe

des § 22 zustimmend bewertet und die zuständige Bundesoberbehörde diese nach Maßgabe des § 22a genehmigt hat. Bei klinischen Prüfungen von Medizinprodukten mit geringem Sicherheitsrisiko kann die zuständige Bundesoberbehörde von einer Genehmigung absehen. Das Nähere zu diesem Verfahren wird in einer Rechtsverordnung nach § 37 Absatz 2a geregelt. Die klinische Prüfung eines Medizinproduktes darf bei Menschen nur durchgeführt werden, wenn und solange

1. die Risiken, die mit ihr für die Person verbunden sind, bei der sie durchgeführt werden soll, gemessen an der voraussichtlichen Bedeutung des Medizinproduktes für die Heilkunde ärztlich vertretbar sind,

1a. ein Sponsor oder ein Vertreter des Sponsors vorhanden ist, der seinen Sitz in einem Mitgliedstaat der Europäischen Union oder in einem anderen Vertragsstaat des Abkommens über den Europäischen Wirtschaftsraum hat,

2. die Person, bei der sie durchgeführt werden soll, ihre Einwilligung hierzu erteilt hat, nachdem sie durch einen Arzt, bei für die Zahnheilkunde bestimmten Medizinprodukten auch durch einen Zahnarzt, über Wesen, Bedeutung und Tragweite der klinischen Prüfung aufgeklärt worden ist und mit dieser Einwilligung zugleich erklärt, dass sie mit der im Rahmen der klinischen Prüfung erfolgenden Aufzeichnung von Gesundheitsdaten und mit der Einsichtnahme zu Prüfungszwecken durch Beauftragte des Auftraggebers oder der zuständigen Behörde einverstanden ist,

3. die Person, bei der sie durchgeführt werden soll, nicht auf gerichtliche oder behördliche Anordnung in einer Anstalt verwahrt ist,

4. sie in einer geeigneten Einrichtung und von einem angemessen qualifizierten Prüfer durchgeführt und von einem entsprechend qualifizierten und spezialisierten Arzt, bei für die Zahnheilkunde bestimmten Medizinprodukten auch von einem Zahnarzt, oder einer sonstigen entsprechend qualifizierten und befugten Person geleitet wird, die mindestens eine zweijährige Erfahrung in der klinischen Prüfung von Medizinprodukten nachweisen können,

5. soweit erforderlich, eine dem jeweiligen Stand der wissenschaftlichen Erkenntnisse entsprechende biologische Sicherheitsprüfung oder sonstige für die vorgesehene Zweckbestimmung des Medizinproduktes erforderliche Prüfung durchgeführt worden ist,

6. soweit erforderlich, die sicherheitstechnische Unbedenklichkeit für die Anwendung des Medizinproduktes unter Berücksichtigung des Standes der Technik sowie der Arbeitsschutz- und Unfallverhütungsvorschriften nachgewiesen wird,

7. die Prüfer über die Ergebnisse der biologischen Sicherheitsprüfung und der Prüfung der technischen Unbedenklichkeit sowie die voraussichtlich mit der klinischen Prüfung verbundenen Risiken informiert worden sind,

8. ein dem jeweiligen Stand der wissenschaftlichen Erkenntnisse entsprechender Prüfplan vorhanden ist und

9. für den Fall, dass bei der Durchführung der klinischen Prüfung ein Mensch getötet oder der Körper oder die Gesundheit eines Menschen verletzt oder beeinträchtigt wird, eine Versicherung nach Maßgabe des Absatzes 3 besteht, die auch Leistungen gewährt, wenn kein anderer für den Schaden haftet.

(2) Eine Einwilligung nach Absatz 1 Nr. 2 ist nur wirksam, wenn die Person, die sie abgibt,

1. geschäftsfähig und in der Lage ist, Wesen, Risiken, Bedeutung und Tragweite der klinischen Prüfung einzusehen und ihren Willen hiernach zu bestimmen, und

2. die Einwilligung selbst und schriftlich erteilt hat.

Eine Einwilligung kann jederzeit widerrufen werden.

(3) Die Versicherung nach Absatz 1 Nr. 9 muss zugunsten der von der klinischen Prüfung betroffenen Person bei einem in Deutschland zum Geschäftsbetrieb befugten Versicherer genommen werden. Ihr Umfang muss in einem angemessenen Verhältnis zu den mit der klinischen Prüfung verbundenen Risiken stehen und auf der Grundlage der Risikoabschätzung so festgelegt werden, dass für jeden Fall des Todes oder der dauernden Erwerbsunfähigkeit einer von der klinischen Prüfung betroffenen Person mindestens 500.000 Euro zur Verfügung stehen. Soweit aus der Versicherung geleistet wird, erlischt ein Anspruch auf Schadensersatz.

(4) Auf eine klinische Prüfung bei Minderjährigen finden die Absätze 1 bis 3 mit folgender Maßgabe Anwendung:

1. Das Medizinprodukt muss zum Erkennen oder zum Verhüten von Krankheiten bei Minderjährigen bestimmt sein.

2. Die Anwendung des Medizinproduktes muss nach den Erkenntnissen der medizinischen Wissenschaft angezeigt sein, um bei dem Minderjährigen Krankheiten zu erkennen oder ihn vor Krankheiten zu schützen.

3. Die klinische Prüfung an Erwachsenen darf nach den Erkenntnissen der medizinischen Wissenschaft keine ausreichenden Prüfergebnisse erwarten lassen.

4. Die Einwilligung wird durch den gesetzlichen Vertreter oder Betreuer abgegeben. Sie ist nur wirksam, wenn dieser durch einen Arzt, bei für die Zahnheilkunde bestimmten Medizinprodukten auch durch einen Zahnarzt, über Wesen, Bedeutung und Tragweite der klinischen Prüfung aufgeklärt worden ist. Ist der Minderjährige in der Lage, Wesen, Bedeutung und Tragweite der klinischen Prüfung einzusehen und seinen Willen hiernach zu bestimmen, so ist auch seine schriftliche Einwilligung erforderlich.

(5) Auf eine klinische Prüfung bei Schwangeren oder Stillenden finden die Absätze 1 bis 4 mit folgender Maßgabe Anwendung: Die klinische Prüfung darf nur durchgeführt werden, wenn

1. das Medizinprodukt dazu bestimmt ist, bei schwangeren oder stillenden Frauen oder bei einem ungeborenen Kind Krankheiten zu verhüten, zu erkennen, zu heilen oder zu lindern,

2. die Anwendung des Medizinproduktes nach den Erkenntnissen der medizinischen Wissenschaft angezeigt ist, um bei der schwangeren oder stillenden Frau oder bei einem ungeborenen Kind Krankheiten oder deren Verlauf zu erkennen, Krankheiten zu heilen oder zu lindern oder die schwangere oder stillende Frau oder das ungeborene Kind vor Krankheiten zu schützen,

3. nach den Erkenntnissen der medizinischen Wissenschaft die Durchführung der klinischen Prüfung für das ungeborene Kind keine unvertretbaren Risiken erwarten lässt und

4. die klinische Prüfung nach den Erkenntnissen der medizinischen Wissenschaft nur dann ausreichende Prüfergebnisse erwarten lässt, wenn sie an schwangeren oder stillenden Frauen durchgeführt wird.

(6) (weggefallen)

(7) (weggefallen)

(8) (weggefallen)

§ 21 Besondere Voraussetzungen zur klinischen Prüfung
Auf eine klinische Prüfung bei einer Person, die an einer Krankheit leidet, zu deren Behebung das zu prüfende Medizinprodukt angewendet werden soll, findet § 20 Abs. 1 bis 3 mit folgender Maßgabe Anwendung:

1. Die klinische Prüfung darf nur durchgeführt werden, wenn die Anwendung des zu prüfenden Medizinproduktes nach den Erkenntnissen der medizinischen Wissenschaft angezeigt ist, um das Leben des Kranken zu retten, seine Gesundheit wiederherzustellen oder sein Leiden zu erleichtern.

2. Die klinische Prüfung darf auch bei einer Person, die geschäftsunfähig oder in der Geschäftsfähigkeit beschränkt ist, durchgeführt werden. Sie bedarf der Einwilligung des gesetzlichen Vertreters. Daneben bedarf es auch der Einwilligung des Vertretenen, wenn er in der Lage ist, Wesen, Bedeutung und Tragweite der klinischen Prüfung einzusehen und seinen Willen hiernach zu bestimmen.

3. Die Einwilligung des gesetzlichen Vertreters ist nur wirksam, wenn dieser durch einen Arzt, bei für die Zahnheilkunde bestimmten Medizinprodukten auch durch einen Zahnarzt, über Wesen, Bedeutung und Tragweite der klinischen Prüfung aufgeklärt worden ist. Auf den Widerruf findet § 20 Abs. 2 Satz 2 Anwendung. Der Einwilligung des gesetzlichen Vertreters bedarf es so lange nicht, als eine Behandlung ohne Aufschub erforderlich ist, um das Leben des Kranken zu retten, seine Gesundheit wiederherzustellen oder sein Leiden zu erleichtern, und eine Erklärung über die Einwilligung nicht herbeigeführt werden kann.

4. Die Einwilligung des Kranken oder des gesetzlichen Vertreters ist auch wirksam, wenn sie mündlich gegenüber dem behandelnden Arzt, bei für die Zahnheilkunde bestimmten Medizinprodukten auch gegenüber dem behandelnden Zahnarzt, in Gegenwart eines Zeugen abgegeben wird, der auch bei der Information der betroffenen Person einbezogen war. Der Zeuge darf keine bei der Prüfstelle beschäftigte Person und kein Mitglied der Prüfgruppe sein. Die mündlich erteilte Einwilligung ist schriftlich zu dokumentieren, zu datieren und von dem Zeugen zu unterschreiben.

§ 22 Verfahren bei der Ethik-Kommission
(1) Die nach § 20 Absatz 1 Satz 1 erforderliche zustimmende Bewertung der Ethik-Kommission ist vom Sponsor bei der nach Landesrecht für den Prüfer zuständigen unabhängigen interdisziplinär besetzten Ethik-Kommission zu beantragen. Wird die klinische Prüfung von mehreren Prüfern durchgeführt, so ist der Antrag bei der für den Hauptprüfer oder Leiter der klinischen Prüfung zuständigen unabhängigen Ethik-Kommission zu stellen. Bei multizentrischen klinischen Prüfungen genügt ein Votum. Das Nähere zur Bildung, Zusammensetzung und Finanzierung der Ethik-Kommission wird durch Landesrecht bestimmt. Der Sponsor hat der Ethik-Kommission alle Angaben und Unterlagen vorzulegen, die diese zur Bewertung benötigt. Zur Bewertung der Unterlagen kann die Ethik-Kommission eigene wissenschaftliche Erkenntnisse verwerten, Sachverständige beiziehen oder Gutachten anfordern. Sie hat Sachverständige beizuziehen oder Gutachten anzufordern, wenn es sich um eine klinische Prüfung bei Minderjährigen handelt und sie nicht über eigene Fachkenntnisse auf dem Gebiet der Kinderheilkunde, einschließlich ethischer und psychosozialer Fragen der Kinderheilkunde, verfügt. Das Nähere zum Verfahren wird in einer Rechtsverordnung nach § 37 Absatz 2a geregelt.

(2) Die Ethik-Kommission hat die Aufgabe, den Prüfplan und die erforderlichen Unterlagen, insbesondere nach ethischen und rechtlichen Gesichtspunkten, zu beraten und zu prüfen, ob die Voraussetzungen nach § 20 Absatz 1 Satz 4 Nummer 1 bis 4 und 7 bis 9 sowie Absatz 4 und 5 und nach § 21 erfüllt werden.

(3) Die zustimmende Bewertung darf nur versagt werden, wenn

1. die vorgelegten Unterlagen auch nach Ablauf einer dem Sponsor gesetzten angemessenen Frist zur Ergänzung unvollständig sind,

2. die vorgelegten Unterlagen einschließlich des Prüfplans, der Prüferinformation und der Modalitäten für die Auswahl der Probanden nicht dem Stand der wissenschaftlichen Erkenntnisse entsprechen, insbesondere die klinische Prüfung ungeeignet ist, den Nachweis der Unbedenklichkeit, Leistung oder Wirkung des Medizinproduktes zu erbringen, oder

3. die in § 20 Absatz 1 Satz 4 Nummer 1 bis 4 und 7 bis 9 sowie Absatz 4 und 5 und die in § 21 genannten Anforderungen nicht erfüllt sind.

(4) Die Ethik-Kommission hat eine Entscheidung über den Antrag nach Absatz 1 innerhalb einer Frist von 60 Tagen nach Eingang der erforderlichen Unterlagen zu übermitteln. Sie unterrichtet zusätzlich die zuständige Bundesoberbehörde über die Entscheidung.

§ 22a Genehmigungsverfahren bei der Bundesoberbehörde

(1) Die nach § 20 Absatz 1 Satz 1 erforderliche Genehmigung ist vom Sponsor bei der zuständigen Bundesoberbehörde zu beantragen. Der Antrag muss, jeweils mit Ausnahme der Stellungnahme der beteiligten Ethik-Kommission, bei aktiven implantierbaren Medizinprodukten die Angaben nach Nummer 2.2 des Anhangs 6 der Richtlinie 90/385/EWG und bei sonstigen Medizinprodukten die Angaben nach Nummer 2.2 des Anhangs VIII der Richtlinie 93/42/EWG enthalten. Zusätzlich hat der Sponsor alle Angaben und Unterlagen vorzulegen, die die zuständige Bundesoberbehörde zur Bewertung benötigt. Die Stellungnahme der Ethik-Kommission ist nachzureichen. Das Nähere zum Verfahren wird in einer Rechtsverordnung nach § 37 Absatz 2a geregelt.

(2) Die zuständige Bundesoberbehörde hat die Aufgabe, den Prüfplan und die erforderlichen Unterlagen insbesondere nach wissenschaftlichen und technischen Gesichtspunkten zu prüfen, ob die Voraussetzungen nach § 20 Absatz 1 Satz 4 Nummer 1, 5, 6 und 8 erfüllt werden.

(3) Die Genehmigung darf nur versagt werden, wenn

1. die vorgelegten Unterlagen auch nach Ablauf einer dem Sponsor gesetzten angemessenen Frist zur Ergänzung unvollständig sind,

2. das Medizinprodukt oder die vorgelegten Unterlagen, insbesondere die Angaben zum Prüfplan einschließlich der Prüferinformation, nicht dem Stand der wissenschaftlichen Erkenntnisse entsprechen, insbesondere die klinische Prüfung ungeeignet ist, den Nachweis der Unbedenklichkeit, Leistung oder Wirkung des Medizinproduktes zu erbringen, oder

3. die in § 20 Absatz 1 Satz 4 Nummer 1, 5, 6 und 8 genannten Anforderungen nicht erfüllt sind.

(4) Die Genehmigung gilt als erteilt, wenn die zuständige Bundesoberbehörde dem Sponsor innerhalb von 30 Tagen nach Eingang der Antragsunterlagen keine mit Gründen versehenen Einwände übermittelt. Wenn der Sponsor auf mit Gründen versehene Einwände den Antrag nicht innerhalb einer Frist von 90 Tagen entsprechend abgeändert hat, gilt der Antrag als abgelehnt.

(5) Nach einer Entscheidung der zuständigen Bundesoberbehörde über den Genehmigungsantrag oder nach Ablauf der Frist nach Absatz 4 Satz 2 ist das Einreichen von Unterlagen zur Mängelbeseitigung ausgeschlossen.

(6) Die zuständige Bundesoberbehörde unterrichtet die zuständigen Behörden über genehmigte und abgelehnte klinische Prüfungen und Bewertungen der Ethik-Kommission und informiert die zuständigen Behörden der anderen Vertragsstaaten des Europäischen Wirtschaftsraums und die Europäische Kommission über abgelehnte klinische Prüfungen. Die Unterrichtung erfolgt automatisch über das Informationssystem des Deutschen Instituts für Medizinische Dokumentation und Information. § 25 Absatz 5 und 6 gilt entsprechend.

(7) Die für die Genehmigung einer klinischen Prüfung zuständige Bundesoberbehörde unterrichtet die zuständige Ethik-Kommission, sofern ihr Informationen zu anderen klinischen Prüfungen vorliegen, die für die Bewertung der von der Ethik-Kommission begutachteten Prüfung von Bedeutung sind; dies gilt insbesondere für Informationen über abgebrochene oder sonst vorzeitig beendete Prüfungen. Dabei unterbleibt die Übermittlung personenbezogener Daten; ferner sind Betriebs- und Geschäftsgeheimnisse dabei zu wahren. Absatz 6 Satz 2 und 3 gilt entsprechend.

§ 22b Rücknahme, Widerruf und Ruhen der Genehmigung oder der zustimmenden Bewertung

(1) Die Genehmigung nach § 22a ist zurückzunehmen, wenn bekannt wird, dass ein Versagungsgrund nach § 22a Absatz 3 bei der Erteilung vorgelegen hat. Sie ist zu widerrufen, wenn nachträglich Tatsachen eintreten, die die Versagung nach § 22a Absatz 3 Nummer 2 oder Nummer 3 rechtfertigen würden. In den Fällen des Satzes 1 kann auch das Ruhen der Genehmigung befristet angeordnet werden.

(2) Die zuständige Bundesoberbehörde kann die Genehmigung widerrufen, wenn die Gegebenheiten der klinischen Prüfung nicht mit den Angaben im Genehmigungsantrag übereinstimmen oder wenn Tatsachen Anlass zu Zweifeln an der Unbedenklichkeit oder der wissenschaftlichen Grundlage der klinischen Prüfung geben. In diesem Fall kann auch das Ruhen der Genehmigung befristet angeordnet werden.

(3) Vor einer Entscheidung nach den Absätzen 1 und 2 ist dem Sponsor Gelegenheit zur Stellungnahme innerhalb einer Frist von einer Woche zu geben. § 28 Absatz 2 Nummer 1 des Verwaltungsverfahrensgesetzes gilt entsprechend. Ordnet die zuständige Bundesoberbehörde den Widerruf, die Rücknahme oder das Ruhen der Genehmigung mit sofortiger Wirkung an, so übermittelt sie diese Anordnung unverzüglich dem Sponsor. Widerspruch und Anfechtungsklage haben keine aufschiebende Wirkung.

(4) Ist die Genehmigung einer klinischen Prüfung zurückgenommen oder widerrufen oder ruht sie, so darf die klinische Prüfung nicht fortgesetzt werden.

(5) Die zustimmende Bewertung durch die zuständige Ethik-Kommission ist zurückzunehmen, wenn die Ethik-Kommission nachträglich Kenntnis erlangt, dass ein Versagungsgrund nach § 22 Absatz 3 vorgelegen hat; sie ist zu widerrufen, wenn die Ethik-Kommission nachträglich Kenntnis erlangt, dass

1. die Anforderungen an die Eignung des Prüfers und der Prüfstelle nicht gegeben sind,

2. keine ordnungsgemäße Probandenversicherung besteht,

3. die Modalitäten für die Auswahl der Prüfungsteilnehmer nicht dem Stand der medizinischen Erkenntnisse entsprechen, insbesondere die klinische Prüfung ungeeignet ist, den Nachweis der Unbedenklichkeit, Leistung oder Wirkung des Medizinproduktes zu erbringen,

4. die Voraussetzungen für die Einbeziehung von Personen nach § 20 Absatz 4 und 5 oder § 21 nicht gegeben sind.

Die Absätze 3 und 4 gelten entsprechend. Die zuständige Ethik-Kommission unterrichtet unter Angabe von Gründen unverzüglich die zuständige Bundesoberbehörde und die anderen für die Überwachung zuständigen Behörden.

(6) Wird die Genehmigung einer klinischen Prüfung zurückgenommen, widerrufen oder das Ruhen einer Genehmigung angeordnet, so informiert die zuständige Bundesoberbehörde die zuständigen Behörden und die Behörden der anderen betroffenen Mitgliedstaaten des Europäischen Wirtschaftsraums über die getroffene Maßnahme und deren Gründe. § 22a Absatz 6 Satz 2 und 3 gilt entsprechend.

§ 22c Änderungen nach Genehmigung von klinischen Prüfungen

(1) Der Sponsor zeigt jede Änderung der Dokumentation der zuständigen Bundesoberbehörde an.

(2) Beabsichtigt der Sponsor nach Genehmigung der klinischen Prüfung eine wesentliche Änderung, so beantragt er unter Angabe des Inhalts und der Gründe der Änderung

1. bei der zuständigen Bundesoberbehörde eine Begutachtung und

2. bei der zuständigen Ethik-Kommission eine Bewertung

der angezeigten Änderungen.

(3) Als wesentlich gelten insbesondere Änderungen, die

1. sich auf die Sicherheit der Probanden auswirken können,

2. die Auslegung der Dokumente beeinflussen, auf die die Durchführung der klinischen Prüfung gestützt wird, oder

3. die anderen von der Ethik-Kommission beurteilten Anforderungen beeinflussen.

(4) Die Ethik-Kommission nimmt innerhalb von 30 Tagen nach Eingang des Änderungsantrags dazu Stellung. § 22 Absatz 4 Satz 2 gilt entsprechend.

(5) Stimmt die Ethik-Kommission dem Antrag zu und äußert die zuständige Bundesoberbehörde innerhalb von 30 Tagen nach Eingang des Änderungsantrages

keine Einwände, so kann der Sponsor die klinische Prüfung nach dem geänderten Prüfplan durchführen. Im Falle von Auflagen muss der Sponsor diese beachten und die Dokumentation entsprechend anpassen oder seinen Änderungsantrag zurückziehen. § 22a Absatz 6 gilt entsprechend. Für Rücknahme, Widerruf und Ruhen der Genehmigung der Bundesoberbehörde nach Satz 1 findet § 22b entsprechende Anwendung.

(6) Werden wesentliche Änderungen auf Grund von Maßnahmen der zuständigen Bundesoberbehörde an einer klinischen Prüfung veranlasst, so informiert die zuständige Bundesoberbehörde die zuständigen Behörden und die zuständigen Behörden der anderen betroffenen Vertragsstaaten des Abkommens über den Europäischen Wirtschaftsraum über die getroffene Maßnahme und deren Gründe. § 22a Absatz 6 Satz 2 und 3 gilt entsprechend.

§ 23 Durchführung der klinischen Prüfung
Neben den §§ 20 bis 22c gelten für die Durchführung klinischer Prüfungen von aktiven implantierbaren Medizinprodukten auch die Bestimmungen der Nummer 2.3 des Anhangs 7 der Richtlinie 90/385/EWG und für die Durchführung klinischer Prüfungen von sonstigen Medizinprodukten die Bestimmungen der Nummer 2.3 des Anhangs X der Richtlinie 93/42/EWG.

§ 23a Meldungen über Beendigung oder Abbruch von klinischen Prüfungen
(1) Innerhalb von 90 Tagen nach Beendigung einer klinischen Prüfung meldet der Sponsor der zuständigen Bundesoberbehörde die Beendigung der klinischen Prüfung.

(2) Beim Abbruch der klinischen Prüfung verkürzt sich diese Frist auf 15 Tage. In der Meldung sind alle Gründe für den Abbruch anzugeben.

(3) Der Sponsor reicht der zuständigen Bundesoberbehörde innerhalb von zwölf Monaten nach Abbruch oder Abschluss der klinischen Prüfung den Schlussbericht ein.

(4) Im Falle eines Abbruchs der klinischen Prüfung aus Sicherheitsgründen informiert die zuständige Bundesoberbehörde alle zuständigen Behörden, die Behörden der Mitgliedstaaten des Europäischen Wirtschaftsraums und die Europäische Kommission. § 22a Absatz 6 Satz 2 und 3 gilt entsprechend.

§ 23b Ausnahmen zur klinischen Prüfung
Die §§ 20 bis 23a sind nicht anzuwenden, wenn eine klinische Prüfung mit Medizinprodukten durchgeführt wird, die nach den §§ 6 und 10 die CE-Kennzeichnung tragen dürfen, es sei denn, diese Prüfung hat eine andere Zweckbestimmung des Medizinproduktes zum Inhalt oder es werden zusätzlich invasive oder andere belastende Untersuchungen durchgeführt.

§ 24 Leistungsbewertungsprüfung
Auf Leistungsbewertungsprüfungen von In-vitro-Diagnostika sind die §§ 20 bis 23b entsprechend anzuwenden, wenn

1. eine invasive Probenahme ausschließlich oder in erheblicher zusätzlicher Menge zum Zwecke der Leistungsbewertung eines In-vitro-Diagnostikums erfolgt oder

2. im Rahmen der Leistungsbewertungsprüfung zusätzlich invasive oder andere belastende Untersuchungen durchgeführt werden oder

3. die im Rahmen der Leistungsbewertung erhaltenen Ergebnisse für die Diagnostik verwendet werden sollen, ohne dass sie mit etablierten Verfahren bestätigt werden können.

In den übrigen Fällen ist die Einwilligung der Person, von der die Proben entnommen werden, erforderlich, soweit das Persönlichkeitsrecht oder kommerzielle Interessen dieser Person berührt sind.

Fünfter Abschnitt
Überwachung und Schutz vor Risiken

§ 25 Allgemeine Anzeigepflicht
(1) Wer als Verantwortlicher im Sinne von § 5 Satz 1 und 2 seinen Sitz in Deutschland hat und Medizinprodukte mit Ausnahme derjenigen nach § 3 Nr. 8 erstmalig in den Verkehr bringt, hat dies vor Aufnahme der Tätigkeit unter Angabe seiner Anschrift der zuständigen Behörde anzuzeigen; dies gilt entsprechend für Betriebe und Einrichtungen, die Medizinprodukte, die bestimmungsgemäß keimarm oder steril zur Anwendung kommen, ausschließlich für andere aufbereiten.

(2) Wer Systeme oder Behandlungseinheiten nach § 10 Abs. 1 zusammensetzt oder diese sowie Medizinprodukte nach § 10 Abs. 3 sterilisiert und seinen Sitz in Deutschland hat, hat der zuständigen Behörde unter Angabe seiner Anschrift vor Aufnahme der Tätigkeit die Bezeichnung sowie bei Systemen oder Behandlungseinheiten die Beschreibung der betreffenden Medizinprodukte anzuzeigen.

(3) Wer als Verantwortlicher nach § 5 Satz 1 und 2 seinen Sitz in Deutschland hat und In-vitro-Diagnostika erstmalig in Verkehr bringt, hat der zuständigen Behörde unter Angabe seiner Anschrift vor Aufnahme der Tätigkeit anzuzeigen:

1. die die gemeinsamen technologischen Merkmale und Analyten betreffenden Angaben zu Reagenzien, Medizinprodukten mit Reagenzien und Kalibrier- und Kontrollmaterialien sowie bei sonstigen In-vitro-Diagnostika die geeigneten Angaben,

2. im Falle der In-vitro-Diagnostika gemäß Anhang II der Richtlinie 98/79/EG und der In-vitro-Diagnostika zur Eigenanwendung alle Angaben, die eine Identifizierung

dieser In-vitro-Diagnostika ermöglichen, die analytischen und gegebenenfalls diagnostischen Leistungsdaten gemäß Anhang I Abschnitt A Nr. 3 der Richtlinie 98/79/ EG, die Ergebnisse der Leistungsbewertung sowie Angaben zu Bescheinigungen,

3. bei einem „neuen In-vitro-Diagnostikum" im Sinne von § 3 Nr. 6 zusätzlich die Angabe, dass es sich um ein „neues In-vitro-Diagnostikum" handelt.

(4) Nachträgliche Änderungen der Angaben nach den Absätzen 1 bis 3 sowie eine Einstellung des Inverkehrbringens sind unverzüglich anzuzeigen.

(5) Die zuständige Behörde übermittelt die Daten gemäß den Absätzen 1 bis 4 dem Deutschen Institut für medizinische Dokumentation und Information zur zentralen Verarbeitung und Nutzung nach § 33. Dieses unterrichtet auf Anfrage die Europäische Kommission und die anderen Vertragsstaaten des Abkommens über den Europäischen Wirtschaftsraum über Anzeigen nach den Absätzen 1 bis 4.

(6) Näheres zu den Absätzen 1 bis 5 regelt die Rechtsverordnung nach § 37 Abs. 8.

§ 26 Durchführung der Überwachung

(1) Betriebe und Einrichtungen mit Sitz in Deutschland, in denen Medizinprodukte hergestellt, klinisch geprüft, einer Leistungsbewertungsprüfung unterzogen, verpackt, ausgestellt, in den Verkehr gebracht, errichtet, betrieben, angewendet oder Medizinprodukte, die bestimmungsgemäß keimarm oder steril zur Anwendung kommen, aufbereitet werden, unterliegen insoweit der Überwachung durch die zuständigen Behörden. Dies gilt auch für Sponsoren und Personen, die die in Satz 1 genannten Tätigkeiten geschäftsmäßig ausüben, sowie für Personen und Personenvereinigungen, die Medizinprodukte für andere sammeln.

(2) Die zuständige Behörde hat sich davon zu überzeugen, dass die Vorschriften über Medizinprodukte und die Werbung auf dem Gebiet des Heilwesens beachtet werden. Sie prüft in angemessenem Umfang unter besonderer Berücksichtigung möglicher Risiken, ob die Voraussetzungen zum Inverkehrbringen, zur Inbetriebnahme, zum Errichten, Betreiben und Anwenden erfüllt sind. Satz 2 gilt entsprechend für die Überwachung von klinischen Prüfungen und von Leistungsbewertungsprüfungen sowie für die Überwachung der Aufbereitung von Medizinprodukten, die bestimmungsgemäß keimarm oder steril angewendet werden. Die zuständige Behörde ergreift die Maßnahmen, die notwendig sind, um festgestellte Verstöße zu beseitigen und künftigen Verstößen vorzubeugen. Sie kann bei hinreichenden Anhaltspunkten für eine unrechtmäßige CE-Kennzeichnung oder eine von dem Medizinprodukt ausgehende Gefahr verlangen, dass der Verantwortliche im Sinne von § 5 das Medizinprodukt von einem Sachverständigen überprüfen lässt. Bei einem In-vitro-Diagnostikum nach § 3 Nummer 6 kann sie zu jedem Zeitpunkt innerhalb von zwei Jahren nach der Anzeige nach § 25 Absatz 3 und danach in begründeten Fällen die Vorlage eines Berichts über die Erkenntnisse aus den Erfahrungen mit dem neuen In-vitro-Diagnostikum nach dessen erstmaligem Inverkehrbringen verlangen.

(2a) Die zuständigen Behörden müssen über die zur Erfüllung ihrer Aufgaben notwendige personelle und sachliche Ausstattung verfügen sowie für eine dem allgemeinen anerkannten Stand der Wissenschaft und Technik entsprechende regelmäßige Fortbildung der überwachenden Mitarbeiter sorgen.

(2b) Die Einzelheiten zu den Absätzen 1 bis 2a, insbesondere zur Durchführung und Qualitätssicherung der Überwachung, regelt eine allgemeine Verwaltungsvorschrift nach § 37a.

(3) Die mit der Überwachung beauftragten Personen sind befugt,

1. Grundstücke, Geschäftsräume, Betriebsräume, Beförderungsmittel, in denen eine Tätigkeit nach Absatz 1 ausgeübt wird, zu den üblichen Geschäftszeiten und zur Verhütung dringender Gefahr für die öffentliche Sicherheit und Ordnung auch Wohnräume, in denen eine Tätigkeit nach Absatz 1 ausgeübt wird, zu betreten und zu besichtigen sowie in Geschäftsräumen, Betriebsräumen und Beförderungsmitteln zur Dokumentation bewegte und unbewegte Bildaufzeichnungen anzufertigen; das Grundrecht der Unverletzlichkeit der Wohnung (Artikel 13 des Grundgesetzes) wird insoweit eingeschränkt,

2. Medizinprodukte zu prüfen, insbesondere hierzu in Betrieb nehmen zu lassen, sowie Proben unentgeltlich zu entnehmen,

3. Unterlagen über die Entwicklung, Herstellung, Prüfung, klinische Prüfung, Leistungsbewertungsprüfung oder Erwerb, Aufbereitung, Lagerung, Verpackung, Inverkehrbringen und sonstigen Verbleib der Medizinprodukte sowie über das im Verkehr befindliche Werbematerial einzusehen,

4. von natürlichen und juristischen Personen und nicht rechtsfähigen Personenvereinigungen alle erforderlichen Auskünfte, insbesondere über die in Nummer 3 genannten Betriebsvorgänge, zu verlangen,

5. Unterlagen und Dokumente, die nach Maßgabe der Verordnung nach § 37 Absatz 5 zu erstellen und zu führen sind, einzusehen,

6. Abschriften oder Ablichtungen von Unterlagen oder Dokumenten nach den Nummern 3 und 5 oder Ausdrucke oder Kopien von Datenträgern, auf denen Unterlagen oder Dokumente nach den Nummern 3 und 5 gespeichert sind, anzufertigen oder zu verlangen, soweit es sich nicht um personenbezogene Daten von Patienten handelt.

(4) Wer der Überwachung nach Absatz 1 unterliegt, hat Maßnahmen nach Absatz 3 Satz 1 Nr. 1 bis 3 zu dulden und die beauftragten Personen sowie die sonstigen in der Überwachung tätigen Personen bei der Erfüllung ihrer Aufgaben zu unterstützen. Dies beinhaltet insbesondere die Verpflichtung, diesen Personen die Medizinprodukte zugänglich zu machen, erforderliche Prüfungen zu gestatten, hierfür benötigte Mitarbeiter und Hilfsmittel bereitzustellen, Auskünfte zu erteilen und Unterlagen vorzulegen.

(5) Der im Rahmen der Überwachung zur Auskunft Verpflichtete kann die Auskunft auf solche Fragen verweigern, deren Beantwortung ihn selbst oder einen seiner in § 383 Abs. 1 Nr. 1 bis 3 der Zivilprozessordnung bezeichneten Angehörigen der Gefahr strafrechtlicher Verfolgung oder eines Verfahrens nach dem Gesetz über Ordnungswidrigkeiten aussetzen würde.

(6) Sachverständige, die im Rahmen des Absatzes 2 prüfen, müssen die dafür notwendige Sachkenntnis besitzen. Die Sachkenntnis kann auch durch ein Zertifikat einer von der zuständigen Behörde akkreditierten Stelle nachgewiesen werden.

(7) Die zuständige Behörde unterrichtet auf Anfrage das Bundesministerium für Gesundheit sowie die zuständigen Behörden der anderen Vertragsstaaten des Abkommens über den Europäischen Wirtschaftsraum über durchgeführte Überprüfungen, deren Ergebnisse sowie die getroffenen Maßnahmen.

§ 27 Verfahren bei unrechtmäßiger und unzulässiger Anbringung der CE-Kennzeichnung

(1) Stellt die zuständige Behörde fest, dass die CE-Kennzeichnung auf einem Medizinprodukt unrechtmäßig angebracht worden ist, ist der Verantwortliche nach § 5 verpflichtet, die Voraussetzungen für das rechtmäßige Anbringen der CE-Kennzeichnung nach Weisung der zuständigen Behörde zu erfüllen. Werden diese Voraussetzungen nicht erfüllt, so hat die zuständige Behörde das Inverkehrbringen dieses Medizinproduktes einzuschränken, von der Einhaltung bestimmter Auflagen abhängig zu machen, zu untersagen oder zu veranlassen, dass das Medizinprodukt vom Markt genommen wird. Sie unterrichtet davon die übrigen zuständigen Behörden in Deutschland und das Bundesministerium für Gesundheit, das die Europäische Kommission und die anderen Vertragsstaaten des Abkommens über den Europäischen Wirtschaftsraum hiervon unterrichtet.

(2) Trägt ein Produkt unzulässigerweise die CE-Kennzeichnung als Medizinprodukt, trifft die zuständige Behörde die erforderlichen Maßnahmen nach Absatz 1 Satz 2. Absatz 1 Satz 3 gilt entsprechend.

§ 28 Verfahren zum Schutze vor Risiken

(1) Die nach diesem Gesetz zuständige Behörde trifft alle erforderlichen Maßnahmen zum Schutze der Gesundheit und zur Sicherheit von Patienten, Anwendern und Dritten vor Gefahren durch Medizinprodukte, soweit nicht das Atomgesetz oder eine darauf gestützte Rechtsverordnung für Medizinprodukte, die ionisierende Strahlen erzeugen oder radioaktive Stoffe enthalten, für die danach zuständige Behörde entsprechende Befugnisse vorsieht.

(2) Die zuständige Behörde ist insbesondere befugt, Anordnungen, auch über die Schließung des Betriebs oder der Einrichtung, zu treffen, soweit es zur Abwehr einer drohenden Gefahr für die öffentliche Gesundheit, Sicherheit oder Ordnung geboten ist. Sie kann das Inverkehrbringen, die Inbetriebnahme, das Betreiben, die Anwendung der Medizinprodukte sowie den Beginn oder die weitere Durchführung der

klinischen Prüfung oder der Leistungsbewertungsprüfung untersagen, beschränken oder von der Einhaltung bestimmter Auflagen abhängig machen oder den Rückruf oder die Sicherstellung der Medizinprodukte anordnen. Sie unterrichtet hiervon die übrigen zuständigen Behörden in Deutschland, die zuständige Bundesoberbehörde und das Bundesministerium für Gesundheit.

(3) Stellt die zuständige Behörde fest, dass CE-gekennzeichnete Medizinprodukte oder Sonderanfertigungen die Gesundheit oder Sicherheit von Patienten, Anwendern oder Dritten oder deren Eigentum gefährden können, auch wenn sie sachgemäß installiert, in Stand gehalten oder ihrer Zweckbestimmung entsprechend angewendet werden und trifft sie deshalb Maßnahmen mit dem Ziel, das Medizinprodukt vom Markt zu nehmen oder das Inverkehrbringen oder die Inbetriebnahme zu verbieten oder einzuschränken, teilt sie diese umgehend unter Angabe von Gründen dem Bundesministerium für Gesundheit zur Einleitung eines Schutzklauselverfahrens nach Artikel 7 der Richtlinie 90/385/EWG, Artikel 8 der Richtlinie 93/42/EWG oder Artikel 8 der Richtlinie 98/79/EG mit. In den Gründen ist insbesondere anzugeben, ob die Nichtübereinstimmung mit den Vorschriften dieses Gesetzes zurückzuführen ist auf

1. die Nichteinhaltung der Grundlegenden Anforderungen,

2. eine unzulängliche Anwendung harmonisierter Normen oder Gemeinsamer Technischer Spezifikationen, sofern deren Anwendung behauptet wird, oder

3. einen Mangel der harmonisierten Normen oder Gemeinsamen Technischen Spezifikationen selbst.

(4) Die zuständige Behörde kann veranlassen, dass alle, die einer von einem Medizinprodukt ausgehenden Gefahr ausgesetzt sein können, rechtzeitig in geeigneter Form auf diese Gefahr hingewiesen werden. Eine hoheitliche Warnung der Öffentlichkeit ist zulässig, wenn bei Gefahr im Verzug andere ebenso wirksame Maßnahmen nicht oder nicht rechtzeitig getroffen werden können.

(5) Maßnahmen nach Artikel 14b der Richtlinie 93/42/EWG und Artikel 13 der Richtlinie 98/79/EG trifft das Bundesministerium für Gesundheit durch Rechtsverordnung nach § 37 Abs. 6.

§ 29 Medizinprodukte-Beobachtungs- und –Meldesystem
(1) Die zuständige Bundesoberbehörde hat, soweit nicht eine oberste Bundesbehörde im Vollzug des Atomgesetzes oder der auf Grund dieses Gesetzes erlassenen Rechtsverordnungen zuständig ist, zur Verhütung einer Gefährdung der Gesundheit oder der Sicherheit von Patienten, Anwendern oder Dritten die bei der Anwendung oder Verwendung von Medizinprodukten auftretenden Risiken, insbesondere Nebenwirkungen, wechselseitige Beeinflussung mit anderen Stoffen oder Produkten, Gegenanzeigen, Verfälschungen, Funktionsfehler, Fehlfunktionen und technische Mängel zentral zu erfassen, auszuwerten und zu bewerten. Sie hat die zu ergreifenden Maßnahmen zu koordinieren, insbesondere, soweit sie alle

schwerwiegenden unerwünschten Ereignisse während klinischer Prüfungen oder Leistungsbewertungsprüfungen von In-vitro-Diagnostika oder folgende Vorkommnisse betreffen:

1. jede Funktionsstörung, jeden Ausfall oder jede Änderung der Merkmale oder der Leistung eines Medizinproduktes sowie jede Unsachgemäßheit der Kennzeichnung oder Gebrauchsanweisung, die direkt oder indirekt zum Tod oder zu einer schwerwiegenden Verschlechterung des Gesundheitszustandes eines Patienten oder eines Anwenders oder einer anderen Person geführt haben oder hätten führen können,

2. jeden Grund technischer oder medizinischer Art, der auf Grund der in Nummer 1 genannten Ursachen durch die Merkmale und die Leistungen eines Medizinproduktes bedingt ist und zum systematischen Rückruf von Medizinprodukten desselben Typs durch den Hersteller geführt hat.

§ 26 Abs. 2 Satz 3 findet entsprechende Anwendung. Die zuständige Bundesoberbehörde teilt das Ergebnis der Bewertung der zuständigen Behörde mit, die über notwendige Maßnahmen entscheidet. Die zuständige Bundesoberbehörde übermittelt Daten aus der Beobachtung, Sammlung, Auswertung und Bewertung von Risiken in Verbindung mit Medizinprodukten an das Deutsche Institut für Medizinische Dokumentation und Information zur zentralen Verarbeitung und Nutzung nach § 33. Näheres regelt die Rechtsverordnung nach § 37 Abs. 8.

(2) Soweit dies zur Erfüllung der in Absatz 1 aufgeführten Aufgaben erforderlich ist, dürfen an die danach zuständigen Behörden auch Name, Anschrift und Geburtsdatum von Patienten, Anwendern oder Dritten übermittelt werden. Die nach Absatz 1 zuständige Behörde darf die nach Landesrecht zuständige Behörde auf Ersuchen über die von ihr gemeldeten Fälle und die festgestellten Erkenntnisse in bezug auf personenbezogene Daten unterrichten. Bei der Zusammenarbeit nach Absatz 3 dürfen keine personenbezogenen Daten von Patienten übermittelt werden. Satz 3 gilt auch für die Übermittlung von Daten an das Informationssystem nach § 33.

(3) Die Behörde nach Absatz 1 wirkt bei der Erfüllung der dort genannten Aufgaben mit den Dienststellen der anderen Vertragsstaaten des Abkommens über den Europäischen Wirtschaftsraum und der Europäischen Kommission, der Weltgesundheitsorganisation, den für die Gesundheit und den Arbeitsschutz zuständigen Behörden anderer Staaten, den für die Gesundheit, den Arbeitsschutz, den Strahlenschutz und das Mess- und Eichwesen zuständigen Behörden der Länder und den anderen fachlich berührten Bundesoberbehörden, Benannten Stellen in Deutschland, den zuständigen Trägern der gesetzlichen Unfallversicherung, dem Medizinischen Dienst des Spitzenverbandes Bund der Krankenkassen, den einschlägigen Fachgesellschaften, den Herstellern und Vertreibern sowie mit anderen Stellen zusammen, die bei der Durchführung ihrer Aufgaben Risiken von Medizinprodukten erfassen. Besteht der Verdacht, dass ein Zwischenfall durch eine elektromagnetische Einwirkung eines anderen Gerätes als ein Medizinprodukt verursacht wurde, ist das Bundesamt für Post und Telekommunikation zu beteiligen.

(4) Einzelheiten zur Durchführung der Aufgaben nach § 29 regelt der Sicherheitsplan nach § 37 Abs. 7.

§ 30 Sicherheitsbeauftragter für Medizinprodukte
(1) Wer als Verantwortlicher nach § 5 Satz 1 und 2 seinen Sitz in Deutschland hat, hat unverzüglich nach Aufnahme der Tätigkeit eine Person mit der zur Ausübung ihrer Tätigkeit erforderlichen Sachkenntnis und der erforderlichen Zuverlässigkeit als Sicherheitsbeauftragten für Medizinprodukte zu bestimmen.

(2) Der Verantwortliche nach § 5 Satz 1 und 2 hat, soweit er nicht ausschließlich Medizinprodukte nach § 3 Nr. 8 erstmalig in den Verkehr bringt, der zuständigen Behörde den Sicherheitsbeauftragten sowie jeden Wechsel in der Person unverzüglich anzuzeigen. Die zuständige Behörde übermittelt die Daten nach Satz 1 an das Deutsche Institut für Medizinische Dokumentation und Information zur zentralen Verarbeitung und Nutzung nach § 33.

(3) Der Nachweis der erforderlichen Sachkenntnis als Sicherheitsbeauftragter für Medizinprodukte wird erbracht durch

1. das Zeugnis über eine abgeschlossene naturwissenschaftliche, medizinische oder technische Hochschulausbildung oder

2. eine andere Ausbildung, die zur Durchführung der unter Absatz 4 genannten Aufgaben befähigt,

und eine mindestens zweijährige Berufserfahrung. Die Sachkenntnis ist auf Verlangen der zuständigen Behörde nachzuweisen.

(4) Der Sicherheitsbeauftragte für Medizinprodukte hat bekannt gewordene Meldungen über Risiken bei Medizinprodukten zu sammeln, zu bewerten und die notwendigen Maßnahmen zu koordinieren. Er ist für die Erfüllung von Anzeigepflichten verantwortlich, soweit sie Medizinprodukterisiken betreffen.

(5) Der Sicherheitsbeauftragte für Medizinprodukte darf wegen der Erfüllung der ihm übertragenen Aufgaben nicht benachteiligt werden.

§ 31 Medizinprodukteberater
(1) Wer berufsmäßig Fachkreise fachlich informiert oder in die sachgerechte Handhabung der Medizinprodukte einweist (Medizinprodukteberater), darf diese Tätigkeit nur ausüben, wenn er die für die jeweiligen Medizinprodukte erforderliche Sachkenntnis und Erfahrung für die Information und, soweit erforderlich, für die Einweisung in die Handhabung der jeweiligen Medizinprodukte besitzt. Dies gilt auch für die fernmündliche Information.

(2) Die Sachkenntnis besitzt, wer

1. eine Ausbildung in einem naturwissenschaftlichen, medizinischen oder technischen Beruf erfolgreich abgeschlossen hat und auf die jeweiligen Medizinprodukte bezogen geschult worden ist oder

2. durch eine mindestens einjährige Tätigkeit, die in begründeten Fällen auch kürzer sein kann, Erfahrungen in der Information über die jeweiligen Medizinprodukte und, soweit erforderlich, in der Einweisung in deren Handhabung erworben hat.

(3) Der Medizinprodukteberater hat der zuständigen Behörde auf Verlangen seine Sachkenntnis nachzuweisen. Er hält sich auf dem neuesten Erkenntnisstand über die jeweiligen Medizinprodukte, um sachkundig beraten zu können. Der Auftraggeber hat für eine regelmäßige Schulung des Medizinprodukteberaters zu sorgen.

(4) Der Medizinprodukteberater hat Mitteilungen von Angehörigen der Fachkreise über Nebenwirkungen, wechselseitige Beeinflussungen, Fehlfunktionen, technische Mängel, Gegenanzeigen, Verfälschungen oder sonstige Risiken bei Medizinprodukten aufzuzeichnen und unverzüglich dem Verantwortlichen nach § 5 Satz 1 und 2 oder dessen Sicherheitsbeauftragten für Medizinprodukte schriftlich oder elektronisch zu übermitteln.

**Sechster Abschnitt
Zuständige Behörden, Rechtsverordnungen, sonstige Bestimmungen**

§ 32 Aufgaben und Zuständigkeiten der Bundesoberbehörden im Medizinproduktebereich
(1) Das Bundesinstitut für Arzneimittel und Medizinprodukte ist insbesondere zuständig für

1. die Aufgaben nach § 29 Absatz 1 und 3,

2. die Bewertung hinsichtlich der technischen und medizinischen Anforderungen und der Sicherheit von Medizinprodukten, es sei denn, dass dieses Gesetz anderes vorschreibt oder andere Bundesoberbehörden zuständig sind,

3. Genehmigungen von klinischen Prüfungen und Leistungsbewertungsprüfungen nach den §§ 22a und 24,

4. Entscheidungen zur Abgrenzung und Klassifizierung von Medizinprodukten nach § 13 Absatz 2 und 3,

5. Sonderzulassungen nach § 11 Absatz 1 und

6. die Beratung der zuständigen Behörden, der Verantwortlichen nach § 5, von Sponsoren und Benannten Stellen.

(2) Das Paul-Ehrlich-Institut ist zuständig für die Aufgaben nach Absatz 1, soweit es sich um in Anhang II der Richtlinie 98/79/EG genannte In-vitro-Diagnostika handelt, die zur Prüfung der Unbedenklichkeit oder Verträglichkeit von Blut- oder Gewebespenden bestimmt sind oder Infektionskrankheiten betreffen. Beim Paul-Ehrlich-Institut kann ein fachlich unabhängiges Prüflabor eingerichtet werden, das mit Benannten Stellen und anderen Organisationen zusammenarbeiten kann.

(3) Die Physikalisch-Technische Bundesanstalt ist zuständig für die Sicherung der Einheitlichkeit des Messwesens in der Heilkunde und hat

1. Medizinprodukte mit Messfunktion gutachterlich zu bewerten und, soweit sie nach § 15 dafür benannt ist, Baumusterprüfungen durchzuführen,

2. Referenzmessverfahren, Normalmessgeräte und Prüfhilfsmittel zu entwickeln und auf Antrag zu prüfen und

3. die Bundesoberbehörden, die zuständigen Behörden und Benannten Stellen wissenschaftlich zu beraten.

§ 32a Besondere Zuständigkeiten
Die Bearbeitung von Meldungen der für die Kontrolle der Außengrenzen zuständigen Behörden über Aussetzungen gemäß Artikel 27 Absatz 3 Satz 1 der Verordnung (EG) Nr. 765/2008 des Europäischen Parlaments und des Rates vom 09.07.2008 über die Vorschriften für die Akkreditierung und Marktüberwachung im Zusammenhang mit der Vermarktung von Produkten und zur Aufhebung der Verordnung (EWG) Nr. 339/93 des Rates (ABl. L 218 vom 13.08.2008, S. 30) obliegt der Überwachungsbehörde, die für die Zollstelle örtlich zuständig ist.

§ 33 Datenbankgestütztes Informationssystem, Europäische Datenbank
(1) Das Deutsche Institut für medizinische Dokumentation und Information richtet ein Informationssystem über Medizinprodukte zur Unterstützung des Vollzugs dieses Gesetzes ein und stellt den für die Medizinprodukte zuständigen Behörden des Bundes und der Länder die hierfür erforderlichen Informationen zur Verfügung. Es stellt die erforderlichen Daten für die Europäische Datenbank im Sinne von Artikel 10b der Richtlinie 90/385/EWG, Artikel 14a der Richtlinie 93/42/EWG und Artikel 12 der Richtlinie 98/79/EG zur Verfügung. Eine Bereitstellung dieser Informationen für nicht-öffentliche Stellen ist zulässig, soweit dies die Rechtsverordnung nach § 37 Abs. 8 vorsieht. Für seine Leistungen kann es Entgelte verlangen. Diese werden in einem Entgeltkatalog festgelegt, der der Zustimmung des Bundesministeriums für Gesundheit bedarf.

(2) Im Sinne des Absatzes 1 hat das dort genannte Institut insbesondere folgende Aufgaben:

1. zentrale Verarbeitung und Nutzung von Informationen nach § 25 Abs. 5, auch in Verbindung mit § 18 Abs. 3, §§ 22a bis 23a und 24,

2. zentrale Verarbeitung und Nutzung von Basisinformationen der in Verkehr befindlichen Medizinprodukte,

3. zentrale Verarbeitung und Nutzung von Daten aus der Beobachtung, Sammlung, Auswertung und Bewertung von Risiken in Verbindung mit Medizinprodukten,

4. Informationsbeschaffung und Übermittlung von Daten an Datenbanken anderer Mitgliedstaaten und Institutionen der Europäischen Union und anderer Vertragsstaaten des Abkommens über den Europäischen Wirtschaftsraum, insbesondere im Zusammenhang mit der Erkennung und Abwehr von Risiken in Verbindung mit Medizinprodukten,

5. Aufbau und Unterhaltung von Zugängen zu Datenbanken, die einen Bezug zu Medizinprodukten haben.

(3) Das in Absatz 1 genannte Institut ergreift die notwendigen Maßnahmen, damit Daten nur dazu befugten Personen übermittelt werden oder diese Zugang zu diesen Daten erhalten.

§ 34 Ausfuhr
(1) Auf Antrag eines Herstellers oder Bevollmächtigten stellt die zuständige Behörde für die Ausfuhr eine Bescheinigung über die Verkehrsfähigkeit des Medizinproduktes in Deutschland aus.

(2) Medizinprodukte, die einem Verbot nach § 4 Abs. 1 unterliegen, dürfen nur ausgeführt werden, wenn die zuständige Behörde des Bestimmungslandes die Einfuhr genehmigt hat, nachdem sie von der zuständigen Behörde über die jeweiligen Verbotsgründe informiert wurde.

§ 35 Gebühren und Auslagen
Für individuell zurechenbare öffentliche Leistungen nach diesem Gesetz und den zur Durchführung dieses Gesetzes erlassenen Rechtsverordnungen sind Gebühren und Auslagen nach Maßgabe der Rechtsverordnung nach § 37 Absatz 9 zu erheben.

§ 36 Zusammenarbeit der Behörden und Benannten Stellen im Europäischen Wirtschaftsraum und der Europäischen Kommission
Die für die Durchführung des Medizinprodukterechts zuständigen Behörden und Benannten Stellen arbeiten mit den zuständigen Behörden und Benannten Stellen der anderen Vertragsstaaten des Abkommens über den Europäischen Wirtschaftsraum und der Europäischen Kommission zusammen und erteilen einander die notwendigen Auskünfte, um eine einheitliche Anwendung der zur Umsetzung der Richtlinien 90/385/EWG, 93/42/EWG und 98/79/EG erlassenen Vorschriften zu erreichen.

§ 37 Verordnungsermächtigungen
(1) Das Bundesministerium für Gesundheit wird ermächtigt, zur Umsetzung von Rechtsakten der Europäischen Gemeinschaft oder der Europäischen Union durch Rechtsverordnung die Voraussetzungen für die Erteilung der Konformitätsbescheinigungen, die Durchführung der Konformitätsbewertungsverfahren und ihre Zuordnung zu Klassen von Medizinprodukten sowie Sonderverfahren für Systeme und Behandlungseinheiten zu regeln.

(2) Das Bundesministerium für Gesundheit wird ermächtigt, durch Rechtsverordnung für Medizinprodukte, die

1. die Gesundheit des Menschen auch bei bestimmungsgemäßer Anwendung unmittelbar oder mittelbar gefährden können, wenn sie ohne ärztliche oder zahnärztliche Überwachung angewendet werden, oder

2. häufig in erheblichem Umfang nicht bestimmungsgemäß angewendet werden, wenn dadurch die Gesundheit von Menschen unmittelbar oder mittelbar gefährdet wird,

die Verschreibungspflicht vorzuschreiben. In der Rechtsverordnung nach Satz 1 können weiterhin Abgabebeschränkungen geregelt werden.

(2a) Das Bundesministerium für Gesundheit wird ermächtigt, durch Rechtsverordnung Regelungen zur ordnungsgemäßen Durchführung der klinischen Prüfung und der genehmigungspflichtigen Leistungsbewertungsprüfung sowie der Erzielung dem wissenschaftlichen Erkenntnisstand entsprechender Unterlagen zu treffen. In der Rechtsverordnung können insbesondere Regelungen getroffen werden über

1. Aufgaben und Verantwortungsbereiche des Sponsors, der Prüfer oder anderer Personen, die die klinische Prüfung durchführen oder kontrollieren, einschließlich von Anzeige-, Dokumentations- und Berichtspflichten insbesondere über schwerwiegende unerwünschte Ereignisse, die während der Prüfung auftreten und die Sicherheit der Studienteilnehmer oder die Durchführung der Studie beeinträchtigen könnten,

2. Aufgaben und Verfahren bei Ethik-Kommissionen einschließlich der einzureichenden Unterlagen, auch mit Angaben zur angemessenen Beteiligung von Frauen und Männern als Prüfungsteilnehmerinnen und Prüfungsteilnehmer, der Unterbrechung, Verlängerung oder Verkürzung der Bearbeitungsfrist und der besonderen Anforderungen an die Ethik-Kommissionen bei klinischen Prüfungen nach § 20 Absatz 4 und 5 sowie nach § 21,

3. die Aufgaben der zuständigen Behörden und das behördliche Genehmigungsverfahren einschließlich der einzureichenden Unterlagen, auch mit Angaben zur angemessenen Beteiligung von Frauen und Männern als Prüfungsteilnehmerinnen und Prüfungsteilnehmer und der Unterbrechung oder Verlängerung oder Verkürzung der Bearbeitungsfrist, das Verfahren zur Überprüfung von Unterlagen in Betrieben und Einrichtungen sowie die Voraussetzungen und das Verfahren für Rücknahme, Widerruf und Ruhen der Genehmigung oder Untersagung einer klinischen Prüfung,

4. die Anforderungen an die Prüfeinrichtung und an das Führen und Aufbewahren von Nachweisen,

5. die Übermittlung von Namen und Sitz des Sponsors und des verantwortlichen Prüfers und nicht personenbezogener Angaben zur klinischen Prüfung von der zuständigen Behörde an eine europäische Datenbank,

6. die Art und Weise der Weiterleitung von Unterlagen und Ausfertigung der Entscheidungen an die zuständigen Behörden und die für die Prüfer zuständigen Ethik-Kommissionen bestimmt werden,

7. Sonderregelungen für Medizinprodukte mit geringem Sicherheitsrisiko.

(3) Das Bundesministerium für Gesundheit wird ermächtigt, durch Rechtsverordnung Vertriebswege für Medizinprodukte vorzuschreiben, soweit es geboten ist, die erforderliche Qualität des Medizinproduktes zu erhalten oder die bei der Abgabe oder Anwendung von Medizinprodukten notwendigen Erfordernisse für die Sicherheit des Patienten, Anwenders oder Dritten zu erfüllen.

(4) Das Bundesministerium für Gesundheit wird ermächtigt, durch Rechtsverordnung Regelungen für Betriebe oder Einrichtungen zu erlassen (Betriebsverordnungen), die Medizinprodukte in Deutschland in den Verkehr bringen oder lagern, soweit es geboten ist, um einen ordnungsgemäßen Betrieb und die erforderliche Qualität, Sicherheit und Leistung der Medizinprodukte sicherzustellen sowie die Sicherheit und Gesundheit der Patienten, der Anwender und Dritter nicht zu gefährden. In der Rechtsverordnung können insbesondere Regelungen getroffen werden über die Lagerung, den Erwerb, den Vertrieb, die Information und Beratung sowie die Einweisung in den Betrieb einschließlich Funktionsprüfung nach Installation und die Anwendung der Medizinprodukte. Die Regelungen können auch für Personen getroffen werden, die die genannten Tätigkeiten berufsmäßig ausüben.

(5) Das Bundesministerium für Gesundheit wird ermächtigt, durch Rechtsverordnung

1. Anforderungen an das Errichten, Betreiben, Anwenden und Instandhalten von Medizinprodukten festzulegen, Regelungen zu treffen über die Einweisung der Betreiber und Anwender, die sicherheitstechnischen Kontrollen, Funktionsprüfungen, Meldepflichten und Einzelheiten der Meldepflichten von Vorkommnissen und Risiken, das Bestandsverzeichnis und das Medizinproduktebuch sowie weitere Anforderungen festzulegen, soweit dies für das sichere Betreiben und die sichere Anwendung oder die ordnungsgemäße Instandhaltung notwendig ist,

1a. Anforderungen an die sichere Aufbereitung von bestimmungsgemäß keimarm oder steril zur Anwendung kommenden Medizinprodukten festzulegen und Regelungen zu treffen über

a) zusätzliche Anforderungen an Aufbereiter, die Medizinprodukte mit besonders hohen Anforderungen an die Aufbereitung aufbereiten,

b) die Zertifizierung von Aufbereitern nach Buchstabe a,

c) die Anforderungen an die von der zuständigen Behörde anerkannten Konformitätsbewertungsstellen, die Zertifizierungen nach Buchstabe b vornehmen,

2.

a) Anforderungen an das Qualitätssicherungssystem beim Betreiben und Anwenden von In-vitro-Diagnostika festzulegen,

b) Regelungen zu treffen über

aa) die Feststellung und die Anwendung von Normen zur Qualitätssicherung, die Verfahren zur Erstellung von Richtlinien und Empfehlungen, die Anwendungsbereiche, Inhalte und Zuständigkeiten, die Beteiligung der betroffenen Kreise sowie

bb) Umfang, Häufigkeit und Verfahren der Kontrolle sowie die Anforderungen an die für die Kontrolle zuständigen Stellen und das Verfahren ihrer Bestellung und

c) festzulegen, dass die Normen, Richtlinien und Empfehlungen oder deren Fundstellen vom Bundesministerium für Gesundheit im Bundesanzeiger bekannt gemacht werden,

3. zur Gewährleistung der Messsicherheit von Medizinprodukten mit Messfunktion diejenigen Medizinprodukte mit Messfunktion zu bestimmen, die messtechnischen Kontrollen unterliegen, und zu bestimmen, dass der Betreiber, eine geeignete Stelle oder die zuständige Behörde messtechnische Kontrollen durchzuführen hat, sowie Vorschriften zu erlassen über den Umfang, die Häufigkeit und das Verfahren von messtechnischen Kontrollen, die Voraussetzungen, den Umfang und das Verfahren der Anerkennung und Überwachung mit der Durchführung messtechnischer Kontrollen betrauter Stellen sowie die Mitwirkungspflichten des Betreibers eines Medizinproduktes mit Messfunktion bei messtechnischen Kontrollen.

(6) Das Bundesministerium für Gesundheit wird ermächtigt, durch Rechtsverordnung ein bestimmtes Medizinprodukt oder eine Gruppe von Medizinprodukten aus Gründen des Gesundheitsschutzes und der Sicherheit oder im Interesse der öffentlichen Gesundheit gemäß Artikel 36 des Vertrages über die Arbeitsweise der Europäischen Union zu verbieten oder deren Bereitstellung zu beschränken oder besonderen Bedingungen zu unterwerfen.

(7) Das Bundesministerium für Gesundheit wird ermächtigt, durch Rechtsverordnung zur Durchführung der Aufgaben im Zusammenhang mit dem Medizinprodukte-Beobachtungs- und -Meldesystem nach § 29 einen Sicherheitsplan für Medizinprodukte zu erstellen. In diesem werden insbesondere die Aufgaben und die Zusammenarbeit der beteiligten Behörden und Stellen sowie die Einschaltung der Hersteller und Bevollmächtigten, Einführer, Inverkehrbringer und sonstiger Händler, der Anwender und Betreiber, der Europäischen Kommission sowie der anderen Vertragsstaaten des Abkommens über den Europäischen Wirtschaftsraum näher geregelt und die jeweils zu ergreifenden Maßnahmen bestimmt. In dem Sicherheitsplan können ferner Einzelheiten zur Risikobewertung und deren Durchführung, Mitwirkungspflichten der Verantwortlichen nach § 5 Satz 1 und 2, sonstiger Händler, der Anwender, Betreiber und Instandhalter, Einzelheiten des Meldeverfahrens und deren Bekanntmachung, Melde-, Berichts-, Aufzeichnungs- und Aufbewahrungspflichten, Prüfungen und Produktionsüberwachungen, Einzelheiten der Durchführung von Maßnahmen zur Risikoabwehr und deren Überwachung sowie Informationspflichten, -mittel und -wege geregelt werden. Ferner können in dem Sicherheitsplan Regelungen zu personenbezogenen Daten getroffen werden, soweit diese im Rahmen der Risikoabwehr erfasst, verarbeitet und genutzt werden.

(8) Das Bundesministerium für Gesundheit wird ermächtigt, zur Gewährleistung einer ordnungsgemäßen Erhebung, Verarbeitung und Nutzung von Daten nach § 33 Abs. 1 und 2 durch Rechtsverordnung Näheres zu regeln, auch hinsichtlich der Art, des Umfangs und der Anforderungen an Daten. In dieser Rechtsverordnung können auch die Gebühren für Handlungen dieses Institutes festgelegt werden.

(9) Das Bundesministerium für Gesundheit wird ermächtigt, für den Bereich der Bundesverwaltung durch Rechtsverordnung die gebührenpflichtigen Tatbestände nach § 35 zu bestimmen und dabei feste Sätze oder Rahmensätze vorzusehen. Die Gebührensätze sind so zu bemessen, dass der mit den individuell zurechenbaren öffentlichen Leistungen verbundene Personal- und Sachaufwand abgedeckt ist. In der Rechtsverordnung kann bestimmt werden, dass eine Gebühr auch für eine Leistung erhoben werden kann, die nicht zu Ende geführt worden ist, wenn die Gründe hierfür von demjenigen zu vertreten sind, der die Leistung veranlasst hat.

(10) Das Bundesministerium für Gesundheit wird ermächtigt, durch Rechtsverordnung Regelungen zur Erfüllung von Verpflichtungen aus zwischenstaatlichen Vereinbarungen oder zur Durchführung von Rechtsakten des Rates oder der Europäischen Kommission, die Sachbereiche dieses Gesetzes betreffen, insbesondere sicherheitstechnische und medizinische Anforderungen, die Herstellung und sonstige Voraussetzungen des Inverkehrbringens, des Betreibens, des Anwendens, des Ausstellens, insbesondere Prüfungen, Produktionsüberwachung, Bescheinigungen, Kennzeichnung, Aufbewahrungs- und Mitteilungspflichten, behördliche Maßnahmen sowie Anforderungen an die Benennung und Überwachung von Benannten Stellen, zu treffen.

(11) Die Rechtsverordnungen nach den Absätzen 1 bis 10 ergehen mit Zustimmung des Bundesrates und im Einvernehmen mit dem Bundesministerium für Wirtschaft und Energie. Sie ergehen im Einvernehmen mit dem Bundesministerium für Umwelt, Naturschutz, Bau und Reaktorsicherheit, soweit der Strahlenschutz betroffen ist oder es sich um Medizinprodukte handelt, bei deren Herstellung radioaktive Stoffe oder ionisierende Strahlen verwendet werden, und im Einvernehmen mit dem Bundesministerium für Arbeit und Soziales, soweit der Arbeitsschutz betroffen ist, und im Einvernehmen mit dem Bundesministerium des Innern, soweit der Datenschutz betroffen ist.

(12) Die Rechtsverordnungen nach den Absätzen 6 und 10 bedürfen nicht der Zustimmung des Bundesrates bei Gefahr im Verzug oder wenn ihr unverzügliches Inkrafttreten zur Durchführung von Rechtsakten der Europäischen Gemeinschaft oder der Europäischen Union erforderlich ist. Die Rechtsverordnungen nach den Absätzen 1 bis 3 können ohne Zustimmung des Bundesrates erlassen werden, wenn unvorhergesehene gesundheitliche Gefährdungen dies erfordern. Soweit die Rechtsverordnung nach Absatz 9 Gebühren und Auslagen von Bundesbehörden betrifft, bedarf sie nicht der Zustimmung des Bundesrates. Die Rechtsverordnungen nach den Sätzen 1 und 2 bedürfen nicht des Einvernehmens mit den jeweils beteiligten Bundesministerien. Sie treten spätestens sechs Monate nach ihrem Inkrafttreten

außer Kraft. Ihre Geltungsdauer kann nur mit Zustimmung des Bundesrates verlängert werden. Soweit der Strahlenschutz betroffen ist, bleibt Absatz 11 unberührt.

§ 37a Allgemeine Verwaltungsvorschriften
Die Bundesregierung erlässt mit Zustimmung des Bundesrates die zur Durchführung dieses Gesetzes erforderlichen allgemeinen Verwaltungsvorschriften insbesondere zur Durchführung und Qualitätssicherung der Überwachung, zur Sachkenntnis der mit der Überwachung beauftragten Personen, zur Ausstattung, zum Informationsaustausch und zur Zusammenarbeit der Behörden.

Siebter Abschnitt
Sondervorschriften für den Bereich der Bundeswehr

§ 38 Anwendung und Vollzug des Gesetzes
(1) Dieses Gesetz findet auf Einrichtungen, die der Versorgung der Bundeswehr mit Medizinprodukten dienen, entsprechende Anwendung.

(2) Im Bereich der Bundeswehr obliegt der Vollzug dieses Gesetzes und die Überwachung den jeweils zuständigen Stellen und Sachverständigen der Bundeswehr.

§ 39 Ausnahmen
(1) Schreiben die Grundlegenden Anforderungen nach § 7 die Angabe des Verfalldatums vor, kann diese bei Medizinprodukten entfallen, die an die Bundeswehr abgegeben werden. Das Bundesministerium der Verteidigung stellt sicher, dass Qualität, Leistung und Sicherheit der Medizinprodukte gewährleistet sind. Satz 1 gilt entsprechend für Medizinprodukte, die zum Zweck des Zivil- und Katastrophenschutzes an die zuständigen Behörden des Bundes oder der Länder abgegeben werden. Die zuständigen Behörden stellen sicher, dass Qualität, Leistung und Sicherheit der Medizinprodukte gewährleistet sind.

(2) Das Bundesministerium der Verteidigung kann für seinen Geschäftsbereich im Einvernehmen mit dem Bundesministerium für Gesundheit und, soweit der Arbeitsschutz betroffen ist, im Einvernehmen mit dem Bundesministerium für Arbeit und Soziales in Einzelfällen Ausnahmen von diesem Gesetz und auf Grund dieses Gesetzes erlassenen Rechtsverordnungen zulassen, wenn Rechtsakte der Europäischen Gemeinschaft oder der Europäischen Union dem nicht entgegenstehen und dies zur Durchführung der besonderen Aufgaben gerechtfertigt ist und der Schutz der Gesundheit gewahrt bleibt.

Achter Abschnitt
Straf- und Bußgeldvorschriften

§ 40 Strafvorschriften
(1) Mit Freiheitsstrafe bis zu drei Jahren oder mit Geldstrafe wird bestraft, wer

1. entgegen § 4 Abs. 1 Nr. 1 ein Medizinprodukt in den Verkehr bringt, errichtet, in Betrieb nimmt, betreibt oder anwendet,

2. entgegen § 6 Abs. 1 Satz 1 ein Medizinprodukt, das den Vorschriften der Strahlenschutzverordnung oder der Röntgenverordnung unterliegt oder bei dessen Herstellung ionisierende Strahlen verwendet wurden, in den Verkehr bringt oder in Betrieb nimmt,

3. entgegen § 6 Abs. 2 Satz 1 in Verbindung mit einer Rechtsverordnung nach § 37 Abs. 1 ein Medizinprodukt, das den Vorschriften der Strahlenschutzverordnung oder der Röntgenverordnung unterliegt oder bei dessen Herstellung ionisierende Strahlen verwendet wurden, mit der CE-Kennzeichnung versieht oder

4. entgegen § 14 Satz 2 ein Medizinprodukt betreibt oder anwendet.

(2) Der Versuch ist strafbar.

(3) In besonders schweren Fällen ist die Strafe Freiheitsstrafe von einem Jahr bis zu fünf Jahren. Ein besonders schwerer Fall liegt in der Regel vor, wenn der Täter durch eine der in Absatz 1 bezeichneten Handlungen

1. die Gesundheit einer großen Zahl von Menschen gefährdet,

2. einen anderen in die Gefahr des Todes oder einer schweren Schädigung an Körper oder Gesundheit bringt oder

3. aus grobem Eigennutz für sich oder einen anderen Vermögensvorteile großen Ausmaßes erlangt.

(4) Handelt der Täter in den Fällen des Absatzes 1 fahrlässig, so ist die Strafe Freiheitsstrafe bis zu einem Jahr oder Geldstrafe.

§ 41 Strafvorschriften
Mit Freiheitsstrafe bis zu einem Jahr oder mit Geldstrafe wird bestraft, wer

1. entgegen § 4 Abs. 2 Satz 1 in Verbindung mit Satz 2 ein Medizinprodukt in den Verkehr bringt,

2. entgegen § 6 Abs. 1 Satz 1 ein Medizinprodukt, das nicht den Vorschriften der Strahlenschutzverordnung oder der Röntgenverordnung unterliegt oder bei dessen Herstellung ionisierende Strahlen nicht verwendet wurden, in den Verkehr bringt oder in Betrieb nimmt,

3. entgegen § 6 Abs. 2 Satz 1 in Verbindung mit einer Rechtsverordnung nach § 37 Abs. 1 ein Medizinprodukt, das nicht den Vorschriften der Strahlenschutzverordnung oder der Röntgenverordnung unterliegt oder bei dessen Herstellung ionisierende Strahlen nicht verwendet wurden, mit der CE-Kennzeichnung versieht,

4. entgegen § 20 Absatz 1 Satz 1 oder Satz 4 Nummer 1 bis 6 oder Nummer 9, jeweils auch in Verbindung mit § 20 Absatz 4 oder Absatz 5 oder § 21 Nummer 1

Gesetz über Medizinprodukte (Medizinproduktegesetz – MPG)

oder entgegen § 22b Absatz 4 mit einer klinischen Prüfung beginnt, eine klinische Prüfung durchführt oder eine klinische Prüfung fortsetzt,

5. entgegen § 24 Satz 1 in Verbindung mit § 20 Absatz 1 Satz 1 oder Satz 4 Nummer 1 bis 6 oder Nummer 9, jeweils auch in Verbindung mit § 20 Absatz 4 oder Absatz 5, oder entgegen § 24 Satz 1 in Verbindung mit § 22b Absatz 4 mit einer Leistungsbewertungsprüfung beginnt, eine Leistungsbewertungsprüfung durchführt oder eine Leistungsbewertungsprüfung fortsetzt oder

6. einer Rechtsverordnung nach § 37 Abs. 2 Satz 2 zuwiderhandelt, soweit sie für einen bestimmten Tatbestand auf diese Strafvorschrift verweist.

§ 42 Bußgeldvorschriften

(1) Ordnungswidrig handelt, wer eine der in § 41 bezeichneten Handlungen fahrlässig begeht.

(2) Ordnungswidrig handelt, wer vorsätzlich oder fahrlässig

1. entgegen § 4 Abs. 1 Nr. 2 ein Medizinprodukt in den Verkehr bringt, errichtet, in Betrieb nimmt, betreibt oder anwendet,

2. entgegen § 9 Abs. 3 Satz 1 eine CE-Kennzeichnung nicht richtig oder nicht in der vorgeschriebenen Weise anbringt,

3. entgegen § 10 Abs. 1 Satz 2 oder Abs. 3 Satz 1, auch in Verbindung mit Satz 2, jeweils in Verbindung mit einer Rechtsverordnung nach § 37 Abs. 1, eine Erklärung nicht, nicht richtig, nicht vollständig oder nicht rechtzeitig abgibt,

4. entgegen § 10 Abs. 4 Satz 2 einem Medizinprodukt eine Information nicht beifügt,

5. entgegen § 11 Absatz 2 Satz 1 ein Medizinprodukt abgibt,

6. entgegen § 12 Abs. 1 Satz 1 in Verbindung mit einer Rechtsverordnung nach § 37 Abs. 1 eine Sonderanfertigung in den Verkehr bringt oder in Betrieb nimmt,

7. entgegen § 12 Abs. 2 Satz 1 oder Abs. 3 Satz 1 ein Medizinprodukt abgibt,

8. entgegen § 12 Abs. 4 Satz 1 ein Medizinprodukt ausstellt,

9. entgegen § 12 Abs. 4 Satz 3 ein In-vitro-Diagnostikum anwendet,

10. entgegen § 20 Abs. 1 Satz 4 Nr. 7 oder 8, jeweils auch in Verbindung mit § 21 Nr. 1, eine klinische Prüfung durchführt,

11. entgegen § 25 Abs. 1 Satz 1, Abs. 2, 3 oder 4 oder § 30 Abs. 2 Satz 1 eine Anzeige nicht, nicht richtig, nicht vollständig oder nicht rechtzeitig erstattet,

12. entgegen § 26 Abs. 4 Satz 1 eine Maßnahme nicht duldet oder eine Person nicht unterstützt,

13. entgegen § 30 Abs. 1 einen Sicherheitsbeauftragten nicht oder nicht rechtzeitig bestimmt,

14. entgegen § 31 Abs. 1 Satz 1, auch in Verbindung mit Satz 2, eine Tätigkeit ausübt,

15. entgegen § 31 Abs. 4 eine Mitteilung nicht, nicht richtig oder nicht vollständig aufzeichnet oder nicht, nicht richtig, nicht vollständig, nicht in der vorgeschriebenen Weise oder nicht rechtzeitig übermittelt oder

16. einer Rechtsverordnung nach § 37 Abs. 1, 2, 2a, 3, 4 Satz 1 oder 3, Abs. 5 Nr. 1, 1a, 2 Buchstabe a oder b Doppelbuchstabe bb oder Nr. 3, Abs. 7 oder 8 Satz 1 oder einer vollziehbaren Anordnung auf Grund einer solchen Rechtsverordnung zuwiderhandelt, soweit die Rechtsverordnung für einen bestimmten Tatbestand auf diese Bußgeldvorschrift verweist.

(3) Die Ordnungswidrigkeit kann mit einer Geldbuße bis zu dreißigtausend Euro geahndet werden.

§ 43 Einziehung
Gegenstände, auf die sich eine Straftat nach § 40 oder § 41 oder eine Ordnungswidrigkeit nach § 42 bezieht, können eingezogen werden. § 74a des Strafgesetzbuches und § 23 des Gesetzes über Ordnungswidrigkeiten sind anzuwenden.

Neunter Abschnitt
Übergangsbestimmungen

§ 44 Übergangsbestimmungen
(1) Medizinprodukte mit Verfalldatum, die vor dem 30.06.2007 zum Zweck des Zivil- und Katastrophenschutzes an die zuständigen Behörden des Bundes oder der Länder oder zur Durchführung ihrer besonderen Aufgaben an die Bundeswehr abgegeben wurden, dürfen auch nach Ablauf des Verfalldatums angewendet werden. Die zuständigen Behörden stellen sicher, dass Qualität, Leistung und Sicherheit der Medizinprodukte gewährleistet sind.

(2) Auf Medizinprodukte im Sinne des § 3 Nr. 3 sind die Vorschriften dieses Gesetzes ab dem 13.06.2002 anzuwenden. Medizinprodukte nach § 3 Nr. 3 dürfen noch bis zum 13.12.2005 nach den am 13.12.2000 in Deutschland geltenden Vorschriften in Deutschland erstmalig in Verkehr gebracht werden. Das weitere Inverkehrbringen und die Inbetriebnahme der danach erstmalig in Verkehr gebrachten Medizinprodukte ist bis zum 13.12.2007 zulässig.

(3) Die Vorschriften des § 14 sowie der Rechtsverordnung nach § 37 Abs. 5 gelten unabhängig davon, nach welchen Vorschriften die Medizinprodukte erstmalig in den Verkehr gebracht wurden.

(4) Für klinische Prüfungen nach § 20 und Leistungsbewertungsprüfungen nach § 24 des Medizinproduktegesetzes, mit denen vor dem 20.03.2010 begonnen wurde,

sind die §§ 19 bis 24 des Medizinproduktegesetzes in der Fassung der Bekanntmachung vom 07.082002 (BGBl. I S. 3146), das zuletzt durch Artikel 1 des Gesetzes vom 14.06.2007 (BGBl. I S. 1066) geändert worden ist, weiter anzuwenden.

(5) Für klinische Prüfungen und Leistungsbewertungsprüfungen nach Absatz 4 ist ab dem 21.03.2010 die Medizinprodukte-Sicherheitsplanverordnung vom 24.062002 (BGBl. I S. 2131), die zuletzt durch Artikel 3 des Gesetzes vom 14.06.2007 (BGBl. I S. 1066) geändert worden ist, in der jeweils geltenden Fassung entsprechend anzuwenden, die sie durch Artikel 3 des Gesetzes vom 29.07.2009 (BGBl. I S. 2326) erhält.

Einleitung

1   Das Medizinproduktegesetz (MPG) ist keine deutsche Erfindung. Es ist vielmehr die Reaktion des deutschen Gesetzgebers auf europarechtliche Vorschriften, die vor allem der Bildung eines einheitlichen Marktes für Medizinprodukte im Bereich des Europäischen Wirtschaftsraumes dienen sollen. Immerhin trifft das Gesetz für rund 300.000 medizinische Produkte Regelungen zu deren medizinischer und technischer Sicherheit.

2   Bis zum Erlass des MPG galten für medizinische Produkte die unterschiedlichsten Gesetze, wie zum Beispiel das Arzneimittelgesetz (für die „fiktiven" Arzneimittel, die eigentlich Medizinprodukte waren), das Lebensmittel- und Bedarfsgegenständegesetz, das Gerätesicherheitsgesetz, die Röntgenverordnung, die Strahlenschutzverordnung und das Eichgesetz. Den Anstoß auch zur gesetzlichen Verselbständigung des Medizinproduktebereichs gaben zwei Richtlinien der EU, nämlich die Richtlinie 90/385 EWG über aktiv implantierbare medizinische Geräte[1] sowie die Richtlinie 93/42 EWG über Medizinprodukte.[2] 1998 kam dann noch die Richtlinie über In-vitro-Diagnostika hinzu.[3] Außer auf die bereits genannten europarechtlichen Richtlinien (90/385 EWG über aktive, implantierbare medizinische Geräte, 93/42 EWG über Medizinprodukte sowie 98/79 EU, über In-vitro-Diagnostika) stützt sich die (nationale) Zuständigkeit des Bundes für das MPG auf eine „Blumenstraußkompetenz" nach Art. 74 GG. Nicht weniger als drei Bereiche werden bemüht: Art. 74 Nr. 11 (Recht der Wirtschaft, Nr. 12 (Arbeitsschutz) und

---

[1] Richtlinie vom 20.06.1990 (ABl. L 189 vom 20.07.1990, S. 17) zuletzt geändert durch: Richtlinie 2007/47/EG des Europäischen Parlaments und des Rates vom 5.09.2007 (ABl. L 247 21.09.2007 S. 21).

[2] Richtlinie vom 14.06.1993 (ABl. L 169 vom 12.07.1993, S. 1) zuletzt geändert durch Verordnung (EG) Nr. 1882/2003 des Europäischen Parlaments und des Rates vom 29.09.2003 (ABl. L 284 1 31.10.2003) Zuletzt geändert durch Art. 2 ÄndRL 2007/47/EG vom 05.09.2007 (ABl. Nr. L 247 S. 21).

[3] Richtlinie vom 27.11.1998 (ABl. L 331 vom 7.12.1998, S. 1) zuletzt geändert durch Verordnung (EG) Nr. 1882/2003 des Europäischen Parlaments und des Rates vom 29.09.2003 (ABl. L 284 vom 31.10.2003, S. 1). Zuletzt geändert durch Art. 1 ÄndRL 2011/100/EU vom 20.12.2011 (ABl. Nr. L 341 S. 50).

Nr. 19 (früher: Verkehr mit Heilmitteln, nach der Föderalismusreform I: Recht des Apothekenwesens, der ..., der Medizinprodukte, der ...).

Das MPG hat seit seinem Erlass vier größere Novellierungen erfahren. Zunächst 1998 durch das 1. Gesetz zur Änderung des MPG kleinere und dann durch das 2. Gesetz zur Änderung des MPG 2001[4] grundlegende Änderungen. Im Zusammenhang mit dem 2. Gesetz zur Änderung des MPG ist der Geltungsbereich des Heilmittelwerbegesetzes erweitert und auf Medizinprodukte erstreckt worden (1 Abs. 1 Nr. 1a). Das Gesetz zur Änderung medizinprodukterechtlicher Vorschriften[5] hat zuletzt weitere Änderungen gebracht, auch im Bereich der zahlreichen Verordnungen zum MPG. Die 4. Novelle[6] zum Medizinproduktegesetz, die im wesentlichen der Umsetzung der Richtlinie 2007/47/EG[7] dient, hat nicht nur Änderungen in den drei grundlegenden Richtlinien für das Recht der Medizinprodukte zur Folge gehabt, sondern auch weitere Änderungen im Medizinproduktegesetz nach sich gezogen. Insbesondere ist die Abgrenzung zu Anforderungen an Maschinen im Sinne der Maschinenrichtlinie[8] und zu denen nach der Richtlinie für persönliche Schutzausrüstungen[9] präzisiert worden. Für letztere galt das Gesetz bisher nicht.

3

Das MPG verfolgt letztlich zwei große Ziele: Zum einen soll es für einen hohen technischen Standard der Medizinprodukte sorgen und damit zugleich dem Schutz des Verbrauchers, Anwenders und Nutzers dienen. Zum anderen dient es auch dem Schutz des Patienten.

4

Zweck des MPG ist es, den Verkehr mit Medizinprodukten zu regeln, also dem freien Warenverkehr zu dienen. Gleichzeitig soll es für die Sicherheit, Eignung und Leistung der Medizinprodukte sowie die Gesundheit und den erforderlichen Schutz der Patienten, Anwender und Dritter sorgen. Es geht also auch um Produktsicherheit und so gesehen ist das MPG ebenfalls ein Verbraucherschutzgesetz.

5

An Medizinprodukte ist daher die Forderung zu stellen, dass sie bei vernünftiger Nutzen-Risiko-Abwägung medizinisch und technisch unbedenklich sind, dass sie den medizinischen Zweck, den ihnen der Hersteller beigibt, auch wirklich erfüllen können, und dass sie die erforderliche Qualität besitzen, die Patienten, Anwender und Dritte bei bestimmungsgemäßer Anwendung vor Schäden zu bewahren.

Vor diesem Hintergrund ist die Klassifizierung von Medizinprodukten ebenso zu sehen wie deren klinische Bewertung. Diese ist im Zusammenhang mit der Risikoanalyse zu sehen, die in den Qualitätssicherungssystemen vorgeschrieben ist. Der

6

---

[4] Gesetz vom 13.12.2001 (BGBl. I S. 3586) in der Fassung der Bekanntmachung des Medizinproduktegesetzes vom 07.08.2002 (BGBl. I S. 3146).

[5] Gesetz vom 30.06.2007 (BGBl. I S. 1066).

[6] Gesetz zur Änderung medizinprodukterechtlicher Vorschriften vom 29.07.2009 (BGBl. I S. 2326).

[7] Richtlinie 2007/47/EG (ABl. EG Nr. L 247 vom 21.09.2007, S. 21),

[8] Richtlinie vom 17.05.2006 (ABl. L 157 vom 09.06.2006, S. 24). Zuletzt geändert durch Richtlinie 2009/127/EG des Europäischen Parlaments und des Rates vom 21.11.2009 (ABl. L 310 25.11.2009 S. 29). Zuletzt geändert durch Art. 77 ÄndVO (EU) 167/2013 vom 05.02.2013 (ABl. Nr. L 60 S. 1).

[9] Richtlinie 89/686/EWG des Rates vom 21.11.1989 zur Angleichung der Rechtsvorschriften der Mitgliedstaaten für persönliche Schutzausrüstungen (ABl. EG Nr. L 399, S. 18).

Hersteller gibt an, welche medizinische Zweckbestimmung das von ihm in Verkehr gebrachte Produkt erfüllen soll. Diese Zweckbestimmung muss der Hersteller belegen können. Die klinische Bewertung muss die merkmal- und leistungsrelevanten Anforderungen erfüllen und unerwünschte Nebenwirkungen belegen.

Welche Anforderungen an die Nachweispflicht des Herstellers gestellt werden, hängt letztlich von der Risikoklassenzugehörigkeit des Medizinprodukts ab. Für die Durchführung des Konformitätsbewertungsverfahrens werden die Medizinprodukte unterschiedlichen, nach dem Grad der Gefährdung für den Patienten, Anwender und Dritten gestuften Klassen zugeordnet.

7   Das Konformitätsbewertungsverfahren kann je nach Zugehörigkeit zu den einzelnen Risikoklassen entweder durch den Hersteller selbst oder durch Benannte Stellen durchgeführt werden.

8   Den Nachweis der Zweckbestimmung des Medizinprodukts kann der Hersteller auch durch eine klinische Prüfung führen. Weiterhin sollen die unter üblichen Einsatzbedingungen auftretenden Nebenwirkungen ermittelt und daraufhin beurteilt werden, ob sie unter Berücksichtigung der vorgesehenen Leistung kein unvertretbares Risiko darstellen. Die Regelung für die Durchführung klinischer Prüfungen folgt im Wesentlichen den Regeln, die bei der klinischen Prüfung von Arzneimitteln bereits seit Jahren angewendet werden. Prüfungen dürfen am Probanden oder Patienten nur mit dessen Einwilligung durchgeführt werden. Mit der klinischen Prüfung darf erst begonnen werden, wenn das Bundesinstitut für Arzneimittel und Medizinprodukte (BfArM) sie genehmigt und eine nach Landesrecht zu bildende Ethik-Kommission dazu eine zustimmende Bewertung abgegeben hat. Damit ergibt sich eine weitgehende Angleichung der Verfahren bei der Durchführung klinischer Prüfungen mit Arzneimitteln und Medizinprodukten. Die bisher bestehenden Unterschiede konnten schon seit längerem niemandem mehr als sachgerecht vermittelt werden. Die jetzt Gesetz gewordene Regelung ist im Gesetzgebungsverfahren eigentlich auf keinen wesentlichen Widerstand gestoßen, was viele Fachleute der Materie im Nachhinein erstaunt haben dürfte. Das MPG enthält anders als das Arzneimittelgesetz keine spezialgesetzliche Haftungsregelung. Maßgeblich sind daher das Produkthaftungsgesetz und die allgemeinen Haftungsregelungen des Bürgerlichen Gesetzbuches. Bei der Produkthaftung geht es um die deliktische Haftung des Herstellers eines Medizinprodukts für Personen- und Sachschäden, die infolge bestimmungsgemäßen Gebrauchs durch Medizinprodukte entstehen. Produkthaftung ist Gefährdungshaftung. Auf ein Verschulden des Herstellers kommt es also nicht an. Die Haftung ist summenmäßig beschränkt. Ein Schmerzensgeld kann inzwischen auch verlangt werden.

9   Die Lebenszeit, oder soll man besser sagen, die Überlebenszeit des MPG war absehbar, seit die EU an zwei Verordnungen laborierte, die sowohl das Recht der Medizinprodukte als auch das der In-vitro-Diagnostika regeln sollten. Inzwischen liegen die Texte der Verordnungen vor. Aus ihnen ergibt sich eine drei- bzw. für In-vitro-Diagnostika fünfjährige Übergangsfrist, ehe die Normen „scharf" geschaltet werden. Hinzu kommt, dass noch eine Einpassung in das nationale Recht vorzunehmen ist, ohne die die Verordnungen nicht angewendet werden können, auch wenn sie unmittelbar geltendes Recht sind.

Erster Abschnitt
Zweck, Anwendungsbereich des Gesetzes, Begriffsbestimmungen

§ 1 Zweck des Gesetzes

Zweck dieses Gesetzes ist es, den Verkehr mit Medizinprodukten zu regeln und dadurch für die Sicherheit, Eignung und Leistung der Medizinprodukte sowie die Gesundheit und den erforderlichen Schutz der Patienten, Anwender und Dritter zu sorgen.

Ob ein literarischer Text nur gut oder besser ist, entscheidet sich, so sagt man gemeinhin, in den ersten Zeilen. Überträgt man diese Erkenntnis auf einen Gesetzestext mit seiner „zu sorgen.." -Formulierung als Zweckbestimmung in § 1 so tun sich diese Texte schwer, diesen Anspruch zu erfüllen. Eben, um Siegfried Lenz zu zitieren: „die Freuden der Pflicht". Zur Ehrenrettung des Gesetzgebers muss aber angemerkt werde, dass dieser in der Textgestaltung nicht selten eingeschränkt ist. EU-rechtliche Vorgaben und höherrangiges Recht setzen der Formulierungsfreiheit Grenzen. So auch der Formulierung des Gesetzeszwecks des Medizinproduktegesetzes in § 1.

§ 1 bewältigt den Spagat zwischen der Freiheit des Verkehrs mit Medizinprodukten einerseits und dem Schutz von Anwendern, Betreibern und Dritten, also Verbrauchern andererseits. Das Medizinproduktegesetz ist Sonderpolizeirecht (es ist verboten gefährliche Medizinprodukte in den Verkehr zu bringen) und zugleich Verbraucherschutzrecht. Letzterer Aspekt kann für sich einen Erwägungsgrund zur Richtlinie 93/42/EWG in Anspruch nehmen: „Medizinprodukte müssen für Patienten, Anwender und Dritte einen hochgradigen Schutz bieten und die vom Hersteller angegebenen Leistungen erreichen…"

Der Verkehr mit Medizinprodukten ist gefährlich. Das Risiko, dass sich diese Gefahr auch verwirklicht, lässt sich aber nur dadurch verringern, dass alle Beteiligten am Verkehr mit Medizinprodukten die Pflichten des Medizinproduktegesetzes und der auf ihm fußenden Verordnungen einhalten und eine permanente Risikovorsorge betreiben.

§ 2 Anwendungsbereich des Gesetzes

(1) Dieses Gesetz gilt für Medizinprodukte und deren Zubehör. Zubehör wird als eigenständiges Medizinprodukt behandelt.

(2) Dieses Gesetz gilt auch für das Anwenden, Betreiben und Instandhalten von Produkten, die nicht als Medizinprodukte in Verkehr gebracht wurden, aber mit der Zweckbestimmung eines Medizinproduktes im Sinne der Anlagen 1 und 2 der Medizinprodukte- Betreiberverordnung eingesetzt werden. Sie gelten als Medizinprodukte im Sinne dieses Gesetzes.

(3) Dieses Gesetz gilt auch für Produkte, die dazu bestimmt sind, Arzneimittel im Sinne des § 2 Abs. 1 des Arzneimittelgesetzes zu verabreichen. Werden die Medizinprodukte nach Satz 1 so in den Verkehr gebracht, dass Medizinprodukt und Arzneimittel ein einheitliches, miteinander verbundenes Produkt bilden, das ausschließlich zur Anwendung in dieser Verbindung bestimmt und nicht wieder verwendbar ist, gilt dieses Gesetz nur insoweit, als das Medizinprodukt die Grundlegenden Anforderungen nach § 7 erfüllen muss, die sicherheits- und leistungsbezogene Produktfunktionen betreffen. Im Übrigen gelten die Vorschriften des Arzneimittelgesetzes.

(4) Die Vorschriften des Atomgesetzes, der Strahlenschutzverordnung, der Röntgenverordnung und des Strahlenschutzvorsorgegesetzes, des Chemikaliengesetzes, der Gefahrstoffverordnung, der Betriebssicherheitsverordnung, der Druckgeräteverordnung, der Aerosolpackungsverordnung sowie die Rechtsvorschriften über Geheimhaltung und Datenschutz bleiben unberührt.

(4a) Dieses Gesetz gilt auch für Produkte, die vom Hersteller sowohl zur Verwendung entsprechend den Vorschriften über persönliche Schutzausrüstungen der Richtlinie 89/686/EWG des Rates vom 21.12.1989 zur Angleichung der Rechtsvorschriften der Mitgliedstaaten für persönliche Schutzausrüstungen (ABl. L 399 vom 30.12.1989, S. 18) als auch der Richtlinie 93/42/EWG des Rates vom 14.06.1993 über Medizinprodukte (ABl. L 169 vom 12.07.1993, S. 1) bestimmt sind.

(5) Dieses Gesetz gilt nicht für

1. Arzneimittel im Sinne des § 2 des Arzneimittelgesetzes; die Entscheidung darüber, ob ein Produkt ein Arzneimittel oder ein Medizinprodukt ist, erfolgt insbesondere unter Berücksichtigung der hauptsächlichen Wirkungsweise des Produkts, es sei denn, es handelt sich um ein Arzneimittel im Sinne des § 2 Absatz 1 Nummer 2 Buchstabe b des Arzneimittelgesetzes,

2. kosmetische Mittel im Sinne des § 2 Absatz 5 des Lebensmittel-, Bedarfsgegenstände- und Futtermittelgesetzbuchs,

3. menschliches Blut, Produkte aus menschlichem Blut, menschliches Plasma oder Blutzellen menschlichen Ursprungs oder Produkte, die zum

Zeitpunkt des Inverkehrbringens Bluterzeugnisse, -plasma oder -zellen dieser Art enthalten, soweit es sich nicht um Medizinprodukte nach § 3 Nr. 3 oder § 3 Nr. 4 handelt,

4. Transplantate oder Gewebe oder Zellen menschlichen Ursprungs und Produkte, die Gewebe oder Zellen menschlichen Ursprungs enthalten oder aus solchen Geweben oder Zellen gewonnen wurden, soweit es sich nicht um Medizinprodukte nach § 3 Nr. 4 handelt,

5. Transplantate oder Gewebe oder Zellen tierischen Ursprungs, es sei denn, ein Produkt wird unter Verwendung von abgetötetem tierischen Gewebe oder von abgetöteten Erzeugnissen hergestellt, die aus tierischen Geweben gewonnen wurden, oder es handelt sich um Medizinprodukte nach § 3 Nr. 4.

Inhaltsverzeichnis

I.	Die Bedeutung der Norm	1
II.	Medizinprodukte und Zubehör	3
III.	Der Umgang mit Medizinprodukten	4
IV.	Fiktive Medizinprodukte	12
V.	Anwendungsausschlüsse	13
VI.	Weitere anwendbare Vorschriften	25
VII.	Rechtsfolgen	26

Änderungen:
§ 2 Abs. 2 eingef., bish. Abs. 2 bis 4 werden Abs. 3 bis 5 mWv 30.06.2007 durch G v. 14.06.2007 (BGBl. I S. 1066); Abs. 4a eingef., Abs. 5 Nr. 2 und Nr. 5 geänd., Nr. 6 aufgeh. mWv 21.03.2010 durch G v. 29.07.2009 (BGBl. I S. 2326); Abs. 4 geänd. mWv 01.12.2011 durch G v. 08.11.2011 (BGBl. I S. 2178); Abs. 5 Nr. 1 neu gef. mWv 26.10.2012 durch G v. 19.10.2012 (BGBl. I S. 2192).

Literatur:
Anhalt in: Anhalt, Dieners, § 3, Fuhrmann, Stephan, Tolle in: Fuhrmann, Klein, Fleischfresser, § 2, Lippert, Handelt es sich bei den in Heilbädern und Kurorten abgegebenen ortsgebundenen Heilmittel um Arzneimittel oder um Medizinprodukte? PharmR 2014, 517, ders, Die Abgrenzung von Arzneimitteln und Medizinprodukten am Beispiel der ortsgebundenen Heilmittel, PharmR 2015, 289, Müller in: Kügel, Müller, Hofmann, AMG, § 2.

I. Die Bedeutung der Norm

§ 2 legt den Anwendungsbereich des Gesetzes fest. Obwohl im Gesetz nicht ausdrücklich genannt bezieht es sich räumlich auf den Verkehr mit Medizinprodukten in Deutschland. Sächlich umfasst es zum einen Medizinprodukte im Sinne der Definition von § 3 Nr. 1–8 sowie auf deren Zubehör. Zum anderen unterstellt es Produkte, bei denen diese Zuordnung zweifelhaft sein könnte dem Geltungsbereich des Gesetzes, wie z. B. fiktive Medizinprodukte in Abs. 2, Produkte zur Verabreichung von Arzneimitteln und persönliche Schutzeinrichtungen, die auch Medizinprodukte sein und als solche eingesetzt werden können (Abs. 4a).

1

2   Welche Tätigkeiten alle dem Begriff „Verkehr mit Medizinprodukten" unterfallen sollen, sagt das Gesetz aber nicht an dieser Stelle, sondern erst in § 4. Es ist dies das Inverkehrbringen, das Errichten, Inbetriebnehmen, Betreiben und Anwenden. Hinzu kommen wohl die Abgabe und das Überlassen von Medizinprodukten, sowie deren Ausstellung. In persönlicher Hinsicht richtet sich das Gesetz an den Hersteller, den Betreiber, den Anwender und schließlich auch an den Einführer (sofern der Hersteller seinen Sitz nicht in der EU oder innerhalb des EWR hat).

Mit den Anwendungsausschlüssen in Abs. 5 wird die Abgrenzung zu anderen, ähnlichen Produkten versucht, die zudem in anderen Gesetzen eine spezielle gesetzliche Regelung erfahren haben.

II. Medizinprodukte und Zubehör

3   Das Gesetz erfasst zunächst einmal Medizinprodukte zur Anwendung am Menschen, wie sie in § 3 Nr. 1–3 definiert sind. Einbezogen wird auch Zubehör zu Medizinprodukten. Es wird als eigenständiges Medizinprodukt angesehen. Folge davon ist, dass Zubehör (§ 3 Nr. 9) ein eigenes CE-Zeichen zu tragen hat und dass sein Hersteller ein Konformitätsbewertungsverfahren sicherzustellen hat.

Applikationshilfen unterfallen nach Abs. 3 ebenfalls dem MPG, es sei denn, die Applikationshilfe und das zu verabreichende Arzneimittel bildeten eine Einheit. Dann gilt Abs. 3 S. 2 und damit das AMG.

III. Der Umgang mit Medizinprodukten

4   Der Umgang mit Medizinprodukten wird in § 2 nur ansatzweise und die zudem in der Ausnahmevorschrift des Abs. 2 angesprochen, teilweise in § 4 Abs. 1, in § 14 und in § 1 Abs. 1 MPBetreibV. Die in diesen Vorschriften aufgelisteten Tätigkeiten sind solche, die den Umgang oder auch den Verkehr mit Medizinprodukten im Sinne von § 1 MPG ausmachen und ihn umschreiben.

1. Inverkehrbringen § 3 Nr. 11 MPG)

5   Die Definition des Inverkehrbringens eines Medizinproduktes findet sich in § 3 Nr. 11. Es ist dies jede entgeltliche oder unentgeltliche Abgabe von Medizinprodukten an andere. Ausgenommen hiervon ist die Abgabe von Medizinprodukten zum Zwecke der klinischen Prüfung, die Abgabe von In-vitro-Diagnostika für Leistungsbewertungsprüfungen, sowie die erneute Abgabe eines Medizinproduktes nach seiner Inbetriebnahme an andere, es sei denn, dass es als neu aufbereitet oder wesentlich verändert worden ist. Eine Abgabe an andere liegt ebenfalls nicht vor, wenn Medizinprodukte für einen anderen aufbereitet und an diesen zurückgegeben werden. Erstmaliges Inverkehrbringen ist die erste Abgabe von neuen oder als neu aufbereiteten Medizinprodukten an andere im Europäischen Wirtschaftsraum.

2. Errichten

Das Errichten eines Medizinproduktes ist weder im Gesetz noch in einer Rechts- **6** verordnung definiert. Das Errichten ist demnach nicht dem Begriff des Herstellens zuzuordnen. Es umschreibt vielmehr diejenigen Handlungen, die nach der Herstellung bereits im Einflussbereich des Betreibers/Anwenders noch unter der Verantwortung des Herstellers vorgenommen werden, um das Medizinprodukt aufzustellen zu montieren oder einzubauen, die aber zeitlich vor der Inbetriebnahme liegen.[1] Ob und in welchem Umfang diese Phase des Errichtens überhaupt auftreten kann, ist auch davon abhängig, welche Form und Gestalt das Medizinprodukt hat.

3. Inbetriebnehmen (§ 3 Nr. 12 MPG)

Inbetriebnahme ist nach der in § 3 Nr. 12 gegebenen Definition derjenige Zeitpunkt, **7** zu dem das Medizinprodukt dem Endanwender als ein Erzeugnis zur Verfügung gestellt worden ist, das erstmals entsprechend seiner Zweckbestimmung im Europäischen Wirtschaftsraum angewendet werden kann. Bei aktiven implantierbaren Medizinprodukten gilt als Inbetriebnahme die Abgabe an das medizinische Personal zur Implantation.

4. Betreiben

Eine Definition des Begriffes gibt es weder im Gesetz selbst noch in einer der **8** Rechtsverordnungen. Betreiben bedeutet, die tatsächliche Sachherrschaft über ein Medizinprodukt auszuüben. Oder banal gesagt, es (wo möglich) ein- und auszuschalten. Die Ausübung der tatsächlichen Sachherrschaft fällt rechtlich gesehen zusammen mit dem unmittelbaren Besitz und seiner Ausübung. Der Betreiber muss dazu nicht Eigentümer im Sinne des BGB sein. Auch ein geleastes Medizinprodukt betreibt derjenige, der es selbst steuert oder auch durch Mitarbeiter steuern lässt. Ein Eigentümer, der diese tatsächliche Sachherrschaft nicht ausübt, kann kein Betreiber sein.[2]

Die praktischen Auswirkungen der Definition lassen sich sehr schön der Ent- **9** scheidung des BVerwG[3] entnehmen. In ihr ging es darum, ob eine Krankenkasse bezüglich der zwar in ihrem Eigentum stehenden, aber über ein Sanitätshaus (Leistungserbringer im Sinne des SGB V) den betroffenen Patienten leihweise

---

[1] So oder ähnlich wird der Begriff in der Literatur gedeutet. Vgl. Böckmann in: Anhalt, Dieners, § 9 Rz. 11, Nöthlichs, § 14 Nr. 2.1, Wagner in: Rehmann, Wagner, § 4 Rz. 11, Schorn, § 2 Rz. 12, Hill, Schmitt, WiKo § 14 Rz. 2.

[2] So auch Wagner in: Rehmann, Wagner, § 4 Rz. 14, Schorn, § 2 Rz. 12 f., Böckmann in: Anhalt, Dieners, § 9 Rz. 13.

[3] MPJ 2004, 81 m. Anm. Baumann, auch in Schorn R-4–7.2 abgedruckt.

überlassenen Medizinprodukt (elektrisch betriebene Rollstühle, Betten etc.) Betreiber dieser Medizinprodukte im medizinprodukterechtlichen Sinn sei. Bejahendenfalls wäre sie dann dazu verpflichtet gewesen, über diese Medizinprodukte ein Bestandsverzeichnis nach § 8 MPBetreibV zu führen. Darüber stritten Krankenkasse und Verwaltungsbehörde. Dass es zweier weiterer Instanzen bedurfte, um die semantische Fehlleistung der Verwaltungsbehörde und des Gerichtes erster Instanz letztendlich gerade zu rücken, stimmt nachdenklich. Zu Ende gedacht bedeutet dies nämlich, dass jedenfalls derjenige Patient, dem die Medizinprodukte zu Hause zur Verfügung gestellt werden, nicht nur deren Betreiber, sondern auch zugleich deren Anwender ist. Wie steht es denn dann mit dem Bestandsverzeichnis nach § 8 MPBetreibV? Dem steht aber wohl doch § 1 Abs. 2 MPBetreibV entgegen.

5. Anwenden

10 Anwenden bedeutet, das Medizinprodukt entsprechend seine Zweckbestimmung tatsächlich am oder für den Patienten einzusetzen oder auch zu implantieren, sofern dies möglich ist. Oder anders ausgedrückt: anwenden heißt das Medizinprodukt mit der Hand am Arm tatsächlich zu bedienen. Dies kann auch der Betreiber selbst tun. Dann sind beide identisch, auch wenn die Pflichten von Betreiber und Anwender nach der MPBetreibV im Hinblick auf das Medizinprodukt nicht deckungsgleich sein mögen und eher konzentrischen Kreisen gleichen.

6. Weitere Handlungen

11 Nicht erwähnt ist bei den Handlungsformen das Ausstellen. Dieses ist in § 3 Nr. 13 und in § 12 speziell geregelt. Nicht geregelt ist auch das Befördern gefährlicher Medizinprodukte. Dieses unterliegt dem Gesetz über die Beförderung gefährlicher Güter.[4]

IV. Fiktive Medizinprodukte

12 Als fiktive Medizinprodukte gelten Medizinprodukte, die ohne Zweckbestimmung des Herstellers als Medizinprodukte verwendet werden können. Auch auf sie ist das MPG anzuwenden, Es handelt sich bei ihnen um so etwas wie eine Regelung des Off-Label-Use aus dem Bereich der Arzneimittel aber bezogen auf Medizinprodukte.[5]

---

[4] Zu Recht wie hier Nöthlichs, § 2 Nr. 2.3.5.
[5] Mit beachtlichen Argumenten bezweifelt daher Lücker in: Spickhoff, MPG § 2 Rz. 4 die Notwendigkeit der Vorschrift. Er unterstellt diese Produkte den Vorschriften über die Eigenherstellung, § 3 Nr. 21, 22.

V. Anwendungsausschlüsse

Absatz 5 regelt (wie im Übrigen auch § 2 Abs. 3 AMG) Bereiche und Produkte, auf die das MPG nicht anzuwenden ist, weil es dafür spezielle gesetzliche Vorschriften gibt.

13

1. Arzneimittel

Auf Arzneimittel im Sinne von § 2 Abs. 1 Nr. 2 AMG –Funktionsarzneimittel- findet das MPG keine Anwendung. Auf Medizinprodukte ist nach § 2 Abs. 3 Nr. 7 AMG das AMG nicht anzuwenden, es sei denn es handle sich um Arzneimittel zu Erstellung einer medizinischen Diagnose (§ 2 Abs. 1 Nr. 2 b).

Die umfangreiche, zur Abgrenzung beider Produkte inzwischen ergangene Rechtsprechung macht deutlich, dass eine saubere Abgrenzung praktisch nicht immer einfach ist. Abs. 3 Nr. 7 MPG
Der Begriff des Arzneimittels im Sinne von § 2 Abs. 1 AMG[6] und derjenige des Medizinprodukts nach § 3 Abs. 1 Nr. 1 MPG weist nicht nur Trennendes, sondern auch Gemeinsamkeiten auf. Bei beiden handelt es sich um Stoffe oder eine Zubereitung daraus (§ 3 AMG). Die Anwendung am oder auch im menschlichen Körper ist für beide Bestimmung. Ziel der Anwendung ist es, Krankheiten oder krankhafte Beschwerden zu heilen, zu lindern oder zu verhüten.[7]

Worin bestehen aber nun die wesentlichen Unterschiede zwischen einem Funktionsarzneimittel und einem Medizinprodukt[8]? Das Arzneimittel wird angewendet, um am oder im menschlichen Körper dessen physiologische Funktion zu beeinflussen und zwar soll dies durch pharmakologische, metabolische oder auch immunologische Wirkung geschehen. Diese Einflussnahme auf die physiologischen Funktionen muss auch nennenswert und als bestimmungsgemäße Wirkung in Anspruch genommen sein. Auf dieses Kriterium ist besonderer Wert zu legen, wenn Wirkstoffe in den zu beurteilenden Substanzen nur in geringer Menge enthalten sind.

14

Bei einem Medizinprodukt darf definitionsgemäß die bestimmungsgemäße Hauptwirkung, die der Hersteller seinem Produkt beigibt, gerade nicht durch pharmakologische, immunologische oder metabolische Wirkung herbeigeführt werden.

Für die Unterscheidung von stofflichen Arzneimitteln und Medizinprodukten bei gleichem Erscheinungsbild kommt es auf die nach naturwissenschaftlichen Methoden zu bestimmende Hauptwirkungsweise an.[9] Diese gibt aber der Hersteller

15

---

[6] Gesetz in der Fassung der Bekanntmachung vom 12.12.2005 (BGBl. I S. 3394), das zuletzt durch Artikel 3 des Gesetzes vom 04.04.2016 (BGBl. I S. 569) geändert worden ist.

[7] Vgl. hierzu Tolle in: Fuhrmann, Fleischfresser, Arzneimittelrecht, 2010, § 2 Rz. 117 m.w. Nachw.

[8] Vgl. hierzu Müller in: Kügel, Müller Hofmann, § 2 Rz. 210 ff. m.w. Nachw, Lippert, PharmR 2014, 517 und 2015, 289, m. w. Nachw.

[9] So auch Tolle, § 2 Rz. 127, BGH Beschl. v. 18.10.2012 – I ZR 38/12 –. (Darmreinigung).

seinem Produkt bei. Die Gesamtbewertung der jeweiligen Produkte hat unter Heranziehung aller wissenschaftlichen Erkenntnisse zu erfolgen. Es gibt also weder „Verdachts-Arzneimittel" noch „Verdachts-Medizinprodukte".[10] Dies schließt es auch aus, Produkte, die keine Arzneimittel sind, automatisch zu Medizinprodukten zu deklarieren, weil sie schließlich irgendetwas sein müssten[11].

a. Regelungen im Arzneimittelgesetz

16 Vor dem Hintergrund der gesetzlichen Definition des Arzneimittels, wie sie Abs. 1 gibt (Präsentation- und Funktionsarzneimittel) ist es folgerichtig, wenn § 2 Abs. 3 feststellt, dass Medizinprodukte und deren Zubehör nach der Definition von § 3 MPG, keine Arzneimittel sind. Es sei denn, sie wären Funktionsarzneimittel gemäß § 2 Abs. 1 Nr. 2 AMG (Rückverweis).

17 Auch die Grenzfallregelung[12] des § 2 Abs. 3a soll in der Praxis dazu dienen, Arzneimittel von anderen ähnlichen Produkten abzugrenzen und so Rechtsklarheit zu schaffen. Eine automatische Entscheidung in der Bewertung von Grenzfällen zugunsten des Arzneimittelgesetzes ist aber nicht das Ziel der Regelung.[13] Die Grenzfallregelung kommt richtigerweise nur dann zur Anwendung, wenn die Arzneimitteleigenschaft eines Produktes feststeht. Fällt es auch dann noch unter eine Definition aus dem Katalog nach Absatz 3, z. B. Medizinprodukt nach Abs. 3 Nr. 7, dann ist es Arzneimittel. Bei der Abgrenzungsprüfung hat eine Gesamtbewertung zu erfolgen. Es sind alle objektiven und subjektiven Produktmerkmale heranzuziehen.[14]

18 Den Regeln zur Entscheidung über Grenzfällen über die Zuordnung von Produkten ist auch die Vermutung in § 2 Abs. 4 Satz 1 AMG zuzurechnen. Ist ein Mittel nach dem Arzneimittelgesetz zugelassen oder von der Zulassung freigestellt, so gilt es als Arzneimittel. Diese Vermutung ist unwiderleglich (Versteinerungsregel).[15]

19 Fertigarzneimittel unterliegen, von Ausnahmen abgesehen, die in § 21 Abs. 2 AMG geregelt sind, der Zulassung, ehe sie in den Verkehr gebracht werden dürfen. Ist umstritten, ob der pharmazeutische Unternehmer für ein Fertigarzneimittel einen Antrag auf Zulassung zu stellen hat, so entscheidet darüber die Bundesoberbehörde auf Antrag einer Landesbehörde. Sinn der Regelung ist es, ein einheitliches Verwaltungshandeln sicherzustellen.

---

[10] So Müller in: Kügel, Müller, Hofmann, § 2 Rz. 235.

[11] Wie hier auch Tolle in: Fuhrmann, Klein, Fleischfresser, Arzneimittelrecht, 2010, § 2 Rz. 127: „nicht per se als Medizinprodukte verkehrsfähig ..." (wenn keine Arzneimittel).

[12] So zutreffend Müller in: Kügel, Müller, Hofmann, AMG, 2012, § 2 Rz. 228

[13] Müller in: Kügel, Müller, Hofmann, § 2 Rz.233 f m.w.Nachw., Koyuncu in: Deutsch, Lippert, Anker, Ratzel, Tag, Koyuncu, AMG, 3. Aufl. 2010, § 2 Rz. 103.

[14] Vgl. hierzu Tolle in: Fuhrmann, Klein, Fleischfresser, § 2 Rz. 143 ff.; Müller in: Kügel, Müller, Hofmann, § 2 Rz. 234, EuGH Rs C-140/07 – Hecht-Pharma, Rz. 35.

[15] So auch Müller in: Kügel, Müller, Hofmann, § 2 Rz. 239 f.

b. Regelungen im Medizinproduktegesetz

Das Medizinproduktegesetz geht einen ähnlichen Weg wie das Arzneimittelgesetz, wenn es um die Abgrenzung beider Produkte gegeneinander geht. Das Medizinproduktegesetz soll nach § 2 auf Medizinprodukte im Sinne vom § 3 MPG angewendet werden. Ausgenommen ist davon eine ganze Reihe von Produkten. Unter anderem sind nach § 2 Abs. 5 Nr. 1 Arzneimittel ausgenommen, weil für sie das AMG gilt.

20

Während das Medizinproduktegesetz auf die bestimmungsgemäße Hauptwirkung abstellt, die der Hersteller dem Medizinprodukt beigibt, fehlt das Abstellen auf eine Hauptwirkung beim Arzneimittel. Entscheidendes Kriterium der Abgrenzung ist beim Medizinprodukt das Fehlen einer pharmakologischen, metabolischen oder auch immunologischen Wirkung. Diese muss wiederum beim Arzneimittel gegeben sein.

Mit Ausnahmen sind Medizinprodukte zu klassifizieren, also Risikoklassen bei ihrer Anwendung zuzuweisen. Aus der Risikoklasse ergeben sich auch die Vorkehrungen, die bei der Anwendung von Medizinprodukten einzuhalten sind. 2009 ist § 13 Abs. 3 neu gefasst worden. Damit sollen Streitfälle beigelegt werden, die sich aus der Klassifizierung ergeben können. Abs. 3 regelt aber auch den Fall, dass im Streit ist, ob überhaupt ein Medizinprodukt vorliegt oder nicht. Auf Antrag einer zuständigen Landesbehörde entscheidet auch in diesem Fall die Bundesoberbehörde. Ohne Gutachten dürfte diese Entscheidung kaum zu treffen sein.

21

Im Zusammenhang mit § 13 Abs. 3 MPG, also der Abgrenzung zwischen Arzneimitteln und Medizinprodukten, ist auch die Regelung in § 2 Abs. 4 S. 1 AMG zu sehen. Der Antrag der Landesbehörde bei der Bundesoberbehörde läuft ins Leere, weil die Arzneimitteleigenschaft gerade vermutet wird und damit feststeht.

2. Kosmetische Mittel

Bei kosmetischen Mitteln handelt es sich um Stoffe und Gemische aus Stoffen die ausschließlich oder überwiegend dazu bestimmt sind, äußerlich am Körper des Menschen oder in seiner Mundhöhle zur Reinigung, zum Schutz, zur Erhaltung eines guten Zustandes, zur Parfümierung, zur Veränderung des Aussehens oder dazu angewendet zu werden, den Körpergeruch zu beeinflussen. Als kosmetische Mittel gelten nicht Stoffe oder Gemische aus Stoffen, die zur Beeinflussung der Körperformen bestimmt sind, § 2 Abs. 5 LBFG.[16]

22

Maßgeblich für die rechtliche Einordnung ist die medizinische Zweckbestimmung. Ist dem Produkt eine hauptsächlich medizinische Zweckbestimmung zugedacht, unterfällt es dem MPG. Bei Produkten, die sowohl kosmetischen als auch arzneilichen Zwecken dienen können, entscheidet die überwiegende Zweckbestimmung über die Zuordnung.[17] Ergibt sich eine pharmakologische Zweckbestimmung, so ist das AMG einschlägig, nicht aber das MPG.

---

[16] Lebensmittel- und Futtermittelgesetzbuch in der Fassung der Bekanntmachung vom 03.06.2013 (BGBl. I S. 1426), das zuletzt durch Artikel 1 der Verordnung vom 26.01.2016 (BGBl. I S. 108) geändert worden ist

[17] Rehmann in: Rehmann, Wagner, § 3 Rz. 9.

3. Menschliches Blut und Blutprodukte

23 Blut und Blutprodukte sind Arzneimittel im Sinne von § 4 Abs. 2 AMG. Der Verkehr mit ihnen ist in einem speziellen Gesetz, dem TFG,[18] einem Sondergesetz zum AMG geregelt. Es enthält die Vorschriften für die Gewinnung von Blut und die Anwendung der daraus gewonnenen Blutprodukte am Patienten[19] Die Herstellung selbst richtet sich nach der AMWHV.[20]

Handelt es sich um In-vitro-Diagnostika nach §§ Nr. 3 oder 4 MPG, so ist auf sie das MPG anwendbar.

4. Transplantate

24 Transplantate sind im TPG[21] geregelt. Medizinprodukte sind sie nur, wenn die Voraussetzungen von § 3 Nr. 4 MPG vorliegen, es sich also um In-vitro-Diagnostika handelt.

VI. Weitere anwendbare Vorschriften

25 Abs. 3 enthält einen – jedenfalls für dem mit dem Umgang mit Gesetzen vertrauten Juristen – gewöhnungsbedürftigen Hinweis darauf, dass bestimmte dort genannte Gesetze und Verordnungen auf Medizinprodukte Anwendung finden (können). Den Nicht-Juristen sollte die Vorschrift aber nicht in falsche Sicherheit wiegen. Denn selbstverständlich setzt das MPG den Rest der Rechtsordnung nicht außer Kraft Eine ähnlich verwirrende Regelung findet sich auch in § 29 TFG und in § 81 AMG. Hoffentlich verfährt der Gesetzgeber künftig nicht nach dem Grundsatz „vivant sequentes".

VII. Rechtsfolgen

26 Als Vorschrift, die den Anwendungsbereich des Medizinproduktegesetzes festlegt, ergeben sich aus ihr unmittelbar weder straf- noch zivilrechtliche Folgen.

---

[18] Transfusionsgesetz in der Fassung der Bekanntmachung vom 28.08.2007 (BGBl. I S. 2169), das durch Artikel 12 des Gesetzes vom 17.07.2009 (BGBl. I S. 1990) geändert worden ist.
[19] Vgl. hierzu Lippert, Flegel, Kommentar zum TFG, 2. Aufl. 2017.
[20] Arzneimittel- und Wirkstoffherstellungsverordnung vom 03.11.2006 (BGBl. I S. 2523), die zuletzt durch Artikel 1 der Verordnung vom 28.10.2014 (BGBl. I S. 1655) geändert worden ist.
[21] Transplantationsgesetz in der Fassung der Bekanntmachung vom 04.09.2007 (BGBl. I S. 2206), das zuletzt durch Artikel 5d des Gesetzes vom 15.07.2013 (BGBl. I S. 2423) geändert worden ist.

§ 3 Begriffsbestimmungen

1. Medizinprodukte sind alle einzeln oder miteinander verbunden verwendeten Instrumente, Apparate, Vorrichtungen, Software, Stoffe und Zubereitungen aus Stoffen oder andere Gegenstände einschließlich der vom Hersteller speziell zur Anwendung für diagnostische oder therapeutische Zwecke bestimmten und für ein einwandfreies Funktionieren des Medizinproduktes eingesetzten Software, die vom Hersteller zur Anwendung für Menschen mittels ihrer Funktionen zum Zwecke

a) der Erkennung, Verhütung, Überwachung, Behandlung oder Linderung von Krankheiten,

b) der Erkennung, Überwachung, Behandlung, Linderung oder Kompensierung von Verletzungen oder Behinderungen,

c) der Untersuchung, der Ersetzung oder der Veränderung des anatomischen Aufbaus oder eines physiologischen Vorgangs oder

d) der Empfängnisregelung

zu dienen bestimmt sind und deren bestimmungsgemäße Hauptwirkung im oder am menschlichen Körper weder durch pharmakologisch oder immunologisch wirkende Mittel noch durch Metabolismus erreicht wird, deren Wirkungsweise aber durch solche Mittel unterstützt werden kann.

2. Medizinprodukte sind auch Produkte nach Nummer 1, die einen Stoff oder eine Zubereitung aus Stoffen enthalten oder auf die solche aufgetragen sind, die bei gesonderter Verwendung als Arzneimittel im Sinne des § 2 Abs. 1 des Arzneimittelgesetzes angesehen werden können und die in Ergänzung zu den Funktionen des Produktes eine Wirkung auf den menschlichen Körper entfalten können.

3. Medizinprodukte sind auch Produkte nach Nummer 1, die als Bestandteil einen Stoff enthalten, der gesondert verwendet als Bestandteil eines Arzneimittels oder Arzneimittel aus menschlichem Blut oder Blutplasma im Sinne des Artikels 1 der Richtlinie 2001/83/EG des Europäischen Parlaments und des Rates vom 06.11.2001 zur Schaffung eines Gemeinschaftskodexes für Humanarzneimittel (ABl. L 311 vom 28.11.2001, S. 67), die zuletzt durch die Verordnung (EG) Nr. 1394/2007 (ABl. L 324 vom 10.12.2007, S. 121) geändert worden ist, betrachtet werden und in Ergänzung zu dem Produkt eine Wirkung auf den menschlichen Körper entfalten kann.

4. In-vitro-Diagnostikum ist ein Medizinprodukt, das als Reagenz, Reagenzprodukt, Kalibriermaterial, Kontrollmaterial, Kit, Instrument, Apparat, Gerät oder System einzeln oder in Verbindung miteinander nach der vom Hersteller festgelegten Zweckbestimmung zur In-vitro-Untersuchung von aus dem menschlichen Körper stammenden Proben einschließlich Blut- und

Gewebespenden bestimmt ist und ausschließlich oder hauptsächlich dazu dient, Informationen zu liefern

a) über physiologische oder pathologische Zustände oder

b) über angeborene Anomalien oder

c) zur Prüfung auf Unbedenklichkeit oder Verträglichkeit bei den potenziellen Empfängern oder

d) zur Überwachung therapeutischer Maßnahmen.

Probenbehältnisse gelten als In-vitro-Diagnostika. Probenbehältnisse sind luftleere oder sonstige Medizinprodukte, die von ihrem Hersteller speziell dafür gefertigt werden, aus dem menschlichen Körper stammende Proben unmittelbar nach ihrer Entnahme aufzunehmen und im Hinblick auf eine In-vitro-Untersuchung aufzubewahren. Erzeugnisse für den allgemeinen Laborbedarf gelten nicht als In-vitro-Diagnostika, es sei denn, sie sind aufgrund ihrer Merkmale nach der vom Hersteller festgelegten Zweckbestimmung speziell für In-vitro-Untersuchungen zu verwenden.

5. In-vitro-Diagnostikum zur Eigenanwendung ist ein In-vitro-Diagnostikum, das nach der vom Hersteller festgelegten Zweckbestimmung von Laien in der häuslichen Umgebung angewendet werden kann.

6. Neu im Sinne dieses Gesetzes ist ein In-vitro-Diagnostikum, wenn

a) ein derartiges Medizinprodukt für den entsprechenden Analyten oder anderen Parameter während der vorangegangenen drei Jahre innerhalb des Europäischen Wirtschaftsraums nicht fortwährend verfügbar war oder

b) das Verfahren mit einer Analysetechnik arbeitet, die innerhalb des Europäischen Wirtschaftsraums während der vorangegangenen drei Jahre nicht fortwährend in Verbindung mit einem bestimmten Analyten oder anderen Parameter verwendet worden ist.

7. Als Kalibrier- und Kontrollmaterial gelten Substanzen, Materialien und Gegenstände, die von ihrem Hersteller vorgesehen sind zum Vergleich von Messdaten oder zur Prüfung der Leistungsmerkmale eines In-vitro-Diagnostikums im Hinblick auf die bestimmungsgemäße Anwendung. Zertifizierte internationale Referenzmaterialien und Materialien, die für externe Qualitätsbewertungsprogramme verwendet werden, sind keine In-vitro-Diagnostika im Sinne dieses Gesetzes.

8. Sonderanfertigung ist ein Medizinprodukt, das nach schriftlicher Verordnung nach spezifischen Auslegungsmerkmalen eigens angefertigt wird und zur ausschließlichen Anwendung bei einem namentlich benannten Patienten bestimmt ist. Das serienmäßig hergestellte Medizinprodukt, das angepasst werden muss, um den spezifischen Anforderungen des Arztes, Zahnarztes oder des sonstigen beruflichen Anwenders zu entsprechen, gilt nicht als Sonderanfertigung.

9. Zubehör für Medizinprodukte sind Gegenstände, Stoffe sowie Zubereitungen aus Stoffen, die selbst keine Medizinprodukte nach Nummer 1 sind, aber vom Hersteller dazu bestimmt sind, mit einem Medizinprodukt verwendet zu werden, damit dieses entsprechend der von ihm festgelegten Zweckbestimmung des Medizinproduktes angewendet werden kann. Invasive, zur Entnahme von Proben aus dem menschlichen Körper zur In-vitro-Untersuchung bestimmte Medizinprodukte sowie Medizinprodukte, die zum Zweck der Probenahme in unmittelbaren Kontakt mit dem menschlichen Körper kommen, gelten nicht als Zubehör für In-vitro-Diagnostika.

10. Zweckbestimmung ist die Verwendung, für die das Medizinprodukt in der Kennzeichnung, der Gebrauchsanweisung oder den Werbematerialien nach den Angaben des in Nummer 15 genannten Personenkreises bestimmt ist.

11. Inverkehrbringen ist jede entgeltliche oder unentgeltliche Abgabe von Medizinprodukten an andere. Erstmaliges Inverkehrbringen ist die erste Abgabe von neuen oder als neu aufbereiteten Medizinprodukten an andere im Europäischen Wirtschaftsraum. Als Inverkehrbringen nach diesem Gesetz gilt nicht

a) die Abgabe von Medizinprodukten zum Zwecke der klinischen Prüfung,

b) die Abgabe von In-vitro-Diagnostika für Leistungsbewertungsprüfungen,

c) die erneute Abgabe eines Medizinproduktes nach seiner Inbetriebnahme an andere, es sei denn, dass es als neu aufbereitet oder wesentlich verändert worden ist.

Eine Abgabe an andere liegt nicht vor, wenn Medizinprodukte für einen anderen aufbereitet und an diesen zurückgegeben werden.

12. Inbetriebnahme ist der Zeitpunkt, zu dem das Medizinprodukt dem Endanwender als ein Erzeugnis zur Verfügung gestellt worden ist, das erstmals entsprechend seiner Zweckbestimmung im Europäischen Wirtschaftsraum angewendet werden kann. Bei aktiven implantierbaren Medizinprodukten gilt als Inbetriebnahme die Abgabe an das medizinische Personal zur Implantation.

13. Ausstellen ist das Aufstellen oder Vorführen von Medizinprodukten zum Zwecke der Werbung.

14. Die Aufbereitung von bestimmungsgemäß keimarm oder steril zur Anwendung kommenden Medizinprodukten ist die nach deren Inbetriebnahme zum Zwecke der erneuten Anwendung durchgeführte Reinigung, Desinfektion und Sterilisation einschließlich der damit zusammenhängenden Arbeitsschritte sowie die Prüfung und Wiederherstellung der technisch-funktionellen Sicherheit.

15. Hersteller ist die natürliche oder juristische Person, die für die Auslegung, Herstellung, Verpackung und Kennzeichnung eines Medizinproduktes im Hinblick auf das erstmalige Inverkehrbringen im eigenen Namen verantwortlich ist, unabhängig davon, ob diese Tätigkeiten von dieser Person oder stellvertretend für diese von einer dritten Person ausgeführt werden. Die dem Hersteller nach diesem Gesetz obliegenden Verpflichtungen gelten auch für die natürliche oder juristische Person, die ein oder mehrere vorgefertigte Medizinprodukte montiert, abpackt, behandelt, aufbereitet, kennzeichnet oder für die Festlegung der Zweckbestimmung als Medizinprodukt im Hinblick auf das erstmalige Inverkehrbringen im eigenen Namen verantwortlich ist. Dies gilt nicht für natürliche oder juristische Personen, die – ohne Hersteller im Sinne des Satzes 1 zu sein – bereits in Verkehr gebrachte Medizinprodukte für einen namentlich genannten Patienten entsprechend ihrer Zweckbestimmung montieren oder anpassen.

16. Bevollmächtigter ist die im Europäischen Wirtschaftsraum niedergelassene natürliche oder juristische Person, die vom Hersteller ausdrücklich dazu bestimmt wurde, im Hinblick auf seine Verpflichtungen nach diesem Gesetz in seinem Namen zu handeln und den Behörden und zuständigen Stellen zur Verfügung zu stehen.

17. Fachkreise sind Angehörige der Heilberufe, des Heilgewerbes oder von Einrichtungen, die der Gesundheit dienen, sowie sonstige Personen, soweit sie Medizinprodukte herstellen, prüfen, in der Ausübung ihres Berufes in den Verkehr bringen, implantieren, in Betrieb nehmen, betreiben oder anwenden.

18. Harmonisierte Normen sind solche Normen von Vertragsstaaten des Abkommens über den Europäischen Wirtschaftsraum, die den Normen entsprechen, deren Fundstellen als „harmonisierte Norm" für Medizinprodukte im Amtsblatt der Europäischen Union veröffentlicht wurden. Die Fundstellen der diesbezüglichen Normen werden vom Bundesinstitut für Arzneimittel und Medizinprodukte im Bundesanzeiger bekannt gemacht. Den Normen nach den Sätzen 1 und 2 sind die Medizinprodukte betreffenden Monografien des Europäischen Arzneibuches, deren Fundstellen im Amtsblatt der Europäischen Union veröffentlicht und die als Monografien des Europäischen Arzneibuches, Amtliche deutsche Ausgabe, im Bundesanzeiger bekannt gemacht werden, gleichgestellt.

19. Gemeinsame Technische Spezifikationen sind solche Spezifikationen, die In-vitro-Diagnostika nach Anhang II Listen A und B der Richtlinie 98/79/EG des Europäischen Parlaments und des Rates vom 27.10.1998 über In-vitro-Diagnostika (ABl. EG Nr. L 331 S. 1) in der jeweils geltenden Fassung betreffen und deren Fundstellen im Amtsblatt der Europäischen Union veröffentlicht und im Bundesanzeiger bekannt gemacht wurden. In diesen Spezifikationen werden Kriterien für die Bewertung und Neubewertung der

Leistung, Chargenfreigabekriterien, Referenzmethoden und Referenzmaterialien festgelegt.

20. Benannte Stelle ist eine für die Durchführung von Prüfungen und Erteilung von Bescheinigungen im Zusammenhang mit Konformitätsbewertungsverfahren nach Maßgabe der Rechtsverordnung nach § 37 Abs. 1 vorgesehene Stelle, die der Europäischen Kommission und den Vertragsstaaten des Abkommens über den Europäischen Wirtschaftsraum von einem Vertragsstaat des Abkommens über den Europäischen Wirtschaftsraum benannt worden ist.

21. Medizinprodukte aus Eigenherstellung sind Medizinprodukte einschließlich Zubehör, die in einer Gesundheitseinrichtung hergestellt und angewendet werden, ohne dass sie in den Verkehr gebracht werden oder die Voraussetzungen einer Sonderanfertigung nach Nummer 8 erfüllen.

22. In-vitro-Diagnostika aus Eigenherstellung sind In-vitro-Diagnostika, die in Laboratorien von Gesundheitseinrichtungen hergestellt werden und in diesen Laboratorien oder in Räumen in unmittelbarer Nähe zu diesen angewendet werden, ohne dass sie in den Verkehr gebracht werden. Für In-vitro-Diagnostika, die im industriellen Maßstab hergestellt werden, sind die Vorschriften über Eigenherstellung nicht anwendbar. Die Sätze 1 und 2 sind entsprechend anzuwenden auf in Blutspendeeinrichtungen hergestellte In-vitro-Diagnostika, die der Prüfung von Blutzubereitungen dienen, sofern sie im Rahmen der arzneimittelrechtlichen Zulassung der Prüfung durch die zuständige Behörde des Bundes unterliegen.

23. Sponsor ist eine natürliche oder juristische Person, die die Verantwortung für die Veranlassung, Organisation und Finanzierung einer klinischen Prüfung bei Menschen oder einer Leistungsbewertungsprüfung von In-vitro-Diagnostika übernimmt.

24. Prüfer ist in der Regel ein für die Durchführung der klinischen Prüfung bei Menschen in einer Prüfstelle verantwortlicher Arzt oder in begründeten Ausnahmefällen eine andere Person, deren Beruf aufgrund seiner wissenschaftlichen Anforderungen und der seine Ausübung voraussetzenden Erfahrungen in der Patientenbetreuung für die Durchführung von Forschungen am Menschen qualifiziert. Wird eine Prüfung in einer Prüfstelle von mehreren Prüfern vorgenommen, so ist der verantwortliche Leiter der Gruppe der Hauptprüfer. Wird eine Prüfung in mehreren Prüfstellen durchgeführt, wird vom Sponsor ein Prüfer als Leiter der klinischen Prüfung benannt. Die Sätze 1 bis 3 gelten für genehmigungspflichtige Leistungsbewertungsprüfungen von In-vitro-Diagnostika entsprechend.

25. Klinische Daten sind Sicherheits- oder Leistungsangaben, die aus der Verwendung eines Medizinproduktes hervorgehen. Klinische Daten stammen aus folgenden Quellen:

a) einer klinischen Prüfung des betreffenden Medizinproduktes oder

b) klinischen Prüfungen oder sonstigen in der wissenschaftlichen Fachliteratur wiedergegebenen Studien über ein ähnliches Produkt, dessen Gleichartigkeit mit dem betreffenden Medizinprodukt nachgewiesen werden kann, oder

c) veröffentlichten oder unveröffentlichten Berichten über sonstige klinische Erfahrungen entweder mit dem betreffenden Medizinprodukt oder einem ähnlichen Produkt, dessen Gleichartigkeit mit dem betreffenden Medizinprodukt nachgewiesen werden kann.

26. Einführer im Sinne dieses Gesetzes ist jede in der Europäischen Union ansässige natürliche oder juristische Person, die ein Medizinprodukt aus einem Drittstaat in der Europäischen Union in Verkehr bringt.

Inhaltsverzeichnis

I.	Die Bedeutung der Norm	1
II.	Die Zweckbestimmung gemäß § 3 Nr. 1a–d i.V.m. Nr. 10 MPG	2
III.	Sonderproblematik: Tissue Engineering	12
IV.	In-vitro-Diagnostika (§ 3 Nr. 4–7 MPG)	13
V.	Sonderanfertigung (§ 3 Nr. 8 MPG)	14
VI.	Zubehör (§ 3 Nr. 9 MPG)	16
VII.	Inverkehrbringen (§ 3 Nr. 11 MPG)	17
VIII.	Sonderproblem verkürzter Versorgungsweg	20
IX.	Das „als neu aufbereitete" Medizinprodukt	24
X.	Sonderproblem: Wiederaufbereitung von Einmal-Medizinprodukten	29
XI.	Hersteller (§ 3 Nr. 15 MPG)	34
XII.	Benannte Stellen (§ 3 Nr. 20 MPG)	37
XIII.	Eigenherstellung (§ 3 Nr. 21 MPG)	39
XIV.	In-vitro-Diagnostika aus Eigenherstellung	40
XV.	Sponsor (§ 3 Nr. 23)	42
XVI.	Prüfer (§ 3 Nr. 24)	43
XVII.	Klinische Daten (§ 3 Nr. 25)	44
XVIII.	Einführer (§ 3 Nr. 26)	45

Änderungen:
§ 3 Nr. 18 Satz 2 und Nr. 21 neu gef. sowie Nr. 22 angef. mWv 30.06.2007 durch G v. 14.06.2007 (BGBl. I S. 1066); Nr. 1, Nr. 3, Nr. 9 Satz 1, Nr. 18–20 geänd., Nr. 23–26 angef. mWv 21.03.2010 durch G v. 29.07.2009 (BGBl. I S. 2326); Nr. 20 und 26 geänd. mWv 26.10.2012 durch G v. 19.10.2012 (BGBl. I S. 2192).

Literatur:
Anhalt, Bedürfen Medizinprodukte mit Arzneimittelanteil immer eines Konsultationsverfahrens?, MPJ 2007, 196; Anhalt. Lücker, Wimmer, Abgrenzung Arzneimittel-Medizinprodukt: Pharmakologisch ist nicht biochemisch, PharmR 2007, 45; Baumann, Zur Abgrenzung von Arzneimitteln und Schlankheitsprodukten, ZLR 2000, 790 ff.; Bender, Die Wiederaufbereitung von Einmalartikeln – ein Aufklärungsproblem?, MedR 2000, 365; Brock, Hannes, Bedeutung des neuen Geräte- und

Produktsicherheitsgesetzes für Arzneimittel und Medizinprodukte, PharmR 2004, 218; Dettling, Noch einmal: Abgrenzung von Arzneimitteln und Medizinprodukten – Erwiderung auf Anhalt, Lücker, Wimmer, PharmR 2007, 104; Gassner, Tissue Engineering im Normendschungel, MedR 2001, 553; Grübl, Keßler, Parallelimport von Medizinprodukten, GesR 2016, 479 ff.; Haindl, Helle, Die Unzulässigkeit der Wiederverwendung von Einmal-Medizinprodukten, MedR 2001, 411; Hart, Arzneimittel- und haftungsrechtliche Aspekte neuer Krebstherapien, MedR 1997, 51; Kiesecker, Kamps, Medizinprodukte, Qualitätssicherung im Labor und eichpflichtige Gegenstände in der Arztpraxis, MedR 2009, 396 ff.; Koyuncu, Die klinische Forschung mit Medizinprodukten und die neue Sponsor-Definition, MPJ 2009, 200; Lutterbeck, Die Wiederverwendung von Einmal-Artikeln, Das Krankenhaus 1998, 342; Merten, Benannte Stellen: Private Vollzugsinstanzen eines Europäischen Verwaltungsrechts, DVBl 2004, 1211; Möller, Tsambikakis, Strafrechtliche Risiken von Kooperationsmodellen, AG Medizinrecht im DAV/IMR (Hrsg.), 2013; Ostermayer, Kexel, Software, ein Medizinprodukt mit hohem Risikopotenzial, MPJ 2009, 106; Ratzel, Medizinproduktegesetz, Qualitätssicherung und Ressourcensteuerung unter besonderer Berücksichtigung der Wiederaufbereitung von „Einmal-Artikeln", MedR 2000, 560; ders. Rechtsprobleme an der Schnittstelle von Arzthaftung und Medizinproduktehaftung am Beispiel Hüftprothesen aus Sicht der Krankenhäuser und Hersteller, ZMGR 2013, 218 ff.; Schneider, Die Aufbereitung und Wiederverwendung von (Einweg-) Medizinprodukten – (Mehr-)Rechtssicherheit durch das Zweite Gesetz zur Änderung des Medizinproduktegesetzes, MedR 2002, 453; Schneider, Nach wie vor umstritten – die Wiederverwendung von Einmal-Artikeln, MedR 1996, 267; Schneider, Die Wiederaufbereitung von Einmal-Artikeln – Ein nicht nur medizinisch-hygienisches Problem, MedR 1988, 166; Schorn, Aufbereitung von Medizinprodukten, Entscheidungskriterien für zukünftige Regelungen, MPJ 2007, 172 ff.; Stumpf, Zur Einstufung von Zahnbleichmitteln als Medizinprodukte oder Kosmetika, ZLR 2004, 221.

I. Die Bedeutung der Norm

Die in der Vorschrift enthaltenen Definitionen ergeben sich im Wesentlichen aus Art. 1 der Richtlinien 90/385/EWG und 93/42 EWG. Die Vorschrift ist wichtig, weil „Medizinprodukte" sprachlich und rechtlich eine Vielzahl unterschiedlicher Instrumente, Vorrichtungen, Stoffe und Zubereitungen aus Stoffen oder andere Gegenstände einschließlich der für ein einwandfreies Funktionieren der Medizinprodukte eingesetzten Software umfassen, die wiederum zahlreichen anderen rechtlichen Regelungen[1] unterworfen sein können. Die Abgrenzung kann im Einzelfall schwierig sein.[2] Deshalb hat die EU Leitlinien[3] herausgegeben, die bei Streitfragen

1

---

[1] Siehe nur AMG, Gerätesicherheitsrecht, LFGB v. 02.09.2005, BGBl I 2005, S. 2618 i.d. Neufassung v. 24.07.2009 BGBl I 2009, S. 2205, Eich- und Messrecht, REACH-Anpassungsgesetz v. 20.05.2008, BGBl I, S. 922 ff., Elektro- und Elektronikgesetz (ElektroG) für die Entsorgung elektrischer Medizinprodukte u. a. Das Gesetz über die Neuordnung des Geräte- und ProduktsicherheitsG vom 08.11.2011 gilt nicht für Medizinprodukte (§ 1 Abs. 3 Nr. 5 ProdSG), siehe auch Neufassung § 2 Abs. 4 MPG, BetriebssicherheitsVO, DruckgeräteVO, AerosolpackungsVO.
[2] OVG NRW, Beschl. v. 15.03.2010 – 13 A 2612/09, GesR 2010, 438, zur Feststellungskompetenz des BfArM (§ 13 Abs. 3 MPG).
[3] Dok. MEDDEV 13/93 und 14/93 rev. 4, auszugsweise abgedr. bei Schorn, E.2.4 und E.2.3.

herangezogen werden können.⁴ Hat ein Produkt mehrere Funktionen, die es sowohl dem einen wie auch dem anderen Regelungsbereich zugehörig erscheinen lassen könnte, ist die **Zweckbestimmung**, unter der es in den Verkehr gebracht wurde und seine Hauptwirkung maßgeblich. Nicht unproblematisch ist, dass die 3. MPG-Novelle durch eine Einfügung von § 2 Abs. 2 MPG auch solche Produkte dem MPG unterwirft, die vom Hersteller nicht mit der Zweckbestimmung eines Medizinproduktes in Verkehr gebracht worden sind, aber als solche zum Einsatz kommen. Der Bundesrat hatte zu Recht kritisiert, dass dies eigentlich unnötig sei, weil die **Betreiberverantwortung** in diesen Fällen genüge. Nun müssen die Aufsichtsbehörden auch solche Produktanwendungen nach medizinprodukterechtlichen Kriterien kontrollieren, deren Ausgangsprodukte gar nicht erkennbar als Medizinprodukte in Verkehr gebracht wurden. Allerdings wurde der Kritik des Bundesrats insoweit Rechnung getragen, als der Kreis dieser Produkte auf solche beschränkt wurde, die mit der Zweckbestimmung eines Medizinprodukts im Sinne der Anlagen 1 und 2 der MPBetreibV eingesetzt werden.⁵ Mit der 4. MPG-Novelle wird klargestellt, dass nur solche Software unter das MPG fällt, die zur spezifischen diagnostischen oder therapeutischen Funktionsfähigkeit des MP dient (z. B. Bildauswertungs- (PACS) und Therapieauswertungsprogramme), nicht hingegen allgemeine Software wie Textverarbeitung oder Tabellenkalkulation. Als Konsequenz wurde die Software als Zubehör in § 3 Nr. 9 gestrichen. Dennoch bleibt ein beachtlicher Bereich für Software als und Software in Medizinprodukten. Man denke nur an Krankenhausinformationssysteme (KIS), Abteilungsinformationssystem (AIS), digitale Patientenakten oder Software zur Steuerung von Medizinprodukten z. B. Infusionsautomaten. Software als eigenständiges Medizinprodukt muss ein eigenes Konformitätsverfahren durchlaufen und ein CE-Kennzeichen tragen. Software als Komponente oder integraler Bestandteil eines Medizinprodukts benötigt kein CE-Kennzeichen, muss aber vom Konformitätsverfahren des Medizinprodukts umfasst sein. Praktische Unterstützung kann Anhang IX zur Medizinprodukte-Richtlinie bieten.⁶

II. Die Zweckbestimmung gemäß § 3 Nr. 1a–d i.V.m. Nr. 10 MPG

2 Maßgeblich ist die Verwendung in Zusammenhang mit einer Erkrankung am Menschen, Verletzungen und Behinderungen, regelwidrigen Körperzuständen und der Empfängnisregelung. Ob das Produkt im Rahmen (zahn-)ärztlicher Behandlung eingesetzt wird, ist unerheblich. Auf der anderen Seite wird ein Produkt nicht alleine deswegen zum „Medizinprodukt", weil es von Ärzten eingesetzt wird, da

---

[4] Nach der RiLi 2007/47/EG (ABl Nr. L.247/21 vom 05.09.2007, in Kraft seit 21.10.2007) soll ein Mitgliedsstaat künftig bei der Kommission eine verbindliche Entscheidung über die Zuordnung beantragen können. Umsetzungsfrist in nationales Recht ist der 21.12.2008. Die Vorschriften sind ab dem 21.03.2010 anzuwenden.

[5] Das ist z. B. ein mit einem Ergometer umfunktionierter Heimtrainer zur Pulsmessung in einer Arztpraxis; siehe jetzt aber auch EuGH, Urt. v. 22.11.2012 – C-219/11, MPJ 2013, 51.

[6] Klümper, Vollebregt, MPJ 2009, 99 zu weiteren Abgrenzungsfragen.

§ 3 Begriffsbestimmungen

Ärzte auch kosmetische[7] Verfahren ohne therapeutischen Charakter durchführen dürfen. Der Hersteller muss die Zweckbestimmung in der Gebrauchsanweisung angeben. Er hat damit prinzipiell die **Definitionsmacht**, aber nicht die Definitionshoheit.[8] So kann er z. B. nicht ein Erzeugnis als „Medizinprodukt" ausgeben, das definitionsgemäß ein Arzneimittel ist oder dem die Zweckbestimmung gemäß § 3 Nr. 1a–d MPG fehlt.[9] Ein Produkt kann im Übrigen nicht gleichzeitig als Arzneimittel und Medizinprodukt im Verkehr sein.[10] Auf den Vorlagebeschluss des BGH vom 07.04.2011 (siehe Fn. 15) hat der EuGH eine weitere Abgrenzungsfrage entschieden.[11] Danach wird ein Gegenstand, der vom Hersteller zur Anwendung für Menschen zum Zwecke der Untersuchung eines physiologischen Vorgangs bestimmt ist, nur dann ein Medizinprodukt an, wenn er auf einen medizinischen Zweck ausgerichtet ist.

Der BGH[12] hat diese Entscheidung des EuGH anschließend umgesetzt. Weichen Angaben in den Werbematerialien, Verkaufsgesprächen oder auch der Gebrauchsanweisung voneinander ab, darf sich der Anwender nicht das Heraussuchen, was ihm am günstigsten ist. Vielmehr muss er sich beim Hersteller vergewissern, welche Angaben maßgeblich sind.[13] Verbindet der Hersteller mit dem Produkt jedoch eine

3

---

[7] Kosmetika fallen unter das LFGB, nicht unter das MPG. Zahnweißer ist allerdings ein Medizinprodukt, kein Kosmetikum, OVG NRW, Urt. v. 14.08.2003 – 13 A 5022/00; a.a. VG Freiburg, Urt. v. 27.07.2006 – 3 K 1409/04 (Kosmetikum); OLG Frankfurt, Urt. v. 29.04.2008 – 6 U 109/07, PharmR 2008, 550 (Mundspülung = Kosmetikum, kein Funktions- oder Präsentationsarzneimittel); OLG München, Urt. v. 22.11.2001 – 6 U 1860/01 (Applikationsgerät Permanent-Make-up kein MP); ebenso OLG Hamburg, Urt. v. 10.04.2002 – 5 U 63/01, GRUR-RR 2002, 360 ff. (Pigmentiergerät zur dauerhaften Hautaufhellung); manche Stoffe können aber auch mit verschiedenen Zweckbestimmungen als Kosmetikum, MP oder AM in Verkehr gebracht werden, z. B. Hyaluronsäure.
[8] Siehe auch Vorlagebeschluss zur Auslegung des Begriffs Medizinprodukt, BGH v. 07.04.2011 – I ZR 53/09, GesR 2011, 468 = MPJ 2011, 203.
[9] Zur Problematik der Präsentationsarzneimittel, BGH, Urt. v. 19.01.1995 – I ZR 209/92 (Knoblauchkapsel), NJW 1995, 1615; BGH, Urt. v. 10.02.2000 – I ZR 97/98 (L-Carnitin), GRUR 2000, 528; BGH, Urt. v. 06.05.2004 – I ZR 275/01 (Sportlernahrung), GRUR 2004, 793, 796; KG, Urt. v. 30.11.2004 – 5 U 55/04 (Vitaminpräparate zur Krebsbehandlung), GesR 2005, 184. Siehe aber neuerdings EuGH – C-319/05 (Knoblauchkapseln kein Arzneimittel), PharmR 2008, 59; BVerwG, Urt. v. 25.07.2007 – 3 C 21.06 und 3 C 23.06 (Nahrungsergänzungsmittel nur dann als AM, wenn belastbare wissenschaftliche Erkenntnisse, dass Funktionsbedingungen im menschlichen Körper erheblich beeinflusst werden), PharmR 2008, 67, 78; dagegen BVerwG, Urt. v. 25.07.2007 – 3 C 22.06 (im Falle eines hoch dosierten Vitamin-E-Präparats), PharmR 2008, 73. KG, Beschl. v. 15.06.2000 – 25 W 2146/00, Sättigungsmittel ist Medizinprodukt, nicht Lebensmittel. Baumann, ZLR 2000, 790; BSG, Urt. v. 28.02.2008 – B 1 KR 16/07, GesR 2008, 375 ff. = PhamR 2008, 343 ff. mit Anm. Tillmanns, „Lorenzos Öl" sowohl Einordnung als Lebensmittel oder als Fertigarzneimittel möglich, aber nicht zu Lasten der GKV verordnungsfähig; OLG Stuttgart, Urt. v. 14.02.2008 – 2 U 81/07, A&R 2008, 144, Lactase kein Arzneimittel, sondern Lebensmittel. BGH, Urt. v. 10.12.2009 – I ZR 189/07, GesR 2010, 435, Darmreinigungsgerät, das seine Wirkung auf osmotischem und physikalischem Weg erreicht, ist kein Arzneimittel, sondern Medizinprodukt.
[10] EuGH, Urt. v. 03.10.2013 – C-109/12, PharmR 2013, 485.
[11] EuGH, Urt. v. 22.11.2012 – C-219/11, MPJ 2013, 51.
[12] BGH, Urt. v. 18.04.2013 – I ZR 53/09, GesR 2013, 722; siehe auch BGH, Urt. v. 24.11.2010 – I ZR 204/09, GesR 2011, 717 zur Abgrenzung Arzneimittel/Medizinprodukt.
[13] Nöthlichs, § 3 Anm. 2.10.

Zweckbestimmung, deren Grund nicht in der Gebrauchstauglichkeit oder Verwendungsfähigkeit des Produkts liegt, sondern Kundenbindung und Konkurrenzabwehr zum Ziel hat, kann sie unter Umständen rechtsmissbräuchlich und damit unbeachtlich sein.[14] Die Beweislast hierfür trägt allerdings derjenige, der sich auf diese Unverbindlichkeit beruft. Medizinprodukte werden schließlich durch eine negative Abgrenzung gegenüber Arzneimitteln definiert.[15] Die Wirkungsweise darf weder pharmakologisch, immunologisch noch metabolisch sein. Eine gesetzliche Definition der pharmakologischen, immunologischen oder metabolischen Wirkung gibt es nicht. **Pharmakologisch** ist die Wirkung als Wechselwirkung zwischen den Molekülen des betreffenden Stoffes und einem gewöhnlich als Rezeptor bezeichneten Zellbestandteil, die entweder zu einer direkten Wirkung führt oder die Wirkung auf einen anderen Wirkstoff blockiert, zu beschreiben.[16] Auf die Frage, ob die Wirkung in Bezug auf eine Gesundheitsgefährdung eintritt, soll es nicht ankommen.[17] Ein Erzeugnis, das einen Stoff enthält, der auch mit der normalen Nahrung aufgenommen wird, ist nicht als Arzneimittel anzusehen, wenn durch das Erzeugnis keine gegenüber den Wirkungen bei normaler Nahrungsaufnahme nennenswerte Einflussnahme auf den Stoffwechsel erzielt wird.[18] Ist die pharmakologische Wirkung nicht wissenschaftlich belegt, kommt eine Einstufung als Arzneimittel nicht in Betracht; dass eine Eigenschaft als Funktionsarzneimittel nicht ausgeschlossen werden könne, rechtfertige nicht die Anwendung der Zweifelsfallregelung in der Richtlinie 2001/83/EG.[19] Als **immunologisch** ist eine Wirkung definiert, die die Bildung spezifischer Antikörper

---

[14] OLG Koblenz, Urt. v. 30.08.2005 – 4 U 244/05 (Laryngialmasken zur Beatmung während Operation), MedR 2006, 213: Bezeichnung als Einmalprodukt keine bindende Zweckbestimmung.

[15] EuGH, Urt.v. 06.09.2012. C-308/11, ZMGR 2013, 54, pharmakologische Wirkung einer Mundspüllösung; BGH, Beschl. v. 18.10.2012 – I ZR 38/12, Arzneimittelbegriff ist weit auszulegen.

[16] Kloesel, Cyran, § 2 Rn. 93.

[17] Vgl. EuGH, Urt. v. 09.06.2005 – C-211/03, C-299/03 und C-316/03 bis C-318/03, C-211/03, C-299/03, C-316/03, C-317/03, C-318/03, A&R 2005, 84; siehe auch OVG Münster, Urt. v. 17.03.2006 – 13 A 1977/02 (Lactobact Omni FOS II), ZLR 2006, 302; vgl. jedoch auch Kloesel, Cyran, § 2 Rn. 93.

[18] BGH, Urt. v. 26.06.2008 – I ZR 61/05, PharmR 2008, 425 (L-Carnitin II) = GesR 2008, 532; BGH, Urt. v. 26.06.2008 – I ZR 112/05, PharmR 2008, 430 (HMB-Kapseln) = GesR 2008, 532 = A&R 2008, 235 m. Anm. Tillmanns; BGH, Urt. v. 14.01.2010 – I ZR 138/07 (Zimtkapseln), A&R 2010, 80 ff. m. Anm. Tillmanns, ein Erzeugnis, dessen Wirkungen durch einen Stoff erzielt werden, der in entsprechender Menge in angemessener Weise auch mit der normalen Nahrung aufgenommen werden kann, kann auch dann als Lebensmittel und nicht als Arzneimittel anzusehen sein, wenn die empfohlene Häufigkeit der Aufnahme (hier: täglich) nicht den üblichen Ernährungsgewohnheiten entspricht.

[19] EuGH, Urt. v. 15.01.2009 – C 140/07 (Red Rice 330 mg GPH-Kapseln) auf Vorlage des BVerwG, Beschl. v. 14.12.2006 – 3 C 38.06, gegen OVG Lüneburg; siehe dann BVerwG, Urt. v. 26.05.2009 – 3 C 5.09, PharmR 2009, 397; EuGH, Urt. v. 30.04.2009 – C-27/08; siehe jetzt aber EuGH, Urt. v. 06.09.2012 – C-308/11 (pharmakologische Wirkung einer Mundspüllösung setzt keine Wechselwirkung voraus) OLG Frankfurt, Urt. v. 20.06.2013 – 6 U 109/07, MedR 2014, 99; VG Köln, Urt. v. 09.04.2013 – 7 K 4315/11, MPJ 2013, 252, Gurgellösung ist Arzneimittel; OVG NRW, Beschl. v. 28.08.2012 – 13 A 2941/11, PharmR 2012, 493 = MPJ 2013, 54 (campherhaltige Salbe zur unterstützenden Behandlung von Muskelschmerzen, Prellungen, Zerrungen und Verstauchungen ist Funktionsarzneimittel i.S.v. § 2 Abs. 1 Nr. 2a AMG, kein Medizinprodukt).

zum Gegenstand hat, die ihrerseits eine veränderte Reaktionsbereitschaft des Körpers auf Antigene und einen Schutz vor Infektionen herbeiführen. Als **Metabolismus** wird die Metabolisierung, die Umsetzung eines Stoffes in einen oder mehrere andere Stoffe in einem biochemischen Prozess während der Körperpassage verstanden.[20]

Wie aus der Begriffsbestimmung für Medizinprodukte hervorgeht, können Medizinprodukte in ihrer Wirkungsweise durch pharmakologisch, immunologisch oder metabolisch wirkende Mittel unterstützt werden (§ 3 Nr. 1 MPG). Solche Mittel stammen in der Regel aus dem Bereich der Arzneimittel. Dem trägt § 3 Nr. 2 MPG Rechnung. Dort heißt es:

Medizinprodukte sind auch Produkte nach Nummer 1, die einen Stoff oder eine Zubereitung aus Stoffen enthalten oder auf die solche aufgetragen sind, die bei gesonderter Verwendung als Arzneimittel im Sinne des § 2 Abs. 1 des Arzneimittelgesetzes angesehen werden können und die in Ergänzung zu den Funktionen des Produktes eine Wirkung auf den menschlichen Körper entfalten können.

Erst wenn der Zweck des „Arzneistoffes" mehr als nur eine Hilfsfunktion im Vergleich zur Hauptwirkung des Produkts ausübt, handelt es sich bei dem Produkt um ein Arzneimittel.

4

5

Beispiel

Knochenzement ist ein Medizinprodukt, weil er seinen intendierten Zweck (Fixierung einer Prothese) auf mechanische Art und Weise erreicht. Enthält der Knochenzement ein Antibiotikum, während sein beabsichtigter Hauptzweck die Fixierung von Prothesen bleibt, so handelt es sich nach wie vor um ein Medizinprodukt. In diesem Fall erfüllt das Antibiotikum klar eine Hilfsfunktion, nämlich die Reduktion einer möglichen Infektion beim Einbringen des Zements während der Operation. Im Rahmen der **Konformitätsbewertung** muss die benannte Stelle bezüglich des Antibiotikums ein Konsultationsverfahren mit einer Arzneimittel-Zulassungsbehörde ihrer Wahl vornehmen (vgl. Anhang I Nr. 7.4 der Richtlinie 93/42/EWG). Wenn jedoch der intendierte Verwendungszweck die Verabreichung des Antibiotikums ist und der Zement nur das Trägermaterial für diese lokale Anwendung darstellt, ist das Produkt als Arzneimittel zu bewerten. Andere Beispiele für Produkte, bei denen der Arzneimittelanteil die überwiegende Zweckbestimmung darstellt, sind (mit Arzneistoffen) vorgefüllte Spritzen oder (Arzneistoffe enthaltende) Pflaster[21] zur transdermalen Anwendung. Spritzen allein sind jedoch Medizinprodukte

---

[20] Kloesel, Cyran, § 2 Rn. 93; siehe jetzt aber BGH, Urt. v. 24.06.2010 – I ZR 166/08, GesR 2011, 62 ff.

[21] OVG NRW, Beschl. v. 11.06.2007 – 13 A 3903/06, MPJ 2007, 158; Pflaster Arzneimittel, auch wenn es in anderen EU-Staaten als Medizinprodukt auf dem Markt ist; siehe aber auch EuGH, Urt. v. 06.09.2012 – C-109/12, PharmR 2013, 485; Produkt kann nicht gleichzeitig als AM und MP auf dem Markt sein; VG Köln, Urt. v. 25.08.2006 – 18 K 1232/06, Pflaster mit Kampfer, L-.Menthol, Minz- und Eukalyptusöl zur Erregung von Kälterezeptoren der Haut Arzneimittel, da pharmakologisch, bestätigt OVG NRW, Beschl. v. 15.10.2007 –13 A 5186/04; OVG NRW, Beschl. v. 28.08.2012 – 13 A 2941/11, PharmR 2012, 493; BGH, Urt. v. 24.11.2010 – I ZR 204/09, GesR 2011, 714 zur Abgrenzung AM vs. MP.

(vgl. § 2 Abs. 2 S. 1 MPG); ebenso Pflaster zum Zwecke der Wundbehandlung, auch wenn sie Arzneistoffe enthalten, solange der Hauptzweck auf der Barrierefunktion des Pflasters beruht.

6 Typische Beispiele für Medizinprodukte, deren Wirkungsweise durch pharmakologisch, immunologisch oder metabolisch wirkende Mittel unterstützt wird, sind:

- heparinbeschichtete Katheter, bei denen das Heparin die Bioverträglichkeit des Katheters verbessert,
- Wurzelfüllmaterialien mit Antibiotika, bei denen das Antibiotikum eine mögliche, mit dem zahnärztlichen Eingriff einhergehende Infektion reduziert,
- mit Antikoagulantien oder Konservierungsmitteln beschichtete Blutbeutel,
- mit Antiseptika dotierte Heftpflaster, bei denen das Antiseptikum durch seine keimreduzierende Wirkung den Hauptzweck des Heftpflasters als äußere Barriere (u. a. Schutz vor mikrobieller Kontamination) und damit die Wundheilung unterstützt,
- mit Hydoxylapatit oder anderen Materialien beschichtete Implantate, bei denen die Beschichtung der Erhöhung der Bioverträglichkeit und der besseren Verwachsung des Implantats mit dem umgebenden Gewebe dient.

7 Diese Arzneimittel-Medizinprodukt-Kombinationen, deren Haupt-Zweckbestimmung beim Medizinproduktanteil liegt, sind in der Regel gemäß Anhang IX Regel 13 der Richtlinie 93/42/EWG Medizinprodukte der Klasse III und die die Konformitätsbewertung durchführende benannte Stelle muss bezüglich des Arzneimittelteils die zuständige Arzneimittel-Zulassungsbehörde konsultieren[22] (i.d.R. das BfArM). Diese prüft gemäß Anhang I.7.4 der Richtlinie 93/42/EWG die Sicherheit, die Qualität und den Nutzen des arzneilichen Wirkstoffs unter Berücksichtigung der Zweckbestimmung des Medizinprodukts. Die benannte Stelle hat bei ihrer Entscheidung die im Rahmen der Konsultation erstellten Gutachten gebührend zu berücksichtigen. Sie teilt die endgültige Entscheidung der zuständigen Behörde mit (siehe Anhang II.4.3 bzw. Anhang III Nr. 5 Richtlinie 93/42EWG). Handelt es sich bei dem zugefügten Arzneimittel um ein stabiles Derivat aus menschlichem Blut oder Blutplasma (z. B. ein albuminbeschichteter Katheter), ist zuständige Konsultationsbehörde nicht das BfArM, sondern die EMA (Richtlinie 2000/70/EG). Anders als bei Konsultationsverfahren beim BfArM muss die benannte Stelle das Gutachten der EMA nicht nur gebührend berücksichtigen, es ist vielmehr bindend und entscheidet somit zwingend über den Erfolg der Konformitätsbewertung.

8 Liegt dagegen bei festen Arzneimittel-Medizinprodukt-Kombinationen der Hauptzweck beim Arzneimittelanteil, so ist das ganze Produkt als Arzneimittel zuzulassen. In § 2 Abs. 3 MPG heißt es dazu:

Werden die Medizinprodukte (...) so in den Verkehr gebracht, dass Medizinprodukt und Arzneimittel ein einheitliches, miteinander verbundenes Produkt bilden, das ausschließlich zur Anwendung in dieser Verbindung bestimmt und nicht wieder verwendbar ist, gilt dieses Gesetz nur insoweit, als das Medizinprodukt die

---

[22] Anhalt, MPJ 2007, 196.

§ 3 Begriffsbestimmungen

grundlegenden Anforderungen (…) erfüllen muss, die sicherheits- und leistungsbezogene Produktfunktionen betreffen. Im Übrigen gelten die Vorschriften des Arzneimittelgesetzes.

Beispiele hierfür sind vorgefüllte Fertigspritzen, Nikotin-, Nitroglyzerin-, Antirheuma- oder Hühneraugenpflaster.

Unter nicht wieder verwendbar ist zu verstehen, dass vonseiten des Herstellers/pharmazeutischen Unternehmers eine Wiederbefüllung oder Wiederverwendung des Produkts nicht vorgesehen ist. Insofern fällt auch die Mehrfachdosierung aus einer vorgefüllten Fertigspritze darunter, weil die nach dem Aufbrauchen des Inhalts leere Spritze nicht wieder mit dem Arzneimittel gefüllt wird. Eine Mehrfachentnahme z. B. aus einem Behältnis ist grundsätzlich keine Wiederverwendung. Entsprechend stellt sich die Situation etwa bei einem Nikotinpflaster dar, weil jedes Pflaster bestimmungsgemäß nur einmal verwendet werden kann.

Die arzneimittelrechtliche Zulassung dieser Kombinationen erfolgt in der Regel durch das Bundesinstitut für Arzneimittel und Medizinprodukte (BfArM). Es prüft und bewertet u. a. die sicherheits- und leistungsbezogenen Funktionen des Medizinproduktanteils (z. B. des Spritzenkörpers oder des Pflasterträgermaterials). Der Antragsteller stellt die dazu notwendigen Dokumente zur Verfügung. Eine darüber hinausgehende Konformitätsbewertung des Medizinproduktteils durch den Antragsteller oder eine zusätzliche Konformitätsbewertung durch eine benannte Stelle entfällt. Der Medizinproduktteil trägt auch kein CE-Zeichen.

Werden Medizinprodukte und Arzneimittel zusammen (aber lose) als eine (Verkaufs-)Einheit in den Verkehr gebracht (z. B. Vaginalcreme mit Applikator), handelt es sich nicht um eine Kombination im Sinne des § 2 Abs. 3 MPG. Dafür gelten einerseits die medizinproduktrechtlichen Vorschriften einschließlich CE-Kennzeichnung (hier für den Applikator) und andererseits die arzneimittelrechtlichen Vorschriften einschließlich Zulassungsnummer (hier für die Vaginalcreme). Diese Vorschriften sind unabhängig voneinander zu beachten bzw. einzuhalten, etwa im Rahmen der Konformitätsbewertung (des Medizinprodukts) bzw. der Zulassung (des Arzneimittels), der Vertriebswege oder des Schutzes vor Vorkommnissen (z. B. Sicherheitsplan für Medizinprodukte) bzw. Arzneimittelrisiken (z. B. Alarm- und Maßnahmenplan). Dabei sind notwendige gegenseitige Kompatibilitäten bzw. Zusammenhänge zu beachten. Es empfiehlt sich, eine solche Kombinationspackung als (zusätzliche) Packungsgröße für das Arzneimittel im Rahmen der Zulassung anzuzeigen.

III. Sonderproblematik: Tissue Engineering

Tissue Engineering beinhaltet die Kultivierung oder Unterstützung der Kultivierung körpereigener Zellen in vivo oder in vitro. Anders ausgedrückt handelt es sich um die Vermehrung körpereigener Zellen bis hin zu funktionsfähigen „(Ersatz-)Organen", Gewebe und sonstigen Körperteilen.[23] Gerade im Bereich des modernen

---

[23] Der Einsatzbereich wächst stark. Beispiele: Haut, Gefäße, Knochenersatzmaterialien, Knorpel, Herzklappen.

Ratzel

Tissue Engineering wurde diskutiert, ob diese Produkte Medizinprodukte im Sinne des MPG oder Arzneimittel im Sinne des AMG sind.[24] Dies hat für die Anwendung, das Inverkehrbringen und die Herstellung erhebliche Konsequenzen. Nach schon bislang überwiegender Auffassung sind Tissue Engineering Produkte Arzneimittel im Sinne von § 2 Abs. 1 Nr. 5 AMG i.V.m. § 3 Nr. 3 AMG. Mit Inkrafttreten des Gewebegesetzes[25] am 01.08.2007 ist dies nun eindeutig im AMG geregelt.

IV. In-vitro-Diagnostika (§ 3 Nr. 4–7 MPG)

13 Mit dem 2. MPG-Änderungsgesetz wurden in § 3 MPG spezielle Vorschriften für In-vitro-Diagnostika eingeführt. Gegenstand des MPG sind aber nur Reagenzien zur Messung der in § 3 Nr. 4 Buchst. a–d MPG beschriebenen Ziele am Menschen bzw. menschlichen Materials. Tierdiagnostika und Mittel zur Umwelt und/oder Lebensmittelanalyse fallen nicht unter das MPG.[26] Unter das MPG fallen auch Probenbehältnisse, soweit sie zur Applikation oder Entnahme des Medizinprodukts notwendig sind, nicht jedoch allgemeiner Laborbedarf. Nr. 5 erfasst die Selbstdiagnosegeräte. Nr. 6 enthält die Definition für „neue" In-vitro-Diagnostika, was wiederum für Umfang und Verantwortlichkeit der Anzeigepflichten im Rahmen des erstmaligen Inverkehrbringens (§ 25 Abs. 3 MPG) eine Rolle spielt. Nr. 7 stellt klar, dass auch Kalibrier- und Kontrollmaterialen unter das MPG fallen. Dies gilt jedoch nicht für Referenzmaterialien im Rahmen externer Qualitätssicherung, also z. B. für Ringversuche.

V. Sonderanfertigung (§ 3 Nr. 8 MPG)

14 Gemäß § 3 Nr. 8 MPG ist ein Medizinprodukt dann eine Sonderanfertigung, wenn es nach schriftlicher Verordnung nach spezifischen Auslegungsmerkmalen eigens angefertigt wird und zur ausschließlichen Anwendung bei einem namentlich benannten Patienten bestimmt ist.[27] Gemäß § 3 Nr. 8 S. 2 MPG ist ein serienmäßig hergestelltes Medizinprodukt, das angepasst werden muss, um den spezifischen Anforderungen es Arztes, Zahnarztes oder des sonstigen beruflichen Anwenders zu entsprechen, nicht als Sonderanfertigung einzustufen. Der Begriff der Sonderanfertigung ist mithin eng auszulegen. Es handelt sich um eine echte **Einzelanfertigung** und kann daher nicht auf Vorrat hergestellt werden.[28] Ein serienmäßig hergestelltes

---

[24] Gassner, MedR 2001, 553; siehe auch Argument aus § 2 Abs. 5 Nr. 4 MPG.

[25] BGBl I 2007, S. 1574.

[26] Z. B. Chemikaliengesetz oder AMG.

[27] VG Würzburg, Urt. v. 15.11.1999 – W 8 K 98.1313; BGH, Urt. v. 09.07.2009 – I ZR 193/06, GRUR 2010, 169.

[28] OLG Frankfurt, Urt. v. 21.09.2006 – 6 U 91/06, Apothekenherstellung von Hyaluron-Natrium Fertigspritzen.

§ 3 Begriffsbestimmungen

Medizinprodukt, das für eine einzelne Person angepasst werden muss, wird rechtlich dadurch nicht zur Sonderanfertigung.[29] Werden Sets/Behandlungseinheiten auf Kundenwunsch zusammengestellt, handelt es sich um Serienprodukte, nicht um Sonderanfertigungen.[30] Die Schriftform der notwendigen Verordnung richtet sich nach § 126 BGB. Sonderanfertigungen müssen kein CE-Kennzeichen tragen.[31] Serienteile, die in eine Sonderanfertigung eingebaut werden, dürfen ein CE-Kennzeichen tragen, wenn sie ein Konformitätsbewertungsverfahren durchlaufen haben (§ 6 Abs. 2 S. 2 MPG). Gem. § 12 Abs. 1 S. 1 MPG dürfen auch Sonderanfertigungen jedoch nur dann in den Verkehr gebracht oder in Betrieb genommen werden, wenn die grundlegenden Anforderungen nach § 7, die auf sie unter Berücksichtigung ihrer Zweckbestimmung anwendbar sind, erfüllt sind und das für sie vorgesehene Konformitätsbewertungsverfahren nach Maßgabe der Rechtsverordnung nach § 37 Abs. 1 MPG i.V.m. §§ 3 Abs. 1, 4 Abs. 2, 7 Abs. 3 MPV durchgeführt worden ist. Das bedeutet im Ergebnis, dass der Hersteller einer Sonderanfertigung gem. § 7 Abs. 5 Medizinprodukteverordnung (MPV) eine Erklärung nach Nr. 2.1 des Anhangs VIII der Richtlinie 93/42/EWG auszustellen hat. Für Sonderanfertigungen der Klassen II a, II b und III gibt es weitere Anforderungen. Ziffer 2.1 des Anhangs VIII zur Richtlinie 93/42/EWG des Rates vom 14.06.1993 hat folgenden Wortlaut:

2.1 bei Sonderanfertigung:

- Die zur Identifizierung des betreffenden Produkts notwendigen Daten;
- die Versicherung, dass das Produkt ausschließlich für einen bestimmten Patienten bestimmt ist, und den Namen dieses Patienten;
- den Namen des Arztes oder der hierzu befugten Person, der/die das betreffende Produkt verordnet hat, und gegebenenfalls den Namen der betreffenden medizinischen Einrichtung;
- die spezifischen Merkmale des Produkts, die sich aus der betreffenden ärztlichen Verordnung ergeben;
- die Versicherung, dass das betreffende Produkt den in Anhang I benannten grundlegenden Anforderungen entspricht, und gegebenenfalls die Angabe der grundlegenden Anforderungen, die nicht vollständig eingehalten worden sind, mit Angabe der Gründe.

Anhang I zur eben genannten Richtlinie über die grundlegenden Anforderungen erteilt allgemeine Sicherheitshinweise zur Produktherstellung. Von Bedeutung sind hier allenfalls die Bestimmungen unter Ziffer 13, die Bereitstellung von Informationen durch den Hersteller betreffen. Hier ist insbesondere auf Ziffer 13.3 g. hinzuweisen, wonach Sonderanfertigungen den Hinweis „Sonderanfertigung" tragen müssen.

15

---

[29] Bspl. bei Hill, Schmitt, § 3 Rn. 42, Hörgeräte, die justiert werden müssen.
[30] Hill, Schmitt, § 3 Rn. 43, es fehlt das Merkmal für einen namentlich benannten Patienten.
[31] Schorn, M 2 – § 12 Rn. 2 f.

VI. Zubehör (§ 3 Nr. 9 MPG)

16 Die Zubehöreigenschaft orientiert sich an § 97 BGB. Es muss nach der Zweckbestimmung[32] des Herstellers notwendig sein, damit das Medizinprodukt seine bestimmungsgemäße Aufgabe erfüllen kann, zumindest aber die Zweckbestimmung fördern. Beispiele finden sich in den europäischen Guidelines MEDDEV 2.1/1 (Führungsdrähte für Katheter, Monitore, Elektroden, Ultraschallscanner, Sterilgutverpackungen). Jederzeit austauschbare Hilfsmittel wie z. B. Batterien sind allerdings kein Zubehör und fallen nicht unter das MPG. § 3 Nr. 9 S. 2 MPG ordnet Gegenstände zur Probenentnahme nicht als Zubehör, sondern als eigenständiges Medizinprodukt ein.

VII. Inverkehrbringen (§ 3 Nr. 11 MPG)

17 § 3 Nr. 11 MPG definiert das „Inverkehrbringen" als jede Abgabe von Medizinprodukten an andere. Die Terminologie der Vorschrift geht damit über den Richtlinientext hinaus, der nur das erstmalige „Inverkehrbringen" anspricht. Ausgenommen ist nur die Abgabe im Rahmen einer klinischen Prüfung oder das erneute Überlassen eines Medizinproduktes nach seiner Inbetriebnahme beim Anwender an einen anderen, es sei denn, dass es aufgearbeitet oder wesentlich verändert worden ist. Was eine „wesentliche Änderung" ist, lässt sich dem MPG nicht entnehmen. *Nöthlichs*[33] schlägt vor, eine wesentliche Änderung in Anlehnung an § 2 Abs. 6 BetrSichV einer überwachungsbedürftigen Anlage dann anzunehmen, wenn die Anlage sicherheitstechnisch nach der Änderung einer neuen Anlage entspricht. Abgabe an andere ist gleichbedeutend mit der Erlangung des unmittelbaren Besitzes. Die Erlangung des mittelbaren Besitzes reicht ebenso wie die Besitzdienerschaft i.S.v. § 855 BGB nicht aus, da beim mittelbaren Besitz die unmittelbare Sachherrschaft fehlt und der Besitzdiener die Sachherrschaft nur für den Besitzherrn ausübt.[34] Maßgeblich ist vielmehr, dass der Inhaber der tatsächlichen Gewalt sich dieser mit dem Ziel entäußert, dass ein anderer die tatsächliche Herrschaftsgewalt erlangt, um den Gegenstand nach eigener Entschließung verwenden zu können.[35] Deshalb liegt auch kein „Inverkehrbringen" vor, wenn der Lohnsterilisierer die Produkte nach erfolgter Sterilisation wieder an das Krankenhaus zurückgibt, denn er war bestenfalls Besitzdiener.

18 Fraglich ist, ob das Anwenden eines Medizinprodukts am Patienten ein Inverkehrbringen im Sinne des § 3 Nr. 11 MPG sein kann. In der Rechtsprechung zum

---

[32] LG Lübeck, Urt. v. 20.08.2002 – 8 O 64/02, Druckluftanlage zum Betrieb von Narkose- und Beatmungsgeräten sowie für chirurgisches Werkzeug ist Zubehör i.S.d. MPG, Konsequenz Konformitätsbewertungsverfahren notwendig.

[33] Nöthlichs, § 3 Ziff. 2.11.4.3 a); außerdem verweist der auf die Bekanntmachung des BMA 07.09.2000 (auszugsweise abgedruckt).

[34] Ähnlich Hill, Schmitt, § 3 S. 21.

[35] Schorn, M 2 – § 3 Rn. 47.

§ 3 Begriffsbestimmungen

Arzneimittelrecht wird dies für den Fall verneint, dass der Patient selbst keine unmittelbare Verfügungsgewalt über das Arzneimittel erhält.[36] In die gleiche Richtung geht § 10 Abs. 1 MPG. Danach müssen Medizinprodukte, die eine CE-Kennzeichnung tragen und die entsprechend ihrer Zweckbestimmung innerhalb der vom Hersteller vorgesehenen Anwendungsbeschränkungen zusammengesetzt werden, um in Form eines Systems oder einer Behandlungseinheit erstmalig in den Verkehr gebracht zu werden, keinem Konformitätsbewertungsverfahren unterzogen werden. Angenommen, diese Norm wäre einschlägig, ist allerdings § 10 Abs. 2 MPG von Bedeutung. Denn diese Norm besagt, dass das Gesamtsystem dann einem neuen Konformitätsbewertungsverfahren unterzogen werden muss, wenn es Komponenten enthält, die entgegen ihrer ursprünglichen Zweckbestimmung verwendet wurden. Die Abgabe und Anwendung von Arzneimitteln in Krankenhäusern und Arztpraxen im Rahmen der Patientenbehandlung ist keine Abgabe an andere.[37] Gibt ein Krankenhaus, eine Praxis oder ein Sterilisierer hingegen Medizinprodukte an andere (Häuser) ab, liegt ein „Inverkehrbringen" mit der Folge vor, dass z. B. ein vorgeschriebenes Konformitätsverfahren durchlaufen werden muss.

Gemäß § 11 Abs. 3 MPG wird das BMG ermächtigt, mit Zustimmung des Bundesrats und Einvernehmen des Bundesministeriums für Wirtschaft durch Rechtsverordnung für bestimmte Medizinprodukte Vertriebswege vorzuschreiben. Dies war mit der Verordnung über **Vertriebswege** für Medizinprodukte[38] geschehen. Medizinprodukte sind dann apothekenpflichtig, wenn sie nach der Verordnung über die Verschreibungspflicht von Medizinprodukten verschreibungspflichtig – oder in der Anlage zur Verordnung aufgeführt sind. Selbst diese Medizinprodukte sind aber dann nicht apothekenpflichtig, wenn sie vom Hersteller an andere Hersteller von Medizinprodukten, deren Bevollmächtigten, Einführer von Medizinprodukten oder Händler von Medizinprodukten abgegeben werden, die ihrerseits diese Produkte nicht an Anwender oder Betreiber mit Ausnahme von Apotheken, Krankenhäusern und Ärzten, Zahnärzten oder anderen anerkannten Arzneimittelbeschaffungsstellen abgeben. Gemäß § 6 MPVerschrV sind im Übrigen solche Medizinprodukte nicht verschreibungs- und damit auch nicht apothekenpflichtig, soweit sie ihrer Zweckbestimmung nach nur von einem Arzt oder Zahnarzt angewendet werden können. Die Verordnung über Vertriebswege und die MPVerschrV sind durch die Medizinprodukte-Abgabeverordnung (MAPV) vom 25.07.2014 (BGBl. I, S. 1227) vereinheitlicht worden.[39]

19

---

[36] OLG Bremen, Urt. v. 04.06.1987 – 2 U 60/87, PharmR 1987, 241; BVerwGE 94, 341; OVG Münster, Urt. v. 20.02.1997 – 13 A 568/95, NJW 1998, 847.
[37] OLG Bremen, Urt. v. 04.06.1987 – 2 U 60/87, PharmR 1987, 241; siehe auch Kloesel, Cyran, § 4 Rn. 39.
[38] BGBl 1997 I, S. 3148.
[39] Lücker, MPJ 2015, 3 ff.

VIII. Sonderproblem verkürzter Versorgungsweg

20 Bis heute bestehen unterschiedliche Auffassungen zwischen Vertretern der Gesundheitshandwerker-Berufe und Ärzten über die Frage, in welchem Umfang „Nicht-Handwerker" Leistungen in diesem Bereich erbringen dürfen.[40] Maßstäbe hat diesbezüglich eine vom BGH[41] mit dem Schlagwort „verkürzter Versorgungsweg" begründete neue Rechtsprechung gesetzt. Der Arzt übe bei der Anpassung des Ohrabdrucks ärztliche Tätigkeit und kein Handwerk aus. Verstöße gegen die Berufsordnung sieht der BGH nicht. Durch die Zurverfügungstellung eines PCs und der Online-Verbindung sei der Arzt nicht gebunden oder gehindert, sich auch anderer Hörgeräteakustiker zu bedienen. Alleine die Schaffung der Möglichkeit eines Zusatzverdienstes durch die Vergütung des Ohrabdrucks durch den Hörgeräteversand sei für sich genommen nicht zu beanstanden, da er auf erlaubter HNO-ärztlicher Tätigkeit beruhe. Ein Verstoß gegen § 126 Abs. 1 SGB V a.F. (Beschränkung der Hilfsmittelabgabe auf zugelassene Leistungserbringer) liege nicht vor, da der HNO-Arzt die Hörgeräte nicht abgebe, sondern nur verordne. Abgeber im Rechtssinne bleibe das Versandhandelsunternehmen.

21 In einer späteren Entscheidung hat der BGH[42] diese Rechtsprechung bekräftigt. Die Vorteile des verkürzten Vertriebsweges (günstiger Preis, keine „Laufereien") sprächen aus wettbewerbsrechtlicher Sicht nicht gegen, sondern gerade für das Konzept. Mittlerweile wird diese Argumentationsschiene auch für andere Vertriebsmodelle herangezogen. Noch weiter geht das OLG Celle[43] in einer weiteren Entscheidung zur Hörgeräteabgabe in der HNO-Praxis. Ein hinreichender Grund für die Empfehlung eines bestimmten Lieferanten i.S.v. § 34 Abs. 5 MBO (jetzt § 31 Abs. 2 MBO) liege schon dann vor, wenn dem Patienten aus Gründen der Bequemlichkeit ein weiterer Gang zum Hörgeräteakustiker erspart bliebe. Für den orthopädischen Hilfsmittelbereich würde mit dieser Argumentation auch die Abgabe vielfältiger Fertighilfsmittel (ohne Anpassungsbedarf) gerechtfertigt werden können, wenn ein Patient z. B. in seiner Mobilität eingeschränkt ist. In Abgrenzung zu dieser Rechtsprechung hat das OLG Stuttgart entschieden, dass ein Vertriebssystem von Brillen über Augenarztpraxen unzulässig ist.[44] Die Auswahl einer Brille erfolge nur in Ausnahmefällen nach medizinischen Gesichtspunkten. Statt medizinischer stünden eher ästhetische und handwerkliche Überlegungen im Vordergrund. Auf den Patienten könne ein unangemessener Druck ausgeübt werden, wenn ihm „sein"

---

[40] LG Dortmund, Urt. v. 04.06.1997 – 10 O 197/96, MedR 1998, 36; dagegen Schwannecke, Wiebers, Rechtliche Grenzen der Aufgabenverteilung bei der Hilfsmittelversorgung zwischen Arzt und Gesundheitshandwerker, NJW 1998, 2697 ff.; dafür Kern, NJW 2000, 833 ff.

[41] BGH, Urt. v. 29.06.2000 – I ZR 59/98, MedR 2001, 203 ff. = NJW 2000, 2745 ff.

[42] BGH, Urt. v. 15.11.2001 – I ZR 275/99, MedR 2002, 256 ff.; BSG, Urt. v. 23.01.2003 – B 3 KR 7/02 R, MedR 2003, 699, Kasse darf verkürzten Versorgungsweg nicht ausschließen.

[43] OLG Celle, Urt. v. 29.05.2008 – 13 U 202/07, GesR 2008, 476; aufgehoben durch BGH, Urt. v. 13.01.2011 – I ZR 111/08, MedR 2011, 500.

[44] OLG Stuttgart, Urt. v. 30.10.2008 – 2 U 25/08, GRUR-RR 2008, 429 = GesR 2008, 216 (LS), bestätigt durch BGH, Urt. v. 24.06.2010 – I ZR 182/08, n.v.; siehe auch BGH, Urt. v. 09.07.2009 – I ZR 13/07, WRP 2009, 1076.

§ 3 Begriffsbestimmungen

Augenarzt ein derartiges Produkt anbiete. Der Arzt nehme bei diesem Verkauf eher die Position eines Gewerbetreibenden ein. Im Lichte der Entscheidung des BGH[45] v. 13.01.2011 entspricht die Linie des OLG Celle nicht mehr dem Stand der Rechtsprechung.

Der erst am 01.04.2009 durch das GKV-OrgWG eingeführte § 128 SGB V ist im Rahmen der 15. AMG-Novelle (BGBl 2009 I v. 22.07.2009, S. 2015) erneut deutlich verschärft worden. Die Änderungen sind am 23.07.2009 in Kraft getreten. Durch das GKV-VStG ist § 128 SGB V mit Wirkung zum 01.01.2012 abermals verschärft worden, an den Regelungen zu den Vertriebswegen hat sich jedoch nichts weiter geändert. Die bisherigen Modelle des „verkürzten Versorgungsweges" mussten rechtlich zum 31.03.2009, jedenfalls für den GKV-Bereich, auslaufen.[46] Werden sie über den 31.03.2009 hinaus fortgeführt, verstoßen sie gegen ein gesetzliches Verbot mit der Folge unheilbarer Nichtigkeit.[47] Neben der Gefahr der Rückabwicklung nach §§ 812 ff. BGB können die neuen Sanktionen gem. § 128 Abs. 3 und Abs. 5 SGB V auch für bis zum Stichtag zulässige Versorgungsformen greifen. Ziel der Neufassung ist Transparenz. Einen Vertrauens- und/oder Bestandsschutz gibt es nicht. Schließlich wird die strafrechtliche Dimension derartiger Verhaltensweisen zunehmend diskutiert.[48] Während andere Wirtschaftsbereiche nach zugegebenermaßen leidvollen Erfahrungen ihre Lehren zu ziehen beginnen,[49] ist das Problembewusstsein bei manchen Ärzten, Krankenhäusern aber auch Kostenträgern im Hinblick auf die Angreifbarkeit derartiger „Belohnungssysteme" noch entwicklungsfähig. In der berufsgerichtlichen Rechtsprechung sind entsprechende Verurteilungen eher selten.[50] Für neuen Zündstoff sorgen die seit dem 04.06.2016 in Kraft getretenen Strafvorschriften zur Bekämpfung der Korruption im Gesundheitswesen (§§ 299a ff. StGB).[51]

Schließlich ist § 31 MBO zu beachten. Schutzzweck der Norm ist u. a., dass sich der Arzt in seiner Entscheidung, welchem anderen Arzt er Patienten zuweist oder zur Diagnose hinzuzieht, nicht von vornherein gegen Entgelt bindet, sondern diese Entscheidung allein auf Grund medizinischer Erwägungen im Interesse des Patienten

---

[45] BGH, Urt. v. 13.01.2011 – I ZR 111/08, MedR 2011, 500 (Hörgeräteversorgung II).
[46] Die Frage, ob das auch für solche Hilfsmittel gilt, die zwar für GKV-versicherte Patienten bestimmt sind, aber nicht mehr der Erstattungspflicht unterliegen, wie große Teile der Sehhilfen, kann derzeit nicht abschließend beantwortet werden.
[47] OLG Stuttgart, Urt. v. 10.05.2007 – 2 U 176/06, GesR 2007, 320.
[48] BGH, Beschl. v. 25.11.2003 – 4 StR 239/03, GesR 2004, 129 = MedR 2004, 268; BGH, Beschl. v. 27.04.2004 – 1 StR 165/03, GesR 2004, 371 = MedR 2004, 613; siehe auch BGH, Urt. v. 22.08.2006 – 1 StR 547/05, GesR 2007, 77 „Kick-Back" für Verordnung von Augenlinsen.
[49] BGH, Urt. v. 12.05.2009 – XI ZR 586/07, NZG 2009, 828, zur Aufklärungspflicht des Anlageberaters über Rückvergütungen bei empfohlenen Kapitalanlagen; siehe auch VO zur Konkretisierung der Verhaltensregeln und Organisationsanforderungen für Wertpapierdienstleistungsunternehmen (WpDVerOV) v. 20.07.2007, BGBl 2007 I v. 23.07.2007, S. 1432 ff.
[50] Möller, Tsambikakis S. 46 ff. unter Verweis auf BG f. Heilb. Berlin, Beschl. v. 16.04.2012 – 90 K 2.11 T und LBerufG Ärzte Baden-Württemberg, Urt. v. 15.01.2011 – LBGÄ 17/2010 und 09.04.2011 – LBGÄ 13/2010.
[51] BGBl. I 2016, S. 1254 ff.

trifft. Im Übrigen will § 31 nicht nur den Patienten vor sachfremden Erwägungen des ihn unmittelbar behandelnden Arztes bewahren. Die Vorschrift soll darüber hinaus verhindern, dass sich Ärzte durch Vorteilsgewährung ungerechtfertigte Wettbewerbsvorteile gegenüber ihren Berufskollegen verschaffen. Dieser Schutzzweck gebietet, jede Art der Patientenvermittlung gegen Entgelt oder sonstiger Vorteile, die ihren Grund nicht in der Behandlung selbst haben, als verbotswidrig anzusehen. Aus diesem Grunde wendet sich § 31 sowohl an den Vorteilsgewährer als auch an den vorteilsannehmenden Arzt. Letztlich passt § 31 gut in den aktuellen Kontext der Korruptionsbekämpfung im Gesundheitswesen, weil Ziel der Vorschrift auch die Marktgerechtigkeit ist. Ihre strafrechtliche Entsprechung findet die Vorschrift in §§ 299, 331 ff. StGB,[52] mit den Einschränkungen, die sich aus der Entscheidung des Großen Senats ergeben. Klarheit bringt insoweit die Einführung der neuen § § 299a ff. StGB, die seit dem 04.06.2016 gelten. Wer sein bisheriges Verhalten nicht ändert, wird sich in der Zukunft darüber hinaus verstärkt wettbewerbsrechtlichen Auseinandersetzungen ausgesetzt sehen. Das Ventil „verkürzter Versorgungsweg", das nicht wenige genutzt haben, um einigermaßen legale Kundenbeziehungen zu pflegen, ist geschlossen. Der Umstieg im Hilfsmittelmarkt vom Zulassungssystem auf das Vertragssystem gemäß § 126 i.V.m. § 127 SGB V wird den (Verdrängungs-)Wettbewerb zwischen den Leistungserbringern verschärfen. Es werden sich Lager bilden: diejenigen, die unbeirrt mit einer „Augen zu und durch"-Mentalität die alten Pfade begehen und denjenigen, die versuchen sich gesetzeskonform zu verhalten. Sehen letztere sich dadurch ins Hintertreffen geraten, sind wettbewerbsrechtliche Notwehrmaßnahmen (von – anonymen – Meldungen anderer Art zu schweigen) nahe liegend.

IX. Das „als neu aufbereitete" Medizinprodukt

24   Die Wiederaufbereitung von Medizinprodukten ist seit Jahren sowohl national als auch international ein sehr kontrovers diskutiertes Thema. Im Vordergrund stehen Sicherheitsaspekte im Hinblick auf die zu gewährleistende Hygiene und Funktionsfähigkeit, aber auch ökonomische und ökologische Gesichtspunkte. Innerhalb der EU gibt es (noch) keine einheitliche Sichtweise, sondern zum Teil sogar erhebliche Unterschiede, insbesondere bei Einmalprodukten. Ursprünglich hatte man gehofft, dass aufgrund des „Ulmer-Berichts" des Europäischen Parlaments[53] im Rahmen der Vorbereitung der Richtlinie 2007/47/EG v. 05.09.2007[54] eine Lösung gefunden würde. In Art. 12a der Richtlinie ist es jedoch bei einem eher schwachen Auftrag an die Kommission geblieben, dem EU-Parlament bis zum 05.09.2010 einen Bericht über die Wiederaufbereitung von Medizinprodukten in der Gemeinschaft vorzulegen, in dem Vorschläge für die Sicherstellung eines hohen Maßes an

---

[52] siehe aber BGH, Beschl. v. 29.03.2012 – GSSt 2/11, GesR 2012, 479 bezogen auf Vertragsärzte §§ 299, 331.
[53] Plenardokument A 6–0332/2006 v. 10.10.2006.
[54] Richtlinie 2007/47/EG des Europäischen Parlaments und des Rates v. 05.09.2007, ABl L 247/21 v. 21.10.2007.

Gesundheitsschutz enthalten sein sollen.[55] Die Europäische Kommission hat mit Datum v. 27.08.2010 diesen Bericht dem Parlament und dem Europäischen Rat vorgelegt.[56] In der Bundesrepublik Deutschland gewinnen Sicherheitsaspekte in der Diskussion zunehmend an Gewicht.[57] Jenseits dieser Diskussion werden in der Praxis Fragen aufgeworfen, die mit der Systematik des MPG zu tun haben. Auch nach Inkrafttreten der neuen EU-Verordnung wird Art. 15 MDR keine einheitliche Regelung bringen. Nach dem derzeitigen Text ist die Aufbereitung von Einmalprodukten auch weiterhin zulässig, wenn das nationale Recht –wie in Deutschland– dies erlaubt. Der Aufbereiter muss aber all diejenigen Voraussetzungen erfüllen, die auch ein Hersteller erfüllen müsste. Der nationale Gesetzgeber kann aber Erleichterungen für die Aufbereitung von single-use devices (SUD) innerhalb einer Gesundheitseinrichtung (z. B. Krankenhaus) zulassen.

Die Gleichsetzung des „als neu aufbereiteten" Medizinprodukts mit einem neuen Medizinprodukt in § 3 Nr. 14 i.V.m. § 3 Nr. 11 S. 2 MPG ist gesetzestechnisch unbefriedigend gelöst.[58] Sie wird damit erklärt, dass derartige „wieder aufbereitete" Medizinprodukte nur unter den Voraussetzungen der §§ 6, 10, 12 MPG vom Hersteller i.S.v. § 3 Nr. 15 MPG wieder in den Verkehr gebracht werden dürfen.[59] Der Begriff des **„Aufbereitens"** ist in § 3 Nr. 14 MPG definiert. Danach ist die Aufbereitung von bestimmungsgemäß keimarm oder steril zur Anwendung kommenden Medizinprodukte, die nach deren Inbetriebnahme zum Zwecke der erneuten Anwendung durchgeführte Reinigung, Desinfektion und Sterilisation einschließlich der damit zusammenhängenden Arbeitsschritte sowie die Prüfung und Wiederherstellung der technisch-funktionellen Sicherheit. Die **Resterilisation** (auch bei Einmalartikeln) und Reparatur für eigene Zwecke ist keine neue Aufbereitung i.S.d. § 3 Nr. 14 MPG. Sie fällt vielmehr unter den weiten Oberbegriff der Instandhaltung,[60] der auch die Reinigung, Desinfektion und Sterilisation von Medizinprodukten (§ 7 MPBetreibV) umfasst, da es nicht in den Zustand gebracht wird, wie er einem neuen CE-gekennzeichneten Produkt entspricht.[61] Diese Norm geht dabei auf die Anhänge 1 der Richtlinien 93/42 (Nr. 13.6) und 90/385 (Nr. 14.1) zurück.

Reinigung, Desinfektion und Sterilisation sind nach den Angaben des Herstellers in einem validierten Verfahren durchzuführen, sodass der Erfolg dieser Verfahren nachvollziehbar gewährleistet ist. Das Verfahren ist so auszulegen, dass es weder die Gesundheit noch die Sicherheit von Patienten, Anwendern oder Dritten gefährdet. Lagert der Betreiber die Resterilisation auf externe Dienstleister aus, muss er sich überzeugen, dass diese mit validierten Verfahren arbeiten.[62] Gemäß § 8

---

[55] Schorn, MPJ 2007, 172 ff.

[56] MPJ 2010, 274 ff.; der vollständige Text kann unter http://ec.eu/consumers/sectors/medical-devices/files/pdfdocs/reprocessing_report_de.pdf eingesehen werden.

[57] Aufbereitung ist möglich, aber Patientenschutz hat Vorrang, MPJ 2007, 211 ff.

[58] WiKo, § 4 Rn. 72.

[59] Schorn, § 3 Anm. 22.

[60] Ebenso WiKo, § 4 Rn. 73.

[61] Schorn, M 2 – § 3 Rn. 22.

Abs. 2 MPBetreibV wird die Einhaltung des Standards vermutet, wenn die Empfehlung der Kommission für Krankenhaushygiene und Infektionsprävention des RKI und des BfArM zu den Anforderungen bei der Aufbereitung von Medizinprodukten beachtet wird.[63] Diese Empfehlungen gehen von insgesamt sechs Risikogruppen aus. Diese reichen von unkritisch,[64] semikritisch A[65] (ohne besondere Anforderungen an die Aufbereitung,[66] semikritisch B[67] (mit erhöhten Anforderungen an die Aufbereitung), kritisch A[68] (ohne besondere Anforderungen an die Aufbereitung), kritisch B (mit erhöhten Anforderungen an die Aufbereitung) bis hinzu kritisch C (mit besonders hohen Anforderungen an die Aufbereitung). Nach den Empfehlungen von RKI und BfArM ist Voraussetzung für die Aufbereitung, „dass die Eignung (Produktverträglichkeit) der zur Anwendung kommenden Aufbereitungsverfahren (Gewährleistung der funktionellen und sicherheitsrelevanten Eigenschaften des Medizinprodukts nach Aufbereitung) und die Wirksamkeit im Rahmen einer produktgruppenspezifischen Prüfung und Validierung belegt wurden."

27 Für die Zuordnung des Produkts zu einer Risikogruppe (siehe oben Rn. 4) ist der Betreiber verantwortlich, wobei die Angaben des Herstellers zu berücksichtigen sind. Bei Zweifeln ist das Medizinprodukt der nächsthöheren Risikostufe zuzuordnen. Nach den Empfehlungen (Ziff. 2.2.) besteht eine sachgerechte Aufbereitung angewendeter Medizinprodukte aus folgenden Arbeitsschritten:

- Das sachgerechte Vorbereiten (Vorbehandeln, Sammeln, Vorreinigen und gegebenenfalls Zerlegen) der angewendeten Medizinprodukte und deren sicher umschlossenen und Beschädigungen vermeidenden Transport zum Ort der Aufbereitung,
- die Reinigung/Desinfektion, Spülung und Trocknung,
- die Prüfung auf Sauberkeit und Unversehrtheit der Oberflächen (z. B. Korrosion, Materialbeschaffenheit) und gegebenenfalls Identifikation zum Zwecke der Entscheidung über eine erneute Aufbereitung,
- die Pflege und Instandsetzung,
- die Prüfung der technisch-funktionellen Sicherheit und, je nach Erfordernis
- die Kennzeichnung sowie das Verpacken und die Sterilisation.

28 Die Aufbereitung endet mit der dokumentierten Freigabe des Medizinprodukts zur erneuten Anwendung. Die Aufzeichnungen über die Einzelschritte der Aufbereitung

---

[62] WiKo, § 4 MPBetreibVO Rn. 3 unter Verweis auf VG Arnsberg, Beschl. v. 18.02.2005 – 3 L 1193/04; VG Gelsenkirchen, Urt. v. 14.02.2012 – 19 K1602/09, MPJ 2012, 203, manuelle Aufbereitung von Produkten kritisch B nicht validierbar, Verpflichtung zur maschinellen Aufbereitung o.k.; so auch OVG NRW, Bschl. v. 29.09.2010 – 13 A 2422/99, MedR 2011, 377.

[63] Zuletzt Bundesgesundheitsblatt 2001, 1115, abgedr. bei Nöthlichs, Kennzahl 9650; siehe auch Anlage 1 zu § 4 Abs. 1 Nr. 1 DIMDIV

[64] Z. B. EKG-Elektroden.

[65] Z. B. Spekulum.

[66] Empfehlungen RKI und BfArM Ziff. 1.2.

[67] Z. B. Flexibles Endoskop,

[68] Z. B. Wundhaken.

sind gem. § 8 MPBetreibV aufzubewahren. Der Aufbereiter muss sich zertifizieren lassen. Von der ZLG waren[69] in der Vergangenheit folgende Zertifizierungsstellen akkreditiert: DEKRA Certification GmbH Stuttgart, LGA INterCert Zertifizierungsgesellschaft mbH Nürnberg, MEDCERT Zertifizierungs- und Prüfungsgesellschaft für die Medizin GmbH Hamburg, ZÜV Nord cert GmbH, TÜV Rheinland Produkt Safety GmbH Köln.

X. Sonderproblem: Wiederaufbereitung von Einmal-Medizinprodukten

1. Zulässigkeit

Besondere Probleme können sich im Bereich der Aufbereitung von Medizinprodukten ergeben,[70] nachdem der Gesetzgeber in § 3 Nr. 14 MPG i.V.m. § 7 MPBetreibV diese Verfahren leichter zugänglich gemacht hat.[71] Bis zum Inkrafttreten der 2. MPG-Novelle am 01.01.2002 war dieses Thema höchst umstritten. Vor Inkrafttreten des MPG im Jahre 1995 galten zahlreiche ärztliche Instrumente als fiktive Arzneimittel im Sinne von § 2 AMG. Die Resterilisation bei Wiederverwendung von Einmalinstrumenten war arzneimittelrechtlich nicht relevant, da die Resterilisation und Wiederverwendung kein „Inverkehrbringen" im Sinne des AMG war.[72] Ein ausdrückliches Verbot der Wiederverwendung fand sich in den einschlägigen gesetzlichen Spezialmaterien also nicht. Ein derartiges Verbot wird auch im Erfahrungsbericht des BMG zur Aufbereitung von Medizinprodukten[73] nicht gefordert. Vielmehr werden Negativlisten von Produkten, die nicht aufbereitet werden dürfen, diskutiert. Diskutiert wird auch ein Genehmigungsvorbehalt für die Aufbereitung besonders kritischer Einmalprodukte.

Haftungsrechtlich wird die Problematik immer dann akut, wenn es im Rahmen der Wiederverwendung von Einmalartikeln zu einer Infektion kommt. Es stellt sich dann die Frage, ob die Resterilisation im konkreten Fall überhaupt erlaubt war, ob eventuell Fehler beim Sterilisierungsvorgang gemacht wurden, welcher Hygiene-Standard gilt,[74] wem eine Unterschreitung dieses Hygiene-Standards

29

30

---

[69] Stand 30.12.2009, aktuelle Übersicht www.zlg.de.
[70] Ratzel, MedR 2000, 560; Haindl, Helle, MedR 2001, 411.
[71] Schneider, MedR 2002, 453; das Britische Gesundheitsministerium hat 2001 demgegenüber für Hochrisikoeingriffe hinsichtlich vCJK wie z. B. Mandeloperationen, Operationen am vorderen Augenbereich, Blinddarm und neurologische Operationen die Wiederaufbereitung von Einmalinstrumenten untersagt.
[72] Kloesel, Cyran, § 2 Rn. 54.
[73] Erfahrungsbericht des BMG zur Aufbereitung von Medizinprodukten vom März 2008, bmg. bund.de.
[74] Gem. § 4 Abs. 2 MPBetreibV wird die Einhaltung des Standards vermutet, wenn die Empfehlung der Kommission für Krankenhaushygiene und Infektionsprävention des RKI und des BfArM zu den Anforderungen bei der Aufbereitung von Medizinprodukten beachtet wird; zuletzt Bundesgesundheitsblatt 2001, 1115, abgedr. bei Nöthlichs, Kennzahl 9650; siehe auch Anlage 1 zu § 4 Abs. 1 Nr. 1 DIMDIV.

ggfls. zuzurechnen ist und welche Folgen dieser Verstoß für die Darlegungs- und Beweislast hat. Im Allgemeinen werden Verstöße gegen Hygiene-Standards dem Organisationsverschulden des Krankenhausträgers zugerechnet (bzw. dem für die Einrichtung Verantwortlichen),[75] wobei in der Regel der Zusammenhang zwischen Infektion und Unterschreitung des Hygiene-Standards vermutet wird.[76] Schließlich stellt sich die Frage, ob der Patient – eine ordnungsgemäße Resterilisation von Einmal-Artikeln unterstellt – darüber aufgeklärt werden muss, dass in seinem Fall so vorgegangen wird.[77] Mit Auslaufen der Übergangsfrist im MPG zum 13.06.1998 ist die Wiederverwendung von Einmal-Artikeln ausschließlich nach den Vorschriften des MPG zu bewerten.

31 Es liegt auf der Hand, dass es Einmal-Produkte gibt, bei denen die Qualität derartiger Verfahren eher einfach darzustellen ist[78] (Einwegklemmen, Absaug- und Beatmungsschläuche, Magensondenspritzen, Sauerstoffflaschen, Darmrohre etc.). Gegenbeispiel dürfte die Resterilisation von endoskopischen Scheren, Aortenstanzen oder Herzkathetern sein, zumal man bei diesen Instrumenten nicht nur auf die Keimfreiheit, sondern auch auf die Materialbeschaffenheit (spezielle Beschichtung) Rücksicht nehmen muss. Gemäß § 8 Abs. 2 MPBetreibV wird die Einhaltung des Standards vermutet, wenn der Empfehlung der Kommission für Krankenhaushygiene und Infektionsprävention des RKI und des BfArM zu den Anforderungen bei der Aufbereitung von Medizinprodukten[79] beachtet wird. Werden z. B. (Einmal-) Produkte mit besonders hohen Anforderungen wiederaufbereitet, muss der Aufbereiter sein Qualitätsmanagement durch eine von der zuständigen Behörde akkreditierte Stelle zertifizieren lassen.[80] Dies gilt erst recht, weil es bei Einmalprodukten i.d.R. begriffsnotwendig keine Empfehlungen des Herstellers für die Aufbereitung geben wird. Also muss der Aufbereiter ein eigenes validiertes System nachweisen.

2. Zweckbestimmung

32 Gemäß § 4 Abs. 1 MPG dürfen Medizinprodukte nicht in Verkehr gebracht und angewendet werden, wenn damit eine erhöhte Gefahr, in diesem Fall für die

---

[75] OLG Zweibrücken, Urt. v. 19.10.1982 – 5 U 113/81, MedR 1984, 27, grober Fehler bei Wiederverwendung eines unzureichend gereinigten Herzkatheters.
[76] OLG München, Urt. v. 22.02.1990 – 1 U 2287/88, VersR 1991, 425, ungenügend desinfiziertes Darmrohr.
[77] Dafür: Kloesel, Cyran, § 2 Rn. 54; dagegen: Lutterbeck, Das Krankenhaus 1998, 342, 345.
[78] Auf diese wichtige Differenzierung wird in einer Stellungnahme des „nationalen Referenzzentrums für Krankenhaushygiene" zu Aufbereitung und Sterilisation zu Recht hingewiesen, Arzt und Krankenhaus, 1999, 298 ff.
[79] BGBl 2001, 1115.
[80] OVG NRW, Beschl. v. 09.11.2007 – 13 B 1192/07, DVBl 2008, 133 = MedR 2008, 229, Untersagung der Weiterverwendung von aufbereiteten Kathetern durch Krankenhaus, wenn Aufbereiter kein zertifiziertes Qualitätsmanagement hat; OVG NRW, Beschl. v. 29.09.2010 – 13 A 2422/09, MPJ 2011, 42.

Patienten verbunden ist.[81] Dafür ist die Einhaltung der Zweckbestimmung ein maßgeblicher Faktor. Gemäß § 3 Nr. 10 MPG richtet sich die Zweckbestimmung für die Verwendung des Medizinprodukts nach der Kennzeichnung, der Gebrauchsanweisung oder den Werbematerialien und nach den Angaben des in § 3 Nr. 15 MPG genannten Personenkreises. Dieser Verweis richtet sich also an den Hersteller. Der Hersteller eines Einmal-Artikels definiert die Zweckbestimmung seines Produktes aber zwangsläufig nicht als mehrfach zu verwendendes Produkt. Dies schließt sich begriffsnotwendig aus. Danach könnte man die Auffassung vertreten, schon an dieser Stelle ergebe sich die gesetzliche Unzulässigkeit der Wiederverwendung von Einmal-Artikeln.[82] Schon zur alten Rechtslage[83] wurde jedoch auf die amtliche Begründung zu den §§ 22, 23 MPG a.F., wonach diese Regelungen offenbar nicht von der früheren Medizingeräteverordnung (§§ 6–16 MedGV) abweichen wollten, „da sich diese bewährt haben", verwiesen. Nach der MedGV war die sachgerechte Wiederverwendung von Einmal-Artikeln aber nicht verboten.[84] Die **Resterilisation** von Einmalartikeln im Krankenhaus durch dieses oder durch einen Lohnsterilisierer außerhalb ist also grundsätzlich möglich. Festzuhalten bleibt allerdings, dass der Hersteller die Verantwortung nur für das erstmalige Inverkehrbringen (und Verwenden) übernehmen will.[85] Die Verantwortung für das erneut steril gemachte Medizinprodukt übernimmt derjenige, der es nach dem Verfahren erneut einsetzt und anwendet, ggf. gemeinsam mit demjenigen, der die Resterilisierung durchgeführt hat, als Gesamtschuldner. Mit der Wiederaufbereitung endet die Verantwortung des Herstellers nach dem ProdHaftG. Die Resterilisierung muss nach einem zertifizierten Verfahren erfolgen. Geschieht dies nicht, kann die zuständige Behörde die Weiterverwendung der resterilisierten Gegenstände gem. § 28 mit Zwangsgeldandrohung untersagen.[86] Ordnungswidrig handelt, wer die Reinigung, Desinfektion oder Sterilisation von Medizinprodukten nicht oder nicht nach den Angaben des Herstellers mit geeigneten validierten Verfahren durchführt (§ 17 Nr. 5 MPBetreibV).

3. Aufklärung

Die weitere Frage, ob der Patient über die Tatsache der Wiederaufbereitung eines Einmal-Artikels auch bei nur minimalem Infektionsrisiko aufgeklärt werden muss, 33

---

[81] Bei der Aufbereitung von Einmalprodukten zum erneuten Einsatz denkt man in erster Linie an das Hygienerisiko und eine möglicherweise beeinträchtigte Funktionsweise oder Materialbeschaffenheit.
[82] Siehe aber OLG Koblenz, Urt. v. 30.08.2005 – 4 U 244/05, MedR 2006, 213 zur Werbung für die Wiederverwendung von Einmalprodukten durch Vertreiber im konkreten Fall zulässig, da die Bezeichnung des Herstellers als Einmalprodukt (single use) nicht zur Zweckbestimmung gehöre.
[83] Schneider, MedR 1996, 267.
[84] Schneider, MedR 1988, 166.
[85] Wie hier Nöthlichs, § 4 Anm. 5.2.
[86] OVG NRW, Beschl. v. 09.11.2007 – 13 B 1192/07, DVBl 2008, 133 = MedR 2008, 229.

ist meines Erachtens eindeutig zu bejahen.[87] Die Antwort ergibt sich aus den strengen Grundsätzen der Rechtsprechung zur Risikoaufklärung. Ganz allgemein hat die Risikoaufklärung Informationen über die Gefahren eines ärztlichen Eingriffs zu vermitteln, die sich auch bei fehlerfreier Durchführung des Eingriffs nicht mit Gewissheit ausschließen lassen. Der Patient ist zwar grundsätzlich nicht über jedes nur denkbare Risiko aufzuklären, sondern ihm sollen nur „im Großen und Ganzen" die wesentlichen Gefahren eines Eingriffs bewusst gemacht werden, insbesondere soll er vor überraschenden Risiken geschützt und ihm daher das mit dem Eingriff verbundene Risikospektrum verdeutlicht werden. Risikostatistiken haben aber, wie die Judikatur immer wieder betont hat, nur einen geringen Wert. Entscheidend ist vielmehr, ob eingriffspezifische, d. h. typischerweise mit einer bestimmten ärztlichen Maßnahme verbundene Komplikationsmöglichkeiten in Rede stehen.

Solche **eingriffspezifischen Risiken** sind auch bei extremer Seltenheit aufklärungspflichtig, falls ihr Eintritt sich auf die beruflichen und privaten Lebensumstände des Patienten erkennbar besonders belastend auswirkt.[88] Hiervon ist im Falle der Unsterilität eines Katheters oder sonstigen Einmal-Artikeln auszugehen, da darauf beruhende Infektionen zum einen die Verwirklichung eines eingriffspezifischen Risikos bedeuten und zum anderen in der Regel erhebliche Folgen für die weitere Lebensführung des Patienten haben. Auch die Judikatur hat bereits ein hygienisches Defizit als aufklärungspflichtig angesehen, wenn eine Kompensation des erhöhten Infektionsrisikos durch risikomindernde betrieblich-organisatorische Maßnahmen nicht möglich war. Praktisch bedeutet die Bejahung der Aufklärungspflicht über die Tatsache der Wiederaufbereitung von Einmal-Artikeln, dass ohne Erfüllung dieser Pflicht deren Verwendung eine rechtswidrige Körperverletzung darstellt, im Falle der Einhaltung der Aufklärungspflicht aber wohl die meisten Patienten ihre Einwilligung versagen und aus diesem Grunde der resterilisierte Einmal-Artikel bei der Behandlung nicht eingesetzt werden darf.

XI. Hersteller (§ 3 Nr. 15 MPG)

34 Der Herstellerbegriff des MPG stellt nicht auf die faktische, sondern auf die rechtliche Herstellerstellung ab. Hersteller ist danach auch derjenige, der von anderen gefertigte Medizinprodukte unter eigenem Namen an andere abgibt. Entscheidend ist mithin die Verantwortung für die Abgabe an andere, nicht das Ausmaß des

---

[87] A.A. Jäkel, MedR 2011, 485 ff.; Schneider, Nach wie vor umstritten – Die Wiederverwendung von Einmal-Artikeln, MedR 1996, 267; ders., Die Aufbereitung und Wiederverwendung von (Einweg-)Medizinprodukten – (Mehr) Rechtssicherheit durch das Zweite Gesetz zur Änderung des Medizinproduktegesetzes!, MedR 2002, 453; Bender, Die Wiederaufbereitung von Einmalartikeln – ein Aufklärungsproblem?, MedR 2000, 365 und Stellungnahme des nationalen Referenzzentrums für Krankenhaushygiene a.a.O., die Qualität zwischen neuem und wiederaufbereitetem Produkt sei gleich. Darum geht es bei der Aufklärung aber gar nicht, sondern um die Schaffung einer beherrschbaren Risikoquelle.

[88] BGH, Urt. v. 09.07.1996 – VI ZR 101/95, MDR 1996, 1015.

Eingebundenseins in den Herstellungsprozess.[89] Hersteller können nur natürliche oder juristische Personen sein. Danach scheiden z. B. nichtrechtsfähige Vereine als Hersteller aus. Die Frage, ob Personengesellschaften juristische Personen sind, ist für § 3 Nr. 15 MPG eher von „akademischer" Bedeutung,[90] da niemand ernstlich in Zweifel stellt, dass BGB-Gesellschaften, OHGs oder KGs selbstverständlich „Hersteller" i.S.v. § 3 Nr. 15 MPG sein können. Der Herstellerbegriff ist unabhängig davon, ob diese Tätigkeit von dieser Person oder stellvertretend für diese von einer dritten Person ausgeführt wird. Die dem Hersteller nach diesem Gesetz obliegenden Verpflichtungen gelten auch für die natürliche oder juristische Person, die ein oder mehrere vorgefertigte Medizinprodukte montiert, abpackt, behandelt, aufbereitet, kennzeichnet oder für die Festlegung der Zweckbestimmung als Medizinprodukt im Hinblick auf das erstmalige Inverkehrbringen im eigenen Namen verantwortlich ist.[91]

Nach § 3 Nr. 15 S. 3 MPG gilt dies nicht für natürliche oder juristische Personen, die – ohne Hersteller im Sinne des Satzes 1 zu sein – bereits in Verkehr gebrachte Medizinprodukte für einen namentlich genannten Patienten entsprechend ihrer Zweckbestimmung montieren oder anpassen. Hersteller ist demnach nicht, wer Medizinprodukte, die bereits eine CE-Kennzeichnung tragen, i.S.v. § 10 Abs. 1 MPG zusammensetzt, um sie in Form eines Systems oder einer Behandlungseinheit in den Verkehr zu bringen. Dies ist deshalb von besonderer Bedeutung, weil man sich jedenfalls in den Fällen, in denen entgegen ausdrücklicher Herstellerangaben fremde Systemkomponenten verwendet wurden, nicht auf die Ausnahmevorschrift in § 10 Abs. 1 MPG (Anwendung gemäß Zweckbestimmung des Herstellers) berufen könnte,[92] es sei denn die Zweckbestimmung wäre einzig mit dem Ziel ausgesprochen, den Kunden zur Abnahme des Gesamtsystems zu verpflichten ohne dass hierfür ein sachlicher Grund gegeben ist. Bezieht man sich auf die einschlägige höchstrichterliche arzneimittelrechtliche Rechtsprechung,[93] ist das Tatbestandsmerkmal des „Inverkehrbringens" allerdings nicht erfüllt, wenn man die Auffassung verträte, es handele sich nicht um eine „Abgabe an andere", da es an einem Wechsel der Verfügungsgewalt fehle. Eine einschlägige medizinprodukterechtliche Rechtsprechung hierzu existiert noch nicht.[94] 35

Nach diesseitiger Auffassung erscheint es jedoch problematisch, die arzneimittelrechtliche Rechtsprechung unkritisch auf diesen Fall zu übertragen. Denn im Falle der Verabreichung eines Arzneimittels in der Arztpraxis ist dieses Arzneimittel zwar in der Tat einer Verfügung durch den Patienten entzogen, zumal die 36

---

[89] Schorn, M 2 – § 3 Rn. 60.
[90] Ausführlicher Problemaufriss bei Schorn, M 2 – § 3 Rn. 50–54.
[91] VG Trier, Urt. v. 05.12.2007 – 5 K 755/07 TR, MPJ 2008, 42 ff. (Ersteinführer für in Taiwan hergestellte Medizinprodukte kann Hersteller i.S.v. § 3 Nr. 15 sein, Verpacken, Kennzeichnen).
[92] Deutsch, Lippert, Ratzel, Tag, Koyuncu § 10 Rn. 2.
[93] OLG Bremen, Urt. v. 04.06.1987 – 2 U 60/87, PharmR 1987, 241; BVerwG, Urt. v. 02.12.1993 – 3 C 42/91, NVwZ 1994, 1013; OVG Münster, Urt. v. 20.2.199 – 13 A 568/95, NJW 1998, 847.
[94] Siehe aber OLG Koblenz, Beschl. v. 02.02.2013 – 5 U 1474/12, VersR 2014, 251 zur verneinenden Haftung bei Zusammensetzung einer Hüft-TEP mit unterschiedlichen Komponenten.

Wirkmechanismen in einem überschaubaren Zeitraum abnehmen werden. Im Falle der Prothese kann der Patient zwar auch nicht direkt auf das Medizinprodukt einwirken; es handelt sich jedoch um eine sehr körperliche und plastische, auf Dauer angelegte reale Abgabe. Dementsprechend hat das Bundesministerium für Gesundheit 1996 für Zahnprothesen festgestellt, dass die Zahnarztlabore für diese Prothesen eine Herstellungserlaubnis benötigen, weil es sich bei dem Einsetzen um eine Abgabe an andere handele.[95] Folgt man dieser Auffassung, wird die Möglichkeit der Berufung auf die Ausnahmevorschrift in § 10 Abs. 1 MPG noch wichtiger. Wenn diese Möglichkeit nämlich abgeschnitten wäre, hätte dies zur Folge, dass der Klinikträger als Hersteller des Gesamtsystems ein Medizinprodukt in Verkehr bringt, ohne eine Herstellungserlaubnis gehabt zu haben, geschweige denn, dass ein ordnungsgemäßes Konformitätsbewertungsverfahren vorliegen würde.

XII. Benannte Stellen (§ 3 Nr. 20 MPG)

37 Benannte Stellen sind für die Durchführung und Prüfung zuständige unabhängige Unternehmen oder Anstalten. Ihre Aufgabe ist die Zertifizierung der Durchführung des Konformitätsbewertungsverfahrens.[96] Ihre Rechtsform ist unerheblich. Sie üben keine hoheitliche Gewalt aus und sind damit keine Beliehenen.[97] Zwar ist ihre Akkreditierung gem. § 20 MPG öffentlich-rechtlich ausgestaltet; ihre Beziehungen zum Hersteller sind jedoch ausschließlich privatrechtlicher Natur, sodass bei Streitigkeiten zwischen Hersteller und benannter Stelle über die Erteilung des CE-Kennzeichens im Regelfall der Zivilrechtsweg gegeben ist. In der Regel wird man die vertraglichen Beziehungen zwischen Benannter Stelle und Hersteller als Werkvertrag qualifizieren können. Akkreditierungen Benannter Stellen für nichtaktive Medizinprodukte erfolgen durch die **Zentralstelle der Länder für Gesundheitsschutz bei Arzneimitteln und Medizinprodukten (ZLG)** bzw. bei aktiven Medizinprodukten bis zum 31.12.2009 durch die **Zentralstellen der Länder für Sicherheitstechnik (ZLS)**.

38 Diese Akkreditierungsstellen sind Körperschaften des öffentlichen Rechts. Streitigkeiten zwischen Benannter Stelle und Akkreditierungskörperschaft z. B. im Rahmen von Ablehnung der Akkreditierung, Rücknahme, Widerruf oder Auflagen gehören daher vor die Verwaltungsgerichte. Die Akkreditierung wird regelmäßig befristet. Ein Hersteller ist nicht verpflichtet, Benannte Stellen seines „Heimatlandes" zu beauftragen. Er kann jede für sein Medizinprodukt geeignete benannte Stelle innerhalb der EU beauftragen. Deren Zertifikat/Entscheidung gilt innerhalb

---

[95] Nachweise bei Nöthlichs, § 3 Anm. 2.11.6.
[96] VG Aachen, Urt. v. 31.10.2014 – 7 K 2696/12, MPJ 2015, 71, Aufgabenumfang einer benannten Stelle; Prüfung der technischen Dokumentation eines Medizinprodukts der Produktklasse IIa in einem Konformitätsbewertungsverfahren.
[97] WiKo, § 3 Anm. 19. Ihre Stellung ist mit der „zugelassenen Stelle" gem. § 9 Abs. 1 Gerätesicherheitsgesetz vergleichbar, hierzu BGH, Urt. v. 09.02.1987 – III ZR 160/75, NJW 1978, 2548; OLG Hamm, Urt. v. 27.06.1992 – 11 U 51/90, NVwZ 1990, 1105.

§ 3 Begriffsbestimmungen 89

der gesamten EU. Zwischen Akkreditierungsstelle und Hersteller gibt es keine direkten Rechtsbeziehungen. Ist eine Akkreditierungsstelle mit einem Konformitätsverfahren einer Benannten Stelle und nachfolgender CE-Anbringung durch den Hersteller nicht einverstanden, hat sie mannigfaltige Möglichkeiten, z. B. über die Androhung gegenüber der Benannten Stelle, ggf. deren Akkreditierung zu widerrufen, Druck auszuüben, das CE-Kennzeichen auszusetzen oder zurückzuziehen (§ 18 MPG). Seit dem 01.01.2010 gibt es nur noch eine einheitliche Akkreditierungsstelle.[98] Die Aufgaben der ZLS werden auf die ZLG überführt.

XIII. Eigenherstellung (§ 3 Nr. 21 MPG)

Gemäß § 3 Nr. 21 MPG sind Medizinprodukte aus Eigenherstellung Produkte, 39
die in einer Gesundheitseinrichtung hergestellt werden, um in der Betriebsstätte angewendet zu werden, ohne dass sie in Verkehr gebracht werden oder die Voraussetzungen nach § 3 Nr. 8 MPG erfüllen. Bezüglich der Inbetriebnahme gelten aber die erleichterten Regelungen für Sonderanfertigungen entsprechend, § 12 Abs. 1 S. 3 MPG. Die Regelungen zur Verantwortlichkeit, § 5 MPG, und zur Überwachung, § 14 MPG i.V.m. MPBetreibV, gelten ebenfalls für diese Produkte. Für die Inbetriebnahme dieser Produkte müssen auch die für Sonderanfertigungen grundlegenden Anforderungen erfüllt sein. Beliefert ein Krankenhaus andere Krankenhäuser, Heime oder Arztpraxen, gelten nicht die Sondervorschriften für Produkte aus Eigenherstellung, sondern die Regeln für das Inverkehrbringen unter Einschluss der Produkthaftung wie für jeden anderen Hersteller auch.[99] Diese auf den ersten Blick logische Konsequenz führt in der Praxis zu unerwünschten Ergebnissen. Eine Krankenhausapotheke kann nach Abschluss entsprechender Kooperationsverträge problemlos andere Krankenhäuser mit den von ihr hergestellten Arzneimitten beliefern. Viele Medizinprodukte waren vor Inkrafttreten des MPG fiktive Arzneimittel i.S.d. AMG. Die Regelung in § 3 Nr. 21 i.V.m. § 12 MPG führt nun dazu, dass ihre Herstellung und Belieferung beispielsweise in einem Krankenhausverbund gegenüber Arzneimitteln erschwert wird, weil z. B. ein Konformitätsbewertungsverfahren durchgeführt werden muss. Setzt sich ein Krankenhausträger über diese unsinnige Ungleichbehandlung hinweg, bringt er ein Medizinprodukt unerlaubt in den Verkehr und setzt sich damit einem nicht geringen Risiko aus. Der Gesetzgeber sollte hier nachbessern.

XIV. In-vitro-Diagnostika aus Eigenherstellung

Darunter versteht man In-vitro-Diagnostika, die in Laboratorien von Gesundheits- 40
einrichtungen hergestellt werden, um in diesen Laboratorien oder in Räumen in unmittelbarer Nähe zu diesen angewendet werden, ohne dass sie in Verkehr gebracht

---

[98] AkkStellG v. 31.07.2009, BGBl I, S. 2625.
[99] EuGH, Urt. v. 10.05.2001 – C-203/99, NJW 2001, 2781.

werden. Diese Ausnahmeregelung gilt nicht für In-vitro-Diagnostika, die in industriellem Maßstab hergestellt werden. Was unter „industriellem Maßstab" zu verstehen ist, kann nur durch Rückgriff auf die Entstehungsgeschichte der Norm festgestellt werden. Ursprünglich war nämlich vorgesehen, die Obergrenze bei 2.500 Tests p.a. einzuziehen. Diese Zahl ist zwar nicht Gesetz geworden, kann aber zur Orientierung dienen. Letztlich wird es Aufgabe der Aufsichtsbehörden der Länder sein, im Rahmen ihrer Kontrollen die Grenzen zu bestimmen. Dieser Freiraum ohne konkrete Vorgaben sollte nach Auffassung von *Nöthlichs*[100] flexibel und einzelfallbezogen gehandhabt werden, da es auf die Ausgangslage einer bestimmten Produktanforderung ankomme.

41 Das Verbot, gefährliche Medizinprodukte in den Verkehr zu bringen, zu errichten, in Betrieb zu nehmen, zu betreiben oder anzuwenden, insbesondere wenn sie Patienten, Anwender oder Dritte gefährden, diesen Personenkreis irreführen, etwa wenn Medizinprodukte vorgegebene Leistungen nicht erbringen oder den Eindruck erwecken, ein Erfolg sei sicher oder ohne schädliche Wirkungen, geht auf Art. 2 der Richtlinien 93/42 und 90/385 EWG sowie die Grundlegenden Anforderungen in den Anhängen 1 dieser Richtlinien zurück. Es bleibt nach Art. 2 der Richtlinien den Mitgliedsstaaten überlassen, die erforderlichen Maßnahmen zu treffen, damit nur Produkte in Verkehr gebracht und in Betrieb genommen werden dürfen, die bei zwecksprechender Anwendung Patienten, Anwender und Dritte nicht gefährden.

XV. Sponsor (§ 3 Nr. 23)

42 Dieser mit der 4. MPG-Novelle eingeführte Begriff ist dem AMG entlehnt (§ 4 Abs. 24 AMG). Der Begriff „Veranlassung" geht auf den Begriff „Management" in den EG-Richtlinien und meint daher nicht nur die Initiierung, sondern auch die gesamte Durchführung. Dies kommt jetzt im MPG deutlicher zum Ausdruck. Eine gesonderte Erwähnung findet der Sponsor jetzt in § 20 Abs. 1 S. 4 MPG.

XVI. Prüfer (§ 3 Nr. 24)

43 Auch dieser Begriff ist dem AMG entlehnt (§ 4 Abs. 25 AMG). Der Begriff entspricht dem „Investigator" in den ICH Guidelines for Good Clinical Practice „A person responsible for the conduct of clinical trial at a trial site". Der Prüfer soll grundsätzlich Arzt sein, bei einschlägigen Produkten kann es auch ein Zahnarzt sein. Die Heilpraktikererlaubnis reicht regelmäßig nicht.

---

[100] Nöthlichs, § 3 Ziff. 2.21.3, S. 35.

XVII. Klinische Daten (§ 3 Nr. 25)

Die Arbeit mit und die Verarbeitung von klinischen Daten unterliegt besonders strengen Sicherheitsanforderungen Deshalb ist es wichtig, klinische Daten von sonstigen Daten abzugrenzen.

44

XVIII. Einführer (§ 3 Nr. 26)

Der Einführer[101] ist in § 5 MPG erwähnt. Durch die Änderungen von § 5 und § 6 Abs. 2 MPG im Rahmen der 4. MPG-Novelle bot es sich an, den Einführer zu definieren. Der Einführer unterliegt der Pflicht zur Mitwirkung im Rahmen der Marktüberwachung nach der MPSV. Außerdem ist der Einführer eine Auffanglösung, wenn das Medizinprodukt nicht unter der Verantwortung eines Bevollmächtigten in den EWR eingeführt wird.

45

---

[101] Grübl, Kessler, GesR 2016, 479 ff., Parallelimport von Medizinprodukten.

Zweiter Abschnitt
Anforderungen an Medizinprodukte und deren Betrieb

Vorbemerkungen vor § 4 ff.

Ein Kernstück des Medizinproduktegesetzes bildet der 2. Abschnitt. Er regelt in den §§ 4–14 die Anforderungen, die an Medizinprodukte zu stellen sind. 1
Wer indessen nach einer alten Juristenregel glaubt, ein Blick ins Gesetz beseitige manchen Zweifel, der sieht sich schnell getäuscht. Es empfiehlt sich zudem dringend, die Texte der drei grundlegenden EU-Richtlinien für diesen Bereich (90/385/EWG, 93/42/EWG und 98/79/EU) im vollen Wortlaut zur Kenntnis zu nehmen. Mithilfe dieser Richtlinien und des Medizinproduktegesetzes soll das Kunststück gelingen, einerseits den freien Warenverkehr mit Medizinprodukten in der EU sicherzustellen und andererseits dafür zu sorgen, dass Medizinprodukte auf möglichst hohem Qualitätsstandard produziert werden, sodass von ihnen keine Schädigung derjenigen Personen ausgehen, die mit ihnen arbeiten, oder an denen sie angewendet werden.

Zweck des Medizinproduktegesetzes ist es, den Verkehr mit Medizinprodukten zu regeln, § 1 MPG. Dass das Gesetz unter dem Begriff „Verkehr mit Medizinprodukten" auch den freien Warenverkehr umfassen soll, erfährt man erst aus den Erwägungen zu Richtlinie 93/42/EWG, wenn es dort heißt: 2

> … Die in den Mitgliedsstaaten geltenden Rechts- und Verwaltungsvorschriften bezüglich der Sicherheit, des Gesundheitsschutzes und der Leistungen der Medizinprodukte unterscheiden sich jeweils nach Inhalt und Geltungsbereich. Auch die Zertifizierungs- und Kontrollverfahren für diese Produkte sind von Mitgliedsstaat zu Mitgliedsstaat verschieden; solche Unterschiede stellen Hemmnisse im innergemeinschaftlichen Handel dar.
>
> Die einzelstaatlichen Bestimmungen, die die Sicherheit und dem Gesundheitsschutz der Patienten, der Anwender und gegebenenfalls Dritter im Hinblick auf die Anwendung der Medizinprodukte dienen, bedürfen der Harmonisierung, um den freien Verkehr dieser Erzeugnisse auf dem Binnenmarkt zu gewährleisten. …

Weiter ist es Zweck des Gesetzes, für die Sicherheit, Eignung und Leistung der Medizinprodukte sowie die Gesundheit und den erforderlichen Schutz der Patienten, Anwender und Dritter zu sorgen. Es geht also um die Produktsicherheit und so gesehen ist das Medizinproduktegesetz auch ein Verbraucherschutzgesetz. An Medizinprodukte ist also die Forderung zu stellen, dass sie bei vernünftiger Nutzen-Risiko-Abwägung medizinisch und technisch unbedenklich sind, dass sie den 3 medizinischen Zweck, welchen ihnen ihr Hersteller beigibt auch wirklich erfüllen können und dass sie die erforderliche Qualität besitzen, die Patienten, Anwender und Dritte bei bestimmungsgemäßer Anwendung vor Schäden bewahren.

Das Medizinproduktegesetz soll auch dafür Sorge tragen, dass bisher erreichte Schutzniveau aufrechterhalten bleibt, bzw. noch verbessert wird. Hierzu führt die Richtlinie (93/42/EWG) aus:

> ... Die in den Anhängen festgelegten Grundlegenden Anforderungen und sonstigen Anforderungen, einschließlich der Hinweise auf Minimierung oder Verringerung der Gefahren, sind so zu interpretieren und anzuwenden, dass dem Stand der Technik und der Praxis zum Zeitpunkt der Konzeption sowie den technischen und wirtschaftlichen Erwägungen Rechnung getragen wird, die mit einem hohen Maß des Schutzes von Gesundheit und Sicherheit zu vereinbaren sind....

4 Die Systematik der gesetzlichen Vorschriften ist dabei die folgende: § 4 normiert das Verbot Medizinprodukte in den Verkehr zu bringen. Das Verbot, Medizinprodukte in den Verkehr zu bringen, zu errichten, in Betrieb zu nehmen, zu betreiben oder anzuwenden, wenn sie Patienten, Anwender oder Dritte gefährden, diesen Personenkreis irreführen, etwa wenn Medizinprodukte vorgegebene Leistungen nicht erbringen oder den Eindruck erwecken, ein Erfolg sei sicher oder ohne schädliche Wirkungen, geht auf Art. 2 der Richtlinien 93/42 und 90/385/EWG sowie die Grundlegenden Anforderungen im Anhang 1 dieser Richtlinien zurück. Es bleibt nach Art. 2 der Richtlinien den Mitgliedsstaaten überlassen, die erforderlichen Maßnahmen zu treffen, damit nur Produkte in Verkehr gebracht und in Betrieb genommen werden dürfen, die bei zweckentsprechender Anwendung Patienten, Anwender und Dritte nicht gefährden.

5 Der deutsche Gesetzgeber hat diesen Auftrag, den ihm die Richtlinien erteilt haben in dem in Deutschland bei der Gefahrenabwehr üblichen Weg der Gesetzgebung über ein Verbot mit (sehr kompliziert geregeltem) Erlaubnisvorbehalt erfüllt.

Das generelle Verbot dient der Abwehr von Gefahren, die von Medizinprodukten für Patienten, Anwender und Dritte ausgehen können. Das Verbot des § 4 MPG ist zwar ein generelles, aber eines, das durch weitere Merkmale einschränkend konkretisiert wird. Ein Verbot zur Abwehr jeglicher, von Medizinprodukten ausgehender Gefahren ist weder notwendig, noch sinnvoll, weil nicht alle Risiken und jede gesundheitliche Beeinträchtigung durch Medizinprodukte ausgeschlossen werden kann. Es geht letztlich darum, das Risiko, welches mit dem Einsatz von Medizinprodukten verbunden sein kann, nach dem Grundsatz der Verhältnismäßigkeit auf ein vertretbares Maß zu reduzieren. Je schwerwiegender die möglichen schädigenden Folgen aus der Verwendung von Medizinprodukten sein können, desto weniger wahrscheinlich muss der mögliche Eintritt dieser Folgen sein. Eine hohe Wahrscheinlichkeit einer schweren Schädigung erfordert ganz besondere Schutzvorkehrungen.

6 § 5 will dafür sorgen, dass derjenige der das Medizinprodukt in den Verkehr bringt, identifiziert werden kann.

Zum Schutz des Verbrauchers sollen Medizinprodukte – sofern dies möglich ist – selbst mit dem CE- Kennzeichen (§ 9) versehen sein. Damit wird signalisiert, dass das Medizinprodukt gewissen Anforderungen, also den Grundlegenden

Anforderungen, entspricht. Diese Grundlegenden Anforderungen können sich aus harmonisierten Normen und gemeinsamen technischen Spezifikationen ergeben (§§ 7, 8). Wer die Übereinstimmung eines Medizinproduktes mit den geltenden technischen Normen feststellen darf, richtet sich nach der Klassifizierung des Medizinproduktes entsprechend den Klassifizierungsregeln nach Anhang IX der Richtlinie 93/42/EWG. Es kommen entweder Hersteller selbst oder Benannte Stellen in Betracht. Die Zuweisung zu den Klassen (I, IIa, IIb, III) der Klassifizierungsregeln geschieht unter dem Gesichtspunkt der potenziellen Gefährdung für Patienten, Anwender und Dritte (§ 13). Ausnahmsweise können auch Medizinprodukte unter bestimmten Voraussetzungen der Zulassung unterfallen. Diesen Komplex regelt § 11. Wie mit Sonderfertigungen und Medizinprodukten, die für die Durchführung klinischer Prüfungen oder zur Leistungswertung vorgesehen sind, umgegangen werden soll, bestimmt § 12. In § 14 ist nunmehr auch die bisher in § 22 MPG geregelte Rechtsgrundlage zum Erlass der Medizinproduktebetreiberverordnung (MPBetreibV) enthalten. Sie regelt im Detail, welche Rechte und Pflichten beim Errichten, Betreiben, Anwenden und Instandhalten von Medizinprodukten gelten sollen.

§ 4 Verbote zum Schutz von Patienten, Anwendern und Dritten

(1) Es ist verboten, Medizinprodukte in den Verkehr zu bringen, zu errichten, in Betrieb zu nehmen, zu betreiben oder anzuwenden, wenn

1. der begründete Verdacht besteht, dass sie die Sicherheit und die Gesundheit der Patienten, der Anwender oder Dritter bei sachgemäßer Anwendung, Instandhaltung und ihrer Zweckbestimmung entsprechender Verwendung über ein nach den Erkenntnissen der medizinischen Wissenschaften vertretbares Maß hinausgehend unmittelbar oder mittelbar gefährden oder

2. das Datum abgelaufen ist, bis zu dem eine gefahrlose Anwendung nachweislich möglich ist.

(2) Es ist ferner verboten, Medizinprodukte in den Verkehr zu bringen, wenn sie mit irreführender Bezeichnung, Angabe oder Aufmachung versehen sind. Eine Irreführung liegt insbesondere dann vor, wenn

1. Medizinprodukten eine Leistung beigelegt wird, die sie nicht haben,

2. fälschlich der Eindruck erweckt wird, dass ein Erfolg mit Sicherheit erwartet werden kann oder dass nach bestimmungsgemäßem oder längerem Gebrauch keine schädlichen Wirkungen eintreten,

3. zur Täuschung über die in den Grundlegenden Anforderungen nach § 7 festgelegten Produkteigenschaften geeignete Bezeichnungen, Angaben oder Aufmachungen verwendet werden, die für die Bewertung des Medizinproduktes mitbestimmend sind.

Inhaltsverzeichnis

I.	Die Bedeutung der Norm	1
II.	Das präventive Verbot des Abs. 1	3
III.	Der Adressat des Verbots	9
IV.	Der begründete Verdacht einer Gefährdung	10
V.	Der Ablauf des Verbrauchsdatums	17
VI.	Das Täuschungsverbot des Abs. 2	18
VII.	Die Ausfuhr	21
VIII.	Der Vollzug	22
IX.	Rechtsfolgen	23
X.	Sanktionen	24

Änderungen:
§ 4 Abs. 1 Nrn. 1 und 2 geänd. mWv 30.06.2007 durch G v. 14.06.2007 (BGBl. I S. 1066).

I. Die Bedeutung der Norm

Das Verbot, gefährliche Medizinprodukte in den Verkehr zu bringen, zu errichten, in Betrieb zu nehmen, zu betreiben oder anzuwenden, insbesondere wenn sie Patienten, Anwender oder Dritte gefährden, diesen Personenkreis irreführen, etwa wenn Medizinprodukte vorgegebene Leistungen nicht erbringen oder den Eindruck erwecken, ein Erfolg sei sicher oder ohne schädliche Wirkungen, geht auf Art. 2 der Richtlinien 93/42 und 90/385/EWG sowie die Grundlegenden Anforderungen in den Anhängen 1 dieser Richtlinien zurück. Es bleibt nach Art. 2 der Richtlinien den Mitgliedsstaaten überlassen, die erforderlichen Maßnahmen zu treffen, damit nur Produkte in Verkehr gebracht und in Betrieb genommen werden dürfen, die bei zwecksentsprechender Anwendung Patienten, Anwender und Dritte nicht gefährden. 1

Der deutsche Gesetzgeber hat diesen Auftrag, den ihm die Richtlinien erteilt haben in dem in Deutschland bei der Gefahrenabwehr üblichen Weg der Gesetzgebung über ein Verbot mit (sehr kompliziert geregeltem) Erlaubnisvorbehalt erfüllt. 2

§ 4 enthält zwei unterschiedliche Verbotstatbestände: zum einen das präventiv wirkende Verbot nach Abs. 1 sowie das Verbot der Täuschung nach Abs. 2.

II. Das präventive Verbot des Abs. 1

Das generelle Verbot dient der Abwehr von Gefahren, die von Medizinprodukten für Patienten, Anwender und Dritte ausgehen können. Das Verbot des § 4 MPG ist zwar ein generelles, aber eines, das durch weitere Merkmale einschränkend konkretisiert wird. Ein Verbot zur Abwehr jeglicher, von Medizinprodukten ausgehender Gefahren ist weder notwendig, noch sinnvoll, weil nicht alle Risiken und jedwede gesundheitliche Beeinträchtigung durch Medizinprodukte ausgeschlossen werden kann. Es wäre überdies nicht verhältnismäßig. Es geht letztlich darum, das Risiko, welches mit dem Einsatz von Medizinprodukten verbunden sein kann, in Anwendung des Grundsatzes der Verhältnismäßigkeit auf ein vertretbares Maß zu reduzieren. Je schwerwiegender die möglichen schädigenden Folgen aus der Verwendung von Medizinprodukten sein können, desto weniger wahrscheinlich muss der mögliche Eintritt dieser Folgen sein. Die hohe Wahrscheinlichkeit, dass eine schwere Schädigung eintreten wird, erfordert ganz besonders umfangreiche Schutzvorkehrungen. 3

Das Verbot des Abs. 1 umfasst als Tathandlung das Inverkehrbringen, das Errichten, das Inbetriebnehmen, das Betreiben und das Anwenden.

1. Inverkehrbringen § 3 Nr. 11 MPG)

Die Definition des Inverkehrbringens eines Medizinproduktes findet sich in § 3 Nr. 11. Es ist dies jede entgeltliche oder unentgeltliche Abgabe von Medizinprodukten an andere. Ausgenommen hiervon ist die Abgabe von Medizinprodukten zum Zwecke der klinischen Prüfung, die Abgabe von In-vitro-Diagnostika für 4

Leistungsbewertungsprüfungen, sowie die erneute Abgabe eines Medizinproduktes nach seiner Inbetriebnahme an andere, es sei denn, dass es als neu aufbereitet oder wesentlich verändert worden ist. Eine Abgabe an andere liegt ebenfalls nicht vor, wenn Medizinprodukte für einen anderen aufbereitet und an diesen zurückgegeben werden. Erstmaliges Inverkehrbringen ist die erste Abgabe von neuen oder als neu aufbereiteten Medizinprodukten an andere im Europäischen Wirtschaftsraum.

2. Errichten

5   Das Errichten eines Medizinproduktes ist weder im Gesetz noch in einer Rechtsverordnung definiert. Das Errichten ist demnach nicht dem Begriff des Herstellens zuzuordnen. Es umschreibt vielmehr diejenigen Handlungen, die nach der Herstellung bereits im Einflussbereich des Betreibers/Anwenders noch unter der Verantwortung des Hersteller vorgenommen werden, um das Medizinprodukt aufzustellen zu montieren oder einzubauen, die aber zeitlich vor der Inbetriebnahme liegen.[1] Ob und in welchem Umfang diese Phase des Errichtens überhaupt auftreten kann, ist auch davon abhängig, welche Form und Gestalt das Medizinprodukt hat.

3. Inbetriebnehmen (§ 3 Nr. 12 MPG)

6   Inbetriebnahme ist nach der in § 3 Nr. 12 gegebenen Definition derjenige Zeitpunkt, zu dem das Medizinprodukt dem Endanwender als ein Erzeugnis zur Verfügung gestellt worden ist, das erstmals entsprechend seiner Zweckbestimmung im Europäischen Wirtschaftsraum angewendet werden kann. Bei aktiven implantierbaren Medizinprodukten gilt als Inbetriebnahme die Abgabe an das medizinische Personal zur Implantation.

4. Betreiben

7   Eine Definition des Begriffes gibt es weder im Gesetz selbst noch in einer der Rechtsverordnungen.[2] Betreiben bedeutet, die tatsächliche Sachherrschaft über ein Medizinprodukt auszuüben. Oder banal gesagt, es (wo möglich) ein- und auszuschalten. Die Ausübung der tatsächlichen Sachherrschaft fällt rechtlich gesehen zusammen mit dem unmittelbaren Besitz und seiner Ausübung. Der Betreiber muss dazu nicht Eigentümer im Sinne des BGB sein. Auch ein geleastes Medizinprodukt

---

[1] So oder ähnlich wird der Begriff in der Literatur gedeutet. Vgl. Böckmann in: Anhalt, Dieners, § 9 Rz. 11, Nöthlichs, § 14 Nr. 2.1, Wagner in: Rehmann, Wagner, § 4 Rz. 11, Schorn, § 2 Rz. 12.
[2] Auch in der neu gefassten MPBetreibV umgeht der Normgeber die Definition, indem er dem Betreiben und Anwenden in § 2 Abs. 1 einen Strauß von Tätigkeiten zuordnet.

§ 4 Verbote zum Schutz von Patienten, Anwendern und Dritten

betreibt derjenige, der es selbst steuert oder auch durch Mitarbeiter steuern lässt. Ein Eigentümer (z. B. Leasinggeber), der diese tatsächliche Sachherrschaft nicht ausübt, kann kein Betreiber sein.[3] Die praktischen Auswirkungen der Definition lassen sich sehr schön der Entscheidung des BVerwG[4] entnehmen. In ihr ging es darum, ob eine Krankenkasse bezüglich der zwar in ihrem Eigentum stehenden, aber über ein Sanitätshaus (Leistungserbringer im Sinne des SGB V) den betroffenen Patienten leihweise überlassenen Medizinprodukt (elektrisch betriebene Rollstühle, Betten etc.) Betreiber dieser Medizinprodukte im medizinprodukterechtlichen Sinn sei. Bejahendenfalls wäre sie dann dazu verpflichtet gewesen, über diese Medizinprodukte ein Bestandsverzeichnis nach § 8 MPBetreibV zu führen. Darüber stritten Krankenkasse und Verwaltungsbehörde. Dass es zweier weiterer Instanzen bedurfte, um die semantische Fehlleistung der Verwaltungsbehörde und des Gerichtes erster Instanz letztendlich gerade zu rücken, stimmt nachdenklich. Zu Ende gedacht bedeutet dies nämlich, dass jedenfalls derjenige Patient, dem die Medizinprodukte zu Hause zur Verfügung gestellt werden, nicht nur deren Betreiber, sondern auch zugleich deren Anwender ist. Wie steht es denn dann mit dem Bestandsverzeichnis nach § 8 MPBetreibV? Dem steht aber wohl doch § 1 Abs. 2 MPBetreibV entgegen.

5. Anwenden

Anwenden bedeutet, das Medizinprodukt entsprechend seine Zweckbestimmung tatsächlich am oder für den Patienten einzusetzen oder auch zu implantieren, sofern dies möglich ist. Oder anders ausgedrückt: anwenden heißt das Medizinprodukt mit der Hand am Arm tatsächlich zu bedienen. Dies kann auch der Betreiber selbst tun. Dann sind beide identisch, auch wenn die Pflichten von Betreiber und Anwender nach der MPBetreibV im Hinblick auf das Medizinprodukt nicht deckungsgleich sein mögen und eher konzentrischen Kreisen gleichen.

8

6. Weitere Handlungen

Nicht erwähnt ist bei den Handlungsformen das Ausstellen. Dieses ist in § 12 speziell geregelt. Nicht geregelt ist auch das Befördern gefährlicher Medizinprodukte. Dieses unterliegt dem Gesetz über die Beförderung gefährlicher Güter.[5]

---

[3] So auch Wagner in: Rehmann, Wagner, § 4 Rz. 14, Schorn, § 2 Rz. 12 f., Böckmann in: Anhalt, Dieners, § 9 Rz. 13.
[4] MPJ 2004, 81 m. Anm. Baumann, auch in Schorn R-4- 7.2 abgedruckt.
[5] Zu Recht wie hier Nöthlichs, § 2 Nr. 2.3.5.

III. Der Adressat des Verbots

9 Adressat des präventiven Verbots ist jeder, der eine Tätigkeit nach § 4 ausübt. Allerdings ist der Adressatenkreis bei den fünf Tathandlungen nach Abs. 1 unterschiedlich. Adressat hinsichtlich des Inverkehrbringens ist jeder, der ein Medizinprodukt besitzt. Normadressat für die Errichtung und den Betrieb eines Medizinproduktes ist derjenige Besitzer eines Medizinproduktes, der es selbst verwendet oder im Gefahrenbereich des Medizinproduktes Arbeitnehmer beschäftigt. Das Verbot gilt ohne Einschränkung.[6] § 1 Abs. 2 MPBetreibV kommt bereits aus rechtssystematischen Gründen nicht als Einschränkung in Betracht. Zudem umschreibt er nur den Geltungsbereich der MPBetreibV.[7] Die in der 1. Auflage im Anschluss an Nöthlichs[8] vertretene Einschränkung aus kompetenzrechtlichen Gründen ist mit der Neufassung von Art. 74 Abs. 1 Nr. 19 GG ebenfalls obsolet. Der Bund hat nunmehr die konkurrierende Zuständigkeit für das gesamte Medizinprodukterecht und nicht mehr wie bisher nur für den Verkehr mit ihnen.

Für Anwender und Betreiber ist § 1 Abs. 2 MPBetreibV zu beachten, weil diese Verordnung nur dann gilt, wenn Medizinprodukte gewerblichen noch wirtschaftlichen Zwecken dienen und im Gefahrenbereich keine Arbeitnehmer beschäftigt sind.

IV. Der begründete Verdacht einer Gefährdung

10 § 4 Abs. 1 Nr. 1 dient der Abwehr von Gefährdungen, die für Patienten, Anwender und Dritte von Medizinprodukten ausgehen können. Das Gesetz arbeitet in § 4 nicht mit dem Begriff der (konkreten) Gefahr, sondern wählt stattdessen den der „Gefährdung". Dieser Begriff enthält die Möglichkeit oder Wahrscheinlichkeit des Eintritts einer Schädigung für Leib und Leben von Patienten, Anwendern und Dritten. Welcher Grad an Wahrscheinlichkeit hinreichend ist, sagt das Gesetz, wenn es den begründeten Verdacht ausreichen lässt. Es soll also nicht jeder Verdacht auf eine Schädigung ausreichen, sondern der Verdacht muss begründet sein, um das Verbot wirksam werden zu lassen.

1. Der begründete Verdacht

11 Der begründete Verdacht beschreibt ein Urteil über die Wahrscheinlichkeit der Kausalität zwischen der Anwendung eines Medizinproduktes und dem Eintritt einer Schädigung.[9] Ein begründeter Verdacht liegt dann vor, wenn ernstzunehmende

---

[6] So Wagner in: Rehmann, Wagner, § 4 Rz. 18 ff.

[7] Anders aber Nöthlichs, § 4 Nr. 2; wie hier Schorn, § 4 Rz, 6.

[8] Lippert in: Deutsch, Lippert, Ratzel, § 4 Rz. 5.

[9] So auch Schorn, § 4 Rz. 9.

Kenntnisse den Schluss zulassen, dass das Medizinprodukt unvertretbare schädliche Wirkungen hat.[10] Die Anforderungen an die Wahrscheinlichkeit des Eintritts einer Schädigung sind um so geringer anzusetzen, je schwerwiegender sich die eintretende Gefahr auswirken kann.[11]

2. Die sachgemäße Anwendung

Das Verbot aus § 4 Abs. 1 ist ferner daran gebunden, dass Medizinprodukte sachgemäß angewendet werden. Im Gegensatz zu Art. 2 RiLi 93/42/EWG fehlt im deutschen Text zwar der Begriff der „Installation". Es wird vermutet, dass es sich dabei um ein Versehen des Gesetzgebers handelt,[12] weil in § 28 Abs. 3 die Installation sehr wohl genannt ist.

12

3. Die sachgemäße Instandhaltung

Der begründete Verdacht der Gefährdung ist ferner daran gebunden, dass Medizinprodukte (bei denen eine Instandhaltung möglich ist) sachgemäß instandgehalten werden. Wie sich die Instandhaltung zu vollziehen hat, ist in § 4 MPBetreibV geregelt.

13

4. Verwendung entsprechend der Zweckbestimmung

Zweckbestimmung ist gemäß der Definition in § 3 Nr. 10 die Verwendung, für die das Medizinprodukt in der Kennzeichnung, der Gebrauchsanweisung oder den Werbematerialien nach den Angaben des Herstellers bestimmt ist. Besteht bei einer Verwendung im Rahmen der Zweckbestimmung der begründete Verdacht der Gefährdung, dann ist § 4 Abs. 1 einschlägig. In der Literatur hat sich an der Behandlung der Einmalartikel und ihrer Aufbereitung samt Wiederverwendung ein Streit festgemacht, der nur teilweise medizinprodukterechtliche Dimensionen hat. Richtigerweise wird man in der Deklarierung eines Produktes durch den Hersteller als Einmalprodukt eine Zweckbestimmung sehen müssen.[13] Richtigerweise verbirgt

14

---

[10] VG Berlin, PharmaR 79, 20.
[11] OVG Berlin, NJW 94, 1610 – Testung von Plasmapräparaten auf HI-Viren.
[12] In diesem Sinn wohl zutreffend Wagner in: Rehmann, Wagner, § 4 Rz. 30.
[13] So auch Wagner in: Rehmann, Wagner, § 4 Rz. 32 ff. m.w.Nachw. A.A. Schneider, Nochmals – die Wiederverwendung von Einmal-Artikeln, MedR 1999, 460 und Die Aufbereitung und Wiederverwendung von (Einweg-)Medizinprodukten – (mehr) Rechtssicherheit durch das Zweite Gesetz zur Änderung des Medizinproduktegesetzes, 2002, 453.

sich dahinter aber ein haftungsrechtliches Problem, wenn der Anwender/Verwender diese Medizinprodukte entweder selbst aufbereitet oder aufbereiten lässt, um sie danach erneut (sachgemäß) anzuwenden.[14]

5. Erkenntnisse der medizinischen Wissenschaft

15 Das Maß der Gefährdung ist überdies an die Erkenntnisse der medizinischen Wissenschaft geknüpft und muss, um das Verbot wirksam werden zu lassen, unter deren Berücksichtigung nicht mehr vertretbar sein. Maßgeblich ist der Stand der wissenschaftlichen Erkenntnisse im Zeitpunkt der Anwendung des Medizinprodukts. Das Verbot bezieht sich nur auf Medizinprodukte, die sachgerecht angewendet, instandgehalten und die der Zweckbestimmung entsprechend angewendet werden. Dem Betrieb mangelhafter Medizinprodukte verbietet das Gesetz in § 14 ausdrücklich.

6. Die mittelbare- unmittelbare Gefährdung

16 Über das Gesetz zur Änderung medizinprodukterechtlicher Vorschriften[15] sind die Worte „mittelbar" und „unmittelbar" ins Gesetz eingefügt worden. Damit ist beabsichtigt, die Art der Gefährdung einzugrenzen und zu präzisieren. Ob die neue Formulierung zu einer erhöhten Sicherheit für Patienten, Anwender und Dritte führen wird oder ob sie nur neue Interpretationen nach sich zieht, bleibt abzuwarten.
Will man § 4 Abs. 1 gerecht werden, so ist zu bedenken, dass es sich dabei über § 40 dabei immerhin um eine abstraktes Gefährdungsdelikt handelt.[16] Neben dem objektiven ist daher auch der subjektive Tatbestand nachzuweisen.[17] Der für die Straftat nach § 40 erforderliche Vorsatz muss sich auf die Gefährdung von Patienten, Anwendern und Dritte beziehen, sei sie unmittelbar oder mittelbar.
Es geht in § 4 (anders als in § 14, wo ein fehlerhaftes Medizinprodukt vorliegt) darum, dass ein an sich fehlerfreies Medizinprodukt in Betrieb genommen, betrieben oder angewendet, errichtet und in den Verkehr gebracht wird. Hersteller, Betreiber und Anwender trifft darum eine Produktbeobachtungspflicht.[18] Dem Auftreten von Gefährdungen wird auch dadurch entgegengewirkt, dass Personen, die mit Medizinprodukten umgehen, in die Funktionsweise eingewiesen werden müssen,

---

[14] So auch Ratzel in: Handbuch Medizinrecht, 2007) § 31 Rz. 80 ff. m. Nachweisen. Die Situation ähnelt dem „Off-Label-Use" mit Arzneimitteln, bei Indikationen für die sie keine Zulassung haben. Auch hier haftet der Anwender und nicht der (pharmazeutische) Hersteller. In diesem Sinne auch Böckmann, in: Anhalt, Dieners, § 9 Rz. 48 ff.

[15] BGBl. I 2007, S. 1066

[16] Hill, Schmitt, WiKo, § 4 Rn. 2, Rehmann,Wagner, § 41 Rn. 1.

[17] So zu Recht Lücker in: Spickhoff, MPG § 4 Rn. 3 f.

[18] Lücker in: Spickhoff, MPG, § 4 Rn. 3b.

damit sie über die für diesen Umgang erforderlichen Kenntnisse und Fähigkeiten verfügen. Es ist nicht Sinn des § 4 Abs. 1 allgemein Gesundheitsgefährdungen abzuwenden[19]

V. Der Ablauf des Verbrauchsdatums

Ebenfalls durch das Gesetz zur Änderung medizinprodukterechtlicher Vorschriften ist in § 4 Abs. 1 Ziffer 2 der Begriff „Verfallsdatum" als missverständlich gestrichen worden. Daran ist sicher richtig, dass das Medizinprodukt nach Ablauf des Datums, welches der Hersteller auf dem Medizinprodukt selbst anbringt oder auf der Verpackung, nicht verfallen sein muss. Es kommt darauf an, ob es noch gefahrlos angewendet werden kann oder nicht. Dass dies nach Ablauf der Frist nicht mehr gewährleistet sein könnte, will der Hersteller mit der Kennzeichnung dem Anwender gegenüber kundtun.

17

VI. Das Täuschungsverbot des Abs. 2

Das Täuschungsverbot des Abs. 2 will den Anwender von Medizinprodukten vor dem Inverkehrbringen irreführend bezeichnender Medizinprodukte schützen.

18

Ergänzt wird das Verbot des § 4 Abs. 2 durch das Verbot, Medizinprodukte mit irreführender Bezeichnung, Angabe oder Aufmachung versehen in den Verkehr zu bringen. § 4 Abs. 2 bestimmt nicht abschließend, sondern nur beispielhaft, wann nach Auffassung des Gesetzgebers eine derartige Irreführung vorliegt. Das Verbot richtet sich außer an den Hersteller auch an den Importeur und den Händler. Das Verbot hat nicht zur Voraussetzung, dass die Irreführung zu einer Gefahr für Patienten, Anwendern und Dritten führt. Die in Abs. 2 aufgeführten Tatbestände umschreiben eine abstrakte Gefährdung und ähneln damit den im StGB enthaltenen abstrakten Gefährdungsdelikten, bei denen es auch nicht auf eine konkrete Gefährdung ankommt.

Die Irreführung kann aber auch darin liegen, dass zur Täuschung über die Grundlegenden Anforderungen eines Medizinproduktes Bezeichnungen, Angaben oder Aufmachungen verwendet werden, die für die Bewertung des Medizinproduktes mitbestimmend sind.

Die Irreführung muss sich auf die Bezeichnung, Angaben oder Aufmachung beziehen. Bezeichnung ist der Name des Medizinprodukts, der eine Gattungs- Herkunfts- aber auch eine Phantasiebezeichnung sein kann. Angaben sind mündliche oder schriftliche Erklärungen über das Medizinprodukt. Die in Nr. 1–3 genannten Fälle schließen eine andere Art der Irreführung nicht aus. Der Sachverhalt muss sich zur Täuschung eignen, eine bewusste Irreführung braucht nicht vorzuliegen.[20]

19

---

[19] So zu Recht Pannenbecker, Terbille, Clausen, Schroeder-Printzen, Handbuch, § 14 Rn. 323, Böckmann in: Anhalt, Dieners, § 9 Rn. 22.
[20] BGH, NJW 83, 2633; wie hier Nöthlichs, § 4 Nr. 4.

20 Leistung im Sinne von Abs. 2 Nr. 1 meint sowohl die technische sowie auch die medizinische Leistung.[21] In Nr. 2 ist vor allem das Verharmlosen von schädigenden Wirkungen angesprochen. Dass das Medizinprodukt keine schädigenden Nebenwirkungen haben darf, ist damit nicht gemeint. Die Vorschrift entspricht § 8 Abs. 1 Nr. 1 AMG.[22] Abs. 2 Nr. 3 verbietet die Täuschung über die in Grundlegenden Anforderungen festgelegten Produkteigenschaften durch eine entsprechende Bezeichnung, eine Angabe oder Aufmachung.

VII. Die Ausfuhr

21 § 4 bezieht sich nicht auf Medizinprodukte, die zur Ausfuhr bestimmt sind.

VIII. Der Vollzug

22 Verstöße gegen § 4 hat die zuständige Behörde der Medizinprodukteüberwachung mit den in § 26 Abs. 2 zur Verfügung stehenden Mitteln zu begegnen. Die Maßnahmen sind dabei streng am Grundsatz der Verhältnismäßigkeit auszurichten.

IX. Rechtsfolgen

23 § 4 MPG ist Schutzgesetz im Sinne von § 823 Abs. 2 BGB.[23] Zur Haftung vgl. die Kommentierung im Anhang zu § 40.

X. Sanktionen

1. Im Strafrecht

24 Straftat nach § 40 Abs. 1 Nr. 1 ist das Inverkehrbringen, Errichten, Inbetriebnehmen, Betreiben oder Anwenden von Medizinprodukten bei denen der begründete Verdacht besteht, dass sie die Sicherheit und Gesundheit von Patienten, Anwendern und Dritten bei sachgerechter Anwendung über ein nach den Erkenntnissen der medizinischen Wissenschaft vertretbares Maß hinausgehend, gefährden.

Straftat nach § 41 Nr. 1 ist das Inverkehrbringen von Medizinprodukten unter irreführender Bezeichnung, Angabe oder Aufmachung, insbesondere wenn ihnen Leistungen beigelegt werden, die sie nicht haben, fälschlich der Eindruck erweckt

---

[21] Nöthlichs, § 4 Nr. 4, Schorn, § 4 Rz. 7.

[22] Vgl. Deutsch in: Deutsch, Lippert, Ratzel, Anker, Tag, § 8 Rz. 5 ff. m.w.N.

[23] So auch Jenke, Haftung für fehlerhafte Arzneimittel und Medizinprodukte, 2004, S. 208 f. m.w.Nachw.

wird, ein Erfolg könne mit Sicherheit erwartet werden, um oder dass nach bestimmungsgemäßen oder längeren Gebrauch keine schädlichen Wirkungen eintreten oder zur Täuschung über die Grundlegenden Anforderungen festgelegte Produkteigenschaften, Bezeichnungen, Angaben oder Aufmachungen verwendet werden, die für die Bewertung des Medizinproduktes mitbestimmend sind.

2. Im Ordnungswidrigkeitenrecht

Ordnungswidrig handelt, wer die Straftat nach § 41 Nr. 1 fahrlässig begeht, (§ 42 Abs. 1). Ordnungswidrig handelt wer ein Medizinprodukt in Verkehr bringt, errichtet, in Betrieb nimmt, betreibt oder anwendet, bei dem das Verfalldatum abgelaufen ist (§ 42 Abs. 2 Nr. 1).

§ 5 Verantwortlicher für das erstmalige Inverkehrbringen

Verantwortlicher für das erstmalige Inverkehrbringen von Medizinprodukten ist der Hersteller oder sein Bevollmächtigter. Werden Medizinprodukte nicht unter der Verantwortung des Bevollmächtigten in den Europäischen Wirtschaftsraum eingeführt, ist der Einführer Verantwortlicher. Der Name oder die Firma und die Anschrift des Verantwortlichen müssen in der Kennzeichnung oder Gebrauchsanweisung des Medizinproduktes enthalten sein.

Inhaltsverzeichnis

I.	Die Bedeutung der Norm	1
II.	Der Verantwortliche	2
III.	Die Pflichten des Verantwortlichen	5
IV.	Die Kennzeichnung des Medizinprodukts und Gebrauchsanweisung	6
V.	Das erstmalige Inverkehrbringen	8
VI.	Rechtsfolgen	9

Änderungen:
§ 5 Satz 2 neu gef. mWv 21.03.2010 durch G v. 29.07.2009 (BGBl. I S. 2326).

I. Die Bedeutung der Norm

1 Das Medizinproduktegesetz will auch dem freien Verkehr mit Waren dienen und sicherstellen, dass Waren, die den Grundlegenden Anforderungen entsprechen, auch in der gesamten Gemeinschaft frei veräußert werden können. Dennoch muss aus der Sicht des Konsumenten oder Verbrauchers sichergestellt sein, dass derjenige, der ein Medizinprodukt in Verkehr bringt, auch identifiziert werden kann. Diesem Umstand will § 5 Rechnung tragen.

II. Der Verantwortliche

2 § 5 legt fest, wer für das in den Verkehr gebrachte Medizinprodukt Ansprechpartner für Patienten, Anwender, Dritte und Behörden sein soll.

1. Hersteller

Verantwortlicher ist vorrangig der Hersteller des Medizinproduktes, also diejenige, natürliche oder juristische Person, die für die Auslegung, Herstellung, Verpackung und Kennzeichnung eines Medizinproduktes im Hinblick auf das erstmalige Inverkehrbringen im eigenen Namen verantwortlich ist. Der Hersteller muss seinen Sitz nicht im EWR haben. Hat der Hersteller seinen Sitz außerhalb der Gemeinschaft, so muss er innerhalb der Gemeinschaft einen Bevollmächtigten bestellen. Bevollmächtigter kann auch ein Einführer sein.

2. Bevollmächtigter

Bevollmächtigter ist die im Europäischen Wirtschaftsraum niedergelassene natürliche oder juristische Person, die vom Hersteller ausdrücklich dazu bestimmt wurde, im Hinblick auf seine Verpflichtungen nach diesem Gesetz in seinem Namen zu handeln und den Behörden und zuständigen Stellen zur Verfügung zu stehen. Er muss seinen Sitz im EWR haben. Der Bevollmächtigte leitet seine Zuständigkeit aus dem Auftrag des Herstellers ab. Zu eigenverantwortlichen Handlungen in Bezug auf das Medizinprodukt ist er nicht befugt. Eine Beschränkung der Vollmacht auf bestimmte Einzelhandlungen sieht das Gesetz nicht vor. Besteht die Vollmacht, so ist der Bevollmächtigte überall da der Normadressat, wo den Hersteller Pflichten treffen. Der Bevollmächtigte ist auch Verfahrensbevollmächtigter im Sinne von § 14 VwVfG. Daraus folgt das Erfordernis, dass die Bevollmächtigung schriftlich erfolgen muss. Der Bevollmächtigte muss sie der Verwaltungsbehörde nachweisen können, jedenfalls auf deren Verlangen. In der Literatur[1] wird zudem die Frage thematisiert, ob der Verantwortliche (Hersteller) mehrere Bevollmächtigte bestellen könne. Angesichts des klaren Wortlautes der Definition in § 3 Nr. 16 und dem Wortlaut des § 5 S. 1 ist eine mehrfache Bevollmächtigung nicht vorgesehen (und im Übrigen auch nicht wünschenswert).

3

3. Einführer

Der Verantwortliche für das erste Inverkehrbringen eines Medizinproduktes ist der Hersteller oder sein Bevollmächtigter oder der Einführer. Er muss in der Gemeinschaft seinen Sitz haben. Die Bestellung muss schriftlich erfolgen. Der Verantwortliche hat nach § 30 einen Sicherheitsbeauftragten zu bestellen. Eine Definition dessen, was den Einführer ausmacht, hat der Gesetzgeber erst mit dem 4. Gesetz zur Änderung des MPG in § 3 Nr. 26 eingefügt. Die RiLi 90/385/EWG, 93/42/EWG und die RiLi 98/79/EG kennen den Begriff nach wie vor nicht. Es ist dies jede in der Europäischen Union ansässige natürliche oder juristische Person, die ein Medizinprodukt aus einem Drittstaat in der Europäischen Union in Verkehr bringt. Keine Einfuhr stellt die Durchfuhr dar.[2] Das importierte Medizinprodukt muss in der Europäischen Union verbleiben.

4

---

[1] So Hill, Schmitt Wiko, § 5 Rz. 4; Wie hier ablehnend. Wagner in: Rehmann, Wagner, § 5 Rz. 17.
[2] So Rehmann in: Wagner, Rehmann, § 3 Rn. 32, Lücker in: Spickhoff, § 5 MPG Rn. 3.

III. Die Pflichten des Verantwortlichen

5   Den Verantwortlichen treffen eine Reihe im wesentlichen administrativer Pflichten. Er hat den Anzeigepflichten nach § 25 nachzukommen. Gegebenenfalls muss der Verantwortliche veranlassen, dass das Medizinprodukt durch einen Sachverständigen überprüft wird, sofern der Verdacht besteht, dass das Medizinprodukt zu Unrecht mit dem CE-Kennzeichen versehen worden ist oder wenn von dem Medizinprodukt eine Gefahr ausgeht. Gemäß § 27 hat der Verantwortliche nach entsprechender Weisung der zuständigen Behörde die Voraussetzungen für das rechtmäßige Anbringen der CE-Kennzeichnung zu erfüllen, sofern diese zunächst unrechtmäßig angebracht worden ist. Einen Sicherheitsbeauftragten für Medizinprodukte zu bestellen und jeden Wechsel in der Person dieses Beauftragten unverzüglich anzuzeigen fordert § 30 vom Verantwortlichen. Auf Anforderung hat der Verantwortliche der Behörde eine Liste der (in Verkehr gebrachten) Sonderanfertigungen nach § 12 Abs. 1 vorzulegen.

IV. Die Kennzeichnung des Medizinprodukts und Gebrauchsanweisung

6   § 5 legt auch fest, dass das Medizinprodukt, das in den Verkehr gebracht werden soll, eine Kennzeichnung haben muss und dass ihm eine Anweisung für den Gebrauch beizufügen ist.

1. Kennzeichnung

Unter Kennzeichnung ist die Angabe von Informationen zum Medizinprodukt auf dem Produkt selbst (Typenschild) oder der Stückpackung bzw. der Handelspackung zu verstehen. Sie muss in jedem Fall den Namen oder die Firma des Verantwortlichen sowie seine Anschrift enthalten. Näheres zum Inhalt und zum Umfang der Kennzeichnung enthalten die Anhänge zu den Richtlinien.[3] Ehe diese Voraussetzungen nicht erfüllt sind, darf das Medizinprodukt nicht in den Verkehr gebracht werden.

2. Gebrauchsanweisung

7   An den Betreiber und Anwender gerichtet ist die Gebrauchsanweisung. Sie enthält die für die Zwecke entsprechende Anwendung des Medizinproduktes wichtigen Informationen. Die Einzelheiten sind in den Anhängen I/1 zu den einschlägigen

---

[3] RiLi 90/385/EWG, Anhang 1 II Nr. 14; RiLi 93/42/EWG Anhang I, II, Nr. 13; RiLi 98/79/EG Anhang I, B, Nr. 8.4 (abgedruckt im Anhang).

Richtlinien[4] festgehalten. Diese Anhänge sind über eine dynamische Verweisung, die in § 7 enthalten ist, in das MPG in vollem Umfang inkorporiert und damit unmittelbar geltendes Recht. Dass die Gebrauchsanweisung per Fax oder E-Mail versandt oder per Internetabruf zur Verfügung gestellt werden kann, ist mit dem insoweit eindeutigen Wortlaut der Anhänge I/1 der Richtlinien nicht vereinbar. Danach ist die Gebrauchsanweisung Medizinprodukten beizufügen oder hat beigefügt zu sein oder muss in der Verpackung enthalten sein.[5]

In welcher Sprache die Gebrauchsanweisung verfasst sein muss, ist weder in § 5 noch in den Anhängen I/1 zu den genannten Richtlinien zum Ausdruck gebracht. Aus dem Grundsatz der Verständlichkeit für denjenigen, der das Medizinprodukt angewendet oder implantiert, wird man Deutsch als Regelsprache annehmen können.[6] Einziger Hinweis darauf im Gesetz ist § 11 Abs. 2. Kein besonders glücklicher Standort, denn in einer Ausnahmevorschrift, wie sie § 11 darstellt, in Abs. 2 eine für die Gebrauchsanweisung nach dem Gesetz allgemein gültige Regelung zu integrieren, ist zumindest eine äußerst ungewöhnliche Art der Gesetzgebung (vgl. auch Kommentierung zu § 11).

V. Das erstmalige Inverkehrbringen

Die Definition des erstmaligen Inverkehrbringens ergibt sich aus § 3 Nr. 11. Erstmaliges Inverkehrbringen ist danach die erste Abgabe von neuen oder als neu aufbereiteten Medizinprodukten an andere im Europäischen Wirtschaftsraum. Als Inverkehrbringen nach diesem Gesetz gilt dabei nicht die Abgabe von Medizinprodukten zum Zwecke der klinischen Prüfung, die Abgabe von In-vitro-Diagnostika für Leistungsbewertungsprüfungen, die erneute Abgabe eines Medizinproduktes nach seiner Inbetriebnahme an andere, es sei denn, dass es als neu aufbereitet oder wesentlich verändert worden ist. Eine Abgabe an andere liegt ebenfalls nicht vor, wenn Medizinprodukte für einen anderen aufbereitet und wieder an diesen zurückgegeben werden.[7]

8

VI. Rechtsfolgen

§ 5 ist Schutzgesetz im Sinne von § 823 Abs. 2 BGB

9

---

[4] RiLi 90/385/EWG, Anhang 1; RiLi 93/42/EWG Anhang I; RiLi 98/79/EG Anhang I.
[5] so aber Hill, Schmitt, WiKo § 11 Rz. 16; wie hier auch Wagner in: Rehmann, Wagner, § 7 Rz. 16.
[6] So wohl nur in Anlage I Nr. 8. 1 Rili 98/79/EG für In-vitro- Diagnostika zur Eigenanwendung.
[7] Die Vorschrift geht zurück auf Art. 1 Abs. 2 lit. h Rili 93/42/EG.

§ 6 Voraussetzungen für das Inverkehrbringen und die Inbetriebnahme

(1) Medizinprodukte, mit Ausnahme von Sonderanfertigungen, Medizinprodukten aus Eigenherstellung, Medizinprodukten gemäß § 11 Abs. 1 sowie Medizinprodukten, die zur klinischen Prüfung oder In-vitro-Diagnostika, die für Leistungsbewertungszwecke bestimmt sind, dürfen in Deutschland nur in den Verkehr gebracht oder in Betrieb genommen werden, wenn sie mit einer CE-Kennzeichnung nach Maßgabe des Absatzes 2 Satz 1 und des Absatzes 3 Satz 1 versehen sind. Über die Beschaffenheitsanforderungen hinausgehende Bestimmungen, die das Betreiben oder das Anwenden von Medizinprodukten betreffen, bleiben unberührt.

(2) Mit der CE-Kennzeichnung dürfen Medizinprodukte nur versehen werden, wenn die Grundlegenden Anforderungen nach § 7, die auf sie unter Berücksichtigung ihrer Zweckbestimmung anwendbar sind, erfüllt sind und ein für das jeweilige Medizinprodukt vorgeschriebenes Konformitätsbewertungsverfahren nach Maßgabe der Rechtsverordnung nach § 37 Abs. 1 durchgeführt worden ist. Zwischenprodukte, die vom Hersteller spezifisch als Bestandteil für Sonderanfertigungen bestimmt sind, dürfen mit der CE-Kennzeichnung versehen werden, wenn die Voraussetzungen des Satzes 1 erfüllt sind. Hat der Hersteller seinen Sitz nicht im Europäischen Wirtschaftsraum, so darf das Medizinprodukt zusätzlich zu Satz 1 nur mit der CE-Kennzeichnung versehen werden, wenn der Hersteller einen einzigen für das jeweilige Medizinprodukt verantwortlichen Bevollmächtigten im Europäischen Wirtschaftsraum benannt hat.

(3) Gelten für das Medizinprodukt zusätzlich andere Rechtsvorschriften als die dieses Gesetzes, deren Einhaltung durch die CE-Kennzeichnung bestätigt wird, so darf der Hersteller das Medizinprodukt nur dann mit der CE-Kennzeichnung versehen, wenn auch diese anderen Rechtsvorschriften erfüllt sind. Steht dem Hersteller auf Grund einer oder mehrerer weiterer Rechtsvorschriften während einer Übergangszeit die Wahl der anzuwendenden Regelungen frei, so gibt er mit der CE-Kennzeichnung an, dass dieses Medizinprodukt nur den angewandten Rechtsvorschriften entspricht. In diesem Fall hat der Hersteller in den dem Medizinprodukt beiliegenden Unterlagen, Hinweisen oder Anleitungen die Nummern der mit den angewandten Rechtsvorschriften umgesetzten Richtlinien anzugeben, unter denen sie im Amtsblatt der Europäischen Union veröffentlicht sind. Bei sterilen Medizinprodukten müssen diese Unterlagen, Hinweise oder Anleitungen ohne Zerstörung der Verpackung, durch welche die Sterilität des Medizinproduktes gewährleistet wird, zugänglich sein.

(4) Die Durchführung von Konformitätsbewertungsverfahren lässt die zivil- und strafrechtliche Verantwortlichkeit des Verantwortlichen nach § 5 unberührt.

Inhaltsverzeichnis

I.	Die Bedeutung der Norm	1
II.	Das Verbot nach Absatz 1	2
III.	Voraussetzung für die CE-Kennzeichnung	3
IV.	Grundlegende Anforderungen an Medizinprodukte	4
V.	Ausnahmen	5
VI.	Zwischenprodukte	6
VII.	Zusätzliche Anforderungen	7
VIII.	Der Hinweis in Absatz 4	8
IX.	Rechtsfolgen	9
X.	Sanktionen	10

Änderungen:
§ 6 Abs. 1 Satz 1 geänd. mWv 30.06.2007 durch G v. 14.06.2007 (BGBl. I S. 1066); Abs. 2 Satz 3 angef., Abs. 3 Satz 3 geänd. mWv 21.03.2010 durch G v. 29.07.2009 (BGBl. I S. 2326).

I. Die Bedeutung der Norm

§ 5 MPG regelt, dass es für das erste Inverkehrbringen eines Medizinproduktes einen Produktverantwortlichen geben muss und welche Anforderungen an ihn zu stellen sind. § 6 regelt, welche Voraussetzungen das Medizinprodukt erfüllen muss, wenn es erstmals in Verkehr gebracht und in Betrieb genommen werden soll. Das Medizinprodukt muss dazu das CE-Zeichen tragen. Dieses Zeichen darf erst auf dem Medizinprodukt aufgebracht werden, sofern die Voraussetzung für seine Erteilung erfüllt worden sind. 1

Von der Verpflichtung die CE-Kennzeichnung, zu tragen ausgenommen sind Sonderanfertigung en , Medizinprodukte die zugelassen werden können und solche, die zur klinischen Prüfung bestimmt sind. Letzteren die CE-Kennzeichnung zu versagen ist logisch: soll doch die Klinische Prüfung gerade den Nachweis der Wirksamkeit bzw. der Unbedenklichkeit des Medizinproduktes erbringen, die u. a. Voraussetzung für die Erteilung der CE-Kennzeichnung ist.

II. Das Verbot nach Absatz 1

§ 6 Abs. 1 regelt ein Verbot, Medizinprodukten Deutschland ohne gültige CE-Kennzeichnung in den Verkehr zu bringen oder in Betrieb zu nehmen. Voraussetzung dafür, dass das CE -Zeichen rechtmäßig auf einem Medizinprodukt (ausgenommen die vier in Abs. 1 genannten Kategorien) angebracht werden darf, ist die Durchführung eines Konformitätsbewertungsverfahrens nach den Vorschriften der Medizinprodukteverordnung entweder durch den Hersteller selbst oder von ihm veranlasst durch eine Benannte Stelle. Welches Verfahren durchzuführen ist, bestimmt sich nach der Klassifizierung der Medizinprodukte. Diese Zuordnung zu 2 den Risikoklassen wiederum orientiert sich am Gefahrenpotenzial, welches von Medizinprodukten ausgeht. Ist ein Konformitätsbewertungsverfahren nicht erforderlich, gilt § 5 MPG.[1]

§ 6 und die Medizinprodukteverordnung beziehen sich nicht auf Medizinprodukte, die in einem anderen Mitgliedstaat des EWR ein ähnliches Verfahren durchlaufen haben und die CE -Kennzeichnung rechtmäßig tragen dürfen.[2] Eine andere Auslegung würde Art. 4 Abs. 1 Richtlinie 93/42/EWG zuwiderlaufen und zu einem Handelshemmnis führen, welches durch die Richtlinie gerade ausgeräumt werden sollte.

III. Voraussetzung für die CE-Kennzeichnung

3   Abs. 2 bestimmt unter welchen Voraussetzungen Medizinprodukte mit der CE-Kennzeichnung versehen werden dürfen. Voraussetzung ist, dass das Medizinprodukt den Grundlegenden Anforderungen entspricht, die in den Anlagen I zu den Richtlinien 93/42, 90/385 und 98/79/EWG im einzelnen niedergelegt sind (im Anhang abgedruckt).

IV. Grundlegende Anforderungen an Medizinprodukte

4   Die Grundlegenden Anforderungen die Medizinprodukte einzuhalten haben, damit sie die CE-Kennzeichnung tragen dürfen, sind in den Anlagen I der genannten Richtlinien enthalten. Sie gliedern sich in allgemeine Anforderungen und in solche, die die Konstruktion und die Auslegung von Medizinprodukten betreffen.

Die allgemeinen Anforderungen dienen dem Schutz von Patienten, Dritten und Anwendern. Sie betreffen die allgemeinen Merkmale, die Sicherheit und die Leistung des Medizinproduktes. Die Anforderungen an die Auslegung und die Konstruktion eines Medizinprodukts betreffen die chemischen, physikalischen und biologischen Eigenschaften, die mikrobielle Kontamination und das Infektionsrisiko, die Eigenschaften im Hinblick auf die Konstruktion und die Umgebungsbedingungen, den Schutz vor Strahlung, die Anforderungen an Medizinprodukte mit Meßfunktion und an Medizinprodukte mit externer oder interner Energiequelle und die Bereitstellung von Informationen durch den Hersteller. So umschreibt bisher § 6 MPV die Grundlegenden Anforderungen. Die Übereinstimmung mit den Abschnitten 1 und 3 der allgemeinen Anforderungen weist der Hersteller durch die klinische Bewertung nach.

---

[1] Nöthlichs, § 9 Nr. 1.

[2] wie hier Wagner in: Rehmann, Wagner, § 6 Rz. 19.

V. Ausnahmen

Ausgenommen von § 6 sind neben den Medizinprodukten, die für die klinische Prüfung vorgesehen sind, Medizinprodukte, die auf begründeten Antrag für das erstmalige Inverkehrbringen und die Inbetriebnahme zugelassen worden sind, sowie Sonderanfertigungen und nach dem 2. Änderungsgesetz neuestens auch In-Haus-Herstellungen.

Sonderanfertigung ist ein Medizinprodukt, das nach schriftlicher Verordnung nach spezifischen Auslegungsmerkmalen eigens angefertigt wird und zur ausschließlichen Anwendung bei einem namentlich benannten Patienten bestimmt ist (vgl. § 3 Nr. 8).

Medizinprodukte aus In-Haus-Herstellung sind Produkte im Sinne von § 3 Nummer 1 einschließlich Zubehör, die in einer Gesundheitseinrichtung hergestellt werden, um in der Betriebsstätte oder in Räumen in unmittelbarer Nähe der Betriebsstätte angewendet zu werden, ohne dass sie in den Verkehr gebracht werden oder die Voraussetzungen einer Sonderanfertigung nach § 3 Nr. 8 erfüllen. Satz 1 gilt nicht für In-vitro-Diagnostika, die in professionellem und kommerziellem Rahmen zum Zwecke der medizinischen Analyse hergestellt werden und angewendet werden sollen, ohne in den Verkehr gebracht zu werden (vgl. § 3 Nr. 21)

VI. Zwischenprodukte

Neu ist, dass Zwischenprodukte für Sonderanfertigungen mit dem CE-Zeichen versehen werden dürfen, sofern bzgl. dieser Produkte die Grundlegenden Anforderungen beachtet sind und ein Konformitätsbewertungsverfahren durchgeführt worden ist.

VII. Zusätzliche Anforderungen

Mit der CE-Kennzeichnung wird die Konformität mit den Verpflichtungen bestätigt, die der Hersteller in Bezug auf das Erzeugnis aufgrund von Gemeinschaftsrichtlinien zu erfüllen hat, in denen die Anbringung der Kennzeichen vorgesehen ist. Abs. 2 behandelt den Fall, dass auf ein Medizinprodukt mehrere Rechtsvorschriften anwendbar sind, deren Einhaltung insgesamt mit der CE-Kennzeichnung bestätigt wird. In diesem Fall darf die CE-Kennzeichnung nur vorgenommen werden, wenn auch diese zusätzlichen Vorschriften eingehalten worden sind.

Hält der Hersteller von mehreren Vorschriften während einer Übergangszeit nur bestimmte Vorschriften ein, so hat er dies in den dem Medizinprodukt beigefügten Unterlagen unter Angabe der Rechtsvorschrift mitzuteilen.[3]

---

[3] Vgl. auch Nöthlichs, § 14 Nr. 3.

VIII. Der Hinweis in Absatz 4

8 Absatz 4 fand sich bis zum 2. Änderungsgesetz als Absatz 5 in § 14. Leider hat es der Gesetzgeber versäumt auch diesen überflüssigen Hinweis aus dem Gesetz zu entfernen. Bei der Neufassung von § 14 hat er den bisher in § 22 enthaltenen (überflüssigen) Hinweis auf geltende und zu beachtende Rechtsvorschriften erfreulicherweise getilgt.[4] Warum die Durchführung eines Konformitätsbewertungsverfahrens die zivil- und strafrechtliche Verantwortlichkeit beeinflussen oder gar ausschließen soll, so dass es dieses Hinweises bedurft hätte, bleibt wohl Geheimnis des Gesetzgebers. Vor dem Hintergrund der Veränderungen, die das Schuldrechtsmodernisierungsgesetz im Kauf- und im Werkvertragsrecht nach sich zieht, hätte sich die Überlegung, Abs. 4 ersatzlos zu streichen aufdrängen können, zumal die Gesetzgebungsverfahren für beide Gesetzesänderungen weitgehend zeitlich parallel verlaufen sind. Abs. 4 ist so halt zum Ausdruck für moderne Gesetzgebung geworden.

IX. Rechtsfolgen

9 § 6 ist Schutzgesetz im Sinne von § 823 Abs. 2 BGB

X. Sanktionen

1. Im Strafrecht

10 Strafbar ist es, ein Medizinprodukt, das den Vorschriften der Strahlenschutzverordnung oder der Röntgenverordnung unterliegt oder bei dessen Herstellung Strahlen verwendet werden ohne CE-Kennzeichnung in den Verkehr bringen oder in Betrieb zu nehmen (§ 41 Abs. 1 Nr. 2).

Strafbar ist es ein Medizinprodukt, das den Vorschriften der Strahlenschutzverordnung oder der Röntgenverordnung unterliegt, oder bei dessen Herstellung ionisierende Strahlen verwendet werden und das nicht den Grundlegenden Anforderungen entspricht und bei dem kein Konformitätsbewertungsverfahren durchgeführt worden ist, mit der CE-Kennzeichnung zu versehen (§ 41 Abs. 1 Nr. 3).

Strafbar ist es, ein Medizinprodukt ohne CE-Kennzeichnung in den Verkehr zu bringen oder zu betreiben (§ 42 Nr. 2).

Strafbar ist es, ein Medizinprodukt mit der CE-Kennzeichnung zu versehen, bei dem kein Konformitätsbewertungsverfahren durchgeführt worden ist und das nicht den Grundlegenden Anforderungen entspricht. (§ 42 Nr. 3).

---

[4] Um ihn in § 1 Abs. 3 MPBetreibV wieder aufleben zu lassen.

Lippert

§ 7 Grundlegende Anforderungen

(1) Die Grundlegenden Anforderungen sind für aktive implantierbare Medizinprodukte die Anforderungen des Anhangs 1 der Richtlinie 90/385/EWG des Rates vom 20.06.1990 zur Angleichung der Rechtsvorschriften der Mitgliedstaaten über aktive implantierbare medizinische Geräte (ABl. L 189 vom 20.07.1990, S. 17), die zuletzt durch Artikel 1 der Richtlinie 2007/47/EG (ABl. L 247 vom 21.09.2007, S. 21) geändert worden ist, für In-vitro-Diagnostika die Anforderungen des Anhangs I der Richtlinie 98/79/EG und für die sonstigen Medizinprodukte die Anforderungen des Anhangs I der Richtlinie 93/42/EWG des Rates vom 14.06.1993 über Medizinprodukte (ABl. L 169 vom 12.07.1993, S. 1), die zuletzt durch Artikel 2 der Richtlinie 2007/47/EG (ABl. L 247 vom 21.09.2007, S. 21) geändert worden ist, in den jeweils geltenden Fassungen.

(2) Besteht ein einschlägiges Risiko, so müssen Medizinprodukte, die auch Maschinen im Sinne des Artikels 2 Buchstabe a der Richtlinie 2006/42/EG des Europäischen Parlaments und des Rates vom 17.05.2006 über Maschinen (ABl. L 157 vom 09.06.2006, S. 24) sind, auch den grundlegenden Gesundheits- und Sicherheitsanforderungen gemäß Anhang I der genannten Richtlinie entsprechen, sofern diese grundlegenden Gesundheits- und Sicherheitsanforderungen spezifischer sind als die Grundlegenden Anforderungen gemäß Anhang I der Richtlinie 93/42/EWG oder gemäß Anhang 1 der Richtlinie 90/385/EWG.

(3) Bei Produkten, die vom Hersteller nicht nur als Medizinprodukt, sondern auch zur Verwendung entsprechend den Vorschriften über persönliche Schutzausrüstungen der Richtlinie 89/686/EWG bestimmt sind, müssen auch die einschlägigen grundlegenden Gesundheits- und Sicherheitsanforderungen dieser Richtlinie erfüllt werden.

Inhaltsverzeichnis

I. Die Bedeutung der Norm 1
II. Grundlegende Anforderungen 2
III. Maschinen und persönliche Schutzausrüstung 10

Änderungen:
§ 7 neu gef. mWv 21.03.2010 durch G v. 29.07.2009 (BGBl. I S. 2326).

I. Die Bedeutung der Norm

Die Regelung fand sich bisher in § 5 MPG. In der MPV gab es eine reine Rückverweisung auf die Anlagen I der jeweiligen Richtlinien der EU. Diese nicht sehr sinnvolle Art der Regelung beseitigt nun § 7 MPG in seiner Neufassung. Durch die

1

direkte dynamische Verweisung gelten die genannten Anhänge zu den Richtlinien als Teil des MPG unmittelbar. Die MPV als Rechtsverordnung zu § 6 MPG legt die im Einzelnen bei den unterschiedlichen Medizinprodukten einzuhaltenden Verfahren für die Bewertung der Konformität mit den Grundlegenden Anforderungen sowie der Klassifizierung fest.

II. Grundlegende Anforderungen

2 Alle drei durch § 7 MPG in Bezug genommene Anhänge I/1 zu den Richtlinien haben einen im wesentlichen gleichen Aufbau. An die Allgemeinen Anforderungen schließen sich die besonderen Anforderungen für die Auslegung und die Konstruktion der Medizinprodukte an.

1. Allgemeine Anforderungen

3 Auch innerhalb der Allgemeinen Anforderungen lässt sich bei den drei Anhängen zu den einschlägigen Richtlinien eine weitgehende Übereinstimmung feststellen. Von grundsätzlicher Bedeutung ist in jedem Fall die Sicherheit der Medizinprodukte für Patienten, Anwender und Dritte (Risikoabwägung). Auslegung und Konstruktion der Medizinprodukte müssen den Grundsätzen der „Integrierten Sicherheit" Rechnung tragen. Entscheidende Bedeutung kommt der Eignung der Medizinprodukte zu, die vorgegebene Leistung auch erfüllen zu können. Im Zusammenhang damit steht die Belastbarkeit eines Medizinproduktes bei der Verwendung. Hinzu kommt noch die Lager- und Transportfähigkeit des Medizinprodukts. Die von einem Medizinprodukt dennoch ausgehenden Nebenwirkungen müssen im vergleich zum Nutzen vertretbar sein (Risikoabwägung).

2. Anforderungen an Auslegung, Konstruktion und Herstellung

4 Abschnitt 7 befasst sich mit den chemischen, physikalischen und biologischen Eigenschaften, die Medizinprodukte aufweisen müssen. In Abschnitt 8 geht es um Gefahren, die von einer Infektion oder einer mikrobiellen Kontamination des Medizinproduktes ausgehen können. Die Umweltverträglichkeit im Hinblick auf die Konstruktion und die Eigenschaften der Medizinprodukte ist in Abschnitt 9 angesprochen. Eine Sonderstellung nehmen Medizinprodukte mit Messefunktion ein (Abschnitt 10). Der Schutz vor Strahlen, die von Medizinprodukten ausgehen können, ist in Abschnitt 11 geregelt, die Anforderungen an Medizinprodukte mit externer oder interner Energiequelle handelt Abschnitt 12 ab. Von besonderer Bedeutung ist Inhalt und Umfang derjenigen Informationen, welche der Hersteller bereitzustellen hat.

Es ist Aufgabe des Herstellers, den Nachweis dafür zu erbringen, dass das Medizinprodukt die Grundlegenden Anforderungen erfüllt. Dies kann durch die Beachtung harmonisierter Normen (im Sinne von § 8 MPG) oder anderer europäischer oder auch nichteuropäischer Normen geschehen oder durch andere geeignete Maßnahmen, wie z. B. klinische Bewertungen oder auch Klinische Prüfungen mit Medizinprodukten.

3. Besonderheiten bei In-vitro-Diagnostika

In Anhang I zur Richtlinie 98/79/EG werden in Teil A fünf Allgemeine Anforderungen aufgestellt, die erfüllt sein müssen:

Anwendungssicherheit: In-vitro-Diagnostika müssen so ausgelegt und hergestellt sein, dass sichergestellt ist, dass die Sicherheit und Gesundheit von Patienten, Anwendern und Dritten und der die Sicherheit von Eigentum nicht gefährdet ist, wenn sie unter den vorgesehenen Bedingungen und Zwecken eingesetzt werden.

Auslegungs- und Konstruktionssicherheit: es wird die Beachtung der Grundsätze der integrierten Sicherheit unter Berücksichtigung des allgemein anerkannten Standes der Technik gefordert. Oberste Priorität hat dabei die weitest mögliche Beseitigung oder Minimierung der Risiken, gefolgt vom Ergreifen angemessener Schutzmaßnahmen gegen nicht zu beseitigende Risiken und schließlich die Unterrichtung der Benutzer über Restrisiken, für die es keine angemessenen Schutzmaßnahmen gibt.

Eignung für die Zweckbestimmung: der Hersteller legt die Zweckbestimmung fest und garantiert, dass sein In-vitro-Diagnostikum nach dem allgemein anerkannten Stand der Technik für diese von ihm festgelegte Zweckbestimmung geeignet ist.

Es muss diejenigen Leistungsparameter erreichen, die der Hersteller im Hinblick auf die analytische Sensibilität, analytische und diagnostische Spezifität, Genauigkeit, Wiederholbarkeit, Reproduzierbarkeit einschließlich der Beherrschung der bekannten Interferenzen und Nachweisgrenzen angibt. Die Werte, die dem Kalibriermaterial und/oder Kontrollmaterial zugeschrieben werden, müssen verfolgbar sein durch Referenzmessverfahren und/oder übergeordnete Referenzmaterialien. Die in unterschiedlichen Einrichtungen gemessenen Werte müssen im Interesse des Patientenschutzes vergleichbar sein.

Stabilität von In-vitro-Diagnostika: Merkmale und Leistungen der In-vitro-Diagnostika dürfen sich während der Lebensdauer des In-vitro-Diagnostikums und bei normalen Einsatzbedingungen nicht derart ändern, dass der klinische Zustand oder die Sicherheit von Patienten, Anwendern und Dritten sich verändern kann.

Auslegung, Herstellung und Verpackung: In-vitro-Diagnostika müssen so ausgelegt, hergestellt und verpackt sein, dass sie ihre Einsatzmerkmale und Einsatzleistung während der bestimmungsgemäßen Anwendung entsprechend den vorgegebenen Lagerungs- und Transportbedingungen nicht ändern.

III. Maschinen und persönliche Schutzausrüstung

10 § 7 hat durch die 4. Novelle eine Neufassung erhalten. Der bisherige Text wird Absatz 1, wobei die Zitate aktualisiert werden.[1] Absatz 2 dient der Umsetzung von Artikel 1 Nummer 3 und Artikel 2 Nummer 2 der RL 2007/47/EG. Damit wird klargestellt, welche, über die Grundlegenden Anforderungen der Medizinprodukterichtlinien hinausgehenden spezifischeren Anforderungen für Medizinprodukte zu berücksichtigen sind, die gleichzeitig Maschinen im Sinne der Maschinenrichtlinie 2006/42/EG sind.[2] Absatz 3 dient der Umsetzung von Artikel 2 Nummer 1 f der Richtlinie 2007/47/EG. Danach wird der Umgang von Produkten geregelt, die vom Hersteller sowohl zur Verwendung als Medizinprodukt als auch zur Verwendung entsprechend den Vorschriften über persönliche Schutzausrüstungen bestimmt sind. Entsprechend den Vorgaben der Richtlinie müssen nicht nur die medizinprodukterechtlichen Vorschriften eingehalten werden, sondern auch die einschlägigen Gesundheits- und Sicherheitsanforderungen der Richtlinie 89/686/EWG für persönliche Schutzausrüstungen.[3] Folgerichtig ist demnach § 2 Abs. 4 Nr. 6 gestrichen worden und in Abs. 4a der Geltungsbereich des Medizinproduktegesetzes auch auf sie ausgedehnt worden, sofern sie als Medizinprodukte Verwendung finden sollen. Auch die Schnittstelle von Medizinprodukten zu den Maschinen im Sinne der Maschinenrichtlinie ist aufgeweicht: Allerdings werden die Grundlegenden Anforderungen an Medizinprodukte im Regelfall höher sein, als die an Maschinen zu stellenden.

---

[1] So die Gesetzesbegründung zur 4. Novelle BRDrS 172/09 S. 40.

[2] Richtlinie 2006/42/EG des Europäischen Parlaments und des Rates vom 17.05.2006 über Maschinen (Abl. L 157 vom 09.06.2006, S. 24).

[3] Richtlinie vom 17.05.2006 (ABl. L 157 vom 09.06.2006, S. 24). Zuletzt geändert durch Richtlinie 2009/127/EG des Europäischen Parlaments und des Rates vom 21.102009 (ABl. L 310 25.11.2009 S. 29). Zuletzt geändert durch Art. 77 ÄndVO (EU) 167/2013 vom 05.02.2013 (ABl. Nr. L 60 S. 1).

§ 8 Harmonisierte Normen, Gemeinsame Technische Spezifikationen

(1) Stimmen Medizinprodukte mit harmonisierten Normen oder ihnen gleichgestellten Monografien des Europäischen Arzneibuches oder Gemeinsamen Technischen Spezifikationen, die das jeweilige Medizinprodukt betreffen, überein, wird insoweit vermutet, dass sie die Bestimmungen dieses Gesetzes einhalten.

(2) Die Gemeinsamen Technischen Spezifikationen sind in der Regel einzuhalten. Kommt der Hersteller in hinreichend begründeten Fällen diesen Spezifikationen nicht nach, muss er Lösungen wählen, die dem Niveau der Spezifikationen zumindest gleichwertig sind.

Inhaltsverzeichnis

I.	Die Bedeutung der Norm	1
II.	Harmonisierte Normen	2
III.	Monographien des Europäischen Arzneibuches	3
IV.	Gemeinsame Technische Spezifikationen	4
V.	Die Vermutung des Abs. 1	5
VI.	Vorgehen gegen harmonisierte Normen, Schutzklausel	6

I. Die Bedeutung der Norm

§ 7 MPG transponiert die Grundlegenden Anforderungen, wie sie in den Anlagen I/1 zu den einschlägigen Richtlinien festgelegt sind, in nationales Recht. § 8 MPG führt im Rang unter den Grundlegenden Anforderungen eine weitere Normenebene ein, nämlich die harmonisierten Normen, die ihnen gleichgestellten Monographien des Europäischen Arzneibuches und – soweit In-vitro-Diagnostika betroffen sind – Gemeinsame Technische Spezifikationen. Die Übereinstimmung des Medizinprodukts mit den genannten Normen wird im Konformitätsbewertungsverfahren überprüft mit einer – widerlegbaren – Vermutung fingierte das Gesetz abschließend die produktbezogene Einhaltung des MPG, sofern diese technischen Normen eingehalten wurden. 1

II. Harmonisierte Normen

Das MPG ist nicht in erster Linie ein Gesetz zum Schutz der Verbraucher, sondern eines, mit dem europäisches Recht in nationales umgesetzt wird, mit dem vorrangigen Ziel, einen gemeinsamen Markt (Art. 14 EGV) für Medizinprodukte zu schaffen, indem es möglichst wenige Handelshemmnisse gibt. Es ist dies auch der Grundgedanke der drei Richtlinien, die durch das MPG umgesetzt werden. Mit ihnen soll 2 die Neue Konzeption¹ umgesetzt werden. Die drei Richtlinien beschränken sich darauf, die Grundlegenden Anforderungen festzulegen, die an Medizinprodukte zu stellen sind. Die technischen Spezifikationen der Produkte ist der Festlegung durch Normung Gremien vorbehalten (CEN, CENELECETSI). Diese europäischen Normen in allen Produkten umzusetzen, ist für den Hersteller freiwillig. Werden Produkte nach diesen harmonisierten europäischen Normen hergestellt, so ist von der Konformität mit den gesetzlichen Grundvoraussetzungen zum Schutz von Verbrauchern, Anwendern und Dritten auszugehen (Konformitätsvermutung).² Ergänzt wird diese neue Konzeption durch das Globale/Modulare Konzept, das sich an die Zertifizierung und das Prüfwesen richtet. Merkmal dieses Konzepts ist die Bildung von Modulen für das Verfahren zur Bewertung der Konformität, die Betonung der Relevanz von Normen für die Qualitätssicherung und das Qualitätsmanagement (DIN EN ISO 13.485/88) oder EN 45.000 (einheitliche Bewertungsmaßstäbe zur Akkreditierung, Zertifizierung und Prüfung).

III. Monographien des Europäischen Arzneibuches

3   Das Arzneibuch, das deutsche wie das europäische sollen als Sammlungen von (amtlichen) Qualitätsnormen ausgestattet sein. Eine solche amtliche Sammlung der anerkannten pharmazeutischen Regel ohne Rechtsverordnungscharakter genügt den fachlichen Anforderungen, weil diese Regeln als „präfabrizierte" Sachverständigengutachten fachlich Geltung beanspruchen.³

Die Monographien des Europäischen Buches werden ins deutsche Arzneibuch übernommen. Diese stehen dann nach § 3 Nr. 18 den harmonisierten Normen gleich. Das Europäische Arzneibuch wird beim Europarat in Straßburg von der Europäischen Arzneibuchkommission erarbeitet. Dem entsprechenden Übereinkommen ist die Bundesrepublik beigetreten (Gesetz v. 03.07.1973 BGBl II S. 701).

Nach § 3 Nr. 18 MPG sind die Medizinprodukte betreffenden Monographien des Europäischen Arzneibuches den harmonisierten Normen gleichgestellt. Im Vergleich zu diesen machen die Monographien einen eher unbedeutenden Anteil aus. Es handelt sich dabei um Verbandmittel

- Verbandswolle aus Baumwolle
  - sterile Verbandswolle aus Baumwolle
- Verbandswatte aus Viskose
  - sterile Verbandswatte aus Viskose

---

[1] Entschließung des Rates vom 07.05.1985 über eine neue Konzeption auf dem Gebiet der technischen Harmonisierung und Normung zum Abbau technischer Hindernisse innerhalb der EG (ABl. EG L. 136 S. 1 vom 04.06.1985).

[2] Wagner in: Rehmann, Wagner § 7, Rz. 7; Hill, Schmitt, Einl. Rz. 54; Dieners, Lützeler, § 1 Rz. 41 ff.

[3] Vgl. hierzu Lippert in: Deutsch, Lippert, Ratzel, Anker, Tag, Koyuncu, § 55 Rz. 1.

und Fäden

- sterile, nicht resorbierbare Fäden
- sterile, resorbierbare geflochtene synthetische Fäden
- sterile, resorbierbare, synthetische Fäden
- steriles Catgut.

IV. Gemeinsame Technische Spezifikationen

Der Begriff der Gemeinsamen Technischen Spezifikationen stammt aus Art. 5 Abs. 3 der Richtlinie über In-vitro-Diagnostika. Die gemeinsamen technischen Spezifikationen nach § 8 Abs. 2 MPG gelten nur für in-vitro-Diagnostika nach Anhang II Liste A der Richtlinie 98/79/EG. Betroffenen davon sind zum einen Reagenzien und Reagenzprodukte inklusive Kalibrier- und Kontrollmaterial zur Bestimmung bestimmter Blutgruppen, zum anderen Reagenzien und Reagenzprodukte inklusive Kalibrier- und Kontrollmaterial zum Nachweis unter anderem von HIV und Hepatitis. Die gemeinsamen technischen Spezifikationen dafür sind im Anhang der zur Entscheidung K. (20002) 1344 der Kommission der Europäischengemeinschaft abgedruckt[4]. Danach ist bei der Leistungsbewertung der genannten In-vitro-Diagnostika vorzugehen.

V. Die Vermutung des Abs. 1

Bei Medizinprodukten, die mit denen sie spezifisch betreffenden harmonisierten Normen und den ihnen gleichgestellten Monographien des Europäischen Arzneimittelbuches übereinstimmen, wird nach Abs. 1 wieder lediglich vermutet, dass sie mit den Grundlegenden Anforderungen nach dem MPG übereinstimmen.[5] Für In-vitro-Diagnostika gilt die Vermutung modifiziert. Weicht der Hersteller von den gemeinsamen technischen Spezifikationen in begründeten Fällen ab, so muss er mindestens Lösungen wählen die dem Niveau der Spezifikationen gleichwertig sind. Weitere Voraussetzung dafür, dass die Vermutungswirkung eintritt, ist, dass die betreffenden harmonisierten Normen im Amtsblatt der Gemeinschaft und dem jeweiligen Mitgliedstaat veröffentlicht worden sind (in Deutschland übernimmt die Bekanntmachung der Fundstellen das BfArM).

VI. Vorgehen gegen harmonisierte Normen, Schutzklausel

Sollte ein Mitgliedsstaat – oder die Kommission – der Auffassung sein, dass harmonisierte Normen nicht mit den Grundlegenden Anforderungen der Richtlinien

---

[4] ABl. L. 331 vom 17.12.1998 S. 1.
[5] Wagner in: Rehmann, Wagner, § 8 Rz. 13.

übereinstimmen, so sehen die Richtlinien[6] Vorschriften für das einzuhaltende Verfahren vor. Von diesem Verfahren ist das Schutzklauselverfahren[7] zu unterscheiden. Mit ihm wird in einem eigenen Verfahren auch gegen harmonisierte Normen selbst vorgegangen mit dem Ziel die Konformitätsvermutung der Normen außer Kraft zu setzen. Betroffen sind CE gekennzeichnete Medizinprodukte und Sonderanfertigungen. Zu den Einzelheiten des Verfahrens vergleiche die Kommentierungen zu § 28. Daneben bleiben die Befugnisse der nationalen Überwachungsbehörden bestehen, diejenigen Maßnahmen zu ergreifen, die zum Schutz der Sicherheit und Gesundheit von Patienten, Anwendern und Dritten vor Gefahren durch Medizinprodukte zu treffen sind, § 28 Abs. 1 und 2 MPG.[8]

---

[6] Art. 6 Richtlinie 90/385/EWG, Art. 5 Abs. 3 Richtlinie 93/42/EWG und Art. 5 Abs. 2 Richtlinie 98/79/EG.

[7] Art. 7 Richtlinie 90/385/EWG, Art. 8 Richtlinie 93/42/EWG, Art. 8 Richtlinie 98/79/EG.

[8] Vgl. hierzu auch Hill, Schmitt,, WiKo, § 28 Rz. 11 ff.; Wagner in: Rehmann, Wagner § 28 Rz. 24 ff.; Schorn, § 28 Rz. 17 ff. m. Nachw.

§ 9 CE-Kennzeichnung

(1) Die CE-Kennzeichnung ist für aktive implantierbare Medizinprodukte gemäß Anhang 9 der Richtlinie 90/385/EWG, für In-vitro-Diagnostika gemäß Anhang X der Richtlinie 98/79/EG und für die sonstigen Medizinprodukte gemäß Anhang XII der Richtlinie 93/42/EWG zu verwenden. Zeichen oder Aufschriften, die geeignet sind, Dritte bezüglich der Bedeutung oder der graphischen Gestaltung der CE-Kennzeichnung in die Irre zu leiten, dürfen nicht angebracht werden. Alle sonstigen Zeichen dürfen auf dem Medizinprodukt, der Verpackung oder der Gebrauchsanweisung des Medizinproduktes angebracht werden, sofern sie die Sichtbarkeit, Lesbarkeit und Bedeutung der CE-Kennzeichnung nicht beeinträchtigen.

(2) Die CE-Kennzeichnung muss von der Person angebracht werden, die in den Vorschriften zu den Konformitätsbewertungsverfahren gemäß der Rechtsverordnung nach § 37 Abs. 1 dazu bestimmt ist.

(3) Die CE-Kennzeichnung nach Absatz 1 Satz 1 muss deutlich sichtbar, gut lesbar und dauerhaft auf dem Medizinprodukt und, falls vorhanden, auf der Handelspackung sowie auf der Gebrauchsanweisung angebracht werden. Auf dem Medizinprodukt muss die CE-Kennzeichnung nicht angebracht werden, wenn es zu klein ist, seine Beschaffenheit dies nicht zulässt oder es nicht zweckmäßig ist. Der CE-Kennzeichnung muss die Kennnummer der Benannten Stelle hinzugefügt werden, die an der Durchführung des Konformitätsbewertungsverfahrens nach den Anhängen 2, 4 und 5 der Richtlinie 90/385/EWG, den Anhängen II, IV, V und VI der Richtlinie 93/42/EWG sowie den Anhängen III, IV, VI und VII der Richtlinie 98/79/EG beteiligt war, das zur Berechtigung zur Anbringung der CE-Kennzeichnung geführt hat. Bei Medizinprodukten, die eine CE-Kennzeichnung tragen müssen und in sterilem Zustand in den Verkehr gebracht werden, muss die CE-Kennzeichnung auf der Steril-Verpackung und gegebenenfalls auf der Handelspackung angebracht sein. Ist für ein Medizinprodukt ein Konformitätsbewertungsverfahren vorgeschrieben, das nicht von einer Benannten Stelle durchgeführt werden muss, darf der CE-Kennzeichnung keine Kennnummer einer Benannten Stelle hinzugefügt werden.

Inhaltsverzeichnis

I.	Die Bedeutung der Norm	1
II.	Voraussetzung für das Anbringen der CE-Kennzeichnung	2
III.	Der Normadressat	3
IV.	Die Anbringung der CE- Kennzeichnung	4
V.	Sonstige Zeichen	5
VI.	Sanktionen	6

Änderungen:
§ 9 Abs. 1 Satz 3 neu gef. mWv 21.03.2010 durch G v. 29.07.2009 (BGBl. I S. 2326).

I. Die Bedeutung der Norm

1 § 9 regelt die Kennzeichnung von Medizinprodukten mit dem CE- Kennzeichen. Damit soll für den Patienten, den Anwender und Dritte erkenntlich sein können, dass es sich bei dem Medizinprodukt um ein solches handelt, das einem definierten Sicherheitsstandard genügt. Die CE-Kennzeichnung darf ausschließlich in der in den Anhängen zu den jeweiligen Richtlinien vorgegebenen Form verwendet werden.

II. Voraussetzung für das Anbringen der CE-Kennzeichnung

2 Voraussetzung für die Anbringung der CE-Kennzeichnung ist die Durchführung eines Konformitätsbewertungsverfahrens mit oder ohne eine Benannte Stelle. Die Kennzeichnung muss auf dem Gerät deutlich sichtbar und lesbar aufgebracht werden. Davon ausgenommen sind nur Geräte, bei denen es von der Größe her nicht möglich ist, die Kennzeichnung aufzubringen. Auch bei Medizinprodukten, die im sterilen Zustand in Verkehr gebracht werden sollen, kann darauf verzichtet werden. Allerdings muss die Kennzeichnung dann auf der Sterilverpackung angebracht sein. Ist das Konformitätsbewertungsverfahren von einer Benannten Stelle durchgeführt worden, so ist deren Kennnummer zusammen mit der CE-Kennzeichnung anzugeben. Die CE-Kennzeichnung muss nicht in einem Land des Europäischen Wirtschaftsraums angebracht werden. Nur darf das Medizinprodukt ohne die Kennzeichnung nicht in Ländern des Europäischen Wirtschaftsraums in Verkehr gebracht werden, auf jeden Fall nicht in Deutschland. Zum Verfahren bei unrechtgemäßer Anbringung der CE-Kennzeichnung vgl. § 27 und Kommentierung dort.

III. Der Normadressat

3 Abs. 2 erklärt in einer etwas kryptischen Form durch Verweisung auf eine Rechtsverordnung nach § 37 Abs. 1 (gemeint ist die Medizinprodukteverordnung) wer für die CE-Kennzeichnung auf dem Medizinprodukt zuständig sein soll: es ist der Hersteller des Medizinprodukts. Er ist auch derjenige, der das Konformitätsbewertungsverfahren entweder selbst durchführt oder bei entsprechender Risikoklasse durch eine Benannte Stelle durchführen lassen muss. Erst nach erfolgreicher Durchführung des Konformitätsbewertungsverfahrens darauf das CE-Kennzeichen angebracht werden.

IV. Die Anbringung der CE- Kennzeichnung

4 Das CE-Kennzeichen ist deutlich sichtbar, gut lesbar und dauerhaft auf dem Medizinprodukt und, soweit vorhanden, auf der Handelspackung oder der

Gebrauchsanweisung anzubringen. Hat das Konformitätsbewertungsverfahren eine Benannte Stelle durchgeführt, so ist deren Kennnummer dem CE-Kennzeichen hinzuzufügen.

Bei Medizinprodukten, die nach ihrer Beschaffenheit für die Kennzeichnung mit dem CE- Zeichen nicht geeignet sind, kann die Anbringung unterbleiben (z. B. das Medizinproduktes zu klein, eine dauerhafte Kennzeichnung nicht möglich oder die Kennzeichnung ist nicht zweckmäßig). Eine nachträgliche Anbringung des CE-Kennzeichens auch auf bereits in Verkehr gebrachte Medizinprodukten ist möglich, sofern für diese Medizinprodukte das erforderliche Konformitätsbewertungsverfahren durchgeführt worden ist.[1]

V. Sonstige Zeichen

In der Anfangsphase nach dem Inkrafttreten des MPG, als die Akzeptanz des CE- 5
Zeichens noch zu wünschen übrig ließ, hat die Diskussion darum, welche zusätzlichen Zeichen (kumulativ) angebracht werden dürfen und welche irreführend seien und daher nicht verwendet werden sollten, breiten Raum eingenommen.[2] Da es keine weiteren gesetzlichen Vorschriften gibt, die eine Kennzeichnung des Medizinproduktes mit weiteren Zeichen vorschreibt, ergibt sich auch kein entsprechender Handlungsbedarf[3] Das GS-Zeichen darf kumulativ nicht aufgebracht werden. Die Anbringung weiterer Zeichen ist demnach unter dem Aspekt der Werbung zu würdigen. Hier setzt das HWG, welches auch auf Medizinprodukte Anwendung findet, Grenzen, die der Hersteller nicht überschreiten darf.[4] Auch Verstöße gegen das (neugefasste) UWG können in Betracht kommen. Die in der Literatur bisher zu diesem Komplex zitierte Rechtsprechung ist noch zur alten Fassung des UWG ergangen. Ob sie unter der Neufassung herangezogen werden kann, ist eher fraglich.

VI. Sanktionen

1. Im Ordnungswidrigkeitenrecht

Ordnungswidrig handelt, wer die CE-Kennzeichnung nicht deutlich sichtbar, gut 6
lesbar und dauerhaft auf dem Medizinprodukt und falls vorhanden auf der Handelspackung und der Gebrauchsanweisung anbringt. (§ 42 Abs. 1 Nr. 2).

---

[1] So auch Hill, Schmitt, WiKo, § 9, Rz. 12.
[2] vgl. z. B. hierzu Hill in: Anhalt, Dieners, § 8, Nöthlichs, § 9 Nr. 4.
[3] Das Geräte und Produktsicherheitsgesetz (GPSG), Gesetz vom 06.01.2004 (BGBl. I S. 2) findet wegen § 1 Abs. 3 auf Medizinprodukte keine Anwendung. Das MPG seinerseits kennt aber kein GS-Zeichen. Wie hier Wagner in: Rehmann, Wagner, § 9 Rz. 16 f.
[4] Vgl. hierzu Ratzel in: Ratzel, Luxenburger, § 31 Rz. 102 ff. Es gilt natürlich so weit als nicht arzneimittelrechtlich Besonderheiten geregelt sind.

§ 10 Voraussetzungen für das erstmalige Inverkehrbringen und die Inbetriebnahme von Systemen und Behandlungseinheiten sowie für das Sterilisieren von Medizinprodukten

(1) Medizinprodukte, die eine CE-Kennzeichnung tragen und die entsprechend ihrer Zweckbestimmung innerhalb der vom Hersteller vorgesehenen Anwendungsbeschränkungen zusammengesetzt werden, um in Form eines Systems oder einer Behandlungseinheit erstmalig in den Verkehr gebracht zu werden, müssen keinem Konformitätsbewertungsverfahren unterzogen werden. Wer für die Zusammensetzung des Systems oder der Behandlungseinheit verantwortlich ist, muss in diesem Fall eine Erklärung nach Maßgabe der Rechtsverordnung nach § 37 Abs. 1 abgeben.

(2) Enthalten das System oder die Behandlungseinheit Medizinprodukte oder sonstige Produkte, die keine CE-Kennzeichnung nach Maßgabe dieses Gesetzes tragen, oder ist die gewählte Kombination von Medizinprodukten nicht mit deren ursprünglicher Zweckbestimmung vereinbar, muss das System oder die Behandlungseinheit einem Konformitätsbewertungsverfahren nach Maßgabe der Rechtsverordnung nach § 37 Abs. 1 unterzogen werden.

(3) Wer Systeme oder Behandlungseinheiten gemäß Absatz 1 oder 2 oder andere Medizinprodukte, die eine CE-Kennzeichnung tragen, für die der Hersteller eine Sterilisation vor ihrer Verwendung vorgesehen hat, für das erstmalige Inverkehrbringen sterilisiert, muss dafür nach Maßgabe der Rechtsverordnung nach § 37 Abs. 1 ein Konformitätsbewertungsverfahren durchführen und eine Erklärung abgeben. Dies gilt entsprechend, wenn Medizinprodukte, die steril angewendet werden, nach dem erstmaligen Inverkehrbringen aufbereitet und an andere abgegeben werden.

(4) Medizinprodukte, Systeme und Behandlungseinheiten gemäß der Absätze 1 und 3 sind nicht mit einer zusätzlichen CE-Kennzeichnung zu versehen. Wer Systeme oder Behandlungseinheiten nach Absatz 1 zusammensetzt oder diese sowie Medizinprodukte nach Absatz 3 sterilisiert, hat dem Medizinprodukt nach Maßgabe des § 7 die nach den Nummern 11 bis 15 des Anhangs 1 der Richtlinie 90/385/EWG, nach den Nummern 13.1, 13.3, 13.4 und 13.6 des Anhangs I der Richtlinie 93/42/EWG oder den Nummern 8.1, 8.3 bis 8.5 und 8.7 des Anhangs I der Richtlinie 98/79/EG erforderlichen Informationen beizufügen, die auch die von dem Hersteller der Produkte, die zu dem System oder der Behandlungseinheit zusammengesetzt wurden, mitgelieferten Hinweise enthalten müssen.

Inhaltsverzeichnis

I.	Die Bedeutung der Norm	1
II.	Beispiele	2
III.	Prüfschema	3
IV.	Sterilisation	5

I. Die Bedeutung der Norm

§ 10 betrifft zunächst Systeme und Behandlungseinheiten, deren Komponenten erst zusammengesetzt werden müssen, um ein sinnvolles System zu ergeben. Stammen die Komponenten alle vom selben Hersteller, dürften selten Probleme auftreten, da zu vermuten steht, dass der Hersteller seine Komponenten aufeinander abgestimmt hat. Weitere Voraussetzung ist, dass alle Komponenten ein CE-Kennzeichen haben. Welche Voraussetzungen zu beachten sind, wenn die Komponenten von unterschiedlichen Herstellern stammen, ist jedoch nur scheinbar klar. Der Umgang mit dieser Fragestellung ist weltweit sehr unterschiedlich. Er betrifft eine Vielzahl von Systemen vom Laborautomaten bis zur Hüftprothese.

II. Beispiele

Ein Beispiel aus der Hüftendoprothetik: In Deutschland ist es seit langer Zeit gar nicht selten, dass Operateure Komponenten verschiedener Hersteller vergleichbar einem Baukastenprinzip zusammensetzen, z. B. um ein aus ihrer Sicht bestmögliches Ergebnis für den Patienten zu erzielen („mix and match"). Dies ist selbstverständlich so lange (rechtlich) unproblematisch, als entsprechende Kompatibilitätserklärungen der betroffenen Hersteller vorliegen und die Kombinationen zu den überwiegend konsentierten Gelenkpaarungen zählen oder eine Ausnahmesituation dergestalt vorliegt, dass z. B. im Rahmen einer Revisionsoperation Austauschkomponenten mit belassenen „Altkomponenten" verbunden werden müssen, für die es keine damals üblichen Kombinationskomponenten mehr gibt. Was ist aber, wenn keine entsprechenden Erklärungen vorliegen, nur einer der beteiligten Hersteller eine entsprechende Erklärung abgibt, der andere aber nicht oder eine Kombination mit Fremdprodukten sogar gänzlich untersagt? Kommt es in diesen Fällen zu unerwünschten Materialfehlfunktionen oder auch Defekten wie z. B. Prothesenbrüchen, erheben Patienten Ansprüche mit dem Argument, der Operateur habe nicht kompatible „Systembausteine" verwendet oder einer der Komponentenhersteller habe seinem Produkt eine Zweckbestimmung in Richtung Kompatibilität beigegeben, die es nicht habe. Dies ist keineswegs nur ein theoretisches Problem, sondern hat erhebliche praktische Relevanz. Neben materialtechnischen und medizinischen Argumentationssträngen, gibt das MPG vor, wie gedanklich verfahren werden muss. Dabei ist zu berücksichtigen, dass Gelenkersatz für Hüfte, Knie und Schulter nach der Änderung von § 9 der MPV[1] unter Klasse III fallen. Die Klasse III ist für Produkte mit besonders hohem Risikopotenzial vorgesehen. Diese Produkte (z. B. Wundschnellverbände, Herzklappen, Implantate aus resorbierbaren Materialien etc.) erfordern die umfangreichste Kontrolle vor dem Inverkehrbringen im Rahmen des Konformitätsbewertungsverfahrens.

---

[1] BGBl. I 2007, 155.

III. Prüfschema

3 Maßgeblich sind zwei Definitionen im MPG, nämlich der Herstellerbegriff und die Zweckbestimmung. Der Herstellerbegriff des MPG stellt nicht auf die faktische, sondern auf die rechtliche Herstellerstellung ab. Hersteller ist danach auch derjenige, der von anderen gefertigte Medizinprodukte unter eigenem Namen an andere abgibt. Entscheidend ist mithin die Verantwortung für die Abgabe an andere, nicht das Ausmaß des Eingebundenseins in den Herstellungsprozess. Der Herstellerbegriff ist unabhängig davon, ob diese Tätigkeit von dieser Person oder stellvertretend für diese von einer dritten Person ausgeführt wird. Die dem Hersteller nach diesem Gesetz obliegenden Verpflichtungen gelten auch für die natürliche oder juristische Person, die ein oder mehrere vorgefertigte Medizinprodukte montiert, abpackt, behandelt, aufbereitet, kennzeichnet oder für die Festlegung der Zweckbestimmung als Medizinprodukt im Hinblick auf das erstmalige Inverkehrbringen im eigenen Namen verantwortlich ist.

Eine wichtige Ausnahme macht § 3 Nr. 15 S. 3 MPG. Danach ist nicht Hersteller, wer bereits in Verkehr gebrachte Medizinprodukte für einen namentlich genannten Patienten entsprechend ihrer Zweckbestimmung montiert oder anpasst. Hersteller ist demnach nicht, wer Medizinprodukte, die bereits eine CE-Kennzeichnung tragen, i.S.v. § 10 Abs. 1 MPG zusammensetzt, um sie in Form eines Systems oder einer Behandlungseinheit in den Verkehr zu bringen. Hierauf berufen sich die „Kombinierer", weil die Einzelkomponenten i.d.R. getrennt abgepackt sind und die Verpackungen jeweils ein CE-Kennzeichen tragen. Der Herstellerbegriff des MPG stellt damit nicht auf die faktische, sondern auf die rechtliche Herstellerstellung ab. Hersteller ist danach auch derjenige, der von anderen gefertigte Medizinprodukte unter eigenem Namen an andere abgibt. Entscheidend ist mithin die Verantwortung für die Abgabe an andere, nicht das Ausmaß des Eingebundenseins in den Herstellungsprozess.[2] Hersteller können nur natürliche oder juristische Personen sein. Danach scheiden z. B. nichtrechtsfähige Vereine als Hersteller aus. Die Frage, ob Personengesellschaften juristische Personen sind, ist für § 3 Nr. 15 MPG eher von „akademischer" Bedeutung,[3] da niemand ernstlich in Zweifel stellt, dass BGB-Gesellschaften, OHGs oder KGs selbstverständlich „Hersteller" i.S.v. § 3 Nr. 15 MPG sein können. Der Herstellerbegriff ist unabhängig davon, ob diese Tätigkeit von dieser Person oder stellvertretend für diese von einer dritten Person ausgeführt wird. Die dem Hersteller nach diesem Gesetz obliegenden Verpflichtungen gelten auch für die natürliche oder juristische Person, die ein oder mehrere vorgefertigte Medizinprodukte montiert, abpackt, behandelt, aufbereitet, kennzeichnet oder für die Festlegung der Zweckbestimmung als Medizinprodukt im Hinblick auf das erstmalige Inverkehrbringen im eigenen Namen verantwortlich ist.[4] Nach § 3 Nr. 15 S. 3 MPG

---

[2] Schorn, M 2 – § 3 Rz. 60.
[3] Ausführlicher Problemaufriss bei Schorn, M 2 – § 3 Rz. 50–54.
[4] VG Trier, Urt. v. 05.12.2007 – 5 K 755/07 TR, MPJ 2008, 42 ff. (Ersteinführer für in Taiwan hergestellte Medizinprodukte kann Hersteller i.S.v. § 3 Nr. 15 sein, Verpacken, Kennzeichnen).

gilt dies nicht für natürliche oder juristische Personen, die – ohne Hersteller im Sinne des Satzes 1 zu sein – bereits in Verkehr gebrachte Medizinprodukte für einen namentlich genannten Patienten entsprechend ihrer Zweckbestimmung montieren oder anpassen. Hersteller ist demnach nicht, wer Medizinprodukte, die bereits eine CE-Kennzeichnung tragen, i.S.v. § 10 Abs. 1 MPG zusammensetzt, um sie in Form eines Systems oder einer Behandlungseinheit in den Verkehr zu bringen. Dies ist deshalb von besonderer Bedeutung, weil man sich jedenfalls in den Fällen, in denen entgegen ausdrücklicher Herstellerangaben fremde Systemkomponenten verwendet wurden, nicht auf die Ausnahmevorschrift in § 10 Abs. 1 MPG (Anwendung gemäß Zweckbestimmung des Herstellers) berufen könnte, es sei denn die Zweckbestimmung wäre einzig mit dem Ziel ausgesprochen, den Kunden zur Abnahme des Gesamtsystems zu verpflichten ohne dass hierfür ein sachlicher Grund gegeben ist. Bezieht man sich auf die einschlägige höchstrichterliche arzneimittelrechtliche Rechtsprechung,[5] ist das Tatbestandsmerkmal des „Inverkehrbringens" allerdings nicht erfüllt, wenn man die Auffassung verträte, es handele sich nicht um eine „Abgabe an andere", da es an einem Wechsel der Verfügungsgewalt fehle. Eine einschlägige medizinprodukterechtliche Rechtsprechung hierzu existiert noch nicht.[6] Nach diesseitiger Auffassung erscheint es jedoch problematisch, die arzneimittelrechtliche Rechtsprechung unkritisch auf diesen Fall zu übertragen. Denn im Falle der Verabreichung eines Arzneimittels in der Arztpraxis ist dieses Arzneimittel zwar in der Tat einer Verfügung durch den Patienten entzogen, zumal die Wirkmechanismen in einem überschaubaren Zeitraum abnehmen werden. Im Falle der Prothese kann der Patient zwar auch nicht direkt auf das Medizinprodukt einwirken; es handelt sich jedoch um eine sehr körperliche und plastische, auf Dauer angelegte reale Abgabe. Dementsprechend hat das Bundesministerium für Gesundheit 1996 für Zahnprothesen festgestellt, dass die Zahnarztlabore für diese Prothesen eine Herstellungserlaubnis benötigen, weil es sich bei dem Einsetzen um eine Abgabe an andere handele.[7] Folgt man dieser Auffassung, wird die Möglichkeit der Berufung auf die Ausnahmevorschrift in § 10 Abs. 1 MPG noch wichtiger. Wenn diese Möglichkeit nämlich abgeschnitten wäre, hätte dies zur Folge, dass der Klinikträger als Hersteller des Gesamtsystems ein Medizinprodukt in Verkehr bringt, ohne eine Herstellungserlaubnis gehabt zu haben, geschweige denn, dass ein ordnungsgemäßes Konformitätsbewertungsverfahren vorliegen würde.

§ 10 Abs. 1 MPG enthält eine für die hier interessierende Problematik wich- tige **4** Regelung. Danach müssen Medizinprodukte, die eine CE-Kennzeichnung tragen und die entsprechend ihrer Zweckbestimmung (siehe auch § 2 Abs. 1 MPBetreibV) innerhalb der vom Hersteller vorgesehenen Anwendungsbeschränkungen zusammengesetzt werden, um in Form eines Systems oder einer Behandlungseinheit erstmalig in den Verkehr gebracht zu werden, keinem Konformitätsbewertungsverfahren

---

[5] OLG Bremen, Urt. v. 04.06.1987 – 2 U 60/87, PharmR 1987, 241; BVerwG, Urt. v. 02.12.1993 – 3 C 42/91, NVwZ 1994, 1013; OVG Münster, Urt. v. 20.02.199 – 13 A 568/95, NJW 1998, 847.
[6] Siehe aber OLG Koblenz, Beschl. v. 02.02.2013 – 5 U 1474/12, VersR 2014, 251 zur verneinenden Haftung bei Zusammensetzung einer Hüft-TEP mit unterschiedlichen Komponenten.
[7] Nachweise bei Nöthlichs, § 3 Anm. 2.11.6.

unterzogen werden, was im Hinblick auf Klasse III-Produkte sehr wichtig ist. § 10 Abs. 1 MPG muss allerdings auch im Zusammenhang mit § 10 Abs. 2 MPG gelesen werden. Denn diese Norm besagt, dass das Gesamtsystem dann einem neuen Konformitätsbewertungsverfahren unterzogen werden muss, wenn es Komponenten enthält, die entgegen ihrer ursprünglichen Zweckbestimmung verwendet wurden Dies ist deshalb von besonderer Bedeutung, weil man sich jedenfalls in den Fällen, in denen entgegen ausdrücklicher Herstellerangaben fremde Systemkomponenten verwendet wurden und nicht wenigstens eine nachvollziehbare und nachprüfbare Kompatibilitätserklärung oder Unbedenklichkeitsbescheinigung eines Herstellers vorliegt, nicht ohne weiteres auf die Ausnahmevorschrift in § 10 Abs. 1 MPG (Anwendung gemäß Zweckbestimmung des Herstellers) berufen könnte, es sei denn – und dies spielt im Wettbewerb durchaus eine Rolle – die Zweckbestimmung wäre einzig mit dem Ziel ausgesprochen, den Kunden zur Abnahme des Gesamtsystems zu verpflichten ohne dass hierfür ein sachlicher Grund gegeben ist. In diesem Fall kann die Zweckbestimmung u. U. rechtsmissbräuchlich und damit unbeachtlich sein. Der Hersteller muss die Zweckbestimmung in der Gebrauchsanweisung angeben. Er hat damit prinzipiell die Definitionsmacht, aber nicht die Definitionshoheit. Weichen Angaben in den Werbematerialien, Verkaufsgesprächen oder auch der Gebrauchsanweisung voneinander ab, sollte sich der Anwender nicht ohne weiteres das Heraussuchen, was ihm am günstigsten ist. Vielmehr empfiehlt es sich zu informieren, welche Angaben maßgeblich sind; ggfls. kann eine Abstimmung mit oder zwischen den verschiedenen Herstellern sinnvoll sein, wobei diese Abstimmung aus Konkurrenzgründen manchmal schwierig ist und fachliche Aussagen zuweilen auch von der Marktsituation abzuhängen scheinen.

Klar ist aber: Wird die Möglichkeit der Berufung auf die Ausnahmevorschrift in § 10 Nr. 1 MPG abgeschnitten, hätte dies zur Folge, dass z. B. der Klinikträger als Hersteller des Gesamtsystems ein Medizinprodukt in Verkehr bringt, ohne dass ein ordnungsgemäßes Konformitätsbewertungsverfahren vorliegen würde. Dies ist unter haftungs- und medizinprodukterechtlichen Gesichtspunkten soweit als möglich zu vermeiden.

IV. Sterilisation

5   Wer Systeme und Behandlungseinheiten gemäß § 10 sterilisiert, muss die Sterilisation nach Anhang IV, V oder VI der Richtlinie 93/42/EWG durchführen und erklären, dass die Sterilisation entsprechend den Anweisungen des Herstellers erfolgt ist.[8] Diese Erklärung ist gemäß § 6 Abs. 7 MPV mindestens fünf Jahre aufzubewahren.

---

[8] Nöthlichs, § 10 Anm. 2.

§ 11 Sondervorschriften für das Inverkehrbringen und die Inbetriebnahme

(1) Abweichend von den Vorschriften des § 6 Abs. 1 und 2 kann die zuständige Bundesoberbehörde auf begründeten Antrag das erstmalige Inverkehrbringen oder die Inbetriebnahme einzelner Medizinprodukte, bei denen die Verfahren nach Maßgabe der Rechtsverordnung nach § 37 Abs. 1 nicht durchgeführt wurden, in Deutschland befristet zulassen, wenn deren Anwendung im Interesse des Gesundheitsschutzes liegt. Die Zulassung kann auf begründeten Antrag verlängert werden.

(2) Medizinprodukte dürfen nur an den Anwender abgegeben werden, wenn die für ihn bestimmten Informationen in deutscher Sprache abgefasst sind. In begründeten Fällen kann eine andere für den Anwender des Medizinproduktes leicht verständliche Sprache vorgesehen oder die Unterrichtung des Anwenders durch andere Maßnahmen gewährleistet werden. Dabei müssen jedoch die sicherheitsbezogenen Informationen in deutscher Sprache oder in der Sprache des Anwenders vorliegen.

(3) Regelungen über die Verschreibungspflicht von Medizinprodukten können durch Rechtsverordnung nach § 37 Abs. 2, Regelungen über die Vertriebswege von Medizinprodukten durch Rechtsverordnung nach § 37 Abs. 3 getroffen werden.

(3a) weggefallen

(4) Durch Rechtsverordnung nach § 37 Abs. 4 können Regelungen für Betriebe und Einrichtungen erlassen werden, die Medizinprodukte in Deutschland in den Verkehr bringen oder lagern.

Inhaltsverzeichnis

I.	Die Bedeutung der Norm	1
II.	Voraussetzung für die Zulassung	2
III.	Das Zulassungsverfahren	3
IV.	Kennzeichnung	4
V.	Änderungen	5
VI.	Informationen für den Anwender	6
VII.	Verordnungsermächtigungen	7
VIII.	Rechtsfolgen	8
IX.	Sanktionen	9

Änderungen:
§ 11 Abs. 3a eingef. mWv 01.08.2009 durch G v. 29.07.2009 (BGBl. I S. 2326, geänd. 2012 S. 2224).

Zugehörige Verordnungen:
Verordnung über die Verschreibungspflicht von Medizinprodukten (MPVerschrV) vom 17. Dezember 1997 (BGBl. I S. 3146) in der Fassung der Bekanntmachung vom 21. August 2002 (BGBl. I S. 3393), geändert durch Verordnung vom 23.06.2005 (BGBl. I S. 1798). Anm.: außer Kraft durch Art. 6 der VO vom 25.07.2014 BGBl. I 1227.
Verordnung über Vertriebswege für Medizinprodukte (MPVertrV) Vom 17. Dezember 1997 (BGBl. I S. 3148) geändert durch Artikel 10 des Gesetzes vom 13. Dezember 2001 (BGBl. I S. 3586). Anm.: außer Kraft durch Art. 6 der VO vom 25.07.2014 BGBl. I 1227.
Verordnung zur Regelung der Abgabe von Medizinprodukten (Medizinprodukte-Abgabeverordnung – MPAV) vom 25.07.2014 (BGBl. I S. 1227), die durch Artikel 4 der Verordnung vom 19.12.2014 (BGBl. I S. 2371) geändert worden ist.

I. Die Bedeutung der Norm

1   Es handelt sich bei § 11 um eine Sondervorschrift zu § 6. Medizinprodukte unterliegen im allgemeinen – anders als Arzneimittel – keiner Zulassungspflicht. Sind sie klassifiziert, haben sie das Konformitätsbewertungsverfahren absolviert und tragen sie das CE-Kennzeichen, dann können sie im gesamten europäischen Wirtschaftsraum als dem Sicherheitsstandard entsprechende Medizinprodukte verkauft werden. Auch wenn es die Ausnahme bildet, das Medizinproduktegesetz kennt auch die Zulassung von Medizinprodukten. Diese Ausnahmeregelung ist von Art. 11 Abs. 13 RiLi 93/92 EWG gedeckt.

II. Voraussetzung für die Zulassung

2   Die Vorschrift bezieht sich auf das erstmalige Inverkehrbringen und die Inbetriebnahme einzelner Medizinprodukte. Voraussetzung für die Zulassung ist, dass die Anwendung des zuzulassenden Medizinproduktes im Interesse des Gesundheitsschutzes liegt. Als Ausnahmevorschrift ist § 11 eng auszulegen.[1] Insbesondere darf das behördliche Zulassungsverfahren nicht dazu verwendet werden, das Konformitätsbewertungsverfahren zu umgehen, um ein Medizinprodukt etwa schneller in den Verkehr bringen zu können.

Auch für zugelassene Medizinprodukte gilt der Grundsatz, dass das Medizinprodukt bei Anwendung im Rahmen seiner Zweckbestimmung weder Anwender noch Patient noch Dritte gefährden darf.

III. Das Zulassungsverfahren

3   Die Zulassung eines Medizinproduktes zum Inverkehrbringen und zur Inbetriebnahme setzt einen Antrag an die zuständige Bundesoberbehörde (dies kann das

---

[1] So auch Schorn, § 4 Rz. 2.

BfArM oder bei bestimmten In-vitro-Diagnostika das PEI sein), voraus. Im Antrag ist die Begründung dafür zu geben, warum die Anwendung des Medizinproduktes im Interesse des Gesundheitsschutzes liegt und dass aus diesem Grund die Zulassung angestrebt wird. Die zuständige Bundesoberbehörde hat über den Antrag im Rahmen ihres pflichtgemäßen Ermessens zu entscheiden. Das Verfahren richtet sich nach dem Bundesverwaltungsverfahrensgesetz. Die Entscheidung ist ein Verwaltungsakt, der mit Auflagen, Bedingungen, Befristungen und Vorbehalten versehen sein kann. Gegen eine ganz oder teilweise ablehnende Entscheidung der Bundesoberbehörde ist der Verwaltungsweg eröffnet. Die Zulassung kann nur für das Gebiet der Bundesrepublik ausgesprochen werden (Abs. 1 S. 1).

IV. Kennzeichnung

Wie sich aus § 9 ergibt, darf ein zugelassenes Medizinprodukt die CE-Kennzeichnung nicht tragen. Wird sie dennoch angebracht, so kann die zuständige Bundesoberbehörde das Inverkehrbringen verbieten. Zugelassene Medizinprodukte sind mit einer Gebrauchsinformation für den Anwender zu versehen. Diese muss in deutscher Sprache oder in der Sprache des Anwenders vorliegen. 4

V. Änderungen

Werden an einem zugelassenen Medizinprodukt wesentliche Änderungen vorgenommen, die von der Zulassung nicht abgedeckt sind, so hat insoweit derjenige, der die Veränderung vornimmt, eine neue Zulassung oder die Ergänzung der bisherigen Zulassung zu beantragen. 5

VI. Informationen für den Anwender

Als Abs. 2 zu einer Sondervorschrift, die die Zulassung von Medizinprodukten zum Gegenstand hat, hat die Regelung über die Sprache, in der die Anwenderinformation abzufassen ist, einen eher unglücklichen Standort erhalten. Dem Anwender drängt sich die Frage auf, ob sich die Forderung nach einer deutschsprachigen Anwenderinformation etwa nur auf zugelassene Medizinprodukte beziehen soll. 6

Richtigerweise wird man die Regelung des Abs. 2 auf alle Medizinprodukte erstrecken können. Die Einschränkungen in S. 2 und S. 3 machen die Vorschrift für die Praxis nicht gerade leicht verständlich. Letztlich kann der Streit darüber, was gemeint ist, aber auf sich beruhen. Im Schadensfall, der auf eine mangelhafte Information zurückzuführen ist, haftet der Hersteller als Normadressat dem Geschädigten jedenfalls wegen Verletzung der Instruktionspflicht.

VII. Verordnungsermächtigungen

7   In Abs. 3 ist die Ermächtigung zum Erlass der Medizinprodukteverschreibungsverordnung sowie der Medizinproduktevertriebswegeverordnung enthalten. Die beiden entsprechenden Verordnungen sind 2014 außer Kraft getreten.

VIII. Rechtsfolgen

8   § 11 ist Schutzgesetz i.S.v. § 823 Abs. 2 BGB.

IX. Sanktionen

1. Ordnungswidrigkeitenrecht

9   Ordnungswidrig handelt, wer ein zugelassenes Medizinprodukt ohne die erforderliche Information für den Anwender abgibt (§ 42 Abs. 2 Nr. 5).

§ 12 Sonderanfertigungen, Medizinprodukte aus Eigenherstellung, Medizinprodukte zur klinischen Prüfung oder für Leistungsbewertungszwecke, Ausstellen

(1) Sonderanfertigungen dürfen nur in den Verkehr gebracht oder in Betrieb genommen werden, wenn die Grundlegenden Anforderungen nach § 7, die auf sie unter Berücksichtigung ihrer Zweckbestimmung anwendbar sind, erfüllt sind und das für sie vorgesehene Konformitätsbewertungsverfahren nach Maßgabe der Rechtsverordnung nach § 37 Abs. 1 durchgeführt worden ist. Der Verantwortliche nach § 5 ist verpflichtet, der zuständigen Behörde auf Anforderung eine Liste der Sonderanfertigungen vorzulegen. Für die Inbetriebnahme von Medizinprodukten aus Eigenherstellung nach § 3 Nr. 21 und 22 finden die Vorschriften des Satzes 1 entsprechende Anwendung.

(2) Medizinprodukte, die zur klinischen Prüfung bestimmt sind, dürfen zu diesem Zwecke an Ärzte, Zahnärzte oder sonstige Personen, die auf Grund ihrer beruflichen Qualifikation zur Durchführung dieser Prüfungen befugt sind, nur abgegeben werden, wenn bei aktiven implantierbaren Medizinprodukten die Anforderungen der Nummer 3.2 Satz 1 und 2 des Anhangs 6 der Richtlinie 90/385/EWG und bei sonstigen Medizinprodukten die Anforderungen der Nummer 3.2 des Anhangs VIII der Richtlinie 93/42/EWG erfüllt sind. Der Sponsor der klinischen Prüfung muss die Dokumentation nach Nummer 3.2 des Anhangs 6 der Richtlinie 90/385/EWG mindestens 15 Jahre und die Dokumentation nach Nummer 3.2 des Anhangs VIII der Richtlinie 93/42/EWG mindestens fünf und im Falle von implantierbaren Produkten mindestens 15 Jahre nach Beendigung der Prüfung aufbewahren.

(3) In-vitro-Diagnostika für Leistungsbewertungsprüfungen dürfen zu diesem Zwecke an Ärzte, Zahnärzte oder sonstige Personen, die auf Grund ihrer beruflichen Qualifikation zur Durchführung dieser Prüfungen befugt sind, nur abgegeben werden, wenn die Anforderungen der Nummer 3 des Anhangs VIII der Richtlinie 98/79/EG erfüllt sind. Der Sponsor der Leistungsbewertungsprüfung muss die Dokumentation nach Nummer 3 des Anhangs VIII der Richtlinie 98/79/EG mindestens fünf Jahre nach Beendigung der Prüfung aufbewahren.

(4) Medizinprodukte, die nicht den Voraussetzungen nach § 6 Abs. 1 und 2 oder § 10 entsprechen, dürfen nur ausgestellt werden, wenn ein sichtbares Schild deutlich darauf hinweist, dass sie nicht den Anforderungen entsprechen und erst erworben werden können, wenn die Übereinstimmung hergestellt ist. Bei Vorführungen sind die erforderlichen Vorkehrungen zum Schutz von Personen zu treffen. Nach Satz 1 ausgestellte In-vitro-Diagnostika dürfen an Proben, die von einem Besucher der Ausstellung stammen, nicht angewendet werden.

Inhaltsverzeichnis

I.	Die Bedeutung der Norm	1
II.	Sonderanfertigung	2
III.	Medizinprodukte zur klinischen Prüfung	3
IV.	In-vitro-Diagnostika	6
V.	In-Haus-Herstellungen	7
VI.	Ausstellung	8
VII.	Rechtsfolgen	9
VIII.	Sanktionen	10

Änderungen:
§ 12 Überschr. und Abs. 1 Satz 3 geänd. mWv 30.06.2007 durch G v. 14.06.2007 (BGBl. I S. 1066); Abs. 2 Satz 2 und Abs. 3 Satz 2 geänd. mWv 21.03.2010 durch G v. 29.07.2009 (BGBl. I S. 2326).

RICHTLINIE DES RATES

vom 20. Juni 1990

zur Angleichung der Rechtsvorschriften der Mitgliedstaaten

über aktive implantierbare medizinische Geräte

(90/385/EWG)

(ABl. L 189 vom 20.07.1990, S. 17) zuletzt geändert durch: Richtlinie 2007/47/EG des Europäischen Parlaments und des Rates vom 5. September 2007 (ABl. L 247 21.09.2007 S. 21).

ANHANG 6

ERKLÄRUNG ZU GERÄTEN FÜR BESONDERE ZWECKE

1. Der Hersteller oder sein in der Gemeinschaft niedergelassener Bevollmächtigter stellt bei Sonderanfertigungen oder bei für klinische Prüfungen bestimmten Geräten eine Erklärung aus, die die in Abschnitt 2 aufgeführten Angaben enthält.

2. Die Erklärung enthält folgende Angaben:

2.1. Bei Sonderanfertigungen:

- den Namen und die Anschrift des Herstellers;

- die Versicherung, dass das Gerät ausschließlich für einen bestimmten Patienten bestimmt ist, und den Namen dieses Patienten;

- den Namen des entsprechend qualifizierten Arztes, der das betreffende Gerät verordnet hat, und gegebenenfalls den Namen des betreffenden Krankenhauses;

- die spezifischen Merkmale des Produkts, wie sie in der Verschreibung angegeben sind;

- die Versicherung, dass das betreffende Gerät den in Anhang 1 genannten grundlegenden Anforderungen entspricht, und gegebenenfalls die Angabe der grundlegenden Anforderungen, die nicht vollständig eingehalten worden sind, mit Angabe der Gründe.

2.2. Bei Geräten, die für klinische Prüfungen im Sinne von Anhang 7 bestimmt sind:

- die zur Identifizierung des betreffenden Gerätes notwendigen Daten;
- den klinischen Prüfplan;
- die Prüferinformation;
- die Bestätigung über den Versicherungsschutz für die Versuchspersonen;
- die Unterlagen zur Einholung der Einwilligung nach Aufklärung;
- eine Erklärung, aus der hervorgeht, ob zu den festen Bestandteilen des Geräts ein Stoff oder ein Derivat aus menschlichem Blut im Sinne von Anhang 1 Abschnitt 10 gehört;
- die Stellungnahme der betreffenden Ethik-Kommission und Einzelheiten der in dieser Stellungnahme enthaltenen Aspekte;
- den Namen des entsprechend qualifizierten Arztes oder der anderen befugten Person sowie der für die Prüfungen zuständigen Einrichtung;
- den Ort, den geplanten Beginn und die geplante Dauer der Prüfungen;
- die Versicherung, dass das betreffende Gerät mit Ausnahme der
- Punkte, die Gegenstand der Prüfungen sind, den grundlegenden Anforderungen entspricht und das hinsichtlich dieser Punkte alle Vorsichtsmaßnahmen zum Schutz der Gesundheit und der Sicherheit des Patienten getroffen wurden.

3. Der Hersteller sichert zu, folgende Unterlagen für die zuständigen nationalen Behörden bereitzuhalten:

3.1. Bei Sonderanfertigungen die Dokumentation, aus der die Fertigungsstätte(n) ersichtlich sind und aus der die Auslegung, die Herstellung und die Leistungsdaten des Produktes einschließlich der vorgesehenen Leistungsdaten hervorgehen, so dass sich hiermit beurteilen lässt, ob es den Anforderungen dieser Richtlinie entspricht. Der Hersteller trifft alle erforderlichen Maßnahmen, damit im Herstellungsverfahren die Übereinstimmung der hergestellten Produkte mit der im vorstehenden Absatz genannten Dokumentation sichergestellt wird.

3.2. Bei für klinische Prüfungen bestimmten Geräten muss die Dokumentation außerdem folgende Angaben enthalten:

- eine allgemeine Beschreibung des Produkts und seiner Zweckbestimmung;
- Konstruktionszeichnungen, Fertigungsverfahren, insbesondere hinsichtlich der Sterilisation, sowie Pläne von Bauteilen, Baugruppen, Schaltungen usw.;
- die zum Verständnis der genannten Zeichnungen und Pläne sowie der Funktions-weise des Produkts erforderlichen Beschreibungen und Erläuterungen;
- die Ergebnisse der Gefahrenanalyse und eine Liste der ganz oder teilweise angewandten Normen gemäß Artikel 5 sowie eine Beschreibung der Lösungen zur Einhaltung der grundlegenden Anforderungen dieser Richtlinie, falls die in Artikel 5 genannten Normen nicht oder nicht vollständig angewandt worden sind;
- wenn zu den festen Bestandteilen des Geräts ein Stoff oder ein Derivat aus menschlichem Blut im Sinne von Anhang 1 Abschnitt 10 gehört, die Daten über die in diesem Zusammenhang durchgeführten Tests, die für die Bewertung der Sicherheit, der Qualität und des Nutzens dieses Stoffes oder Derivats aus menschlichem Blut unter Berücksichtigung der Zweckbestimmung des Geräts erforderlich sind.
- Ergebnisse der Konstruktionsberechnungen, Prüfungen, technischen Tests usw. Der Hersteller trifft alle erforderlichen Maßnahmen, damit im Herstellungsverfahren die Übereinstimmung der hergestellten Produkte mit der in Abschnitt 3.1 und im vorstehenden Absatz des vorliegenden Abschnitts genannten Dokumentation sichergestellt wird. Der Hersteller kann eine Bewertung der Wirksamkeit dieser Maßnahmen, falls erforderlich durch eine förmliche Produktüberprüfung (Produktaudit), veranlassen.

4. Die in den Erklärungen im Sinne dieses Anhangs aufgeführten Angaben sind über einen Zeitraum von mindestens 15 Jahren ab dem Zeitpunkt der Herstellung des letzten Produkts aufzubewahren.

5. Bei Sonderanfertigungen sichert der Hersteller zu, unter Berücksichtigung der in Anhang 7 enthaltenen Bestimmungen die in der der Herstellung nachgelagerten Phase gesammelten Erfahrungen auszuwerten und zu dokumentieren und Vorkehrungen zu treffen, um erforderliche Korrekturen durchzuführen. Diese Zusicherung muss die Verpflichtung des Herstellers einschließen, die zuständigen Behörden unverzüglich über folgende Vorkommnisse zu unterrichten, sobald er selbst davon Kenntnis hat, und die einschlägigen Korrekturen vorzunehmen:

i) jede Funktionsstörung und jede Änderung der Merkmale oder der Leistung sowie jede Unsachgemäßheit der Kennzeichnung oder der Gebrauchsanweisung eines Gerätes, die zum Tode oder zu einer schwerwiegenden Verschlechterung des Gesundheitszustandes eines Patienten oder eines Anwenders führen könnte oder dazu geführt haben könnte;

ii) jeden Grund technischer oder medizinischer Art, der aufgrund der unter Ziffer i genannten Ursachen durch die Merkmale und Leistungen des Geräts bedingt ist und zum systematischen Rückruf von Geräten desselben Typs durch den Hersteller führt.

RICHTLINIE 93/42/EWG DES RATES

vom 14. Juni 1993

über Medizinprodukte

(ABl. Nr. L 169 S. 1; ber. ABl. 1999 Nr. L 61 S. 55, ABl. Nr. L 125 S. 42; ABl. 2001 Nr. L 72 S. 8) Celex-Nr. 3 1993 L 0042. Zuletzt geändert durch Art. 2 ÄndRL 2007/47/EG vom 05.09.2007 (ABl. Nr. L 247 S. 21).

ANHANG VIII

ERKLÄRUNG ZU PRODUKTEN FÜR BESONDERE ZWECKE

1. Der Hersteller oder sein in der Gemeinschaft niedergelassener Bevollmächtigter stellt bei Sonderanfertigungen oder bei für klinische Prüfungen bestimmten Produkten eine Erklärung aus, die die in Abschnitt 2 aufgeführten Angaben enthält.

2. Die Erklärung muss folgende Angaben enthalten:

2.1. bei Sonderanfertigungen:

- die zur Identifizierung des betreffenden Produkts notwendigen Daten;

- die Versicherung, dass das Produkt ausschließlich für einen bestimmten Patienten bestimmt ist, und den Namen dieses Patienten;

- den Namen des Arztes oder der hierzu befugten Person, der/die das betreffende Produkt verordnet hat, und gegebenenfalls den Namen der betreffenden medizinischen Einrichtung;

- die spezifischen Merkmale des Produkts, die sich aus der betreffenden ärztlichen Verordnung ergeben;

- die Versicherung, dass das betreffende Produkt den in Anhang I genannten grundlegenden Anforderungen entspricht, und gegebenenfalls die Angabe der grundlegenden Anforderungen, die nicht vollständig eingehalten worden sind, mit Angabe der Gründe.

2.2. bei Produkten, die für klinische Prüfungen im Sinne von Anhang X bestimmt sind:

- die zur Identifizierung des betreffenden Produkts notwendigen Daten;

- den Prüfplan, insbesondere mit Angaben zu Ziel, wissenschaftlichen, technischen oder medizinischen Gründen und Umfang der Prüfungen und zur Anzahl der betreffenden Produkte;

- die von der betreffenden Ethik-Kommission abgegebene Stellungnahme sowie die Angabe der Gesichtspunkte, die Gegenstand dieser Stellungnahme waren;

- den Namen des Arztes oder der hierzu befugten Person sowie der Einrichtung, die mit den Prüfungen beauftragt sind;
- den Ort, den geplanten Beginn und die geplante Dauer der Prüfungen;
- die Versicherung, dass das betreffende Produkt mit Ausnahme der Punkte, die Gegenstand der Prüfungen sind, den grundlegenden Anforderungen entspricht und dass hinsichtlich dieser Punkte alle Vorsichtsmaßnahmen zum Schutz der Gesundheit und der Sicherheit des Patienten getroffen wurden.

3. Der Hersteller verpflichtet sich ferner, folgende Unterlagen für die zuständigen nationalen Behörden bereitzuhalten:

3.1. Bei Sonderanfertigungen die Dokumentation, aus der die Auslegung, die Herstellung und die Leistungsdaten des Produkts einschließlich der vorgesehenen Leistung hervorgehen, so dass sich hiermit beurteilen lässt, ob es den Anforderungen dieser Richtlinie entspricht. Der Hersteller trifft alle erforderlichen Maßnahmen, damit im Herstellungsverfahren die Übereinstimmung der hergestellten Produkte mit der im vorstehenden Absatz genannten Dokumentation sichergestellt wird.

3.2. Bei für klinische Prüfungen bestimmten Produkten muss die Dokumentation folgende Angaben enthalten:

- eine allgemeine Beschreibung des Produkts;
- Konstruktionszeichnungen, geplante Fertigungsverfahren, insbesondere hinsichtlich der Sterilisation, sowie Pläne von Bauteilen, Baugruppen, Schaltungen usw.;
- die zum Verständnis der genannten Zeichnungen und Pläne sowie der Funktions-weise des Produkts erforderlichen Beschreibungen und Erläuterungen;
- die Ergebnisse der Gefahrenanalyse sowie eine Liste der ganz oder teilweise angewandten Normen gemäß Artikel 5 sowie eine Beschreibung der Lösungen zur Einhaltung der grundlegenden Anforderungen dieser Richtlinie, sofern die in Artikel 5 genannten Normen nicht angewandt worden sind;
- die Ergebnisse der Konstruktionsberechnungen, Prüfungen, technisches Tests usw. Der Hersteller trifft alle erforderlichen Maßnahmen, damit im Herstellungsverfahren die Übereinstimmung der hergestellten Produkte mit der Dokumentation und mit dem ersten Absatz von Abschnitt 3.1 sichergestellt wird. Der Hersteller gestattet eine Bewertung der Wirksamkeit dieser Maßnahmen oder gegebenenfalls eine förmliche Überprüfung (Audit).

4. Die in den Erklärungen im Sinne dieses Anhangs aufgeführten Angaben sind mindestens 5 Jahre lang aufzubewahren.

RICHTLINIE 98/79/EG DES EUROPÄISCHEN PARLAMENTS UND DES RATES

vom 27. Oktober 1998

über In-vitro-Diagnostika

(ABl. Nr. L 331 S. 1, ber. ABl. 1999 Nr. L 74 S. 32; ABl. 2000 Nr. L 124 S. 66) EU-Dok.-Nr. 3 1998 L 0079 Zuletzt geändert durch Art. 1 ÄndRL 2011/100/ EU vom 20.12.2011 (ABl. Nr. L 341 S. 50).

ANHANG VIII

ERKLÄRUNG UND VERFAHREN BEI PRODUKTEN FÜR LEISTUNGSBEWERTUNGSZWCKE

1. Für Produkte für Leistungsbewertungszwecke stellt der Hersteller oder sein Bevollmächtigter eine Erklärung aus, die die in Nummer 2 aufgeführten Angaben enthält, und stellt sicher, dass den einschlägigen Bestimmungen dieser Richtlinie entsprochen wird.

2. Die Erklärung muss folgende Angaben enthalten:

- die Daten zur Identifizierung des Produkts;

- einen Evaluierungsplan mit Angabe insbesondere des Ziels, der wissenschaftlichen, technischen oder medizinischen Begründung und des Umfangs der Evaluierung sowie der Anzahl der betroffenen Produkte;

- die Liste der Laboratorien oder sonstigen Einrichtungen, die an den Leistungsbewertungsprüfungen beteiligt sind;

- Beginn und geplante Dauer der Evaluierungsarbeiten und – bei Produkten zur Eigenanwendung – den Ort sowie die Anzahl der beteiligten Laien;

- eine Erklärung, dass das betreffende Produkt – mit Ausnahme der Gesichtspunkte, die Gegenstand der Evaluierung sind, und den in der Erklärung ausdrücklich genannten Punkten – den Anforderungen der Richtlinie entspricht und dass alle Vorsichtsmaßnahmen zum Schutz der Gesundheit und der Sicherheit des Patienten, des Anwenders und anderer Personen getroffen wurden.

3. Der Hersteller verpflichtet sich ferner, für die zuständigen nationalen Behörden die Dokumentation bereitzuhalten, aus der die Auslegung, die Herstellung und die Leistungsdaten des Produkts einschließlich der vorgesehenen Leistung hervorgehen, so dass sich beurteilen lässt, ob es den Anforderungen dieser Richtlinie entspricht. Diese Dokumentation ist für einen Zeitraum von mindestens fünf Jahren nach Abschluss der Leistungsbewertungsprüfung aufzubewahren. Der Hersteller trifft alle erforderlichen Maßnahmen, damit im Herstellungsverfahren die Konformität der hergestellten Produkte mit der im ersten Absatz genannten Dokumentation sichergestellt wird.

4. Für Produkte für Leistungsbewertungszwecke gilt Artikel 10 Absätze 1, 3 und 5.

I. Die Bedeutung der Norm

1 § 12 ist eine Sondervorschrift zu § 6. Sie enthält diejenigen Regeln, die auf Medizinprodukte Anwendung finden sollen, die einen Sonderstatus einnehmen, und als Sonderanfertigungen oder In- Haus-Herstellungen in den Verkehr gebracht werden sollen. Sie regelt, wie mit Medizinprodukten zur klinischen Prüfung und mit In-vitro-Diagnostika zur Leistungsprüfung umzugehen ist, wenn sie zu diesem Zweck abgegeben werden sollen. Schließlich regelt § 12 wie beim Ausstellen von In-vitro-Diagnostika und Medizinprodukten zu verfahren ist, wenn sie zu diesem Zeitpunkt (noch) nicht die Voraussetzungen für das Inverkehrbringen und das Inbetriebnehmen erfüllen.

II. Sonderanfertigung

2 Die Definition der Sonderanfertigung findet sich in § 3 Nr. 8 S. 1. Es ist dies ein Medizinprodukt, das nach schriftlicher Verordnung nach speziellen Auslegungsmerkmalen angefertigt wird und zur ausschließlichen Anwendung bei einem namentlich benannten Patienten bestimmt ist. Das Gesetz stellt klar, dass auch diese Medizinprodukte den Grundlegenden Anforderungen entsprechen müssen, dass ein Konformitätsbewertungsverfahren durchgeführt worden sein muss und, dass der Verantwortliche für das erste Inverkehrbringen der zuständigen Behörde auf Anforderung eine Liste der (von ihm in Verkehr gebrachten) Sonderanfertigungen vorzulegen hat. Die Vorschrift ist gegenüber der früher geltenden Fassung verschärft worden. Früher waren die Grundlegenden Anforderungen nicht einzuhalten.[1] Der Hersteller hat in diesem Fall die Erklärungen in dem nach Anhang 6 der RiLi 90/385/EWG, bzw. Anhang VIII der RiLi 93/42/EWG vorgesehenen Umfang abzugeben (vgl. Text oben)

III. Medizinprodukte zur klinischen Prüfung

Der Gesetzgeber hat die Definition dessen, was ein Medizinprodukt zur klinischen Prüfung sein soll, im zweiten Gesetz zur Änderung des MPG ersatzlos gestrichen, mit der lapidaren Begründung, der Begriff sei aus sich heraus verständlich. Dem ist nur zuzustimmen.[2]

3 Die klinische Prüfung eines Medizinprodukts dient dazu, die dem Medizinprodukt vom Hersteller beigegebene Zweckbestimmung zu belegen, soweit dies durch andere Belege nicht oder nicht ausreichend geschehen kann (vgl. Kommentierung zu §§ 19 ff m.w.N.). Die klinische Prüfung ist Teil der klinischen Bewertung von Medizinprodukten nach § 19 MPG. Diese wiederum ist Teil des Konformitätsbewertungsverfahrens nach dessen Abschluss das Medizinprodukt die CE-Kennzeichnung

---

[1] Vgl. hierzu noch Nöthlichs, § 12 Nr. 1.3.
[2] Diese alte Definition geht zurück auf Art. 1 Abs. 2 lit. E der RiLi 93/42/EWG.

§ 12 Sonderanfertigungen, Medizinprodukte aus Eigenherstellung ...

tragen darf. Zur klinischen Prüfung bestimmte Medizinprodukte dürfen diese während der Dauer der klinischen Prüfung nicht tragen. Sie dürfen aber zur Durchführung von klinischen Prüfungen an einen begrenzten Personenkreis (Ärzte, Zahnärzte und sonstige zur Prüfung befugte Personen) abgegeben und damit in Verkehr gebracht werden. § 12 Abs. 2 ist demnach Sondervorschrift zu § 6 wonach Medizinprodukte nur mit dem CE- Kennzeichen in den Verkehr gebracht werden dürfen.

Abs. 2 S. 1 stellt darüber hinaus noch Anforderungen an die Dokumentation 4 für Medizinprodukte, die für die klinische Prüfung verwendet werden. Bei aktiven implantierbaren Medizinprodukten hat die Dokumentation nach Ziff. 3.2 Anhang 6 der RiLi 90/385/EWG zu enthalten: eine allgemeine Beschreibung des Produktes, Konstruktionszeichnungen, Fertigungsverfahren, insbesondere hinsichtlich der Sterilisation, sowie Pläne von Bauteilen, Baugruppen, Schaltungen usw. die zum Verständnis der genannten Zeichnungen und Pläne sowie der Funktionsweise des Produktes erforderlich sind, Beschreibungen und Erläuterungen, eine Liste der ganz oder teilweise angewandten Normen gemäß Art. 5 sowie eine Beschreibung der Lösungen zur Einhaltung der Grundlegenden Anforderungen dieser Richtlinie, falls die in Art. 5 genannten Normen nicht oder nicht vollständig angewandt worden sind; Ergebnisse der Konstruktionsberechnungen, Prüfungen, technische Tests usw. Der Hersteller trifft alle erforderlichen Maßnahmen, damit im Herstellungsverfahren die Übereinstimmung der hergestellten Produkte mit der in Abschnitt 3.1 und im vorstehenden Absatz vorliegenden Abschnitts genannten Dokumentation sichergestellt wird. Die Bewertung der Wirksamkeit dieser Maßnahmen kann der Hersteller durch ein Produktaudit vornehmen lassen.

Für andere Medizinprodukte muss die Dokumentation die Anforderungen von Ziff. 3.2 Anlage VIII, RiLi 93/42/EWG erfüllen. Sie ist weitgehend wortidentisch mit Ziff. 3.2 Anlage 6 RiLi 90/385/EWG, und enthält in Ziff. 4 eine fünfzehnjährige Aufbewahrungsfrist die der Auftraggeber der klinischen Prüfung einzuhalten hat. Ziff. 4 der Anlage 6 schreibt dagegen eine fünfjährige Frist für die Aufbewahrung der Dokumentation vor.

Das Gesetz fordert vom Auftraggeber der klinischen Prüfung bei aktiv implan- 5 tierbaren Medizinprodukten eine mindestens zehn Jahre dauernde, für sonstige Medizinprodukte eine mindestens fünf Jahre dauernde Aufbewahrung der nach Ziffer 2.2 Anhang 6 RiLi 90/385/EWG bzw. der Nummer 2.2 Anhang VIII RiLi 93/42/EWG in der Anzeige an die BOB zu machenden Angaben vor. Diese Frist beginnt mit dem Ende der klinischen Prüfung (§ 20 Abs. 6 Satz 6 MPG).

IV. In-vitro-Diagnostika

In-vitro-Diagnostika dürfen zur Leistungsbewertungsprüfung nur an einen begrenz- 6 ten, dazu befähigten Personenkreis abgegeben werden. Normadressat des § 12 Abs. 3 ist der Auftraggeber der Prüfung. Auch bei In-vitro-Diagnostika, die zur Leistungsbewertungsprüfung abgegeben werden sollen, verlangt das Gesetz, dass die Dokumentation die Anforderungen erfüllen muss, die in Ziff. 3 der Anlage VIII zur RiLi 98/79/EG festgeschrieben sind. Aus der Dokumentation müssen die

Auslegung, die Herstellung und die Leistungsdaten des Produktes einschließlich der vorgesehenen Leistung hervorgehen. Sie muss es ermöglichen, festzustellen, ob die Anforderungen der RiLi 98/79/EG eingehalten sind. Der Hersteller hat die Dokumentation mindestens 5 Jahre nach Abschluss der Leistungsbewertungsprüfung aufzubewahren. Im Übrigen ist diese Abgabe kein in den Verkehr bringen (§ 3 Nr. 11 b). Diese In-vitro-Diagnostika dürfen auch nicht mit der CE-Kennzeichnung versehen werden (§ 6 Abs. 1 S. 1).

V. In-Haus-Herstellungen

7   § 3 Nr. 21 und 22 gibt die Definition der In- Haus- Herstellung. Abs. 1 Satz 3 stellt die so entstandenen Medizinprodukte den Sonderanfertigungen gleich. Das Gesetz stellt klar, dass auch diese Medizinprodukte den Grundlegenden Anforderungen entsprechen müssen, und dass ein Konformitätsbewertungsverfahren durchgeführt worden sein muss. Das CE-Kennzeichen dürfen und müssen sie nicht tragen. Der Sinn dessen, dass sie wie Sonderanfertigungen behandelt werden sollen (ohne es zu sein) liegt darin, dass sie mit Patienten und Anwendern in Kontakt kommen, deren Schutz und Sicherheit damit gewährleistet werden soll.[3]

VI. Ausstellung

8   Werden Medizinprodukte zu Demonstrationszwecken ausgestellt, so sind Sicherheitsvorkehrungen zu treffen, solange das Medizinprodukt in der Ausstellungsversion nicht den Anforderungen für das erstmalige Inverkehrbringen entspricht oder kein CE-Kennzeichen tragen darf. In dieser Version darf es nicht verkauft werden. Das Medizinprodukt ist mit einem sichtbaren Schild zu versehen, welches auf diesen Umstand aufmerksam macht. Werden derart ausgestellte Medizinprodukte demonstriert, so sind Vorkehrungen zum Schutz von Personen zu treffen. Abs. 4 S. 3 verbietet es, In-vitro-Diagnostika an Proben von Ausstellungsbesuchern anzuwenden.

VII. Rechtsfolgen

9   § 12 ist Schutzgesetz im Sinne von § 823 Abs. 2 BGB.

---

[3] So die Begründung in BTDrS 14/7331 S. 47.

VIII. Sanktionen

1. Im Ordnungswidrigkeitenrecht

Ordnungswidrig handelt, wer eine Sonderanfertigung in Verkehr bringt oder in Betrieb nimmt welche nicht den Grundlegenden Anforderungen entspricht und bei der das Konformitätsbewertungsverfahren nicht durchgeführt worden ist (§ 42 Abs. 2 Nr. 6).

Ordnungswidrig handelt, wer ein Medizinprodukt oder ein In-vitro-Diagnostikum zur klinischen Prüfung an andere Personen als Ärzte oder Zahnärzte oder an nicht zur Durchführung von Prüfung entsprechende befähigte Personen abgibt, oder die Anforderungen an die Dokumentation und ihre Aufbewahrung nicht einhält (§ 42 Abs. 2 Nr. 7).

Ordnungswidrig handelt, wer ein Medizinprodukt ausstellt und es unterlässt dieses als nicht mit den Grundlegenden Anforderungen übereinstimmend zu kennzeichnen (§ 42 Abs. 2 Nr. 8).

Ordnungswidrig handelt, wer ein In-vitro-Diagnostikum an Proben von Besuchers der Ausstellung anwendet (§ 42 Abs. 2 Nr. 9).

§ 13 Klassifizierung von Medizinprodukten, Abgrenzung zu anderen Produkten

(1) Medizinprodukte mit Ausnahme der In-vitro-Diagnostika und der aktiven implantierbaren Medizinprodukte werden Klassen zugeordnet. Die Klassifizierung erfolgt nach den Klassifizierungsregeln des Anhangs IX der Richtlinie 93/42/EWG.

(2) Bei Meinungsverschiedenheiten zwischen dem Hersteller und einer Benannten Stelle über

1. die Anwendung der vorgenannten Regeln,

2. die Abgrenzung von Medizinprodukten zu anderen Produkten oder

3. die Einstufung, ob es sich bei Medizinprodukten der Klasse I um solche mit Messfunktion oder um steril in Verkehr gebrachte Medizinprodukte handelt,

hat die Benannte Stelle der zuständigen Bundesoberbehörde die Angelegenheit zur Entscheidung vorzulegen.

(3) Die zuständige Bundesoberbehörde entscheidet ferner auf Antrag einer zuständigen Behörde oder des Herstellers über

1. die Klassifizierung einzelner Medizinprodukte,

2. die Abgrenzung von Medizinprodukten zu anderen Produkten oder

3. die Einstufung, ob es sich bei Medizinprodukten der Klasse I um solche mit Messfunktion oder um steril in Verkehr gebrachte Medizinprodukte handelt.

(4) Die zuständige Behörde übermittelt alle Entscheidungen über die Klassifizierung von Medizinprodukten und zur Abgrenzung von Medizinprodukten zu anderen Produkten an das Deutsche Institut für Medizinische Dokumentation und Information zur zentralen Verarbeitung und Nutzung nach § 33 Abs. 1 Satz 1. Dies gilt für Entscheidungen der zuständigen Bundesoberbehörde nach Absatz 2 und 3 entsprechend.

Änderungen:
§ 13 Abs. 4 angef. mWv 30.06.2007 durch G v. 14.06.2007 (BGBl. I S. 1066); Abs. 2 geänd., Abs. 3 und Abs. 4 Satz 2 neu gef. mWv 21.03.2010 durch G v. 29.07. 2009 (BGBl. I S. 2326); Abs. 2 und 3 neu gef. mWv 01.01.2017 durch G v. 23.12.2016 (BGBl. I S. 3191).

RICHTLINIE 93/42/EWG DES RATES

vom 14. Juni 1993

über Medizinprodukte

(ABl. Nr. L 169 S. 1; ber. ABl. 1999 Nr. L 61 S. 55, ABl. Nr. L 125 S. 42; ABl. 2001 Nr. L 72 S. 8) Celex-Nr. 3 1993 L 0042. Zuletzt geändert durch Art. 2 ÄndRL 2007/47/EG vom 05.09.2007 (ABl. Nr. L 247 S. 21).

ANHANG IX

KLASSIFIZIERUNGSKRITERIEN

I. DEFINITIONEN

1. Definitionen zu den Klassifizierungsregeln

1.1. Dauer

Vorübergehend

Unter normalen Bedingungen für eine ununterbrochene Anwendung über einen Zeitraum von weniger als 60 Minuten bestimmt.

Kurzzeitig

Unter normalen Bedingungen für eine ununterbrochene Anwendung über einen Zeitraum von bis zu 30 Tagen bestimmt.

Langzeitig

Unter normalen Bedingungen für eine ununterbrochene Anwendung über einen Zeitraum von mehr als 30 Tagen bestimmt.

1.2. Invasive Produkte

Invasives Produkt

Produkt, das durch die Körperoberfläche oder über eine Körperöffnung ganz oder teilweise in den Körper eindringt.

Körperöffnung

Eine natürliche Öffnung in der Haut, sowie die Außenfläche des Augapfels oder eine operativ hergestellte ständige Öffnung, wie z. B. ein Stoma.

Chirurgisch-invasives Produkt

Invasives Produkt, das mittels eines chirurgischen Eingriffs oder im Zusammenhang damit durch die Körperoberfläche in den Körper eindringt.

Produkte, die vom vorstehenden Unterabsatz nicht erfasst werden und die anders als durch eine hergestellte Körperöffnung in den Körper eindringen, werden im Sinne dieser Richtlinie als chirurgisch-invasive Produkte behandelt.

Implantierbares Produkt

Jedes Produkt, das dazu bestimmt ist, durch einen chirurgischen Eingriff

- ganz in den menschlichen Körper eingeführt zu werden oder
- eine Epitheloberfläche oder die Oberfläche des Auges zu ersetzen und nach dem Eingriff dort zu verbleiben.

Als implantierbares Produkt gilt auch jedes Produkt, das dazu bestimmt ist, durch einen chirurgischen Eingriff teilweise in den menschlichen Körper eingeführt zu werden und nach dem Eingriff mindestens 30 Tage dort zu verbleiben.

1.3. Wiederverwendbares chirurgisches Instrument

Ein nicht in Verbindung mit einem aktiven Medizinprodukt eingesetztes, für einen chirurgischen Eingriff bestimmtes Instrument, dessen Funktion im Schneiden, Bohren, Sägen, Kratzen, Schaben, Klammern, Spreizen, Heften oder ähnlichem besteht und das nach Durchführung geeigneter Verfahren wiederverwendet werden kann.

1.4. Aktives Medizinprodukt

Medizinprodukt, dessen Betrieb von einer Stromquelle oder einer anderen Energiequelle (mit Ausnahme der direkt vom menschlichen Körper oder durch die Schwerkraft erzeugten Energie) abhängig ist. Ein Produkt, das zur Übertragung von Energie, Stoffen oder Parametern zwischen einem aktiven Medizinprodukt und dem Patienten eingesetzt wird, ohne dass dabei eine wesentliche Veränderung von Energie, Stoffen oder Parametern eintritt, wird nicht als aktives Medizinprodukt angesehen.

1.5. Aktives therapeutisches Medizinprodukt

Aktives Medizinprodukt, das entweder getrennt oder in Verbindung mit anderen Medizinprodukten eingesetzt wird und dazu bestimmt ist, biologische Funktionen oder Strukturen im Zusammenhang mit der Behandlung oder Linderung einer Krankheit, Verwundung oder Behinderung zu erhalten, zu verändern, zu ersetzen oder wiederherzustellen.

1.6. Aktives diagnostisches Medizinprodukt

Aktives Medizinprodukt, das entweder getrennt oder in Verbindung mit anderen Medizinprodukten eingesetzt wird und dazu bestimmt ist, Informationen für die Erkennung, Diagnose, Überwachung oder Behandlung von physiologischen Zuständen, Gesundheitszuständen, Krankheitszuständen oder angeborenen Missbildungen zu liefern.

1.7. Zentrales Kreislaufsystem

Im Sinne dieser Richtlinie sind unter dem „zentralen Kreislaufsystem" folgende Gefäße zu verstehen:

Arteriae pulmonales, Aorta ascendens, Arteriae coronariae, Arteria carotis communis, Arteria carotis externa, Arteria carotis interna, Arteriae cerebrales, Truncus brachiocephalicus, Venae cordis, Venae pulmonales, Vena cava superior, Vena cava inferior.

1.8. Zentrales Nervensystem

Im Sinne dieser Richtlinie ist unter dem „zentralen Nervensystem" folgendes zu verstehen: Gehirn, Hirnhaut und Rückenmark.

II. ANWENDUNGSREGELN

2. Anwendung der Regeln

2.1. Die Anwendung der Klassifizierungsregeln richtet sich nach der Zweckbestimmung der Produkte.

2.2. Wenn ein Produkt dazu bestimmt ist, in Verbindung mit einem anderen Produkt angewandt zu werden, werden die Klassifizierungsregeln auf jedes Produkt gesondert angewendet. Zubehör wird unabhängig von dem Produkt, mit dem es verwendet wird, gesondert klassifiziert.

2.3. Software, die ein Produkt steuert oder dessen Anwendung beeinflusst, wird automatisch derselben Klasse zugerechnet wie das Produkt.

2.4. Wenn ein Produkt nicht dazu bestimmt ist, ausschließlich oder hauptsächlich an einem bestimmten Teil des Körpers angewandt zu werden, muss es nach der spezifizierten Anwendung eingeordnet werden, die das höchste Gefährdungspotenzial beinhaltet.

2.5. Wenn unter Berücksichtigung der vom Hersteller angegebenen Leistungen auf ein und dasselbe Produkt mehrere Regeln anwendbar sind, so gilt die strengste Regel, sodass das Produkt in die jeweils höchste Klasse eingestuft wird.

III. KLASSIFIZIERUNG

1. Nicht invasive Produkte

1.1. Regel 1

Alle nicht invasiven Produkte gehören zur Klasse I, es sei denn, es findet eine der folgenden Regeln Anwendung.

1.2. Regel 2

Alle nicht invasiven Produkte für die Durchleitung oder Aufbewahrung von Blut, anderen Körperflüssigkeiten oder -geweben, Flüssigkeiten oder Gasen zum Zwecke einer Perfusion, Verabreichung oder Einleitung in den Körper gehören zur Klasse IIa,

- wenn sie mit einem aktiven medizintechnischen Produkt der Klasse IIa oder einer höheren Klasse verbunden werden können;

- wenn sie für die Aufbewahrung oder Durchleitung von Blut oder anderen Körperflüssigkeiten oder für die Aufbewahrung von Organen, Organteilen oder Körpergeweben eingesetzt werden;

in allen anderen Fällen werden sie der Klasse I zugeordnet.

1.3. Regel 3

Alle nicht invasiven Produkte zur Veränderung der biologischen oder chemischen Zusammensetzung des Blutes, anderer Körperflüssigkeiten oder Flüssigkeiten, die in den Körper perfundiert werden sollen, gehören zur Klasse IIb, es sei denn, die Behandlung besteht aus einer Filtration, Zentrifugierung oder dem Austausch von Gasen oder Wärme. In diesen Fällen werden sie der Klasse IIa zugeordnet.

1.4. Regel 4

Alle nicht invasiven Produkte, die mit verletzter Haut in Berührung kommen,

- werden der Klasse I zugeordnet, wenn sie als mechanische Barriere oder zur Kompression oder zur Absorption von Exsudaten eingesetzt werden;

- werden der Klasse IIb zugeordnet, wenn sie vorwiegend bei Wunden eingesetzt werden, bei denen die Dermis durchtrennt wurde und die nur durch sekundäre Wundheilung geheilt werden können;

- werden in allen anderen Fällen der Klasse IIa zugeordnet; hierzu zählen auch Produkte, die vorwiegend zur Beeinflussung der Mikroumgebung einer Wunde bestimmt sind.

2. Invasive Produkte

2.1. Regel 5

Alle invasiven Produkte im Zusammenhang mit Körperöffnungen – außer chirurgisch-invasive Produkte –, die nicht zum Anschluss an ein aktives Produkt bestimmt sind, gehören

- zur Klasse I, wenn sie zur vorübergehenden Anwendung bestimmt sind;

- zur Klasse IIa, wenn sie zur kurzzeitigen Anwendung bestimmt sind, es sei denn, sie werden in der Mundhöhle bis zum Rachen, im Gehörgang bis zum Trommelfell oder in der Nasenhöhle eingesetzt; in diesen Fällen werden sie der Klasse I zugeordnet;

- zur Klasse IIb, wenn sie zur langzeitigen Anwendung bestimmt sind, es sei denn, sie werden in der Mundhöhle bis zum Rachen, im Gehörgang bis zum Trommelfell oder in der Nasenhöhle eingesetzt und sie können nicht von der Schleimhaut resorbiert werden; in diesen Fällen werden sie der Klasse IIa zugeordnet.

Alle invasiven Produkte im Zusammenhang mit Körperöffnungen – außer chirurgisch-invasive Produkte –, die zum Anschluss an ein aktives Produkt der Klasse IIa oder einer höheren Klasse bestimmt sind, gehören zur Klasse IIa.

2.2. Regel 6

Alle zur vorübergehenden Anwendung bestimmten chirurgisch-invasiven Produkte gehören zur Klasse IIa, es sei denn,

- sie sind speziell zur Diagnose, Kontrolle oder Korrektur eines Defekts am Herzen oder am zentralen Kreislaufsystem in direktem Kontakt mit diesen Körperpartien bestimmt; in diesem Fall werden sie der Klasse III zugeordnet,

- es handelt sich um wiederverwendbare chirurgische Instrumente; in diesem Fall werden sie der Klasse I zugeordnet;

- sie sind zur Abgabe von Energie in Form ionisierender Strahlung bestimmt; in diesem Fall werden sie der Klasse IIb zugeordnet;

- sie sind dazu bestimmt, eine biologische Wirkung zu entfalten oder vollständig oder in bedeutendem Umfang resorbiert zu werden; in diesem Fall werden sie der Klasse IIb zugeordnet;

- sie sind zur Verabreichung von Arzneimitteln über ein Dosiersystem bestimmt, wenn das hierbei verwendete Verfahren unter Berücksichtigung der Art der Anwendung eine potenzielle Gefährdung darstellt; in diesem Fall werden sie der Klasse IIb zugeordnet.

2.3. Regel 7

Alle zur kurzzeitigen Anwendung bestimmten chirurgisch-invasiven Produkte gehören zur Klasse IIa, es sei denn,

- sie sind speziell zur Diagnose, Kontrolle oder Korrektur eines Defekts am Herzen oder am zentralen Kreislaufsystem in direktem Kontakt zugeordnet;

- oder sie sollen speziell in direktem Kontakt mit dem zentralen Nervensystem eingesetzt werden; in diesem Fall gehören sie zur Klasse III;

- sie sind zur Abgabe von Energie in Form ionisierender Strahlung bestimmt; in diesem Fall werden sie der Klasse IIb zugeordnet;

- sie sind dazu bestimmt, eine biologische Wirkung zu entfalten oder vollständig oder in bedeutendem Umfang resorbiert zu werden; in diesem Fall werden sie der Klasse III zugeordnet;

- sie sollen im Körper eine chemische Veränderung erfahren – mit Ausnahme solcher Produkte, die in die Zähne implantiert werden sollen –, oder sie sollen Arzneimittel abgeben; in diesen Fällen werden sie der Klasse IIb zugeordnet.

2.4. Regel 8

Alle implantierbaren Produkte sowie zur langzeitigen Anwendung Bestimmten chirurgisch-invasiven Produkte gehören zur Klasse IIb, es sei denn,

- sie sollen in die Zähne implantiert werden; in diesem Fall werden sie der Klasse IIa zugeordnet;
- sie sollen in direktem Kontakt mit dem Herz, dem zentralen Kreislaufsystem oder dem zentralen Nervensystem eingesetzt werden; in diesen Fällen werden sie der Klasse III zugeordnet;
- sie sind dazu bestimmt, eine biologische Wirkung zu entfalten oder vollständig oder in bedeutendem Umfang resorbiert zu werden; in diesem Fall werden sie der Klasse III zugeordnet;
- sie sollen im Körper eine chemische Veränderung erfahren – mit Ausnahme solcher Produkte, die in die Zähne implantiert werden sollen –, oder sie sollen Arzneimittel abgeben; in diesen Fällen werden sie der Klasse III zugeordnet.

3. Zusätzliche Regeln für aktive Produkte

3.1. Regel 9

Alle aktiven therapeutischen Produkte, die zur Abgabe oder zum Austausch von Energie bestimmt sind, gehören zur Klasse IIa, es sei denn, die Abgabe oder der Austausch von Energie an den bzw. mit dem menschlichen Körper kann unter Berücksichtigung der Art, der Dichte und des Körperteils, an dem die Energie angewandt wird, aufgrund der Merkmale des Produkts eine potenzielle Gefährdung darstellen; in diesem Fall werden sie der Klasse IIb zugeordnet. Alle aktiven Produkte, die dazu bestimmt sind, die Leistung von aktiven therapeutischen Produkten der Klasse IIb zu steuern oder zu kontrollieren oder die Leistung dieser Produkte direkt zu beeinflussen, werden der Klasse IIb zugeordnet.

3.2. Regel 10

Alle aktiven diagnostischen Produkte gehören zur Klasse IIa,

- wenn sie dazu bestimmt sind, Energie abzugeben, die vom menschlichen Körper absorbiert wird – mit Ausnahme von Produkten, deren Funktion es ist, den Körper des Patienten im sichtbaren Spektralbereich auszuleuchten;
- wenn sie zur In-vitro-Darstellung der Verteilung von Radiopharmaka bestimmt sind;
- wenn sie dazu bestimmt sind, eine direkte Diagnose oder Kontrolle von vitalen Körperfunktionen zu ermöglichen, es sei denn, sie sind speziell für die Kontrolle von vitalen physiologischen Parametern bestimmt,

bei denen die Art der Änderung zu einer unmittelbaren Gefahr für den Patienten führen könnte, z. B. Änderung der Herzfunktion, der Atmung oder der Aktivität des zentralen Nervensystems; in diesem Fall werden sie der Klasse IIb zugeordnet.

Aktive Produkte, die zum Aussenden ionisierender Strahlung sowie für die radiologische Diagnostik oder die radiologische Therapie bestimmt sind, einschließlich Produkte, die solche Produkte steuern oder kontrollieren oder die deren Leistung unmittelbar beeinflussen, werden der Klasse IIb zugeordnet.

Regel 11

Alle aktiven Produkte, die dazu bestimmt sind, Arzneimittel, Körperflüssigkeiten oder andere Stoffe an den Körper abzugeben und/oder aus dem Körper zu entfernen, werden der Klasse IIa zugeordnet, es sei denn, dass die Vorgehensweise – unter Berücksichtigung der Art der betreffenden Stoffe, des betreffenden Körperteils und der Art der Anwendung eine potenzielle Gefährdung darstellt; in diesem Fall werden sie der Klasse IIb zugeordnet.

3.3. Regel 12

Alle anderen aktiven Produkte werden der Klasse I zugeordnet.

4. Besondere Regeln

4.1. Regel 13

Alle Produkte, zu deren Bestandteilen ein Stoff gehört, der bei gesonderter Verwendung als Arzneimittel im Sinne des Artikels 1 der Richtlinie 65/65/EWG angesehen werden kann und der ergänzend zur Wirkung der Produkte auf den menschlichen Körper einwirken kann, werden der Klasse III zugeordnet. Alle Produkte, die als Bestandteil ein Derivat aus menschlichem Blut enthalten, gehören zur Klasse III.

4.2. Regel 14

Alle Produkte, die zur Empfängnisverhütung oder zum Schutz vor der Übertragung von sexuell übertragbaren Krankheiten eingesetzt werden sollen, werden der Klasse IIb zugeordnet, es sei denn, es handelt sich um implantierbare Produkte oder um invasive Produkte zur langzeitigen Anwendung; in diesem Fall werden sie der Klasse III zugeordnet.

4.3. Regel 15

Alle Produkte, die speziell zum Desinfizieren, Reinigen, Abspülen oder gegebenenfalls Hydratisieren von Kontaktlinsen bestimmt sind, werden der Klasse IIb zugeordnet. Alle Produkte, die speziell zum Desinfizieren von Produkten bestimmt sind, werden der Klasse IIa zugeordnet.

Diese Regel gilt nicht für Produkte, die zur Reinigung von anderen Produkten als Kontaktlinsen durch physikalische Einwirkung bestimmt sind.

4.4. Regel 16

Nicht-aktive Produkte, die speziell für die Aufzeichnung von Röntgendiagnosebildern bestimmt sind, werden der Klasse IIa zugeordnet.

4.5. Regel 17

Alle Produkte, die unter Verwendung von abgetöteten tierischen Geweben oder Folgeerzeugnissen hergestellt wurden, werden der Klasse III zugeordnet, es sei denn, diese Produkte sind dazu bestimmt, nur mit unversehrter Haut in Berührung zu kommen.

5. Regel 18

Abweichend von anderen Regeln werden Blutbeutel der Klasse IIb zugeordnet.

Inhaltsverzeichnis

I.	Die Bedeutung der Norm	1
II.	Das Verfahren der Klassifizierung	2
III.	Ausnahmen von der Klassifizierung	3
IV.	Meinungsverschiedenheiten über die Klassifizierung	4
V.	Klassifizierung, Abgrenzung zu anderen Produkten	5
VI.	Meldepflicht der zuständigen Behörden	6

Literatur
Lippert, Handelt es sich bei den in Heilbädern und in Kurorten abgegebenen ortsgebundenen Heilmitteln um Arzneimittel oder um Medizinprodukte? PharmR 2013, 517; ders. Die Abgrenzung von Arzneimitteln und Medizinprodukten am Beispiel der ortsgebundenen Heilmittel, PharmR 2015, 289.

I. Die Bedeutung der Norm

1 § 13 MPG nimmt im Konformitätsbewertungsverfahren eine zentrale Stellung ein. Die Klassifizierung der Medizinprodukte – also die Zuweisung zu einzelnen Risikoklassen – bildet die Grundlage für das Konformitätsbewertungsverfahren. Von der Klassifizierung hängt also letztlich auch ab, wer das Konformitätsbewertungsverfahren durchführen darf. Dies kann entweder der Hersteller selbst sein oder eine Benannte Stelle. Werden bei der Klassifizierung Fehler gemacht und gelangt das Medizinprodukt somit in eine falsche Risikoklasse, so ist auch das sich anschließende Konformitätsbewertungsverfahren fehlerhaft. Dies hat zur Konsequenz, dass das so bewertete Medizinprodukt das CE-Kennzeichen zu Unrecht trägt. Die Vermutungswirkung des Zeichens ist damit erschüttert. Die Vorschrift wurde mehrfach, 2007, 2009 und zuletzt 2016 geändert, erweitert und zuletzt präzisiert.

II. Das Verfahren der Klassifizierung

Das Verfahren zur Klassifizierung von Medizinprodukten richtet sich nach Art. 9 Richtlinie 93/42/EWG, sowie den Klassifizierungskriterien von den Regeln und ihren Anwendungen wie sie in Anl. IX zur Richtlinie 93/42/EWG enthalten sind. Die Kriterien sollen dem neuesten Stand der Erkenntnisse wiedergeben und müssen demzufolge angepasst werden. Durch die direkte Verweisung auf den Anhang IX der Richtlinie 93/42/EWG wird dies sichergestellt. Der neueste Stand der Erkenntnisse ist damit unmittelbar geltendes Recht.

III. Ausnahmen von der Klassifizierung

Von der Klassifizierung ausgenommen sind nach Abs. 1 In-vitro-Diagnostika und aktive implantierbare Medizinprodukte. Bei den ersteren macht die Klassifizierung keinen Sinn, für letztere gilt die Richtlinie 90/385/EWG als Sondervorschrift. Sie enthält keine Klassifizierungskriterien.

IV. Meinungsverschiedenheiten über die Klassifizierung

Zwischen dem Hersteller und der Benannten Stelle kann es im Konformitätsbewertungsverfahren zu unterschiedlichen Auffassungen bezüglich der Klassifizierung eines Medizinproduktes kommen. In diesem Fall kann die Benannte Stelle nicht abschließend entscheiden. Sie hat keine hoheitlichen Aufgaben. Mit der Benennung wird lediglich festgestellt, dass die Benannte Stelle die erforderliche Qualifikation als Prüfungsinstitut besitzt. Die Benannte Stelle hat daher die zuständige Behörde einzuschalten. Den Antrag stellt die Benannte Stelle. Für die Entscheidung der Behörde gilt das Verwaltungsverfahrensgesetz. Mit der Entscheidung der Behörde wird die Klassifizierung endgültig festgelegt. Gegen diese Entscheidung der Behörde steht dem Hersteller der Rechtsweg offen.

Zuständige Behörde für die Entscheidung im Streit um die Klassifizierung ist nach Art. 9 Abs. 2 Richtlinie 93/42/EG die für die Benannte Stelle zuständige, ansonsten die für den Hersteller zuständige Behörde.

Zutreffenderweise erstreckt sich die Zuständigkeit der Behörde auch auf die Vorfrage, ob überhaupt ein Medizinprodukt im Sinne von § 3 betroffen ist und wenn ja, ob es der Klassifizierung nach § 13 unterliegt.[1] Damit lässt sich aber nur ein Dissens in Deutschland ausräumen, nicht aber ein grenzüberschreitender, da sich

---

[1] In diesem Sinn auch mit ausführlicher Begründung Wagner in: Rehmann, Wagner, § 13 Rz. 15 ff.

§ 13 nur auf deutsche Medizinprodukte bezieht.[2] Antragsbefugt sind nur der Hersteller und die zuständige Landesbehörde. Die Entscheidung ist ein Verwaltungsakt und eröffnet ein förmliches Verwaltungsverfahren bis hin zur Anfechtungsklage.[3] Ein Konkurrent des Herstellers kann dieses Verfahren nicht in Gang setzen. Die Entscheidung ist nach der BGebV-MPG gebührenpflichtig.

V. Klassifizierung, Abgrenzung zu anderen Produkten

5 Ziel der Anwendung des Medizinproduktes in der Praxis muss es sein, in einer so bedeutsamen Frage wie der Klassifizierung von Medizinprodukten (im Hinblick auf das von ihnen ausgehende Gefährdungspotenzial) eine möglichst einheitliche Entscheidungspraxis herbeizuführen. Diesem Ziel dient Absatz 3. Auch die Abgrenzung von Medizinprodukten gegenüber anderen Produkten erfordert eine möglichst einheitliche Entscheidungspraxis. Die Stellungnahme der Bundesoberbehörde soll diese einheitliche Entscheidungspraxis unterstützen helfen. Dass die Emanzipation des MPG gegenüber dem AMG immer noch nicht vollständig erfolgt ist, zeigen die zahlreichen Streitigkeiten um die Abgrenzung von Arzneimitteln und Medizinprodukten mit der Folge von Zuweisungen sowohl zu den Arzneimitteln wie zu den Medizinprodukten.[4] Auch die Komplementärvorschrift zu § 13 MPG, § 2 Abs. 4 AMG hat diese Streitigkeiten bisher weder verringert noch ausgeschlossen.

VI. Meldepflicht der zuständigen Behörden

6 Nach Absatz 4. besteht eine Meldepflicht an das DIMDI. Die Meldepflicht der zuständigen Behörden will dafür sorgen, dass der Überblick über die getroffenen Entscheidungen der Behörden und der Bundesoberbehörde in Fragen der Klassifizierung sowie in Abgrenzungsfragen an einer Stelle dokumentiert werden.

---

[2] So Schorn, § 13 Rz. 13.
[3] So auch Hill, Schmitt, § 13 Rz. 9; Lücker in: Spickhoff, MPG § 13 Rz. 6 f.
[4] Vgl. z. B. die Zuordnung der ortsgebundenen Heilmittel kraft Gesetzes zu den Arzneimitteln, die von den zuständigen Landesbehörden konsequent geleugnet wird. Hierzu Lippert PharmR 2013, 517 und PharmR 2015, 289.

§ 14 Tätigkeiten im Zusammenhang mit Medizinprodukten

Medizinprodukte dürfen nur nach Maßgabe der Rechtsverordnung nach § 37 Absatz 5 betrieben und angewendet werden. Medizinprodukte dürfen nicht betrieben und angewendet werden, wenn sie Mängel aufweisen, durch die Patienten, Beschäftigte oder Dritte gefährdet werden können.

Inhaltsverzeichnis

I.	Die Bedeutung der Norm	1
II.	Anforderungen an das Errichten, Betreiben und Anwenden von Medizinprodukten	2
III.	Der einzuhaltende Maßstab	3
IV.	Der Verweis auf die Medizinproduktebetreiberverordnung	4
V.	Rechtsfolgen	5
VI.	Sanktionen	6

Änderungen:
geänd. mWv 01.01.2017 durch G v. 23.12.2016 (BGBl. I S. 3191).

Zugehörige Rechtsverordnung:
Verordnung über das Errichten, Betreiben und Anwenden von Medizinprodukten (Medizinprodukte- Betreiberverordnung – MPBetreibV –) Vom 29.06.1998 (BGBl. I S. 1762) in der Fassung der Bekanntmachung vom 21.08.2002 (BGBl. I S. 3396), die zuletzt durch Artikel 1 der Verordnung vom 27.09.2016 (BGBl. I S. 2203) geändert worden ist.

I. Die Bedeutung der Norm

Bei § 14 MPG handelt es sich um eine (auf das Wesentlich verkürzte) Zusammenfassung dessen, was bisher in §§ 22–24 MPG geregelt war, allerdings ohne die Verordnungsermächtigungen, die sich jetzt in § 37 Abs. 5 MPG wiederfinden. Die weiteren Regelungen in den bisherigen §§ 22–24 MPG sind (so die Begründung des Gesetzentwurf) an dieser Stelle entbehrlich, da sie sich bereits aus anderen Vorschriften ergeben, insbesondere aus den Regelungen der Medizinproduktebetreiberverordnung (MPBetreibV). 1

II. Anforderungen an das Errichten, Betreiben und Anwenden von Medizinprodukten

§ 14 MPG konkretisiert das Verbot des § 4 MPG für den Bereich des Errichtens, Betreibens, Anwendens und Instandhaltens. Die Details sind jedoch in der Medizinproduktebetreiberverordnung geregelt. 2

III. Der einzuhaltende Maßstab

3   § 14 MPG enthält in der Neufassung nicht mehr den bisherigen Hinweis, Medizinprodukte seien nach den allgemein anerkannten Regeln der Technik, den Arbeitsschutz- und Unfallverhütungsvorschriften zu errichten, zu betreiben und anzuwenden. Die genannten Vorschriften haben Betreiber und Anwender beim Umgang mit Medizinprodukten sowieso zu beachten, weil es sich um allgemeine Vorschriften handelt. Daher bedarf es eines gesonderten Hinweises auf deren Geltung nicht. Es ist zu begrüßen, dass der Gesetzgeber diesen eher überflüssigen (aber in anderen Gesetzen wie z.B. § 29 TFG und § 81 AMG nach wie vor anzutreffenden) Hinweis auf allgemein geltende Rechtsvorschriften aus dem Gesetzestext entfernt hat. Andere allgemeine Rechtsvorschriften, wie das Bürgerlich Gesetzbuch oder das Strafgesetzbuch gelten auch ohne einen dieser (hilfreichen?) Hinweise. Auch auf die Frage, was passiert, wenn ein Betreiber die Vorschrift nicht einhält, weil er sie nicht kennt oder sie nicht einhalten will, halten diese Vorschriften die passende Antwort bereit. Sie knüpfen an die Missachtung rechtliche Folgen.

IV. Der Verweis auf die Medizinproduktebetreiberverordnung

4   Wichtig ist der Verweis auf die Medizinproduktebetreiberverordnung, denn in ihr sind die Einzelheiten enthalten, die beim Errichten, Betreiben, Anwenden und Instandhalten von Medizinprodukten zu beachten sind. Ihrer großen praktischen Bedeutung wegen wird die Medizinproduktebetreiberverordnung im Anhang gesondert kommentiert.

V. Rechtsfolgen

5   § 14 MPG ist Schutzgesetz im Sinne von § 823 Abs. 2 BGB.

VI. Sanktionen

1. Im Strafrecht

6   Strafbar macht sich, wer ein Medizinprodukt betreibt oder anwendet, das Mängel aufweist, durch die Patienten, Beschäftigte oder Dritte gefährdet werden können (§ 40 Abs. 1 Nr. 4).

2. Im Ordnungswidrigkeitenrecht

7   Die bisherige Ordnungswidrigkeit im Sinne von § 45 Abs. 2 Nr. 11 ist entfallen.

Dritter Abschnitt
Benannte Stellen und Bescheinigungen

§ 15 Benennung und Überwachung der Stellen, Anerkennung und Beauftragung von Prüflaboratorien

(1) Bei der zuständigen Behörde kann ein Antrag auf Benennung als Benannte Stelle gestellt werden. Voraussetzung für die Benennung ist, dass die Befähigung der Stelle zur Wahrnehmung ihrer Aufgaben sowie die Einhaltung der Kriterien des Anhangs 8 der Richtlinie 90/385/EWG, des Anhangs XI der Richtlinie 93/42/EWG, des Anhangs IX der Richtlinie 98/79/EG und der Durchführungsverordnung (EU) Nr. 920/2013 der Kommission vom 24. September 2013 über die Benennung und Beaufsichtigung benannter Stellen gemäß der Richtlinie 90/385/EWG des Rates über aktive implantierbare medizinische Geräte und der Richtlinie 93/42/EWG des Rates über Medizinprodukte (ABl. L 253 vom 25.09.2013, S. 8) entsprechend den Verfahren, für die sie benannt werden soll, durch die zuständige Behörde in einem Benennungsverfahren festgestellt wurden. Die Benennung kann unter Auflagen erteilt werden und ist zu befristen. Die zuständige Behörde teilt der Europäischen Kommission die Benannten Stellen, die für Aufgaben im Zusammenhang mit der Durchführung von Konformitätsbewertungsverfahren nach Maßgabe der Rechtsverordnung nach § 37 Absatz 1 benannt wurden, sowie die Aufgabengebiete der Benannten Stellen mit.

(2) Die zuständige Behörde überwacht die Einhaltung der in Absatz 1 für Benannte Stellen festgelegten Verpflichtungen und Anforderungen. Die zuständige Behörde trifft die Anordnungen, die zur Beseitigung festgestellter Mängel oder zur Verhütung künftiger Verstöße notwendig sind. Die Überwachung der Benannten Stellen, die an der Durchführung von Konformitätsbewertungsverfahren für Medizinprodukte, die ionisierende Strahlen erzeugen oder radioaktive Stoffe enthalten, beteiligt sind, wird im Auftrag des Bundes durch die Länder ausgeführt. Die zuständige Behörde kann von der Benannten Stelle und deren mit der Leitung und der Durchführung von Fachaufgaben beauftragten Personal die zur Erfüllung ihrer Überwachungsaufgaben erforderlichen Auskünfte und sonstige Unterstützung verlangen. Die zuständige Behörde ist befugt, die Benannte Stelle bei Überprüfungen zu begleiten. Die Beauftragten der zuständigen Behörde sind befugt, zu den üblichen Betriebs- und Geschäftszeiten Grundstücke und Geschäftsräume sowie Prüflaboratorien zu betreten und zu besichtigen und die Vorlage von Unterlagen, insbesondere Unterlagen über die Erteilung der Bescheinigungen und zum Nachweis der Erfüllung der Anforderungen des Absatzes 1 Satz 2, zu verlangen. Das Betretungsrecht erstreckt sich auch auf Grundstücke des Herstellers und seiner Unterauftragnehmer von entscheidender Bedeutung, soweit die Überwachung dort erfolgt. § 26 Absatz 4 und 5 gilt entsprechend.

(3) Stellen, die der Europäischen Kommission und den anderen Mitgliedstaaten der Europäischen Union auf Grund eines Rechtsaktes des Rates oder

der Europäischen Kommission von einem Vertragsstaat des Abkommens über den Europäischen Wirtschaftsraum mitgeteilt wurden, sind Benannten Stellen nach Absatz 1 gleichgestellt.

(4) Die zuständige Behörde macht die deutschen Benannten Stellen mit ihren jeweiligen Aufgaben und ihrer Kennnummer auf ihrer Internetseite bekannt.

(5) Soweit eine Benannte Stelle zur Erfüllung ihrer Aufgaben Prüflaboratorien beauftragt, muss sie sicherstellen, dass diese die auf sie zutreffenden Kriterien des Anhangs 8 der Richtlinie 90/385/EWG, des Anhangs XI der Richtlinie 93/42/EWG in Verbindung mit Anhang I der Durchführungsverordnung (EU) Nr. 920/2013 oder des Anhangs IX der Richtlinie 98/79/EG entsprechend den Verfahren, für die sie beauftragt werden sollen, erfüllen. Die Erfüllung der Mindestkriterien ist in einem Anerkennungsverfahren durch die zuständige Behörde festzustellen. Die Anerkennung kann unter Auflagen erteilt werden und ist zu befristen. Absatz 2 Satz 1, 2, 4 bis 8 und Absatz 4 gelten entsprechend.

(6) Die Anerkennung nach Absatz 5 erlischt mit Fristablauf, mit der Einstellung des Betriebs des Prüflaboratoriums oder durch Verzicht. Die Einstellung oder der Verzicht sind der zuständigen Behörde unverzüglich schriftlich mitzuteilen. Die zuständige Behörde nimmt die Anerkennung zurück, soweit nachträglich bekannt wird, dass ein Prüflaboratorium bei der Anerkennung nicht die Voraussetzungen für eine Anerkennung erfüllt hat. Sie widerruft die Anerkennung, soweit die Voraussetzungen für eine Anerkennung nachträglich weggefallen sind. An Stelle des Widerrufs kann das Ruhen der Anerkennung angeordnet werden.

Inhaltsverzeichnis

I.	Bedeutung der Norm	1
II.	Akkreditierung, Benennung und Anerkennung	2
III.	Zuständige Behörde	5
IV.	Benennungsvoraussetzungen	6
V.	Benennungsverfahren	7
VI.	Informationspflichten	12
VII.	Überwachung	14
VIII.	Anerkennung von in anderen EU-/EWR-Staaten notifizierten Stellen	17
IX.	Anerkennung und Beauftragung von Prüflaboratorien sowie Erlöschens- und Aufhebungstatbestände	18
X.	Rechtsschutz	19

Änderungen:
§ 15 neu gef. mWv 01.01.2017 durch G v. 23.12.2016 (BGBl. I S. 3191).

Literatur
Böckmann, Frankenberger, Kap. 3.15; § 1; Dimitropoulos, Zertifizierung und Akkreditierung im Internationalen Verwaltungsverbund (2012); Edelhäuser, Poos, Rolle der Benannten Stellen, MPJ

2008, 173; Merten, Private Entscheidungsträger und Europäisierung der Verwaltungsrechtsdogmatik (2005); Nöthlichs, Kage, § 15; Rehmann in: Rehmann, Wagner, § 15; Röhl, Akkreditierung und Zertifizierung im Europäischen Produktsicherheitsrecht (2005); ders. Konformitätsbewertung im Europäischen Sicherheitsrecht (2006); ders., Schreiber, Konformitätsbewertung in Deutschland (2006); Plöger in: Schorn, Medizinprodukterecht, § 15; Soltau in: Anhalt, Dieners, Handbuch des Medizinprodukterechts, § 12; Spickhoff in: Spickhoff, Medizinrecht, §§ 15, 15a; WiKo, § 15.

I. Bedeutung der Norm

Die Bestimmung regelt die Benennung und Überwachung der für die Durchführung von Aufgaben in Verbindung mit Konformitätsbewertungsverfahren vorgesehenen Stellen, die Aufgaben und Befugnisse der hierfür zuständigen Behörde, den Status ausländischer Benannter Stellen sowie die Anerkennung und Beauftragung von Prüflaboratorien. Die Bestimmung soll primär die Qualität der Konformitätsbewertung durch Benannte Stellen sichern. Das in § 15 vorgesehene institutionelle und prozedurale Arrangement zielt darauf, die Anerkennungsfähigkeit der Konformitätsaussagen in ihrer vertikalen (innerstaatlichen) und horizontalen (transnationalen) Dimension abzusichern und so die für ein Konformitätsbewertungsverfahren maßgebliche Ressource des Vertrauens dauerhaft zu gewährleisten. Umgekehrt verdeutlicht Absatz 3, dass Vertrauen systembedingt notwendig reziprok ist.

1

II. Akkreditierung, Benennung und Anerkennung

Die „genuin europäische Verwaltungsstruktur"[1] des EU-Produktsicherheitsrechts weist zwei Ebenen auf, die Konformitätsbewertung (bzw. Zertifizierung) und die Akkreditierung.[2] Der durch die Verordnung (EG) Nr. 765/2008 und den Beschluss Nr. 768/2008/EG etablierte Neue Rechtsrahmen (New Legislative Framework, NLF) prägt seit 01.01.2010 die aktuelle Gestalt dieses Verwaltungssystems,[3] zu dem auch die Marktüberwachung gehört. Sein Zweck liegt „in der Bewertung und Gewährleistung der Konformität mit den geltenden Anforderungen".[4] Nach der Legaldefinition des Art. 2 Nr. 10 VO 765/2008 handelt es sich bei der – ausdrücklich als vertrauensbildende Maßnahme konzipierten[5] – Akkreditierung um eine

2

---

[1] Röhl (2000), S. 50 und passim.
[2] Nach der weiten Definition in Abschnitt 2.1 DIN EN ISO/IEC 17000:2005 („Darlegung, dass festgelegte Anforderungen bezogen auf ein Produkt, einen Prozess, ein System, eine Person oder eine Stelle erfüllt sind") umfasst der Begriff der Konformitätsbewertung auch die Akkreditierung. Dieser Definition kommt indes nur innersystemische Bedeutung zu, vgl. Röhl, Schreiber, S. 19.
[3] Dimitropoulos, S. 367; vgl. auch Bekanntmachung der Kommission Leitfaden für die Umsetzung der Produktvorschriften der EU 2016 („Blue Guide") (ABl. C 272 vom 26.07.2016, S. 1), Abschnitt 1.2 und passim.
[4] Egrd. 8 VO 765/2008.
[5] Vgl. Egrd. 13 VO 765/2008.

„Bestätigung durch eine nationale Akkreditierungsstelle, dass eine Konformitätsbewertungsstelle die in harmonisierten Normen festgelegten Anforderungen und, gegebenenfalls, zusätzliche Anforderungen, einschließlich solcher in relevanten sektoralen Akkreditierungssystemen, erfüllt, um eine spezielle Konformitätsbewertungstätigkeit durchzuführen". Die gesamte Produktgesetzgebung der EU muss an den Rechtsrahmen des NLF inhaltlich, aber auch begrifflich angepasst werden. Zu den acht Richtlinien, die mit Wirkung vom 20.04.2016 zusammen in einem sog. Alignment Package revidiert wurden, gehörte jedoch keine der Medizinprodukte-Richtlinien. Auch wenn MP-VO[6] und IVD-VO[7] eine entsprechende Angleichungspflicht „gegebenenfalls" vorsehen, dürfte der Begriff der Akkreditierung auch künftig keine Rolle im EU-Medizinprodukterecht spielen.

3   Schon seit Inkrafttreten der 4. MPG-Novelle am 21.03.2010 wird der Begriff „Akkreditierung" auch im MPG nicht mehr verwendet. Er wurde zum einen deshalb gestrichen, weil die Definition in Art. 2 Nr. 10 VO 765/2008 deutlich von der ihm ursprünglich im MPG zugeordneten Bedeutung abwich und daher eine Klarstellung erforderlich erschien,[8] und zum anderen, um die hohe Qualität der Arbeit von Benannten Stellen im Medizinproduktebereich sicherzustellen.[9] Seither ist für die Befähigung einer Benannten Stelle das erfolgreiche Durchlaufen eines Benennungsverfahrens bei der Zentralstelle der Länder für Gesundheitsschutz bei Arzneimitteln und Medizinprodukten (ZLG) als zuständiger Behörde[10] entscheidend.[11] Entsprechendes gilt für die Anerkennung von Prüflaboratorien. Die Anerkennung ist insofern akzessorisch, als sie die Beauftragung durch eine Benannte Stelle voraussetzt (vgl. Absatz 5). Legaldefinitionen der Begriffe „Benennung" und „Anerkennung" kennt das Medizinprodukterecht nicht. Im Kern bezeichnen sie den erfolgreichen Abschluss des Benennungsverfahrens nach Absatz 1 Satz 1 und 2[12] und des Anerkennungsverfahrens nach Absatz 5.

Akkreditierung und Benennung sind „zwei voneinander zu unterscheidende und eigenständige Prozesse".[13] Dies verdeutlicht z. B. auch der Wortlaut von Art. 9 Durchführungsverordnung (EU) Nr. 920/2013 („Basiert eine Benennung auf einer Akkreditierung ..."). Die Benennung ist also gegenüber der Akkreditierung ein Aliud.[14] Stellt eine Akkreditierung die Bestätigung der Kompetenz einer Konformitätsbewertungsstelle und damit ihr „technisches Können" dar, so handelt es sich bei der Benennung um die Erteilung der Befugnis, dass eine Konformitätsbewertungsstelle

---

[6] Egrd. 20.
[7] Egrd. 18.
[8] BR-Drs. 172/09, S. 28, 41; BT-Drs. 16/12258, S. 22, 28.
[9] BR-Drs. 172/09, S. 28; BT-Drs. 16/12258, S. 22.
[10] Vgl. dazu unten Rz. 5.
[11] BR-Drs. 172/09, S. 28; BT-Drs. 16/12258, S. 22.
[12] Plöger in: Schorn, § 15 Rz. 14; Rehmann in: Rehmann, Wagner, § 15 Rz. 5.
[13] BT-Drs. 16/12983, S. 14.
[14] Zumindest unklar Rehmann in: Rehmann, Wagner, § 15 Rz. 5: „(…) Benennung, die somit der Akkreditierung entspricht (…)".

als solche tätig werden darf, betrifft also ihr „rechtliches Dürfen".[15] In der Regel folgt letztere auf erstere.[16] Für den Fall, dass die Benennung auf einer Akkreditierung basiert, sieht Art. 9 Durchführungsverordnung 920/2013 im Anwendungsbereich der Richtlinien 90/385/EWG und 93/42/EWG einen Informationsaustausch zwischen benennender Behörde und Akkreditierungsstelle vor.

Nach § 1 Abs. 1 Akkreditierungsstellengesetz (AkkStelleG) ist in Konkretisierung der NLF-Vorgaben seit 01.01.2010 für alle Akkreditierungen ausschließlich die Deutsche Akkreditierungsstelle GmbH (DAkkS) zuständig. Indes nutzt die DAkkS entsprechend der Vorgabe des § 2 Abs. 3 S. 2 AkkStelleG das Fachwissen der ZLG und zieht es gutachterlich heran. Die Akkreditierungsentscheidung verbleibt in der DAkkS. Einzelheiten der Kooperation regelt eine Verwaltungsvereinbarung zwischen der DAkkS und der ZLG. Die von der ZLG vorgeschlagenen und vom Akkreditierungsbeirat der DAkkS ermittelten „Allgemeinen Regeln für die Akkreditierung im Bereich Medizinprodukte" (71 SD 3 016, Revision: 1.2, 16.10.2013) verweisen auf jeweils spezifische Anforderungen an zu akkreditierende Laboratorien, Inspektionsstellen, Zertifizierungsstellen für Medizinprodukte und Zertifizierungsstellen für Qualitätsmanagementsysteme. So können Zertifizierungsstellen akkreditiert werden, wenn sie die „Regeln für die Akkreditierung von Zertifizierungsstellen im Bereich Medizinprodukte" (71 SD 3 019) erfüllen. Danach ist eine Akkreditierung nur möglich, wenn neben den einschlägigen Normen u. a. auch die Voraussetzungen des MPG sowie der dazu erlassenen Verordnungen, des Anhangs 8 der Richtlinie 90/385/EWG, des Anhangs XI der Richtlinie 93/42/EWG bzw. des Anhangs IX der Richtlinie 98/79/EG und des MEDDEV guidance document 2.10/2 „Designation and Monitoring of Notified Bodies within the Framework of EC Directives on Medical Devices" eingehalten werden. Dem 2009 festgestellten Befund des Gesetzgebers, Akkreditierungen seien nicht ausreichend, um einen hohen Patientenschutz zu gewährleisten,[17] lässt sich daher nicht mehr uneingeschränkt beipflichten.[18]

Neben der Akkreditierung erfüllt die ZLG im Auftrag der DAkkS gemäß § 2 Abs. 3 S. 3 AkkStelleG i.V.m. § 4 S. 2 AkkStelleG-Beleihungsverordnung (AkkStelleGBV) auch Überwachungsaufgaben im Bereich Medizinprodukte.

III. Zuständige Behörde

Welche Behörde für die Benennung und Überwachung zuständig ist, regelt § 15 nicht. Nach Art. 83 GG führen die Länder das MPG als eigene Angelegenheit aus. Sie haben im „Zweiten Abkommen zur Änderung des Abkommens über

---

[15] BT-Drs. 16/12983, S. 14.
[16] Ebd.
[17] Vgl. BR-Drs. 172/09, S. 41; BT-Drs. 16/12258, S. 28.
[18] Gleichwohl kommt dem Benennungsverfahren unter dem Gesichtspunkt des Patientenschutzes nach wie vor die bei weitem größere Bedeutung zu.

die Zentralstelle der Länder für Gesundheitsschutz bei Arzneimitteln und Medizinprodukten" vom 15.12.2011,[19] das am 01.04.2013 in Kraft getreten ist,[20] die ausschließliche Zuständigkeit der ZLG festgelegt. Art. 2 S. 1 ZLG-Abkommen lautet wie folgt: „Die ZLG vollzieht im Bereich der Medizinprodukte die Aufgaben der Länder im dritten Abschnitt des Gesetzes über Medizinprodukte (MPG) vom 02.08.1994 in der Neufassung vom 07.08.2002 (BGBl. I S. 3147) und die Aufgaben der Befugnis erteilenden Behörde im Gesetz über die Akkreditierungsstelle (AkkStelleG) vom 31.07.2009 (BGBl. I S. 2625) in den jeweils geltenden Fassungen." Ihr obliegt nach Art. 2 S. 2 Nr. 1 ZLG-Abkommen insbesondere die Benennung und Überwachung der Benannten Stellen.[21] § 1 Abs. 2 AkkStelleG lässt die in § 15 Abs. 1 i.V.m. Art. 2 S. 2 Nr. 1 ZLG-Abkommen festgelegte Zuständigkeit der ZLG, Stellen die Befugnis zu erteilen, als Konformitätsbewertungsstelle tätig zu werden, ausdrücklich unberührt.

IV. Benennungsvoraussetzungen

6   Eine Benennung setzt materiell voraus, dass die Stelle die ihr obliegenden Aufgaben wahrnehmen kann (Absatz 1 Satz 2 Alt. 1). Hierzu gehört namentlich die rechtskonforme Durchführung der Konformitätsbewertung nach den jeweils relevanten Anhängen der Richtlinien und der Empfehlung der Kommission zu den Audits und Bewertungen, die von benannten Stellen im Bereich der Medizinprodukte durchgeführt werden (2013/473/EU). Zudem müssen die Kriterien des Anhangs 8 der Richtlinie 90/385/EWG, des Anhangs XI der Richtlinie 93/42/EWG oder des Anhangs IX der Richtlinie 98/79/EG und – im Anwendungsbereich der Richtlinien 90/385/EWG und 93/42/EWG – der Durchführungsverordnung 920/2013 entsprechend den Verfahren, für die die Stelle benannt werden soll, eingehalten werden (Absatz 1 Satz 2 Alt. 2). Ein zentrales Kriterium der Richtlinienanhänge bildet die gesellschaftsrechtliche, finanzielle und personelle Unabhängigkeit der Stelle.[22] Sollen Produkte zertifiziert werden, die in den sachlichen Anwendungsbereich der Richtlinien 90/385/EWG und 93/42/EWG fallen, sind die rechtsverbindlichen Auslegungshinweise der Kommission für Anhang 8 der Richtlinie 90/385/EWG und Anhang XI der Richtlinie 93/42/EWG (Art. 2 i.V.m. Anhang 1 der Durchführungsverordnung 920/2013) vorrangig zu beachten. Nach den von der ZLG veröffentlichten „Regeln für die Benennung von zu benennenden Stellen" (220 RE01, 03/2010)[23] „müssen" außerdem die Voraussetzungen des Leitfadens MEDDEV 2.10/2 „Designation and Monitoring of Notified Bodies within the Framework of EC Directives on Medical Devices", der

---

[19] GV. NRW. 2012 S. 278. Die Erstfassung des Abkommens wurde am 30.06.1994 beschlossen (GV. NW. 1994 S. 972).
[20] GV. NRW. 2013 S. 230.
[21] Ebenso VG Aachen, Urt. v. 31.10.2014 – 7 K 2696/1, StoffR 2014, 254, 255.
[22] Näher dazu Böckmann, Frankenberger, Kap. 3.15.3.2.
[23] Sie ergänzen die „Allgemeinen Regeln für die Anerkennung und Benennung" (200 RE01, 03/2010) der NBOG.

DIN EN ISO/IEC 17021 [*recte*: 17011] „Konformitätsbewertung – Anforderungen an Stellen, die Managementsysteme auditieren und zertifizieren" und der DIN EN 45011 „Allgemeine Anforderungen an Stellen, die Produktzertifizierungssysteme betreiben" erfüllt sein. Das ist insofern *praeter legem*, als der MEDDEV-Leitfaden rechtlich unverbindlich ist. Die Bezugnahme auf die beiden Normen als verpflichtende Voraussetzung der Benennung trifft dagegen zu.[24] Ferner sind die „Regeln für die Benennung von zu benennenden Stellen" der ZLG insofern überholt, als die DIN EN 45011 inzwischen durch die DIN EN ISO/IEC 17065:2013-01 „Konformitätsbewertung – Anforderungen an Stellen, die Produkte, Prozesse und Dienstleistungen zertifizieren" ersetzt worden ist. Weitere für die Praxis wichtige, teilweise jedoch überholte Hinweise zu den inhaltlichen Anforderungen an die Benennung von Stellen finden sich in dem von der Notified Body Operations Group (NBOG) herausgegebenen Handbuch für benennende Behörden.[25]

V. Benennungsverfahren

In formeller Hinsicht ist entsprechend Art. 3 Durchführungsverordnung 920/2013 für eine Benennung die Durchführung eines entsprechenden Verfahrens erforderlich (Absatz 1 Satz 2). Da die ZLG nach Art. 1 ZLG-Abkommen eine dem für das Gesundheitswesen zuständigen Ministerium des Landes Nordrhein-Westfalen unterstehende Einrichtung in Bonn ist, findet auf das Benennungsverfahren das Verwaltungsverfahrensgesetz für das Land Nordrhein-Westfalen (VwVfG NRW) Anwendung.[26]

7

Die maßgeblichen spezifischen Verfahrensvorschriften finden sich für den Bereich der Richtlinien 90/385/EWG und 93/42/EWG in Art. 3 Durchführungsverordnung 920/2013. Ihre Unionsrechtskonformität ist zwar zweifelhaft,[27] doch gehen sie nationalen Bestimmungen vor, solange sie nicht aufgehoben sind. Danach sind bei Erstanträgen sowie Anträgen auf Verlängerung und Erweiterung des Geltungsbereichs der Benennung die Europäische Kommission und die übrigen Mitgliedstaaten der EU am Benennungsverfahren zu beteiligen. Dies gilt sowohl für die Phase der Prüfung, einschließlich der Begutachtung vor Ort, als auch für den Abschnitt der Bewertung. Ergänzende Hinweise zum Ablauf des Benennungsverfahrens finden sich im NBOG-Praxisleitfaden „(Re-)designation of notified bodies: Process for joint assessments" (NBOG BPG 2016-1) vom Juni 2016, im Kommissionsleitfaden MEDDEV 2.10/2, in den „Allgemeinen Regeln für die Anerkennung und Benennung" (200 RE01, 03/2010) der ZLG und im Handbuch für benennende Behörden der NBOG.

8

---

[24] Böckmann, Frankenberger, Kap. 3.15.3.2, meinen dagegen irrig, die Akkreditierungen könnten berücksichtigt werden; ungenau auch Spickhoff, §§ 15, 15a Rz. 7: „Indizcharakter".
[25] http://www.nbog.eu/resources/da_handbook_de.pdf.
[26] Vgl. auch Soltau in: Anhalt, Dieners, § 12 Rz. 5, 41.
[27] Näher Spickhoff in: Spickhoff, §§ 15, 15a Rz. 7.

9 Das Verfahren beginnt mit einem Antrag auf Benennung als Benannte Stelle bei der ZLG (Absatz 1 Satz 1). Eine Konformitätsbewertungsstelle, d. h. eine Stelle, die Kalibrierungs-, Prüfungs-, Zertifizierungs- und Inspektionstätigkeiten gemäß Anhang I Art. R1 Abs. 3 Beschluss 768/2008/EG durchführt (Art. 1 lit. b Durchführungsverordnung 920/2013), verwendet im Bereich der Richtlinien 90/385/EWG und 93/42/EWG das Antragsformular in Anhang II der Durchführungsverordnung 920/2013 (Art. 3 Abs. 1 UAbs. 1 S. 1 Durchführungsverordnung 920/2013). In dem Antrag müssen die Konformitätsbewertungstätigkeiten, die Konformitätsbewertungsverfahren und die Kompetenzbereiche, für die eine Benennung angestrebt wird, aufgeführt werden (Art. 3 Abs. 1 UAbs. 2 S. 1 Durchführungsverordnung 920/2013). Für Letztere und deren Unterbereiche sind die im „New Approach Notified and Designated Organisations" (NANDO) verwendeten Codes anzugeben (Art. 3 Abs. 1 UAbs. 2 S. 2 Durchführungsverordnung 920/2013). Die einschlägige Nomenklatur findet sich im NBOG-Praxisleitfaden „Guideline for Designating Authorities to Define the Notification Scope of a Notified Body Conducting Medical Devices Assessment" (NBOG BPG 2009-3).

10 Die zweite Verfahrensphase besteht in der Bewertung des Antrags. Sie wird anhand einer Bewertungscheckliste vorgenommen, die mindestens die in Anhang II der Durchführungsverordnung 920/2013 aufgeführten Punkte abdecken muss (Art. 3 Abs. 2 UAbs. 1 S. 1 Durchführungsverordnung 920/2013). Die Bewertung umfasst eine Vor-Ort-Bewertung (Art. 3 Abs. 2 UAbs. 1 S. 2 Durchführungsverordnung 920/2013), d. h. eine „Überprüfung in den Räumlichkeiten der Stelle oder eines ihrer Unterauftragnehmer oder einer ihrer Zweigstellen durch die benennenden Behörde" (Art. 1 lit. g Durchführungsverordnung 920/2013). An der gesamten Bewertung nehmen Vertreter der benennenden Behörden zweier anderer Mitgliedstaaten sowie ein Vertreter der Kommission teil (Art. 3 Abs. 2 UAbs. 2 S. 1 Durchführungsverordnung 920/2013). Sie verfassen innerhalb von 45 Tagen nach der Vor-Ort-Bewertung einen Bericht zu möglichen Verstößen gegen die in Anhang I Art. 1 lit. g Durchführungsverordnung 920/2013 konkretisierten Benennungskriterien, der auch eine Empfehlung zur Benennung der Stelle enthalten muss (Art. 3 Abs. 2 UAbs. 2 S. 3 Art. 1 lit. g Durchführungsverordnung 920/2013). Die ZLG verfasst ihren eigenen Bewertungsbericht (vgl. Art. 3 Abs. 4 Durchführungsverordnung 920/2013).

Den dritten Verfahrensschritt bildet eine Vorentscheidungsphase, in der die benennenden Behörden und die Kommission in einen Meinungsaustausch mit der ZLG treten, Bedenken äußern und Empfehlungen gegenüber ihr aussprechen können (Art. 3 Abs. 5, Abs. 6 UAbs. 1, 2 S. 1 Durchführungsverordnung 920/2013).

In der vierten Verfahrensphase trifft die ZLG die Entscheidung über die beantragte Benennung. Sie hat hierbei die Empfehlungen zu berücksichtigen (Art. 3 Abs. 6 UAbs. 2 S. 2 Durchführungsverordnung 920/2013). Befolgt sie die Empfehlungen nicht, muss sie innerhalb von zwei Wochen nach ihrer Entscheidung die Gründe dafür angeben (Art. 3 Abs. 6 UAbs. 2 S. 3 Durchführungsverordnung 920/2013). Die Entscheidung ist ein Verwaltungsakt i.S.v. § 35 S. 1 VwVfG NRW. Mit der wirksamen Bekanntgabe der Entscheidung gegenüber dem Antragsteller endet das Benennungsverfahren. Die anschließende Notifizierung nach Absatz 1 Satz 4 ist nicht mehr Teil des Benennungsverfahrens.

11 Liegen die Voraussetzungen des Absatzes 1 Satz 1 vor, hat der Antragsteller einen Anspruch auf eine positive Benennungsentscheidung und nicht nur einen Anspruch auf ermessensfehlerfreie Entscheidung. Zwar ist der Wortlaut der Bestimmung deutungsoffen, doch gebietet Art. 12 Abs. 1 GG eine verfassungskonforme Auslegung im Sinne einer gebundenen Entscheidung der ZLG.[28]

Die Benennung kann „nach pflichtgemäßem Ermessen" (§ 36 Abs. 2 VwVfG NRW) unter Auflagen erteilt werden (Absatz 1 Satz 3 Alt. 1). Eine Auflage ist nach der Legaldefinition des § 36 Abs. 2 Nr. 5 VwVfG NRW eine „Bestimmung, durch die dem Begünstigten ein Tun, Dulden oder Unterlassen vorgeschrieben wird". Danach kann die Stelle etwa verpflichtet werden, der ZLG erhebliche Änderungen in der Personal- oder Sachausstattung mitzuteilen. Die Auflage darf dem Zweck der Benennung nicht widersprechen (§ 36 Abs. 3 VwVfG NRW).

Die Benennung ist zu befristen (Absatz 1 Satz 3 Alt. 2). Im Bereich der Richtlinien 90/385/EWG und 93/42/EWG beträgt die maximale Gültigkeitsdauer der Benennung fünf Jahre (Art. 3 Abs. 7 UAbs. 2 Durchführungsverordnung 920/2013).

VI. Informationspflichten

Der Status als „Benannte Stelle" (*notified body*) wird erst mit der Mitteilung (*notification*) an die EU-Kommission nach Absatz 1 Satz 4 erreicht. Dies ergibt sich auch aus der Legaldefinition des § 3 Nr. 20, der zufolge eine Benannte Stelle eine Stelle ist, die für die Durchführung von Konformitätsbewertungsverfahren vorgesehen ist und die gegenüber der EU-Kommission und den anderen EWR-Staaten „benannt worden ist". Freilich vermengt der deutsche Gesetzgeber hier die Begriffe der Benennung und Notifizierung,[29] wohingegen die maßgeblichen unionsrechtlichen Normen (Art. 11 Abs. 1 UAbs. 1 Richtlinie 90/385/EWG, Art. 16 Abs. 1 UAbs. 1 Richtlinie 93/42/EWG und Art. 15 Abs. 1 UAbs. 1 Richtlinie 98/79/EG) klar zwischen *designation* und *notification* unterscheiden.[30] Nach dem Blue Guide 2016 liegt die Notifizierung im Ermessen der Mitgliedstaaten, sodass sie nicht verpflichtet seien, alle Stellen zu notifizieren.[31] Demgegenüber sieht Absatz 1 Satz 4 zwingend vor, dass die Stelle und ihre Aufgabengebiete nach erteilter Benennung der Europäischen Kommission gemeldet wird. Das entspricht den Vorgaben von Art. 11 Abs. 1 UAbs. 1 Richtlinie 90/385/EWG, Art. 16 Abs. 1 UAbs. 1 S. 1 Richtlinie 93/42/EWG und Art. 15 Abs. 1 UAbs. 1 S. 1 Richtlinie 98/79/EG. Die hierfür zuständige Behörde[32] ist die ZLG (Absatz 1 Satz 4).

Zudem ist die ZLG verpflichtet, die deutschen Benannten Stellen mit ihren jeweiligen Aufgaben und ihrer Kennnummer auf ihrer Internetseite bekannt zu machen

---

[28] Merten, S. 202 f.; a.A. Nöthlichs, Kage, § 15 Anm. 4 mit abwegigem Rekurs auf den Blue Guide 2000 und den Wortlaut der Norm.

[29] Plöger in: Schorn, § 15 Rz. 14, spricht insofern zu Recht von einer irreführenden *falsa demonstratio* des Gesetzgebers.

[30] Vgl. auch Bekanntmachung der Kommission Leitfaden für die Umsetzung der Produktvorschriften der EU 2016 („Blue Guide") (ABl. C 272 vom 26.07.2016, S. 1), Abschnitt 5.3.2.1.

[31] Ebd.

[32] Vgl. oben Rz. 5.

(Absatz 4). Die Bestimmung dient der Öffentlichkeitsinformation und effektuiert das Recht der Hersteller, sich an eine Benannte Stelle ihrer Wahl zu wenden. Daneben trägt sie zur Entbürokratisierung bei, da die zuvor bestehenden zeit- und kostenaufwendigen regelmäßigen Aktualisierungen des Verzeichnisses der deutschen Benannten Stellen im Bundesanzeiger durch das BMG entfallen sind.[33]

VII. Überwachung

14 Nach Absatz 2 Satz 1 überwacht die – hierfür zuständige[34] – ZLG die Einhaltung der in Absatz 1 für die Benannten Stellen festgelegten Verpflichtungen und Anforderungen. Davon umfasst sind etwa auch die Aufgaben und Tätigkeiten der Benannten Stellen im Rahmen der Marktüberwachung.[35] Die ZLG vollzieht ihre Überwachungsaufgabe durch regelmäßige und anlassbezogene Maßnahmen. Neben der Überwachung vor Ort können zusätzlich Observed Audits und/oder Witnesstests durchgeführt werden. Anzahl und Umfang der Überwachungsaktionen richten sich nach dem Geltungsbereich und der Anzahl der durchgeführten Prüf- und Zertifizierungsverfahren.[36] Die Überwachungskompetenz der ZLG erstreckt sich auch auf diejenigen Benannten Stellen, die Konformitätsbewertungsverfahren für Medizinprodukte durchführen, die ionisierende Strahlen erzeugen oder radioaktive Stoffe enthalten (Absatz 2 Satz 3).

Die ZLG trifft die Anordnungen, die zur Beseitigung festgestellter Mängel oder zur Verhütung künftiger Verstöße notwendig sind (Absatz 2 Satz 2). So kann sie etwa gegenüber einer Benannten Stelle verfügen, dass diese Mängel einer technischen Dokumentation im Hinblick auf die Erteilung oder Aufrechterhaltung einer Bescheinigung nicht anders als Mängel eines beantragten oder genehmigten Qualitätssicherungssystems behandeln darf.[37]

15 Die einzelnen Überwachungsbefugnisse der ZLG (Absatz 2 Sätze 4 bis 7) umfassen Auskunfts- und sonstige Unterstützungsrechte, ein Teilnahmerecht, Betretens- und Besichtigungsrechte sowie Einsichtsrechte. Die Betretens-, Besichtigungs- und Einsichtsrechte erstrecken sich auch auf Prüflaboratorien. Grundstücke des Herstellers dürfen ebenfalls betreten werden, soweit die Überwachung dort erfolgt. Dasselbe gilt für Grundstücke der Unterauftragnehmer von entscheidender Bedeutung. Unterauftragnehmer von entscheidender Bedeutung sind insbesondere solche, die wesentliche Teile oder das gesamte Produkt für den Hersteller produzieren.[38]

---

[33] BR-Drs. 4/07, S. 43; BT-Drs. 16/4455, S. 38.

[34] Vgl. oben Rz. 5.

[35] Kommission, MEDDEV 2.10/6, Abschnitt III.3; Edelhäuser, Poos, MPJ 2008, 173, 176 f.

[36] Kommission, MEDDEV 2.10/6, Abschnitt III.3; ZLG, Allgemeine Regeln für die Anerkennung und Benennung (200 RE01, 03/2010), Abschnitt 4.

[37] VG Aachen, Urt. v. 31.10.2014 – 7 K 2696/1, StoffR 2014, 254 ff.; OVG Münster, Beschl. v. 22.01.2016 – 13 A 2433/14, juris.

[38] BT-Drs. 18/9518, S. 109; BR-Drs. 410/16, S. 110.

Hintergrund dieser Regelung sind die Vorgaben der Durchführungsverordnung 920/2013 und der Empfehlung der Kommission zu den Audits und Bewertungen, die von benannten Stellen im Bereich der Medizinprodukte durchgeführt werden.[39] Wie sich aus der Verweisung in Absatz 2 Satz 8 auf § 26 Abs. 4 ergibt, korrespondiert mit diesen Befugnissen eine Duldungs- und Unterstützungspflicht.

Die ZLG kann ihre Überwachungsbefugnisse nur im Rahmen der einfach-gesetzlichen und verfassungsrechtlichen Schranken ausüben. Dazu gehört zunächst, dass die jeweiligen Maßnahmen der in Absatz 1 übertragenen Überwachungsaufgabe dienen müssen. Da die Benannte Stelle wegen ihrer privaten Rechtsnatur[40] Grundrechtsträger ist, muss auch der Verhältnismäßigkeitsgrundsatz beachtet werden, soweit er nicht schon, wie in Absatz 2 Satz 4 Halbsatz 1 („erforderlichen"), aus dem Gesetzeswortlaut abgeleitet werden kann. Mit der Beschränkung der Betretens- und Besichtigungsrechte auf die „üblichen Betriebs- und Geschäftszeiten" in Absatz 2 Satz 6 Halbsatz 1 ist den Anforderungen des Art. 13 GG Genüge getan.[41] Schließlich muss die ZLG ggfs. auch dem Auskunftsverweigerungsrecht (Absatz 2 Satz 8 i.V.m. § 26 Abs. 5[42]) Rechnung tragen.

Im Bereich der Richtlinien 90/385/EWG und 93/42/EWG sind die Überwachungsbefugnisse der benennenden Behörden im Gefolge des sog. PIP-Skandals[43] durch Art. 4 Durchführungsverordnung 920/2013 in unionsrechtlich fragwürdiger Weise[44] erheblich erweitert worden und überlagern die Aufgabenzuweisung in Absatz 2. Danach hat die ZLG eine geeignete Anzahl von Überprüfungen der klinischen Bewertungen des Herstellers durch die Benannte Stelle zu bewerten und in bestimmten Zeitabständen (je nach Größe alle zwölf bzw. 18 Monate) eine geeignete Anzahl von Überprüfungen der Unterlagen, Vor-Ort-Bewertungen zu Kontrollzwecken und Audits unter Beobachtung durchzuführen (Art. 5 Abs. 1 UAbs. 1 Durchführungsverordnung 920/2013). „Vor-Ort-Bewertungen zu Kontrollzwecken" sind regelmäßige routinemäßige Vor-Ort-Bewertungen,[45] bei denen es sich weder um die für die Erstbenennung durchgeführte Vor-Ort-Bewertung noch um die für die Verlängerung der Benennung durchgeführte Vor-Ort-Bewertung handelt (Art. 1 lit. h Durchführungsverordnung „Audits unter Beobachtung" umfassen die „Begutachtung der Leistung des Auditteams einer Benannten Stelle in den Räumlichkeiten des Kunden dieser Stelle" (Art. 1 lit. h Durchführungsverordnung). Zusätzlich zu den Vor-Ort-Bewertungen zu Kontroll- oder Verlängerungszwecken muss die ZLG unangekündigte oder kurzfristig angekündigte Vor-Ort-Bewertungen veranlassen, wenn diese

---

[39] Ebd.
[40] Vgl. oben die Kommentierung zu § 3 Rz.37.
[41] Vgl. näher unten die Kommentierung zu § 26 Rz. 10.
[42] Vgl. näher unten die Kommentierung zu § 26 Rz. 14.
[43] Vgl. Europäische Kommission, Pressemitteilung IP/12/119 vom 09.12.2012; IP/14/699 vom 20.06.2014.
[44] Näher Spickhoff in: Spickhoff, §§ 15, 15a Rz. 7.
[45] Vgl. oben Rz. 10.

zur Überprüfung der Einhaltung der Anforderungen erforderlich sind (Art. 5 Abs. 3 UAbs. 2 Durchführungsverordnung 920/2013). Zudem hat sie für eine systematische Weiterverfolgung von Beschwerden, Vigilanzberichten und anderen Informationen, einschließlich solchen aus anderen Mitgliedstaaten, die auf die Nichterfüllung der Verpflichtungen durch eine Benannte Stelle oder eine Abweichung von der üblichen oder bewährten Vorgehensweise hinweisen könnten, Sorge zu tragen (Art. 5 Abs. 3 UAbs. 1 S. 2 Durchführungsverordnung 920/2013). Die Kommission kann kraft Selbstermächtigung sogar selbst die Kompetenz einer Benannten Stelle oder die Erfüllung der sich aus den Richtlinien 90/385/EWG und 93/42/EWG folgenden Anforderungen und Pflichten untersuchen (Art. 6 Abs. 1 Durchführungsverordnung 920/2013).[46] Diese Untersuchungen beginnen mit einer Konsultation der ZLG, die der Kommission innerhalb von vier Wochen alle einschlägigen Informationen über die betreffende Benannte Stelle zur Verfügung zu stellen hat (Art. 6 Abs. 2 Durchführungsverordnung 920/2013). Erfüllt diese die Voraussetzungen für ihre Benennung nach Ansicht der Kommission nicht mehr, setzt sie die Bundesregierung davon in Kenntnis und kann sie dazu auffordern, die erforderlichen Korrekturmaßnahmen zu treffen (Art. 6 Abs. 4 Durchführungsverordnung 920/2013).

Bei der Durchführung der Überwachung sind im Übrigen, soweit anwendbar, auch die MEDDEV 2.10/2 sowie das Handbuch für benennende Behörden der NBOG zu beachten.

Die ZLG kann ihre Überwachungsbefugnisse im Wege des Verwaltungszwangs gemäß §§ 55 ff. VwVG NRW[47] durchsetzen.

VIII. Anerkennung von in anderen EU-/EWR-Staaten notifizierten Stellen

17 Nach Absatz 3 sind Stellen, die durch andere EU-/EWR-Staaten notifiziert wurden, den von der ZLG benannten Stellen gleichgestellt. Die Bestimmung verleiht dem Vertrauen in die Tätigkeit der benennenden Behörden dieser Staaten Ausdruck. Dies allerdings nur unter der Voraussetzung, dass diese die von ihnen Benannten Stellen der Kommission und den anderen Mitgliedstaaten entsprechend Art. 11 Abs. 1 UAbs. 1 Richtlinie 90/385/EWG, Art. 16 Abs. 1 S. 1 Richtlinie 93/42/EWG oder Art. 15 Abs. 1 S. 1 Richtlinie 98/79/EG gemeldet haben. Ob die Mitteilung im Amtsblatt der EU veröffentlicht wurde, ist dagegen unerheblich. Die Gleichbehandlung dieser notifizierten Stellen erstreckt sich auf alle ihr im Benennungsverfahren übertragenen Aufgaben. In diesem Rahmen sind sie befugt, auch für Hersteller mit Sitz in der Bundesrepublik Deutschland Aufgaben im Rahmen der Konformitätsbewertung wahrzunehmen. Dies impliziert zugleich, dass die Hersteller unter Beachtung des jeweiligen Aufgabenbereichs frei zwischen den Benannten Stellen im EWR wählen können.[48]

---

[46] Mit der Zuweisung der Widerrufskompetenz an die Mitgliedstaaten (Art. 11 Abs. 3 Richtlinie 90/385/EWG, Art. 16 Abs. 2 Richtlinie 93/42/EWG) steht dies schwerlich in Einklang, vgl. Spickhoff in: Spickhoff, §§ 15, 15a Rz. 10.

[47] GV. NRW. S. 156, ber. 2005 S. 818, zuletzt geändert durch Art. 1 des Gesetzes vom 08.07.2016 (GV. NRW. S. 557).

[48] Vgl. auch Böckmann, Frankenberger, Kap. 3.15.4.

Die Kommission hat ein Verzeichnis der Benannten Stellen einschließlich ihrer Kennnummer sowie der Aufgaben, für die sie benannt wurden, auf ihrer NANDO-Internetseite veröffentlicht.

IX. Anerkennung und Beauftragung von Prüflaboratorien sowie Erlöschens- und Aufhebungstatbestände

Absatz 5 regelt die Anerkennung von Prüflaboratorien für den Fall, dass sie von einer Benannten Stelle zur Erfüllung ihrer Aufgaben beauftragt werden. Die anerkannten Prüflaboratorien sind in der Regel nicht mit den Prüflaboratorien der Benannten Stelle in Absatz 2 Satz 6 gleichzusetzen.[49] Die Benannte Stelle muss sicherstellen, dass das von ihr beauftragte Prüflaboratorium die auf sie zutreffenden Kriterien des Anhangs 8 der Richtlinie 90/385/EWG, des Anhangs XI der Richtlinie 93/42/EWG i.V.m. Anhang I der Durchführungsverordnung 920/2013 oder des Anhangs IX der Richtlinie 98/79/EG erfüllt. Ob dies der Fall ist, prüft die ZLG in einem Anerkennungsverfahren. Durch die Anerkennung, die einen Verwaltungsakt i.S.v. § 35 S. 1 VwVfG NRW darstellt, wird dem Laboratorium ergänzend zur Akkreditierung die Erfüllung der medizinprodukterechtlichen Anforderungen bestätigt.

Sind die formellen und materiellen Voraussetzungen erfüllt, ist die ZLG verpflichtet, die beantragte Anerkennung zu erteilen.[50] Sie kann, wie Absatz 5 Satz 3 klarstellt,[51] auch unter Auflagen erteilt sowie befristet werden.

Mit Absatz 5 Satz 4 sollte auch für die anerkannten Prüflaboratorien eine klare Rechtsgrundlage für die Überwachung und die Bekanntmachung geschaffen werden.[52]

Ebenfalls klarstellende Bedeutung hat Absatz 6 für das Erlöschen, die Rücknahme, den Widerruf und das Ruhen der Anerkennung.[53]

X. Rechtsschutz

Für Rechtsstreitigkeiten über Entscheidungen der ZLG ist der Verwaltungsrechtsweg eröffnet (§ 40 Abs. 1 S. 1 VwGO). Die Ablehnung oder Unterlassung einer Benennung bzw. Anerkennung kann mit der Verpflichtungsklage (§ 42 Abs. 1 Alt. 2 VwGO) erstritten, ihr Entzug oder eine Anordnung nach Absatz 2 Satz 2 als belastender Verwaltungsakt mit der Anfechtungsklage (§ 42 Abs. 1 Alt. 1 VwGO) angegriffen werden. Aktivlegitimiert ist bei der Benennung die betroffene Stelle, bei der Anerkennung das Prüflaboratorium. Nach dem Rechtsträgerprinzip (§ 78

---

[49] BT-Drs. 18/10510, S. 133.
[50] Anders ohne Begründung Nöthlichs, Kage, § 15 Anm. 11; vgl. dazu näher oben V.
[51] Vgl. BT-Drs. 18/9518, S. 110; BR-Drs. 410/16, S. 110.
[52] BT-Drs. 18/10510, S. 133; BR-Drs.410/1/16, S. 80.
[53] Ebd.; vgl. zur Kommentierung der Erlöschens- und Aufhebungstatbestände unten § 16 Rz. 3 f.

Nr. 1 VwGO) ist das Land Nordrhein-Westfalen der richtige Klagegegner. Da es sich bei der ZLG um eine Behörde aller Länder handelt, ist für Anfechtungsklagen gegen ihre Bescheide das Verwaltungsgericht örtlich zuständig, in dessen Bezirk die (Benannte) Stelle oder das Prüflaboratorium ihren Sitz haben (§ 52 Nr. 3 S. 2 VwGO). Entsprechendes gilt für Verpflichtungsklagen gegen die ZLG (§ 52 Nr. 3 S. 5 VwGO). Vor Erhebung einer Anfechtungs- oder Verpflichtungsklage muss die Entscheidung der ZLG grundsätzlich in einem behördlichen Vorverfahren überprüft werden (§ 68 Abs. 1 S. 1, Abs. 2 VwGO). § 68 Abs. 1 S. 2 Hs. 1, Abs. 2 VwGO lässt jedoch gesetzliche Ausnahmen zu. Hiervon haben einige Länder Gebrauch gemacht (vgl. z. B. Bayern in Art. 15 BayAGVwGO oder Niedersachsen in § 8a NdsAGVwGO).

§ 15a Benennung und Überwachung von Konformitätsbewertungsstellen für Drittstaaten

(1) Mit der Benennung als Konformitätsbewertungsstelle für Drittstaaten ist eine natürliche oder juristische Person oder eine rechtsfähige Personengesellschaft befugt, Aufgaben der Konformitätsbewertung im Bereich der Medizinprodukte für den oder die genannten Drittstaaten im Rahmen des jeweiligen Abkommens der Europäischen Gemeinschaft oder der Europäischen Union mit dritten Staaten oder Organisationen nach Artikel 216 des Vertrages über die Arbeitsweise der Europäischen Union wahrzunehmen. § 15 Absatz 1, 2 und 4 gilt entsprechend.

(2) Grundlage für die Benennung als Konformitätsbewertungsstelle für Drittstaaten ist ein von der zuständigen Behörde durchgeführtes Benennungsverfahren, mit dem die Befähigung der Stelle zur Wahrnehmung ihrer Aufgaben gemäß den entsprechenden sektoralen Anforderungen der jeweiligen Abkommen festgestellt wird.

(3) Die Benennung als Konformitätsbewertungsstelle für Drittstaaten kann unter Auflagen erteilt werden und ist zu befristen. Erteilung, Ablauf, Rücknahme, Widerruf und Erlöschen der Benennung sind der Europäischen Kommission sowie den in den jeweiligen Abkommen genannten Institutionen unverzüglich anzuzeigen.

Inhaltsverzeichnis

I.	Bedeutung der Norm	1
II.	Benennung und Überwachung	2
III.	Benennungsverfahren	3
IV.	Auflagen und Befristung	4
V.	Informationspflichten	5

Änderungen:
§ 15a eingef. mWv 21.03.2010 durch G v. 29.07.2009 (BGBl. I S. 2326); Abs. 1 Satz 1 geänd. mWv 26.10.2012 durch G v. 19.10.2012 (BGBl. I S. 2192); Abs. 1 Satz 2 neu gef., Abs. 3 Satz 2 geänd. mWv 01.01.2017 durch G v. 23.12.2016 (BGBl. I S. 3191).

Literatur:
Böckmann, Frankenberger, Kap. 3.15a; Rehmann, Wagner, § 15a; Nöthlichs, Kage, § 15a; Plöger in: Schorn, Medizinprodukterecht, § 15a; Spickhoff in: Spickhoff, Medizinrecht, §§ 15, 15a; WiKo, § 15a.

I. Bedeutung der Norm

1 Seit Anfang der 90er Jahre hat die EU-Kommission mit verschiedenen Drittstaaten (Australien, Kanada, Neuseeland Schweiz, USA) Abkommen über die gegenseitige Anerkennung der Konformitätsbewertung (Mutual Recognition Agreements on Conformity Assessment – MRAs)[1] abgeschlossen, die als einen von mehreren Sektoren auch den Bereich Medizinprodukte umfassen.[2] Diese Abkommen sehen die Benennung solcher Stellen in der EU und in dem Drittstaat vor, die die grundsätzliche Verkehrsfähigkeit der Medizinprodukte oder Teilaspekte davon für den jeweiligen Partnermarkt beurteilen dürfen. Unter einer solchen Konformitätsbewertungsstelle wird eine für die Durchführung von Aufgaben der Konformitätsbewertung im Bereich der Medizinprodukte für den oder die genannten Drittstaaten im Rahmen des jeweiligen Abkommens mitgeteilte und im jeweiligen Anhang des Abkommens gelistete Stelle verstanden.[3] Die Beurteilungen solcher Konformitätsbewertungsstellen erkennen die Vertragspartner der Drittland-Abkommen grundsätzlich an. Europäische Hersteller können sich also von diesen Konformitätsbewertungsstellen eine Übereinstimmung mit den gesetzlichen Anforderungen des jeweiligen Drittstaats bestätigen lassen.[4] § 15a regelt im räumlichen Anwendungsbereich des MPG die Benennung und Überwachung dieser Stellen.

II. Benennung und Überwachung

§ 15 Abs. 1 und 2, in denen die Modalitäten der Benennung als Konformitätsbewertungsstelle nach dem MPG und deren Überwachung festgelegt werden, gelten für die Benennung und Überwachung von Konformitätsbewertungsstellen für Drittstaaten entsprechend (Absatz 1 Satz 2). Die Überwachung der benannten Stellen richtet sich im Übrigen vorrangig nach den jeweiligen Vereinbarungen im betreffenden Drittland-Abkommen und nach den auf EU-Ebene vereinbarten Verfahren.[5]

2 Die in der – die Rechtsfolge der Benennung festlegenden – Bestimmung des Absatz 1 Satz 2 enthaltene Vorgabe, die Stelle müsse eine „natürliche oder juristische Person oder eine rechtsfähige Personengesellschaft" sein, erscheint selbstverständlich und daher überflüssig. Im Übrigen sind ohnehin die jeweiligen Definitionen in den Drittland-Abkommen maßgeblich. So bezeichnet etwa nach dem mit der Schweiz geschlossenen Abkommen eine „Konformitätsbewertungsstelle" die

---

[1] Die Texte der Abkommen finden sich unter https://ec.europa.eu/growth/single-market/goods/international-aspects/mutual-recognition-agreements_en.

[2] Die Abkommen mit Kanada und den USA werden für Medizinprodukte derzeit nicht angewendet, vgl. Europäische Kommission, MRA Newsletter – Edition 9, October 2015.

[3] BR-Drs. 172/09, S. 42; BT-Drs. 16/12258, S. 28f.

[4] Ebd.

[5] Vgl. z. B. Spezifikationen betreffend die Bewertung und Überwachung von Systemen und deren Anwendung auf Konformitätsbewertungsstellen im Hinblick auf ihre Benennung im Rahmen von AGA - Zertif. 96/1.

„öffentlich-rechtliche oder privatrechtliche Stelle, zu deren Tätigkeiten die Durchführung des gesamten Konformitätsbewertungsverfahrens oder einzelner Teile davon gehört".

III. Benennungsverfahren

In Ergänzung von Absatz 1 Satz 2 (i.V.m. § 15 Abs. 1) legt Absatz 2 fest, dass die ZLG[6] das Benennungsverfahren durchführt. Sein Ziel besteht darin, die Befähigung der Stelle zur Wahrnehmung ihrer jeweiligen Aufgaben gemäß den entsprechenden sektoralen Anforderungen des jeweiligen Abkommens festzustellen. 3

Das Verfahren beginnt mit einem entsprechenden Antrag. Es folgt die fachliche Unterlagenprüfung einschließlich einer Vor-Ort-Prüfung, auf deren Grundlage die ZLG ihre Entscheidung über die Benennung trifft. Sie wird als Beschlussvorschlag an die EU-Kommission weitergemeldet, die ihrerseits den betreffenden Vertragsstaat informiert. Sodann kommt, entsprechend dem jeweiligen Abkommen, ein Gemischter Ausschuss ins Spiel. Er besteht aus Vertretern der Vertragsparteien und ist für das reibungslose Funktionieren des jeweiligen Abkommens verantwortlich. Diesem Ausschuss wird der Beschlussvorschlag ebenfalls notifiziert. Er entscheidet dann auf der Grundlage einer Empfehlung des Gemischten Sektorausschusses über die Aufnahme in die Liste der Konformitätsbewertungsstellen und eine Veröffentlichung im Amtsblatt der EU.[7]

Vor diesem völkerrechtlich verbindlichen Hintergrund ist die Festlegung des Gesetzgebers, (schon) die Benennung könne eine Stelle befugen, Aufgaben der Konformitätsbewertung im Bereich der Medizinprodukte für den jeweiligen Drittstaat im Rahmen des jeweiligen Drittlandabkommens wahrzunehmen (Absatz 1 Satz 1), kaum nachvollziehbar. Hängt aber ihre Außenwirkung von der Entscheidung des Gemeinsamen Ausschusses und deren Listung im Abkommen und im Amtsblatt ab,[8] handelt es sich bei der Benennung durch die ZLG mangels Außenwirkung um keinen Verwaltungsakt i.S.d. § 35 S. 1 VwVfG NRW.

IV. Auflagen und Befristung

Absatz 3 Satz 1 ist der Regelung in § 15 Abs. 1 S. 3 nachgebildet. Als Auflage kommt etwa die Verbesserung der fachlichen Kompetenz in Betracht. 4

---

[6] Die Zuständigkeit der ZLG folgt aus Art. 2 Abs. 2 S. 2 Nr. 4 ZLG- Abkommen.

[7] Vgl. auch Durchführung der Abkommen über die gegenseitige Anerkennung der Konformitätsbewertung und der Protokolle über die Europäische Konformitätsbewertung - Zertif. 98/7; Verfahren für die Benennung von Konformitätsbewertungsstellen (KBS) im Rahmen der Abkommen mit Nichtmitgliedstaaten über die gegenseitige Anerkennung (AGA) der Konformitätsbewertung - Zertif. 96/3 - rev. 6.

[8] Vgl. auch WiKo, § 15a Rz. 2, wo etwas unscharf formuliert wird, die Benennung entfalte ihre Wirkung nicht unmittelbar.

V. Informationspflichten

5   Gem. Absatz 1 Satz 2 i.V.m. § 15 Abs. 4 sind die Konformitätsbewertungsstellen mit ihren jeweiligen Aufgaben und ihrer Kennnummer auf der Internetseite der ZLG bekannt zu geben.

Nach Absatz 3 Satz 2 sind der Europäischen Kommission Erteilung, Ablauf, Rücknahme, Widerruf und Erlöschen der Benennung unverzüglich anzuzeigen. Die Bestimmung erstreckt diese Mitteilungspflicht auf die in dem jeweiligen Drittland-Abkommen genannten Institutionen.

§ 16 Erlöschen, Rücknahme, Widerruf und Ruhen der Benennung

(1) Die Benennung erlischt mit Fristablauf, mit der Einstellung des Betriebs der Benannten Stelle oder durch Verzicht. Die Einstellung oder der Verzicht sind der zuständigen Behörde unverzüglich schriftlich mitzuteilen.

(2) Die zuständige Behörde nimmt die Benennung zurück, soweit nachträglich bekannt wird, dass eine Benannte Stelle bei der Benennung nicht die Voraussetzungen für eine Benennung erfüllt hat; sie widerruft die Benennung, soweit die Voraussetzungen für eine Benennung nachträglich weggefallen sind. An Stelle des Widerrufs kann das Ruhen der Benennung angeordnet werden.

(3) In den Fällen der Absätze 1 und 2 ist die bisherige Benannte Stelle verpflichtet, alle einschlägigen Informationen und Unterlagen der Benannten Stelle zur Verfügung zu stellen, mit der der Hersteller die Fortführung der Konformitätsbewertungsverfahren vereinbart.

(4) Die zuständige Behörde teilt der Europäischen Kommission unverzüglich das Erlöschen, die Rücknahme und den Widerruf unter Angabe der Gründe und der für notwendig erachteten Maßnahmen mit. Erlöschen, Rücknahme und Widerruf einer Benennung sind von der zuständigen Behörde auf deren Internetseite bekannt zu machen.

(5) Die Absätze 1, 2 und 4 gelten für Konformitätsbewertungsstellen für Drittstaaten entsprechend.

Inhaltsverzeichnis

I.	Bedeutung der Norm	1
II.	Anwendungsbereich	2
III.	Erlöschenstatbestände	3
IV.	Aufhebungstatbestände	4
V.	Fortführung	5
VI.	Informationspflichten	6
VII.	Rechtsschutz	7

Änderungen:
§ 16 Abs. 4 Sätze 1, 2 und 3 geänd. mWv 28.11.2003 durch VO v. 25.11.2003 (BGBl. I S. 2304); Abs. 4 Sätze 1, 2 und 3 geänd. mWv 08.11.2006 durch VO v. 31.10.2006 (BGBl. I S. 2407); Abs. 4 Satz 3 geänd. mWv 30.06.2007 durch G v. 14.06.2007 (BGBl. I S. 1066); Überschr. geänd., Abs. 1 Satz 1 neu gef., Abs. 2 neu gef., Abs. 5 angef. mWv 21.03.2010 durch G v. 29.07.2009 (BGBl. I S. 2326); Abs. 4 Satz 2 geänd. mWv 26.10.2012 durch G v. 19.10.2012 (BGBl. I S. 2192); Abs. 4 Satz 2 geänd. mWv 08.09.2015 durch VO v. 31.08.2015 (BGBl. I S. 1474); Abs. 4 neu gef. mWv 01.01.2017 durch G v. 23.12.2016 (BGBl. I S. 3191).

Literatur
Böckmann, Frankenberger, Kap. 3.16; Edelhäuser, Poos, Rolle der Benannten Stellen, MPJ 2008, 173; Nöthlichs, Kage, § 16; Rehmann, Wagner, § 16; Plöger in: Schorn, Medizinprodukterecht, § 16; Lücker in: Spickhoff, Medizinrecht, § 16; Trstenjak, Beysen, Das Prinzip der Verhältnismäßigkeit in der Unionsrechtsordnung, EuR 2012, 265; WiKo, § 16;

I. Bedeutung der Norm

1 § 16 regelt das vorübergehende oder dauerhafte Ende der Benennung einer Benannten Stelle. Die Beendigungstatbestände des Erlöschens, der Rücknahme, des Widerrufs und des Ruhen der Benennung werden durch Verwaltungsakt (§ 35 S. 1 VwVfG NRW) konkretisiert.

II. Anwendungsbereich

2 Die Absätze 1, 2 und 4 gelten für Konformitätsbewertungsstellen für Drittstaaten entsprechend (Absatz 5). Dagegen verweist Absatz 5 ausdrücklich nicht auf Absatz 3, sodass mangels Ermächtigungsgrundlage auch dessen analoge Anwendung nicht in Betracht kommt.[1] Die die in Absatz 1 und 2 vorgesehenen Beendigungstatbestände sind ebenfalls mangels entsprechender Verweisung oder sonstiger gesetzlicher Regelung nicht auf die Anerkennung von Prüflaboratorien und deren Beendigung anwendbar.[2]

III. Erlöschenstatbestände

3 Absatz 1 Satz 1 enthält abschließend drei Erlöschenstatbestände. Sind ihre Voraussetzungen erfüllt, erlischt die Benennung unmittelbar kraft Gesetzes. Der Verzicht ist eine einseitige, empfangsbedürftige Willenserklärung, die im Zeitpunkt ihres Zugangs bei der ZLG wirksam wird (§ 130 Abs. 1 BGB analog) und wegen ihrer rechtsgestaltenden Wirkung nicht mehr widerrufen werden kann. Die Einstellung des Betriebs der Benannten Stelle ist entsprechend dem Wortlaut der Bestimmung rein faktisch zu betrachten. So ist es unerheblich, ob die jeweilige Trägergesellschaft als juristische Person weiterbesteht. Veräußerungen und gesellschaftsrechtliche Änderungen führen ebenfalls nicht zum Erlöschen, sofern die Tätigkeit auch danach ausgeübt wird. In diesem Fall wären jedoch die inhaltlichen Anforderungen neu zu bewerten, weshalb ggfs. ein Widerruf oder ein Ruhen in Betracht käme.[3]

---

[1] Anders ohne Begründung Plöger in: Schorn, § 16 Rz. 8.
[2] Anders offenbar ZLG, Allgemeine Regeln für die Anerkennung und Benennung (200 RE01, 03/2010), Ziff. 6.4.
[3] Lücker in: Spickhoff, § 16 Rz. 1; Rehmann in: Rehmann, Wagner, § 16 Rz. 1.

Gassner

IV. Aufhebungstatbestände

Absatz 2 regelt die drei Aufhebungstatbestände der Rücknahme, des Widerrufs und des Ruhens der Benennung. Zum Erlass der entsprechenden Bescheide ist die ZLG als zuständige Behörde ermächtigt (vgl. Art. 2 Abs. 2 S. 2 Nr. 5 ZLG-Abkommen). Die Bestimmung ist Spezialgesetz gegenüber §§ 48 f. VwVfG NRW, die jedoch ergänzend Anwendung finden. Liegen die personellen, sachlichen oder sonstigen Anforderungen einer Benennung nicht (mehr) vor, hat die ZLG nach dem klaren Wortlaut des Absatz 2 Satz 1 kein Entschließungsermessen. Sie muss die Benennung mit Wirkung *ex tunc* zurücknehmen (falls sie zu keinem Zeitpunkt vorlagen), mit Wirkung *ex nunc* widerrufen (falls sie nachträglich entfallen sind), oder alternativ im Falle des Widerrufs zum Ruhen bringen. Hinsichtlich dieser Alternative steht der ZLG ein Auswahlermessen zu (Absatz 2: „kann"). Ein Ruhensbescheid stellt gegenüber dem Widerruf einen geringeren Eingriff dar. Er kommt etwa dann in Betracht, wenn Ermittlungs- oder Strafverfahren gegen die Stelle oder gegen einzelne Funktionsträger anhängig sind, die im Zusammenhang mit von der Benennung umfassten Tätigkeiten stehen.[4] Eine solche Aussetzung der Benennung schließt den späteren Widerruf nicht aus, wenn die Gründe hierfür fortbestehen. Darüber hinaus folgt aus dem Begriff „soweit" (Absatz 2 Satz 1) und dem Verhältnismäßigkeitsgrundsatz, dass der ZLG insbesondere im Bereich des Umfangs der Maßnahme ein Ermessensspielraum eingeräumt ist, sodass sie zu erwägen hat, ob das Ruhen oder der Widerruf eines Teils der Benennung ausreicht, um die Defizite bei den Anforderungen zu beheben.[5] Auch wenn der Verhältnismäßigkeitsgrundsatz grundrechtlich unterfüttert ist, kann bei der pflichtgemäßen Ermessensausübung gemäß § 40 VwVfG NRW nicht unberücksichtigt bleiben, dass Art. 11 Abs. 3 S. 1 Richtlinie 90/385/EWG und Art. 16 Abs. 3 S. 1 Richtlinie 93/42/EWG, die zwingende Aufhebung der Benennung vorsehen.[6]

Dem Verhältnismäßigkeitsgrundsatz entspricht es auch, die Aufhebung eines Verwaltungsakts nur dann zu verfügen, wenn dem festgestellten Defizit nicht auf andere, mildere Weise abgeholfen werden kann. Danach müsste an sich auch die Beibehaltung der Benennung unter Auflagen möglich sein.[7] Indes hat der Gesetzgeber im MPG, anders als etwa im Arzneimittelrecht (§ 20 Abs. 2 S. 2 AMG), darauf verzichtet, im Aufhebungskontext einen ausdrücklichen Auflagenvorrang vorzusehen. Hinzu kommen die rigiden Vorgaben der Art. 11 Abs. 3 S. 1 Richtlinie 90/385/EWG und Art. 16 Abs. 3 S. 1 Richtlinie 93/42/EWG. Vor diesem Hintergrund bieten sich insofern für den Fall, dass die Benennungsvoraussetzungen nicht mehr erfüllt sind, für die Praxis zwei Optionen an: Entweder stützt sich die ZLG im Rahmen ihrer Überwachungsaufgabe auf ihre Befugnis zur Mängelbeseitigung aus § 15 Abs. 2 S. 2 MPG oder sie verfügt ein Ruhen der Benennung bis zur

---

[4] ZLG, Allgemeine Regeln für die Anerkennung und Benennung (200 RE01, 03/2010), Ziff. 6.
[5] Lücker in: Spickhoff, § 16 Rz. 2; Plöger in: Schorn, § 16 Rz. 5.
[6] Allerdings erlaubt Art. 15 Abs. 3 S. 2 Richtlinie 98/79/EG alternativ auch eine Beschränkung der Benennung.
[7] So Rehmann in: Rehmann, Wagner, § 16 Rz. 2; vgl. auch Edelhäuser, Poos, MPJ 2008, 173, 177.

Erfüllung der Voraussetzungen bzw. ein befristetes Ruhen.[8] In beiden Fällen dürfte es sich aus den genannten einfach-gesetzlichen und unionsrechtlichen Erwägungen indes nicht um erhebliche Defizite handeln. Demnach beschränkten sich die Handlungsoptionen der ZLG namentlich dann auf den Widerruf der Benennung oder die Verfügung ihres unbedingten und unbefristeten Ruhens, wenn die Benannte Stelle nicht nur unerheblich gegen geltendes Recht oder in schwerwiegender Weise gegen die Regeln für die Benennung verstößt, erteilte Auflagen auch nach Stellung einer Nachfrist nicht erfüllt oder innerhalb der Laufzeit der Benennung in bestimmten Prüfgebieten, Produktbereichen oder einzelnen Konformitätsbewertungsverfahren nicht tätig wird.[9] Allerdings erscheint es zweifelhaft, ob ein so wenig flexibles Konkretisierungskonzept dem Umstand gerecht wird, dass der Verhältnismäßigkeitsgrundsatz in jüngerer Zeit zu einem der tragenden Querschnittsprinzipien der Unionsrechtsordnung avanciert ist.[10] Zudem sieht ja gerade die jüngste der drei Medizinprodukte-Richtlinien vor, dass die Benennung nicht zwingend „widerrufen", sondern auch beschränkt werden kann (Art. 15 Abs. 3 S. 2 Richtlinie 98/79/EG). Insgesamt erscheint also ein einheitliches stufenförmiges Eskalationsmodell von der Nachreichung von Unterlagen über Auflagen bis hin zum vollständigen Widerruf der Benennung vorzugswürdig.[11]

V. Fortführung

5   Absatz 3 sieht eine rudimentäre Lösung für den von einem Erlöschens- oder Aufhebungssachverhalt betroffenen Hersteller vor. Vereinbart er die Fortführung der Konformitätsbewertungsverfahren mit einer neuen Benannten Stelle, ist die bisherige Benannte Stelle verpflichtet, dieser alle hierfür erforderlichen Unterlagen und Informationen zur Verfügung zu stellen. Umgekehrt hat die neue Benannte Stelle einen (öffentlich-rechtlichen) Anspruch auf Überlassung und Weitergabe dieser Informationen und Unterlagen. Aus dem Gesetzeswortlaut („vereinbart") ergibt sich nicht eindeutig, ob der Hersteller verpflichtet ist, mit einer neuen Benannten Stelle eine Vereinbarung über die Fortführung der Konformitätsbewertungsverfahren zu schließen.[12] Im Hinblick darauf, dass die bisherige Benannte Stelle ihren Überwachungspflichten für bestehende Bescheinigungen nicht mehr nachkommen und die Eindeutigkeit und Rückverfolgbarkeit der Verantwortlichkeiten im Konformitätsbewertungsverfahren für jedes in den Verkehr gebrachte Medizinprodukt sichergestellt werden muss, dürfte eine solche Pflicht zu bejahen sein. Dessen unbeschadet genießt der Hersteller noch für einen bestimmten Übergangszeitraum

---

[8] Ähnlich Lücker in: Spickhoff, § 16 Rz. 2.
[9] Im Ergebnis ähnlich ZLG, Allgemeine Regeln für die Anerkennung und Benennung (200 RE01, 03/2010), Ziff. 6.3.
[10] Vgl. nur Trstenjak, Beysen, EuR 2012, 265 ff.
[11] Im Ergebnis ebenso auch Edelhäuser, Poos, MPJ 2008, 173, 177.
[12] So ZLG (EK-Med), Wechsel der Benannten Stelle – Regelungen zum Inverkehrbringen, 3.13 A 3.

Vertrauensschutz hinsichtlich des Bestands der erteilten Zertifikate.[13] Denn nach Abschnitt 5.3.4 des Blue Guide 2016, „berührt die Aussetzung oder der Widerruf einer Notifizierung nicht die von der notifizierten Stelle bis dahin erteilten Bescheinigungen (…) bis zu dem Zeitpunkt, an dem nachgewiesen werden kann, dass Bescheinigungen widerrufen werden sollten."[14] Solange darf der Hersteller also noch Produkte in den Verkehr bringen, die hinter der CE-Kennzeichnung die Kennnummer der bisher beteiligten Benannten Stelle tragen, obwohl diese ihre Dienste zwischenzeitlich nicht mehr anbietet oder selbst gar nicht mehr existiert.[15]

VI. Informationspflichten

Nach Absatz 4 Satz 1 muss die ZLG die Europäische Kommission über das Erlöschen oder die Aufhebung von Benennungen unter Angabe der Gründe und der für notwendig erachteten Maßnahmen informieren. Satz 2 verpflichtet die ZLG zur Bekanntgabe einschlägiger Fälle auf ihrer Internetseite. Die Angaben zu der betreffenden Stelle verbleiben in der NANDO-Datenbank und werden in den Bereich „Withdrawn/Expired Notifications/NBs" (Widerrufene/Abgelaufene Notifizierungen/Notifizierte Stellen) verschoben.[16]

6

VII. Rechtsschutz

Gegen einen Rücknahme-, Widerrufs- oder Ruhensbescheid kann die betroffene Benannte Stelle Anfechtungsklage erheben.[17] Auch vorläufiger Rechtsschutz ist möglich (§ 80 Abs. 5 VwGO).

7

---

[13] Anders Lücker in: Spickhoff, § 16 Rz. 4 f.
[14] Bekanntmachung der Kommission Leitfaden für die Umsetzung der Produktvorschriften der EU 2016 („Blue Guide") (ABl. C 272 vom 26.07.2016, S. 1), Abschnitt 5.3.4.
[15] ZLG (EK-Med), Wechsel der Benannten Stelle – Regelungen zum Inverkehrbringen, 3.13 A 3.
[16] Bekanntmachung der Kommission Leitfaden für die Umsetzung der Produktvorschriften der EU 2016 („Blue Guide") (ABl. C 272 vom 26.07.2016, S. 1), Abschnitt 5.3.3.
[17] Vgl. im Übrigen oben die Kommentierung zu § 15 Rz. 19.

§ 17 Geltungsdauer von Bescheinigungen der Benannten Stellen

(1) Soweit die von einer Benannten Stelle im Rahmen eines Konformitätsbewertungsverfahrens nach Maßgabe der Rechtsverordnung nach § 37 Abs. 1 erteilte Bescheinigung eine begrenzte Geltungsdauer hat, kann die Geltungsdauer auf Antrag um jeweils höchstens fünf Jahre verlängert werden. Sollte diese Benannte Stelle nicht mehr bestehen oder andere Gründe den Wechsel der Benannten Stelle erfordern, kann der Antrag bei einer anderen Benannten Stelle gestellt werden.

(2) Mit dem Antrag auf Verlängerung ist ein Bericht einzureichen, der Angaben darüber enthält, ob und in welchem Umfang sich die Beurteilungsmerkmale für die Konformitätsbewertung seit der Erteilung oder Verlängerung der Konformitätsbescheinigung geändert haben. Soweit nichts anderes mit der Benannten Stelle vereinbart wurde, ist der Antrag spätestens sechs Monate vor Ablauf der Gültigkeitsfrist zu stellen.

Inhaltsverzeichnis

I.	Bedeutung der Norm	1
II.	Reichweite der Norm	2
III.	Geltungsdauer	3
IV.	Verlängerung	4
V.	Verfahren	5

Änderungen:
§ 17 Abs. 1 Satz 1 geänd. mWv 21.03.2010 durch G v. 29.07.2009 (BGBl. I S. 2326).

Literatur:
Böckmann, Frankenberger, Kap. 3.17; Rehmann, Wagner, § 17; Plöger in: Schorn, Medizinprodukterecht, § 17; Lücker in: Spickhoff, Medizinrecht, § 17; WiKo, § 17.

I. Bedeutung der Norm

1 Die Bestimmung regelt die Geltungsdauer der von den Benannten Stellen ausgestellten Konformitätsbescheinigungen einschließlich ihrer Verlängerung. Die Bedeutung der Vorschrift ergibt sich daraus, dass die Zertifikate als Ergebnis eines erfolgreich verlaufenen Konformitätsbewertungsverfahrens eine wesentliche Voraussetzung für das Inverkehrbringen von Medizinprodukten sind (vgl. z. B. § 6 Abs. 2 MPG).

II. Reichweite der Norm

Die Bestimmung erfasst keine Prüfbescheinigungen auf Basis einer EG-Konformitätserklärung nach Anhang VII der Richtlinie 93/42/EWG und Anhang III der Richtlinie 98/79/EG (mit Ausnahme der Zertifikate nach Nr. 6: Auslegungsprüfung für In-vitro-Diagnostika zur Eigenanwendung), da die Benannte Stelle sie nicht erteilen darf.[1]

2

III. Geltungsdauer

Die Bescheinigungen werden nur für eine begrenzte Gültigkeitsdauer erteilt. § 3 Abs. 1 MPV bestimmt auf Grundlage der Ermächtigung in Absatz 1 Satz 1 und entsprechend den unionsrechtlichen Vorgaben (Art. 9 Abs. 8 Hs. 1 Richtlinie 90/385/EWG, Art. 11 Abs. 11 Hs. 1 Richtlinie 93/42/EWG, Art. 9 Abs. 10 Hs. 1 Richtlinie 98/79/EG), dass die Geltungsdauer von Bescheinigungen, die nach den Anhängen 2 und 5 der Richtlinie 90/385/EWG, den Anhängen II, III, V und VI der Richtlinie 93/42/EWG und den Anhängen III, IV und V der Richtlinie 98/79/EG ausgestellt werden, auf einen Zeitraum von höchstens fünf Jahren zu befristen ist.[2] Daraus folgt *e contrario*, dass die Geltung der Zertifikate nach den dort nicht aufgeführten und ausstellbaren[3] Anhängen nicht befristet werden muss.

3

IV. Verlängerung

Aus dem Wort „jeweils" in Absatz 1 Satz 1 folgt, dass die Bescheinigung beliebig oft verlängert werden kann. Die Verlängerung kann der Hersteller entweder bei der bisherigen (Absatz 1 Satz 1) oder einer neuen (Absatz 1 Satz 2) Benannten Stelle beantragen. Da die Rechtsbeziehungen zwischen Hersteller und Benannter Stelle privatrechtlicher Natur sind,[4] handelt es sich hierbei nicht um einen Antrag im verwaltungsverfahrensrechtlichen Sinn. Vielmehr stellt der Gesetzgeber damit nur klar, dass der Hersteller selbst aktiv werden muss, wenn er die Bescheinigung verlängern lassen will.

4

Absatz 1 Satz 2 soll die Antragstellung bei einer neuen Benannten Stelle offenbar auf die Fälle beschränken, in denen die bisherige Benannte Stelle nicht mehr besteht (vgl. § 16) oder andere Gründe einen Wechsel erfordern. Auch wenn im Gesetzgebungsverfahren (ohne Angabe von Gründen) die ursprüngliche Qualifizierung

---

[1] Vgl. NBOG, Certificates issued by Notified Bodies with reference to Council Directives 93/42/EEC on medical devices (MDD), 98/79/EC on in vitro diagnostic medical devices (IVDD), 90/385/EEC on active implantable medical devices (AIMDD) (NBOG BPG 2010-3).
[2] Vgl. auch die tabellarischen Übersichten ebd.; Böckmann, Frankenberger, Kap. 3.17.3.
[3] Vgl. soeben unter Rz. 2.
[4] Vgl. oben die Kommentierung zu § 3 Rz. 37.

„besondere" durch „andere" ersetzt wurde,[5] folgt daraus nicht, dass Absatz 1 Satz 2 das Wahlrecht des Herstellers nicht einschränkt.[6] Schließlich müssen die Gründe den Wechsel „erfordern", also zumindest plausibel und verifizierbar sein. Im Lichte des unionsrechtlich vorgegebenen Rechts auf freie Wahl der Benannten Stelle (Art. 9 Abs. 6 Richtlinie 90/385/EWG, Art. 11 Abs. 9 Richtlinie 93/42/EWG, Art. 9 Abs. 8 Richtlinie 98/79/EG) dürfen indes keine überzogenen inhaltlichen Anforderungen an die Wechselmotive gestellt werden, sodass etwa auch schlichte Kostenerwägungen dem Maßstab des Absatz 1 Satz 2 genügen.[7] Da der Hersteller nach Richtlinie 93/42/EWG bezogen auf ein bestimmtes Produkt keinen Parallelantrag bei einer anderen Benannten Stelle einreichen darf (vgl. z. B. Anhang II Abschnitt 3.1 Satz 1 der Richtlinie 93/42/EWG), empfiehlt es sich, die Wechselmodalitäten zwischen den Beteiligten vertraglich klar und eindeutig festzulegen.[8]

V. Verfahren

Der Verlängerungsantrag ist grundsätzlich sechs Monate vor Ablauf der Gültigkeitsfrist zu stellen (Absatz 2 Satz 2). Die Benannte Stelle soll also ausreichend Zeit haben, diesen Antrag zu prüfen. Diese an sich sinnvolle Regelung widerspricht indes der unionsrechtlichen Vorgabe, der zufolge der Antrag „zu dem im Vertrag zwischen beiden Parteien vereinbarten Zeitpunkt einzureichen" ist (Art. 9 Abs. 8 Hs. 2 Richtlinie 90/385/EWG, Art. 11 Abs. 11 Hs. 2 Richtlinie 93/42/EWG, Art. 9 Abs. 10 Hs. 2 Richtlinie 98/79/EG).

5   Mit dem Verlängerungsantrag muss der Hersteller einen Bericht über zertifizierungsrelevante Änderungen der Beurteilungsmerkmale einreichen (Absatz 2 Satz 1). Diese Bestimmung gewährleistet eine Entscheidung der Benannten Stelle nach aktueller Datenlage. Welche Änderungen von Beurteilungsmerkmalen mitzuteilen sind, hängt von dem jeweiligen Konformitätsbewertungsverfahren ab. Ist es produktionsbezogen, wie etwa in den Anhängen II, V oder VII der Richtlinie 93/42/EWG, reicht die Mitteilung rein produktbezogener Änderungen nicht aus. Mitzuteilen sind nicht nur zwischenzeitliche Änderungen und Erkenntnisse zum Produkt selbst (z. B. neue Ergebnisse aus dem Risikomanagement), sondern auch zu Produktbestandteilen und zum sonstigen Umfeld (z. B. Änderungen von zu Grunde gelegten harmonisierten Normen).[9]

---

[5] Vgl. BT-Drs. 12/7930, S. 19, 56.

[6] So aber Lücker in: Spickhoff, § 17 Rz. 1; Rehmann in: Rehmann, Wagner, § 17 Rz. 2.

[7] Lücker in: Spickhoff, § 17 Rz. 1; Plöger in: Schorn, § 17 Rz. 1.

[8] Vgl. ZLG (EK-Med), Wechsel der Benannten Stelle – Regelungen zum Inverkehrbringen, 3.13 A 3.

[9] Vgl. ZLG (EK-Med), EG-Auslegungsprüfung, EG-Baumusterprüfung Verlängerung der Geltungsdauer von Bescheinigungen, 3.9 B 15.

§ 18 Einschränkung, Aussetzung und Zurückziehung von Bescheinigungen, Unterrichtungspflichten

(1) Stellt eine Benannte Stelle fest, dass die Voraussetzungen zur Ausstellung einer Bescheinigung vom Hersteller nicht oder nicht mehr erfüllt werden oder die Bescheinigung nicht hätte ausgestellt werden dürfen, schränkt sie unter Berücksichtigung des Grundsatzes der Verhältnismäßigkeit die ausgestellte Bescheinigung ein, setzt sie aus oder zieht sie zurück, es sei denn, dass der Verantwortliche durch geeignete Abhilfemaßnahmen die Übereinstimmung mit den Voraussetzungen gewährleistet. Die Benannte Stelle trifft die erforderlichen Maßnahmen unverzüglich.

(2) Vor der Entscheidung über eine Maßnahme nach Absatz 1 ist der Hersteller von der Benannten Stelle anzuhören, es sei denn, dass eine solche Anhörung angesichts der Dringlichkeit der zu treffenden Entscheidung nicht möglich ist.

(3) Die Benannte Stelle unterrichtet

1. unverzüglich das Deutsche Institut für Medizinische Dokumentation und Information über alle ausgestellten, geänderten, ergänzten und, unter Angabe der Gründe, über alle abgelehnten, eingeschränkten, zurückgezogenen, ausgesetzten und wieder eingesetzten Bescheinigungen; § 25 Abs. 5 und 6 gilt entsprechend,

2. unverzüglich die für sie zuständige Behörde in Fällen, in denen sich ein Eingreifen der zuständigen Behörde als erforderlich erweisen könnte,

3. auf Anfrage die anderen Benannten Stellen oder die zuständigen Behörden über ihre Bescheinigungen und stellt zusätzliche Informationen, soweit erforderlich, zur Verfügung,

4. auf Anfrage Dritte über Angaben in Bescheinigungen, die ausgestellt, geändert, ergänzt, ausgesetzt oder widerrufen wurden.

(4) Das Deutsche Institut für Medizinische Dokumentation und Information unterrichtet über eingeschränkte, verweigerte, ausgesetzte, wieder eingesetzte und zurückgezogene Bescheinigungen elektronisch die für den Verantwortlichen nach § 5 zuständige Behörde, die zuständige Behörde des Bundes, die Europäische Kommission, die anderen Vertragsstaaten des Abkommens über den Europäischen Wirtschaftsraum und gewährt den Benannten Stellen eine Zugriffsmöglichkeit auf diese Informationen.

Inhaltsverzeichnis

I.	Bedeutung der Norm	1
II.	Rechtsnatur	2

III. Voraussetzungen 3
IV. Rechtsfolge 4
V. Konsequenzen 5
VI. Unterrichtungspflichten 7

Änderungen:
§ 18 Abs. 4 geänd. mWv 28.11.2003 durch VO v. 25.11.2003 (BGBl. I S. 2304); Abs. 4 geänd. mWv 08.11.2006 durch VO v. 31.10.2006 (BGBl. I S. 2407); Abs. 1 geänd. sowie Abs. 3 und 4 neu gef. mWv 30.06.2007 durch G v. 14. 6. 2007 (BGBl. I S. 1066); Abs. 1 Satz 2 angef., Abs. 3 Nr. 2 und 3 geänd., Nr. 4 angef., Abs. 4 geänd. mWv 21.03.2010 durch G v. 29.07.2009 (BGBl. I S. 2326); Abs. 4 geänd. mWv 26.10.2012 durch G v. 19.10.2012 (BGBl. I S. 2192).

Literatur:
Böckmann, Frankenberger, Kap. 3.18; Nöthlichs, Kage, § 18; Rehmann in: Rehmann, Wagner, § 18; Plöger in: Schorn, Medizinprodukterecht, § 18; Lücker in: Spickhoff, Medizinrecht, § 18; Merten, Private Entscheidungsträger und Europäisierung der Verwaltungsrechtsdogmatik (2005); WiKo, § 18.

I. Bedeutung der Norm

1 Die Bestimmung verpflichtet die Benannten Stellen zur nachträglichen Einschränkung, Aussetzung und Zurückziehung von Bescheinigungen, wenn die Ausstellungsvoraussetzungen von Anfang an nicht erfüllt waren oder nachträglich weggefallen sind, und legt ihnen Unterrichtungspflichten auf. Darüber hinaus stellt sie sicher, dass der Hersteller vor einer solchen Änderungsentscheidung angehört wird und die relevanten Informationen in deutsche und europäische Datenbanken eingestellt werden.

II. Rechtsnatur

2 Ebenso wie die Erteilung von Prüfbescheinigungen ist auch ihre Änderung zivilrechtlicher Natur. Die Benannte Stelle wird auch insoweit nicht hoheitlich tätig, sodass hier ebenfalls keine verwaltungsverfahrensrechtlichen Vorschriften anwendbar sind.[1] Der deutsche Gesetzgeber hat diese Auffassung dadurch bestätigt, dass er den in Art. 11 Abs. 5 S. 1, Abs. 6 UAbs. 1 Richtlinie 90/385/EWG, Art. 16 Abs. 5 S. 1, Abs. 6 S. 1 Richtlinie 93/42/EWG, Art. 15 Abs. 5 S. 1, Abs. 6 S. 1 Richtlinie 98/79/EG verwendeten Begriff des Widerrufs gerade deshalb durch den Ausdruck „Zurückziehung" ersetzt hat, weil er öffentlich-rechtlich konnotiert ist.[2] Gleichwohl gestalten die Änderungsbefugnisse der Benannten Stelle das Vertragsverhältnis zwischen ihr und dem Hersteller zwingend aus, sodass es unerheblich ist ob sie – was

---

[1] Böckmann, Frankenberger, Kap. 3.18.2; Lücker in: Spickhoff, § 18 Rz. 1; Merten, S. 214 ff.; Nöthlichs, Kage, § 18 Anm. 1.2; WiKo, § 18 Rz. 2 f.;
[2] BR-Drs. 309/01, S. 72; BT-Drs. 14/6281, S. 33.

§ 18 Einschränkung, Aussetzung und Zurückziehung von Bescheinigungen ...

sinnvoll erscheint – einzelvertraglich vorgesehen oder aber eingeschränkt oder sogar völlig ausgeschlossen werden.[3]

III. Voraussetzungen

Die in Absatz 1 Satz 1 Halbsatz 1 vorgesehenen materiellen Voraussetzungen für die Einschränkung, Aussetzung und Zurückziehung von Bescheinigungen sind recht breit gefasst und umfassen Konstellationen vom Erschleichen der Bescheinigung durch falsche Angaben bis hin zur Nichterfüllung von Auflagen nach Überwachungsaudits. Auch die nachträgliche Änderung der Rechtslage wird erfasst,[4] was wegen des fehlenden Grandfathering in der MP-VO und IVD-VO in den nächsten Jahren relevant werden könnte. 3

Werden die Ausstellungsvoraussetzungen nicht erfüllt, muss die Benannte Stelle dem Hersteller Gelegenheit geben, selbst geeignete Abhilfemaßnahmen zu ergreifen (Absatz 1 Satz 1 letzter Halbsatz).

Als formelle Änderungsvoraussetzung schreibt Absatz 2 im Regelfall die Anhörung des betroffenen Herstellers vor. Hierbei handelt es sich zwar um eine private Pflicht zur Anhörung, doch erfüllt sie dieselben Funktionen wie eine Anhörung nach § 30 Abs. 3 AMG[5] bzw. § 28 VwVfG. Sie soll zum einen auf sachlich zutreffende Sachentscheidungen hinwirken, d. h. eine unrichtige oder unvollständige Tatsachengrundlage von vornherein vermeiden. Zum anderen erfüllt die Anhörung nach Absatz 2 eine Hinweis- und Warnfunktion, indem sie den Hersteller vor einer überraschenden Änderungsentscheidung der Benannten Stelle schützt.[6] Von einer Anhörung kann ausnahmsweise dann abgesehen werden, wenn die Änderungsentscheidung nach Absatz 1 unter einem solchen Zeitdruck erfolgen muss, dass sie nach Durchführung der Anhörung nicht mehr wirksam erfolgen kann.[7] Zu der abstrakten Gefahrenlage, die durch das Fehlen der Zertifizierungsvoraussetzungen besteht, müssen besondere Umstände hinzutreten, bei denen selbst ein geringer Aufschub die Effektivität der Änderungsentscheidung in Frage stellen würde.[8] Maßstab hierfür ist entsprechend dem mit der Regulierung von Medizinprodukten verfolgten Zweck (vgl. § 1 MPG), ob und inwieweit von dem zertifizierten Produkt bei ordnungsgemäßer Benutzung erhebliche Gefahren ausgehen.[9]

---

[3] Plöger in: Schorn, § 18 Rz. 2; ähnlich Lücker in: Spickhoff, § 18 Rz. 1; Rehmann in: Rehmann, Wagner, § 18 Rz. 2; verfehlt Böckmann, Frankenberger, Kap. 3.18.3, die von einer Pflicht der Benannten Stelle zur Vereinbarung von Änderungsbefugnissen ausgehen.
[4] Böckmann, Frankenberger, Kap. 3.18.2, 3.18.3.3; Nöthlichs, Kage, § 18 Anm. 1.2.
[5] Diese Vorschrift hat dem Gesetzgeber offenbar als Vorbild gedient, vgl. Merten, S. 222.
[6] Merten, S. 223.
[7] Ebd.
[8] Ebd.
[9] Im Ergebnis ebenso Lücker in: Spickhoff, § 18 Rz. 4.

IV. Rechtsfolge

4 Sind die formellen und materiellen Voraussetzungen der Änderung der ausgestellten Bescheinigung erfüllt, muss die Benannte Stelle sie grundsätzlich einschränken, aussetzen oder zurückziehen (Absatz 1 Satz 1), und zwar nach Absatz 1 Satz 2 unverzüglich, d. h. ohne schuldhaftes Zögern (§ 121 Abs. 1 BGB analog).[10] Unter einer Einschränkung ist eine Maßnahme zu verstehen, die den Gültigkeitsbereich des Zertifikats auf bestimmte Aussagen beschränkt, ohne die Bescheinigung gänzlich aufzuheben. Sie kann sich z. B. auf bestimmte Produktkategorien, einzelne Betriebsstätten oder bei einem einzelnen Medizinprodukt auf den Anwendungsbereich oder den Anwenderkreis beziehen. Mit der Aussetzung eines Zertifikats kann dem Hersteller dessen Nutzung vorübergehend, zeitlich befristet untersagt werden.[11] Im Gegensatz zur Beschränkung wirkt sie allumfassend. Dies gilt auch für die Zurückziehung, die aber die Gültigkeit eines Zertifikates vollständig aufhebt und mithin am nachteiligsten für den Hersteller ist.

Die Bindung an das in Absatz 1 Satz 1 verankerte einfach-gesetzliche Verhältnismäßigkeitsprinzip kommt auf zwei Ebenen zum Tragen. Zum einen determiniert sie die Auswahl unter den nach Intensität gestaffelten Maßnahmen der Einschränkung, Aussetzung und Zurückziehung von Bescheinigungen. So ist unter dem Gesichtspunkt der Erforderlichkeit bei gleicher Effektivität die für den Hersteller mildeste Maßnahme zu ergreifen. Gestattet es die Schwere des Mangels, muss die Benannte Stelle zunächst eine Aussetzung des Zertifikats oder, bei Teilbarkeit, dessen Einschränkung erwägen. Die besonders rigorose Zurückziehung ist nur als Ultima Ratio zulässig. Zum anderen gebietet es der Grundsatz der Verhältnismäßigkeit aber auch, die Proportionalität dieser Maßnahmen sicherzustellen, und zwar insbesondere hinsichtlich des Maßes der Einschränkung und der Dauer der Aussetzung.[12]

V. Konsequenzen

5 Die Aussetzung oder Zurückziehung eines Zertifikats führt dazu, dass der Hersteller das Recht zur Verwendung einer auf Grundlage des Zertifikates aufgebrachten CE-Kennzeichnung verliert und das betroffene Medizinprodukt nicht mehr in den Verkehr bringen darf. Im Interesse des vom Gesetzgeber intendierten Schutzes von

---

[10] Dieses Erfordernis wurde als „notwendige rechtliche Klarstellung" nachträglich eingefügt, weil die Benannten Stellen „nicht mit der angezeigten Dringlichkeit in Bezug auf notwendige Einschränkungen, Aussetzungen oder Zurückziehungen von Zertifikaten tätig geworden" seien, BR-Drs. 172/09, S. 42; BT-Drs. 16/12258, S. 29.

[11] In der Regel ist sie mit Auflagen an den Antragsteller verbunden, Korrekturmaßnahmen einzuleiten, vgl. ZLG (EK-Med), Anzeigepflichten der Benannten Stellen – Mitteilung von Bescheinigungen nach § 18 MPG gemäß DIMDI-Verordnung (3.13 E13, 10/2004), Ziff. 3.1.

[12] Merten, S. 231; vgl. auch Böckmann, Frankenberger, Kap. 3.18.3.2, die zur konkreten Umsetzung die Vereinbarung eines Stufenkonzepts vorschlagen.

Patienten, Anwendern und Dritten (vgl. § 1 MPG) gilt dies auch, wenn die Benannte Stelle den Hersteller nicht angehört oder gegen den Grundsatz der Verhältnismäßigkeit verstoßen hat. In diesem Fall stehen dem Hersteller nur Schadensersatzansprüche gegen die Benannte Stelle zu, die auf dem Zivilrechtsweg durchzusetzen sind.[13]

Auf Betreiber und Anwender hat die Aussetzung oder Zurückziehung eines Zertifikats keine unmittelbaren Auswirkungen. Gehen von den betroffenen Medizinprodukten allerdings Gefahren für Patienten, Anwender oder Dritte aus, sind sie bei entsprechender Kenntnis dazu verpflichtet, Maßnahmen zur Schadensabwendung bzw. -minimierung zu ergreifen.[14]

6

VI. Unterrichtungspflichten

Absatz 3 regelt vier Unterrichtungspflichten der Benannten Stellen. Nach Absatz 3 Nr. 1 muss die Benannte Stelle das Deutsche Institut für Medizinische Dokumentation und Information (DIMDI) über alle ausgestellten, geänderten oder ergänzten Bescheinigungen („positive" Bescheinigungen) sowie – unter Angabe der Gründe – über alle abgelehnten, eingeschränkten, ausgesetzten oder zurückgezogenen Bescheinigungen („negative" Bescheinigungen) unverzüglich unterrichten.[15] Das DIMDI nimmt die Meldungen in eine seiner Datenbanken auf (vgl. § 4 Abs. 1 Nr. 2 DIMDIV). Die Datenbank kann von den Benannten Stellen in Bezug auf eingeschränkte, verweigerte, ausgesetzte, wieder eingesetzte, zurückgezogene, gefälschte oder durch den Hersteller gekündigte Bescheinigungen unentgeltlich genutzt werden (§ 5 Abs. 2 Nr. 2 DIMDIV). Zudem müssen die Benannten Stellen die ZLG in solchen Fällen unterrichten, in denen sich ihr Eingreifen als erforderlich erweisen könnte (Absatz 3 Nr. 2). Dies betrifft namentlich Verstöße gegen medizinprodukterechtliche Vorgaben, denen der Hersteller nicht abhilft.[16] Eine weitere Unterrichtungspflicht enthält Absatz 3 Nr. 3. Danach müssen Benannte Stellen andere Benannten Stellen oder die zuständigen Behörden auf entsprechende Anfrage unterrichten. Die Unterrichtungspflicht umfasst nicht nur den Zertifikatsstatus, sondern auch zusätzliche Informationen. Praxisbedeutsam sind insofern vor allem Informationen über die Ablehnung, die Aussetzung oder die Zurückziehung von Bescheinigungen. Auf diese Weise wird ein europaweites „Hopping" der Hersteller zwischen den verschiedenen Benannten Stellen erschwert.[17] Schließlich sind nach Absatz 3 Nr. 4 auf Anfrage auch Dritte über Angaben in Bescheinigungen die ausgestellt, geändert, ergänzt, ausgesetzt oder widerrufen wurden, zu unterrichten.

7

---

[13] Merten, S. 231 f.
[14] Vgl. Böckmann, Frankenberger, Kap. 3.18.9.
[15] Vgl. zur praktischen Abwicklung ZLG (EK-Med), Anzeigepflichten der Benannten Stellen – Mitteilung von Bescheinigungen nach § 18 MPG gemäß DIMDI-Verordnung (3.13 E13, 10/2004).
[16] WiKo, § 18 Rz. 6.
[17] Böckmann, Frankenberger, Kap. 3.18.6.3.

Absatz 4 verpflichtet das DIMDI dazu, mit Hilfe des datenbankgestützten Informationssystems für Medizinprodukte folgende Stellen über eingeschränkte, verweigerte, ausgesetzte, wieder eingesetzte oder zurückgezogene Bescheinigungen zu unterrichten: Die zuständige Landesbehörde nach § 5 MPG, die zuständige Bundesbehörde (BfArM oder PEI), die Europäische Kommission und die anderen EWR-Vertragsstaaten. Auf diese Informationen dürfen auch die Benannten Stellen zugreifen.

**Vierter Abschnitt
Klinische Bewertung,
Leistungsbewertung, klinische Prüfung,
Leistungsbewertungsprüfung**

Vorbemerkungen vor §§ 19–24

Medizinprodukte dürfen in Deutschland nur in den Verkehr gebracht werden, wenn sie bei zwecksentsprechender Anwendung weder Patienten noch Anwender und Dritte schädigen können und sie nach Durchführung eines Konformitätsbewertungsverfahrens die CE-Kennzeichnung tragen. Zur Erlangung der CE-Kennzeichnung ist im Konformitätsbewertungsverfahren der Nachweis der Leistungsfähigkeit zu erbringen. Dies geschieht bei den meisten Medizinprodukten durch Nachweis in einer klinischen Prüfung. Die Vorschriften über die klinischen Prüfung in §§ 19 ff. sind dabei in weitem Umfang, wenn auch mit Abweichungen im Detail, denen über die klinische Prüfung von Arzneimitteln nach §§ 40 ff. AMG nachgebildet. 1

Auch hier ist die Zweiteilung des Verfahrens in eine Genehmigung der klinischen Prüfung durch die Bundesoberbehörde und ihre (zustimmende) Bewertung durch eine nach Landesrecht gebildete Ethik-Kommission an die Stelle des früheren Anzeigeverfahrens bei der Bundesoberbehörde getreten. Entstanden ist ein Verwaltungsverfahren mit Rechtsschutzmöglichkeiten für den Sponsor, dessen Antrag abschlägig beschieden oder bei der Ethik-Kommission nicht zustimmend bewertet worden ist. Die eher verfahrensrechtlichen Vorschriften für eine klinische Prüfung finden sich in der MPKPV. Dass nicht jede Untersuchung unter Anwendung eines Medizinproduktes am Menschen eine klinische Prüfung im Sinne der §§ 20 ff. MPG ist, ergibt sich allerdings erst aus § 1 MPKPV. Sie begrenzt diese auf Untersuchungen im Rahmen des Konformitätsbewertungsverfahrens auf solche zur Erlangung der CE Kennzeichnung. Eine Definition der klinischen Prüfung im MPG und nicht in einer DIN 14155 wäre hier sicher hilfreich. Derzeit ist also von folgender Definition auszugehen: Klinische Prüfung von Medizinprodukten am Menschen ist „eine geplante, systematische Studie an Versuchspersonen, die vorgenommen wird, um die Sicherheit und/oder Leistungsfähigkeit eines bestimmten Medizinproduktes zu überprüfen." 2

§ 19 schreibt den Grundsatz fest, dass die Eignung für den Verwendungszweck bei Medizinprodukten durch eine Konformitätsbewertung zu belegen ist. Bei In vitro Diagnostika erfolgt dieser Nachweis durch eine Leistungsbewertung. In §§ 20 und 21 sind die allgemeinen und die besonderen Voraussetzungen für die klinische 3

Prüfung festgelegt. §§ 22 und 22 a enthalten die Vorschriften für die Verfahren auf Bewertung von vor der Ethik-Kommission und der Genehmigung der klinischen Prüfung durch die Bundesoberbehörde. Rücknahme, Widerruf und Ruhen der Genehmigung der Bundesoberbehörde und der Bewertung durch die Ethik-Kommission sowie das Verfahren bei späteren Änderungen der klinischen Prüfung nach Genehmigung und zustimmender Bewertung regeln §§ 22 b und c. Praktisch wichtig sind die Ausnahmen von der klinischen Prüfung für Medizinprodukte, die bereits eine CE Kennzeichnung tragen (§ 23 b). Die Leistungsbewertungsprüfung von In-vitro-Diagnostika ist schließlich in § 24 geregelt.

4 Nach der geplanten Neuregelung der klinischen Prüfung für Arzneimittel und derjenigen von Medizinprodukten und In-vitro-Diagnostika jeweils durch EU – Verordnungen bleibt das zweigleisige Verfahren grundsätzlich erhalten mit Abweichungen im Detail. Vor allem bei klinischen Prüfungen in mehreren Staaten der EU wird durch dieses Verfahren der Grundsatz einer (auch multistaatlichen) Bewertung/Genehmigung für multizentrische Prüfungen umgesetzt.

§ 19 Klinische Bewertung, Leistungsbewertung

(1) Die Eignung von Medizinprodukten für den vorgesehenen Verwendungszweck ist durch eine klinische Bewertung anhand von klinischen Daten nach § 3 Nummer 25 zu belegen, soweit nicht in begründeten Ausnahmefällen andere Daten ausreichend sind. Die klinische Bewertung schließt die Beurteilung von unerwünschten Wirkungen sowie die Annehmbarkeit des in den Grundlegenden Anforderungen der Richtlinien 90/385/EWG und 93/42/EWG genannten Nutzen-/Risiko-Verhältnisses ein. Die klinische Bewertung muss gemäß einem definierten und methodisch einwandfreien Verfahren erfolgen und gegebenenfalls einschlägige harmonisierte Normen berücksichtigen.

(2) Die Eignung von In-vitro-Diagnostika für den vorgesehenen Verwendungszweck ist durch eine Leistungsbewertung anhand geeigneter Daten zu belegen. Die Leistungsbewertung ist zu stützen auf

1. Daten aus der wissenschaftlichen Literatur, die die vorgesehene Anwendung des Medizinproduktes und die dabei zum Einsatz kommenden Techniken behandeln, sowie einen schriftlichen Bericht, der eine kritische Würdigung dieser Daten enthält, oder

2. die Ergebnisse aller Leistungsbewertungsprüfungen oder sonstigen geeigneten Prüfungen.

Inhaltsverzeichnis

I.	Die Bedeutung der Norm	1
II.	Die klinische Bewertung von Medizinprodukten	2
III.	Leistungsbewertung bei In-vitro-Diagnostika	3

Änderungen:
§ 19 Abs. 1 neu gef. mWv 21. 3. 2010 durch G v. 29. 7. 2009 (BGBl. I S. 2326).

I. Die Bedeutung der Norm

Die Vorschrift regelt zwei Sachverhalte. Zum einen die klinische Bewertung aller Medizinprodukte unter Einschluss des Nutzen – Risiko – Verhältnisses. Zum anderen die Leistungsbewertung also die Eignung von In-vitro-Diagnostika für den vorgesehenen Verwendungszweck. Klinische Bewertung ist dabei der Oberbegriff über der klinischen Prüfung und der Leistungsbewertung. In den beiden EU – Verordnungen zu Medizinprodukten und zu In-vitro-Diagnostika wird dies unterschiedlich geregelt sein: Für Medizinprodukte gibt es weiterhin klinische Bewertungen und klinische Prüfungen, für In-vitro-Diagnostika wird die Wirksamkeit mit klinischen Nachweisen geführt.

II. Die klinische Bewertung von Medizinprodukten

2   Der Hersteller eines Medizinprodukts bestimmt den Zweck für den es zu verwenden ist. Dass es diesen Zweck auch erfüllen kann, dies hat der Hersteller durch eine klinische Bewertung zu belegen. Dazu dienen klinische Daten gemäß § 3 Nr. 25 MPG, die aus unterschiedlichen Quellen stammen können. Es handelt sich hierbei um Angaben zur Leistung und Sicherheit. Diese können auch im Vergleich mit unterschiedlichen oder gleichen Medizinprodukten gewonnen sein. Selbst der reine „Literaturweg" ist nicht ausgeschlossen. Die in Absatz 1 in Bezug genommene Anlagen I/1 zu den Richtlinien 90/385/EWG und 93/42/EWG legen Wert darauf, dass die Folgen unerwünschter Wirkungen auf das grundlegende Nutzen – Risiko – Verhältnis des Einsatzes des Medizinproduktes dargelegt und gegebenenfalls seine Veränderung zulasten des Nutzens des Medizinproduktes offengelegt wird. Der Einsatz von Medizinprodukten steht immerhin unter dem Vorbehalt, dass der mit dem Einsatz verbundene Nutzen die Risiken überwiegt. Solange dies so ist können Risiken akzeptiert werden.

III. Leistungsbewertung bei In-vitro-Diagnostika

3   Absatz 2 regelt wie speziell bei In-vitro-Diagnostika die Eignung für den vorgesehenen Verwendungszweck nachgewiesen werden kann. Dies kann einmal durch Daten aus der wissenschaftlichen Literatur geschehen. Zum anderen alternativ durch eine Leistungsbewertungsprüfung oder eine sonst dazu geeignete Prüfung. Auch bei der Leistungsbewertungsprüfung sind unerwünschte Wirkungen zu bewerten und das Risiko – Nutzen – Verhältnis muss hinnehmbar sein.
   Erfordert die Leistungsbewertungsprüfung eine invasive Entnahme von Proben oder zusätzliche, belastende Untersuchungen bei Probanden oder Patienten, dann richtet sich das einzuhaltende Verfahren nach den Vorschriften über die Durchführung einer klinischen Prüfung gemäß §§ 20 ff. Diesen Fall regelt § 24. Tangiert die Prüfung das Persönlichkeitsrecht des Probanden oder Patienten weil Rückschlüsse auf seine Person möglich sind oder kommerzielle Interessen berührt sein können, dann erfordert die Prüfung die ausdrückliche Einwilligung der betroffenen Person.

§ 20 Allgemeine Voraussetzungen zur klinischen Prüfung

(1) Mit der klinischen Prüfung eines Medizinproduktes darf in Deutschland erst begonnen werden, wenn die zuständige Ethik-Kommission diese nach Maßgabe des § 22 zustimmend bewertet und die zuständige Bundesoberbehörde diese nach Maßgabe des § 22a genehmigt hat. Bei klinischen Prüfungen von Medizinprodukten mit geringem Sicherheitsrisiko kann die zuständige Bundesoberbehörde von einer Genehmigung absehen. Das Nähere zu diesem Verfahren wird in einer Rechtsverordnung nach § 37 Absatz 2a geregelt. Die klinische Prüfung eines Medizinproduktes darf bei Menschen nur durchgeführt werden, wenn und solange

1. die Risiken, die mit ihr für die Person verbunden sind, bei der sie durchgeführt werden soll, gemessen an der voraussichtlichen Bedeutung des Medizinproduktes für die Heilkunde ärztlich vertretbar sind,

1a. ein Sponsor oder ein Vertreter des Sponsors vorhanden ist, der seinen Sitz in einem Mitgliedstaat der Europäischen Union oder in einem anderen Vertragsstaat des Abkommens über den Europäischen Wirtschaftsraum hat,

2. die Person, bei der sie durchgeführt werden soll, ihre Einwilligung hierzu erteilt hat, nachdem sie durch einen Arzt, bei für die Zahnheilkunde bestimmten Medizinprodukten auch durch einen Zahnarzt, über Wesen, Bedeutung und Tragweite der klinischen Prüfung aufgeklärt worden ist und mit dieser Einwilligung zugleich erklärt, dass sie mit der im Rahmen der klinischen Prüfung erfolgenden Aufzeichnung von Gesundheitsdaten und mit der Einsichtnahme zu Prüfungszwecken durch Beauftragte des Auftraggebers oder der zuständigen Behörde einverstanden ist,

3. die Person, bei der sie durchgeführt werden soll, nicht auf gerichtliche oder behördliche Anordnung in einer Anstalt verwahrt ist,

4. sie in einer geeigneten Einrichtung und von einem angemessen qualifizierten Prüfer durchgeführt und von einem entsprechend qualifizierten und spezialisierten Arzt, bei für die Zahnheilkunde bestimmten Medizinprodukten auch von einem Zahnarzt, oder einer sonstigen entsprechend qualifizierten und befugten Person geleitet wird, die mindestens eine zweijährige Erfahrung in der klinischen Prüfung von Medizinprodukten nachweisen können,

5. soweit erforderlich, eine dem jeweiligen Stand der wissenschaftlichen Erkenntnisse entsprechende biologische Sicherheitsprüfung oder sonstige für die vorgesehene Zweckbestimmung des Medizinproduktes erforderliche Prüfung durchgeführt worden ist,

6. soweit erforderlich, die sicherheitstechnische Unbedenklichkeit für die Anwendung des Medizinproduktes unter Berücksichtigung des Standes der Technik sowie der Arbeitsschutz- und Unfallverhütungsvorschriften nachgewiesen wird,

7. die Prüfer über die Ergebnisse der biologischen Sicherheitsprüfung und der Prüfung der technischen Unbedenklichkeit sowie die voraussichtlich mit der klinischen Prüfung verbundenen Risiken informiert worden sind,

8. ein dem jeweiligen Stand der wissenschaftlichen Erkenntnisse entsprechender Prüfplan vorhanden ist und

9. für den Fall, dass bei der Durchführung der klinischen Prüfung ein Mensch getötet oder der Körper oder die Gesundheit eines Menschen verletzt oder beeinträchtigt wird, eine Versicherung nach Maßgabe des Absatzes 3 besteht, die auch Leistungen gewährt, wenn kein anderer für den Schaden haftet.

(2) Eine Einwilligung nach Absatz 1 Nr. 2 ist nur wirksam, wenn die Person, die sie abgibt,

1. geschäftsfähig und in der Lage ist, Wesen, Risiken, Bedeutung und Tragweite der klinischen Prüfung einzusehen und ihren Willen hiernach zu bestimmen, und

2. die Einwilligung selbst und schriftlich erteilt hat.

Eine Einwilligung kann jederzeit widerrufen werden.

(3) Die Versicherung nach Absatz 1 Nr. 9 muss zugunsten der von der klinischen Prüfung betroffenen Person bei einem in Deutschland zum Geschäftsbetrieb befugten Versicherer genommen werden. Ihr Umfang muss in einem angemessenen Verhältnis zu den mit der klinischen Prüfung verbundenen Risiken stehen und auf der Grundlage der Risikoabschätzung so festgelegt werden, dass für jeden Fall des Todes oder der dauernden Erwerbsunfähigkeit einer von der klinischen Prüfung betroffenen Person mindestens 500.000 Euro zur Verfügung stehen. Soweit aus der Versicherung geleistet wird, erlischt ein Anspruch auf Schadensersatz.

(4) Auf eine klinische Prüfung bei Minderjährigen finden die Absätze 1 bis 3 mit folgender Maßgabe Anwendung:

1. Das Medizinprodukt muss zum Erkennen oder zum Verhüten von Krankheiten bei Minderjährigen bestimmt sein.

2. Die Anwendung des Medizinproduktes muss nach den Erkenntnissen der medizinischen Wissenschaft angezeigt sein, um bei dem Minderjährigen Krankheiten zu erkennen oder ihn vor Krankheiten zu schützen.

3. Die klinische Prüfung an Erwachsenen darf nach den Erkenntnissen der medizinischen Wissenschaft keine ausreichenden Prüfergebnisse erwarten lassen.

4. Die Einwilligung wird durch den gesetzlichen Vertreter oder Betreuer abgegeben. Sie ist nur wirksam, wenn dieser durch einen Arzt, bei für die Zahnheilkunde bestimmten Medizinprodukten auch durch einen Zahnarzt, über Wesen, Bedeutung und Tragweite der klinischen Prüfung aufgeklärt

worden ist. Ist der Minderjährige in der Lage, Wesen, Bedeutung und Tragweite der klinischen Prüfung einzusehen und seinen Willen hiernach zu bestimmen, so ist auch seine schriftliche Einwilligung erforderlich.

(5) Auf eine klinische Prüfung bei Schwangeren oder Stillenden finden die Absätze 1 bis 4 mit folgender Maßgabe Anwendung: Die klinische Prüfung darf nur durchgeführt werden, wenn

1. das Medizinprodukt dazu bestimmt ist, bei schwangeren oder stillenden Frauen oder bei einem ungeborenen Kind Krankheiten zu verhüten, zu erkennen, zu heilen oder zu lindern,

2. die Anwendung des Medizinproduktes nach den Erkenntnissen der medizinischen Wissenschaft angezeigt ist, um bei der schwangeren oder stillenden Frau oder bei einem ungeborenen Kind Krankheiten oder deren Verlauf zu erkennen, Krankheiten zu heilen oder zu lindern oder die schwangere oder stillende Frau oder das ungeborene Kind vor Krankheiten zu schützen,

3. nach den Erkenntnissen der medizinischen Wissenschaft die Durchführung der klinischen Prüfung für das ungeborene Kind keine unvertretbaren Risiken erwarten lässt und

4. die klinische Prüfung nach den Erkenntnissen der medizinischen Wissenschaft nur dann ausreichende Prüfergebnisse erwarten lässt, wenn sie an schwangeren oder stillenden Frauen durchgeführt wird.

(6) (weggefallen)

(7) (weggefallen)

(8) (weggefallen)

Inhaltsverzeichnis

I.	Die Bedeutung der Norm	1
II.	Allgemeine Voraussetzungen für klinische Prüfungen	2
III.	Rechtsfolgen	23
IV.	Sanktionen	24

Änderungen:
§ 20 Abs. 6 Satz 1 und Abs. 7 Satz 1 geänd. sowie Abs. 6 Sätze 4 und 5 neu gef. mWv 30.06.2007 durch G v. 14.06.2007 (BGBl. I S. 1066); Abs. 1 Sätze 1–3 eingef., bish. Wortlaut wird Satz 4 und neuer Satz 4 Nr. 1a eingef., Nr. 4, Nr. 7, Abs. 2 Nr. 1 geänd., Absätze 6–8 aufgeh. mWv 21.03.2010 durch G v. 29.07.2009.

Zugehörige Rechtsverordnung nach Absatz 1 S. 3
Verordnung über klinische Prüfungen von Medizinprodukten (MPKPV) vom 10.05.2010 (BGBl. I S. 555), die durch Artikel 3 der Verordnung vom 25.07.2014 (BGBl. I S. 1227) geändert worden ist.

Literatur:
Bender, Heilversuch oder klinische Prüfung? MedR 2005, 511; Bobbert, Brückner, Lilie, Probanden- und Patientenschutz in der medizinischen Forschung, Gutachten, 2004, KommDrS 15/220; Bork, Das Verfahren vor den Ethikkommissionen der medizinischen Fachbereiche, 1984; Czwalinna, Ethikkommissionen, Forschungslegitimation durch Verfahren, 1987; ders., Ethikkommissionen für medizinische Forschung am Menschen, Bestand, Struktur und Vorgehensweise, MedR 1986, 305; Deutsch, Heilversuche und klinische Prüfungen, VersR 2005, 1009; Deutsch, Verkehrssicherungspflicht bei klinischer Forschung – Aufgabe der universitären Ethikkommission? MedR 1995, 483; ders. Heilversuch und klinische Prüfung, VersR 2005, 1009; Deutsch, Lippert, Ethikkommission und klinische Prüfung (1998); Deutsch, Das Vertragsrecht des Probanden, VersR 2005, 1609; v. Dewitz, Luft, Pestalozza, Ethikkommissionen in der medizinischen Forschung, Gutachten, 2004, KommDrS. 15/219; Ehling,Vogeler, Der Probandenvertrag, MedR 2008, 273; Fincke, Arzneimittelprüfung, Strafbare Versuchsmethoden, 1977; Felder, Das Erfordernis der zweijährigen Erfahrung in der klinischen Prüfung nach § 40 Abs. 1, S. 3, Nr. 5 AMG, KFuR 2008, 103; Freund, Georgy, Täuschung bei der Aufklärung für die Teilnahme an Arzneimittelprüfungen, Arbeitskreis medizinischer Ethikkommissionen empfohlen, JZ 2009,504; Hägele, Arzneimittelprüfungen am Menschen – ein strafrechtlicher Vergleich aus deutscher, österreichischer, schweizerischer und internationaler Sicht, Ethik und Recht in der Medizin Bd. 37, 2004; Halàsz, Das Recht auf bio-materielle Selbstbestimmung, 2004; Hart, Heilversuch, therapeutische Strategien, klinische Prüfung und Humanexperiment, Grundsätze ihrer arzneimittel-, arzthaftungs- und berufsrechtlichen Beurteilung, MedR 1994, 94; Helle, Schweigepflicht und Datenschutz in der medizinischen Forschung, MedR 1996, 13; Höfling, Demel, Zur Forschung an Nichteinwilligungsfähigen, MedR 1999, 540; Kern, Die Bioethik-Konvention des Europarates – Bioethik versus Arztrecht, MedR 1998, 485; Kern, Standortbestimmung: Ethikkommissionen – auf welchen Gebieten werden sie tätig? MedR 2008,631; Koch, Arzneimittelrecht und klinische Prüfung in: Wagner (Hrsg.) Arzneimittel und Verantwortung – Grundlagen und Methoden der Pharmaethik, 1993, S. 187; Koyuncu, Der Sponsorbegriff bei klinischen Prüfungen mit Arzneimitteln, PharmR 2009; 272;Kreß, Die Ethikkommissionen im System der Haftung bei der Planung und Durchführung von medizinischen Forschungsvorhaben am Menschen; Laufs, Reiling, Ethik-Kommissionen – Vorrecht der Ärztekammern? (1991); 1990 Lippert, Adler, Forschung am Menschen – Der Proband/Patient im Dschungel der Haftungsnormen, VersR 1993, 277; Lippert, Strobel, Ärztliche Schweigepflicht und Datenschutz in der medizinischen Forschung, VersR 1996, 427; diess., Die Überwachung klinischer Prüfungen nach dem AMG, VersR 1995, 637; Lippert, Klinische Prüfung von Arzneimitteln durch Professoren: Dienstaufgabe oder Nebentätigkeit? NJW 1992, 2338; ders. Der Monitor bei klinischen Prüfungen MedR 1993, 17; ders. Rechtsprobleme bei der Forschung in Notfall- und Intensivmedizin, DMW 1994, 1795; ders., Der einwilligungsunfähige Patient in der medizinischen Forschung, in: Töllner, Wiesing (Hrsg.), Wissen – Handeln – Ethik, Strukturen ärztlichen Handelns und ihre Relevanz, Medizin-Ethik, Bd. 6, 1995, S. 91; ders., Rechtsfragen bei Forschungsprojekten am Menschen, VersR 1997, 545; ders., Die Einwilligung in der medizinischen Forschung und ihr Widerruf, DMW 1997, 912; ders., Rechtsprobleme mit Forschungsprojekten unter Einbeziehung von Verwandten des Patienten oder Probanden bei Koppelungsanalysen, MedR 1998, 413; ders, Rechtsprobleme der experimentellen medizinischen Doktorarbeit, Wissenschaftsrecht 1998, 43ders. Ethik und Monetik – finanzielle Aspekte bei der Durchführung klinischer Prüfungen von Arzneimitteln und Medizinprodukten, VersR 2000, 1206; ders., Die Fälschung von Forschungsdaten ahnden – ein mühsames Unterfangen, WissR 2000, 210; ders. Die Einwilligung in die Teilnahme an klinischen Prüfungen von Arzneimitteln und Medizinprodukten und ihr Widerruf, VersR 2001, 432; ders. Die medizinische Dissertation mit Versuchen am Menschen – Beratung des Doktoranden durch eine Ethikkommission, MedR 2002, 353; ders. Finanzielle Regelungen bei der klinischen Prüfung von Arzneimitteln und Medizinprodukten – der Spagat zwischen Ethik und Monetik, GesR 2003, 67; ders., Klinische Arzneimittelprüfungen – Die 12. Novelle zum AMG und ihre Umsetzung in das Landesrecht, GesR 2005, 438;; Lippert, Die zustimmende Bewertung einer Ethikkommission bei der klinischen Prüfung von Arzneimitteln nach dem novellierten Arzneimittelgesetz und der GCP-Verordnung, FS Adolf Laufs, 2006, 973; ders. Die klinische Prüfung mit Arzneimitteln nach §§ 40 ff. AMG und der GCP-Verordnung – Problembereiche GesR 2007, 62ders. Die Eignung des Prüfers bei der Durchführung klinischer Prüfungen mit Arzneimitteln,

GesR 2008 120; ders. Ethikkommissionen – wie unabhängig sind sie und wie unabhängig sollen sie sein? GesR 2009, 355;ders., Nochmals: die Eignung des Prüfers bei der Durchführung klinischer Prüfungen mit Arzneimitteln und Medizinprodukten, GesR 2009, 573; ders., Das Patientenrechtegesetz und die biomedizinische Forschung, GesR 2013, 717 ders. Die klinische Prüfung mit Arzneimitteln nach §§ 40 ff. AMG und der GCP-Verordnung – Problembereiche, GesR 2007, 62; ders., Der Notfallpatient in der klinischen Forschung unter besonderer Beachtung der Verordnung (EU) 536/2014 bei klinischen Prüfungen von Arzneimitteln und mit Medizinprodukten, VersR 2016, 299; Listl, Die zivilrechtliche Haftung für Fehler von Ethikkommissionen, 2011; Mayen, Die Auswirkungen der Europäischen Datenschutzrichtlinie auf die Forschung in Deutschland, NVwZ 1997, 446; Metzmacher, Der Schadensausgleich des Probanden im Rahmen klinischer Arzneimittelprüfungen, 2009; Rittner, Taupitz, Walter-Sack u. Wessler, Die neuen Musterbedingungen für die Probandenversicherung, VersR 2008, 158 Spranger, Fremdnützige Forschung an Einwilligungsunfähigen, Bioethik, und klinische Arzneimittelprüfung, MedR 2001, 238; Straßburger, Die Inkorporation der Deklaration von Helsinki in das Berufs- und Standesrecht, MedR 2006, 462; Taupitz, Die Menschenrechtskonvention zur Biomedizin – akzeptabel, notwendig oder unannehmbar für die Bundesrepublik Deutschland?, VersR 1998, 542; Taupitz, Fröhlich, Medizinische Forschung mit nicht einwilligungsfähigen Personen, VersR 1997, 91; Tiedemann, Zur strafrechtlichen Bedeutung des sog. kontrollierten Versuchs bei der klinischen Arzneimittelprüfung, FS Rudolf Schmitt, 1992, 1139. van der Sanden, Haftung medizinischer Ethikkommissionen bei klinischer Arzneimittelprüfung, 2008; Vogeler, Ethik-Kommissionen – Grundlagen, Haftung und Standards, 2011; Wenckstern, Die Haftung bei der Arzneimittelprüfung und die Probandenversicherung, 1999; Zuck, Biomedizin als Rechtsgebiet, MedR 2008, 57.

I. Die Bedeutung der Norm

Grundnorm für die Durchführung der klinischen Prüfung eines Medizinprodukts ist § 19. Auf ihn bauen §§ 21, 23 und 24 (Leistungsbewertung) auf. §§ 22–22 c und 23–23 b enthalten die Vorschriften für die Verfahren zur Bewertung der klinischen Prüfung durch eine Ethik-Kommission und das Verfahren zur Genehmigung der klinischen Prüfung durch die Bundesoberbehörde. Weitere Verfahrensvorschriften enthält die Verordnung über klinische Prüfungen von Medizinprodukten (MPKPV).[1]

II. Allgemeine Voraussetzungen für klinische Prüfungen

Oberste Maxime für die Durchführung klinischer Prüfungen[2] am Menschen, um die bestimmungsgemäßen, sicherheits – und leistungsrelevanten Anforderungen eines Medizinproduktes nachzuweisen, ist die Vertretbarkeit des Risikos für die betroffenen Personen im Hinblick auf den voraussichtlichen Nutzen des Medizinprodukts für die Heilkunde. Diese Risiko – Nutzen – Abwägung ist nichts Statisches. Sie ist fortlaufend während der gesamten klinischen Prüfung vorzunehmen.[3]

---

[1] Verordnung vom 10.05.2010 (BGBl. I S. 555), die durch Artikel 3 der Verordnung vom 25.07.2014 (BGBl. I S. 1227) geändert worden ist.

[2] DIN EN ISO 14155 Klinische Prüfung von Medizinprodukten an Menschen - Gute klinische Praxis (ISO/DIS 14155.2:2009); Deutsche Fassung.

[3] So auch Rehmann, Wagner, § 20 Rn. 4; Listl, Spickhoff, MPG § 20 Rn. 7.

1. Beteiligte/Teilnehmer und Institutionen

An der Durchführung einer klinischen Prüfung ist eine Vielzahl von Akteuren und Institutionen beteiligt.

a. Sponsor

3 Die Definition des Sponsors enthält § 3 Nr. 23. Sie ist einst in Angleichung der Vorschriften der klinischen Prüfung im MPG und im AMG über das 4. MPG – Änderungsgesetz ins MPG aufgenommen worden. Sponsor ist demnach eine natürliche oder juristische Person oder Organisation, die die Verantwortung für die Veranlassung, Organisation und die Finanzierung einer klinischen Prüfung übernimmt. Diese Definition schließt auch Personengesellschaften als Sponsoren ein.[4] Der Sponsor muss seinen Sitz in einem Staat der EU oder in einem Vertragsstaat des Abkommens über den EWR haben.

b. Betroffene Person

4 Die an einer klinischen Prüfung teilnehmende Person erfährt im MPG (anders als im Bereich des AMG, wo sie als betroffene Person bezeichnet wird, § 3 Abs. 2 a GCP – Verordnung) keine besondere Definitionen. Es ist diejenige Person, die als Patient oder auch als Proband an ihr teilnimmt.

c. Prüfer

5 Dagegen definiert § 3 Abs. 24 denjenigen, der eine klinische Prüfung durchführt. Im Normalfall handelt es sich dabei um einen Arzt, ausnahmsweise auch einmal um einen Nichtarzt, mit einer entsprechenden beruflichen Qualifikation, die ihn für die Durchführung der Forschung am Menschen als geeignet erscheinen lässt. Wird eine klinische Prüfung an mehreren Prüfstellen durchgeführt, so ist derjenige Prüfer, der die Gesamtverantwortung für die Prüfung trägt, der Hauptprüfer. Der Sponsor benennt ihn bei multizentrischen Prüfungen. In § 4 Abs. 25 AMG ist durch das Zweite Gesetz zur Änderung arzneimittelrechtlicher Regelungen der Begriff des Hauptprüfers entfallen, weil seine Anwendung in der Praxis zu Missverständnissen geführt hat.[5] Gibt es für eine klinische Prüfung mehrere Prüfer, so ist die Verantwortung untereinander durch den Sponsor schriftlich festzulegen. Damit soll Kompetenzkonflikten vorgebeugt werden. Gegen die Einbeziehung von Ärzten, die noch nicht über die ausreichende Qualifikation eines Prüfers verfügen, als Hilfskräfte, ist im Grundsatz aber nichts einzuwenden. Die Eignung des Prüfers (also die mindestens 2-jährige Erfahrung in der Durchführung klinischer Prüfungen, Absatz 1 Nr. 5) hat der Sponsor nach § 9 MPKPV nachzuweisen.

---

[4] Rehmann, Wagner, § 3 Rz. 29; Koyuncu, MPR 2009, 200 ff.
[5] So Lippert, GesR 2008, 120, ders. GesR 2009, 573, an der Kernaussage ändert diese Änderung des Gesetzes aber nichts.

d. Prüfstelle

In § 3 Nr. 24 wird (wie im Übrigen auch in § 4 Abs. 25 AMG) für den Ort der Durchführung der klinischen Prüfung die Bezeichnung „Prüfstelle" verwendet. Sie wird weder im MPG noch im AMG näher definiert. Es ist dies der Ort an dem sie durchgeführt wird. Dies kann ein Krankenhaus, Labor oder ein Institut sein. Wichtig ist in jedem Fall, dass die Örtlichkeit für die Durchführung der klinischen Prüfung geeignet ist (keine „Garagen – Prüfung"). Die Eignung der Prüfstelle ist gemäß § 3 Abs. 3 MPKPV nachzuweisen.

6

e. Bundesoberbehörde

Die für Arzneimittel und Medizinprodukte zuständige Bundesoberbehörde ist das BfArM. Diese Behörde erteilt auch die erforderliche Genehmigung für eine klinische Prüfung und ist Adressat für Meldungen des Sponsors im Rahmen der durchgeführten klinischen Prüfung (vergleiche §§ 22 a Abs. 6,7, §§ 22 c, 23 a). Einzelheiten ergeben sich auch aus der MPKPV.

7

f. Ethik-Kommission

Für die klinische Prüfung von Medizinprodukten wie für diejenige von Arzneimitteln sehen die Vorschriften die Bewertung der klinischen Prüfung durch eine Ethik-Kommission vor (§ 22 MPG, § 5 MPKPV, § 42 AMG, §§ 7 ff. GCP – Verordnung). Ohne eine zustimmende Bewertung der klinischen Prüfung durch eine Ethik-Kommission darf diese nicht durchgeführt werden. Die Ethik-Kommission ist nach landesrechtlichen Vorschriften zu bilden, im Normalfall also bei den Universitäten und den Ärztekammern. An diesem Verfahren wird sich auch durch die Ablösung der nationalen Vorschriften im MPG und im AMG durch die beiden EU – Verordnungen grundsätzlich nichts ändern.[6] Die Widerstände gegen die Abschaffung der Ethik-Kommissionen durch die geplanten EU – Verordnungen erwiesen sich letztlich als erfolgreich. Warum also nicht gleich so.

8

g. Aufsichtsbehörde

Die Aufsicht über die Durchführung klinischer Prüfungen in den Prüfstellen obliegt den zuständigen Landesbehörden nach § 26 MPG und § 11 MPKPV. Inspektionen wie sie § 15 GCP – Verordnung für klinische Prüfungen mit Arzneimitteln vorsieht, kennt das MPG nicht.

9

---

[6] Vgl. hierzu Lippert, ZRP 2013, 54, inzwischen hat der Normgeber die VO nachgebessert: es gibt sie wieder die Ethikkommissionen.

h. Auftragsforschungsunternehmen

10 Der Hersteller eines Medizinproduktes kann die Durchführung einer klinischen Prüfung auch vertraglich auf ein Unternehmen übertragen, welches derartige Auftragsforschung professionell durchführt. Es ist an die geltenden gesetzlichen Vorschriften für die Durchführung der klinischen Prüfung gebunden.

i. Monitor

11 Hersteller von Medizinprodukten setzen zur Überprüfung der klinischen Prüfung vor allem bei der Datenerhebung und bei der Datenübertragung Monitore ein.[7] Diese sehen vor Ort die Studienunterlagen ein. Damit sie dies aber dürfen, müssen Probanden und Patienten zuvor nach einer entsprechenden Aufklärung hierin einwilligen. Einer gesetzlichen Verschwiegenheitspflicht unterliegt dieser Personenkreis aber nicht.

2. Die klinische Prüfung

12 Anders als bei der klinischen Prüfung mit Arzneimitteln verlangt bereits § 20 Abs. 1 Nr. 9 MPG dass eine klinische Prüfung von Medizinprodukten nur begonnen werden darf, wenn ein Prüfplan vorliegt, der dem jeweiligen Stand der medizinischen Erkenntnis (nicht wissenschaftlichen) entspricht. Dieser muss der Bundesoberbehörde zur Genehmigung und der Ethik-Kommission zur Bewertung vorgelegt werden. Bei der klinischen Prüfung mit Arzneimitteln ist der Prüfplan, der auch dort vorzulegen ist, erst in § 42 Abs. 1 und Abs. 2 erwähnt. Er ist aber ebenfalls der Ethik-Kommission und der Bundesoberbehörde vorzulegen.

13 Nicht alles was man mit Medizinprodukten tun kann, ist auch eine klinische Prüfung eines Medizinproduktes.[8] § 1 Abs. 1 MPKPV grenzt die genehmigungspflichtige klinische Prüfung und die Leistungsbewertungsprüfung im Sinne der Verordnung ein. Im Sinne der Verordnung sind sie klinische Prüfungen, wenn durch sie die gewonnenen Ergebnisse verwendet werden sollen zu:
1. der Durchführung eines Konformitätsbewertungsverfahrens gemäß der Medizinprodukte-Verordnung,
2. der Durchführung eines Konformitätsbewertungsverfahrens mit einem Medizinprodukt, das die CE-Kennzeichnung tragen darf, zur Erlangung einer neuen Zweckbestimmung, die über die der CE-Kennzeichnung zugrunde liegende Zweckbestimmung hinausgeht, oder
3. der Gewinnung und Auswertung von Erfahrungen des Herstellers bezüglich der klinischen Sicherheit und Leistung eines Medizinproduktes, das die CE-Kennzeichnung tragen darf, sofern zusätzlich invasive oder andere belastende Untersuchungen durchgeführt werden.

---

[7] Vgl. Lippert, MedR 1993, 17.

[8] Vgl. hierzu Lippert, GesR 2010, 401.

4. Auf Leistungsbewertungsprüfungen nach § 24 Satz 1 Nummer 1 des Medizinproduktegesetzes, bei denen eine nicht chirurgisch-invasive Probenahme aus der Mundhöhle erfolgt, ist diese Verordnung nicht anzuwenden.

Zur Vermeidung unnötiger Doppelprüfungen kann die Bundesoberbehörde nach pflichtgemäßem Ermessen gemäß § 20 Abs. 1 S. 2 von einer Genehmigung einer klinischen Prüfung absehen, wenn es sich um eine klinische Prüfung eines Medizinproduktes mit einem geringen Sicherheitsrisiko handelt.[9]   **14**

Der Prüfplan muss dabei die formalen wie die inhaltlichen Positionen von § 20 Abs. 1 und wenn die klinische Prüfung an Minderjährigen und Schwangeren und Stillenden durchgeführt werden soll, auch diejenigen von § 20 Abs. 4 und 5 MPG abdecken. In allen Fällen muss eine Probandenversicherung nach Abs. 1 Nr. 10, Abs. 3 zu Gunsten der betroffenen Personen abgeschlossen sein und der Nachweis hierfür vorgelegt werden.

Ebenfalls der Probanden –/Patientensicherheit dient die biologische Sicherheitsprüfung (Abs. 1 Nr. 5) oder sonstige Prüfung sowie der Nachweis der sicherheitstechnischen Unbedenklichkeit für die Anwendung des Medizinprodukts (Nr. 6). Über die Ergebnisse dieser Prüfung, sowie über das Risiko der klinischen Prüfung ist der Prüfer vor Beginn der klinischen Prüfung zu informieren.   **15**

a. Aufklärung und Einwilligung

aa. Aufklärung

Kernstück des Prüfplans ist die Vorlage der Probandeninformation (in § 20 Abs. 1 Nr. 3 Aufklärung genannt) nach § 3 Abs. 3 Nr. 4 MPKPV sowie der Einwilligung bei der Ethik-Kommission. Die Aufklärung hat ein Arzt oder Zahnarzt durchzuführen. Die Aufklärung des Arztes hat dabei unter Berücksichtigung von Nr. 27 der Deklaration von Helsinki zu erfolgen. Wer also aus der Aufnahme von Patienten in eine klinische Prüfung finanzielle Vorteile erlangt, etwa in Form von Drittmitteln über eine Kooperation mit Herstellern von Medizinprodukten, ist von der Aufklärung ausgeschlossen. Es ist nicht auszuschließen, dass ein Einschluss von Probanden oder Patienten mit Rücksicht auf die Kooperation stattfindet und andere Behandlungsmöglichkeiten gar nicht erst in Erwägung gezogen werden. Aufzuklären hat dann ein anderer, nicht involvierter Arzt.[10] Die Aufklärung durch eine sonstige, mit der Durchführung der klinischen Prüfung befasste Person reicht nicht aus.   **16**

---

[9] § 7 Abs. 1 MPKPV.

[10] Vgl. hierzu insbesondere Lippert in: Ratzel, Lippert, § 25 Rz. 61 und § 33 Rz. 5 ff. In der Praxis in den Universitätsklinika wird dieser Aspekt häufig völlig missachtet. Manche Kliniken hängen derart am Tropf für Drittmittel nur eines Herstellers, dass kaum ein Patient die Klinik verlässt, ohne in dessen klinische Prüfungen eingeschlossen worden zu sein. Eine Alternative wird dann natürlich nicht angeboten. Also ein klarer Verstoß gegen die berufsrechtliche Pflicht aus Nr. 27 der DvH.

Wie bei der klinischen Prüfung von Arzneimitteln muss auch bei der klinischen Prüfung mit Medizinprodukten die betroffene Person nicht nur einwilligungsfähig sondern auch volljährig sein. Die betroffene Person ist zum einen über Wesen, Bedeutung und Tragweite der klinischen Prüfung, sowie zum anderen die Aufzeichnung, die Weitergabe der Daten und die Einsichtnahme zu Prüfzwecken durch Beauftragte des Auftraggebers und/oder der zuständigen Behörde aufzuklären.

bb. Einwilligung

17 Die danach zu gebende Einwilligung ist in eben diesem Umfang abzugeben und zwar schriftlich. Die Einwilligung hat nicht nur diejenige in die klinische Prüfung sondern auch diejenige in die Datenerhebung und Datenweitergabe zu umfassen. Ohne die wirksame Einwilligung kann die Person nicht eingeschlossen werden. Widerruft die betroffene Person ihre Einwilligung, so scheidet sie aus der klinischen Prüfung aus. Bereits erhobene Daten dürfen – anders als nach der überaus perfektionistischen Regelung die dass AMG in diesem Fall vorsieht – nicht weiter verwendet werden.

cc. Probandenvertrag

18 Mit der gesunden betroffenen Person wird über die klinische Prüfung ein Probandenvertrag (Dienstvertrag) geschlossen, der den Regeln der §§ 611 ff. BGB folgt.[11]

3. Ausschluss von der klinischen Prüfung

19 Personen, die auf gerichtliche oder behördliche Anordnung in einer Anstalt verwahrt sind, dürfen – auch wenn sie dies denn wollten – in eine klinische Prüfung nicht einbezogen werden, Abs. 1 Nr. 3.

4. Besondere Anforderungen für klinische Prüfungen an Minderjährigen sowie an Schwangeren und Stillenden, Abs. 4 und 5

20 § 20 stellt diese beiden Personengruppen bei der Durchführung klinischer Prüfungen unter besonderen Schutz. Für beide Personengruppen gilt der Grundsatz der Subsidiarität. Erst wenn eine klinische Prüfung mit gesunden Erwachsenen oder Nicht-Schwangeren oder Nicht- Stillenden nach den Erkenntnissen der medizinischen Wissenschaft keine ausreichenden Prüfergebnisse erwarten lassen, darf auf diese Personengruppen zur Probandengewinnung zurückgegriffen werden. Mit der Einbeziehung von Schwangeren darf kein unvertretbares Risiko für das ungeborene

---

[11] Vgl. hierzu, Ehling, Vogeler, MedR 2008, 273, Deutsch, VersR 2005, 1609 und Lippert, GesR 2013, 717, jeweils mit w. Nachweisen.

Kind verbunden sein. An Minderjährigen dürfen – weitere Einschränkung – nur Diagnostika und Vorbeugemittel klinisch geprüft werden.

Klinische Prüfungen an Minderjährigen, Schwangeren und Stillenden dürfen im Übrigen nur durchgeführt werden, wenn für die Betroffenen ein unmittelbarer eigener Nutzen verbunden ist. Für Kranke Schwangere und Stillende hat § 21 Vorrang. Für minderjährige und kranke Schwangere und Stillende hat Abs. 4 Vorrang vor der Regelung des Abs. 5[12]

5. Probandenversicherung

Sowohl das AMG wie auch das MPG sehen vor, dass der bei der Durchführung von klinischen Prüfungen beim Probanden oder Patienten eintretende Schaden über eine spezielle Versicherung, die Probandenversicherung, abgewickelt werden soll, Abs. 1 Nr. 9, Abs. 3. Diese muss der Sponsor bei einem Versicherer aus dem Bereich der EU oder des EWR nehmen. Ihr Umfang muss in einem angemessenen Verhältnis zu den Risiken der klinischen Prüfung stehen und für den Eintritt des Todes oder einer dauernden Erwerbsunfähigkeit eine Deckungssumme von mindestens 500.000 € aufweisen.

21

6. Rechtsverordnung, Verfahrensvorschriften

Nach § 20 Abs. 1 S. 3 ist die MPKPV ergangen. Sie regelt die näheren Details für die Durchführung klinischer Prüfungen. Die Verfahren zur Bewertung der klinischen Prüfung durch die Ethik-Kommission und zur Genehmigung der klinischen Prüfung durch die Bundesoberbehörde sind in § 22 bzw. § 22 a geregelt. § 22b regelt den (verwaltungsverfahrensrechtlichen) Umgang mit der Genehmigung der Bundesoberbehörde und der zustimmenden Bewertung durch die Ethik-Kommission.

22

III. Rechtsfolgen

§ 20 ist Schutzgesetz im Sinne von § 823 Abs. 2 BGB.

23

IV. Sanktionen

1. Im Strafrecht

Nach § 41 Nr. 4 ist es strafbar, entgegen § 20 Abs. 1 Nr. 1–6 oder 9, jeweils auch in Verbindung mit Abs. 4 oder 5 oder entgegen § 20 Abs. 7 S. 1 eine klinische Prüfung durchzuführen. Damit werden die wesentlichen Voraussetzungen des § 20 mit

24

---

[12] So auch Listl, Spickhoff, MPG § 20 Rz. 17, im Ergebnis auch Schorn, § 20,33.

Ausnahme das Vorhandensein eines Prüfplans und gewisser Informationen unter Strafe gestellt. Diese Strafbestimmung ist ein Schutzgesetz des § 823 Abs. 2 BGB. Wird also eine der genannten Normen verletzt, die Gesetzesrang haben, kann Schadensersatz verlangt werden.

2. Im Ordnungswidrigkeitenrecht

25 Die im Strafkatalog ausgelassenen Bestimmungen des § 20 Abs. 1 Nr. 7 und 8, also über die Unterrichtung des Leiters der klinischen Prüfung über die Ergebnisse der biologischen Sicherheitsprüfung und der Prüfung der technischen Unbedenklichkeit sowie die voraussichtlich mit der technischen Prüfung verbundenen Risiken sowie das Vorhandensein eines dem jeweiligen Stand der wissenschaftlichen Erkenntnisse entsprechenden Prüfplans, werden durch Bußgeldvorschriften sanktioniert, § 42 Nr. 10. Wiederum handelt es sich um ein Schutzgesetz, das über die Sanktionierung als ordnungswidrig hinausgeht und einen zivilrechtlichen Schadensersatzanspruch auslöst, § 823 Abs. 2 BGB.

§ 21 Besondere Voraussetzungen zur klinischen Prüfung

Auf eine klinische Prüfung bei einer Person, die an einer Krankheit leidet, zu deren Behebung das zu prüfende Medizinprodukt angewendet werden soll, findet § 20 Abs. 1 bis 3 mit folgender Maßgabe Anwendung:

1. Die klinische Prüfung darf nur durchgeführt werden, wenn die Anwendung des zu prüfenden Medizinproduktes nach den Erkenntnissen der medizinischen Wissenschaft angezeigt ist, um das Leben des Kranken zu retten, seine Gesundheit wiederherzustellen oder sein Leiden zu erleichtern.

2. Die klinische Prüfung darf auch bei einer Person, die geschäftsunfähig oder in der Geschäftsfähigkeit beschränkt ist, durchgeführt werden. Sie bedarf der Einwilligung des gesetzlichen Vertreters. Daneben bedarf es auch der Einwilligung des Vertretenen, wenn er in der Lage ist, Wesen, Bedeutung und Tragweite der klinischen Prüfung einzusehen und seinen Willen hiernach zu bestimmen.

3. Die Einwilligung des gesetzlichen Vertreters ist nur wirksam, wenn dieser durch einen Arzt, bei für die Zahnheilkunde bestimmten Medizinprodukten auch durch einen Zahnarzt, über Wesen, Bedeutung und Tragweite der klinischen Prüfung aufgeklärt worden ist. Auf den Widerruf findet § 20 Abs. 2 Satz 2 Anwendung. Der Einwilligung des gesetzlichen Vertreters bedarf es so lange nicht, als eine Behandlung ohne Aufschub erforderlich ist, um das Leben des Kranken zu retten, seine Gesundheit wiederherzustellen oder sein Leiden zu erleichtern, und eine Erklärung über die Einwilligung nicht herbeigeführt werden kann.

4. Die Einwilligung des Kranken oder des gesetzlichen Vertreters ist auch wirksam, wenn sie mündlich gegenüber dem behandelnden Arzt, bei für die Zahnheilkunde bestimmten Medizinprodukten auch gegenüber dem behandelnden Zahnarzt, in Gegenwart eines Zeugen abgegeben wird, der auch bei der Information der betroffenen Person einbezogen war. Der Zeuge darf keine bei der Prüfstelle beschäftigte Person und kein Mitglied der Prüfgruppe sein. Die mündlich erteilte Einwilligung ist schriftlich zu dokumentieren, zu datieren und von dem Zeugen zu unterschreiben.

Inhaltsverzeichnis

I.	Die Bedeutung der Norm	1
II.	Besondere Voraussetzungen	2
III.	Rechtsfolgen	6
IV.	Sanktionen	7

© Springer-Verlag GmbH Deutschland, ein Teil von Springer Nature 2018
E. Deutsch et al., *Kommentar zum Medizinproduktegesetz (MPG)*,
https://doi.org/10.1007/978-3-662-55461-6_26

Änderungen:
§ 21 einl. Satzteil, Nr. 4 geänd., Nr. 5 aufgeh. mWv 21.03.2010 durch G v. 29.07.2009 (BGBl. I S. 2326).

Literatur
vgl. Literatur zu § 20
Deutsch, Das Vertragsrecht des Probanden; VersR 2005, 1609; Lippert, Das Patientenrechtegesetz und die biomedizinische Forschung, GesR 2013, 717; ders. Die klinische Prüfung mit Arzneimitteln nach §§ 40 ff. AMG und der GCP-Verordnung – Problembereiche, GesR 2007, 62; ders. Der Notfallpatient in der klinischen Forschung unter besonderer Beachtung der Verordnung (EU) 536/2014 bei klinischen Prüfungen von Arzneimitteln und mit Medizinprodukten, VersR 2016, 299.

I. Die Bedeutung der Norm

1 § 21 regelt die Voraussetzungen, unter denen die Durchführung einer klinischen Prüfung von Medizinprodukten an kranken Personen, an Kranken und einwilligungsunfähigen Personen und diejenige im Not- (Eil-) Fall, (therapeutische Prüfung). Erfolgt die Behandlung individuell im Rahmen von Heilversuchen, so sind die §§ 20 ff. nicht anwendbar, wohl dagegen schon, wenn ein Gesamtplan vorliegt, nachdem vorgegangen werden soll.[1]

II. Besondere Voraussetzungen

2 Die Voraussetzungen, unter denen therapeutische klinische Prüfungen stattfinden dürfen, müssen zusätzlich zu denen aus § 20 Abs. 1–3 erfüllt sein.

1. Beteiligte/Teilnehmer

Teilnehmer an einer klinischen Prüfung können einwilligungsfähige Personen sein, die an einer Krankheit leiden, zu deren Behandlung das zu prüfende Medizinprodukt bestimmt ist. Ziel ist es dabei entweder das Leben des Teilnehmers zu retten, seine Gesundheit wieder herzustellen oder sein Leiden zu erleichtern, Ziffer 1.

Auch an Kranken, die einwilligungsunfähig sind, kann eine klinische Prüfung durchgeführt werden. Selbst Geschäftsunfähige können einbezogen werden, wenn sie aus der Teilnahme an der klinischen Prüfung einen individuellen Nutzen haben. Einen nur Gruppennutzen als Rechtfertigung für die Einbeziehung in eine klinische Prüfung wie in § 41 AMG auch ausreichen lässt, kennt das MPG dagegen nicht.

---

[1] Vgl. Rehmann, Wagner, § 21 Rz. 2; Deutsch, Spickhoff, Rn. 957.

2. Aufklärung und Einwilligung

In den Fällen, in denen der Teilnehmer einwilligungs- oder geschäftsunfähig ist, ist rechtlich die Aufklärung und die darauf fußende Einwilligung des gesetzlichen Vertreters maßgebend. Die Aufklärung hat in verständlicher Form zu erfolgen, sonst entfaltet die Einwilligung nicht ihre rechtfertigende Wirkung. Sie kann auch mündlich in Gegenwart von Zeugen erklärt werden. Die Zeugen dürfen in keinem Zusammenhang mit der klinischen Prüfung stehen

3

Der einwilligungs-oder geschäftsunfähige Patient ist vor dem Einschluss in die klinische Prüfung über Wesen, Bedeutung und Tragweite der klinischen Prüfung aufzuklären wenn er in der Lage ist, diese zu verstehen und seinen Willen danach zu bestimmen. Die Aufklärung ist Aufgabe des Arztes oder Zahnarztes und kann nicht auf sonstiges Personal delegiert werden.

3. Sonderfall: Notfall

Ist die Behandlung im Rahmen der klinischen Prüfung unverzüglich aufzunehmen, um das Leben des Patienten zu retten, so darf diese Behandlung auch ohne vorherige Einwilligung des Patienten und/oder des gesetzlichen Vertreters aufgenommen werden, es sei denn ein entsprechender entgegenstehender Wille wäre bekannt. Anders als in § 41 Abs. 1 S. 3 AMG ist allerdings eine spätere Aufklärung und Einholung der Einwilligung zu einer weiteren Teilnahme in die klinische Prüfung nicht vorgesehen. Dennoch sollte so vorgegangen werden. In diesem Fall steht der Gedanke der Lebensrettung im Vordergrund. Der Einsatz von Medizinprodukten ist in dieser Konstellation vor allem im Bereich der präklinischen Notfallmedizin denkbar und erfolgt dort auch unter diesen Bedingungen.

4

4. Behandlungsvertrag

Das Medizinproduktegesetz in seiner derzeit geltenden Fassung konnte das am 21.02.2013 in Kraft getretene Patientenrechtegesetz noch nicht berücksichtigen (obwohl davor bereits ein Behandlungsvertrag nach §§ 611 ff. BGB anzunehmen war).[2]

5

Wird mit der Durchführung der klinischen Prüfung zugleich eine medizinische Behandlung vorgenommen, dann schließt der Patient auch einen Behandlungsvertrag nach §§ 630 a ff. BGB ab, dessen zusätzliche Voraussetzungen einzuhalten

---

[2] Was in der Literatur – wenn überhaupt thematisiert – bestritten wurde.

[3] Vgl. hierzu schon Lippert, GesR 2007, 62; ders, GesR 2013, 717; differenzierend Deutsch, VersR 2005, 1609; ders., Spickhoff, 7. Auflage, Rz. 1364; Ehling, Vogeler, MedR 2008, 273, die auf das PatRG naturgemäß noch nicht eingehen konnten. Sie schließen die Entstehung eines Behandlungsvertrages jedenfalls nicht völlig aus. Lippert, VersR 2016, 299.

sind.[3] Der gedankliche Ansatz, dass der betroffene Patient altruistisch handeln wolle, ist abzulehnen.

Widerruft die betroffene Person die Aufnahme in die klinische Prüfung, so wird damit zugleich die Kündigung des Behandlungsvertrages ausgesprochen. Für eine weitere Behandlung entfällt die erforderliche Rechtfertigung.

III. Rechtsfolgen

6 § 21 stellt ein Schutzgesetz nach § 823 Abs. 2 BGB dar.

IV. Sanktionen

1. Im Strafrecht

7 Auch § 21 ist durch eine Strafvorschrift sanktioniert, § 41 Nr. 4. Wer entgegen § 21 Nr. 1 eine klinische Prüfung durchführt und dabei § 20 Abs. 1 Nr. 1–6 oder 9 verletzt, macht sich strafbar. Es gilt also die gleiche Unterscheidung wie bei § 20. Sanktioniert werden die wichtigen, unmittelbar auf den Schutz des Probanden gerichteten Vorschriften. Die klinische Prüfung darf außerdem nur durchgeführt werden, wenn die Anwendung des zu prüfenden Medizinprodukts nach den Erkenntnissen der medizinischen Wissenschaft angezeigt ist um das Leben des Kranken zu retten, seinen Gesundheit wiederherzustellen oder sein Leiden zu erleichtern.

2. Im Ordnungswidrigkeitenrecht

8 § 21 Nr. 1 wird auch noch durch eine Bußgeldvorschrift sanktioniert. Wiederum wird § 20 Abs. 1 Nr. 7 und 8 herausgegriffen und bei der klinischen Prüfung an Kranken angewendet. Sie betreffen die Unterrichtung des Leiters der klinischen Prüfung über die Ergebnisse der Sicherheitsprüfung und der Prüfung der technischen Unbedenklichkeit sowie die mit der klinischen Prüfung verbundenen Risiken und schließlich, dass ein dem Stand der wissenschaftlichen Erkenntnissen entsprechender Prüfplan vorhanden ist.

§ 22 Verfahren bei der Ethik-Kommission

(1) Die nach § 20 Absatz 1 Satz 1 erforderliche zustimmende Bewertung der Ethik-Kommission ist vom Sponsor bei der nach Landesrecht für den Prüfer zuständigen unabhängigen interdisziplinär besetzten Ethik-Kommission zu beantragen. Wird die klinische Prüfung von mehreren Prüfern durchgeführt, so ist der Antrag bei der für den Hauptprüfer oder Leiter der klinischen Prüfung zuständigen unabhängigen Ethik-Kommission zu stellen. Bei multizentrischen klinischen Prüfungen genügt ein Votum. Das Nähere zur Bildung, Zusammensetzung und Finanzierung der Ethik-Kommission wird durch Landesrecht bestimmt. Der Sponsor hat der Ethik- Kommission alle Angaben und Unterlagen vorzulegen, die diese zur Bewertung benötigt. Zur Bewertung der Unterlagen kann die Ethik-Kommission eigene wissenschaftliche Erkenntnisse verwerten, Sachverständige beiziehen oder Gutachten anfordern. Sie hat Sachverständige beizuziehen oder Gutachten anzufordern, wenn es sich um eine klinische Prüfung bei Minderjährigen handelt und sie nicht über eigene Fachkenntnisse auf dem Gebiet der Kinderheilkunde, einschließlich ethischer und psychosozialer Fragen der Kinderheilkunde, verfügt. Das Nähere zum Verfahren wird in einer Rechtsverordnung nach § 37 Absatz 2a geregelt.

(2) Die Ethik-Kommission hat die Aufgabe, den Prüfplan und die erforderlichen Unterlagen, insbesondere nach ethischen und rechtlichen Gesichtspunkten, zu beraten und zu prüfen, ob die Voraussetzungen nach § 20 Absatz 1 Satz 4 Nummer 1 bis 4 und 7 bis 9 sowie Absatz 4 und 5 und nach § 21 erfüllt werden.

(3) Die zustimmende Bewertung darf nur versagt werden, wenn

1. die vorgelegten Unterlagen auch nach Ablauf einer dem Sponsor gesetzten angemessenen Frist zur Ergänzung unvollständig sind,

2. die vorgelegten Unterlagen einschließlich des Prüfplans, der Prüferinformation und der Modalitäten für die Auswahl der Probanden nicht dem Stand der wissenschaftlichen Erkenntnisse entsprechen, insbesondere die klinische Prüfung ungeeignet ist, den Nachweis der Unbedenklichkeit, Leistung oder Wirkung des Medizinproduktes zu erbringen, oder

3. die in § 20 Absatz 1 Satz 4 Nummer 1 bis 4 und 7 bis 9 sowie Absatz 4 und 5 und die in § 21 genannten Anforderungen nicht erfüllt sind.

(4) Die Ethik-Kommission hat eine Entscheidung über den Antrag nach Absatz 1 innerhalb einer Frist von 60 Tagen nach Eingang der erforderlichen Unterlagen zu übermitteln. Sie unterrichtet zusätzlich die zuständige Bundesoberbehörde über die Entscheidung.

Inhaltsverzeichnis

I. Die Bedeutung der Norm 1
II. Die Ethik-Kommission 2
III. Aufgabe der Ethik-Kommission 6
IV. Die Bewertung der klinischen Prüfung 7
V. Fristen 8

Änderungen:
§ 22 neu gef. mWv 21.03.2010 durch G v. 29.07.2009 (BGBl. I S. 2326).

Literatur
Vgl. Literatur zu § 20. Lippert, Der Notfallpatient in der klinischen Forschung unter besonderer Beachtung der Verordnung (EU) 536/2014 bei klinischen Prüfungen von Arzneimitteln und mit Medizinprodukten, VersR 2016, 299.

I. Die Bedeutung der Norm

1   Neben das Genehmigungsverfahren vor der Bundesoberbehörde tritt als zweite Spur die Bewertung der klinischen Prüfung durch eine Ethik-Kommission hinzu. Ohne die zustimmende Bewertung einer Ethik-Kommission darf die klinische Prüfung nicht begonnen werden. Das Verfahren bei der Ethik-Kommission ist in § 22 und § 5 MPKPV geregelt.

II. Die Ethik-Kommission

1. Rechtsgrundlagen

2   Die Ethik-Kommission ist ein unabhängiges, interdisziplinär besetztes Gremium, das nach Landesrecht zu bilden ist. Eine Ermächtigungsgrundlage dafür findet sich eigentlich durchgängig im Heilberufe –/Kammergesetz des jeweiligen Bundeslandes. Dieses ermächtigt zumeist die Ärztekammern und Universitäten zum Erlass von Satzungen aufgrund derer diese Ethik-Kommissionen eingerichtet und öffentlich-rechtlich tätig werden.

2. Zuständigkeit und Zusammensetzung

3   Die Zuständigkeit der Ethik-Kommission geht nach der Ermächtigungsgrundlage über die reine Bewertung klinischer Prüfungen von Medizinprodukten nach § 20 MPG hinaus. Sie umfasst auch solche Bewertungen die nach § 40 AMG, §§ 8, 9 TFG erforderlich sind und solche von Forschungsprojekten mit der Anwendung von ionisierenden Strahlen nach §§ 28 g Röntgenverordnung (RöV), 92 Strahlenschutzverordnung (StrlSchV). Ebenfalls obliegt der Ethik-Kommission die berufsrechtliche Beratung der Ärzte nach § 15 BO.

Die Zusammensetzung der Kommissionen, personell wie zahlenmäßig, richtet sich nach den Vorgaben der jeweiligen Satzung. Auch die Berufung der Mitglieder ist dort geregelt. Die Pflichten der Mitglieder die Anforderungen an ihre Sachkunde sowie die Unabhängigkeit sind ebenfalls dort niedergelegt.

3. Verfahrensregeln

Die Ethik-Kommission wird nur auf Antrag tätig. Welche Unterlagen einzureichen sind, ergibt sich aus dem Katalog nach § 3 MPKPV. Die Ethik-Kommission bestätigt dem Antragsteller den Eingang des Antrages und dessen Vollständigkeit. Gegebenenfalls fordert sie fehlende Unterlagen nach. Der Lauf der 60- Tage- Frist nach § 22 Abs. 4 beginnt mit der Vollständigkeit der Antragsunterlagen. Die Prüftiefe und der Prüfungsumfang der Kommission ist in § 5 Abs. 4 MPKPV festgeschrieben. Liegt eine multizentrische Prüfung vor, so hat die zuständige Ethik-Kommission die für die weiteren Prüfstellen zuständigen Ethik-Kommissionen an der Bewertung zu beteiligen (beteiligte Ethik-Kommission). Diese prüfen die Voraussetzungen für die Durchführung der Prüfung in der Prüfstelle vor Ort (Eignung von Prüfer (n) und Prüfstelle). Dafür hat die beteiligte Ethik-Kommission 30 Tage Zeit. Dann muss ihre Bewertung bei der federführenden Ethik-Kommissionen eingegangen sein. 4

4. Vergütung

Die Bewertung der Ethik-Kommission ist nicht umsonst zu bekommen. Die Ermächtigungsgrundlage für die Errichtungssatzungen sehen vor, dass Gebühren für die Tätigkeit gefordert werden können. Die Höhe ist bei allen Kommissionen in einer eigenen Gebührenordnung festgelegt. Deren Höhe hat sich am Aufwand zu orientieren. Eine Gewinnerzielung ist dem Gebührenrecht fremd. 5

III. Aufgabe der Ethik-Kommission

Die Ethik-Kommission hat die Aufgabe, den Prüfungsplan und die erforderlichen Unterlagen der klinischen Prüfung insbesondere nach rechtlichen und ethischen Gesichtspunkten zu beraten und zu prüfen, ob die Voraussetzungen von § 20 Abs. 1 S. 4 Nr. 1–4 und 7–9, Abs. 4 und Abs. 5 sowie nach § 21 erfüllt werden. 6

IV. Die Bewertung der klinischen Prüfung

Die Ethik-Kommission kann ihre Bewertung mit einem zustimmenden Votum abschließen, Sie kann den Antrag aber auch ablehnen und sie kann Nachbesserungen des Antrags fordern (§ 5 Abs. 3 MPKPV). Die zustimmende Bewertung der Ethik-Kommission kann nur aus den drei in § 22 Abs. 3 MPG genannten Gründen 7 versagt werden. Die Entscheidung der Ethik-Kommission, die Eingang in das Genehmigungsverfahren bei der Bundesoberbehörde findet, ist Verwaltungsakt. Gegen die Ablehnung kann der Antragsteller im Verwaltungsverfahren vorgehen und nach dessen Abschluss gegebenenfalls auch vor Gericht klagen.

Ob es Sinn macht, wenn der Antragsteller gegen die Versagung der zustimmenden Bewertung der Ethik-Kommission isoliert gerichtlich vorgeht, mag mit Fug und Recht bezweifelt werden. Denn die Bundesoberbehörde wird in diesem Fall eine gleichlautende Entscheidung fällen gegen die der Antragsteller ebenfalls gerichtlich vorgehen kann.

V. Fristen

8   Die Bewertung der Ethik-Kommission ist in 60 Tagen abzuschließen. Die Frist wird nur einmal durch die Nachforderung von Unterlagen unterbrochen. Beteiligte Ethik-Kommissionen haben bei multizentrischen Prüfungen für ihre Bewertung der örtlichen Gegebenheiten (baulich wie personell) 30 Tage Zeit.

§ 22a Genehmigungsverfahren bei der Bundesoberbehörde

(1) Die nach § 20 Absatz 1 Satz 1 erforderliche Genehmigung ist vom Sponsor bei der zuständigen Bundesoberbehörde zu beantragen. Der Antrag muss, jeweils mit Ausnahme der Stellungnahme der beteiligten Ethik-Kommission, bei aktiven implantierbaren Medizinprodukten die Angaben nach Nummer 2.2 des Anhangs 6 der Richtlinie 90/385/EWG und bei sonstigen Medizinprodukten die Angaben nach Nummer 2.2 des Anhangs VIII der Richtlinie 93/42/EWG enthalten. Zusätzlich hat der Sponsor alle Angaben und Unterlagen vorzulegen, die die zuständige Bundesoberbehörde zur Bewertung benötigt. Die Stellungnahme der Ethik-Kommission ist nachzureichen. Das Nähere zum Verfahren wird in einer Rechtsverordnung nach § 37 Absatz 2a geregelt.

(2) Die zuständige Bundesoberbehörde hat die Aufgabe, den Prüfplan und die erforderlichen Unterlagen insbesondere nach wissenschaftlichen und technischen Gesichtspunkten zu prüfen, ob die Voraussetzungen nach § 20 Absatz 1 Satz 4 Nummer 1, 5, 6 und 8 erfüllt werden.

(3) Die Genehmigung darf nur versagt werden, wenn

1. die vorgelegten Unterlagen auch nach Ablauf einer dem Sponsor gesetzten angemessenen Frist zur Ergänzung unvollständig sind,

2. das Medizinprodukt oder die vorgelegten Unterlagen, insbesondere die Angaben zum Prüfplan einschließlich der Prüferinformation, nicht dem Stand der wissenschaftlichen Erkenntnisse entsprechen, insbesondere die klinische Prüfung ungeeignet ist, den Nachweis der Unbedenklichkeit, Leistung oder Wirkung des Medizinproduktes zu erbringen, oder

3. die in § 20 Absatz 1 Satz 4 Nummer 1, 5, 6 und 8 genannten Anforderungen nicht erfüllt sind.

(4) Die Genehmigung gilt als erteilt, wenn die zuständige Bundesoberbehörde dem Sponsor innerhalb von 30 Tagen nach Eingang der Antragsunterlagen keine mit Gründen versehenen Einwände übermittelt. Wenn der Sponsor auf mit Gründen versehene Einwände den Antrag nicht innerhalb einer Frist von 90 Tagen entsprechend abgeändert hat, gilt der Antrag als abgelehnt.

(5) Nach einer Entscheidung der zuständigen Bundesoberbehörde über den Genehmigungsantrag oder nach Ablauf der Frist nach Absatz 4 Satz 2 ist das Einreichen von Unterlagen zur Mängelbeseitigung ausgeschlossen.

(6) Die zuständige Bundesoberbehörde unterrichtet die zuständigen Behörden über genehmigte und abgelehnte klinische Prüfungen und Bewertungen der Ethik-Kommission und informiert die zuständigen Behörden der anderen Vertragsstaaten des Europäischen Wirtschaftsraums und die

Europäische Kommission über abgelehnte klinische Prüfungen. Die Unterrichtung erfolgt automatisch über das Informationssystem des Deutschen Instituts für Medizinische Dokumentation und Information. § 25 Absatz 5 und 6 gilt entsprechend.

(7) Die für die Genehmigung einer klinischen Prüfung zuständige Bundesoberbehörde unterrichtet die zuständige Ethik-Kommission, sofern ihr Informationen zu anderen klinischen Prüfungen vorliegen, die für die Bewertung der von der Ethik-Kommission begutachteten Prüfung von Bedeutung sind; dies gilt insbesondere für Informationen über abgebrochene oder sonst vorzeitig beendete Prüfungen. Dabei unterbleibt die Übermittlung personenbezogener Daten; ferner sind Betriebs- und Geschäftsgeheimnisse dabei zu wahren. Absatz 6 Satz 2 und 3 gilt entsprechend.

Inhaltsverzeichnis

I.	Die Bedeutung der Norm	1
II.	Bundesoberbehörde	2
III.	Verfahren	3
IV.	Aufgabe der Bundesoberbehörde	4
V.	Versagungsgründe	5
VI.	Fiktion der Erteilung oder der Ablehnung	6
VII.	Informationen	8

Änderungen:
§ 22a neu gef. mWv 21.03.2010 durch G v. 29.07.2009 (BGBl. I S. 2326).

I. Die Bedeutung der Norm

1 Mit dieser Regelung wird die in § 20 Abs. 1 geforderte Genehmigung durch die Bundesoberbehörde ausgeführt. Wiederum werden, wie schon bei der Ethik-Kommission, die Aufgaben der Behörde umschrieben. Ebenso werden drei Gründe angegeben, weswegen die Genehmigung versagt werden kann. Außerdem wird eine stillschweigende Genehmigung durch die Behörde und auch eine fiktive Ablehnung des Antrages eingeführt. Schließlich sind auch Unterrichtungen gegenüber Behörden bis hinauf zur Europäischen Kommission vorgesehen. Insgesamt handelt es sich um ein verwaltungsverfahrensrechtliches Paket, das auch auf Medizinprodukte ausgerichtet ist.

II. Bundesoberbehörde

2 Nach den bisherigen Vorstellungen kommt als Bundesoberbehörde das BfArM in Betracht. Dies ergibt sich schon aus den Erwägungen der Begründung zum Entwurf des Gesetzes. Das Gesetz selber trifft noch keine Bestimmung.

III. Verfahren

Der Sponsor hat die Genehmigung bei der Bundesoberbehörde zu beantragen. Dabei gibt es für aktive implantierbare Medizinprodukte besondere Voraussetzungen europäischen Ursprungs nach Abs. 1 S. 2. Zusätzlich hat der Sponsor alle Angaben und Unterlagen vorzulegen, welche die Behörde für ihre Entscheidung benötigt. Wenn schon eine zustimmende Bewertung durch die Ethik-Kommission erfolgt ist, soll diese nachgereicht werden.

IV. Aufgabe der Bundesoberbehörde

Die Behörde hat vor allem die Aufgabe den Prüfplan und die erforderlichen Unterlagen nach wissenschaftlichen und technischen Gesichtspunkten zu prüfen. Hier wird die Aufgabenteilung mit der Ethik-Kommission deutlich. Zu den genannten Aufgaben gehört insbesondere festzustellen, ob folgende Voraussetzungen erfüllt sind: Technische und medizinische Vertretbarkeit, biologische Sicherheitsprüfung, Angemessenheit des Prüfplans. Diese Angaben sind nicht vollständig. Vielmehr sollte die Behörde möglicherweise unter Zuhilfenahme von Sachverständigen prüfen, ob die technische Aufgabe gelöst werden kann, ob für den Probanden hinnehmbare Risiken und Unzuträglichkeiten bestehen und schließlich, ob das zu prüfende Medizinprodukt überhaupt für die angegebene Aufgabe in Betracht kommt.

V. Versagungsgründe

Der Behörde werden drei Versagungsgründe mit auf dem Weg gegeben. Sie sind ausschließlich. Die Versagung kann also nur aufgrund eines der drei genannten Gründe erfolgen. Die Versagungsgründe sind:

- Die vorgelegten Unterlagen sind unvollständig, auch nach dem Ablauf einer dem Sponsor gesetzten angemessenen Frist. Wiederum wird hier Prozessuales und Materielles zusammengerückt. Es genügt bereits die Unvollständigkeit der Unterlagen zur Versagung. Es braucht kein materieller Grund gegeben zu sein. Was unter einer angemessenen Frist zu verstehen ist, hängt von den Umständen, insbesondere dem erwarteten Aufwand des Sponsors ab.
- Wenn das Medizinprodukt oder die vorgelegten Unterlagen, insbesondere der Prüfplan und die Prüferinformation, nicht dem Stand der wissenschaftlichen Erkenntnisse entsprechen oder wenn die klinische Prüfung ungeeignet ist den Nachweis der Unbedenklichkeit, Leistung oder Wirkung des Medizinprodukts zu erbringen. An dieser Stelle ist der Haupteinwand gegen die Prüfung umschrieben. Die eigentliche Aufgabe der Bundesoberbehörde ist es, die technische Machbarkeit und die medizinisch-technische Unbedenklichkeit des Prüfplans zu beurteilen. Soweit auf den „Stand der wissenschaftlichen Erkenntnisse" angespielt wird, soll damit nicht ein Versuch ungeeignet erscheinen, der einen

neuen Weg beschreitet. Klinische Prüfungen haben häufig die Aufgabe, die wissenschaftlichen Erkenntnisse voranzutreiben. Diese typische Aufgabe der klinischen Prüfung darf nicht durch einen rigorosen Stand der Wissenschaft abgeschnitten werden.

- Wenn die in § 20 Abs. 1 S. 4 Nr. 1, 5, 6 und 8 genannten Anforderungen nicht erfüllt sind. Damit ist der Katalog aus der Aufgabe der Bundesoberbehörde wiederholt worden. Es handelt sich im Wesentlichen um die Vertretbarkeit und sonstigen medizinisch-technischen Anforderungen des § 20.

VI. Fiktion der Erteilung oder der Ablehnung

6 Die Bundesoberbehörde hat innerhalb von 30 Tagen mit Gründen versehene Einwände gegenüber den Sponsor zu erheben. Andernfalls gilt die Genehmigung als erteilt. Es handelt sich also um eine mit einer Fiktion arbeitende Bestimmung. Sind solche Einwände erhoben worden, beginnt eine neue Frist zu laufen. Innerhalb von 90 Tagen darf der Sponsor auf die Einwände antworten. Dabei darf er neues Material vorlegen und sich auf jetzt erst erstellte Gutachten berufen. Tut der Sponsor das nicht, also antwortet er gar nicht innerhalb einer Frist von 30 Tagen, gilt der Antrag als abgelehnt. Wiederum arbeitet der Gesetzgeber mit einer Fiktion. Freilich einer solchen, die auf das Verhalten des Antragstellers, nicht der Behörde abstellt. Das Gesetz geht hierbei davon aus, dass der Sponsor innerhalb der Frist seinen Antrag „abgeändert" hat. Diese Formulierung ist offensichtlich zu eng. Wenn der Sponsor die Einwände der Behörde, die mit Gründen versehen sind, vollständig und umfassend widerlegt, sollte der ursprüngliche, nicht abgeänderte Antrag beschieden werden. Die Fiktion der Ablehnung tritt also nicht nur bei unterlassener Antragsänderung, sondern auch bei nicht erfolgter Widerlegung der Einwendungen ein. Ist jedoch die Entgegnung erfolgreich, d. h. wird der Antrag entsprechend geändert oder werden die Einwende widerlegt, ist die Genehmigung durch die Behörde zu erteilen.

7 Die Fristen von 30 und 90 Tagen sind Notfristen, die auf den Tag genau gelten. Auch wenn zwischen ihnen Feiertage liegen läuft die Frist normal. Nur wenn ihr Ablauf auf einen Samstag, Sonntag oder gesetzlichen Feiertag fällt, tritt die Wirkung erst mit dem folgenden Werktag ein, vgl. § 193 BGB. Übrigens ist die verspätete Einreichung von Unterlagen nicht mehr möglich, Abs. 5.

VII. Informationen

8 Die zuständige Bundesoberbehörde trifft eine ganze Reihe von Pflichten, andere Stellen zu unterrichten: Es sind dies die Ethik-Kommissionen, die zuständigen Behörden der anderen Vertragsstaaten des Europäischen Wirtschaftsraums, die letztgenannten jedoch nur über abgelehnte Prüfungen. Die Unterrichtung erfolgt automatisch über das Informationssystem, der DIMDIs

Deutsch

Die zuständige Ethik-Kommission wird von der Bundesoberbehörde unterrichtet, sofern ihr Informationen zu anderen klinischen Prüfungen vorliegen, die für die Bewertung der von der Ethik-Kommission zu begutachtenden Prüfung von Bedeutung sind. Dazu gehören insbesondere Informationen über abgebrochene oder sonst vorzeitig beendete Prüfungen. Die Übermittlung personenbezogener Daten soll unterbleiben. Ebenso sollen diese Mitteilungen nicht Betriebs- und Geschäftsgeheimnisse offenbaren.

§ 22b Rücknahme, Widerruf und Ruhen der Genehmigung oder der zustimmenden Bewertung

(1) Die Genehmigung nach § 22a ist zurückzunehmen, wenn bekannt wird, dass ein Versagungsgrund nach § 22a Absatz 3 bei der Erteilung vorgelegen hat. Sie ist zu widerrufen, wenn nachträglich Tatsachen eintreten, die die Versagung nach § 22a Absatz 3 Nummer 2 oder Nummer 3 rechtfertigen würden. In den Fällen des Satzes 1 kann auch das Ruhen der Genehmigung befristet angeordnet werden.

(2) Die zuständige Bundesoberbehörde kann die Genehmigung widerrufen, wenn die Gegebenheiten der klinischen Prüfung nicht mit den Angaben im Genehmigungsantrag übereinstimmen oder wenn Tatsachen Anlass zu Zweifeln an der Unbedenklichkeit oder der wissenschaftlichen Grundlage der klinischen Prüfung geben. In diesem Fall kann auch das Ruhen der Genehmigung befristet angeordnet werden.

(3) Vor einer Entscheidung nach den Absätzen 1 und 2 ist dem Sponsor Gelegenheit zur Stellungnahme innerhalb einer Frist von einer Woche zu geben. § 28 Absatz 2 Nummer 1 des Verwaltungsverfahrensgesetzes gilt entsprechend. Ordnet die zuständige Bundesoberbehörde den Widerruf, die Rücknahme oder das Ruhen der Genehmigung mit sofortiger Wirkung an, so übermittelt sie diese Anordnung unverzüglich dem Sponsor. Widerspruch und Anfechtungsklage haben keine aufschiebende Wirkung.

(4) Ist die Genehmigung einer klinischen Prüfung zurückgenommen oder widerrufen oder ruht sie, so darf die klinische Prüfung nicht fortgesetzt werden.

(5) Die zustimmende Bewertung durch die zuständige Ethik-Kommission ist zurückzunehmen, wenn die Ethik-Kommission nachträglich Kenntnis erlangt, dass ein Versagungsgrund nach § 22 Absatz 3 vorgelegen hat; sie ist zu widerrufen, wenn die Ethik-Kommission nachträglich Kenntnis erlangt, dass

1. die Anforderungen an die Eignung des Prüfers und der Prüfstelle nicht gegeben sind,

2. keine ordnungsgemäße Probandenversicherung besteht,

3. die Modalitäten für die Auswahl der Prüfungsteilnehmer nicht dem Stand der medizinischen Erkenntnisse entsprechen, insbesondere die klinische Prüfung ungeeignet ist, den Nachweis der Unbedenklichkeit, Leistung oder Wirkung des Medizinproduktes zu erbringen,

4. die Voraussetzungen für die Einbeziehung von Personen nach § 20 Absatz 4 und 5 oder § 21 nicht gegeben sind.

Die Absätze 3 und 4 gelten entsprechend. Die zuständige Ethik-Kommission unterrichtet unter Angabe von Gründen unverzüglich die zuständige Bundesoberbehörde und die anderen für die Überwachung zuständigen Behörden.

(6) Wird die Genehmigung einer klinischen Prüfung zurückgenommen, widerrufen oder das Ruhen einer Genehmigung angeordnet, so informiert die zuständige Bundesoberbehörde die zuständigen Behörden und die Behörden der anderen betroffenen Mitgliedstaaten des Europäischen Wirtschaftsraums über die getroffene Maßnahme und deren Gründe. § 22a Absatz 6 Satz 2 und 3 gilt entsprechend.

Inhaltsverzeichnis

I. Die Bedeutung der Norm 1
II. Rücknahme, Widerruf und Ruhen der Genehmigung 2
III. Besondere Voraussetzungen des Widerrufs 3
IV. Gelegenheit zur Stellungnahme 4
V. Wirkung der Rücknahme, des Widerrufs oder des Ruhens 5
VI. Rücknahme, Widerruf und Ruhen der zustimmenden Bewertung 6
VII. Information 7

Änderungen:
§ 22b neu gef. mWv 21.03.2010 durch G v. 29.07.2009 (BGBl. I S. 2326).

I. Die Bedeutung der Norm

Rücknahme, Widerruf und Ruhen der Genehmigung sowie der zustimmenden 1
Bewertung werden hier nach erprobter verwaltungsverfahrensrechtlicher Manier
abgehandelt. Man könnte auch sagen, dass hier eine Sonderregelung aller dieser
Verwaltungsakte erfolgt ist. Allerdings sind die für das Medizinrecht bekannten
Einschränkungen der Rechtsmittel besonders ausgedehnt.

II. Rücknahme, Widerruf und Ruhen der Genehmigung

Die Genehmigung ist zurückzunehmen, wenn bekannt wird, dass ein Versagungs- 2
grund vorgelegen hat. Sie ist zu widerrufen, wenn nachträglich Tatsachen eintreten, welche die Versagung jetzt rechtfertigen würden. Damit wird der Hauptkatalog
behördlicher Maßnahmen zur Unwirksamkeit der Genehmigung aufgezählt. Nur
beim Widerruf, nicht aber bei der Zurücknahme, kann das Ruhen der Genehmigung angeordnet werden. Dieses Ruhen hat befristet zu sein. Die Frist ergibt sich
offenbar aus den Umständen. Es kommt also auf die Ermittlung von Tatsachen an,
welche einen Widerruf ermöglichen oder ausschließen. Das Ruhen hat die Folge,

dass die Prüfung des Medizinprodukts nicht fortgeführt werden darf. Im Ruhen der Genehmigung ist ein vorläufiger Widerruf enthalten.

III. Besondere Voraussetzungen des Widerrufs

3   In Abs. 2 werden die Hauptgründe für den Widerruf der Genehmigung angegeben. Es sind dies die Nichtübereinstimmung der Gegebenheiten der klinischen Prüfung mit den Angaben im Genehmigungsantrag. Außerdem kommen Zweifel an der Unbedenklichkeit oder wissenschaftlichen Grundlage der klinischen Prüfung als Grund eines Widerrufs in Betracht. In diesem besonderen Fall kann auch das Ruhen der Genehmigung befristet angeordnet werden. Die Dauer der Frist bestimmt sich wieder nach den Umständen. Nach Ende der Frist muss sich die Behörde entscheiden, ob sie widerrufen will oder die Genehmigung wieder in Kraft treten lassen will.

IV. Gelegenheit zur Stellungnahme

4   Vor einer Entscheidung über Rücknahme, Widerruf oder Ruhen der Genehmigung ist dem Sponsor Gelegenheit zur Stellungnahme zu geben. Die hierfür vorgesehene Frist ist außerordentlich kurz, nämlich nur eine Woche. Es kann sein, dass die zuständige Bundesoberbehörde den Widerruf, die Rücknahme oder das Ruhen der Genehmigung mit sofortiger Wirkung anordnet. Diese Maßnahme ist dem Sponsor unverzüglich mitzuteilen. Widerspruch und Anfechtungsklage haben keine aufschiebende Wirkung. Mit dem Abschneiden der Rechtsbehelfe gegen den Verwaltungsakt liegt das MPG ganz auf der Linie des AMG. Man wird aber dem Verwaltungsgericht erlauben müssen, durch einstweilige Anordnung die Wirksamkeit der Verwaltungsakte auszusetzen. Insoweit trifft das Gesetz keine vom allgemeinen Verwaltungsrecht abweichende Regelung.

V. Wirkung der Rücknahme, des Widerrufs oder des Ruhens

5   Alle Verwaltungsakte der Behörde, welche auf das Wegfallen der Genehmigung zielen, haben die Wirkung, dass die klinische Prüfung nicht fortgesetzt werden darf. Sie hat also unterbrochen zu werden. Bisweilen kann das für die in der Prüfung mitwirkenden Probanden nachteilig sein. Man wird also das Gesetz insoweit ergänzen müssen, dass die Fortsetzung der Prüfung zeitlich beschränkt zulässig ist, wenn es der Gesundheitszustand einer betroffenen Person fordert. Auch an dieser Stelle gilt die Regel, dass die Norm hinter ihren Wortlaut zurückgenommen werden muss, wenn ihre Anwendung ihren Zweck verfehlen würde. Es ist ein weiterer Anwendungsfall der teleologischen Reduktion. Der Grund hierfür kann auch im *compassionate use* gefunden werden.

VI. Rücknahme, Widerruf und Ruhen der zustimmenden Bewertung

Da die zustimmende Bewertung durch die Ethik-Kommission einen Verwaltungsakt darstellt, gelten die Möglichkeiten der Rücknahme, des Widerrufs sowie des Ruhens des Verwaltungsakts auch für die zustimmende Bewertung durch die Ethik-Kommission. Auch hier ist nach dem Schema des Verwaltungsrechts vorzugehen. Hätte die zustimmende Bewertung nicht ergehen dürfen, ist sie zurückzunehmen. Haben sich inzwischen Gründe ergeben, sie nicht mehr zu erteilen, sollte sie widerrufen werden. Als geringere Maßnahme ist das Ruhen der Bewertung für eine vorgesehene Frist zulässig. Mit der Verweisung in Abs. 5 auf die vorhergehenden Absätze, ist zu gleicher Zeit auf die Gelegenheit zur Stellungnahme für den Sponsor übernommen. Ebenso gelten die Abschneidung der ersten Rechtsbehelfe und die außerordentlich kurze Frist von einer Woche zur Stellungnahme durch den Sponsor.

VII. Information

Wird die Genehmigung der klinischen Prüfung zurückgenommen, widerrufen oder ihr Ruhen angeordnet, so informiert die zuständige Bundesoberbehörde die zuständigen inländischen und europäischen Behörden. Dabei sollen auch die Gründe für die Maßnahme angegeben werden. Obwohl es nicht im Gesetz steht, sollte die Behörde auch die Rücknahme, den Widerruf oder das Ruhen der zustimmenden Bewertung durch die Ethik-Kommission mit ihren Gründen den vorher genannten Behörden mitteilen. Das entspricht der Vollständigkeit der Informationen in diesem Rechtsgebiet.

§ 22 c Änderungen nach Genehmigung von klinischen Prüfungen

(1) Der Sponsor zeigt jede Änderung der Dokumentation der zuständigen Bundesoberbehörde an.

(2) Beabsichtigt der Sponsor nach Genehmigung der klinischen Prüfung eine wesentliche Änderung, so beantragt er unter Angabe des Inhalts und der Gründe der Änderung

1. bei der zuständigen Bundesoberbehörde eine Begutachtung und

2. bei der zuständigen Ethik-Kommission eine Bewertung

der angezeigten Änderungen.

(3) Als wesentlich gelten insbesondere Änderungen, die

1. sich auf die Sicherheit der Probanden auswirken können,

2. die Auslegung der Dokumente beeinflussen, auf die die Durchführung der klinischen Prüfung gestützt wird, oder

3. die anderen von der Ethik-Kommission beurteilten Anforderungen beeinflussen.

(4) Die Ethik-Kommission nimmt innerhalb von 30 Tagen nach Eingang des Änderungsantrags dazu Stellung. § 22 Absatz 4 Satz 2 gilt entsprechend.

(5) Stimmt die Ethik-Kommission dem Antrag zu und äußert die zuständige Bundesoberbehörde innerhalb von 30 Tagen nach Eingang des Änderungsantrages keine Einwände, so kann der Sponsor die klinische Prüfung nach dem geänderten Prüfplan durchführen. Im Falle von Auflagen muss der Sponsor diese beachten und die Dokumentation entsprechend anpassen oder seinen Änderungsantrag zurückziehen. § 22a Absatz 6 gilt entsprechend. Für Rücknahme, Widerruf und Ruhen der Genehmigung der Bundesoberbehörde nach Satz 1 findet § 22b entsprechende Anwendung.

(6) Werden wesentliche Änderungen auf Grund von Maßnahmen der zuständigen Bundesoberbehörde an einer klinischen Prüfung veranlasst, so informiert die zuständige Bundesoberbehörde die zuständigen Behörden und die zuständigen Behörden der anderen betroffenen Vertragsstaaten des Abkommens über den Europäischen Wirtschaftsraum über die getroffene Maßnahme und deren Gründe. § 22a Absatz 6 Satz 2 und 3 gilt entsprechend.

Inhaltsverzeichnis

I. Die Bedeutung der Norm	1
II. Wesentliche Änderungen	2
III. Mitteilung an die Ethik-Kommission	3
IV. Fristen	4
V. Informationen	5

Änderungen:
§ 22 c neu gef. mWv 21. 03.2010 durch G v. 29.07.2009 (BGBl. I S. 2326).

I. Die Bedeutung der Norm

Mit dieser Norm werden Änderungen des Prüfplans in das Gesetz einbezogen. Änderungen innerhalb der klinischen Prüfung sind keine Seltenheit. Da ein Prüfungsprogramm im Allgemeinen ein lebendes Gebilde ist, drängen sich Änderungen gelegentlich auf. Das Wichtige ist, die wesentlichen von den unwesentlichen Änderungen zu trennen. 1

II. Wesentliche Änderungen

1. Änderungen der Dokumentation

Wenn die Dokumentation Änderungen unterworfen wird, ist dies stets der zuständigen Bundesoberbehörde zu melden. Der Grund für die regelmäßige Änderungspflicht liegt darin, dass die Behörde sich auf die neue Dokumentation einstellen kann. 2

2. Änderungen, die sich auf die Sicherheit der Probanden auswirken können

Hierunter fallen nicht nur Probanden, sondern auch Patienten. Es geht nicht nur um die materielle Sicherheit, sondern auch um formale Sicherheitsmaßnahmen, etwa die Änderung der Aufklärung.

3. Änderung der Auslegung von Dokumenten

Wenn die Durchführung der klinischen Prüfung auf bestimmte Dokumente gestützt wird, die jetzt anders ausgelegt werden müssen, so bedarf diese Tatsache der Mitteilung. Solche Dokumente sind etwa Vorveröffentlichungen, auf welche die Prüfung aufbaut.

4. Von der Ethik-Kommission beurteilte Anforderungen

Gemeint sind offenbar vor allem die von der Ethik-Kommission zu beurteilenden Anforderungen, wie sie sich aus § 20 iVm § 22 ergeben. Hinzutreten noch die von der Ethik-Kommission besonders hervorgehobenen Gründe ihrer positiven Beurteilung. Ändern sie sich, ist eine Anzeige erforderlich.

5. Definition des Begriffs „wesentliche Änderungen"

Nach der Begründung zum Referentenentwurf[1] soll Abs. 3 den Begriff der „wesentlichen Änderungen" an klinischen Prüfungen „definieren". Was mit dem Wort „Definition" gemeint ist, erschließt sich dem Leser nicht sofort. Vor Ort werden übrigens nur Beispiele von nicht wesentlichen Änderungen gebracht, die von Namensänderungen bis zur Korrektur von Schreibfehlern reichen.

Man wird Abs. 3 so verstehen müssen, dass die dort genannten wesentlichen Änderungen weder definiert, noch abschließend aufgezählt sind. Es kann andere wesentliche Gründe geben, wie schon das Wort „insbesondere" des Einleitungssatzes zu Abs. 3 erkennen lässt. Dazu zählen etwa die Zwischenauswertung der Statistik, die Dauer der Prüfung, die Erhöhung oder Verringerung der betroffenen Personen, die Verlängerung über die vorgesehene Zeit hinaus, die Änderung von Ein- und Ausschlusskriterien, die aber vielleicht schon in Abs. 3 Nr. 1 enthalten sind.

III. Mitteilung an die Ethik-Kommission

3   Wesentliche Änderungen haben der Ethik-Kommission bzw. der Ethik-Kommission des Leiters der klinischen Prüfung mitgeteilt zu werden. Nach der Begründung des Referentenentwurfs ist der Antrag an die „ursprünglich involvierte Ethik-Kommission" zu stellen. Das mag für den Regelfall gelten. Arbeitet jedoch der Leiter der klinischen Prüfung jetzt an einer anderen Stelle, ist er etwa einem Ruf an eine andere Hochschule gefolgt, sollte die jetzt für ihn zuständige Ethik-Kommission benachrichtigt werden. Es geht darum, den Weitergang der Studie zu beurteilen, weshalb die nunmehr zuständige Ethik-Kommission zu entscheiden hat.

IV. Fristen

4   Die Ethik-Kommission hat innerhalb von 30 Tagen nach Eingang des Änderungsantrags und seiner Begründung dazu Stellung zu nehmen. Stimmt die Ethik-Kommission dem Antrag zu, so ist es an der Bundesoberbehörde innerhalb von 30 Tagen nach Eingang des Antrags Einwände zu erheben. Tut sie dies nicht, so kann der

---

[1] Begründung zum Referentenentwurf v. 18.12.2008, S. 51.

Sponsor die klinische Prüfung nach dem geänderten Prüfplan durchführen. Sofern Auflagen gemacht werden, ist der Prüfplan entsprechend anzupassen oder der Antrag zurückzunehmen. Die Regeln über Rücknahme, Widerruf und Ruhen der Genehmigung der Bundesoberbehörde finden Anwendung.

V. Informationen

Handelt es sich um eine multinationale Studie, so hat die Bundesoberbehörde die   5
zuständigen Behörden der anderen betroffenen Vertragsstaaten des europäischen Wirtschaftsraums „über die getroffene Maßnahme", also über die Erlaubnis oder die Zurückweisung der Änderung zu unterrichten.

§ 23 Durchführung der klinischen Prüfung

Neben den §§ 20 bis 22 c gelten für die Durchführung klinischer Prüfungen von aktiven implantierbaren Medizinprodukten auch die Bestimmungen der Nummer 2.3 des Anhangs 7 der Richtlinie 90/385/EWG und für die Durchführung klinischer Prüfungen von sonstigen Medizinprodukten die Bestimmungen der Nummer 2.3 des Anhangs X der Richtlinie 93/42/EWG.

Änderungen:
§ 23 neu gef. mWv 21.03.2010 durch G v. 29.07.2009 (BGBl. I S. 2326).

I. Die Bedeutung der Norm

Für die Durchführung klinischer Prüfungen von aktiven implantierbaren Medizinprodukten gelten die §§ 20–22 c MPG. Daneben ist nach der Nr. 2.3 des Anhangs 7 zur Richtlinie 90/385/EWG und der Nr. 2.3 des Anhangs X der Richtlinie 93/42/EWG zu verfahren. Durch die Rückverweisung auf diese Anhänge werden die jeweils in Bezug genommenen Nr. 2.3 zu nationalem Recht.

Richtlinie/90/385/EWG Anhang 7:

2.3. Methoden

2.3.1.

Die klinischen Prüfungen sind nach einem angemessenen Prüfplan durchzuführen, der dem Stand von Wissenschaft und Technik entspricht und der so angelegt ist, dass sich die Angaben des Herstellers zu dem Gerät bestätigen oder widerlegen lassen. Diese Prüfungen müssen eine angemessene Zahl von Beobachtungen umfassen, damit wissenschaftlich gültige Schlussfolgerungen gezogen werden können.

2.3.2.

Die Vorgehensweise bei der Durchführung der Prüfungen muss an das zu prüfende Gerät angepasst sein.

2.3.3.

Die klinischen Prüfungen müssen unter gleichartigen Bedingungen durchgeführt werden, wie sie für die normalen Einsatzbedingungen des Gerätes gelten.

§ 23 Durchführung der klinischen Prüfung   235

2.3.4.

Alle einschlägigen Merkmale des Gerätes, einschließlich der sicherheitstechnischen und leistungsbezogenen Eigenschaften und der Auswirkungen auf den Patienten, müssen geprüft werden.

2.3.5.

Alle schwerwiegenden unerwünschten Ereignisse müssen vollständig registriert und unmittelbar allen zuständigen Behörden der Mitgliedstaaten, in denen die klinische Prüfung durchgeführt wird, mitgeteilt werden.

2.3.6.

Die Prüfungen müssen unter der Verantwortung eines entsprechend qualifizierten Arztes oder einer anderen befugten Person in einer angemessenen Umgebung durchgeführt werden.
Der Arzt muss Zugang zu den technischen Daten des Gerätes haben.

2.3.7.

Der schriftliche Bericht, der von dem verantwortlichen Arzt zu unterzeichnen ist, muss eine kritische Bewertung aller im Verlauf der klinischen Prüfung erlangten Daten enthalten.

Richtlinie 93/42/EWG Anhang X:

2.3. Methoden

2.3.1.

Die klinischen Prüfungen sind nach einem angemessenen Prüfplan durchzuführen, der dem Stand von Wissenschaft und Technik entspricht und der so angelegt ist, dass sich die Angaben des Herstellers zu dem Produkt bestätigen oder widerlegen lassen. Diese Prüfungen müssen eine angemessene Zahl von Beobachtungen umfassen, damit wissenschaftlich gültige Schlussfolgerungen gezogen werden können.

2.3.2.

Die Vorgehensweise bei der Durchführung der Prüfungen muss an das zu prüfende Produkt angepasst sein.

2.3.3.

Die klinischen Prüfungen müssen unter ähnlichen Bedingungen durchgeführt werden, wie sie für die normalen Einsatzbedingungen des Produkts gelten.

2.3.4.

Alle einschlägigen Merkmale des Produkts, einschließlich der sicherheitstechnischen und leistungsbezogenen Eigenschaften und der Auswirkungen auf den Patienten, müssen geprüft werden.

2.3.5.

Alle schwerwiegenden unerwünschten Ereignisse müssen vollständig registriert und unmittelbar allen zuständigen Behörden der Mitgliedstaaten, in denen die klinische Prüfung durchgeführt wird, mitgeteilt werden.

2.3.6.

Die Prüfungen müssen unter der Verantwortung eines entsprechend qualifizierten, spezialisierten Arztes oder einer sonstigen entsprechend qualifizierten und befugten Person in einem angemessenen Umfeld durchgeführt werden.

Der verantwortliche Arzt oder die befugte Person muss Zugang zu den technischen und klinischen Daten des Produkts haben.

2.3.7.

Der schriftliche Bericht, der von dem verantwortlichen Arzt oder der befugten Person zu unterzeichnen ist, muss eine kritische Bewertung aller im Verlauf der klinischen Prüfung erlangten Daten enthalten.

§ 23a Meldungen über Beendigung oder Abbruch von klinischen Prüfungen

(1) Innerhalb von 90 Tagen nach Beendigung einer klinischen Prüfung meldet der Sponsor der zuständigen Bundesoberbehörde die Beendigung der klinischen Prüfung.

(2) Beim Abbruch der klinischen Prüfung verkürzt sich diese Frist auf 15 Tage. In der Meldung sind alle Gründe für den Abbruch anzugeben.

(3) Der Sponsor reicht der zuständigen Bundesoberbehörde innerhalb von zwölf Monaten nach Abbruch oder Abschluss der klinischen Prüfung den Schlussbericht ein.

(4) Im Falle eines Abbruchs der klinischen Prüfung aus Sicherheitsgründen informiert die zuständige Bundesoberbehörde alle zuständigen Behörden, die Behörden der Mitgliedstaaten des Europäischen Wirtschaftsraums und die Europäische Kommission. § 22a Absatz 6 Satz 2 und 3 gilt entsprechend.

Inhaltsverzeichnis

I.	Die Bedeutung der Norm	1
II.	Beendigung der klinischen Prüfung	2
III.	Abbruch der klinischen Prüfung	3
IV.	Schlussbericht	4
V.	Fristen	5
VI.	Information	6

Änderungen:
§ 23a neu gef. mWv 21.03.2010 durch G v. 29.07.2009 (BGBl. I S. 2326).

I. Die Bedeutung der Norm

Angestoßen durch europäisches Recht, wird in dieser Norm die Beendigung und der Abbruch von klinischen Prüfungen behandelt. Und zwar wird nicht etwa über die Gründe, insbesondere des Abbruchs gehandelt, sondern es werden nur Regelungen über die Meldungen aufgestellt. Der Zweck dieser Norm ist nach der Begründung, dass die zuständige Bundesoberbehörde einen aktuellen Überblick über die in Deutschland durchgeführten klinischen Prüfungen erhält.[1]   1

---

[1] Begründung zum Referentenentwurf v. 18.12.2008, S. 51.

II. Beendigung der klinischen Prüfung

2   Eine klinische Prüfung ist beendet, wenn die vorgesehene Frist zur Prüfung abgelaufen ist, ohne dass eine Verlängerung beantragt wurde. Die Studie ist gleichfalls beendet, wenn alle in ihr gestellten Aufgaben erledigt sind. Eine Fortführung hätte dann keinen Sinn mehr. So hat man die ersten Versuche mit Penicillin alsbald beendet, als sich die durchschlagende anti-bakterielle Wirkung des Penicillins herausstellte.

III. Abbruch der klinischen Prüfung

3   Als Abbruch ist eine vorzeitige Beendigung der Studie anzusehen, weil gravierende Gründe ihrer Fortsetzung im Wege stehen. Solche Gründe können etwa sein: Unerwartete Todesfälle, unerwartete Nebenwirkungen, Mangel an Probanden. Die unerwarteten kardiologischen Nebenwirkungen haben bei einer Studie mit einem anderen Ziel zum Abbruch und dazu geführt, „Vioxx" vom Markt zu nehmen. Bei dem klinisch kontrollierten Versuch an Patienten mit Nierenzellkarzinom, eine Studie über die Wirksamkeit von gentechnologisch veränderten Zellen durchzuführen, ist daran gescheitert, dass sich keine Probanden für die Kontrollgruppe gefunden haben. Die Mitteilung des Abbruchs muss begründet werden. Dazu gehören die Angabe des oder der unerwarteten Vorfälle, die zum Abbruch geführt haben.

Nach dem Text der Norm trifft die Verpflichtung nur den Sponsor. Man wird aber auch wohl erwarten dürfen, dass der Leiter der klinischen Prüfung seine eigene Ethik-Kommission unterrichtet. Die Pflicht des Sponsors richtet sich nur auf die Mitteilung an die zuständige Bundesoberbehörde.

IV. Schlussbericht

4   Der Sponsor hat der Behörde nach Abbruch oder Abschluss der klinischen Prüfung einen Schlussbericht einzureichen. In diesem sind im Einzelnen die Gründe für den Abbruch und der bisherige Verlauf, sowie die bisherigen Ergebnisse der abgebrochenen Studie anzugeben. Ist die klinische Prüfung normal beendet worden, hat der Schlussbericht sowohl den Verlauf, als auch das Ergebnis sowie mögliche Nebenwirkungen, die bei der Prüfung aufgetreten sind, anzugeben.

V. Fristen

5   Die in § 23a angegebenen Fristen reichen von 15 Tagen bis zu 6 Monaten. Der Abbruch der klinischen Prüfung ist innerhalb von 15 Tagen zu melden. Über die Beendigung der klinischen Prüfung hat man erst spätestens nach 90 Tagen Bericht zu erstatten. Eine Frist von 6 Monaten wird für den Schlussbericht eingeräumt.

Alle Fristen sind sog. Notfristen, d. h. Feiertage, etwa Weihnachten oder Ostern haben auf sie selbst keinen Einfluss mit Ausnahme des Ablaufs der Frist, vgl. § 193 BGB.

VI. Information

Wird die klinische Prüfung aus Sicherheitsgründen abgebrochen, so informiert die zuständige Bundesoberbehörde die Behörden der Mitgliedsstaaten des europäischen Wirtschaftsraums und der Europäischen Kommission, jedenfalls soweit es sich um eine internationale Studie handelt. Im Übrigen genügt die Mitteilung an andere involvierte Behörden des Inlands. 6

§ 23b Ausnahmen zur klinischen Prüfung

Die §§ 20 bis 23a sind nicht anzuwenden, wenn eine klinische Prüfung mit Medizinprodukten durchgeführt wird, die nach den §§ 6 und 10 die CE-Kennzeichnung tragen dürfen, es sei denn, diese Prüfung hat eine andere Zweckbestimmung des Medizinproduktes zum Inhalt oder es werden zusätzlich invasive oder andere belastende Untersuchungen durchgeführt.

Inhaltsverzeichnis

I.	Die Bedeutung der Norm	1
II.	Nicht-Anwendung der §§ 20 und 21	2
III.	Andere Zweckbestimmung	3
IV.	Invasive oder belastende Untersuchungen	4

Änderungen:
§ 23b neu gef. mWv 21.03.2010 durch G v. 29.07.2009 (BGBl. I S. 2326).

I. Die Bedeutung der Norm

1 Es wird der Grundsatz angewendet, dass Medizinprodukt, die schon die CE-Kennzeichnung tragen dürfen, grundsätzlich nicht den Regeln über die klinische Prüfung, insbesondere die zustimmende Bewertung und die Genehmigung durch die Bundesoberbehörde, anzuwenden sind. Allerdings gibt es dazu Ausnahmen.

II. Nicht-Anwendung der §§ 20 und 21

2 Die klinische Prüfung eines Medizinprodukts dient dazu, durch eine Benannte Stelle die Erlaubnis zu bekommen, die CE-Kennzeichnung zu führen. Darf man diese Kennzeichnung schon tragen, erübrigt sich normalerweise eine klinische Prüfung, es sei denn sie erfolgt aus Gründen der Einführung in eine Klinik oder zu Werbezwecken.

III. Andere Zweckbestimmung

3 Erfolgt die klinische Prüfung an einem Medizinprodukt, das schon die CE-Kennzeichnung tragen darf, soll aber eine andere Zweckbestimmung des Medizinprodukts geprüft werden, so bleibt es bei der Regelung der §§ 20 f. Gemeint sind offenbar nicht nur andere Zweckbestimmungen, sondern auch weitere, also solche, welche die Zweckbestimmung ausweiten. Eine andere oder weitere Zweckbestimmung trägt mit Recht alle Merkmale des zur Prüfung gestellten Medizinprodukts.

IV. Invasive oder belastende Untersuchungen

Eine weitere Ausnahme von der Nicht-Anwendung der §§ 20 f. ist gegeben, wenn zusätzliche invasive oder andere belastende Untersuchungen durchgeführt werden. Bei den anderen belastenden Untersuchungen muss es sich um solche vom gleichen Schweregrad handeln, wie sie invasiven Maßnahmen zugesprochen wird. Geringfügige und kurzzeitige Belastungen zählen hier nicht mit.

4

§ 24 Leistungsbewertungsprüfung

Auf Leistungsbewertungsprüfungen von In-vitro-Diagnostika sind die §§ 20 bis 23b entsprechend anzuwenden, wenn

1. eine invasive Probenahme ausschließlich oder in erheblicher zusätzlicher Menge zum Zwecke der Leistungsbewertung eines In-vitro-Diagnostikums erfolgt oder
2. im Rahmen der Leistungsbewertungsprüfung zusätzlich invasive oder andere belastende Untersuchungen durchgeführt werden oder
3. die im Rahmen der Leistungsbewertung erhaltenen Ergebnisse für die Diagnostik verwendet werden sollen, ohne dass sie mit etablierten Verfahren bestätigt werden können.

In den übrigen Fällen ist die Einwilligung der Person, von der die Proben entnommen werden, erforderlich, soweit das Persönlichkeitsrecht oder kommerzielle Interessen dieser Person berührt sind.

Inhaltsverzeichnis

I. Die Bedeutung der Norm 1
II. Entsprechende Anwendung der §§ 20–23b 2

Änderungen:
§ 24 neu gef. mWv 21.03.2010 durch G v. 29.07.2009 (BGBl. I S. 2326).

I. Die Bedeutung der Norm

1 Es handelt sich um eine Sonderregelung von In-vitro-Diagnostika. Unter besonderen Umständen sollen die Vorschriften der §§ 20–23b entsprechende Anwendung finden. Solche Umstände liegen in der Gefährlichkeit für den Probanden oder in der Betroffenheit seines Persönlichkeitsrechts oder seiner kommerziellen Interessen.

II. Entsprechende Anwendung der §§ 20–23b

1. Invasive Probenahme

2 Erfolgt eine invasive Probenahme ausschließlich oder in zusätzlicher Menge zum Zwecke der Leistungsbewertung, sind die §§ 20–23b anzuwenden. Wegen der Gefährlichkeit der Maßnahme wird die Anwendung der allgemeinen Prüfungsvorschriften angeordnet.

2. Zusätzliche invasive oder belastende Untersuchungen

Im Rahmen der Leistungsbewertungsprüfung können zusätzliche Maßnahmen 3 erforderlich sein. Handelt es sich dabei um invasive oder andere belastende Untersuchungen, so gilt wiederum die allgemeine Regelung über die klinische Prüfung. Problematisch ist nur die Umschreibung der „belastenden Untersuchung". Es muss sich um eine Untersuchung, entweder vom gleichen Schweregrad der invasiven oder nicht um minimale oder zeitlich geringe Belastungen, handeln.

3. Bestätigung mit etablierten Verfahren

Sollen die im Rahmen der Leistungsbewertung erhaltene Ergebnisse für die Diag- 4 nostik verwendet werden, so ist es erforderlich, dass sie nicht absolut neu sind. Sie müssen „mit etablierten Verfahren" bestätigt werden können. Ist dies nicht der Fall, finden wieder die allgemeinen Vorschriften Anwendung.

4. Einwilligung des Probanden

Es bedarf einer besonderen Einwilligung der Person von der die Proben entnommen 5 werden, soweit das Persönlichkeitsrecht oder kommerzielle Interessen dieser Person berührt sind. Das Persönlichkeitsrecht kann betroffen sein, wenn durch die entnommenen Proben auf die Person des Probanden zurück geschlossen werden kann.

Mit den kommerziellen Interessen des Probanden spielt der Gesetzgeber offenbar auf den berühmten Fall *Moore v. The Regents of the University of California*[1] an. In diesem Fall hatte man beim Patienten zur Behandlung einer Haarzell-Leukämie die vergrößerte Milz entfernt. Formularmäßig hatte der Patient alle entnommenen Körperteile an die Klinik übereignet. Aus der Milz wurde ein besonderes Lymphokin gewonnen. 1984 wurde der Universität und den Ärzten ein Patent für die Zelllinie erteilt. Dessen Gen wurde in das Erbgut von Bakterien eingebaut und diese erzeugten in großem Umfang Lymphokin. Das Oberste Gericht von Kalifornien entschied, dass der Kläger kein Eigentum an seinem genetischen Material habe. Allerdings wurde der Fall zurückverwiesen, da die Ärzte möglicherweise die Einwilligung des Patienten nicht eingeholt oder ihm gegenüber treuwidrig gehandelt hatten. Der Fall wurde schließlich außergerichtlich verglichen.[2]

Die Einwilligung hat sich ausdrücklich auf die kommerziellen Interessen des 6 Probanden zu beziehen. Damit die Ärzte nicht treuwidrig handeln, haben sie den Patienten darauf hinzuweisen, dass er mit seiner Einwilligung mögliche Rechte an dem Körpermaterial verliert, das in den Proben enthalten ist. Das ist die Lehre aus dem Fall *Moore*.

---

[1] Moore v. The Regents of the University of California, 793 P. 2d 479 (California 1990).
[2] Umfassend zu dieser Entscheidung und zu der Lage des deutschen Rechts vgl. Taupitz, AcP 191, 201; ders., VersR 1991, 369.

Fünfter Abschnitt
Überwachung und Schutz vor Risiken

§ 25 Allgemeine Anzeigepflicht

(1) Wer als Verantwortlicher im Sinne von § 5 Satz 1 und 2 seinen Sitz in Deutschland hat und Medizinprodukte mit Ausnahme derjenigen nach § 3 Nr. 8 erstmalig in den Verkehr bringt, hat dies vor Aufnahme der Tätigkeit unter Angabe seiner Anschrift der zuständigen Behörde anzuzeigen; dies gilt entsprechend für Betriebe und Einrichtungen, die Medizinprodukte, die bestimmungsgemäß keimarm oder steril zur Anwendung kommen, ausschließlich für andere aufbereiten.

(2) Wer Systeme oder Behandlungseinheiten nach § 10 Abs. 1 zusammensetzt oder diese sowie Medizinprodukte nach § 10 Abs. 3 sterilisiert und seinen Sitz in Deutschland hat, hat der zuständigen Behörde unter Angabe seiner Anschrift vor Aufnahme der Tätigkeit die Bezeichnung sowie bei Systemen oder Behandlungseinheiten die Beschreibung der betreffenden Medizinprodukte anzuzeigen.

(3) Wer als Verantwortlicher nach § 5 Satz 1 und 2 seinen Sitz in Deutschland hat und In-vitro-Diagnostika erstmalig in Verkehr bringt, hat der zuständigen Behörde unter Angabe seiner Anschrift vor Aufnahme der Tätigkeit anzuzeigen:

1. die die gemeinsamen technologischen Merkmale und Analyten betreffenden Angaben zu Reagenzien, Medizinprodukten mit Reagenzien und Kalibrier- und Kontrollmaterialien sowie bei sonstigen In-vitro-Diagnostika die geeigneten Angaben,

2. im Falle der In-vitro-Diagnostika gemäß Anhang II der Richtlinie 98/79/EG und der In-vitro-Diagnostika zur Eigenanwendung alle Angaben, die eine Identifizierung dieser In-vitro-Diagnostika ermöglichen, die analytischen und gegebenenfalls diagnostischen Leistungsdaten gemäß Anhang I Abschnitt A Nr. 3 der Richtlinie 98/79/EG, die Ergebnisse der Leistungsbewertung sowie Angaben zu Bescheinigungen,

3. bei einem „neuen In-vitro-Diagnostikum" im Sinne von § 3 Nr. 6 zusätzlich die Angabe, dass es sich um ein „neues In-vitro-Diagnostikum" handelt.

(4) Nachträgliche Änderungen der Angaben nach den Absätzen 1 bis 3 sowie eine Einstellung des Inverkehrbringens sind unverzüglich anzuzeigen.

(5) Die zuständige Behörde übermittelt die Daten gemäß den Absätzen 1 bis 4 dem Deutschen Institut für medizinische Dokumentation und Information zur zentralen Verarbeitung und Nutzung nach § 33. Dieses unterrichtet auf Anfrage die Europäische Kommission und die anderen Vertragsstaaten des Abkommens über den Europäischen Wirtschaftsraum über Anzeigen nach den Absätzen 1 bis 4.

(6) Näheres zu den Absätzen 1 bis 5 regelt die Rechtsverordnung nach § 37 Abs. 8.

Inhaltsverzeichnis

I. Die Bedeutung der Norm 1

Änderungen:
§ 25 Satz 1 zweiter Halbs. geänd. und Satz 2 aufgeh., bish. Satz 1 wird alleiniger Wortlaut mWv 30.06.2007 durch G v. 14.06.2007 (BGBl. I S. 1066); Abs. 5 Satz 2 geänd. mWv 26.10.2012 durch G v. 19.10.2012 (BGBl. I S. 2192).

I. Die Bedeutung der Norm

1 Die allgemeine Anzeigepflicht in § 25 MPG will die Medizinprodukteüberwachung möglichst wirkungsvoll machen. Sie eröffnet den Medizinprodukteüberwachungsbehörden die Möglichkeit, noch vor Aufnahme der Tätigkeit eines Medizinprodukteherstellers oder dem erstmaligen Inverkehrbringen Überwachungsmaßnahmen zu ergreifen, indem sie die Anzeige der in der Norm genannten Tätigkeiten verlangt. Die Anzeige muss in jedem Fall vor Aufnahme der Tätigkeit erfolgen. Eine bestimmte Vorlauffrist gibt es jedoch nicht.[1] Wurde die Anzeige versäumt oder vergessen, ist sie zeitnah nachzuholen. Änderungen bezüglich der anzeigepflichtigen Tatsachen sind ebenfalls unverzüglich zu melden (Abs. 4). Anzeigeadressat ist die nach Landesrecht zuständige Behörde. Für aktive Medizinprodukte sind dies in der Regel die staatlichen Gewerbeaufsichtsbehörden, für nicht aktive Medizinprodukte die Gesundheitsüberwachungsbehörden. Die zuständige Behörde wiederum übermittelt die Informationen an das Deutsche Institut für medizinische Dokumentation und Information (DIMDI). Es handelt sich um eine Informationspflicht der Behörde, nicht der anzeigepflichtigen Betriebe und Personen. Der Handel mit Medizinprodukten ist nicht anzeigepflichtig (mit Ausnahme der allgemeinen Anzeige gem. § 14 GewO), es sei denn, der Handeltreibende ist Importeur. Denn dann stellt die Einfuhr das erstmalige Inverkehrbringen dar, sofern das Medizinprodukt nicht bereits in einem anderen EWR-Vertragsstaat erstmalig in den Verkehr gebracht wurde.[2] Direktimporte von Endverbraucher fallen nicht unter die Anzeigepflicht.

2 Die Herausnahme der klinischen Prüfung aus der Anzeigepflicht durch die 3. MPG-Novelle stellt keine Verschlechterung dar, weil dies in § 20 Abs. 6 MPG i.V.m. Anlage 4 zu § 4 Abs. 1 Nr. 3 DIMDIV zufrieden stellend gelöst ist. Im Übrigen bieten die durch die 4. MPG-Novelle geänderten Vorschriften zur klinischen Prüfung zusätzliche Sicherheit. Wichtig ist die Aufnahme der Anzeigepflicht

---

[1] Nöthlichs, § 25, Ziff. 1.3.
[2] Wiko, § 25 Anm. 11.

für Betriebe und Einrichtungen, die Medizinprodukte für andere aufbereiten. Ausdrücklich genannt sind jetzt Betriebe und Einrichtungen, die Medizinprodukte, die bestimmungsgemäß keimarm oder steril zur Anwendung kommen, für andere aufbereiten. Damit will man offensichtlich der Rechtsunsicherheit bei der Wiederaufbereitung bei Einmal-Produkten Rechnung tragen. Ob dies gelingt, bleibt abzuwarten.[3] Durch die 3. MPG-Novelle wird die Anzeigepflicht auf solche Betriebe und Einrichtungen beschränkt, die diese Tätigkeiten ausschließlich für andere durchführen. Gesundheitseinrichtungen mit einer Sterilisationseinheit, die auch für Dritte Medizinprodukte aufbereiten und sterilisieren, seien den Behörden bereits aufgrund anderer Vorschriften bekannt. Im Gegenzug wird die Überwachung von Einrichtungen und Betrieben, die Systeme gem. § 10 Abs. 1 MPG zusammensetzen und/ oder sterilisieren, erweitert. Anzeigepflichtig sind auch Einrichtungen, die Medizinprodukte, ohne dass sie zu einem System gehören, i.S.v. § 10 Abs. 3 MPG sterilisieren. Krankenhäuser und Arztpraxen, die nur für sich sterilisieren, sollen allerdings nicht unter die Anzeigepflicht fallen.[4] Abs. 3 beruht bezüglich der In-vitro-Diagnostika auf Art. 10 Abs. 1 und 4 der Richtlinie 98/79/EG. Durch eine Einfügung in Abs. 5 wird sichergestellt, dass die gesammelten Daten auch einer europäischen Datenbank (über das DIMDI) zur Verfügung gestellt werden können.

---

[3] Ratzel, MedR 2000, 560.
[4] Nöthlichs, § 25 Ziff. 3; WiKo, § 25 Rn. 21.

§ 26 Durchführung der Überwachung

(1) Betriebe und Einrichtungen mit Sitz in Deutschland, in denen Medizinprodukte hergestellt, klinisch geprüft, einer Leistungsbewertungsprüfung unterzogen, verpackt, ausgestellt, in den Verkehr gebracht, errichtet, betrieben, angewendet oder Medizinprodukte, die bestimmungsgemäß keimarm oder steril zur Anwendung kommen, aufbereitet werden, unterliegen insoweit der Überwachung durch die zuständigen Behörden. Dies gilt auch für Sponsoren und Personen, die die in Satz 1 genannten Tätigkeiten geschäftsmäßig ausüben, sowie für Personen und Personenvereinigungen, die Medizinprodukte für andere sammeln.

(2) Die zuständige Behörde hat sich davon zu überzeugen, dass die Vorschriften über Medizinprodukte und die Werbung auf dem Gebiet des Heilwesens beachtet werden. Sie prüft in angemessenem Umfang unter besonderer Berücksichtigung möglicher Risiken, ob die Voraussetzungen zum Inverkehrbringen, zur Inbetriebnahme, zum Errichten, Betreiben und Anwenden erfüllt sind. Satz 2 gilt entsprechend für die Überwachung von klinischen Prüfungen und von Leistungsbewertungsprüfungen sowie für die Überwachung der Aufbereitung von Medizinprodukten, die bestimmungsgemäß keimarm oder steril angewendet werden. Die zuständige Behörde ergreift die Maßnahmen, die notwendig sind, um festgestellte Verstöße zu beseitigen und künftigen Verstößen vorzubeugen. Sie kann bei hinreichenden Anhaltspunkten für eine unrechtmäßige CE-Kennzeichnung oder eine von dem Medizinprodukt ausgehende Gefahr verlangen, dass der Verantwortliche im Sinne von § 5 das Medizinprodukt von einem Sachverständigen überprüfen lässt. Bei einem In-vitro-Diagnostikum nach § 3 Nummer 6 kann sie zu jedem Zeitpunkt innerhalb von zwei Jahren nach der Anzeige nach § 25 Absatz 3 und danach in begründeten Fällen die Vorlage eines Berichts über die Erkenntnisse aus den Erfahrungen mit dem neuen In-vitro-Diagnostikum nach dessen erstmaligem Inverkehrbringen verlangen.

(2a) Die zuständigen Behörden müssen über die zur Erfüllung ihrer Aufgaben notwendige personelle und sachliche Ausstattung verfügen sowie für eine dem allgemeinen anerkannten Stand der Wissenschaft und Technik entsprechende regelmäßige Fortbildung der überwachenden Mitarbeiter sorgen.

(2b) Die Einzelheiten zu den Absätzen 1 bis 2a, insbesondere zur Durchführung und Qualitätssicherung der Überwachung, regelt eine allgemeine Verwaltungsvorschrift nach § 37a.

(3) Die mit der Überwachung beauftragten Personen sind befugt,

1. Grundstücke, Geschäftsräume, Betriebsräume, Beförderungsmittel, in denen eine Tätigkeit nach Absatz 1 ausgeübt wird, zu den üblichen Geschäftszeiten und zur Verhütung dringender Gefahr für die öffentliche

Sicherheit und Ordnung auch Wohnräume, in denen eine Tätigkeit nach Absatz 1 ausgeübt wird, zu betreten und zu besichtigen sowie in Geschäftsräumen, Betriebsräumen und Beförderungsmitteln zur Dokumentation bewegte und unbewegte Bildaufzeichnungen anzufertigen; das Grundrecht der Unverletzlichkeit der Wohnung (Artikel 13 des Grundgesetzes) wird insoweit eingeschränkt,

2. Medizinprodukte zu prüfen, insbesondere hierzu in Betrieb nehmen zu lassen, sowie Proben unentgeltlich zu entnehmen,

3. Unterlagen über die Entwicklung, Herstellung, Prüfung, klinische Prüfung, Leistungsbewertungsprüfung oder Erwerb, Aufbereitung, Lagerung, Verpackung, Inverkehrbringen und sonstigen Verbleib der Medizinprodukte sowie über das im Verkehr befindliche Werbematerial einzusehen,

4. von natürlichen und juristischen Personen und nicht rechtsfähigen Personenvereinigungen alle erforderlichen Auskünfte, insbesondere über die in Nummer 3 genannten Betriebsvorgänge, zu verlangen,

5. Unterlagen und Dokumente, die nach Maßgabe der Verordnung nach § 37 Absatz 5 zu erstellen und zu führen sind, einzusehen,

6. Abschriften oder Ablichtungen von Unterlagen oder Dokumenten nach den Nummern 3 und 5 oder Ausdrucke oder Kopien von Datenträgern, auf denen Unterlagen oder Dokumente nach den Nummern 3 und 5 gespeichert sind, anzufertigen oder zu verlangen, soweit es sich nicht um personenbezogene Daten von Patienten handelt.

(4) Wer der Überwachung nach Absatz 1 unterliegt, hat Maßnahmen nach Absatz 3 Satz 1 Nr. 1 bis 3 zu dulden und die beauftragten Personen sowie die sonstigen in der Überwachung tätigen Personen bei der Erfüllung ihrer Aufgaben zu unterstützen. Dies beinhaltet insbesondere die Verpflichtung, diesen Personen die Medizinprodukte zugänglich zu machen, erforderliche Prüfungen zu gestatten, hierfür benötigte Mitarbeiter und Hilfsmittel bereitzustellen, Auskünfte zu erteilen und Unterlagen vorzulegen.

(5) Der im Rahmen der Überwachung zur Auskunft Verpflichtete kann die Auskunft auf solche Fragen verweigern, deren Beantwortung ihn selbst oder einen seiner in § 383 Abs. 1 Nr. 1 bis 3 der Zivilprozessordnung bezeichneten Angehörigen der Gefahr strafrechtlicher Verfolgung oder eines Verfahrens nach dem Gesetz über Ordnungswidrigkeiten aussetzen würde.

(6) Sachverständige, die im Rahmen des Absatzes 2 prüfen, müssen die dafür notwendige Sachkenntnis besitzen. Die Sachkenntnis kann auch durch ein Zertifikat einer von der zuständigen Behörde akkreditierten Stelle nachgewiesen werden.

(7) Die zuständige Behörde unterrichtet auf Anfrage das Bundesministerium für Gesundheit sowie die zuständigen Behörden der anderen Vertragsstaaten

des Abkommens über den Europäischen Wirtschaftsraum über durchgeführte Überprüfungen, deren Ergebnisse sowie die getroffenen Maßnahmen.

Inhaltsverzeichnis

I.	Die Bedeutung der Norm	1
II.	Gegenstand der Überwachung	3
III.	Zweck der Überwachung	6
IV.	Anforderungen an die Ausstattung der Aufsichtsbehörden (Abs. 2a und 2b).	7
V.	Befugnis der Behörden	9
VI.	Aussageverweigerungsrecht	14
VII.	Maßnahmen der Behörde	15
VIII.	Sanktionen	17

Änderungen:
§ 26 Abs. 7 geänd. mWv 28.11.2003 durch VO v. 25.11.2003 (BGBl. I S. 2304); Abs. 7 geänd. mWv 08.11.2006 durch VO v. 31.10.2006 (BGBl. I S. 2407); Abs. 1 Satz 1 geänd. mWv 30.06.2007 durch G v. 14.06.2007 (BGBl. I S. 1066); Abs. 1 Satz 2 neu gef., Abs. 2 Satz 2 neu gef., Satz 4 eingef., bish. Satz 4 wird Satz 5, Abs. 2a und 2b eingef. mWv 21.03.2010 durch G v. 29.07.2009 (BGBl. I S. 2326); Abs. 2 neu gef., Abs. 2b, Abs. 3 Satz 1 Nr. 2 geänd., Satz 2 aufgeh. mWv 26.10.2012 durch G v. 19.10.2012 (BGBl. I S. 2192); Abs. 3 Nr. 1 neu gef., Nr. 3 und 4 geänd., Nr. 5 und 6 angef. mWv 01.01.2017 durch G v. 23.12.2016 (BGBl. I S. 3191).

Literatur
Gubernatis, Zur Offenbarungspflicht bei ärztlicher Fehlbehandlung, JZ 1982, 363; Hanau, Arzt und Patient – Partner oder Gegner? In: FS Baumgärtel, 1990, 123; Hart, Arzneimittelsicherheit und Länderüberwachung, MedR 1993, 207; Lippert, Informationsrecht, Überwachungspflicht und gesamtschuldnerische Haftung des Aufsichtsrates nach dem AktG 1965, 1976; ders. Pflicht zur Selbst- und Fremdbezichtigung durch ärztliche Dokumentation, Klinikarzt, 1992, 254; ders., Strobel, Die Überwachung Klinischer Prüfungen nach dem AMG, VersR 1995, 637; Ramsauer, Die staatliche Ordnung der Arzneimittelversorgung, 1988; Taupitz, Die zivilrechtliche Pflicht zur unaufgeforderten Offenbarung eigenen Fehlverhaltens, 1989; ders. Aufklärung über Behandlungsfehler: Rechtspflicht gegenüber dem Patienten oder ärztliche Ehrenpflicht? NJW 1992, 713; Uhlenbruck, Das Recht und die Pflicht des Arztes zur restitutio ad integrum, in: FS für Weißauer, 1986, 150.

I. Die Bedeutung der Norm

1 Die §§ 25 ff. MPG dienen dem Ziel, die Überwachung des Verkehrs mit Medizinprodukten sicherzustellen. Durch ausdrückliche Einbeziehung auch der Überwachung der Arzneimittelwerbung sollen die Überwachungsbehörden in den Stand gesetzt werden, neben Verstößen gegen das AMG auch solchen gegen das Heilmittelwerbegesetz (HWG) schnell und wirksam begegnen zu können. Beim Erlass der Vorschriften haben §§ 64 ff AMG ersichtlich die Patenschaft übernommen. Anders als bei den Arzneimitteln gibt es bei Medizinprodukten keine Zulassung jedenfalls nicht als Regelfall. Daher ist der staatliche Einfluss in diesem Bereich weniger stark ausgeprägt. Demzufolge ist das BfArM nur dort zuständig, wo das MPG von der zuständigen Bundesoberbehörde spricht.

Die Aufgaben der staatlichen Medizinprodukteüberwachung sind zwischen Bund und Länder geteilt. Die Medizinprodukteüberwachung ist dabei Aufgabe der Länder. Staatliche Überwachung zum Zweck der Gefahrenabwehr ist an sich nichts ungewöhnliches. Sie findet eigentlich in allen staatlichen Lebensbereichen statt.[1] Die Abwendung von Gefahren für das Gemeinwesen und den Einzelnen im Rahmen staatlicher Überwachung wirkt sich allerdings auch auf Grundrechtspositionen des von der Überwachung Betroffenen aus (z. B. Art. 13, Art. 14), so dass ihr Umfang streng am Grundsatz der Verhältnismäßigkeit von Mitteln und Zweck auszurichten ist. **2**

II. Gegenstand der Überwachung

Die staatliche Einflussnahme in der Überwachung folgt sowohl dem Personal- wie dem Sachprinzip. Die Überwachung bezieht sich somit zum einen auf Betriebe und Einrichtungen, in denen Medizinprodukte hergestellt klinisch geprüft, einer Leistungsbewertungsprüfung unterzogen, verpackt, ausgestellt, in den Verkehr gebracht, errichtet, betrieben, angewendet oder Medizinprodukte, die bestimmungsgemäß keimarm oder steril zur Anwendung kommen, aufbereitet werden. Die Überwachung deckt also den gesamten Lebensweg eines Medizinproduktes im wesentlichen ab. Die genannten Tätigkeiten müssen in Betrieben und Einrichtungen gewerbs- und berufsmäßig ausgeführt werden.[2] **3**

Der Begriff des „Prüfens von Medizinprodukten" ist im weiten Sinne zu verstehen. Die Leistungsbewertungsprüfung für In-vitro-Diagnostika fällt auch darunter. Betriebe und Einrichtungen, in denen klinische Prüfungen mit Medizinprodukten und Leistungsbewertungsprüfungen mit In-vitro-Diagnostika stattfinden, unterliegen ebenso wie die Personen, die dies tun, der Überwachung nach § 26 MPG.

Nicht der Überwachung nach § 26 MPG unterliegen dagegen die Ethik-Kommissionen. Sie sind keine Einrichtungen, in denen klinische Prüfungen mit Medizinprodukten durchgeführt werden. Ihre Mitglieder führen auch keine derartigen Prüfungen durch.[3]

Betrieb ist eine von der Rechtsform unabhängige, planmäßig nicht nur vorübergehend zusammengefügte Einheit von Personen, Räumen und Sachmitteln unter einheitlicher Leitung mit dem arbeitstechnischen Zweck, bestimmte Leistungen hervorzubringen oder zur Verfügung zu stellen.[4] Unter den Begriff des Betriebes **4**

---

[1] Lippert, Informationsrecht, S. 55 ff. (60).

[2] Sander, § 64 Anm. 2 der dies aus § 13 Abs. 1 folgert.

[3] So im Ergebnis für den (gleich gelagerten) Bereich des Arzneimittelgesetzes auch Kloesel, Cyran, § 64 Nr. 21a. Wie hier auch Lippert in: Deutsch, Lippert, Ratzel, Anker, Tag, Koyuncu, AMG, § 64 Rz. 6.

[4] Wie hier: Lenckner in: Schönke, Schröder, § 14 Rz. 28; Göhler, § 9 Rz. 43; Nöthlichs, § 26 Anm. 2.

fallen alle gewerblichen Niederlassungen, in denen die o. g. Tätigkeiten ausgeführt werden.
Einrichtungen müssen demnach Stellen sein, in denen die o. g. Tätigkeiten ebenfalls durchgeführt werden, ohne dass sie als Betriebe oder Betriebsstätten zu qualifizieren sind, denn sonst würde die Unterscheidung, die das Gesetz trifft, keinen Sinn machen, weil die Tätigkeiten, die der Überwachung unterliegen, dieselben sind, wie bei den Betrieben.[5]

5   Die mit der Überwachung beauftragten Personen müssen diese Tätigkeit hauptberuflich ausüben. Die Überwachungsbehörde kann Sachverständige zuziehen. Diese müssen die für diese Tätigkeit notwendige Sachkunde haben (Abs. 6).

III. Zweck der Überwachung

6   Zweck der Überwachung ist es zu kontrollieren, dass die Ziele des MPG, nämlich die Sicherheit des Verkehrs mit Medizinprodukten und der Schutz von Patienten, Anwendern und Dritten sichergestellt wird. In erster Linie bedeutet dies die Einhaltung der im Bereich der Medizinprodukteherstellung geltenden Vorschriften zu überwachen. Das Gesetz sieht für die Intervalle der Überwachungsmaßnahmen keine Frist vor.[6] Danach hat die Überwachungsbehörde sie regelmäßig in angemessenem Umfang unter besonderer Berücksichtigung möglicher Risiken vorzunehmen. Neben der Überwachung bleiben die Überwachungsmaßnahmen bestehen, die die Benannten Stellen im Rahmen des Konformitätsbewertungsverfahrens vornehmen,[7] weil sie eine andere Qualität und Zielrichtung haben als staatliche Überwachungsmaßnahmen.

IV. Anforderungen an die Ausstattung der Aufsichtsbehörden (Abs. 2a und 2b)

7   Die Regelungen der Abs. 2a und 2b wurden durch die 4. MPG-Novelle neu in § 26 integriert. Abs. 2a schreibt vor, dass die im Rahmen des § 26 zuständigen Aufsichtsbehörden über eine *sachliche und personelle Ausstattung* verfügen müssen, die ihnen die Erfüllung der gesetzlichen Überwachungsaufgaben möglich macht. Ferner haben sie für eine dem allgemeinen Stand der Wissenschaft und Technik entsprechende regelmäßig Fortbildungen ihrer Mitarbeiter zu sorgen, die die Überwachungsaufgaben im Rahmen des MPG durchführen.[8]

---

[5] Vgl. zur insoweit ähnlich gelagerten Situation bei Arzneimitteln § 64; Sander § 67 Anm. 2.

[6] In diesem Sinne auch Wagner in: Rehmann, Wagner, § 26 Rz. 13.

[7] So auch Schorn, § 26 Rz. 2; Nöthlichs, § 26 Nr. 1: privatrechtliche Maßnahmen.

[8] Diese Anforderungen sind durch die allgemeine Verwaltungsvorschrift zur Durchführung des MPG – MPGVwV – v. 18.05.2012 (BAnz AT v. 24.05.2012, S. 1 ff.) auf Basis von § 37a konkretisiert worden. Vgl. hierzu auch Lücker in: Spickhoff, MPG § 26 Rz. 5 f., Wagner in: Rehmann, Wagner, § 26 Rz. 2, Hill, Schmitt, WiKo § 26 Rz. 8.1, 10.3.

Die MPGVwV richtet sich zunächst an die für die Durchführung der *Marktaufsicht* 8
zuständigen Behörden und Stellen des Bundes und der Länder. Gemäß § 3 MPGVwV
haben die obersten Landesbehörden ein „Rahmenüberwachungsprogramm" gemeinsam festzulegen, sodass die Marktüberwachung deutschlandweit einheitlich durchgeführt wird. Dabei referenziert die MPGVwV ausdrücklich auch auf die europäische
Verordnung (EG) 765/2008 vom 09.07.2008 über die Vorschriften für die Akkreditierung und Marktüberwachung im Zusammenhang mit der Vermarktung von Produkten.
Neben der Verpflichtung der obersten Landesbehörden zur Schaffung einer gemeinsamen zentralen Koordinierungsstelle werden auch Verpflichtungen zur Zusammenarbeit
und zum Informationsaustausch mit den Marktüberwachungsbehörden der anderen
Mitgliedsstatten der EU geregelt. Ein jährlicher Bericht über das Rahmenüberwachungsprogramm ist vorgegeben. § 12 MPGVwV gibt Vorgaben für die *Sachkenntnis*
der mit der Überwachung beauftragten Personen vor und soll ein Mindestqualitätsniveau für die Überwachungsbeamten schaffen. Voraussetzung für die Qualifikation
ist der Abschluss einer naturwissenschaftlichen, medizinischen oder technischen
Hochschul- oder Fachhochschulausbildung nebst praktischer Erfahrung im Tätigkeitsbereich. § 9 MPGVwV regelt die Pflicht zur Etablierung eines eigenen Qualitätssicherungssystems der zuständigen Behörden, das neben der persönlichen Kompetenz
auch die Verantwortlichkeiten klar zu bestimmen und festzulegen hat. Weiter sind
Verfahrensanweisungen zur Planung und Durchführung der Überwachung, für die
Entnahme von Proben und ein effektives System zur Prüfung und Weiterleitung von
Informationen, insbesondere über Mängel, Risiken, unrechtmäßiges Inverkehrbringen
oder bei Rückrufen von Medizinprodukten zu etablieren. § 5 MPGVwV unterscheidet
routinemäßige Inspektionen *von* anlassbezogenen Inspektionen, die zB. aufgrund von
Verbraucherbeschwerden, sonstigen Beanstandungen oder Berichten und Meldungen über mögliche Gefährdungen ausgelöst werden können. Starre Überwachungsintervalle oder konkrete Vorgaben zur Überwachungsmaßnahme gibt die Verordnung
jedoch nicht vor. Solche bleiben dem gemeinsamen Rahmenüberwachungsprogramm
vorbehalten. Inspektionen werden in 5 MPGVwV als in der Regel vor Ort durchgeführte Kontrollen und Besichtigungen im Rahmen der Überwachung definiert, die
sowohl angekündigt, als auch unangekündigt durchgeführt werden können.

V. Befugnis der Behörden

Das Gesetz ermöglicht den von den Überwachungsbehörden beauftragten Personen 9
zum Zwecke der Überwachung des Betriebes oder der Einrichtung, die Einsicht in
Unterlagen, sowie das Befragen von Personen, deren Tätigkeit der Überwachung
nach dem MPG unterliegt.

1. Betretungs- und Besichtigungsrecht

Die mit der Überwachung beauftragten Personen haben das Recht, Grundstü- 10
cke, Geschäfts- und Betriebsräume sowie Beförderungsmittel, in denen Tätigkeiten durchgeführt werden, die der Überwachung unterliegen, zu betreten und zu

besichtigen. Zur Verhinderung einer dringenden Gefahr für die öffentliche Sicherheit und Ordnung dürfen sie auch Wohnräume besichtigen und betreten. Das Recht auf Unverletzlichkeit der Wohnung aus Art. 13 GG wird insoweit durch eine gesetzliche Vorschrift, nämlich § 26 MPG, wie es Art. 13 GG vorsieht, eingeschränkt. Die Ermächtigung in Abs. 4 Nr. 1 trägt den Bedenken des Bundesverfassungsgerichtes[9] Rechnung. Das Betretungs- und Besichtigungsrecht wird, außer bei Gefahr im Verzuge, zu den üblichen Betriebszeiten ausgeübt. Die Gefahr für die öffentliche Sicherheit und Ordnung braucht nicht bereits eingetreten zu sein. Die Überwachungsbehörde kann bereits zur Vermeidung derartiger Gefahren tätig werden und entsprechende Maßnahmen zur Gefahrenabwehr treffen.

2. Einsichtsrecht

11 Überwachungsbehörden dürfen auch alle Geschäftsunterlagen einsehen, die sich auf die Tätigkeiten nach Abs. 1 beziehen. Werbematerial allerdings nur, sofern es sich bereits im Verkehr befindet,[10] also auslieferungsfertig ist. Überwachungsbehörden sind auch befugt, die Nachweise über die erforderliche Deckungsvorsorge des pharmazeutischen Herstellers einzusehen. Die einzusehenden Unterlagen brauchen sich nicht im Besitz des Normadressaten zu befinden. Ggf. hat er sie allerdings zu beschaffen. Nur auf § 26 Abs. 3 Nr. 3 MPG gestützt kann eine Herausgabe von Unterlagen, die sich im Besitz Dritter befinden, nicht verlangt werden weil im Verwaltungsverfahren diese Vorschriften nicht gelten. Hierzu müsste der Weg über §§ 46 OwiG, 94 ff. StPO gewählt werden. Die Überwachungsbehörden dürfen von den einzusehenden Unterlagen in begründeten Fällen auch Abschriften oder Ablichtungen fertigen.[11] Von der Fertigung von Abschriften oder Ablichtungen ausgenommen sind, weil es dafür keine Rechtfertigung gibt, personenbezogene Patientendaten, die im Rahmen klinischer Prüfungen von Arzneimitteln angefallen sind. Die Unterlagen können beim Normadressaten eingesehen werden. Die Behörde kann allerdings auch fordern, dass ihr diese Unterlagen in den Amtsräumen vorgelegt werden. Kenntnisse, die durch die Überwachungstätigkeit erlangt werden, unterliegen der Verschwiegenheitspflicht nach §§ 203 ff. StGB und, sofern die Voraussetzungen vorliegen, auch der Pflicht zur Amtsverschwiegenheit, § 353 b StGB. Personen, die in der Überwachung tätig sind, können sich dementsprechend strafbar machen.

3. Auskunftspflicht

12 Weiteres Beweismittel im Überwachungsverfahren ist die Auskunft, die die Behörden von natürlichen und juristischen Personen und nicht rechtsfähigen

---

[9] NJW 1971, 2299; zur unangemeldeten Besichtigung vgl. VGH Mannheim, MedR 2005, 107.
[10] Vgl. hierzu unten die Kommentierung zu § 69 Rz. 17; wie hier auch Sander, § 64 Anm. 12.
[11] So Nöthlichs, § 26 Anm. 8.5.

Personenvereinigungen über alle Vorgänge nach Abs. 3 Nr. 4 fordern kann. In der Literatur wird die Auffassung vertreten, § 64 Abs. 4 Nr. 3 AMG lasse offen, welcher Personenkreis zur Auskunft gegenüber den Behörden verpflichtet sei, insbesondere könnten Mitarbeiter in Betrieben des pharmazeutischen Unternehmers nicht als Auskunftsperson in Betracht kommen.[12] Bei den genannten Personenvereinigungen und juristischen Personen sind in jedem Fall die gesetzlichen Vertreter zur Auskunft verpflichtet. Umstritten sein kann daher nur, wie groß der Kreis der natürlichen Personen (bei juristischen Personen und nicht rechtsfähigen Personenvereinigungen) zu ziehen ist. Sander begrenzt bei der weitgehend identischen Vorschrift des § 64 AMG den einschlägigen Personenkreis unter Hinweis auf § 66 AMG.[13] Dabei wird wohl übersehen, dass § 64 Abs. 1, Satz 3 AMG den Kreis der der Überwachung nach § 64 ff. AMG unterliegt, auf natürliche Personen erweitert, die Tätigkeiten, die der Überwachung unterliegen, berufsmäßig ausüben. Dies sind alle Stufen der Herstellung von Arzneimitteln einschließlich der Werbung für sie und der Vertrieb. Nöthlichs[14] grenzt den zur Auskunft verpflichteten Kreis natürlicher Personen derart ein, dass nur Personen auskunftspflichtig sein sollen, für die das MPG (AMG) und die auf seiner Grundlagen erlassenen Rechtsverordnungen und Verwaltungsvorschriften Pflichten begründen.

Letztlich kann die Kontroverse darum, wie groß der Kreis der zur Auskunft **13** nach §§ 26 Abs. 3 Nr. 4, Abs. 4 MPG verpflichteten natürlichen Personen ist, auf sich beruhen. Grenzt man Arbeitnehmer und Nichtfunktionsträger aus, so kann die Behörde diesen Personenkreis im Rahmen des Verwaltungsverfahrens gleichwohl als Zeugen anhören, sofern ihre Aussage zur Aufklärung des Sachverhaltes beitragen kann.

VI. Aussageverweigerungsrecht

Die Pflicht zur Mitwirkung an Maßnahmen zur Überwachung hat da ihre Grenzen, **14** wo der Mitwirkende sich durch seine Angaben oder seine Mitwirkung selbst oder seine Angehörigen einer Straftat oder Ordnungswidrigkeit bezichtigen müsste. Hier gilt wie auch sonst der Grundgedanke, dass niemand sich selbst oder einen Angehörigen einer Straftat bezichtigen oder an ihrer Aufklärung mitwirken muss, nemo tenetur se ipsum accusare.[15] Das Recht, keine Angaben zu machen, bezieht sich grundsätzlich nicht auf die Personalien iSv. § 111 OWiG.[16] Der Betroffene ist

---

[12] Sander, § 64 Anm. 13; Nöthlichs, § 26 Anm. 5.7. wie hier: Wagner in: Rehmann, Wagner, § 26 Rz. 23.
[13] Sander, § 64 Anm. 13.
[14] § 26 Anm. 5.7.
[15] Lippert, Klinikarzt 1992, 254; Hanau, Festschrift für Baumgärtel, S. 121; Taupitz, NJW 1992, 713; Uhlenbruck, Festschrift für Weißauer, S. 153 ff.
[16] BayObLG NJW 1969, 2057; OLG Düsseldorf NJW 1970, 1888; Göhler, Gesetz über Ordnungswidrigkeiten, 14. Aufl. 2006, § 111 OWiG Rz. 17.

ausdrücklich darauf hinzuweisen, dass eine Aussagepflicht nicht besteht (§ 163 a Abs. 3 S. 2, Abs. 4 S. 2, § 136 Abs. 1 S. 2 StPO iVm. § 46 Abs. 1). Unterbleibt die nach § 136 StPO erforderliche Belehrung über das **Schweigerecht,** so hat dies im Strafverfahren grundsätzlich ein Beweisverwertungsverbot zur Folge.[17] Der Bundesgerichtshof hat ausdrücklich offengelassen, ob das von ihm angenommene Verwertungsverbot auch in Verfahren wegen Ordnungswidrigkeiten gilt.[18] In der Praxis darf allerdings nicht verkannt werden, dass immer feinere Methoden der Qualitätssicherung auch in der Produktion von Medizinprodukten es demjenigen, der in der Produktion tätig ist, nahezu unmöglich macht, sich noch auf diesen Grundsatz berufen zu können. Es gibt viel zu viele, zumeist elektronische Aufzeichnungen, die den objektiven Tatbestand einer Straftat nahezu lückenlos dokumentieren. Das Aussageverweigerungsrecht reduziert sich daher in weiten Bereichen auf Aussagen zum subjektiven Tatbestand.

VII. Maßnahmen der Behörde

15 Die zuständige Behörde wird bei festgestellten Verstößen repressiv und zur Verhütung künftiger Verstöße präventiv tätig. Stellt sie tatsächliche oder drohende Verstöße fest, muss sie tätig werden. Ermessen steht ihr insoweit keines zu. Welche Maßnahmen zur Beseitigung von Verstößen zu ergreifen sind, also die notwendigen Maßnahmen zu ergreifen steht unter dem Grundsatz der Verhältnismäßigkeit. Die zuständige Behörde hat in angemessenem Umfang zu prüfen, ob die Voraussetzungen für das Inverkehrbringen und die Inbetriebnahme von Medizinprodukten erfüllt sind. Maßstab für diese Prüfung sind die von Medizinprodukten ausgehenden möglichen Risiken.[19] Ergibt sich ein hinreichender Anhaltspunkt dafür, dass das Medizinprodukt die CE-Kennzeichnung unrechtmäßig trägt oder gehen von ihm Gefahren aus, so kann die Behörde den Verantwortlichen im Sinne von § 5 MPG verpflichten, dass ein Sachverständiger das Medizinprodukt begutachtet. Ob der Verantwortliche den Sachverständigen auswählt oder ob die Behörde dabei das letzte Wort haben soll, ist streitig.[20] Nach dem Wortlaut kann die Behörde den Verantwortlichen zur Vergabe des Gutachtenauftrages verpflichten und diese Verpflichtung mit den Mitteln des Verwaltungszwangs auch durchsetzen. Mehr nicht. Eine weitere Sonderregelung gibt es für In-vitro-Diagnostika. Hier kann die Behörde innerhalb von zwei Jahren seit der Anzeige des Inverkehrbringens eines In-vitro-Diagnostikums die Vorlage eines Berichts über die Erfahrungen mit diesem verlangen. Gleiches gilt für besonders begründete Fälle.

---

[17] BGHSt 38, 214 ff.; zum Strafverfahren vgl. Kleinknecht, Meyer-Goßner, § 136 StPO Rz. 20, m. w. N.

[18] BGHSt. 34, 214, 228; diff. Wache, KK-OWiG, 2. Aufl. 2000, § 55 Rz. 16; vgl auch Göhler § 55 OWiG Rz. 9 m. w. N.

[19] Vgl. hierzu im einzelnen Hill, Schmitt, § 26 Rz. 8.

[20] Wie hier Wagner in: Rehmann, Wagner, § 26 Rz. 16; Absprache mit der Behörde unter Endentscheid der Behörde: Nöthlichs, § 26 4.2.

Die Behörde ist ermächtigt, im ersten Zugriff auch schwere Eingriffe bis hin zur **16**
Schließung des Betriebes zu verfügen, sofern sich bei der Durchführung der Überwachung Sachverhalte ergeben, die zu einer dringenden und akuten Gefahr für die öffentliche Sicherheit und Ordnung führen würden, sofern die Behörde nicht eingreift. Ein Handeln der Behörde muss sich gegen eine unmittelbar drohende Gefahr für die öffentliche Sicherheit und Ordnung, d. h. einen größeren Kreis von Betroffenen richten. Der Schutz der öffentlichen Sicherheit richtet sich gegen Schäden, die den Bestand des Staates und seiner Einrichtungen, Leben, Gesundheit, Freiheit und Ehre des Einzelnen oder das Vermögen im Allgemeinen gefährden. Der Schutz der öffentlichen Ordnung umfasst alle Normen, die ein gedeihliches und geordnetes staatsbürgerliches Zusammenleben gewährleisten sollen. Diese Definitionen lassen Maßnahmen zu, die sich nicht nur auf den Schutz des Lebens und der Gesundheit beziehen. Die zu treffenden Maßnahmen müssen sich aber immer am Zweck des Medizinproduktegesetzes messen lassen. Die näheren Einzelheiten sind in § 28 geregelt.

VIII. Sanktionen

1. Im Ordnungswidrigkeitenrecht

Ordnungswidrig handelt, wer der Überwachung unterliegt und die zu ihrer Durch- **17**
führung zulässigen Maßnahmen, die in Abs. 3 Nrn. 1–3 näher beschrieben sind, nicht duldet und dadurch das Betretungsrecht, das Prüfungsrecht und das Einsichtsrecht vereitelt.

§ 27 Verfahren bei unrechtmäßiger und unzulässiger Anbringung der CE-Kennzeichnung

(1) Stellt die zuständige Behörde fest, dass die CE-Kennzeichnung auf einem Medizinprodukt unrechtmäßig angebracht worden ist, ist der Verantwortliche nach § 5 verpflichtet, die Voraussetzungen für das rechtmäßige Anbringen der CE-Kennzeichnung nach Weisung der zuständigen Behörde zu erfüllen. Werden diese Voraussetzungen nicht erfüllt, so hat die zuständige Behörde das Inverkehrbringen dieses Medizinproduktes einzuschränken, von der Einhaltung bestimmter Auflagen abhängig zu machen, zu untersagen oder zu veranlassen, dass das Medizinprodukt vom Markt genommen wird. Sie unterrichtet davon die übrigen zuständigen Behörden in Deutschland und das Bundesministerium für Gesundheit, das die Europäische Kommission und die anderen Vertragsstaaten des Abkommens über den Europäischen Wirtschaftsraum hiervon unterrichtet.

(2) Trägt ein Produkt unzulässigerweise die CE-Kennzeichnung als Medizinprodukt, trifft die zuständige Behörde die erforderlichen Maßnahmen nach Absatz 1 Satz 2. Absatz 1 Satz 3 gilt entsprechend.

Inhaltsverzeichnis

I. Die Bedeutung der Norm 1

Änderungen:
§ 27 Abs. 1 Satz 3 geänd. mWv 28.11.2003 durch VO v. 25.11.2003 (BGBl. I S. 2304); Abs. 1 Satz 3 geänd. mWv 08.11.2006 durch VO v. 31.10.2006 (BGBl. I S. 2407); Abs. 1 Satz 3 geänd. mWv 26.10.2012 durch G v. 19.10.2012 (BGBl. I S. 2192).

I. Die Bedeutung der Norm

1 Das CE[1]-Kennzeichen bedeutet zunächst nur, dass das Produkt das Konformitätsbewertungsverfahren durchlaufen hat.[2] Es ist kein Qualifikationszertifikat an sich.[3] Nach einer offiziellen Stellungnahme der Europäischen Kommission im Oktober 1996 handelt es sich bei der CE-Kennzeichnung um ein zwingend vorgeschriebenes Konformitätszeichen, das an die Marktüberwachungsbehörden der Mitgliedstaaten gerichtet sei. Obwohl es häufig fälschlicherweise als eine Qualitätskennzeichnung

---

[1] CE = conformité européenne.

[2] Will, Grundlagen der Überwachung und des Vigilanzsystems, 3. Augsburger Forum für Medizinprodukterecht 2008, S. 2.

[3] A.A. Schorn, M 2 § 9 Rn. 8.

§ 27 Verfahren bei unrechtmäßiger und unzulässiger Anbringung der CE-Kennzeichnung

angesehen werde, handele es sich bei der CE-Kennzeichnung nicht um eine solche. Der Markt sieht das anders. Deshalb sind die nationalen Behörden berechtigt, die Zulässigkeit der CE-Kennzeichnung auch inhaltlich-materiell zu überprüfen.[4] Führt dies zu der Feststellung, dass die Voraussetzungen zum Führen des CE-Kennzeichens nicht oder nicht mehr gegeben sind, muss die zuständige Behörde die in § 27 Abs. 1 S. 2 MPG angeführten Maßnahmen ergreifen. Lediglich bei der Auswahl der aufgeführten Maßnahmen steht ihr ein Ermessen zu. Die Beweislast liegt bei der Behörde. Abs. 2 der Vorschrift betrifft einen anderen Sachverhalt. Bei dieser Variante ist ein CE-Kennzeichen auf einem Produkt angebracht, das überhaupt kein Medizinprodukt ist.

---

[4] VG Stuttgart, Urt. v. 22.10.1999 – 4 K 286/99, PharmR 2000, 97; VG Trier, Urt. v. 05.12.2007 – 5 K 755/07 TR, MPJ 2008, 42 ff.

§ 28 Verfahren zum Schutze vor Risiken

(1) Die nach diesem Gesetz zuständige Behörde trifft alle erforderlichen Maßnahmen zum Schutze der Gesundheit und zur Sicherheit von Patienten, Anwendern und Dritten vor Gefahren durch Medizinprodukte, soweit nicht das Atomgesetz oder eine darauf gestützte Rechtsverordnung für Medizinprodukte, die ionisierende Strahlen erzeugen oder radioaktive Stoffe enthalten, für die danach zuständige Behörde entsprechende Befugnisse vorsieht.

(2) Die zuständige Behörde ist insbesondere befugt, Anordnungen, auch über die Schließung des Betriebs oder der Einrichtung, zu treffen, soweit es zur Abwehr einer drohenden Gefahr für die öffentliche Gesundheit, Sicherheit oder Ordnung geboten ist. Sie kann das Inverkehrbringen, die Inbetriebnahme, das Betreiben, die Anwendung der Medizinprodukte sowie den Beginn oder die weitere Durchführung der klinischen Prüfung oder der Leistungsbewertungsprüfung untersagen, beschränken oder von der Einhaltung bestimmter Auflagen abhängig machen oder den Rückruf oder die Sicherstellung der Medizinprodukte anordnen. Sie unterrichtet hiervon die übrigen zuständigen Behörden in Deutschland, die zuständige Bundesoberbehörde und das Bundesministerium für Gesundheit.

(3) Stellt die zuständige Behörde fest, dass CE-gekennzeichnete Medizinprodukte oder Sonderanfertigungen die Gesundheit oder Sicherheit von Patienten, Anwendern oder Dritten oder deren Eigentum gefährden können, auch wenn sie sachgemäß installiert, in Stand gehalten oder ihrer Zweckbestimmung entsprechend angewendet werden und trifft sie deshalb Maßnahmen mit dem Ziel, das Medizinprodukt vom Markt zu nehmen oder das Inverkehrbringen oder die Inbetriebnahme zu verbieten oder einzuschränken, teilt sie diese umgehend unter Angabe von Gründen dem Bundesministerium für Gesundheit zur Einleitung eines Schutzklauselverfahrens nach Artikel 7 der Richtlinie 90/385/EWG, Artikel 8 der Richtlinie 93/42/EWG oder Artikel 8 der Richtlinie 98/79/EG mit. In den Gründen ist insbesondere anzugeben, ob die Nichtübereinstimmung mit den Vorschriften dieses Gesetzes zurückzuführen ist auf

1. die Nichteinhaltung der Grundlegenden Anforderungen,

2. eine unzulängliche Anwendung harmonisierter Normen oder Gemeinsamer Technischer Spezifikationen, sofern deren Anwendung behauptet wird, oder

3. einen Mangel der harmonisierten Normen oder Gemeinsamen Technischen Spezifikationen selbst.

(4) Die zuständige Behörde kann veranlassen, dass alle, die einer von einem Medizinprodukt ausgehenden Gefahr ausgesetzt sein können, rechtzeitig in geeigneter Form auf diese Gefahr hingewiesen werden. Eine hoheitliche

Warnung der Öffentlichkeit ist zulässig, wenn bei Gefahr im Verzug andere ebenso wirksame Maßnahmen nicht oder nicht rechtzeitig getroffen werden können.

(5) Maßnahmen nach Artikel 14b der Richtlinie 93/42/EWG und Artikel 13 der Richtlinie 98/79/EG trifft das Bundesministerium für Gesundheit durch Rechtsverordnung nach § 37 Abs. 6.

Inhaltsverzeichnis

I. Die Bedeutung der Norm 1
II. Vorläufige Maßnahmen 2
III. Das Schutzklauselverfahren 3

Änderungen:
§ 28 Abs. 2 Satz 3, Abs. 3 Satz 1 und Abs. 5 geänd. mWv 28.11.2003 durch VO v. 25.11.2003 (BGBl. I S. 2304); Abs. 2 Satz 3, Abs. 3 Satz 1 und Abs. 5 geänd. mWv 08.11.2006 durch VO v. 31.10.2006 (BGBl. I S. 2407).

Literatur:
Attenberger, Medizinprodukteüberwachung – Konzept der Länder, 3. Augsburger Forum für Medizinprodukterecht, 2008, S. 33; Will, Grundlagen der Überwachung und des Vigilanzsystems, 3. Augsburger Forum für Medizinprodukterecht, 2008, S. 2.

I. Die Bedeutung der Norm

Die den Behörden in § 28 MPG eingeräumten Befugnisse sind sehr weitgehend. Sie erlauben eine möglichst umfassende persönliche und sachliche Kontrolle der Entwicklung, der Herstellung und des Vertriebs von Medizinprodukten. Als Regelungszweck der staatlichen Gefahrenabwehr ist dies allerdings nichts ungewöhnliches, die Regelung ist mit den einschlägigen Bestimmungen im AMG (§§ 62 ff.) vergleichbar. Gemäß § 28 Abs. 2 MPG ist die Behörde ermächtigt, im ersten Zugriff auch schwere Eingriffe bis hin zur Schließung des Betriebes zu verfügen, sofern sich bei der Durchführung der Überwachung Sachverhalte ergeben, die zu einer dringenden und akuten Gefahr für die öffentliche Sicherheit und Ordnung führen würden. Die Überwachungsbehörde erhält die Möglichkeit, schnell und effektiv auf eine drohende Gefahr zu reagieren. Dies bedeutet aber wiederum, dass eine sorgfältige Abwägung von Mitteln und Zweck zu erfolgen hat und der Grundsatz der Verhältnismäßigkeit beachtet werden muss. Die Eilbedürftigkeit wird noch dadurch unterstrichen, dass es sich bei den zu treffenden Anordnungen um vorläufige Anordnungen handelt. Mit anderen Worten hat die Behörde im Rahmen ihres pflichtgemäßen Ermessens alsbald zu entscheiden, ob die Maßnahme aufgehoben, in eine andere dauernde und endgültige überführt wird, oder ob gar ganz andere Maßnahmen zur Gefahrenabwehr ergriffen werden sollen. Dauernde Maßnahmen können nicht auf § 28 Abs. 2 MPG gestützt werden.

II. Vorläufige Maßnahmen

2 Auch die vorläufigen Anordnungen der Behörde sind Verwaltungsakte. Gegen sie kann der Medizinproduktehersteller Widerspruch einlegen. Dies hat zur Folge, dass die Maßnahmen zunächst nicht befolgt werden müssen, da der Widerspruch Suspensivwirkung entfaltet. Die Überwachungsbehörde wird jedoch auf die Beachtung dringen und kann hierzu die sofortige Vollziehung nach § 80 Abs. 2 S. 1 Nr. 4 VwGO mit besonderer Begründung anordnen. Bei Gefahr im Verzuge wird dies regelmäßig der Fall sein. In diesem Fall bleibt dem Medizinproduktehersteller nur die Möglichkeit, im gerichtlichen Verfahren die aufschiebende Wirkung des Widerspruchs wiederherstellen zu lassen. Die vorläufigen Anordnungen der Überwachungsbehörde sind sofort zu befolgen. Die Behörde hat die Anordnung jedoch aufzuheben, sofern der mit ihr verfolgte Zweck erreicht worden ist und die Gefahr nicht mehr besteht. Sie kann und muss die Anordnung modifizieren, sofern der beabsichtigte Zweck auch mit anderen als den angeordneten Mitteln erreicht werden kann. Dazu ist die Behörde von Amts wegen verpflichtet. Eines gesonderten Antrages des Medizinprodukteherstellers bedarf es dazu nicht. Setzt die Behörde, die über den Widerspruch zu entscheiden hat, die Vollziehung der vorläufigen Anordnung nicht aus (§ 80 Abs. 4 VwGO), kann der Medizinproduktehersteller noch vor Erhebung der Anfechtungsklage bei Gericht die Wiederherstellung der aufschiebenden Wirkung beantragen (§ 80 Abs. 5 VwGO). Ansonsten könnte gegen die vorläufige Anordnung nach Abschluss des Vorverfahrens Anfechtungsklage beim Verwaltungsgericht erhoben werden.

III. Das Schutzklauselverfahren

3 Das in § 28 Abs. 3 MPG enthaltene Schutzklauselverfahren nach Art. 8 der Richtlinie über Medizinprodukte ist allen neuen EU-Richtlinien gemein und stellt unter Beachtung öffentlicher Gefahrenabwehr das letzte Mittel dar, den freien Warenverkehr innerstaatlich einzuschränken. Danach kann die zuständige Behörde das Inverkehrbringen von bestimmungsgemäß verwendeten und mit CE-Kennzeichnung versehenen Produkten einschränken oder untersagen bzw. auch eine Rückrufaktion veranlassen. Die einem Medizinprodukt immanente Gefährdung von Gesundheit oder Sicherheit der Patienten, Betreiber, Anwender oder sonstiger Dritter reicht nicht aus, um diese einschneidenden Maßnahmen zu rechtfertigen. Es muss sich vielmehr um ein nach den Erkenntnissen der medizinischen Wissenschaft und der Sicherheitstechnik vertretbares Maß hinausgehende Gefährdung handeln. Die zuständige Behörde kann die Betroffenen in geeigneter Weise auf die Gefährdung hinweisen. Ist der Kreis der Betroffenen nicht genau eingrenzbar, können sogar sehr weit reichende Maßnahmen, wie eine öffentliche Warnung im Fernsehen bzw. Tageszeitung in Betracht kommen. Selbstverständlich können derartige Maßnahmen nur in extremen Ausnahmefällen gerechtfertigt sein, da sie mit weit reichenden wirtschaftlichen Konsequenzen für den betroffenen Hersteller verbunden sind. Im Fall einer fahrlässigen Fehlinformation der Betroffenen bzw. der Öffentlichkeit sind Amtshaftungsansprüche des Herstellers denkbar.

§ 28 Verfahren zum Schutze vor Risiken

Die zuständige Behörde informiert das Bundesministerium für Gesundheit, das seinerseits wiederum die EU-Kommission,[1] die übrigen Mitgliedstaaten und die Vertragsstaaten des EWR unterrichtet. Die Einleitung des europäischen Schutzklauselverfahrens erfolgt jedoch nur dann, wenn es sich um einen grundsätzlichen Fehler des Medizinprodukts handelt.[2] Die EU-Kommission nimmt daraufhin mit den Betroffenen (Aufsichtsbehörden des Mitgliedstaates, der die Schutzklausel in Anspruch nimmt, anderen betroffenen Mitgliedstaaten sowie Hersteller und Benannte Stellen, die am Konformitätsbeteiligungsverfahren beteiligt waren) Kontakt auf. Führen diese Konsultationen nicht zu einem klaren Ergebnis, kann die EU-Kommission weitere Sachverständige konsultieren. Hält die EU-Kommission nach Abschluss der Untersuchung die Maßnahme des Mitgliedsstaates, der sich auf die Schutzklausel berufen hat, für gerechtfertigt, setzt sie die übrigen Mitgliedstaaten hiervon umgehend in Kenntnis. Diese treffen dann entsprechende Maßnahmen wie der das Verfahren anstoßende Mitgliedstaat, damit das Schutzniveau innerhalb des EWR wieder gleich ist. Teilt die EU-Kommission die Auffassung des die Schutzklausel in Anspruch nehmenden Mitgliedstaates jedoch nicht, fordert sie ihn auf, die belastenden Maßnahmen wieder aufzuheben und den freien Warenverkehr wiederherzustellen. Weigert sich der Mitgliedstaat, kann die EU-Kommission ein Verfahren gemäß Art. 226 EG-Vertrag gegen ihn einleiten.

IV. Informationsrechte des BfArM

§ 28 Abs. 4 MPG ist durch das 2. MPG-ÄnderungsG eingefügt worden. Das BfArM 4 kann die Öffentlichkeit über Risiken und beabsichtigte Maßnahmen informieren. Hintergrund dieser Regelung ist ein Beschluss des OVG Münster,[3] das durch einstweilige Anordnung der Arzneimittelkommission der deutschen Ärzteschaft untersagt hatte, Einzelheiten des Anhörungsschreibens des BfArM betreffend ein Arzneimittel kommentierend zu veröffentlichen. Als Grund wurde angeführt, dass die Arzneimittelkommission nicht durch Vorabveröffentlichung der vorläufigen Risikoeinschätzungen die Entscheidung des Bundesinstituts praktisch vorweg nehmen und damit die weitere Anwendung des Arzneimittels beeinträchtigen könnte. Die in diesem Beschluss zutage tretende Haltung, dass wirtschaftlichen Gesichtspunkten der Vorzug vor dem Informationsinteresse der Öffentlichkeit und dem umfassenden Gesundheitsschutz gegeben wird, ist nicht hinzunehmen. Nach § 62 AMG n.F. ist diesem Beschluss die Grundlage entzogen, da die Arzneimittelkommission im Zusammenwirken mit dem BfArM diese Information vornehmen kann. Für das MPG ist diese Regelung jetzt nachvollzogen.

---

[1] Nach der amtlichen Begründung wird das Schutzklauselverfahren nur bei grundsätzlichen Fehlern des Medizinproduktes und nicht schon bei Fehlern einer einzigen Chargen einzuleiten sein.

[2] Schorn, § 28 Rn. 16 f.

[3] OVG Münster, Urt. v. 20.11.1995 – 13 B 619/95, PharmR 1996, 140; dagegen Deutsch, Der Ausschluss des Baurisikos in der Rechtsschutzversicherung, VersR 1997, 398.

§ 29 Medizinprodukte-Beobachtungs- und -Meldesystem

(1) Die zuständige Bundesoberbehörde hat, soweit nicht eine oberste Bundesbehörde im Vollzug des Atomgesetzes oder der auf Grund dieses Gesetzes erlassenen Rechtsverordnungen zuständig ist, zur Verhütung einer Gefährdung der Gesundheit oder der Sicherheit von Patienten, Anwendern oder Dritten die bei der Anwendung oder Verwendung von Medizinprodukten auftretenden Risiken, insbesondere Nebenwirkungen, wechselseitige Beeinflussung mit anderen Stoffen oder Produkten, Gegenanzeigen, Verfälschungen, Funktionsfehler, Fehlfunktionen und technische Mängel zentral zu erfassen, auszuwerten und zu bewerten. Sie hat die zu ergreifenden Maßnahmen zu koordinieren, insbesondere, soweit sie alle schwerwiegenden unerwünschten Ereignisse während klinischer Prüfungen oder Leistungsbewertungsprüfungen von In-vitro-Diagnostika oder folgende Vorkommnisse betreffen:

1. jede Funktionsstörung, jeden Ausfall oder jede Änderung der Merkmale oder der Leistung eines Medizinproduktes sowie jede Unsachgemäßheit der Kennzeichnung oder Gebrauchsanweisung, die direkt oder indirekt zum Tod oder zu einer schwerwiegenden Verschlechterung des Gesundheitszustandes eines Patienten oder eines Anwenders oder einer anderen Person geführt haben oder hätten führen können,

2. jeden Grund technischer oder medizinischer Art, der auf Grund der in Nummer 1 genannten Ursachen durch die Merkmale und die Leistungen eines Medizinproduktes bedingt ist und zum systematischen Rückruf von Medizinprodukten desselben Typs durch den Hersteller geführt hat.

§ 26 Abs. 2 Satz 3 findet entsprechende Anwendung. Die zuständige Bundesoberbehörde teilt das Ergebnis der Bewertung der zuständigen Behörde mit, die über notwendige Maßnahmen entscheidet. Die zuständige Bundesoberbehörde übermittelt Daten aus der Beobachtung, Sammlung, Auswertung und Bewertung von Risiken in Verbindung mit Medizinprodukten an das Deutsche Institut für Medizinische Dokumentation und Information zur zentralen Verarbeitung und Nutzung nach § 33. Näheres regelt die Rechtsverordnung nach § 37 Abs. 8.

(2) Soweit dies zur Erfüllung der in Absatz 1 aufgeführten Aufgaben erforderlich ist, dürfen an die danach zuständigen Behörden auch Name, Anschrift und Geburtsdatum von Patienten, Anwendern oder Dritten übermittelt werden. Die nach Absatz 1 zuständige Behörde darf die nach Landesrecht zuständige Behörde auf Ersuchen über die von ihr gemeldeten Fälle und die festgestellten Erkenntnisse in bezug auf personenbezogene Daten unterrichten. Bei der Zusammenarbeit nach Absatz 3 dürfen keine personenbezogenen Daten von Patienten übermittelt werden. Satz 3 gilt auch für die Übermittlung von Daten an das Informationssystem nach § 33.

(3) Die Behörde nach Absatz 1 wirkt bei der Erfüllung der dort genannten Aufgaben mit den Dienststellen der anderen Vertragsstaaten des Abkommens über den Europäischen Wirtschaftsraum und der Europäischen Kommission, der Weltgesundheitsorganisation, den für die Gesundheit und den Arbeitsschutz zuständigen Behörden anderer Staaten, den für die Gesundheit, den Arbeitsschutz, den Strahlenschutz und das Mess- und Eichwesen zuständigen Behörden der Länder und den anderen fachlich berührten Bundesoberbehörden, Benannten Stellen in Deutschland, den zuständigen Trägern der gesetzlichen Unfallversicherung, dem Medizinischen Dienst des Spitzenverbandes Bund der Krankenkassen, den einschlägigen Fachgesellschaften, den Herstellern und Vertreibern sowie mit anderen Stellen zusammen, die bei der Durchführung ihrer Aufgaben Risiken von Medizinprodukten erfassen. Besteht der Verdacht, dass ein Zwischenfall durch eine elektromagnetische Einwirkung eines anderen Gerätes als ein Medizinprodukt verursacht wurde, ist das Bundesamt für Post und Telekommunikation zu beteiligen.

(4) Einzelheiten zur Durchführung der Aufgaben nach § 29 regelt der Sicherheitsplan nach § 37 Abs. 7.

Inhaltsverzeichnis

I. Die Bedeutung der Norm 1
II. Meldepflichtige Vorkommnisse 4
III. Persönlicher Anwendungsbereich 5
IV. Risikobewertung 6
V. Korrektive Maßnahmen 10
VI. Zur MPSV 14

Änderungen:
§ 29 Abs. 1 Satz 1 geänd., Satz 2 eingef., bish. Sätze 2–5 werden Sätze 3–6 und Abs. 3 Satz 1 geänd. mWv 21.03.2010 durch G v. 29.07. 2009 (BGBl. I S. 2326); Abs. 3 Satz 1 geänd. mWv 26.10.2012 durch G v. 19.10.2012 (BGBl. I S. 2192).

Zugehörige Verordnung:
Verordnung über die Erfassung, Bewertung und Abwehr von Risiken bei Medizinprodukten (Medizinprodukte- Sicherheitsplanverordnung - MPSV) vom 24.06.2002 (BGBl. I S. 2131), zuletzt geändert durch Artikel 3 des Gesetzes vom 29.07.2009 (BGBl. I S. 2326).

Literatur:
Attenberger, Medizinprodukteüberwachung – Konzept der Länder, 3. Augsburger Forum für Medizinprodukterecht, 2008, S. 33 ff.; Stößlein, Das GHTF- und das neue europäische MP-Vigilanz-Konzept: wesentliche Anforderungen für Hersteller und Behörden, 3. Augsburger Forum für Medizinprodukterecht, 2008; Will, Grundlagen der Überwachung und des Vigilanzsystems, 3. Augsburger Forum für Medizinprodukterecht, 2008, S. 2 ff.

I. Die Bedeutung der Norm

1 Die zuständige Bundesoberbehörde hat gegen unmittelbare oder mittelbare Gefährdung der Gesundheit von Menschen durch Medizinprodukte einzuschreiten und Maßnahmen zu koordinieren. Die zuständige Bundesoberbehörde ist in aller Regel das Bundesinstitut für Arzneimittel und Medizinprodukte (BfArM).[1] Die Aufgaben der Behörde sind wesentlich konkretisiert worden. Sie hat nicht nur ihr gemeldete Vorkommnisse und Beinahe-Vorkommnisse auszuwerten, sondern kann sich aller Erkenntnisquellen, z. B. Presseberichten bedienen. Die Aufgaben der obersten Bundesbehörde enden mit der Sammlung und Auswertung. Das Ergreifen konkreter Maßnahmen ist Aufgabe der zuständigen Behörden der Länder, die zu informieren sind. Außerdem informiert die oberste Bundesbehörde das DIMDI in einer Art und Weise, die geeignet ist, damit die Daten in die Europäische Datenbank überführt werden können.

2 Die Koordinierung der Gefahrabwehrmaßnahmen geschieht in Abstimmung mit den in Abs. 3 genannten Organisationen, Einrichtungen und Behörden. Die Aufnahme des Medizinischen Dienstes der Krankenversicherung in diesen Kreis ist neu. Die Einzelheiten der Überwachung sind im Sicherheitsplan und in der Verordnungsermächtigung des § 37 Abs. 7 beschrieben, auf den § 29 Abs. 4 Bezug nimmt. § 29 MPG wird nunmehr durch die aufgrund von § 37 Abs. 7 MPG erlassene Medizinprodukte - Sicherheitsplanverordnung (MPSV) konkretisiert.

3 Die Verordnung regelt die Verfahren zur Erfassung, Bewertung und Abwehr von Risiken im Verkehr oder im Betrieb befindlicher Medizinprodukte. Auf Medizinprodukte zur klinischen Prüfung und auf In-vitro-Diagnostika für Leistungsbewertungzwecke findet sie keine Anwendung.

II. Meldepflichtige Vorkommnisse

4 Meldepflichtig nach § 3 MPSV sind Vorkommnisse die beim Betrieb aber auch im Verkehr mit Medizinprodukten festgestellt werden. § 29 Abs. 1 Nr. 1 gibt die Definition dessen was ein „Vorkommnis" und damit meldepflichtig sein soll. Diese Definition deckt sich im wesentlichen mit der in § 2 MPSV gegebenen mit einer kleinen Abweichung: § 2 MPSV rechnet (anders als § 29 Abs. 1 Nr. 1) zu den Folgen zur Funktionsstörung des Ausfalls etc. auch solche, die zum Tod oder zur Verschlechterung des Gesundheitszustandes eines Patienten, eines Anwenders oder einer anderen Personen führen könnte. § 2 MPSV spricht auch von mittelbaren und unmittelbaren Folgen des Vorkommnisses, § 29 Abs. 1 Nr. 1 dagegen von direkten oder indirekten Folgen. Warum der Verordnungsgeber einen von § 29 MPG abweichenden (und erweiternden) Wortlaut gewählt hat, bleibt wohl sein Geheimnis. Festzuhalten bleibt, dass die Definition des § 29 Abs. 1 Nr. 1 MPG die Erstreckung der

---

[1] Soweit nicht das Paul-Ehrlich-Institut (PEI) für In-vitro-Diagnostika § 32 Abs. 2 oder die Physikalisch-Technische Bundesanstalt für die Sicherung der Einheitlichkeit des Messwesens in der Heilkunde zuständig sind § 32 Abs. 3.

meldepflichtige Vorkommnisse auf hypothetische Unfälle nicht abdeckt. Vorkommnis ist (nach § 2 MPSV) „eine Funktionsstörung, ein Ausfall oder eine Änderung der Merkmale oder der Leistung oder eine Unsachgemäßheit der Kennzeichnung oder der Gebrauchsanweisung eines Medizinprodukts, die unmittelbar oder mittelbar zum Tod oder zu einer schwerwiegenden Verschlechterung des Gesundheitszustandes eines Patienten, eines Anwenders oder einer anderen Personen geführt hat, geführt haben könnte oder führen könnte".

III. Persönlicher Anwendungsbereich

Im Meldesystem nimmt der Verantwortliche nach § 5 MPG, also der Hersteller eines 5
Medizinprodukts oder sein Bevollmächtigte eine zentrale Stellung ein. Er ist verpflichtet, in Deutschland aufgetretene Vorkommnisse im Verkehr mit Medizinprodukten nach oder bei deren Anwendung sowie Rückrufe an das Bundesaufsichtsamt für Arzneimittel und Medizinprodukte (BfArM) zu melden. Die Verpflichtung trifft auch Ärzte und Zahnärzte, denen im Rahmen von Behandlungen von mit Medizinprodukten versorgten Patienten Vorkommnisse bekannt werden, die mit dem Medizinprodukt im Zusammenhang stehen können. Wer Medizinprodukte zur Eigenanwendung an Patienten oder andere Laien abgibt, hat ihm mitgeteilte Vorkommnisse dem BfArM zu melden. Angehörige von Heilberufen, die etwa berufsrechtlich verpflichtet sind, Meldungen über Risiken von Medizinprodukten an Kommissionen oder andere Einrichtungen zu erstatten, erfüllen damit ihre Pflicht aus § 3 MPSV, wenn sichergestellt ist, dass diese Meldungen an das BfArM weitergeleitet werden. Die Frist für die Meldung von Vorkommnissen beträgt 30 Tage ab Kenntnis. Bei Gefahr im Verzuge ist sie sofort zu erstatten.

IV. Risikobewertung

Anders als beim Stufenplanverfahren nach § 63 AMG[2] hat das BfArM für alle ihm 6
gemeldeten Vorkommnisse und Rückrufe eine Risikobewertung vorzunehmen. Ziel ist es, festzustellen, ob ein unvertretbares Risiko vorliegt und welche Reaktionen (korrektive Maßnahmen) darauf erfolgen sollen.

Diese Aufgabe kann das BfArM nur dann sinnvoll erfüllen, wenn die in diesem 7
Bereich Tätigen oder tätig gewordenen Personen und Institutionen kooperieren. §§ 11 und 12 MPSV regeln daher überaus detailverliebt, welche Informationen die Bundesoberbehörde von Verantwortlichen nach § 5 MPG, den Anwendern und Betreibern für Zwecke der Risikobewertung fordern kann. Diesen Personen auferlegt die Verordnung eine Mitwirkungspflicht, die wie sonst auch, Ihre Grenze erst dort findet, wo der Betreiber sich selbst oder nahe Angehörige durch die Auskunft einer Straftat oder einer Ordnungswidrigkeit bezichtigen müsste. Auf dieses Auskunftsverweigerungsrecht ist der Auskunftspflichtige hinzuweisen.

---

[2] Vgl. hierzu Deutsch in: Deutsch, Lippert, Ratzel, Anker, Tag, Koyuncu, § 63 Rz. 1 ff.

8   Der Hersteller oder der Anwender hat die für die Risikobewertung erforderlichen Untersuchungen durchzuführen oder durchführen zu lassen und die Ergebnisse mitzuteilen.

9   Die Bundesoberbehörde teilt dem Verantwortlichen nach § 5 MPG und demjenigen, der das Vorkommnis gemeldet hat, das Ergebnis der Risikobewertung mit. Damit ist das Verfahren der Risikobewertung abgeschlossen.

V. Korrektive Maßnahmen

10 Korrektive Maßnahmen sind Maßnahmen zur Beseitigung, Verringerung oder Verhinderung des erneuten Auftretens eines von einem Medizinprodukt ausgehenden Risikos. Rückruf ist eine der möglichen korrektive Maßnahmen, die die MPSV vorsieht, mit der die Rücksendung, der Austausch, die Um- oder Nachrüstung, die Aussonderung oder Vernichtung eines Medizinproduktes veranlaßt wird.

11 Der Verantwortliche nach § 5 MPG hat die gebotenen korrektive Maßnahmen vorzunehmen, um das von einem Medizinprodukte ausgehende Risiko zu verringern. Eine der möglichen Maßnahmen ist der Rückruf eines Medizinproduktes. Die erforderlichen Maßnahmen hat der Verantwortliche nach § 5 MPG durchzuführen und zu dokumentieren. Die zuständige Behörde überwacht die durchgeführten Maßnahmen.

12 Unterlässt der Verantwortliche die Durchführung der gebotenen korrektiven Maßnahmen, so trifft die zuständige Behörde die notwendigen Maßnahmen. Diejenigen, die ein Medizinprodukte berufliche oder gewerblich betreiben oder denen hierbei Vorkommnisse bekannt werden, sind verpflichtet, bei den korrektiven Maßnahmen mitzuwirken.

13 Erst wenn durch die ergriffenen Maßnahmen eine ausreichende Risikominimierung nicht oder nicht schnell genug erreicht werden kann, können die zuständigen Behörden die Anwendung oder den Betrieb von Medizinprodukten einschränken oder untersagen. Die Maßnahmen sind streng am Grundsatz der Verhältnismäßigkeit auszurichten.[3]

VI. Zur MPSV

14 Für Markt- und Produktbeobachtungspflichten gibt es in § 29 MPG i.V.m. der Medizinprodukte-Sicherheitsplanverordnung (MPSV) vom 24.06.2002 Spezialvorschriften gegenüber der allgemeinen Produkthaftung. Die zuständige Bundesoberbehörde hat gegen unmittelbare oder mittelbare Gefährdung der Gesundheit von Menschen durch Medizinprodukte einzuschreiten und Maßnahmen zu koordinieren. Die zuständige Bundesoberbehörde ist in der Regel das Bundesinstitut

---

[3] Vgl. hierzu und zu den Parallelvorschriften §§ 64 ff. AMG Lippert: in: Deutsch, Lippert, Ratzel, Anker Tag, Koyuncu, § 64 Rz. 19 f.

für Arzneimittel und Medizinprodukte (BfArM).[4] Die Aufgaben der Behörde sind wesentlich konkretisiert worden. Sie hat nicht nur ihr gemeldete Vorkommnisse und Beinahe-Vorkommnisse auszuwerten, sondern kann sich aller Erkenntnisquellen, z. B. Presseberichten bedienen. Die Aufgaben der obersten Bundesbehörde enden mit der Sammlung und Auswertung. Das Ergreifen konkreter Maßnahmen ist Aufgabe der zuständigen Behörden der Länder, die zu informieren sind. Außerdem informiert die oberste Bundesbehörde das DIMDI in einer Art und Weise, die geeignet ist, damit die Daten in die Europäische Datenbank überführt werden können. Die Koordinierung der Gefahrabwehrmaßnahmen geschieht in Abstimmung mit den in § 29 Abs. 3 MPG genannten Organisationen, Einrichtungen und Behörden. Die Aufnahme des Medizinischen Dienstes der Krankenversicherung in diesen Kreis ist neu. Die Einzelheiten der Überwachung sind im Sicherheitsplan einschließlich der Bekanntmachungen dazu[5] gemäß § 37 Abs. 7 MPG beschrieben, auf den § 29 Abs. 4 MPG Bezug nimmt. Wichtig sind die Mitwirkungspflichten des Herstellers und die Meldefristen des MP-Verantwortlichen, bei Gefahr im Verzuge unverzüglich, ansonsten spätestens innerhalb von 30 Tagen nach Kenntniserlangung, § 5 MPSV. Zur Optimierung des Verbraucherschutzes eröffnet § 24 MPSV der zuständigen Behörde des Bundes (i.d.R. BfArM) die Möglichkeit, im Internet unter Wahrung des Datenschutzes über durchgeführte korrektive Maßnahmen, Empfehlungen und Ergebnisse der wissenschaftlichen Aufarbeitung gemäß § 23 MPSV zu informieren.

Die Sicherheitsplan-Verordnung regelt die Verfahren zur Erfassung, Bewertung **15** und Abwehr von Risiken im Verkehr oder im Betrieb befindlicher Medizinprodukte.[6] Sie findet keine Anwendung auf Medizinprodukte zur klinischen Prüfung und In-vitro-Diagnostika für Leistungsbewertungszwecke. Ein Vorkommnis im Sinne dieser Verordnung liegt vor, wenn ein Mangel oder eine Fehlfunktion eines Medizinprodukts zum Tode oder einer schwerwiegenden Verschlechterung des Gesundheitszustands eines Patienten, Anwenders oder Dritten geführt hat, führen könnte oder geführt haben könnte. Die Definition für Vorkommnisse orientiert sich an den Anhängen der Richtlinien 90/385/EWG, 93/42/EWG und 98/79/EG sowie den MEDDEV-Leitlinien zum Medizinprodukte-Beobachtungs- und Meldesystem; sie schließt die sog. Beinahevorkommnisse ein. Rückrufe werden in Anlehnung an die entsprechende Begriffsbestimmung in der harmonisierten Norm EN 46001 definiert.

Wichtig sind die in § 3 der MPSV genannten Meldepflichten und die in **16** § 5 MPSV angeführten Meldefristen. Die Meldepflichten für Verantwortliche nach § 5 MPG (Hersteller, Bevollmächtigte oder Einführer) entsprechen den Vorgaben der Anhänge der Richtlinien 90/385/EWG, 93/42/EWG und 98/79/EG und konkretisieren diese unter Berücksichtigung der MEDDEV-Leitlinien zum

---

[4] Soweit nicht das Paul-Ehrlich-Institut (PEI) für In-vitro-Diagnostika, § 32 Abs. 2 MPG, oder die Physikalisch-Technische Bundesanstalt für die Sicherung der Einheitlichkeit des Messwesens in der Heilkunde zuständig sind, § 32 Abs. 3 MPG.
[5] Abgedr. bei Schorn, M 3.6 und M 3.61.
[6] Siehe auch Wilke, Die neue Vigilanz-MEDDEV, MPJ 2008, 11 ff.

Medizinprodukte-Beobachtungs- und Meldesystem im Hinblick auf Vorkommnisse, die sich in Drittländern ereignet haben. Der Verantwortliche nach § 5 MPG hat Vorkommnisse, die in Deutschland aufgetreten sind, sowie in Deutschland durchgeführte Rückrufe von Medizinprodukten der zuständigen Bundesoberbehörde zu melden. In anderen Vertragsstaaten des Abkommens über den Europäischen Wirtschaftsraum aufgetretene Vorkommnisse und durchgeführte Rückrufe hat er den dort zuständigen Behörden zu melden. Vorkommnisse, die außerhalb des Europäischen Wirtschaftsraums aufgetreten sind, sind nur meldepflichtig, wenn sie zu korrektiven Maßnahmen mit Relevanz auch für Medizinprodukte geführt haben, die sich im Europäischen Wirtschaftsraum im Verkehr befinden. In diesen Fällen hat die Meldung an die zuständige Behörde des Vertragsstaates zu erfolgen, in dem der Verantwortliche nach § 5 MPG oder, soweit aktive implantierbare Medizinprodukte, In-vitro-Diagnostika nach Anhang II der Richtlinie 98/79/EG oder zur Eigenanwendung oder sonstige Medizinprodukte der Klassen IIa, IIb oder III betroffen sind, die Benannte Stelle ihren Sitz haben. Ärzte können ihre Meldepflicht auch gegenüber der Arzneimittelkommission der Deutschen Ärzteschaft erfüllen. Gemäß § 5 MPVS hat der Verantwortliche nach § 5 MPG Vorkommnisse entsprechend der Eilbedürftigkeit ihrer Bearbeitung umgehend zu melden, spätestens jedoch innerhalb von 30 Tagen,[7] nachdem er Kenntnis hiervon erhalten hat. Bei Gefahr im Verzug hat die Meldung unverzüglich zu erfolgen. Rückrufe und Vorkommnisse im Sinne des § 3 Abs. 1 S. 3 VO sind spätestens mit Beginn der Umsetzung der Maßnahmen zu melden. Die Meldungen und Mitteilungen nach § 3 Abs. 2 und 3 MPSV haben unverzüglich zu erfolgen.

---

[7] Stößlein, aaO. S. 84 ff., der auf die klaren Verbesserungen in der europäischen MP-Vigilanz Leitlinie für Hersteller und Betreiber verweist.

§ 30 Sicherheitsbeauftragter für Medizinprodukte

(1) Wer als Verantwortlicher nach § 5 Satz 1 und 2 seinen Sitz in Deutschland hat, hat unverzüglich nach Aufnahme der Tätigkeit eine Person mit der zur Ausübung ihrer Tätigkeit erforderlichen Sachkenntnis und der erforderlichen Zuverlässigkeit als Sicherheitsbeauftragten für Medizinprodukte zu bestimmen.

(2) Der Verantwortliche nach § 5 Satz 1 und 2 hat, soweit er nicht ausschließlich Medizinprodukte nach § 3 Nr. 8 erstmalig in den Verkehr bringt, der zuständigen Behörde den Sicherheitsbeauftragten sowie jeden Wechsel in der Person unverzüglich anzuzeigen. Die zuständige Behörde übermittelt die Daten nach Satz 1 an das Deutsche Institut für Medizinische Dokumentation und Information zur zentralen Verarbeitung und Nutzung nach § 33.

(3) Der Nachweis der erforderlichen Sachkenntnis als Sicherheitsbeauftragter für Medizinprodukte wird erbracht durch

1. das Zeugnis über eine abgeschlossene naturwissenschaftliche, medizinische oder technische Hochschulausbildung oder

2. eine andere Ausbildung, die zur Durchführung der unter Absatz 4 genannten Aufgaben befähigt,

und eine mindestens zweijährige Berufserfahrung. Die Sachkenntnis ist auf Verlangen der zuständigen Behörde nachzuweisen.

(4) Der Sicherheitsbeauftragte für Medizinprodukte hat bekannt gewordene Meldungen über Risiken bei Medizinprodukten zu sammeln, zu bewerten und die notwendigen Maßnahmen zu koordinieren. Er ist für die Erfüllung von Anzeigepflichten verantwortlich, soweit sie Medizinprodukterisiken betreffen.

(5) Der Sicherheitsbeauftragte für Medizinprodukte darf wegen der Erfüllung der ihm übertragenen Aufgaben nicht benachteiligt werden.

Inhaltsverzeichnis

I. Die Bedeutung der Norm 1

Änderungen:
§ 30 Abs. 2 Satz 1 geänd. mWv 30.06.2007 durch G v. 14.06.2007 (BGBl. I S. 1066).

I. Die Bedeutung der Norm

1   Der Sicherheitsbeauftragte gemäß § 30 MPG entspricht dem Stufenplanbeauftragten gemäß § 63a AMG. Der „Sicherheitsbeauftragte" ist eine deutsche Besonderheit; die anderen Vertragsstaaten kennen ihn – mit Ausnahme von Österreich – nicht.[1] Die Verpflichtung zur Bestellung eines Sicherheitsbeauftragten betrifft nur solche Hersteller, die Medizinprodukte erstmalig in Verkehr bringen. Die Aufgaben des Sicherheitsbeauftragten sind in § 30 Abs. 2 MPG beschrieben. Im Rahmen der Bewertung der ihm mitgeteilten Ereignisse kommt ihm eine große Verantwortung zu. Denn er hat zu entscheiden, ob der ihm mitgeteilte Sachverhalt ein meldepflichtiges Vorkommnis oder „Beinahe-Vorkommnis"[2] darstellt. Im Übrigen hat er sämtliche Vorgaben nach der MPVS wie die dort genannten Personen zu beachten. Wichtig sind die in § 3 der VO genannten Meldepflichten und die in § 5 VO angeführten Meldefristen. Die Meldepflichten für Verantwortliche nach § 5 MPG (Hersteller, Bevollmächtigte oder Einführer) entsprechen den Vorgaben der Anhänge der Richtlinien 90/385/EWG, 93/42/EWG und 98/79/EG und konkretisieren diese unter Berücksichtigung der MEDDEV-Leitlinien zum Medizinprodukte-Beobachtungs- und Meldesystem im Hinblick auf Vorkommnisse, die sich in Drittländern ereignet haben. Der Verantwortliche nach § 5 MPG hat Vorkommnisse, die in Deutschland aufgetreten sind, sowie in Deutschland durchgeführte Rückrufe von Medizinprodukten der zuständigen Bundesoberbehörde zu melden.

In anderen Vertragsstaaten des Abkommens über den Europäischen Wirtschaftsraum aufgetretene Vorkommnisse und durchgeführte Rückrufe hat er den dort zuständigen Behörden zu melden. Vorkommnisse, die außerhalb des Europäischen Wirtschaftsraums aufgetreten sind, sind nur meldepflichtig, wenn sie zu korrektiven Maßnahmen mit Relevanz auch für Medizinprodukte geführt haben, die sich im Europäischen Wirtschaftsraum im Verkehr befinden. In diesen Fällen hat die Meldung an die zuständige Behörde des Vertragsstaates zu erfolgen, in dem der Verantwortliche nach § 5 MPG oder, soweit aktive implantierbare Medizinprodukte, In-vitro-Diagnostika nach Anhang II der Richtlinie 98/79/EG oder zur Eigenanwendung oder sonstige Medizinprodukte der Klassen IIa, IIb oder III betroffen sind, die Benannte Stelle ihren Sitz haben. Ärzte können ihre Meldepflicht auch gegenüber der Arzneimittelkommission der Deutschen Ärzteschaft erfüllen. Gemäß § 5 MPVS hat der Verantwortliche nach § 5 MPG Vorkommnisse entsprechend der Eilbedürftigkeit ihrer Bearbeitung umgehend zu melden, spätestens jedoch innerhalb von 30 Tagen,[3] nachdem er Kenntnis hiervon erhalten hat. Bei Gefahr im Verzug hat die Meldung unverzüglich zu erfolgen. Rückrufe und Vorkommnisse im Sinne des § 3 Abs. 1 S. 3 VO sind spätestens mit Beginn der Umsetzung der Maßnahmen zu

---

[1] Hill/Schmitt § 30 Anm. 1.

[2] Vorkommnisse, die zum Tod oder zu einer schwerwiegenden Verschlechterung des Gesundheitszustandes geführt haben könnten, Abschn. 5.4.3 der EG-Leitlinien.

[3] Stößlein, aaO. S.84 ff., der auf die klaren Verbesserungen in der europäischen MP-Vigilanz Leitlinie für Hersteller und Betreiber verweist.

§ 30 Sicherheitsbeauftragter für Medizinprodukte

melden. Die Meldungen und Mitteilungen nach § 3 Abs. 2 und 3 VO haben unverzüglich zu erfolgen.

Nach der Neuregelung ist klar, dass bei Ein-Mann-Betrieben auch der Betriebsinhaber selbst Sicherheitsbeauftragter werden kann. § 30 Abs. 5 MPG will die Unabhängigkeit des Sicherheitsbeauftragten stärken. Dies wird insbesondere bei arbeitsrechtlichen Auseinandersetzungen eine Rolle spielen.

Ansonsten ist § 30 überwiegend selbsterklärend, wobei Fragen der Gleichwertigkeit anderer Ausbildungsnachweise (Abs. 3 Nr. 2) forensisch bislang unbedeutend ist. Letztlich genügt auch hier die Anzeige; eines Genehmigungsverfahrens bedarf es nicht. Kommt es zu unterschiedlichen Auffassungen zwischen Unternehmen und Behörde kann diese entweder Auflagen verhängen oder ein Ordnungswidrigkeitenverfahren nach § 42 Abs. 2 Nr. 13 MPG einleiten. Im Rahmen dieser Verfahren wird die Qualifikation des Sicherheitsbeauftragten dann inzidenter überprüft.

§ 31 Medizinprodukteberater

(1) Wer berufsmäßig Fachkreise fachlich informiert oder in die sachgerechte Handhabung der Medizinprodukte einweist (Medizinprodukteberater), darf diese Tätigkeit nur ausüben, wenn er die für die jeweiligen Medizinprodukte erforderliche Sachkenntnis und Erfahrung für die Information und, soweit erforderlich, für die Einweisung in die Handhabung der jeweiligen Medizinprodukte besitzt. Dies gilt auch für die fernmündliche Information.

(2) Die Sachkenntnis besitzt, wer

1. eine Ausbildung in einem naturwissenschaftlichen, medizinischen oder technischen Beruf erfolgreich abgeschlossen hat und auf die jeweiligen Medizinprodukte bezogen geschult worden ist oder

2. durch eine mindestens einjährige Tätigkeit, die in begründeten Fällen auch kürzer sein kann, Erfahrungen in der Information über die jeweiligen Medizinprodukte und, soweit erforderlich, in der Einweisung in deren Handhabung erworben hat.

(3) Der Medizinprodukteberater hat der zuständigen Behörde auf Verlangen seine Sachkenntnis nachzuweisen. Er hält sich auf dem neuesten Erkenntnisstand über die jeweiligen Medizinprodukte, um sachkundig beraten zu können. Der Auftraggeber hat für eine regelmäßige Schulung des Medizinprodukteberaters zu sorgen.

(4) Der Medizinprodukteberater hat Mitteilungen von Angehörigen der Fachkreise über Nebenwirkungen, wechselseitige Beeinflussungen, Fehlfunktionen, technische Mängel, Gegenanzeigen, Verfälschungen oder sonstige Risiken bei Medizinprodukten aufzuzeichnen und unverzüglich dem Verantwortlichen nach § 5 Satz 1 und 2 oder dessen Sicherheitsbeauftragten für Medizinprodukte schriftlich oder elektronisch zu übermitteln.

Inhaltsverzeichnis

I. Die Bedeutung der Norm 1
II. Fortbildungsverpflichtung und Schulung 2

Änderungen:
§ 31 Abs. 4 neu gef. mWv 01.01.2017 durch G v. 23.12.2016 (BGBl. I S. 3191).

I. Die Bedeutung der Norm

1   Der Medizinprodukteberater ist dem Pharmaberater gemäß § 75 AMG nachempfunden. Nach der amtlichen Begründung zu § 31 MPG war die Schaffung eines

„Medizinprodukteberaters" deshalb notwendig, weil eine große Anzahl von Zwischenfällen auf falsches Betreiben oder auf Mängel in der Anwendung zurückzuführen seien. Deshalb sei es notwendig, dass die fachliche Information und ggf. die richtige Einweisung der Fachkräfte von kompetenten Beratern erfolge. Außerdem ist der Medizinprodukteberater für die Rückkopplung mit dem Hersteller verantwortlich. Er meldet dem Sicherheitsbeauftragten Mitteilungen von Angehörigen der Fachkreise über Nebenwirkungen, wechselseitige Beeinflussungen, Fehlfunktionen, technische Mängel, Gegenanzeigen, Verfälschungen oder sonstige Risiken. Die Meldung hat schriftlich zu erfolgen. Neben den in § 31 Abs. 2 MPG genannten Qualifikationsvoraussetzungen ist eine staatliche Prüfung nicht erforderlich. Die früher vorgesehene Möglichkeit des Bundesministers für Gesundheit, in einer Rechtsverordnung weitere Anforderungen an die erforderliche Sachkenntnis des Medizinprodukteberaters für bestimmte Kategorien von Medizinprodukten oder bestimmte Handelsebenen zu regeln, ist weggefallen. Im Einzelfall bleibt lediglich die Kenntniskontrolle nach Abs. 3. So lange staatliche Vorgaben fehlen, zumal ein einheitliches Berufsbild des „Medizinprodukteberaters" nicht zu erkennen ist, muss auf mehr oder weniger private Empfehlungen zurückgegriffen werden. Anerkannt sind z. B. die BVMed-Richtlinien zum Nachweis der Qualifikation zum Medizinprodukteberater, zu beziehen über den Bundesverband Medizinprodukte in Berlin.

II. Fortbildungsverpflichtung und Schulung

Vergleichbar mit Ärzten (§ 4 MBO und § 95 d SGB V) enthält Abs. 3 eine eigene Fortbildungsverpflichtung für den Berater. Spiegelbildlich hierzu obliegt es dem Auftraggeber, den Berater regelmäßig zu schulen bzw. schulen zu lassen. Die zuständige Behörde kann den Berater ggfls. auffordern, die entsprechende Sachkenntnis nachzuweisen. Gelingt der Nachweis nicht, kann die Behörde feststellen, dass der Berater die Sachkenntnis nicht besitzt. Konsequenz ist, dass der Auftraggeber den Berater nicht mehr einsetzen darf, bis die Sachkenntnis durch Fortbildung und/oder Schulung wieder nachgewiesen werden kann. Weil es sich – trotz der gesetzlichen Vorgaben – sowohl ausbildungs- wie auch fortbildungsbezogen- um einen weitgehend deregulierten Bereich handelt, sind entsprechende „Zertifikate" selbst nicht qualitätsgeprüfter Fortbildungsinstitute kritisch zu überprüfen.

Sechster Abschnitt
Zuständige Behörden, Rechtsverordnungen, sonstige Bestimmungen

§ 32 Aufgaben und Zuständigkeiten der Bundesoberbehörden im Medizinproduktebereich

(1) Das Bundesinstitut für Arzneimittel und Medizinprodukte ist insbesondere zuständig für

1. die Aufgaben nach § 29 Absatz 1 und 3,

2. die Bewertung hinsichtlich der technischen und medizinischen Anforderungen und der Sicherheit von Medizinprodukten, es sei denn, dass dieses Gesetz anderes vorschreibt oder andere Bundesoberbehörden zuständig sind,

3. Genehmigungen von klinischen Prüfungen und Leistungsbewertungsprüfungen nach den §§ 22a und 24,

4. Entscheidungen zur Abgrenzung und Klassifizierung von Medizinprodukten nach § 13 Absatz 2 und 3,

5. Sonderzulassungen nach § 11 Absatz 1 und

6. die Beratung der zuständigen Behörden, der Verantwortlichen nach § 5, von Sponsoren und Benannten Stellen.

(2) Das Paul-Ehrlich-Institut ist zuständig für die Aufgaben nach Absatz 1, soweit es sich um in Anhang II der Richtlinie 98/79/EG genannte In-vitro-Diagnostika handelt, die zur Prüfung der Unbedenklichkeit oder Verträglichkeit von Blut- oder Gewebespenden bestimmt sind oder Infektionskrankheiten betreffen. Beim Paul-Ehrlich-Institut kann ein fachlich unabhängiges Prüflabor eingerichtet werden, das mit Benannten Stellen und anderen Organisationen zusammenarbeiten kann.

(3) Die Physikalisch-Technische Bundesanstalt ist zuständig für die Sicherung der Einheitlichkeit des Messwesens in der Heilkunde und hat

1. Medizinprodukte mit Messfunktion gutachterlich zu bewerten und, soweit sie nach § 15 dafür benannt ist, Baumusterprüfungen durchzuführen,

2. Referenzmessverfahren, Normalmessgeräte und Prüfhilfsmittel zu entwickeln und auf Antrag zu prüfen und

3. die Bundesoberbehörden, die zuständigen Behörden und Benannten Stellen wissenschaftlich zu beraten.

Inhaltsverzeichnis

I.	Die Bedeutung der Norm	1
II.	Das Bundesinstitut für Arzneimittel und Medizinprodukte	2
III.	Das Paul-Ehrlich-Institut (PEI)	3
IV.	Die Physikalisch-Technische Bundesanstalt (PTB)	4

Änderungen:
§ 32 Überschr. und Abs. 1 neu gef. mWv 21.03.2010 durch G v. 29.07.2009 (BGBl. I S. 2326); Abs. 3 Nr. 3 geänd. mWv 01.01.2017 durch G v. 23.12.2016 (BGBl. I S. 3191).

Literatur:
Pabel, Arzneimittel- und Medizinproduktebewertung als res publica, PharmaR 1997, 286 ff.; Beschlussempfehlung und Schlussbericht des 3. Untersuchungsausschusses zur Sicherheit von Blutprodukten (Bundestags-Drucksache 12/8591 vom 25.10.1994. Gesetz über die Neuordnung zentraler Einrichtungen des Gesundheitswesens (Gesundheitseinrichtungen-Neuordnungsgesetz) mit Gesetz über Nachfolgeeinrichtungen des Bundesgesundheitsamtes (BGA-Nachfolgegesetz), vom 24.06.1994.

I. Die Bedeutung der Norm

1 Obwohl die Durchführung des MPG in den Kompetenzbereich der Länder fällt, liegt es in der Natur der Sache, dass bestimmte Aufgaben besser zentral zu lösen sind Diese fakultative Bundesverwaltung gem. Art. 87 Abs. 3 Satz 1, 1. Alternative GG i.V.m. Art. 74 Nr. 19 GG ist für jede selbständige Bundesoberbehörde eine dem jeweiligen Bundesministerium nachgeordnete Verwaltungsbehörde mit Zuständigkeit für das gesamte Bundesgebiet. Der Zweck dieses Behördentypus besteht darin, die Regierungstätigkeit von der Verwaltungstätigkeit zu trennen. Der z. B. im AMG verwendete Begriff „selbständige Bundesinstitute" bezieht sich nur auf die organisatorische Selbständigkeit. Die Fachaufsicht obliegt – wie beim früheren Bundesgesundheitsamt – dem Ministerium. Soweit die Bundesinstitute in anderen Geschäftsbereichen als dem des Bundesministeriums für Gesundheit Aufgaben übernehmen, unterstehen sie den fachlichen Weisungen der sachlich zuständigen obersten Bundesbehörde (§ 5 BGA-Nachfolgegesetz). Das Bundesamt für Arzneimittel und Medizinprodukte ist 1994 aus dem 1952 gegründeten Bundesgesundheitsamt hervorgegangen. Grund für die Reorganisation des früheren Bundesgesundheitsamtes und seine Auftrennung in verschiedene neue Behörden war das offenkundige Versagen im Rahmen des sogenannten „HIV-Skandals" bezüglich verseuchter Blutprodukte. Die Richtlinien und Empfehlungen des BGA haben seine Auflösung jedoch „überlebt", soweit sie nicht zwischenzeitlich überarbeitet worden sind. Der Aufgabenbereich des Bundesinstituts für Arzneimittel und Medizinprodukte ergibt sich nur indirekt aus § 32 durch eine Abgrenzung gegenüber den Aufgaben des Paul-Ehrlich-Instituts (PEI) sowie der Physikalisch-Technischen Bundesanstalt.

II. Das Bundesinstitut für Arzneimittel und Medizinprodukte

2 Der Sitz des Bundesinstituts ist im Herbst 1999 von Berlin nach Bonn verlegt worden. Dies war eine Folge des Umzugsbeschlusses des Deutschen Bundestages zur Verlegung des Regierungssitzes von Bonn nach Berlin. Dadurch wechselt auch die örtliche Zuständigkeit von Klagen und Eilanträgen gegen Entscheidungen des

Bundesamtes (früher VG Berlin, jetzt VG Köln). Gemäß § 1 Abs. 3 BGA-Nachfolgegesetz ist das BfArM insbesondere für folgende Gebiete zuständig:

- Zulassung von Fertigarzneimitteln (u. a. Abteilung 1 und 2, letztere soweit Nachzulassung) auf der Grundlage der analytischen, pharmakologisch-toxiko-logischen und klinischen Prüfungen, soweit nicht das Bundesinstitut für gesundheitlichen Verbraucherschutz und Veterinärmedizin;
- Registrierung homöopathischer Arzneimittel (Abteilung 22), soweit nicht das Bundesinstitut für gesundheitlichen Verbraucherschutz und Veterinärmedizin zuständig ist, auch soweit sie aus Blut gewonnene Blutbestandteile oder Zubereitungen aus Blutbestandteilen sind oder enthalten;
- Arzneimittel aus Blut oder Blutbestandteilen von Tieren, soweit es sich nicht um Zubereitungen von Blutgerinnungsfaktoren, Seren oder Testseren handelt;
- Risikoerfassung und -bewertung sowie Durchführung von Maßnahmen nach dem Stufenplan (u. a. Abteilung 7),
- Überwachung des Verkehrs mit Betäubungsmitteln (Abteilung 8);
- Arbeiten zur medizinischen und technischen Sicherheit, Eignung und Leistung von Medizinprodukten (Abteilung 9);
- zentrale Risikoerfassung sowie Durchführung von Maßnahmen zur Risikoabwehr bei Medizinprodukten sowie weitere Aufgaben im Bereich des MPG (Abteilung 9).
- Durch die 4.MPG-Novelle wurden dem BfArM in den §§ 13, 22a, 22b, 22 c 23 a und 24 neue Aufgaben zugewiesen. Dies ist in § 32 Abs. 1 nun zusammengefasst.

III. Das Paul-Ehrlich-Institut (PEI)

Das Paul-Ehrlich-Institut (PEI) ist eine selbständige Bundesoberbehörde im 3 Geschäftsbereich des BMG. Das Institut ist zuständig für die Zulassung und Chargenfreigabe von (immun)biologischen Arzneimitteln im Humanbereich und von Mitteln im Veterinärbereich. Die jetzige Zuständigkeitszuweisung im Rahmen des MPG für In-vitro-Diagnostika ist nur konsequent, nachdem das PEI schon im Bereich des AMG über entsprechende Kompetenzen verfügte. Abs. 2 S. 2 ist nicht Ausfluss der fakultativen Bundesverwaltung, sondern um eine Gestattung einer Tätigkeit im Konformitätsbewertungsverfahren. Die Betonung der Unabhängigkeit des Prüflabors soll dies gewährleisten. Die sonstigen Aufgaben des PEI ergeben sich grundlegend aus Artikel 1 Abs. 2 des Gesetzes über die Errichtung eines Bundesamtes für Sera und Impfstoffe vom 07.07.1972. Sie werden ergänzt und modifiziert durch die Regelungen des Arzneimittelgesetzes und des Tierseuchengesetzes/ der Tierimpfstoffverordnung. Gemäß § 2 der Verordnung zur Änderung der Zuständigkeit des PEI ist es außerdem für Arzneimittel, die gentechnologisch hergestellte Blutgerinnungsfaktoren enthalten sowie für BCG-Bakterien enthaltende Arzneimittel, die zur unspezifischen Stimulierung des Immunsystems bestimmt sind, zuständig. Durch die Prüfung von Qualität, Wirksamkeit und Unbedenklichkeit trägt das Paul-Ehrlich-Institut zur Sicherheit der Arzneimittel und Mittel bei. Dazu gehört auch die zentrale Erfassung und Auswertung der Meldungen über die unerwünschten Arzneimittelwirkungen sowie die Koordination der erforderlichen Maßnahmen zur Abwehr von Arzneimittelrisiken. Das Institut berät das BMG und das BMVerbraucherschutz und arbeitet mit verschiedenen europäischen und internationalen Institutionen zusammen. Neben den Amtsaufgaben der Zulassung und Chargenprüfung betreiben alle wissenschaftlichen Abteilungen des PEI Grundlagen- und angewandte Forschung. Diese Forschungsarbeiten liefern das wissenschaftliche Rüstzeug, um beispielsweise neue Standardpräparate und standardisierte Meßverfahren zu etablieren und um die Qualitätskontrolle für Medikamente, Impfstoffe und Diagnostika zu optimieren. Die verschiedenen Forschungsvorhaben werden häufig in enger Kooperation mit anderen Forschungsgruppen aus dem In- und Ausland durchgeführt und in vielen Fällen zumindest teilweise über Drittmittel finanziert. International arbeitet das Paul-Ehrlich-Institut mit verschiedenen Forschungseinrichtungen und Institutionen zusammen, etwa mit der WHO. Es ist gegenwärtig WHO Collaborating Centre für die Standardisierung und Verteilung von Allergenen, für die Qualitätskontrolle von Impfstoffen und WHO Collaborating Sub-Centre für AIDS. Einen besonderen Stellenwert in den Forschungsarbeiten des Instituts nimmt die Entwicklung von Ersatzmethoden zum Tierversuch ein. Projekte mit diesem Hintergrund finden sich heute in fast allen wissenschaftlichen Abteilungen des PEI. Sie werden von der Abteilung Veterinärmedizin koordiniert. Als externe Sachverständige unterstützen und beraten Mitarbeiter des PEI die Bundesländer bei der Prüfung und Kontrolle von Blutspende-Einrichtungen, Plasmapherese-Zentren und sonstigen Herstellungsstätten. Zur Risikovorsorge kann das Institut Arzneimittelherstellern und Blutspendediensten Auflagen erteilen.

IV. Die Physikalisch-Technische Bundesanstalt (PTB)

4   Die PTB hat im Rahmen des MPG keine Vollzugsaufgaben, sondern nur beratende Funktion. Ihre Aufgaben nach § 13 Abs. 1 Nr. 1 u. 2 EichG bleiben unberührt.

§ 32a Besondere Zuständigkeiten

Die Bearbeitung von Meldungen der für die Kontrolle der Außengrenzen zuständigen Behörden über Aussetzungen gemäß Artikel 27 Absatz 3 Satz 1 der Verordnung (EG) Nr. 765/2008 des Europäischen Parlaments und des Rates vom 09.07.2008 über die Vorschriften für die Akkreditierung und Marktüberwachung im Zusammenhang mit der Vermarktung von Produkten und zur Aufhebung der Verordnung (EWG) Nr. 339/93 des Rates (ABl. L 218 vom 13.08.2008, S. 30) obliegt der Überwachungsbehörde, die für die Zollstelle örtlich zuständig ist.

(ohne Kommentierung)

§ 33 Datenbankgestütztes Informationssystem, Europäische Datenbank

(1) Das Deutsche Institut für medizinische Dokumentation und Information richtet ein Informationssystem über Medizinprodukte zur Unterstützung des Vollzugs dieses Gesetzes ein und stellt den für die Medizinprodukte zuständigen Behörden des Bundes und der Länder die hierfür erforderlichen Informationen zur Verfügung. Es stellt die erforderlichen Daten für die Europäische Datenbank im Sinne von Artikel 10b der Richtlinie 90/385/EWG, Artikel 14a der Richtlinie 93/42/EWG und Artikel 12 der Richtlinie 98/79/EG zur Verfügung. Eine Bereitstellung dieser Informationen für nicht-öffentliche Stellen ist zulässig, soweit dies die Rechtsverordnung nach § 37 Abs. 8 vorsieht. Für seine Leistungen kann es Entgelte verlangen. Diese werden in einem Entgeltkatalog festgelegt, der der Zustimmung des Bundesministeriums für Gesundheit bedarf.

(2) Im Sinne des Absatzes 1 hat das dort genannte Institut insbesondere folgende Aufgaben:

1. zentrale Verarbeitung und Nutzung von Informationen nach § 25 Abs. 5, auch in Verbindung mit § 18 Abs. 3, §§ 22a bis 23a und 24,

2. zentrale Verarbeitung und Nutzung von Basisinformationen der in Verkehr befindlichen Medizinprodukte,

3. zentrale Verarbeitung und Nutzung von Daten aus der Beobachtung, Sammlung, Auswertung und Bewertung von Risiken in Verbindung mit Medizinprodukten,

4. Informationsbeschaffung und Übermittlung von Daten an Datenbanken anderer Mitgliedstaaten und Institutionen der Europäischen Union und anderer Vertragsstaaten des Abkommens über den Europäischen Wirtschaftsraum, insbesondere im Zusammenhang mit der Erkennung und Abwehr von Risiken in Verbindung mit Medizinprodukten,

5. Aufbau und Unterhaltung von Zugängen zu Datenbanken, die einen Bezug zu Medizinprodukten haben.

(3) Das in Absatz 1 genannte Institut ergreift die notwendigen Maßnahmen, damit Daten nur dazu befugten Personen übermittelt werden oder diese Zugang zu diesen Daten erhalten.

Inhaltsverzeichnis

I. Die Bedeutung der Norm 1

§ 33 Datenbankgestütztes Informationssystem, Europäische Datenbank

Änderungen:
§ 33 Abs. 1 Satz 1 geänd., Satz 4 neu gef. und Satz 5 angef. mWv 30.06.2007 durch G v. 14.06.2007 (BGBl. I S. 1066); Abs. 1 Satz 2 und Abs. 2 Nr. 1 geänd. mWv 21.03.2010 durch G v. 29.07.2009 (BGBl. I S. 2326); Abs. 2 Nr. 1 geänd. mWv 30.07.2010 durch G v. 24.07.2010 (BGBl. I S. 983); Abs. 2 Nr. 4 geänd. mWv 26.10.2012 durch G v. 19.10.2012 (BGBl. I S. 2192).

Zugehörige Rechtsverordnung nach § 37 Abs. 8
Verordnung über das datenbankgestützte Informationssystem über Medizinprodukte des Deutschen Instituts für Medizinische Dokumentation und Information (DIMDI-Verordnung – DIMDIV) vom 04.12.2002 (BGBl. I S. 4456), zuletzt geändert durch Artikel 5 der Verordnung vom 25.07. 2014 (BGBl. I S. 1227).

I. Die Bedeutung der Norm

Für die Marktüberwachung von Medizinprodukten müssen umfangreiche Informationen bereitgestellt und verarbeitet werden. Das DIMDI hat gemäß § 33 ein Informationssystem über Medizinprodukte eingerichtet. Bereitgestellt werden Online-Erfassungssysteme und Datenbanken, die eine direkte Dateneingabe durch die Hersteller und Bevollmächtigen sowie die Bearbeitung durch die zuständigen Behörden ermöglichen. 1

- Anzeigen zum erstmaligen Inverkehrbringen und zum Sicherheitsbeauftragten für Medizinprodukte
- Bescheinigungen der Benannten Stellen
- Beobachtungs- und Meldesystem für Vorkommnisse mit Medizinprodukte
- Anzeigen von klinischen Prüfungen/Leistungsbewertungsprüfungen mit Medizinprodukten
- Mitteilungen über Einstufung oder Entscheidung zur Klassifizierung eines Medizinproduktes bzw. Abgrenzung zu anderen Produkten

Das DIMDI untersteht dem BMG als nichtrechtsfähige Bundesanstalt. Es hat seinen 2 Sitz in 50675 Köln, Weißhausgasse 36–38a 27, Tel. 0221 4724-1, Fax 0221 411429. Die Aufzählung der in Abs. 2 genannten Aufgaben ist nicht abschließend. Hervorzuheben ist die Weiterleitung aller relevanten Daten im Rahmen seiner Aufgabenwahrnehmung an einzentrales europäisches Erfassungssystem (EUDAMED).[1] Eine weitere wichtige Aufgabe des DIMDI besteht in der Erfassung und Unterstützung der im MPG vorgesehenen Instrumente zur Riskoabwehr. Das nähere ist in der DIMDIV geregelt.

---

[1] European Database on Medical Devices.

§ 34 Ausfuhr

(1) Auf Antrag eines Herstellers oder Bevollmächtigten stellt die zuständige Behörde für die Ausfuhr eine Bescheinigung über die Verkehrsfähigkeit des Medizinproduktes in Deutschland aus.

(2) Medizinprodukte, die einem Verbot nach § 4 Abs. 1 unterliegen, dürfen nur ausgeführt werden, wenn die zuständige Behörde des Bestimmungslandes die Einfuhr genehmigt hat, nachdem sie von der zuständigen Behörde über die jeweiligen Verbotsgründe informiert wurde.

Inhaltsverzeichnis

I. Die Bedeutung der Norm 1

I. Die Bedeutung der Norm

1   In der Bundesrepublik dürfen bedenkliche und minderwertige Medizinprodukte (§ 4 Abs. 1) nicht in Verkehr gebracht werden. Für die Ausfuhr ermöglicht § 34 eine Ausnahme, wenn die zuständige Behörde im Bestimmungsland nach vollständiger Information über die nach deutschem Recht bestehenden Bedenken die Einfuhr dennoch genehmigt. Typische Fälle sind Hilfssendungen staatlicher und/oder caritativer Institutionen. Die Norm stellt keinen Freibrief dafür dar, Medizinprodukte mit einem hohen Gefährdungspotential in Drittländer auszuführen.

2   Abs. 1 betrifft eine Bescheinigung über die Einhaltung der EG-Richtlinien. Für die Einfuhr gibt es mit Ausnahme von § 5 keine speziellen Regelungen im MPG. Jedes Medizinprodukt, das das CE-Kennzeichen trägt ist prinzipiell innerhalb des EWR verkehrsfähig. Wird ein Medizinprodukt von außerhalb des EWR eingeführt, muss der Einführer bzw. sein Bevollmächtigter die Übereinstimmung mit den europäischen Normen nachweisen.

§ 35 Gebühren und Auslagen

Für individuell zurechenbare öffentliche Leistungen nach diesem Gesetz und den zur Durchführung dieses Gesetzes erlassenen Rechtsverordnungen sind Gebühren und Auslagen nach Maßgabe der Rechtsverordnung nach § 37 Absatz 9 zu erheben.

Inhaltsverzeichnis

I. Die Bedeutung der Norm 1

Änderungen:
§ 35 neu gef. mWv 15.08.2013 durch G v. 07.08.2013 (BGBl. I S. 3154).

I. Die Bedeutung der Norm

Kosten (Gebühren und Auslagen) für Amtshandlungen der für das MPG und seiner Durchführung zuständigen Bundesbehörden werden nach der Gebührenverordnung zum Medizinproduktegesetz und den zu seiner Ausführung ergangenen Rechtsverordnungen (Medizinprodukte-Gebührenverordnung)[1] erhoben. Diese Verordnung wird durch Art. 4 Abs. 60 des Gesetzes zur Aktualisierung der Strukturreform des Gebührenrechts des Bundes v. 18.07.2016 I 1666 mWv 01.10.2021 aufgehoben. An Ihre Stelle tritt dann das Gesetz über Gebühren und Auslagen des Bundes vom 07.08.2013 (BGBl. I 3154). 1

Kostentatbestände, die durch das Tätigwerden von Behörden der Länder entstehen, sind nach landesrechtlichen Vorschriften zu erheben und abzurechnen. Die Bundesländer haben dazu Rechtsvorschriften erlassen, z. B. Baden-Württemberg mit der MPG-KostVO vom 21.03.2006 (GBl. S. 94) oder Bayern mit Ziffer 7.1.9. des Kostenverzeichnisses zum Kostengesetz vom 12.10.2001 (GBl S. 766).

---

[1] Verordnung vom 27.03.2002 (BGBl. I S. 1228), die zuletzt geändert durch Artikel 1 der Verordnung vom 03.11.2014 (BGBl. I S. 1676).

§ 36 Zusammenarbeit der Behörden und Benannten Stellen im Europäischen Wirtschaftsraum und der Europäischen Kommission

Die für die Durchführung des Medizinprodukterechts zuständigen Behörden und Benannten Stellen arbeiten mit den zuständigen Behörden und Benannten Stellen der anderen Vertragsstaaten des Abkommens über den Europäischen Wirtschaftsraum und der Europäischen Kommission zusammen und erteilen einander die notwendigen Auskünfte, um eine einheitliche Anwendung der zur Umsetzung der Richtlinien 90/385/EWG, 93/42/EWG und 98/79/EG erlassenen Vorschriften zu erreichen.

Änderungen:
§ 36 Überschr. und Wortlaut geänd. mWv 21.03.2010 durch G v. 29.07.2009 (BGBl. I S. 2326).

1   Die Regelung setzt Art. 20 der Richtlinie 98/79 EG um. Die Zusammenarbeit der Behörden ist im MPG in den §§ 15, 16, 18, 25, 26, 27, 29, 33 und 37 angesprochen: Die Zusammenarbeit der Benannten Stellen ist nur in § 18 Abs. 4 erwähnt. Der Daten- und Informationsaustausch erfolgt über das DIMDI und die EUDAMED.

§ 37 Verordnungsermächtigungen

(1) Das Bundesministerium für Gesundheit wird ermächtigt, zur Umsetzung von Rechtsakten der Europäischen Gemeinschaft oder der Europäischen Union durch Rechtsverordnung die Voraussetzungen für die Erteilung der Konformitätsbescheinigungen, die Durchführung der Konformitätsbewertungsverfahren und ihre Zuordnung zu Klassen von Medizinprodukten sowie Sonderverfahren für Systeme und Behandlungseinheiten zu regeln.

(2) Das Bundesministerium für Gesundheit wird ermächtigt, durch Rechtsverordnung für Medizinprodukte, die

1. die Gesundheit des Menschen auch bei bestimmungsgemäßer Anwendung unmittelbar oder mittelbar gefährden können, wenn sie ohne ärztliche oder zahnärztliche Überwachung angewendet werden, oder

2. häufig in erheblichem Umfang nicht bestimmungsgemäß angewendet werden, wenn dadurch die Gesundheit von Menschen unmittelbar oder mittelbar gefährdet wird,

die Verschreibungspflicht vorzuschreiben. In der Rechtsverordnung nach Satz 1 können weiterhin Abgabebeschränkungen geregelt werden.

(2a) Das Bundesministerium für Gesundheit wird ermächtigt, durch Rechtsverordnung Regelungen zur ordnungsgemäßen Durchführung der klinischen Prüfung und der genehmigungspflichtigen Leistungsbewertungsprüfung sowie der Erzielung dem wissenschaftlichen Erkenntnisstand entsprechender Unterlagen zu treffen. In der Rechtsverordnung können insbesondere Regelungen getroffen werden über

1. Aufgaben und Verantwortungsbereiche des Sponsors, der Prüfer oder anderer Personen, die die klinische Prüfung durchführen oder kontrollieren, einschließlich von Anzeige-, Dokumentations- und Berichtspflichten insbesondere über schwerwiegende unerwünschte Ereignisse, die während der Prüfung auftreten und die Sicherheit der Studienteilnehmer oder die Durchführung der Studie beeinträchtigen könnten,

2. Aufgaben und Verfahren bei Ethik-Kommissionen einschließlich der einzureichenden Unterlagen, auch mit Angaben zur angemessenen Beteiligung von Frauen und Männern als Prüfungsteilnehmerinnen und Prüfungsteilnehmer, der Unterbrechung, Verlängerung oder Verkürzung der Bearbeitungsfrist und der besonderen Anforderungen an die Ethik-Kommissionen bei klinischen Prüfungen nach § 20 Absatz 4 und 5 sowie nach § 21,

3. die Aufgaben der zuständigen Behörden und das behördliche Genehmigungsverfahren einschließlich der einzureichenden Unterlagen, auch mit Angaben zur angemessenen Beteiligung von Frauen und Männern als Prüfungsteilnehmerinnen und Prüfungsteilnehmer und der Unterbrechung

oder Verlängerung oder Verkürzung der Bearbeitungsfrist, das Verfahren zur Überprüfung von Unterlagen in Betrieben und Einrichtungen sowie die Voraussetzungen und das Verfahren für Rücknahme, Widerruf und Ruhen der Genehmigung oder Untersagung einer klinischen Prüfung,

4. die Anforderungen an die Prüfeinrichtung und an das Führen und Aufbewahren von Nachweisen,

5. die Übermittlung von Namen und Sitz des Sponsors und des verantwortlichen Prüfers und nicht personenbezogener Angaben zur klinischen Prüfung von der zuständigen Behörde an eine europäische Datenbank,

6. die Art und Weise der Weiterleitung von Unterlagen und Ausfertigung der Entscheidungen an die zuständigen Behörden und die für die Prüfer zuständigen Ethik-Kommissionen bestimmt werden,

7. Sonderregelungen für Medizinprodukte mit geringem Sicherheitsrisiko.

(3) Das Bundesministerium für Gesundheit wird ermächtigt, durch Rechtsverordnung Vertriebswege für Medizinprodukte vorzuschreiben, soweit es geboten ist, die erforderliche Qualität des Medizinproduktes zu erhalten oder die bei der Abgabe oder Anwendung von Medizinprodukten notwendigen Erfordernisse für die Sicherheit des Patienten, Anwenders oder Dritten zu erfüllen.

(4) Das Bundesministerium für Gesundheit wird ermächtigt, durch Rechtsverordnung Regelungen für Betriebe oder Einrichtungen zu erlassen (Betriebsverordnungen), die Medizinprodukte in Deutschland in den Verkehr bringen oder lagern, soweit es geboten ist, um einen ordnungsgemäßen Betrieb und die erforderliche Qualität, Sicherheit und Leistung der Medizinprodukte sicherzustellen sowie die Sicherheit und Gesundheit der Patienten, der Anwender und Dritter nicht zu gefährden. In der Rechtsverordnung können insbesondere Regelungen getroffen werden über die Lagerung, den Erwerb, den Vertrieb, die Information und Beratung sowie die Einweisung in den Betrieb einschließlich Funktionsprüfung nach Installation und die Anwendung der Medizinprodukte. Die Regelungen können auch für Personen getroffen werden, die die genannten Tätigkeiten berufsmäßig ausüben.

(5) Das Bundesministerium für Gesundheit wird ermächtigt, durch Rechtsverordnung

1. Anforderungen an das Errichten, Betreiben, Anwenden und Instandhalten von Medizinprodukten festzulegen, Regelungen zu treffen über die Einweisung der Betreiber und Anwender, die sicherheitstechnischen Kontrollen, Funktionsprüfungen, Meldepflichten und Einzelheiten der Meldepflichten von Vorkommnissen und Risiken, das Bestandsverzeichnis und das Medizinproduktebuch sowie weitere Anforderungen festzulegen, soweit dies für das sichere Betreiben und die sichere Anwendung oder die ordnungsgemäße Instandhaltung notwendig ist,

1a. Anforderungen an die sichere Aufbereitung von bestimmungsgemäß keimarm oder steril zur Anwendung kommenden Medizinprodukten festzulegen und Regelungen zu treffen über

a) zusätzliche Anforderungen an Aufbereiter, die Medizinprodukte mit besonders hohen Anforderungen an die Aufbereitung aufbereiten,

b) die Zertifizierung von Aufbereitern nach Buchstabe a,

c) die Anforderungen an die von der zuständigen Behörde anerkannten Konformitätsbewertungsstellen, die Zertifizierungen nach Buchstabe b vornehmen,

2. a) Anforderungen an das Qualitätssicherungssystem beim Betreiben und Anwenden von In-vitro-Diagnostika festzulegen,

b) Regelungen zu treffen über

aa) die Feststellung und die Anwendung von Normen zur Qualitätssicherung, die Verfahren zur Erstellung von Richtlinien und Empfehlungen, die Anwendungsbereiche, Inhalte und Zuständigkeiten, die Beteiligung der betroffenen Kreise sowie

bb) Umfang, Häufigkeit und Verfahren der Kontrolle sowie die Anforderungen an die für die Kontrolle zuständigen Stellen und das Verfahren ihrer Bestellung und

c) festzulegen, dass die Normen, Richtlinien und Empfehlungen oder deren Fundstellen vom Bundesministerium für Gesundheit im Bundesanzeiger bekannt gemacht werden,

3. zur Gewährleistung der Messsicherheit von Medizinprodukten mit Messfunktion diejenigen Medizinprodukte mit Messfunktion zu bestimmen, die messtechnischen Kontrollen unterliegen, und zu bestimmen, dass der Betreiber, eine geeignete Stelle oder die zuständige Behörde messtechnische Kontrollen durchzuführen hat, sowie Vorschriften zu erlassen über den Umfang, die Häufigkeit und das Verfahren von messtechnischen Kontrollen, die Voraussetzungen, den Umfang und das Verfahren der Anerkennung und Überwachung mit der Durchführung messtechnischer Kontrollen betrauter Stellen sowie die Mitwirkungspflichten des Betreibers eines Medizinproduktes mit Messfunktion bei messtechnischen Kontrollen.

(6) Das Bundesministerium für Gesundheit wird ermächtigt, durch Rechtsverordnung ein bestimmtes Medizinprodukt oder eine Gruppe von Medizinprodukten aus Gründen des Gesundheitsschutzes und der Sicherheit oder im Interesse der öffentlichen Gesundheit gemäß Artikel 36 des Vertrages über die Arbeitsweise der Europäischen Union zu verbieten oder deren Bereitstellung zu beschränken oder besonderen Bedingungen zu unterwerfen.

(7) Das Bundesministerium für Gesundheit wird ermächtigt, durch Rechtsverordnung zur Durchführung der Aufgaben im Zusammenhang mit dem Medizinprodukte-Beobachtungs- und -Meldesystem nach § 29 einen Sicherheitsplan für Medizinprodukte zu erstellen. In diesem werden insbesondere die Aufgaben und die Zusammenarbeit der beteiligten Behörden und Stellen sowie die Einschaltung der Hersteller und Bevollmächtigten, Einführer, Inverkehrbringer und sonstiger Händler, der Anwender und Betreiber, der Europäischen Kommission sowie der anderen Vertragsstaaten des Abkommens über den Europäischen Wirtschaftsraum näher geregelt und die jeweils zu ergreifenden Maßnahmen bestimmt. In dem Sicherheitsplan können ferner Einzelheiten zur Risikobewertung und deren Durchführung, Mitwirkungspflichten der Verantwortlichen nach § 5 Satz 1 und 2, sonstiger Händler, der Anwender, Betreiber und Instandhalter, Einzelheiten des Meldeverfahrens und deren Bekanntmachung, Melde-, Berichts-, Aufzeichnungs- und Aufbewahrungspflichten, Prüfungen und Produktionsüberwachungen, Einzelheiten der Durchführung von Maßnahmen zur Risikoabwehr und deren Überwachung sowie Informationspflichten, -mittel und -wege geregelt werden. Ferner können in dem Sicherheitsplan Regelungen zu personenbezogenen Daten getroffen werden, soweit diese im Rahmen der Risikoabwehr erfasst, verarbeitet und genutzt werden.

(8) Das Bundesministerium für Gesundheit wird ermächtigt, zur Gewährleistung einer ordnungsgemäßen Erhebung, Verarbeitung und Nutzung von Daten nach § 33 Abs. 1 und 2 durch Rechtsverordnung Näheres zu regeln, auch hinsichtlich der Art, des Umfangs und der Anforderungen an Daten. In dieser Rechtsverordnung können auch die Gebühren für Handlungen dieses Institutes festgelegt werden.

(9) Das Bundesministerium für Gesundheit wird ermächtigt, für den Bereich der Bundesverwaltung durch Rechtsverordnung die gebührenpflichtigen Tatbestände nach § 35 zu bestimmen und dabei feste Sätze oder Rahmensätze vorzusehen. Die Gebührensätze sind so zu bemessen, dass der mit den individuell zurechenbaren öffentlichen Leistungen verbundene Personal- und Sachaufwand abgedeckt ist. In der Rechtsverordnung kann bestimmt werden, dass eine Gebühr auch für eine Leistung erhoben werden kann, die nicht zu Ende geführt worden ist, wenn die Gründe hierfür von demjenigen zu vertreten sind, der die Leistung veranlasst hat.

(10) Das Bundesministerium für Gesundheit wird ermächtigt, durch Rechtsverordnung Regelungen zur Erfüllung von Verpflichtungen aus zwischenstaatlichen Vereinbarungen oder zur Durchführung von Rechtsakten des Rates oder der Europäischen Kommission, die Sachbereiche dieses Gesetzes betreffen, insbesondere sicherheitstechnische und medizinische Anforderungen, die Herstellung und sonstige Voraussetzungen des Inverkehrbringens, des Betreibens, des Anwendens, des Ausstellens, insbesondere Prüfungen, Produktionsüberwachung, Bescheinigungen, Kennzeichnung,

Aufbewahrungs- und Mitteilungspflichten, behördliche Maßnahmen sowie Anforderungen an die Benennung und Überwachung von Benannten Stellen, zu treffen.

(11) Die Rechtsverordnungen nach den Absätzen 1 bis 10 ergehen mit Zustimmung des Bundesrates und im Einvernehmen mit dem Bundesministerium für Wirtschaft und Energie. Sie ergehen im Einvernehmen mit dem Bundesministerium für Umwelt, Naturschutz, Bau und Reaktorsicherheit, soweit der Strahlenschutz betroffen ist oder es sich um Medizinprodukte handelt, bei deren Herstellung radioaktive Stoffe oder ionisierende Strahlen verwendet werden, und im Einvernehmen mit dem Bundesministerium für Arbeit und Soziales, soweit der Arbeitsschutz betroffen ist, und im Einvernehmen mit dem Bundesministerium des Innern, soweit der Datenschutz betroffen ist.

(12) Die Rechtsverordnungen nach den Absätzen 6 und 10 bedürfen nicht der Zustimmung des Bundesrates bei Gefahr im Verzug oder wenn ihr unverzügliches Inkrafttreten zur Durchführung von Rechtsakten der Europäischen Gemeinschaft oder der Europäischen Union erforderlich ist. Die Rechtsverordnungen nach den Absätzen 1 bis 3 können ohne Zustimmung des Bundesrates erlassen werden, wenn unvorhergesehene gesundheitliche Gefährdungen dies erfordern. Soweit die Rechtsverordnung nach Absatz 9 Gebühren und Auslagen von Bundesbehörden betrifft, bedarf sie nicht der Zustimmung des Bundesrates. Die Rechtsverordnungen nach den Sätzen 1 und 2 bedürfen nicht des Einvernehmens mit den jeweils beteiligten Bundesministerien. Sie treten spätestens sechs Monate nach ihrem Inkrafttreten außer Kraft. Ihre Geltungsdauer kann nur mit Zustimmung des Bundesrates verlängert werden. Soweit der Strahlenschutz betroffen ist, bleibt Absatz 11 unberührt.

Text gültig ab 01.10. 2021:

§ 37 Verordnungsermächtigungen

(1) Das Bundesministerium für Gesundheit wird ermächtigt, zur Umsetzung von Rechtsakten der Europäischen Gemeinschaft oder der Europäischen Union durch Rechtsverordnung die Voraussetzungen für die Erteilung der Konformitätsbescheinigungen, die Durchführung der Konformitätsbewertungsverfahren und ihre Zuordnung zu Klassen von Medizinprodukten sowie Sonderverfahren für Systeme und Behandlungseinheiten zu regeln.

(2) Das Bundesministerium für Gesundheit wird ermächtigt, durch Rechtsverordnung für Medizinprodukte, die

1. die Gesundheit des Menschen auch bei bestimmungsgemäßer Anwendung unmittelbar oder mittelbar gefährden können, wenn sie ohne ärztliche oder zahnärztliche Überwachung angewendet werden, oder

2. häufig in erheblichem Umfang nicht bestimmungsgemäß angewendet werden, wenn dadurch die Gesundheit von Menschen unmittelbar oder mittelbar gefährdet wird,

die Verschreibungspflicht vorzuschreiben. In der Rechtsverordnung nach Satz 1 können weiterhin Abgabebeschränkungen geregelt werden.

(2a) Das Bundesministerium für Gesundheit wird ermächtigt, durch Rechtsverordnung Regelungen zur ordnungsgemäßen Durchführung der klinischen Prüfung und der genehmigungspflichtigen Leistungsbewertungsprüfung sowie der Erzielung dem wissenschaftlichen Erkenntnisstand entsprechender Unterlagen zu treffen. In der Rechtsverordnung können insbesondere Regelungen getroffen werden über

1. Aufgaben und Verantwortungsbereiche des Sponsors, der Prüfer oder anderer Personen, die die klinische Prüfung durchführen oder kontrollieren, einschließlich von Anzeige-, Dokumentations- und Berichtspflichten insbesondere über schwerwiegende unerwünschte Ereignisse, die während der Prüfung auftreten und die Sicherheit der Studienteilnehmer oder die Durchführung der Studie beeinträchtigen könnten,

2. Aufgaben und Verfahren bei Ethik-Kommissionen einschließlich der einzureichenden Unterlagen, auch mit Angaben zur angemessenen Beteiligung von Frauen und Männern als Prüfungsteilnehmerinnen und Prüfungsteilnehmer, der Unterbrechung, Verlängerung oder Verkürzung der Bearbeitungsfrist und der besonderen Anforderungen an die Ethik-Kommissionen bei klinischen Prüfungen nach § 20 Absatz 4 und 5 sowie nach § 21,

3. die Aufgaben der zuständigen Behörden und das behördliche Genehmigungsverfahren einschließlich der einzureichenden Unterlagen, auch mit Angaben zur angemessenen Beteiligung von Frauen und Männern als Prüfungsteilnehmerinnen und Prüfungsteilnehmer und der Unterbrechung oder Verlängerung oder Verkürzung der Bearbeitungsfrist, das Verfahren zur Überprüfung von Unterlagen in Betrieben und Einrichtungen sowie die Voraussetzungen und das Verfahren für Rücknahme, Widerruf und Ruhen der Genehmigung oder Untersagung einer klinischen Prüfung,

4. die Anforderungen an die Prüfeinrichtung und an das Führen und Aufbewahren von Nachweisen,

5. die Übermittlung von Namen und Sitz des Sponsors und des verantwortlichen Prüfers und nicht personenbezogener Angaben zur klinischen Prüfung von der zuständigen Behörde an eine europäische Datenbank,

6. die Art und Weise der Weiterleitung von Unterlagen und Ausfertigung der Entscheidungen an die zuständigen Behörden und die für die Prüfer zuständigen Ethik-Kommissionen bestimmt werden,

7. Sonderregelungen für Medizinprodukte mit geringem Sicherheitsrisiko.

(3) Das Bundesministerium für Gesundheit wird ermächtigt, durch Rechtsverordnung Vertriebswege für Medizinprodukte vorzuschreiben, soweit es geboten ist, die erforderliche Qualität des Medizinproduktes zu erhalten oder die bei der Abgabe oder Anwendung von Medizinprodukten notwendigen Erfordernisse für die Sicherheit des Patienten, Anwenders oder Dritten zu erfüllen.

(4) Das Bundesministerium für Gesundheit wird ermächtigt, durch Rechtsverordnung Regelungen für Betriebe oder Einrichtungen zu erlassen (Betriebsverordnungen), die Medizinprodukte in Deutschland in den Verkehr bringen oder lagern, soweit es geboten ist, um einen ordnungsgemäßen Betrieb und die erforderliche Qualität, Sicherheit und Leistung der Medizinprodukte sicherzustellen sowie die Sicherheit und Gesundheit der Patienten, der Anwender und Dritter nicht zu gefährden. In der Rechtsverordnung können insbesondere Regelungen getroffen werden über die Lagerung, den Erwerb, den Vertrieb, die Information und Beratung sowie die Einweisung in den Betrieb einschließlich Funktionsprüfung nach Installation und die Anwendung der Medizinprodukte. Die Regelungen können auch für Personen getroffen werden, die die genannten Tätigkeiten berufsmäßig ausüben.

(5) Das Bundesministerium für Gesundheit wird ermächtigt, durch Rechtsverordnung

1. Anforderungen an das Errichten, Betreiben, Anwenden und Instandhalten von Medizinprodukten festzulegen, Regelungen zu treffen über die Einweisung der Betreiber und Anwender, die sicherheitstechnischen Kontrollen, Funktionsprüfungen, Meldepflichten und Einzelheiten der Meldepflichten von Vorkommnissen und Risiken, das Bestandsverzeichnis und das Medizinproduktebuch sowie weitere Anforderungen festzulegen, soweit dies für das sichere Betreiben und die sichere Anwendung oder die ordnungsgemäße Instandhaltung notwendig ist,

1a. Anforderungen an die sichere Aufbereitung von bestimmungsgemäß keimarm oder steril zur Anwendung kommenden Medizinprodukten festzulegen und Regelungen zu treffen über

a.) zusätzliche Anforderungen an Aufbereiter, die Medizinprodukte mit besonders hohen Anforderungen an die Aufbereitung aufbereiten,

b) die Zertifizierung von Aufbereitern nach Buchstabe a,

c) die Anforderungen an die von der zuständigen Behörde anerkannten Konformitätsbewertungsstellen, die Zertifizierungen nach Buchstabe b vornehmen,

2a.) Anforderungen an das Qualitätssicherungssystem beim Betreiben und Anwenden von In-vitro-Diagnostika festzulegen,

b) Regelungen zu treffen über

aa) die Feststellung und die Anwendung von Normen zur Qualitätssicherung, die Verfahren zur Erstellung von Richtlinien und Empfehlungen, die Anwendungsbereiche, Inhalte und Zuständigkeiten, die Beteiligung der betroffenen Kreise sowie

bb) Umfang, Häufigkeit und Verfahren der Kontrolle sowie die Anforderungen an die für die Kontrolle zuständigen Stellen und das Verfahren ihrer Bestellung und

c) festzulegen, dass die Normen, Richtlinien und Empfehlungen oder deren Fundstellen vom Bundesministerium für Gesundheit im Bundesanzeiger bekannt gemacht werden,

3. zur Gewährleistung der Messsicherheit von Medizinprodukten mit Messfunktion diejenigen Medizinprodukte mit Messfunktion zu bestimmen, die messtechnischen Kontrollen unterliegen, und zu bestimmen, dass der Betreiber, eine geeignete Stelle oder die zuständige Behörde messtechnische Kontrollen durchzuführen hat, sowie Vorschriften zu erlassen über den Umfang, die Häufigkeit und das Verfahren von messtechnischen Kontrollen, die Voraussetzungen, den Umfang und das Verfahren der Anerkennung und Überwachung mit der Durchführung messtechnischer Kontrollen betrauter Stellen sowie die Mitwirkungspflichten des Betreibers eines Medizinproduktes mit Messfunktion bei messtechnischen Kontrollen.

(6) Das Bundesministerium für Gesundheit wird ermächtigt, durch Rechtsverordnung ein bestimmtes Medizinprodukt oder eine Gruppe von Medizinprodukten aus Gründen des Gesundheitsschutzes und der Sicherheit oder im Interesse der öffentlichen Gesundheit gemäß Artikel 36 des Vertrages über die Arbeitsweise der Europäischen Union zu verbieten oder deren Bereitstellung zu beschränken oder besonderen Bedingungen zu unterwerfen.

(7) Das Bundesministerium für Gesundheit wird ermächtigt, durch Rechtsverordnung zur Durchführung der Aufgaben im Zusammenhang mit dem Medizinprodukte-Beobachtungs- und -Meldesystem nach § 29 einen Sicherheitsplan für Medizinprodukte zu erstellen. In diesem werden insbesondere die Aufgaben und die Zusammenarbeit der beteiligten Behörden und Stellen sowie die Einschaltung der Hersteller und Bevollmächtigten, Einführer, Inverkehrbringer und sonstiger Händler, der Anwender und Betreiber, der Europäischen Kommission sowie der anderen Vertragsstaaten des Abkommens über den Europäischen Wirtschaftsraum näher geregelt und die jeweils zu ergreifenden Maßnahmen bestimmt. In dem Sicherheitsplan können ferner Einzelheiten zur Risikobewertung und deren Durchführung, Mitwirkungspflichten der Verantwortlichen nach § 5 Satz 1 und 2, sonstiger Händler, der Anwender, Betreiber und Instandhalter, Einzelheiten des

Meldeverfahrens und deren Bekanntmachung, Melde-, Berichts-, Aufzeichnungs- und Aufbewahrungspflichten, Prüfungen und Produktionsüberwachungen, Einzelheiten der Durchführung von Maßnahmen zur Risikoabwehr und deren Überwachung sowie Informationspflichten, -mittel und -wege geregelt werden. Ferner können in dem Sicherheitsplan Regelungen zu personenbezogenen Daten getroffen werden, soweit diese im Rahmen der Risikoabwehr erfasst, verarbeitet und genutzt werden.

(8) Das Bundesministerium für Gesundheit wird ermächtigt, zur Gewährleistung einer ordnungsgemäßen Erhebung, Verarbeitung und Nutzung von Daten nach § 33 Abs. 1 und 2 durch Rechtsverordnung Näheres zu regeln, auch hinsichtlich der Art, des Umfangs und der Anforderungen an Daten. In dieser Rechtsverordnung können auch die Gebühren für Handlungen dieses Institutes festgelegt werden.

(9) Das Bundesministerium für Gesundheit wird ermächtigt, durch Rechtsverordnung Regelungen zur Erfüllung von Verpflichtungen aus zwischenstaatlichen Vereinbarungen oder zur Durchführung von Rechtsakten des Rates oder der Europäischen Kommission, die Sachbereiche dieses Gesetzes betreffen, insbesondere sicherheitstechnische und medizinische Anforderungen, die Herstellung und sonstige Voraussetzungen des Inverkehrbringens, des Betreibens, des Anwendens, des Ausstellens, insbesondere Prüfungen, Produktionsüberwachung, Bescheinigungen, Kennzeichnung, Aufbewahrungs- und Mitteilungspflichten, behördliche Maßnahmen sowie Anforderungen an die Benennung und Überwachung von Benannten Stellen, zu treffen.

(10) Die Rechtsverordnungen nach den Absätzen 1 bis 9 ergehen mit Zustimmung des Bundesrates und im Einvernehmen mit dem Bundesministerium für Wirtschaft und Energie. Sie ergehen im Einvernehmen mit dem Bundesministerium für Umwelt, Naturschutz, Bau und Reaktorsicherheit, soweit der Strahlenschutz betroffen ist oder es sich um Medizinprodukte handelt, bei deren Herstellung radioaktive Stoffe oder ionisierende Strahlen verwendet werden, und im Einvernehmen mit dem Bundesministerium für Arbeit und Soziales, soweit der Arbeitsschutz betroffen ist, und im Einvernehmen mit dem Bundesministerium des Innern, soweit der Datenschutz betroffen ist.

(11) Die Rechtsverordnungen nach den Absätzen 6 und 9 bedürfen nicht der Zustimmung des Bundesrates bei Gefahr im Verzug oder wenn ihr unverzügliches Inkrafttreten zur Durchführung von Rechtsakten der Europäischen Gemeinschaft oder der Europäischen Union erforderlich ist. Die Rechtsverordnungen nach den Absätzen 1 bis 3 können ohne Zustimmung des Bundesrates erlassen werden, wenn unvorhergesehene gesundheitliche Gefährdungen dies erfordern. Die Rechtsverordnungen nach den Sätzen 1 und 2 bedürfen nicht des Einvernehmens mit den jeweils beteiligten Bundesministerien. Sie treten spätestens sechs Monate nach ihrem Inkrafttreten

außer Kraft. Ihre Geltungsdauer kann nur mit Zustimmung des Bundesrates verlängert werden. Soweit der Strahlenschutz betroffen ist, bleibt Absatz 10 unberührt.

Inhaltsverzeichnis

I. Die Bedeutung der Rechtsnorm 1

Änderungen:
§ 37 Abs. 1, Abs. 2 Satz 1 einl. Satzteil, Abs. 3, Abs. 4 Satz 1, Abs. 5 einl. Satzteil und Nr. 2 Buchst. c, Abs. 6, Abs. 7 Satz 1, Abs. 8 Satz 1, Abs. 9 Satz 1 erster Halbs., Abs. 10 sowie Abs. 11 Sätze 1 und 2 geänd. mWv 28.11.2003 durch VO v. 25.11.2003 (BGBl. I S. 2304); Abs. 1, Abs. 2 Satz 1 einl. Satzteil, Abs. 3, Abs. 4 Satz 1, Abs. 5 einl. Satzteil und Nr. 2 Buchst. c, Abs. 6, Abs. 7 Satz 1, Abs. 8 Satz 1, Abs. 9 Satz 1 erster Halbs., Abs. 10 sowie Abs. 11 Sätze 1 und 2 geänd. mWv 08.11.2006 durch VO v. 31.10.2006 (BGBl. I S. 2407); Abs. 5 Nr. 2 Buchst. a geänd. und Buchst. b Doppelbuchst. bb neu gef. mWv 30.06.2007 durch G v. 14.06.2007 (BGBl. I S. 1066); Abs. 2a eingef., Abs. 5 Nr. 1 geänd., Nr. 1a eingef., Abs. 9 Satz 1 geänd., Satz 2 eingef., bish. Satz 2 wird Satz 3, Abs. 10 geänd. mWv 21.03.2010 durch G v. 29.07.2009 (BGBl. I S. 2326); Abs. 1, 6, 7 Satz 2, Abs. 10 und 12 Satz 1 geänd. mWv 26.10.2012 durch G v. 19.10.2012 (BGBl. I S. 2192); Abs. 9 Satz 1 neu gef., Sätze 2 und 3 sowie Abs. 12 Satz 3 geänd. mWv 15.08.2013 durch G v. 07.08.2013 (BGBl. I S. 3154); Abs. 11 Sätze 1 und 2 geänd. mWv 08.09.2015 durch VO v. 31.08.2015 (BGBl. I S. 1474).

I. Die Bedeutung der Rechtsnorm

1   Die Vorschrift wurde durch die 2. MPG- Novelle mit Wirkung zum 01.01.2002 neu in das MPG integriert und fasst die bis zu diesem Zeitpunkt verstreut über das gesamte MPG verteilten Verordnungsermächtigungen zusammen. Die Verordnungsermächtigungen dienen dem Erlass von Rechtsverordnungen, welche sich von formellen Gesetzen dadurch unterscheiden, dass sie nicht in dem verfassungsrechtlich vorgesehenen Verfahren durch die Legislative erlassen, sondern durch bestimmte, in der Verordnungsermächtigung zu benennende, Organe der Exekutive verordnet werden. So ist der Adressat sämtlicher in § 37 enthaltener Verordnungsermächtigung das Bundesministerium für Gesundheit (BMG) als oberste Bundesbehörde. Alle Rechtsverordnungen nach § 37 bedürfen jedoch gem. Abs. 11 S. 1 der Zustimmung des Bundesrates und ergehen im Einvernehmen mit dem Bundesministerium für Wirtschaft und Technologie (BMWI). Ferner ist die Herstellung eines Einvernehmens mit den in Abs. 11 S. 2 genannten obersten Bundesbehörden erforderlich, soweit die dort genannten Rechtsbereiche von der zu erlassenden Verordnung betroffen werden.

2   Bisher wurden auf Basis der einzelnen Verordnungsermächtigungen aus § 37 die folgenden Rechtsverordnungen erlassen:

§ 37 I: Verordnung über Medizinprodukte (MPV) vom 20.12.2001 (BGBl. I S. 3854), zuletzt geändert durch Art. 3 der Verordnung vom 27.09.2016. (BGBl. I S. 2203).

§ 37 II: Verordnung über die Verschreibungspflicht von Medizinprodukten (MPVerschrV) Anm.: außer Kraft durch Art. 6 der VO vom 25.07.2014 (BGBl. I S. 1227). I 1227.
Verordnung zur Regelung der Abgabe von Medizinprodukten (Medizinprodukte-Abgabeverordnung MPAV) vom 25.07.2014 (BGBl. I S. 1227), die zuletzt durch Art. 17 des Gesetzes vom 23.12.2016 (BGBl. I S. 3191) geändert worden ist.

§ 37 II a: Verordnung über klinische Prüfungen von Medizinprodukten (MPKPV) vom 10.05.2010 (BGBl. I S. 555).

§ 37 III: Verordnung über Vertriebswege für Medizinprodukte (MPVertrV) Anm.: außer Kraft durch Art. 6 der VO vom 25.07.2014 (BGBl. I S. 1227). I 1227.

§ 37 V: Verordnung über das Errichten, Betreiben und Anwenden von Medizinprodukten (MPBetreibV) in der Fassung der Bekanntmachung vom 21.08.2002 (BGBl. I S. 3396), die zuletzt durch Artikel 1 der Verordnung vom 27.09.2016 (BGBl. I S. 2203) geändert worden ist.

§ 37 VII: Verordnung über die Erfassung, Bewertung und Abwehr von Risiken bei Medizinprodukten (MPSV) vom 24.06.2002 (BGBl. I S. 2131), die durch Artikel 4 der Verordnung vom. 27.09.2016 (BGBl. I 2203) geändert worden ist.

§ 37 VIII: Verordnung über das datenbandgestützte Informationssystem über Medizinprodukte des deutschen Instituts für medizinische Dokumentation und Information (DIMDIV) vom 04.12.2002 (BGBl. I S. 4456), die zuletzt durch Artikel 5 der Verordnung vom 25.07.2014 (BGBl. I S. 1227) geändert worden ist.

§ 37 IX: Gebührenverordnung zum Medizinproduktegesetz und den zu seiner Ausführung ergangenen Rechtsverordnungen (BGebV-MPG); wird gemäß Art. 4 Abs. 60 BGebG zum 01.10.2021 aufgehoben).

Durch die 4. MPG-Novelle mit Wirkung zum 21.03.2010 wurden in den Katalog des § 37 V Nr. 1a die Ermächtigung zum Erlass einer Rechtsverordnung zur Regelung von Anforderungen an die Aufbereitung von Medizinprodukten aufgenommen. Diese ist jedoch noch nicht erlassen worden.

§ 37a Allgemeine Verwaltungsvorschriften

Die Bundesregierung erlässt mit Zustimmung des Bundesrates die zur Durchführung dieses Gesetzes erforderlichen allgemeinen Verwaltungsvorschriften insbesondere zur Durchführung und Qualitätssicherung der Überwachung, zur Sachkenntnis der mit der Überwachung beauftragten Personen, zur Ausstattung, zum Informationsaustausch und zur Zusammenarbeit der Behörden.

Änderungen:
§ 37a eingef. mWv 21.03.2010 durch G v. 29.07.2009 (BGBl. I S. 2326).
Die MPGVwV vom 18.05.2012 ist am 24.05.2012 im BAnz veröffentlicht worden (BAnz AT B2).

Siebter Abschnitt
Sondervorschriften für den Bereich der Bundeswehr

§ 38 Anwendung und Vollzug des Gesetzes

(1) Dieses Gesetz findet auf Einrichtungen, die der Versorgung der Bundeswehr mit Medizinprodukten dienen, entsprechende Anwendung.

(2) Im Bereich der Bundeswehr obliegt der Vollzug dieses Gesetzes und die Überwachung den jeweils zuständigen Stellen und Sachverständigen der Bundeswehr.

Kommentierung siehe § 39

§ 39 Ausnahmen

(1) Schreiben die Grundlegenden Anforderungen nach § 7 die Angabe des Verfalldatums vor, kann diese bei Medizinprodukten entfallen, die an die Bundeswehr abgegeben werden. Das Bundesministerium der Verteidigung stellt sicher, dass Qualität, Leistung und Sicherheit der Medizinprodukte gewährleistet sind. Satz 1 gilt entsprechend für Medizinprodukte, die zum Zweck des Zivil- und Katastrophenschutzes an die zuständigen Behörden des Bundes oder der Länder abgegeben werden. Die zuständigen Behörden stellen sicher, dass Qualität, Leistung und Sicherheit der Medizinprodukte gewährleistet sind.

(2) Das Bundesministerium der Verteidigung kann für seinen Geschäftsbereich im Einvernehmen mit dem Bundesministerium für Gesundheit und, soweit der Arbeitsschutz betroffen ist, im Einvernehmen mit dem Bundesministerium für Arbeit und Sozialordnung in Einzelfällen Ausnahmen von diesem Gesetz und auf Grund dieses Gesetzes erlassenen Rechtsverordnungen zulassen, wenn Rechtsakte der Europäischen Gemeinschaft oder der Europäischen Union dem nicht entgegenstehen und dies zur Durchführung der besonderen Aufgaben gerechtfertigt ist und der Schutz der Gesundheit gewahrt bleibt.

Inhaltsverzeichnis

I. Die Bedeutung der Normen 1

Änderungen:
§ 39 Abs. 2 geänd. mWv 28.11.2003 durch VO v. 25.11.2003 (BGBl. I S. 2304); Abs. 2 geänd. mWv 08.11.2006 durch VO v. 31.10.2006 (BGBl. I S. 2407); Abs. 1 Satz 2 neu gef. und Sätze 3 und 4 angef. mWv 30.06.2007 durch G v. 14.06.2007 (BGBl. I S. 1066); Abs. 2 geänd. mWv 26.10.2012 durch G v. 19.10.2012 (BGBl. I S. 2192).

I. Die Bedeutung der Normen

1 § 38 MPG erklärt das MPG für entsprechend anwendbar auf Einrichtungen, die der Versorgung der Bundeswehr mit Medizinprodukten dienen. Damit soll den Besonderheiten der Bundeswehr Rechnung getragen, aber auch ein hohes Sicherheitsniveau bei Medizinprodukten in diesem Bereich gewährleistet werden.

2 § 39 MPG läßt Ausnahmen zugunsten der Bundeswehr bei der Angabe der Verfallsdaten von Medizinprodukten zu. Der Bundesminister für Verteidigung kann in seinem Geschäftsbereich gegebenenfalls im Einvernehmen mit anderen Bundesministern Ausnahmen vom MPG und den dazu erlassenen Rechtsverordnungen zulassen, wenn EU-rechtliche Vorschriften dem nicht entgegenstehen und die Sicherheit der Gesundheit gewahrt bleibt.

Achter Abschnitt
Straf- und Bußgeldvorschriften

§ 40 Strafvorschriften

(1) Mit Freiheitsstrafe bis zu drei Jahren oder mit Geldstrafe wird bestraft, wer

1. entgegen § 4 Abs. 1 Nr. 1 ein Medizinprodukt in den Verkehr bringt, errichtet, in Betrieb nimmt, betreibt oder anwendet,

2. entgegen § 6 Abs. 1 Satz 1 ein Medizinprodukt, das den Vorschriften der Strahlenschutzverordnung oder der Röntgenverordnung unterliegt oder bei dessen Herstellung ionisierende Strahlen verwendet wurden, in den Verkehr bringt oder in Betrieb nimmt,

3. entgegen § 6 Abs. 2 Satz 1 in Verbindung mit einer Rechtsverordnung nach § 37 Abs. 1 ein Medizinprodukt, das den Vorschriften der Strahlenschutzverordnung oder der Röntgenverordnung unterliegt oder bei dessen Herstellung ionisierende Strahlen verwendet wurden, mit der CE-Kennzeichnung versieht oder

4. entgegen § 14 Satz 2 ein Medizinprodukt betreibt oder anwendet.

(2) Der Versuch ist strafbar.

(3) In besonders schweren Fällen ist die Strafe Freiheitsstrafe von einem Jahr bis zu fünf Jahren. Ein besonders schwerer Fall liegt in der Regel vor, wenn der Täter durch eine der in Absatz 1 bezeichneten Handlungen

1. die Gesundheit einer großen Zahl von Menschen gefährdet,

2. einen anderen in die Gefahr des Todes oder einer schweren Schädigung an Körper oder Gesundheit bringt oder

3. aus grobem Eigennutz für sich oder einen anderen Vermögensvorteile großen Ausmaßes erlangt.

(4) Handelt der Täter in den Fällen des Absatzes 1 fahrlässig, so ist die Strafe Freiheitsstrafe bis zu einem Jahr oder Geldstrafe.

Kommentierung siehe § 43

§ 41 Strafvorschriften

Mit Freiheitsstrafe bis zu einem Jahr oder mit Geldstrafe wird bestraft, wer

1. entgegen § 4 Abs. 2 Satz 1 in Verbindung mit Satz 2 ein Medizinprodukt in den Verkehr bringt,

2. entgegen § 6 Abs. 1 Satz 1 ein Medizinprodukt, das nicht den Vorschriften der Strahlenschutzverordnung oder der Röntgenverordnung unterliegt oder bei dessen Herstellung ionisierende Strahlen nicht verwendet wurden, in den Verkehr bringt oder in Betrieb nimmt,

3. entgegen § 6 Abs. 2 Satz 1 in Verbindung mit einer Rechtsverordnung nach § 37 Abs. 1 ein Medizinprodukt, das nicht den Vorschriften der Strahlenschutzverordnung oder der Röntgenverordnung unterliegt oder bei dessen Herstellung ionisierende Strahlen nicht verwendet wurden, mit der CE-Kennzeichnung versieht,

4. entgegen § 20 Absatz 1 Satz 1 oder Satz 4 Nummer 1 bis 6 oder Nummer 9, jeweils auch in Verbindung mit § 20 Absatz 4 oder Absatz 5 oder § 21 Nummer 1 oder entgegen § 22b Absatz 4 mit einer klinischen Prüfung beginnt, eine klinische Prüfung durchführt oder eine klinische Prüfung fortsetzt,

5. entgegen § 24 Satz 1 in Verbindung mit § 20 Absatz 1 Satz 1 oder Satz 4 Nummer 1 bis 6 oder Nummer 9, jeweils auch in Verbindung mit § 20 Absatz 4 oder Absatz 5, oder entgegen § 24 Satz 1 in Verbindung mit § 22b Absatz 4 mit einer Leistungsbewertungsprüfung beginnt, eine Leistungsbewertungsprüfung durchführt oder eine Leistungsbewertungsprüfung fortsetzt oder

6. einer Rechtsverordnung nach § 37 Abs. 2 Satz 2 zuwiderhandelt, soweit sie für einen bestimmten Tatbestand auf diese Strafvorschrift verweist.

Kommentierung siehe § 43

§ 42 Bußgeldvorschriften

(1) Ordnungswidrig handelt, wer eine der in § 41 bezeichneten Handlungen fahrlässig begeht.

(2) Ordnungswidrig handelt, wer vorsätzlich oder fahrlässig

1. entgegen § 4 Abs. 1 Nr. 2 ein Medizinprodukt in den Verkehr bringt, errichtet, in Betrieb nimmt, betreibt oder anwendet,

2. entgegen § 9 Abs. 3 Satz 1 eine CE-Kennzeichnung nicht richtig oder nicht in der vorgeschriebenen Weise anbringt,

3. entgegen § 10 Abs. 1 Satz 2 oder Abs. 3 Satz 1, auch in Verbindung mit Satz 2, jeweils in Verbindung mit einer Rechtsverordnung nach § 37 Abs. 1, eine Erklärung nicht, nicht richtig, nicht vollständig oder nicht rechtzeitig abgibt,

4. entgegen § 10 Abs. 4 Satz 2 einem Medizinprodukt eine Information nicht beifügt,

5. entgegen § 11 Absatz 2 Satz 1 ein Medizinprodukt abgibt,

6. entgegen § 12 Abs. 1 Satz 1 in Verbindung mit einer Rechtsverordnung nach § 37 Abs. 1 eine Sonderanfertigung in den Verkehr bringt oder in Betrieb nimmt,

7. entgegen § 12 Abs. 2 Satz 1 oder Abs. 3 Satz 1 ein Medizinprodukt abgibt,

8. entgegen § 12 Abs. 4 Satz 1 ein Medizinprodukt ausstellt,

9. entgegen § 12 Abs. 4 Satz 3 ein In-vitro-Diagnostikum anwendet,

10. entgegen § 20 Abs. 1 Satz 4 Nr. 7 oder 8, jeweils auch in Verbindung mit § 21 Nr. 1, eine klinische Prüfung durchführt,

11. entgegen § 25 Abs. 1 Satz 1, Abs. 2, 3 oder 4 oder § 30 Abs. 2 Satz 1 eine Anzeige nicht, nicht richtig, nicht vollständig oder nicht rechtzeitig erstattet,

12. entgegen § 26 Abs. 4 Satz 1 eine Maßnahme nicht duldet oder eine Person nicht unterstützt,

13. entgegen § 30 Abs. 1 einen Sicherheitsbeauftragten nicht oder nicht rechtzeitig bestimmt,

14. entgegen § 31 Abs. 1 Satz 1, auch in Verbindung mit Satz 2, eine Tätigkeit ausübt,

---

Kommentierung siehe § 43

15. entgegen § 31 Abs. 4 eine Mitteilung nicht, nicht richtig oder nicht vollständig aufzeichnet oder nicht, nicht richtig, nicht vollständig, nicht in der vorgeschriebenen Weise oder nicht rechtzeitig übermittelt oder

16. einer Rechtsverordnung nach § 37 Abs. 1, 2, 2a, 3, 4 Satz 1 oder 3, Abs. 5 Nr. 1, 1a, 2 Buchstabe a oder b Doppelbuchstabe bb oder Nr. 3, Abs. 7 oder 8 Satz 1 oder einer vollziehbaren Anordnung auf Grund einer solchen Rechtsverordnung zuwiderhandelt, soweit die Rechtsverordnung für einen bestimmten Tatbestand auf diese Bußgeldvorschrift verweist.

(3) Die Ordnungswidrigkeit kann mit einer Geldbuße bis zu dreißigtausend Euro geahndet werden.

§ 43 Einziehung

Gegenstände, auf die sich eine Straftat nach § 40 oder § 41 oder eine Ordnungswidrigkeit nach § 42 bezieht, können eingezogen werden. § 74a des Strafgesetzbuches und § 23 des Gesetzes über Ordnungswidrigkeiten sind anzuwenden.

Inhaltsverzeichnis

I.	Die Bedeutung der Strafrechtsnormen sowie der Ordnungswidrigkeitentatbestände	1
II.	Die Straftaten nach §§ 40, 41	27
III.	Verjährung	34
IV.	Der Ordnungswidrigkeitenkatalog gemäß § 42	35
V.	Das Verhältnis zum Ordnungswidrigkeitengesetz	36
VI.	Ordnungswidrigkeit	37
VII.	Einziehung gemäß § 43	44

Änderungen:
§ 41 Nr. 4 und 5 neu gef. mWv 30.07.2010 durch G v. 24.07.2010 (BGBl. I S. 983).
§ 42 Abs. 2 Nr. 5 geänd. mWv 01.08.2009 durch G v. 29.07.2009 (BGBl. I S. 2326, geänd. 2012 S. 2224); Abs. 2 Nr. 10 und 16 geänd. mWv 30.07.2010 durch G v. 24.07.2010 (BGBl. I S. 983); Abs. 2 Nr. 16 geänd. mWv 25.07.2014 durch G v. 21.07.2014 (BGBl. I S. 1133); Abs. 2 Nr. 5, 15, 16 und Abs. 3 geänd. mWv 01.01.2017 durch G v. 23.12.2016 (BGBl. I S. 3191).

Literatur
Bohnert, Krenberger, Krumm, OWiG, Kommentar zum Ordnungswidrigkeitenrecht, 4. Auflage 2016; Dölling, Duttge, König Rössner (Hrsg.), Handkommentar, Gesamtes Strafrecht, StGB, StPO, Nebengesetze, 4. Auflage 2017; Eisele, Die Regelbeispielmethode im Strafrecht. Zugleich ein Beitrag zur Lehre vom Tatbestand, 2004; Erbs / Kohlhaas (Hrsg.), Strafrechtliche Nebengesetze, MPG, 216. EL, 2017; Fischer, Strafgesetzbuch: StGB und Nebengesetze, 64. Auflage 2017; Hilgendorf, Fragen der Kausalität bei Gremienentscheidungen am Beispiel des „Lederspray-Urteils" BGHSt 37, 106 ff., NJW 1994, 561; Joecks, Miebach (Hrsg.), Münchner Kommentar zum Strafgesetzbuch, Band 1, 3. Auflage 2017; Band 4, 3. Auflage 2017; Kindhäuser, Neumann, Paeffgen (Hrsg.), Strafgesetzbuch, Nomos Kommentar, 4. Auflage 2013; Lackner, Kühl, Strafgesetzbuch: StGB, Kommentar, 28. Auflage 2014; Laufhütte, Rissing-van Saan, Tiedemann (Hrsg.), Leipziger Kommentar, Strafgesetzbuch, 12. Auflage 2006 ff.; Lemke, Mosbacher, Ordnungswidrigkeitengesetz: OWiG, 2. Auflage 2006; Roxin, Strafrecht Allgemeiner Teil, Band 1, 4. Auflage 2006; Schönke, Schröder (Hrsg.), Strafgesetzbuch, Kommentar, 29. Auflage 2014; Senge (Hrsg.), Karlsruher Kommentar zum Gesetz über Ordnungswidrigkeiten: OWiG, 4. Auflage 2014; Ulbricht, Bestechung und Bestechlichkeit im geschäftlichen Verkehr, 2007; Wessels, Beulke, Strafrecht, Allgemeiner Teil, 47. Auflage 2017.

I. Die Bedeutung der Strafrechtsnormen sowie der Ordnungswidrigkeitentatbestände

1 §§ 40 und 41 stellen die aufgeführten Verstöße gegen Pflichten aus dem MPG unter Strafe. Auf die Delikte finden grundsätzlich die Bestimmungen des Allgemeinen Teils des Strafbesetzbuches Anwendung, § 3 StGB.[1] Soweit nichts Abweichendes geregelt ist, setzen die Pflichtenverstöße Vorsatz, § 15 StGB, Rechtswidrigkeit und Schuld voraus. Die in § 40 und in § 41 normierten Pflichtenverstöße sind Vergehen, da sie im Mindestmaß mit Freiheitsstrafe unter einem Jahr oder mit Geldstrafe bedroht sind, § 12 Abs. 2 StGB. § 40 Abs. 1, bedroht mit Freiheitsstrafe bis zu drei Jahren oder Geldstrafe, hat einen abstrakten Strafrahmen der angedrohten Freiheitsstrafe von einem Monat Mindeststrafe, § 38 Abs. 2 StGB, bis drei Jahre Höchststrafe; § 40 Abs. 4 und § 41, jeweils bedroht mit Freiheitsstrafe bis zu einem Jahr oder Geldstrafe, haben einen abstrakten Strafrahmen von einem Monat Freiheitsstrafe bis zu einem Jahr; der Strafrahmen der Geldstrafe beträgt für § 40 Abs. 1 und § 41 fünf bis 360 Tagessätze, § 40 StGB. Bei Vorliegen bzw. bei Versuch einer persönlichen Bereicherung ist § 41 Abs. 1 StGB zu beachten.

§ 40 Abs. 2 pönalisiert den Versuch, er kann nach § 23 Abs. 2 StGB milder bestraft werden als die vollendete Tat. In eng begrenzten Ausnahmefällen besteht zudem die Möglichkeit, von der Strafe abzusehen oder durch Rücktritt Straffreiheit zu erlangen, §§ 23 Abs. 3, 24 StGB.

2 § 40 Abs. 3 sieht eine Strafschärfung für besonders schwere Fälle des Absatzes 1 vor. Der Bedeutungsinhalt der Regelbeispiele und deren Vorliegen sind im Einzelfall nach den allgemeinen Methoden der Auslegung und der Rechtsanwendung festzustellen und in der Revision nachprüfbar. Obgleich die Regelbeispiele tatbestandsähnlich ausgestaltet sind,[2] kommt ihnen nach der Rechtsprechung keine Tatbestandsqualität im eigentlichen Sinne zu, vielmehr werden sie als Strafzumessungsregeln qualifiziert.[3] Eine Konsequenz ist, dass für diese Strafschärfung die Einteilung von Vergehen und Verbrechen außer Betracht fällt, § 12 Abs. 3 StGB,[4] die in § 40 Abs. 3 umschriebenen Fälle sind mithin Vergehen. Der Strafrahmen der Freiheitsstrafe beträgt hier von einem Jahr bis zu fünf Jahren.

§ 40 Abs. 1–3 sowie § 41 setzen eine vorsätzliche Begehung voraus, § 15 StGB. § 40 Abs. 4 stellt zudem die fahrlässige Begehung der Fälle des Absatzes 1 unter Strafe.

Die fahrlässige Begehung von § 41 ist eine Ordnungswidrigkeit gemäß § 42 Abs. 1. Zudem beschreibt § 42 Abs. 2 etliche vorsätzliche oder fahrlässige Pflichtenverstöße als Ordnungswidrigkeit.

§ 43 regelt darüber hinaus die Voraussetzungen der Einziehung.

---

[1] Dazu MüKo-Ambos, StGB, Band 1, 2017, § 3 Rn. 4, 6; Schönke, Schröder, Eser, StGB, 29. Aufl. 2014, § 3 Rn. 6.

[2] Eisele, Die Regelbeispielmethode im Strafrecht, 2004, S. 172 ff., S. 397 ff.

[3] BGH v. 21.04.1970 – 1 StR/45/70, BGHSt 23, 254, 256; BGH v. 18.11.1985 – 3 StR 281/85, BGHSt 33, 370, 373.

[4] Allg. hierzu vgl. Wessels, Beulke, Satzger, Strafrecht, Allg. Teil, 47. Aufl. 2017, Rn. 19 ff.

1. Das Verhältnis MPG – StGB, OWiG

Das MPG lässt die Verantwortlichkeit des Täters nach dem Kernstrafrecht bzw. 3
dem Ordnungswidrigkeitengesetz unberührt. Wird durch das Medizinprodukt ein
Mensch gefährdet, verletzt oder gar getötet, so besteht neben der durch die §§ 40 ff.
begründeten Verantwortlichkeiten jene nach dem Kernstrafrecht. Mit den vorsätzlichen und fahrlässigen Körperverletzungs- und Tötungsdelikten ist Tateinheit
möglich. Werden z. B. Aufsichtspflichten verletzt, kommt § 130 OWiG zusätzlich
zur Anwendung.

2. Bestimmtheitsgrundsatz, Art. 103 Abs. 2 GG, § 1 StGB

Die komplexe Struktur des Medizinprodukterechts bedingt, dass die Praxis sich 4
zusehends vom allgemeinen Strafrecht entfernt und sich das Medizinprodukterecht
sowie die hieran anknüpfenden Straftatbestände nach eigenen Grundsätzen entfalten. Neue Entwicklungen, politische Vorgaben, internationale Zusammenarbeit und
Vernetzung verlangen ständige Anpassung und Überprüfung der medizinproduktebezogenen Bereiche. Zahlreiche Verordnungen und sonstige untergesetzliche Regelungen ergänzen das kaum zu überschauende Regelwerk der Medizinprodukte. Dies
macht es dem Gesetzgeber nicht immer einfach, die zu regelnden Sachverhalte in
abstrakt generellen Straftatbeständen so zu erfassen, wie es später aus der ex post
Betrachtung unter den Gesichtspunkten von Strafwürdigkeit und Strafbedürftigkeit
geboten erscheint. Betrachtet man die §§ 40, 41 in diesem Licht, zeigt sich rasch,
dass nur wenige der strafbewehrten Verhaltensweisen aus sich heraus verständlich
sind. Ausgestaltet als Blanketttatbestände lässt sich ihr Sinn erst über vielschichtige
Verweisungsketten erschließen. Dies zeigt sich eindrücklich in § 41 Nr. 6, wonach
das vorsätzliche Zuwiderhandeln gegen eine Rechtsverordnung nach § 37 Abs. 2
S. 2, soweit sie für einen bestimmten Tatbestand auf diese Strafvorschrift verweist,
strafbewehrt ist. Nach § 42 wird das fahrlässige Zuwiderhandeln gegen § 41 Nr. 6
bußgeldrechtlich sanktioniert. Ergänzt wird diese Gesetzestechnik durch Generalklauseln, wie z. B. das „Inverkehrbringen ‚unmittelbar oder mittelbar gefährlicher'
oder sonst bedenklicher" Medizinprodukte i.S.v. § 4 und § 6, die „große Zahl von
Menschen", § 40 Abs. 3 Nr. 1, „aus grobem Eigennutz" und dem „Vermögensvorteil großen Ausmaßes", Nr. 3. Diese Formulierungen sind Ausdruck der kriminalpolitischen Entscheidung, die strafwürdigen und -bedürftigen Verhaltensweisen
im Umgang mit Medizinprodukten möglichst umfassend zu regeln. Hierzu stehen
Art. 103 Abs. 2 GG und § 1 StGB im Spannungsfeld. Die Verfassungsbestimmung
und die Eingangsnorm des Strafgesetzbuches erheben auch für das Nebenstrafrecht
den Anspruch, dass die Straftatbestände in Tragweite und Anwendungsbereich
deutlich zu erkennen sind und sich durch Auslegung ermitteln lassen.[5] Die komplexen, sich ständig verändernden Verweisungsketten der Straftatbestände des MPG

---

[5] Vgl. BVerfG v. 25.02.1962 – 2 BvL 4/62, BVerfGE 14, 245, 251; BVerfG v. 23.10.1985 – 1 BvR 1053/82, BVerfGE 71, 108, 114; BVerfG v. 09.12.2004 – 2 BvR 930/04.

zeigen die Gefahr, dass der fragmentarische und subsidiäre Charakter des Strafrechts und dessen Funktion, ethisches Minimum zu sein, aufgegeben wird. Auch wenn die auf das nulla-poena-sine-lege-Prinzip zurückgehenden Bedenken von der Rechtspraxis nicht durchgehend anerkannt werden, vielmehr unter Heranziehen der herkömmlichen Auslegungsmethoden ein Wertungsgleichklang zwischen den geregelten und dehnbar formulierten Merkmalen hergestellt wird,[6] verbleibt für den Adressaten oft der Eindruck der Rechtsunsicherheit. Auch wenn der Gesetzgeber in einem gewissen Maß auf auslegungsbedürftige Begriffe zurückgreifen muss, um der Vielgestaltigkeit des Medizinproduktewesens Rechnung zu tragen, stellt sich die Frage, ob bei den strafrechtlichen Ge- und Verboten die Grenze überschritten wurde. Soll die Garantiefunktion des Strafgesetzes beibehalten werden, dürfen die insbesondere durch europäische und internationale Vorgaben geprägten Regelungen im Medizinprodukterecht nicht dazu führen, dass die nebenstrafrechtlichen Bestimmungen der §§ 40 ff. zur Verweisungsquelle von anderswo geschaffenem Recht entwertet werden. Zudem ist die Judikative in besonderem Maß gefordert, den Folgen der Blankettnormierung bei der Anwendung auf den Einzelfall Rechnung zu tragen.

3. Räumlicher Geltungsbereich

5   Das deutsche Strafrecht sowie das Ordnungswidrigkeitenrecht und damit auch die §§ 40 setzen voraus, dass die zu ahndende Tat innerhalb des deutschen Staatsgebiets begangen wurde. Das Territorialitätsprinzip, § 3 StGB, § 5 OWiG, wird durch das Flaggenprinzip, § 4 StGB, ergänzt. Tatort ist jeder Ort, an dem der Täter gehandelt hat bzw. bei Unterlassen hätte handeln müssen oder an dem der zum Tatbestand gehörende Erfolg eingetreten ist bzw. nach der Vorstellung des Täters hätte eintreten müssen, § 9 Abs. 1 StGB, § 7 Abs. 1 OWiG. Für die Teilnahme gelten im Strafrecht folgende Regelungen: Bei Mittäterschaft, § 25 Abs. 2 StGB, § 14 OWiG,[7] genügt es, wenn im Inland nur ein Tatbeitrag eines Mittäters geleistet wird.[8] In diesem Fall wird aufgrund der gegenseitigen Anrechnung an jedem Ort, an dem ein Mittäter gehandelt hat, ein Tatort i.S.v. § 9 StGB begründet. Vergleichbares gilt für die mittelbare Täterschaft. Für den mittelbaren Täter kann sowohl aufgrund eigenen Handelns wie auch des zurechenbaren inländischen Handelns des Werkzeuges im Inland ein Tatort begründet werden.[9] Die Teilnahme ist sowohl an dem Ort begangen, an dem die Tat begangen wird als auch an jedem Ort, an dem der Teilnehmer gehandelt hat oder im Fall des Unterlassens hätte handeln müssen oder an dem nach

---

[6] So zu § 95 Abs. 1 i.V.m. § 5 AMG vgl. BVerfG v. 26.04.2000 – 2 BvR 1881/99 u. a., NJW 2000, 3417.

[7] Dem Ordnungswidrigkeitenrecht liegt der sog. Einheitstäterbegriff zugrunde, d. h. es wird weder zwischen den Täterschaftsformen noch den Teilnahmeformen differenziert, vgl. § 14 Abs. 1 S. 1 OWiG: „Beteiligen sich mehrere an einer Ordnungswidrigkeit, so handelt jeder von ihnen ordnungswidrig." Dazu Lemke, Mosbacher, Ordnungswidrigkeitengesetz, 2. Aufl. 2006, § 14 Rn. 1 ff.

[8] Werle, Jessberger, LK-StGB, § 9 Rn. 47.

[9] Lackner, Kühl, Heger, § 9 Rn. 3 m.w.N.

seiner Vorstellung die Tat begangen werden sollte. Darüber hinaus gilt die weite Regelung des § 9 Abs. 2 StGB, die insbesondere bei internationalen Forschungskooperationen große Probleme aufwirft. Hat der Teilnehmer an einer Auslandstat im Inland gehandelt, so gilt für die Teilnahme das deutsche Strafrecht, auch wenn die Tat nach dem Recht des Tatorts nicht mit Strafe bedroht ist. D. h. für die Teilnahmestrafbarkeit nach dem MPG kommt es nicht darauf an, ob die im Ausland begangene Haupttat nach dortigem Recht strafbar ist.[10]

Auf Straftaten, die im Ausland begangen werden, können zudem unter den Voraussetzungen der §§ 5–7 StGB deutsches Strafrecht und damit auch nichtstrafrechtliche Vorschriften, soweit sie für die Voraussetzungen und Folgen rechtswidriger Taten von Bedeutung sind, anwendbar sein.

4. Vollendetes vorsätzliches Delikt

a. Positives Tun – Unterlassung

Normalfall der gemäß §§ 40 f. pönalisierten Verhaltensweisen ist das vollendete Delikt. Das bedeutet, dass der Täter alle zur Tatbestandsverwirklichung erforderlichen Handlungen entweder durch aktives Tun oder durch pflichtwidriges Unterlassen, § 13 StGB, § 8 OWiG, bewirkt. Die Abgrenzung von positivem Tun und Unterlassen wurde nicht durch den Gesetzgeber vorgenommen, sondern bleibt Rechtsprechung und Wissenschaft überlassen. Die Unterscheidung ist dann notwendig, wenn das fragliche Verhalten nicht eindeutig ein Tun oder ein Unterlassen ist. Die Frage, welche Verhaltensform vorliegt, hat strafrechtlich durchaus Bedeutung. Denn die den in §§ 40 f. bezeichneten Handlungsformen entsprechenden Deliktsarten – Begehungsdelikte und unechte Unterlassungsdelikte – unterscheiden sich in ihren Strafbarkeitsvoraussetzungen und in der konkreten Bestimmung einzelner Tatbestandsmerkmale. So setzt die Bestrafung bzw. Ahndung wegen unechter Unterlassung voraus, dass dem Täter das verletzte Rechtsgut aufgrund einer Garantenstellung anvertraut gewesen ist und das pflichtwidrige Unterlassen dem positiven Tun wertungsmäßig entspricht, § 13 StGB, § 8 OWiG. 6

Tun und Unterlassen sind auch im Medizinprodukterecht nicht anhand ontologischer Kriterien, sondern nach normativen Kriterien voneinander abzugrenzen. Ob eine bestimmte Erwartung der §§ 40 f. MPG enttäuscht und damit unterlassen oder ob ein Verbot durch aktives Tun missachtet wurde, ist mittels des sozialen Sinns des Handelns oder des Schwerpunkts der Vorwerfbarkeit zu klären.[11] Körperverletzung kann z. B. in der Unterlassung des Rückrufs eines Produkts liegen, obgleich zureichende Anhaltspunkte bestanden, dass hiervon eine Gefährdung für die Patienten bzw. Anwender ausgeht.[12]

---

[10] Kritisch NK-Böse, StGB, 4. Aufl. 2013, § 9 Rn. 22 f.
[11] Zusammenfassend Schönke, Schröder, Stree, Bosch, vor §§ 13 ff. Rn. 158a m.w.N.; HK-Tag, StGB, 4. Aufl. 2017, § 13 Rn. 4 f.
[12] BGH v. 06.07.1990 – 2 StR 549/89, BGHSt 37, 106.

7   Der Täter des unechten Unterlassungserfolgsdelikts sowie der unechten Unterlassungsordnungwidrigkeit muss rechtlich dafür einzustehen haben, dass der Erfolg nicht eintritt, eine sog. Garantenstellung inne haben. Diese Voraussetzung gilt auch für die durch Unterlassen verwirklichten schlichten Tätigkeitsdelikte, namentlich die abstrakten Gefährdungsdelikte.[13] Die in der Rechtswidrigkeit verortete Garantenpflicht folgt aus der im objektiven Tatbestand beheimateten und im Gesetz nicht weiter präzisierten Garantenstellung.[14] Die Umstände, die die Garantenstellung begründen, sind ungeschriebene Tatbestandsmerkmale der unechten Unterlassungsdelikte.[15]

Die Garantenstellung muss eine objektive Rechtspflicht zu Handeln begründen,[16] die bloß faktische Möglichkeit der Erfolgsabwendung[17] genügt nicht. Sie folgt entweder aus der Schutzpflicht für bestimmte Rechtsgüter oder aus der Verantwortlichkeit für eine bestimmte Gefahrenquelle.[18] Die Verantwortlichkeiten können einerseits begründet werden durch Gesetz, z. B. durch die Pflichten des MPG, durch freiwillige Übernahme, Sonderpflichteneigenschaft[19] oder andererseits durch pflichtwidriges gefährdendes Vorverhalten, Verkehrssicherungspflichten oder auch das Inverkehrbringen von Produkten, so z. B. der Handel mit nicht dem Stand der Wissenschaft entsprechenden Medizinprodukten.

b. Kausalität, objektive Zurechnung

8   Die bei den Erfolgsdelikten erforderliche Kausalität wird bei aktivem Tun und Unterlassen unterschiedlich bestimmt. Bei positivem Tun gilt die sog. conditio-sine-qua-non-Formel. Danach ist Ursache jede Bedingung, die nicht hinweg gedacht werden kann, ohne dass der konkrete Erfolg mit an Sicherheit grenzender Wahrscheinlichkeit entfiele.[20] Beim Unterlassen bedarf diese Formel der Umkehrung, um die Kausalität zwischen dem Untätigbleiben und dem tatbestandsmäßigen Erfolg feststellen zu können. Quasi-kausal ist ein Unterlassen, falls die unterlassene Handlung nicht hinzugedacht werden kann, ohne dass der konkrete Erfolg mit an Sicherheit grenzender Wahrscheinlichkeit[21] entfiele, d. h. bei Vornahme der pflichtgemäßen

---

[13] BGH v. 01.07.1997 – 1 StR 244/97, NStZ 1997, 545; BGH v. 02.12.2000 – 1 StR 184/00, BGHSt 46, 212.

[14] BT-Drucks. IV/650, S. 124 ff.

[15] BGH v. 25.07.2000 – 1 StR 162/00, NJW 2000, 3013; BGH v. 29.05.1961 – GSSt 1/61, BGHSt [GrS] 16, 155, 158; OLG Stuttgart v. 13.02.2003 – 1 Ws 15/03, NStZ 2003, 554.

[16] BGH v. 12.02.1952 – 1 StR 59/50, BGHSt 2, 150, 153.

[17] BVerfG v. 21.11.2002 – 2 BvR 2202/01, NJW 2003, 1030.

[18] Näher HK-Tag, § 13 Rn. 15 ff.

[19] BGH v. 12.02.1952 – 1 StR 59/50, BGHSt 2, 150, 153; BGH v. 29.11.1963 – 4 StR 390/63, BGHSt 19, 167, 168.

[20] BGH v. 05.10.1951 – 2 StR 163/51, BGHSt 1, 332; BGH v. 08.07.1987 – 2 StR 269/87, NJW 1987, 2940; a.A. Lehre von der gesetzmäßigen Bedingung, vgl. z. B. Puppe, Die Erfolgszurechnung im Strafrecht, 2000, S. 71.

[21] BGH v. 19.04.2000 – 3 StR 442/99, NJW 2000, 2754, 2757; BGH v. 23.05.2000 – 4 StR 157/00, NStZ 2000, 583.

Handlung der tatbestandsmäßige Erfolg ausgeblieben wäre.[22] Weder die bloße Risikoverringerung noch die bloße, wenn auch große Wahrscheinlichkeit[23] genügt für die für eine vollendete Tat vorausgesetzte Ursächlichkeit des Unterlassens.[24]

Entsprechend den allgemeinen Prinzipien der strafrechtlichen Äquivalenztheorie kommt es weder auf die Qualität der einzelnen mitbeteiligten Ursachen noch auf ihren quantitativen Anteil am verursachten Erfolg an. Auch die Detailgenauigkeit der kausalen Erklärung ist normativ zu bestimmen. Eine naturwissenschaftlich exakte Identifikation der einzelnen Faktoren ist nicht erforderlich, soweit es zumindest möglich ist, den Zusammenhang zwischen Ursache und Wirkung als solchen zu klären.

Darüber hinaus setzt die strafrechtliche Kausalität keine absolute Gewissheit voraus. Genügend ist ein aufgrund der Lebenserfahrung ausreichendes Maß an Sicherheit, das keinen vernünftigen Zweifel bestehen lässt.[25] Dies gilt auch bei sehr komplexen und naturwissenschaftlich nicht bis ins kleinste Detail erforschten Vorgängen,[26] wie z. B. die Gefährdung oder Schädigung des menschlichen Organismuses durch den Einsatz von Medizinprodukten. Die Grenze der zulässigen Würdigung ist aber erreicht, wenn sie den Gesetzen der Logik und dem gesicherten wissenschaftlichen Erfahrungswissen widerspricht.

Hebt ein nachfolgendes Ereignis die Fortwirkung einer früheren Bedingung auf und eröffnet eine andere Ursachenreihe, die den Erfolg allein bewirkt, wird der Kausalverlauf durch diese überholende Kausalität unterbrochen. Alternative Kausalität liegt vor, wenn verschiedene, unabhängig voneinander gesetzte Umstände zusammenwirken, die zwar auch für sich allein zur Erfolgsherbeiführung genügen, tatsächlich aber alle im eingetretenen Erfolg wirksam geworden sind. Hiervon ist die kumulative Kausalität zu unterscheiden, bei welcher erst das Zusammentreffen zweier unabhängig voneinander vorgenommener Handlungen den pönalisierten Erfolg bewirkt.

Mit der Feststellung der Kausalität ist die Frage nach der objektiven Zurechnung eng verbunden. Das bedeutet, dass das konkrete Geschehen einen Verstoß gegen die in §§ 40 ff. normierten Ge- und Verbote enthalten muss und der Erfolg bei Vornahme der Handlung als zumindest mögliche Folge vorhersehbar ist. Zentral ist hierbei, ob der Täter für das geschützte Rechtsgut eine rechtlich relevante Gefahr geschaffen hat, die sich im tatbestandsmäßigen Erfolg realisiert. Bedeutung kommt

---

[22] St. Rechtspr., vgl. RG v. 20.01.1930 – II 230/29, RGSt 63, 393; BGH v. 01.03.1955 – 5 StR 583/54, NJW 1955, 718; BGH v. 06.07.1990 – 2 StR 549/89, BGHSt 37, 106, 126; BGH v. 23.05.2000 – 4 StR 157/00, NStZ 2000, 583; Schönke, Schröder, Sternberg-Lieben, Schuster, § 15 Rn 174 ff. m.w.N.

[23] BGH v. 06.03.2003 – 4 StR 493/02, NStZ 2004, 294, 296.

[24] A.A. die sog. Risikoerhöhungslehre, vgl. z. B. Stratenwerth in: Lackner, Gallas, Leferenz (Hrsg.), Gallas-FS, 1973, S. 227, 237.

[25] Vgl. z. B. BGHR StPO § 261 Überzeugungsbildung 2; BGH 29.10.2003 – 5 StR 358/03, BeckRS 2003 30331795.

[26] Zur Holzschutzmittelentscheidung des Bundesgerichtshofes vgl. BGH v. 02.08.1995 – 2 StR 221/94, NJW 1995, 2930; zur Kausalität vgl. Hilgendorf, NStZ 1994, 561 ff.

zudem dem sog. Pflichtwidrigkeitszusammenhang zu. Das bedeutet, dass nach der Rechtspraxis dem pflichtwidrig handelnden Täter das Risiko, das sich im tatbestandsmäßigen Erfolg niedergeschlagen hat, dann nicht zuzurechnen ist, wenn der Erfolg mit an Sicherheit grenzender Wahrscheinlichkeit auch bei pflichtgemäßem Verhalten eingetreten wäre.[27]

c. Vorsatz, Fahrlässigkeit

11 § 40 Abs. 1–3 und § 41 setzen Vorsatz im Hinblick auf die objektiven Tatbestandsmerkmale voraus; § 40 Abs. 4, § 42 Abs. 1 erfordern Fahrlässigkeit; § 42 Abs. 2 ist sowohl vorsätzlich wie fahrlässig begehbar. Bei der Frage des Vorsatzerfordernisses werden die Strafzumessungsmerkmale der Regelbeispiele des § 40 Abs. 3 wie Tatbestandsmerkmale behandelt.[28] Hat der Täter von ihrer Verwirklichung keine Kenntnis, scheidet eine Zurechnung der Regelbeispiele aus, in Betracht kann aber ein sog. unbenannter schwerer Fall kommen. Vorsatzkenntnis bedeutet Kenntnis der Tatumstände. Nicht verlangt ist, dass der Beschuldigte den fraglichen Sachverhalt juristisch korrekt subsumiert, er muss freilich den rechtlich-sozialen Bedeutungsgehalt des Tatumstands nach Laiensicht richtig erfasst haben.[29] Der Vorsatz muss zudem zum Zeitpunkt der Tatbestandsverwirklichung vorliegen, § 15 StGB,[30] nicht aber den Tatort, vgl. § 9 StGB, § 7 OWiG, umfassen, da dieser nicht zum Tatbestand gehört.[31]

12 Vorsatz wird herkömmlicherweise in drei Formen vorliegen: Dolus directus 1. Grades, sog. Absicht, ist gegeben, wenn der tatbestandliche Erfolg das (End- oder notwendige Zwischen-)Ziel des Täterhandelns ist, er mit unbedingtem zielgerichteten Erfolgswillen handelt.[32] Den Eintritt des Erfolgs muss der Täter (zumindest) für möglich halten. Dolus directus 2. Grades, sog. direkter Vorsatz, ist anzunehmen, wenn der Täter weiß oder als sicher voraussieht, dass sein Handeln zur Verwirklichung des gesetzlichen Tatbestands führt. Darauf, ob dem Täter der Eintritt des Erfolgs erwünscht oder unerwünscht ist, kommt es nicht an. Dolus eventualis, sog. Eventualvorsatz, liegt vor, wenn der Täter die Verwirklichung des Tatbestands ernstlich für möglich hält und sich damit abfindet, dass sein Verhalten zur Verwirklichung des Tatbestands führt. Soweit der jeweilige Straftatbestand keine besondere Vorsatzform erfordert, genügt bereits dolus eventualis den gesetzlichen Anforderungen.

---

[27] BGH v. 25.09.1957 – 4 StR 354/57, BGHSt 11, 1; BGH v. 06.07.1990 – 2 StR 549/89, NJW 1990, 2560, 2563 (Lederspray-Entscheidung); a.A. die sog. Risikoerhöhungslehre, wonach eine Erfolgszurechnung schon erfolgt, wenn das Risiko des Erfolgseintritts bei pflichtgemäßem Täterverhalten geringer gewesen wäre, vgl. Roxin, Strafrecht AT I, 4. Aufl. 2006, § 11 Rn. 87 ff.
[28] BGH v. 26.211.1975 – 3 StR 422/75, BGHSt 26, 244; Lackner, Kühl, Kühl, StGB, 28. Aufl. 2014, § 46 Rn. 11; Schönke, Schröder, Sternberg-Lieben, Schuster, § 15 Rn. 31.
[29] BGH v. 23.10.1952 – 5 StR 480/52, BGHSt 3, 248; Wessels, Beulke, Rn. 242 ff. m.w.N.
[30] BGH v. 13.11.2003 – 3 StR 282/03, NStZ 2004, 386.
[31] Vgl. Rogall, KK-OWiG, 4. Aufl. 2014, § 7 Rn. 25 m.w.N.
[32] BGH v. 26.07.1967 – 2 StR 368/67, BGHSt 21, 283.

Aufgrund des unterschiedlichen Strafrahmens in § 40 Abs. 4 bzw. der Umstufung in eine Ordnungswidrigkeit, § 42 Abs. 1, ist die Abgrenzung von dolus eventualis und bewusster Fahrlässigkeit im Medizinprodukterecht von erheblicher praktischer Bedeutung. Gemeinsam ist beiden Erscheinungsformen, dass der Täter mit der Tatbestandsverwirklichung als möglich und nicht fernliegend rechnet. Er kennt die Gefahr, die mit seinem Verhalten begründet wird (intellektuelles Element). Im Bereich des Wollens finden sich jedoch deutliche Unterscheidungen. Bei Eventualvorsatz findet sich der Täter mit der Verwirklichung des Tatbestands zumindest ab, steht dem Erfolg gleichgültig gegenüber, während er bei bewusster Fahrlässigkeit auf das Ausbleiben des Erfolgs positiv vertraut.[33] Dies ist u. a. dann der Fall, wenn er mögliche Gefahren effektiv auszuschließen versucht.

d. Irrtum

Irrt der Täter, so ist zwischen einer Fehleinschätzung über Tatumstände, § 16 Abs. 1 S. 1 StGB, § 11 Abs. 1 OWiG, und dem Verbotsirrtum des Täters, § 17 StGB, § 11 Abs. 2 OWiG, zu unterscheiden. Während der Tatbestandsirrtum den Vorsatz des Täters ausschließt, die Strafbarkeit wegen fahrlässiger Begehung aber unberührt bleibt, wenn – wie in § 40 Abs. 4 – die fahrlässige Begehung des Delikts mit Strafe bedroht ist, lässt der Verbotsirrtum das aktuelle Unrechtsbewusstsein entfallen. Ist er unvermeidbar, entfällt die Schuld, anderenfalls kann die Strafe nach § 49 Abs. 1 StGB gemildert werden. Im Bereich der Ordnungswidrigkeiten kann der vermeidbare Verbotsirrtum gemäß § 17 Abs. 3 OWiG bei der Bemessung der Geldstrafe berücksichtigt werden. Ein Tatbestandsirrtum besteht, wenn der Täter bei Begehung der Tat ein tatsächlich vorliegendes Tatbestandsmerkmal nicht kennt oder über sein Vorliegen irrt. Von einem Erlaubnistatbestandsirrtum wird gesprochen, wenn der Täter sich irrtümlich Umstände vorstellt, die – lägen sie tatsächlich vor – die Voraussetzungen eines anerkannten Rechtfertigungsgrunds erfüllen und die Tat rechtfertigen würden.

Die Folgen des Erlaubnistatbestandsirrtums sind umstritten. Die von der Rechtspraxis vertretene eingeschränkte Schuldtheorie stellt den Irrtum über die tatsächlichen Voraussetzungen eines Rechtfertigungsgrunds dem Tatbestandsirrtum des § 16 Abs. 1 StGB, § 11 Abs. 1 OWiG gleich.[34] Die Tat ist nicht rechtswidrig. Anders die rechtsfolgenverweisende eingeschränkte Schuldtheorie: sie behandelt den Erlaubnistatbestandsirrtum nur in den Rechtsfolgen gemäß § 16 Abs. 1 StGB, § 11 OWiG, indem sie die Vorsatzschuld entfallen lässt. Die Tat ist hier rechtswidrig, aber nicht schuldhaft. Beruht der Irrtum auf einem Sorgfaltsmangel, kommt analog § 16 Abs. 1 S. 2 StGB, § 11 Abs. 1 S. 2 OWiG eine Fahrlässigkeitsstrafbarkeit in Betracht, soweit die Fahrlässigkeit mit Strafe bedroht ist.[35] Irrt sich der Täter über die rechtlichen Grenzen eines anerkannten Rechtfertigungsgrunds oder geht er vom

13

---

[33] Ein guter Überblick zu den zahlreichen Abgrenzungstheorien findet sich bei Hillenkamp, 32 Probleme aus dem Strafrecht - Allgemeiner Teil - 14. Aufl. 2012, 1. Problem m.w.N.
[34] BGH v. 11.12.2003 – 3 StR 120/03, NJW 2004, 1054, 1056; Lackner, Kühl, Kühl § 17 Rn. 10 ff.
[35] Stellvertretend für viele Fischer, StGB, 64. Aufl. 2017, § 16 Rn. 22d.

Bestehen eines von der Rechtsordnung nicht anerkannten Rechtfertigungsgrunds aus, so gelten für diesen Erlaubnisirrtum die § 17 StGB, § 11 Abs. 2 OWiG.

5. Die Versuchsstrafbarkeit im MPG

a. Allgemeines

14   Eine vorsätzlich begangene Straftat nach §§ 40, 41 bzw. eine vorsätzliche Ordnungswidrigkeit nach § 42 kann im Versuchsstadium stecken bleiben. In diesem Fall kann das regelwidrige Verhalten nur unter Beachtung bestimmter Vorgaben geahndet werden. So ist der Versuch des Vergehens oder einer Ordnungswidrigkeit nur dann straf- bzw. ahndbar, wenn das Gesetz es ausdrücklich bestimmt, § 23 Abs. 1 StGB, § 13 Abs. 2 OWiG. Im Medizinproduktegesetz ist ein strafbarer Versuch nur in § 40 Abs. 2 vorgesehen, nicht aber in § 41 und § 42. Allerdings sind die weit in den Versuchsbereich hinein ragenden Tatbestände der §§ 40 ff. sehr schnell vollendet, so dass die Frage der Versuchsstrafbarkeit keinen allzu großen Raum einnimmt.

b. Tatentschluss, unmittelbares Ansetzen

15   Grundlage des Versuchs ist der Tatentschluss. Er umfasst den Vorsatz, der sich auf alle objektiven Tatumstände des Delikts beziehen muss und auf die sonstigen subjektiven Tatbestandsmerkmale. Das Gesetz geht folglich davon aus, dass es einen strafbaren fahrlässigen Versuch nicht gibt. Im objektiven Bereich erfordert der Versuch ein unmittelbares Ansetzen, § 22 StGB. Dies liegt vor, wenn das vorsätzliche Tun bzw. pflichtwidrige Unterlassen die regelmäßig straflose Vorbereitungshandlung zwar überschritten hat, die Tat aber nicht vollendet ist. Die Schwelle zum Versuch ist stets überschritten, wenn der Täter bereits die tatbestandsmäßige Handlung oder Teile davon verwirklicht hat.[36] Davor kann ein unmittelbares Ansetzen in Betracht kommen, wenn der Täter eine Handlung vornimmt, die nach seiner Vorstellung der tatbestandsmäßigen Handlung so dicht vorgelagert ist, dass sie bei ungestörtem Fortgang ohne wesentliche Zwischenschritte unmittelbar in die Ausführungshandlung einmündet. Dies gilt auch im Nebenstrafrecht.[37] Weitere Hinweise sind, ob das geschützte Rechtsgut aus der Sicht des Täters bereits unmittelbar in Gefahr geraten ist,[38] ob der Täter die Schwelle zum „jetzt geht's los" überschritten hat.

c. Fehlschlag, Rücktritt

16   Wurde zur Straftat unmittelbar angesetzt, ist unter dem Aspekt des strafbefreienden Rücktritts, vgl. § 24 StGB, zu klären, ob es sich um einen unbeendeten, beendeten

---

[36] BGH v. 09.07.1996 – 1 StR 288/96, NStZ 1997, 31 ff.
[37] BGH v. 12.08.1997 – 1 StR 234/97, BGHSt 43, 177; ausführlich zur Anwendbarkeit der Zwischenaktslehre auch im Nebenstrafrecht Hillenkamp, LK-StGB, § 22 Rn. 117 f.
[38] BGH v. 25.10.1994 – 4 StR 173/94, NStZ 1995, 120.

oder fehlgeschlagenen Versuch handelt. Nach der von der Rechtsprechung vertretenen Lehre vom Rücktrittshorizont[39] ist zu der Beurteilung dieser Frage auf den Zeitpunkt der letzten Ausführungshandlung abzustellen. Steht dem Täter ohne größere zeitliche, räumliche Zäsur die Möglichkeit zur Verfügung, die Tat noch zu vollenden, sieht er aber davon ab, liegt regelmäßig ein unbeendeter Versuch vor. Hier kann der Täter durch bloßes freiwilliges Aufgeben von der Tat zurücktreten. Bestehen für den Täter keine derartigen Möglichkeiten, muss er vielmehr einen neuen Kausalverlauf in Gang setzen, um die Vollendung noch zu bewirken, liegt in der Regel ein beendeter Versuch vor. Rücktritt ist hier nur möglich, wenn der Täter seine Tathandlung freiwillig rückgängig macht oder sich zumindest ernsthaft um das Ausbleiben des Erfolgs bemüht.

Kann der Versuch von vornherein nicht gelingen, weil Tatbestandsmerkmale fehlen, die der Täter irrig für gegeben hält,[40] liegt ein untauglicher Versuch vor. Die Fehlvorstellung kann sich auf die Tauglichkeit des Objekts, des Mittels oder des Subjekts[41] beziehen. Bei einem Fehlschlag[42] ist der Rücktritt freilich ausgeschlossen. Ein solcher liegt vor, wenn der Täter die Faktoren kennt, die ihn daran hindern, im unmittelbaren Fortgang den erstrebten Erfolg noch herbeizuführen. Entsprechendes gilt, wenn objektiv die Möglichkeit der Vollendung der Tat noch gegeben wäre, der Täter die Mittel, die er dazu benötigt, aber nicht kennt oder nicht verwenden kann, etwa weil er sie objektiv nicht beherrscht oder subjektiv zu ihrer Anwendung nicht in der Lage ist.[43] Liegt ein wirksamer Rücktritt nach § 24 StGB vor, ist der Versuch straflos. Eine im Deliktsversuch ggf. enthaltene andere vollendete Straftat bleibt grundsätzlich strafbar.[44]

6. Täterschaft

a. Allgemeines

Das Strafrecht – und damit auch die nebenstrafrechtlichen Bestimmungen der §§ 40 f. – kennt verschiedene Täterschafts- und Teilnahmeformen. Damit unterscheidet es sich vom Ordnungswidrigkeitenrecht, das vom sog. Einheitstäterbegriff ausgeht, § 14 OWiG.[45] Ist z. B. eine Ordnungswidrigkeit nach § 42 festgestellt, werden alle Beteiligten zu „Tätern". Bei der Festlegung der Geldbusse kann die Art der Beteiligung jedoch Berücksichtigung finden, § 17 OWiG.

---

[39] BGH v. 19.05.1993 – GGSt 1/93, BGHSt 39, 221, 227; Lilie, Albrecht, LK-StGB, § 24 Rn. 104 m.w.N.

[40] BGH v. 09.07.1954 – 1 StR 677/53, BGHSt 6, 251.

[41] Str., vgl. Hillenkamp, LK-StGB, § 22 Rn. 230 ff. m.w.N.

[42] Lilie, Albrecht, LK-StGB, § 24 Rn. 84 ff. m.w.N.

[43] BGH v. 10.04.1986 – 4 StR 89/86, NJW 1986, 2325.

[44] BGH v. 14.02.1996 – 3 StR 445/95, BGHSt 42, 43.

[45] Bohnert, Krenberger, Krum, OWiG, 4. Aufl. 2016, § 14 Rn. 1.

b. Täterschaft

19 Täterschaft im Sinne des Strafrechts umfasst die unmittelbare, mittelbare oder gemeinschaftliche Begehung einer eigenen Straftat, § 25 StGB; Teilnahme i.S.v. §§ 26 f. StGB ist die Beteiligung an einer fremden Tat. Ob ein Tatbeteiligter eine Tat als Täter oder Teilnehmer begeht, wird in wertender Betrachtung festgestellt, entscheidend sind die gesamten Umstände, die von seiner Vorstellung umfasst sind. Wesentliche Anhaltspunkte für die Täterschaft sind der Grad des eigenen Interesses am Erfolg der Tat, der Umfang der Beteiligung, die Tatherrschaft oder zumindest der Wille zur Tatherrschaft, so dass Durchführung und Ausgang der Tat maßgeblich auch vom Willen des Betreffenden abhängen.[46] Diese Merkmale erlauben es, jeden Tatbeitrag so zu erfassen, wie es seinem sachlichen Gewicht und seinem besonderen Verhaltensunwert entspricht.

20 Unmittelbarer Täter (Alleintäter) ist, wer die Straftat in eigener Person selbst begeht, d. h. alle Deliktsvoraussetzungen selbst erfüllt. Mittelbarer Täter ist demgegenüber, wer die Tat „durch einen anderen" begeht, d. h. einen anderen Menschen als Werkzeug einsetzt.[47] Die unterlegene Stellung des Werkzeuges und die überlegene des Hintermannes können sich in vielfältiger Weise ergeben. Werkzeug kann sein, wer selbst nicht den Straftatbestand erfüllt, weil es z. B. ohne Vorsatz oder ohne die geforderte spezifische Absicht, gerechtfertigt, schuldunfähig oder schuldlos handelt und der Hintermann dieses „Defizit" kraft seiner Tatherrschaft und seines planvoll lenkenden Willens zur Tatbestandsverwirklichung ausnutzt.[48] Mittelbarer Täter kann auch derjenige sein, der bestimmte Rahmenbedingungen durch Organisationsstrukturen schafft, die regelhafte Abläufe auslösen, wenn er diese Bedingungen ausnutzt, um die erstrebte Tatbestandsverwirklichung herbeizuführen. Dies gilt unabhängig davon, ob die unmittelbaren Täter schuldhaft handeln.[49] Bei echten Sonderdelikten kann nur Täter sein, wem eine strafbarkeitsbegründende Sonderpflicht obliegt.

Mittäterschaft ist die gemeinschaftliche Begehung einer Straftat durch bewusstes und gewolltes Zusammenwirken, § 25 Abs. 2 StGB. Sie fußt auf dem Grundsatz der Arbeits- und der funktionellen Rollenverteilung. Die objektiven Tatbeiträge können im Rahmen der Ausführung, aber auch schon im Vorbereitungsstadium geleistet werden. Bei Letzterem muss das eventuelle Defizit bei der Ausführung durch das Gewicht im Vorbereitungsstadium ausgeglichen werden.[50]

---

[46] BGH v. 26.06.2001 – 5 StR 69/01, wistra 2001, 420.

[47] Lackner, Kühl, Kühl, § 25 Rn. 2. Zur Konstruktion des Täters hinter dem Täter vgl. BGH v. 26.07.1994 – 5 StR 98/94, BGHSt 40, 218 = JZ 1995, 49 m. Anm. Roxin; Wabnitz, Janovsky, III. 1 Rn. 60.

[48] Zum undolosen Werkzeug vgl. OLG München v. 08.08.2006 – 4 St RR 135/06, NJW 2006, 3364.

[49] BGH v. 22.06.2000 – 5 StR 268/99; BGH v. 06.06.1997 – 2 StR 339/96.

[50] BGH v. 25.10.1994 – 4 StR 173/94, BGHSt 40, 299; Schönke, Schröder, Heine, Weißer, § 25 Rn. 67 ff. m.w.N. (str.).

Nebentäterschaft liegt vor, wenn mehrere Personen unabhängig voneinander den Eintritt eines tatbestandsmäßigen Erfolgs bei ein und demselben Tatobjekt bewirken. Für sie gelten die allgemeinen Regeln.

c. Handeln für einen anderen

In Deutschland[51] ist nach wie vor die Strafbarkeit[52] von Unternehmen nicht eingeführt. Daher können Täter nach §§ 40 ff. nur natürliche Personen sein. Ist der Adressat des Delikts bzw. einer Ordnungswidrigkeit eine juristische Person oder Personengesellschaft des privaten oder öffentlichen Rechts, sind die §§ 14 StGB, 9 OWiG zu beachten. Danach kann eine Überwälzung der Haftung auf die für sie handelnden Organe bzw. Organmitglieder stattfinden, wenn besondere persönliche Merkmale die Strafbarkeit begründen. Die Bestimmungen gelten auch für faktische Organe und Vertreter, vgl. §§ 14 Abs. 3 StGB, 9 Abs. 3 OWiG. Sind neben ihnen formell ordnungsgemäß bestellte Mitglieder der Geschäftsleitung nebeneinander tätig, ist das faktische Organ etc. nur strafrechtlich haftbar, wenn ihm ein deutliches Übergewicht gegenüber den ordnungsgemäß Bestellten zukommt.[53] Ob für die Erlangung einer faktischen Geschäftsführerstellung das Einverständnis aller Gesellschafter erforderlich ist oder das der Mehrheit genügt, ist strittig. Da an die Legitimation des faktischen Geschäftsführers einer GmbH keine höheren Anforderungen gestellt werden sollen, als an die förmliche Bestellung des Organs, soll auch für die faktische Bestellung die Mehrheit ausreichen.[54] Die einseitige Anmaßung der Leitungsmacht kann eine faktische Organstellung für die Gesellschaft nicht begründen.[55] Bei den sog. „Strohmann- bzw. Strohfrauffällen", bei welchen zwar nach außen wirksam bestellte Organe oder Geschäftsführer handeln, die Firma aber faktisch von einem Hintermann geleitet wird, fehlt in der Regel die tatsächliche Herrschaft der Strohfigur, die allein durch den Rechtsschein der Eintragung ins Handelsregister nicht ersetzt werden kann.[56]

21

Neben der Organ- und Vertreterhaftung kann im Rahmen der §§ 40 ff. die Substitutenhaftung relevant werden. §§ 14 Abs. 2 Nr. 1 StGB, 9 Abs. 2 Nr. 1 OWiG setzen voraus, dass der Handelnde vom Inhaber des Betriebs oder dem sonst dazu Befugten zur Leitung eines Betriebs oder Unternehmens oder Teilen davon beauftragt ist. Nr. 2 erweitert die Haftung jeweils auf ausdrücklich Beauftragte bezüglich der Wahrnehmung von Aufgaben, die dem Inhaber des Betriebs obliegen. Die Übertragung erfordert zwar keine Schriftform, aber eine nachdrückliche und

22

---

[51] Anders Art. 102 des schweizerischen StGB.
[52] Zur Geldbusse gegen juristische Personen und Personenvereinigungen vgl. § 30 OWiG, zur Haftung wegen Aufsichtspflichtverletzung vgl. § 130 OWiG.
[53] OLG Düsseldorf v. 16.10.1987 – 5 Ss 193/87 – 200/87 I, wistra 1989, 152; Wabnitz, Janovsky, 7 B. I 1. c Rn. 280 ff.
[54] Dazu neigt OLG Karlsruhe, v. 07.03.2006 – 3 Ss 190/05, NStZ 2007, 648 f.
[55] BGH v. 10.05.2000 – 3 StR 101/00, NStZ 2000, 537.
[56] BGH v. 22.09.1982 – 3 StR 287/82, BGHSt 31, 118, 123; OLG Hamm v. 10.02.2000 – 1 Ss 1337/99, NStZ-RR 2001, 173 f. „Strohfrau".

unmissverständliche Mitteilung an den Beauftragten, sodass er seine Pflichten aus der Beauftragung klar erkennen kann. Zudem ist der Auftrag in Eigenverantwortung wahrzunehmen[57] und der Beauftragte muss die aufgrund dieses Auftrags übertragenen Pflichten verletzen.

23 Die Haftungserweiterung nach den §§ 14 StGB, 9 OWiG entlastet nicht die primär verpflichteten natürlichen Personen, falls sie den straf- bzw. bußgeldbewehrten Pflichten oder ihrer Überwachungspflicht den Beauftragten gegenüber nicht nachgekommen sind. Zentral ist zudem die persönliche Verantwortung der Mitglieder einer aus mehreren Personen bestehenden Geschäftsleitung, die z. B. über Rückruf oder Nichtrückruf eines Produkts entscheidet. Sie wurde von der Rechtsprechung in der sog. Ledersprayentscheidung[58] entfaltet und ist auf die Pflichtenstellung der Geschäftsführer, Organe etc. von Medizinprodukteherstellern etc. anwendbar. Es gilt das Prinzip der Gesamtverantwortung[59] und Allzuständigkeit[60] der Geschäftsleitung". Hersteller und Betriebsleiter, die Produkte in den Verkehr bringen, deren bestimmungsgemäße Verwendung für die Verbraucher unerwartet die Gefahr des Eintritts gesundheitlicher Schäden begründet, sind zur Schadensabwendung verpflichtet. So dürfen z. B. nach § 6 Abs. 2 Medizinprodukte mit der CE-Kennzeichnung nur versehen werden, wenn die grundlegenden Anforderungen nach § 7 i.V.m. den dort bezeichneten EU-Richtlinien erfüllt und das Konformitätsbewertungsverfahren nach der Medizinprodukteverordnung durchgeführt worden ist. Wird diese Pflicht von der Geschäftsleitung schuldhaft vernachlässigt, haften die Mitglieder nach den allgemeinen Regeln auch strafrechtlich für die verursachten Schäden. Es besteht insbesondere die Verpflichtung zum Rückruf bereits in den Handel gelangter, gesundheitsgefährdender Produkte. Jeder Verpflichtete muss alles ihm Mögliche und Zumutbare tun, um die Rückrufentscheidung herbeizuführen. Beschließen die Geschäftsführer einer GmbH einstimmig, den gebotenen Rückruf zu unterlassen, so haften sie für die Schadensfolgen der Unterlassung als Mittäter.[61] Etwas anderes gilt, wenn innerhalb eines arbeitsteilig organisierten Produktionsprozesses Fehler geschehen, die nach dem Inverkehrbringen Schäden Dritter auslösen, der Produktfehler aber in der ausschließlichen Verantwortung eines Einzelnen liegt.

7. Teilnahme

24 Im Strafrecht und damit im Anwendungsbereich von §§ 40, 41 wird – anders als im Ordnungswidrigkeitenrecht – zwischen Täterschaft und Teilnahme unterschieden. Wegen Anstiftung ist strafbar, wer vorsätzlich einen anderen zu dessen vorsätzlich begangener rechtswidriger Tat bestimmt hat, § 26 StGB. War die Person als sog.

---

[57] BT-Drs. V/1319, S. 65 [zu § 9 OWiG]: „Die Verantwortung setzt Freiheit des Handelns und damit die Befugnis zur Entscheidung voraus".
[58] BGH v. 06.07.1990 – 2 StR 549/89, NStZ 1990, 588.
[59] Näher hierzu Deutscher, Körner, wistra 1996, 292 und 327; Kühne, NJW 1997, 1951 ff.
[60] Schmidt-Salzer, NJW 1990, 2966 f.
[61] Zur Kausalität bei Gremienentscheidungen vgl. z. B. Hilgendorf, NJW 1994, 561.

„omnimodo facturus" bereits zur konkreten Tat entschlossen, kommen unter den Voraussetzungen von § 30 StGB beim Verbrechen ein strafbarer Anstiftungsversuch, ggf. zudem auch eine psychische Beihilfe[62] in Betracht.

Beihilfe übt, wer vorsätzlich einem anderen zu dessen vorsätzlich begangener rechtswidriger Tat Hilfe geleistet hat, § 27 StGB. Die Hilfeleistung muss für den Erfolg nicht ursächlich sein.[63] Es genügt, wenn der Gehilfe dem Täter die Tat erleichtert, ihre Erfolgsaussichten erhöht oder ihre Auswirkungen intensiviert, mithin die Herbeiführung des Taterfolgs durch den Täter in irgendeiner Weise objektiv fördert.[64] Dies kann schon im Vorbereitungsstadium der später vollendeten oder zumindest ins strafbare Versuchsstadium gelangten Haupttat geschehen, solange die Teilnahmehandlung mit dem Willen und dem Bewusstsein geleistet wird, diese Haupttat zu fördern. Ist der Haupttäter auf jeden Fall zur Durchführung seiner Tat entschlossen, so kann die hierzu geleistete Unterstützung dennoch als Beihilfe gewertet werden.[65]

Beihilfe durch Unterlassen bemisst sich auch im Medizinprodukterecht nach den allgemeinen Grundsätzen. Zentral ist, ob eine Rechtspflicht zum Handeln bestand.[66] Die bloße Kenntnis von der Begehung der Tat und deren Billigung ohne einen die Tat objektiv fördernden Beitrag reicht jedoch für die Annahme von Beihilfe nicht aus.

Weder dem Anstifter noch dem Gehilfen kommt eigene Tatherrschaft zu. Der Anstifter weckt den Tatentschluss beim Haupttäter, der Gehilfe beschränkt sich auf die Förderung der Haupttat durch deren physische oder psychische Unterstützung. Bedarf es zur Verwirklichung des Tatbestands notwendigerweise der Beteiligung zweier oder mehrerer Personen, so liegt ein Fall der notwendigen Teilnahme vor.[67]

Anstiftung und Beihilfe setzen im objektiven Tatbestand neben ihrer jeweiligen Teilnahmehandlung eine rechtswidrige Tat gemäß § 11 Abs. 1 Nr. 5 StGB voraus. Die Haupttat muss nicht notwendigerweise schuldhaft sein, § 29 StGB. Subjektiv muss sich der Vorsatz des Teilnehmers auf die Vollendung der Haupttat und auf die eigene Teilnahmehandlung richten. Die Strafdrohung des Teilnehmers richtet sich grundsätzlich nach der des Haupttäters, wobei § 27 StGB für den Gehilfen eine obligatorische Strafmilderung vorsieht. Fehlen dem Teilnehmer besondere persönliche Merkmale, die beim Haupttäter die Strafe begründen, so ist die Strafe für ihn zu mildern. Bestimmt das Gesetz, dass besondere persönliche Merkmale die Strafe schärfen, mildern oder ausschließen, so gilt das nur für den Täter oder Teilnehmer, bei dem sie vorliegen, § 28 Abs. 2 StGB.

---

[62] BGH v. 20.11.1987 – 3 StR 03/87, wistra 88, 108; BGH v. 08.08.1995 – 1 StR 377/95, NStZ-RR 96, 1.
[63] St. Rechtspr., vgl. z. B. BGH v. 08.03.2001 – 4 StR 453/00, NStZ 2001, 364.
[64] BGH v. 01.08.2000 – 5 StR 624/99, BGHSt 46, 107; BayObLG v. 25.06.2001 – 4 St RR 77/01, NJW 2002, 1663, 1664.
[65] OLG Köln, v. 25.03.2003 – Ss 92–93/03, NStZ-RR 2003, 184 ff.; BayObLG v. 25.06.2001 – 4 St RR 77/01, NJW 2002, 1663; König, NJW 2002, 1624 ff.
[66] BGH v. 27.10.1999 – 2 StR 451/99, NStZ 2000, 83.
[67] Schönke, Schröder, Heine, Weißer, § 25 Rn. 46 ff. m.w.N.

II. Die Straftaten nach §§ 40, 41

1. In Bezug genommene Merkmale

27 Die strafrechtlichen Normen des MPG sollen helfen, den Zweck des Gesetzes zu erfüllen, nämlich die Sicherheit im Verkehr mit Medizinprodukten herzustellen und für Sicherheit, Eignung und Leistung der Medizinprodukte sowie für den Schutz von Patienten, Anwendern und Dritten zu sorgen, § 1. Im Kontext dieses Schutzgutes sind die einzelnen Ge- und Verbote auszulegen. Die tatbestandlichen Voraussetzungen und Besonderheiten der einzelnen Delikte werden im Zusammenhang mit den Einzelvorschriften kommentiert.

2. Die Regelbeispiele gemäß § 40 Abs. 3

28 § 40 Abs. 3 normiert einen nicht abschließenden Katalog von vier Regelbeispielen, die im Regelfall besonders schwere Fälle kennzeichnen. Durch diese Regelbeispiele will der Gesetzgeber dem Umstand Rechnung tragen, dass die Verstöße nach Absatz 1 die Ausbreitung eines Massendelikts annehmen können und zudem die Gefahr für Leben und Gesundheit der mit den Medizinprodukten in Kontakt kommenden Personen sehr hoch ist. Die Benennung der Regelbeispiele soll die Rechtsanwendung erleichtern.[68]

Bei der Anwendung auf den konkreten Fall gelten folgende Prinzipien: nicht unter allen Umständen, in denen die Regelbeispiele verwirklicht werden, ist ein besonders schwerer Fall anzunehmen. Maßgebend sind die konkreten Umstände des Einzelfalls. Außerdem kann es so genannte unbenannte schwere Fälle geben, deren Unrecht wertungsmäßig das bei weitem übersteigt, das bereits in den Fällen, in denen der ordentliche Strafrahmen erfüllt ist, gilt.

29 Ist die Tat vollendet und sind die Voraussetzungen des Regelbeispiels erfüllt, gilt die Indizwirkung.[69] In der Regel ist damit ein besonders schwerer Fall anzunehmen. Ausnahmen können bestehen aufgrund vom Umständen, die – nach tatrichterlicher Würdigung – das Unrecht der Tat, die Schuld oder die Strafwürdigkeit des Falles so mindern, dass ein deutliches Wertegefälle zu den herkömmlichen Fällen des Regelbeispiels vorliegt.[70] Die indizielle Bedeutung eines Regelbeispiels wird in diesen Fällen durch andere Strafzumessungsfaktoren kompensiert,[71] so dass wieder auf den Normalstrafrahmen zurückzugreifen ist.

---

[68] Zur Verfassungsgemässheit der Exemplifizierung besonderes schwerer Fälle durch Regelbeispiele vgl. BVerfG v. 21.06.2007 – 2 BvR 308/77, BVerfGE 45, 363; a.A. Teile des strafrechtlichen Schrifttums, Nachweise bei Maiwald, in: Lackner et al. (Hrsg.), FS-Gallas, 1973, S. 137 ff.

[69] BGH Urt. v. 31.03.2004 – 2 StR 482/03, NJW 2004, 2395.

[70] Zusammenfassend Wessels, in: Küper (Hrsg.), FS-Lackner, 1987, S. 423.

[71] Vgl. z. B. BGH v, 25.11.2003 – 4 StR 239/03, NStZ 2004, 266; BGH v, 03.12.1991, 4 StR 538/91, StV 1992, 118.

Ist die Tat vollendet, sind die Regelbeispiele aber nicht erfüllt, kann auf der Basis der Gesamtwürdigung der Tat die Annahme eines besonders schweren Falls dennoch in Betracht kommen. So z. B., wenn Umstände vorliegen, die den benannten Strafschärfungsgründen in der Art oder dem Gewicht vergleichbar sind oder wenn die Regelbeispiele versucht wurden und dies bereits zu einer wesentlichen Erhöhung des Unrechts oder der Schuld führt.[72] Ist die Tat nur versucht, und der Versuch unter Strafe gestellt, wie z. B. in § 40 Abs. 2, das Regelbeispiel aber bereits erfüllt, gilt im Normalfall die Indizwirkung des Regelbeispiels.[73] Bleibt es beim Versuch der Tat und des Regelbeispiels, ist ein unbenannter schwerer Fall zu erwägen.

Der Regelbeispielskatalog gemäß § 40 Abs. 3 ist dem des § 95 Abs. 3 AMG **30** sowie § 29 Abs. 3 Nr. 2 BtMG nachgebildet. Nach Nr. 1 muss die Gesundheit einer großen Zahl von Menschen gefährdet werden. Gesundheit ist die auf den Normalzustand abstellende, aus der personalen Einheit von subjektivem Wohlbefinden und objektiver Belastbarkeit erwachsende individuelle körperliche und seelische Leistungsfähigkeit des Menschen sowie seine hierauf bezogene Verfügungsfreiheit.[74] Unter Gefährdung wird die Herbeiführung eines Zustands verstanden, bei dem die Möglichkeit einer erheblichen Beeinträchtigung der Gesundheit oder der Verschlimmerung einer Krankheit nahe- oder jedenfalls nicht fern liegt.[75] Darüber hinaus muss der Schaden ernstlich zu befürchten sein,[76] was aufgrund allgemeinen Erfahrungswissens unter Berücksichtigung aller Umstände des Einzelfalls zu beurteilen ist. Das Inverkehrbringen größerer Mengen von bedenklichen (vgl. § 4) Medizinprodukten kann die konkrete Gefährdung bedingen. Aufgrund seiner Unbestimmtheit sollte das Regelbeispiel aber nur in eindeutigen Fällen zur Anwendung kommen[77] und bedarf dann des Vergleichs mit den Straftatbeständen, die ebenfalls auf eine große Zahl abstellen. Damit bewegt sich die Begrenzung zwischen „unübersehbar" i.S.v. § 309 Abs. 2 StGB, 20 Personen[78] i.S.v. § 330 StGB bzw. 14 Personen i.S.v. § 306b StGB.[79]

Nr. 2 setzt die Gefahr des Todes oder einer schweren Schädigung an Körper **31** oder Gesundheit voraus. Entscheidend ist die Gefährlichkeit der Verletzung, wobei vorausgesetzt wird, dass das Opfer in eine Situation gebracht wird, in der entweder ein als lebensgefährlich einzustufender Verletzungserfolg, eine langwierige, ernste Krankheit, eine erhebliche Beeinträchtigung der Arbeitsfähigkeit für längere Zeit oder vergleichbare schwere Folgen im Sinne einer konkreten Gefahrenlage entstanden sind. Wann dies der Fall ist, wird durch die Umstände des Einzelfalls maßgeblich beeinflusst.

---

[72] Näher Eisele, S. 317 ff., S. 323 ff. m.w.N.
[73] Lackner, Kühl, Kühl, § 46 Rn. 15 m.w.N.
[74] Zum Gesundheitsbegriff vgl. Tag, der Körperverletzungstatbestand im Spannungsfeld zwischen Patientenautonomie und Lex artis. Eine arztstrafrechtliche Untersuchung, 2000, S. 44 ff.
[75] Schönke, Schröder, Heine, Bosch, vor § 306 Rn. 3.
[76] BGH v. 05.03.1969 – 4 StR 375/68, BGHSt 22, 341.
[77] BGH v. 15.04.1987 – 2 StR 697/86, wistra 1987, 296.
[78] Fischer, § 330 Rn. 8.
[79] BGH v. 11.08.1998 – 1 StR 326/98, BGHSt 44, 178.

32 Nr. 3 beschreibt das weitere Regelbeispiel, wenn der Täter aus grobem Eigennutz für sich oder einen anderen Vermögensvorteile großen Ausmaßes erlangt. Die Merkmale müssen gleichzeitig vorliegen, sonst kann nur ein sonstiger unbenannter schwerer Fall verwirklicht sein. Das Regelbeispiel ist einigen Strafschärfungen im StGB und im Nebenstrafrecht nachgebildet.[80] Dennoch ist ihm kein Hinweis darauf zu entnehmen, was unter großem Ausmaß bzw. grobem Eigennutz zu verstehen ist. Das Merkmal des „groben Eigennutzes" ist zunächst vom dem der „einfachen Eigennützigkeit" abzugrenzen. Zum Teil wird davon ausgegangen, es müsse sich um ein Gewinnstreben handeln, das deutlich über dem üblichen kaufmännischen Masse liegt, den Grad der Gewinnsucht aber noch nicht erreicht habe.[81] Wie hier eine Abgrenzung vorzunehmen ist, bleibt jedoch unklar. Grob eigennützig handelt regelmäßig, wer sein Gewinnstreben in besonderem Maße oder in besonders anstößiger Weise[82] auf einen eigen- oder fremdnützigen Vorteil richtet. Die Indizien sind vielfältig, wie z. B. hohe Gewinne, Grad der Gewinnsucht, große Anzahl der Fälle.[83] Der durch Eigen- bzw. Fremdnutz erstrebte Vermögensvorteil muss zudem einen geldwerten Inhalt haben, der den Täter oder den Dritten tatsächlich besser stellt. Das große Ausmaß ist nach objektiven Gesichtspunkten zu bestimmen. Die Rechtsprechung zu den Regelbeispielen eines besonders schweren Falles gemäß § 264 Abs. 2 S. 2 Nr. 1 bzw. § 263 Abs. 3 S. 2 Nr. 2 Alt. 1 StGB und die Gesetzesmaterialien[84] zu Letzteren zeigen, dass ein Vorteil unter 50.000 Euro[85] nicht ein solches großes Ausmaß sein soll.[86]

3. Nebenfolge

33 Wer wegen einer rechtswidrigen Straftat, die er unter Missbrauch seines Berufs oder Gewerbes oder grober Verletzung der mit ihnen verbundenen Pflichten begangen hat, verurteilt oder nur deshalb nicht verurteilt wird, weil er zur Tatzeit schuldunfähig war oder dies nicht auszuschließen ist, gegen den kann das Gericht ein Berufsverbot verhängen für die Dauer von einem bis fünf Jahren. Voraussetzung ist, dass der Täter die Ausübung des Berufs oder Gewerbes zur Begehung weiterer Straftaten

---

[80] So z. B. §§ 263 Abs. 3 Nr. 2, 264 Abs. 2 Nr. 1, 335 Abs. 2 Nr. 1, 266a Abs. 4 StGB, § 370 Abs. 3 AO, § 95 Abs. 3 AMG und § 15 AÜG.

[81] Z. B. Erbs, Kohlhaas, § 40 Rn. 18.

[82] RG v. 19.07.1949 – g.Sch.u. a. 3 D 212/41, RGSt 75, 237, 240; BGH v. 13.06.1985 – 4 StR 219/85, NStZ 1985, 459.

[83] BGH v. 20.04.1999 – 5 StR 604/98, NStZ 1999, 571 f.

[84] Zu § 263: BT-Drs. 13/8587, S. 43.

[85] BGH v. 20.11.1990 – 1 StR 548/90, BGHR StGB § 264 Abs. 3 Strafrahmenwahl 1; BGH v. 10.05.2001 – 3 StR 96/01, NStZ 2001, 2485.

[86] Ausführlich BGH v. 07.10.2003 – 1 StR 274/03, NJW 2004, 169 Bei § 300 StGB hingegen ist maßgebend, ob der Vorteil geeignet ist, den Vorteilnehmer zu korrumpieren. Tiedemann, LK-StGB, § 300 Rn. 4, stellt insoweit auf einen objektiven Vorteil ab, für Ulbricht, S. 136, ist maßgebend, welchen Wert er für den Vorteilnehmer hat.

nutzen wird. Ist das Verbot ausgesprochen, so darf der Täter den Beruf oder Berufszweig, das Gewerbe oder den Gewerbezweig auch nicht für einen anderen ausüben oder für sich durch eine weisungsabhängige Person ausüben lassen, § 70 StGB.

III. Verjährung

Straftaten gemäß § 40 Abs. 1–3 verjähren nach fünf Jahren, § 78 Abs. 3 Nr. 4 StGB, jene gemäß § 40 Abs. 4, fahrlässige Begehungsweise, und gemäß § 41 nach drei Jahren, § 78 Abs. 3 Nr. 5 StGB. 34

IV. Der Ordnungswidrigkeitenkatalog gemäß § 42

1. Bedeutung der Norm

Die Strafvorschriften des Medizinproduktegesetzes werden durch den Ordnungswidrigkeitenkatalog des § 42 ergänzt. Sanktioniert werden Verstöße gegen Ge- und Verbote aus dem MPG, die sich entweder als fahrlässige Verletzung der in § 41 aufgeführten Pflichten oder als Verhaltensweisen darstellen, die der Gesetzgeber noch nicht als strafrechtliches Verhalten bewertet. Die Abgrenzung von Ordnungsunrecht und Kriminalunrecht erfolgt nach einer formalen Einteilung, je nachdem, ob als Folge der Zuwiderhandlung Geldbuße oder Freiheits- bzw. Geldstrafe angedroht wurde.[87] Die Ordnungswidrigkeit ist nach der Art der angedrohten Rechtsfolge im Vergleich zur Straftat ein aliud; die materielle Abgrenzung von strafbarem Unrecht und bloßem Ordnungsunrecht wird anhand einer gemischt „qualitativen-quantitativen Betrachtungsweise" durchgeführt.[88] Dem Gesetzgeber[89] kommt hier ein nicht unerheblicher Wertungsspielraum zu.[90] 35

Sowohl für die auszusprechenden Sanktionen als auch für die Verfolgung des zu ahndenden Verhaltens ist die Unterscheidung von Straftat und Ordnungswidrigkeit von großer Bedeutung. Das Ordnungswidrigkeitenrecht steht unter der Geltung des Opportunitätsprinzips, § 47 OWiG, während das Straf- und Strafprozessrecht vom Legalitätsprinzip, § 152 Abs. 2 StPO, beherrscht werden. Die Strafverfolgungsbehörde ist bei Vorliegen der Prozessvoraussetzungen zur Strafverfolgung gegen Verdächtige verpflichtet[91] und kann nur in eng begrenzten Fällen hiervon Abstand nehmen, vgl. §§ 153 ff. StPO. Demgegenüber entscheidet die Verfolgungsbehörde in Bußgeldsachen nach pflichtgemäßem Ermessen, ob und in welchem Umfang ein Verfahren durchgeführt wird. Dieser praxisrelevante Unterschied beruht auf

---

[87] Näher Göhler, Gürtler, Seitz, OWiG, 17. Aufl. 2017, Einl. Rn. 9.
[88] Roxin, Strafrecht Allg. Teil, Band I, § 2 m.w.N.
[89] BVerfG v. 08.05.1974 – 2 BvR 636/72, BVerfGE 37, 201, 212.
[90] BVerfG v. 06.06.1989 – 2 BvL 6/89, BVerfGE 80, 182, 186.
[91] Näher Meyer-Goßner, Schmitt, Die Strafprozessordnung und das Gerichtsverfassungsgesetz, 60. Aufl. 2017, § 152 Rn. 1.

dem Gedanken, dass ein ordnungswidriges Verhalten die Rechtsordnung weniger gefährdet als ein strafbares Verhalten.

V. Das Verhältnis zum Ordnungswidrigkeitengesetz

36 Auf die in § 42 bezeichneten Bußgeldtatbestände finden ergänzend die allgemeinen Bestimmungen des OWiG Anwendung, § 2 OWiG. Der Grundsatz, wonach nur vorsätzliches Handeln geahndet werden kann, es sei denn, das Gesetz bedroht fahrlässiges Handeln ausdrücklich mit einer Sanktion, gilt auch[92] im Ordnungswidrigkeitenrecht, § 10 OWiG. Wird eine der in § 41 bezeichneten Handlungen fahrlässig verwirklicht, so wird sie zur Ordnungswidrigkeit und nach § 42 mit einer Geldbuße von bis zu 30.000 Euro bedroht. Darüber hinaus regelt § 42 Abs. 2 weitere Ordnungswidrigkeitentatbestände, die sowohl vorsätzlich als auch fahrlässig verwirklicht werden können.

VI. Ordnungswidrigkeit

1. Bestimmtheitsgrundsatz, zeitliche, räumliche Geltung

37 Das OWiG regelt die Anwendbarkeit des Bestimmtheitsgrundsatzes und die zeitliche Geltung der Bußgeldvorschriften. Gemäß dem aus Art. 103 Abs. 2 GG abgeleiteten und in § 3 OWiG wiedergegebenen Verfassungsgebot „keine Ordnungswidrigkeit ohne Gesetz" muss sich die Möglichkeit der Ahndung zum Zeitpunkt der Tat aus dem Gesetz ergeben. Ändern sich die Vorschriften zwischen der Zeit des zu ahndenden Verhaltens und der Ahndung der Ordnungswidrigkeit, so gilt das mildere Recht, § 4 Abs. 3 OWiG. Ausreichend ist ein Gesetz im materiellen Sinne;[93] nach höchstrichterlicher Rechtsprechung[94] können Bußgeldnormen auch durch Rechtsverordnungen näher konkretisiert werden. Dass sowohl die ermächtigende Norm, d. h. § 42, als auch die ausfüllende Norm, so z. B. die Rechtsverordnung, auf welche verwiesen wird, dem Bestimmtheitsgebot genügen müssen, ist anerkannt.[95] Ob diesen Vorgaben immer entsprochen wird, kann mit Blick auf die z. T. komplizierten Verweisungsketten bezweifelt werden. Der Bestimmtheitsgrundsatz gilt auch für die Sanktionsdrohung.[96] Dem Grundsatz „kein Bußgeld ohne Gesetz" entspricht der in § 42 zur Verfügung gestellte Bußgeldrahmen bis 30.000 Euro.

Die räumliche Geltung für Ordnungswidrigkeiten nach Bundes- und Landesrecht beruht auf dem Territorialitäts- und Flaggenprinzip, § 5 OWiG. Da abweichende

---

[92] So auch für das Strafrecht vgl. § 15 StGB.
[93] EOWiG, BT-Drs. V/1269, S. 131, 135.
[94] BVerfG v. 27.03.1979 – 2 BvL 7/78, BVerfGE 51, 60, 73.
[95] BVerfG v. 23.02.1972 – 2 BvL 35/71, BVerfGE 32, 346, 362.
[96] Göhler, Gürtler, § 3 Rn. 4; Rogall, KK-OWiG, 4. Aufl. 2014, § 3 Rn. 34.

gesetzliche Regelungen zugelassen sind, kann sich aber einfacher als im Strafrecht eine Ausdehnung des räumlichen Geltungsbereichs ergeben.[97]

2. Zusammentreffen mehrerer Gesetzesverletzungen

Erfüllt eine Handlung bzw. Unterlassung mehrere Ordnungswidrigkeitentatbestände oder einen Tatbestand mehrfach, liegt rechtlich eine Ordnungswidrigkeit vor, sog. Tateinheit, und es wird auch nur eine einzige Geldbuße festgesetzt. Die Höhe bestimmt sich nach dem Gesetz, das die höchste Geldbuße androht, § 19 OWiG. Erfüllt eine solche natürliche oder rechtliche Handlung gleichzeitig die Voraussetzungen einer Straftat und die einer Ordnungswidrigkeit, so kommt – grundsätzlich[98] – nur das Strafgesetz zur Anwendung, § 21 OWiG. Dies gilt selbst im Verhältnis der vollendeten vorsätzlichen Ordnungswidrigkeit zur versuchten oder zur fahrlässigen Straftat. Denn die Ordnungswidrigkeit tritt in ihrem Unrechtsgehalt hinter den Unrechtsgehalt der Strafnorm zurück.[99]

38

Sind bei mehreren Zuwiderhandlungen gegen Bestimmungen des Ordnungswidrigkeitenrechts diese Voraussetzungen nicht gegeben, wird jede Geldbuße gesondert festgesetzt, sog. Tatmehrheit, § 20 OWiG. Eine Gesamtbuße wird nicht gebildet.

Treffen mehrere Ordnungswidrigkeiten und Straftaten im materiell-rechtlichen Sinn innerhalb einer prozessualen Tat zusammen, gilt § 21 Abs. 1 OWiG nicht.[100] Das Verfahren wird aber dennoch insgesamt als Strafverfahren geführt, §§ 40 ff., 45 OWiG.

3. Die Ordnungswidrigkeit

Eine Ordnungswidrigkeit ist eine rechtswidrige und vorwerfbare Handlung, die den Tatbestand eines Gesetzes verwirklicht, das die Ahndung mit einer Geldbuße zulässt. Ebenso wie die Straftat ist die Ordnungswidrigkeit dreiteilig zu prüfen: Es geht 1. um die Verwirklichung des Tatbestands und somit der konkreten Verbotsmaterie, 2. um die Rechtswidrigkeit, d. h. den Widerspruch gegen das Recht, der im Einzelfall durch Rechtfertigungsgründe aufgehoben werden kann und 3. um die ordnungswidrigkeitenrechtliche Entsprechung zur strafrechtlichen Schuld,[101] die Vorwerfbarkeit. Handlung kann ein positives Tun oder ein Unterlassen sein, wobei Letzteres nur dann zu ahnden ist, wenn entweder das Unterlassen selbst im

39

---

[97] Näher Göhler, Gürtler, § 5 Rn. 5 ff.

[98] Eine Ausnahme liegt z. B. vor, wenn die Ordnungswidrigkeit lex specialis ist, dazu Göhler, vor § 19 Rn. 34 ff.

[99] BVerfG v. 06.06.1967 – 2 BvR 18/65, 2 BvR 373/60, 2 BvR 53/60, BVerfGE 22, 49 ff.

[100] Lemke, Mosbacher, § 21 Rn. 5.

[101] Der Begriff der Schuld wurde im OWiG nicht gewählt, um aufzuzeigen, dass das Element sozialethischer Missbilligung in dem Vorwurf eines bloßen Ordnungsverstoßes nicht enthalten ist, vgl. Begründung EOWiG, S. 46; Göhler, vor § 1 Rn. 30; Rogall, KK-OWiG, § 1 Rn. 8.

Tatbestand normiert ist (sog. echtes Unterlassen) oder eine Handlungspflicht aufgrund Garantenstellung bestanden hatte, § 8 OWiG (sog. unechtes Unterlassen). Vorsatz, Fahrlässigkeit, § 10 OWiG, die Irrtumsproblematik, § 11 OWiG, lehnen – von sprachlichen Anpassungen abgesehen – weitgehend an die Regelungen des Strafrechts an.[102] Im Hinblick auf die fahrlässige Begehung der Ordnungswidrigkeit ist jedoch § 17 Abs. 2 OWiG zu beachten: Droht das Gesetz für vorsätzliches und fahrlässiges Handeln Geldbuße an, ohne im Höchstmaß zu unterscheiden, so kann fahrlässiges Handeln im Höchstmaß nur mit der Hälfte des angedrohten Höchstbetrags der Geldbuße, d. h. konkret im Rahmen von § 42 mit 15.000 Euro geahndet werden. Dies hat im Rahmen von § 42 u. a. Auswirkungen auf die Verjährung.

4. Der Adressat der Ordnungswidrigkeit

40 Im Unterschied zum Strafrecht gilt der Einheitstäterbegriff, der die Täterschafts- und Teilnahmeproblematik weitgehend entschärft. Entsprechend § 14 StGB erweitert § 9 OWiG zudem die Haftung auf Vertreter und Substituten, wenn die besonderen persönlichen Merkmale, die die Möglichkeit der Ahndung begründen, zwar nicht bei ihm, aber bei dem Vertretenen (Abs. 1) bzw. dem Inhaber des Betriebes oder der Stelle der öffentlichen Verwaltung (Abs. 2) vorliegen. Die Verbandsgeldbuße, § 30 OWiG, ergibt insoweit keinen eigenen Ahndungstatbestand. Sie beruht auf dem Gedanken, dass das strafbare oder als Ordnungswidrigkeit ahndbare Verhalten einer natürlichen Person auf die von ihr repräsentierte juristische Person oder Personenvereinigung „übertragen" wird.[103] Werden durch diese Handlung Pflichten, die die juristische Person oder Personenvereinigung treffen, verletzt oder wurde durch die Handlung die juristische Person oder Personenvereinigung bereichert oder sollte sie bereichert werden, so kann gegen sie eine Geldbuße festgesetzt werden. Sie bemisst sich nach dem in § 42 MPG angedrohten Höchstmaß, § 30 Abs. 2 OWiG.

41 Auch im Ordnungswidrigkeitenrecht stellt sich – entsprechend der strafrechtlichen Grundsätze – die Verantwortlichkeit für arbeitsteiliges Handeln. Eine typische Konstellation betrifft die Verteilung der Verantwortlichkeit und der Handlungen auf mehrere Personen. Es gilt der Grundsatz, dass ordnungswidrigkeitsrechtlich jeder für seinen innerbetrieblichen Verantwortungsbereich verantwortlich ist. Das Kernproblem besteht bei arbeitsteiligen Produktionsbetrieben in der Ermittlung und Abgrenzung der Pflichten- und Verantwortungsbereiche. Im Regelfall ist die innerbetrieblich übernommene bzw. zugewiesene Tätigkeit des einzelnen Mitarbeiters Richtschnur. Daran orientiert sich die ordnungswidrigkeitsrechtliche Sorgfaltspflicht und entsprechende Verantwortlichkeit.

42 Unabhängig von der Organisation des Unternehmens besteht ordnungswidrigkeitsrechtlich die Generalverantwortung und -zuständigkeit der Geschäftsführung für die Erfüllung betriebsbezogener Pflichten. Dies betrifft u. a. die Pflicht, Aufgaben, welche delegiert werden, durch ausreichend qualifizierte, geschulte und

---

[102] Näher Bohnert, Krenberger, Krumm, § 10 Rn. 1 ff.; § 11 Rn. 1, 8 ff. m.w.N.
[103] Näher Bohnert, Krenberger, Krumm, § 30 Rn. 7 ff.

fachlich entsprechend dem Stand der Technik angeleitete Mitarbeitende erfüllen zu lassen. Mit der Delegation entsteht zugleich die Pflicht zur zweckmäßigen Organisation und Überwachung.

Die ordnungswidrigkeitsrechtliche Verantwortlichkeit der Leitungsebene bei Kollegialentscheidungen bemisst sich gemäß den strafrechtlich entfalteten Prinzipien. Hat ein Kollegialorgan eine ordnungswidrige Maßnahme beschlossen und durchgeführt, so ist grundsätzlich jedes Mitglied des Kollegiums dafür verantwortlich. Gemäß dem Vertrauensgrundsatz führt aber jedes Mitglied des Kollegiums sein Ressort eigenverantwortlich und darf sich bei seiner Tätigkeit grundsätzlich darauf verlassen, dass die Kollegen ihre Bereiche verantwortungsbewusst wahrnehmen.

5. Einzeltatbestände

Die Ordnungswidrigkeiten werden zusammen mit den Einzelvorschriften kommentiert.

6. Sanktionen und Verfolgungsverjährung

Für Verstöße gegen Ordnungswidrigkeitstatbestände nach dem Medizinproduktegesetz kann eine Geldbuße verhängt werden.   **43**

Die Höhe reicht von fünf Euro, § 17 Abs. 1 OWiG, bis zu 30.000 Euro,[104] bezogen auf § 42 Abs. 1 i.V.m. § 41 und die vorsätzliche Begehung von § 42 Abs. 2, bei der fahrlässigen Verwirklichung von § 42 Abs. 2 bis zu 15.000 Euro, vgl. § 17 Abs. 2 OWiG.

Die Verfolgungsverjährung tritt ein nach Ablauf der in § 31 Abs. 2 OWiG bestimmten Frist. Die Verfolgung der fahrlässigen Ordnungswidrigkeit nach § 42 Abs. 1 verjährt ebenso wie die der vorsätzlichen nach § 42 Abs. 2 in drei Jahren, § 31 Abs. 2 Nr. 1 OWiG, die Verfolgung der fahrlässigen Ordnungswidrigkeit nach § 42 Abs. 2 in zwei Jahren,[105] § 31 Abs. 2 Nr. 2 i.V.m. § 17 Abs. 2 OWiG. Die Verjährung beginnt mit Beendigung der tatbestandsmäßigen Handlung, § 31 Abs. 3 OWiG. Tritt der hierzu erforderliche Erfolg erst nach Beendigung der Tat ein, so beginnt die Verjährung zu diesem Zeitpunkt, § 31 Abs. 3 S. 2 OWiG. Die sog. absolute Verjährung tritt ein, wenn seit dem erstmaligen Verjährungsbeginn das Zweifache der gesetzlichen Verjährungsfrist, mindestens aber zwei Jahre, verstrichen sind, § 33 Abs. 3 OWiG.

---

[104] Der Höchstbetrag wurde mit Wirkung zum 01.01.2017 auf 30.000 Euro angehoben, vgl. BT-Drucks. 18/9518, S. 111; BGBl. 2016 I S. 3191).

[105] Kritisch zur kürzeren Verjährungsfrist bei fahrlässigem Handeln Lemke, Mosbacher, § 17 Rn. 29.

VII. Einziehung gemäß § 43

44 § 43 regelt die fakultative Einziehung bei vorsätzlicher und fahrlässiger Deliktsbegehung resp. Ordnungswidrigkeit. Im Strafrecht ist daneben die Regelung des § 74 Abs. 1 StGB anwendbar. Sie ist enger als § 43, da sie eine vorsätzliche Straftat voraussetzt. Sie ist aber auch weiter, da auch Gegenstände einbezogen werden können, die Produkte einer begangenen Straftat oder Mittel zur Begehung oder Vorbereitung der Straftat sind. Auch die Einziehung nach § 74 Abs. 1 StGB steht im Ermessen der Staatsanwaltschaft resp. des Gerichts. Zudem ist § 74 Abs. 3 zu beachten. Danach ist die Einziehung ist nur zulässig, wenn die Gegenstände zur Zeit der Entscheidung dem Täter oder Teilnehmer gehören oder zustehen. Das gilt auch für die Einziehung, die durch eine besondere Vorschrift über § 74 Abs. 1 StGB hinaus vorgeschrieben oder zugelassen ist, § 74 Abs. 3 S. 2 StGB. Insoweit ist § 43 von Bedeutung.

Im Ordnungswidrigkeitenrecht regelt § 22 OWiG die Einziehung. Da diese Vorschrift keine selbstständige Möglichkeit der Einziehung vorsieht, ist hier die Einziehung nur möglich, wenn sie ausdrücklich spezialgesetzlich vorgesehen ist, wie es in § 43 der Fall ist. Dies hat zur Folge, dass bei einer Ordnungswidrigkeit nach § 42 Gegenstände, auf die sich die Ordnungswidrigkeit bezieht, eingezogen werden können.

Die erweiterte Einziehung nach § 43 S. 2 i.V.m. § 74a StGB und § 23 OWiG führt zu einer Ausweitung der Einziehung auf Fälle, in denen der Eigentümer, der selbst weder Täter noch Teilnehmer ist, wenigstens leichtfertig dazu beigetragen hat, dass die Sache oder das Recht Mittel der Tat oder Gegenstand der Handlung oder ihrer Vorbereitung gewesen ist oder die Gegenstände in Kenntnis der Umstände, welche die Einziehung zugelassen hätten, in verwerflicher Weise erworben hat. Die Anordnung der erweiterten Einziehung ist ebenfalls eine Ermessensentscheidung.

45 Die rechtskräftige Einziehungsentscheidung hat grundsätzlich den Eigentumsbzw. Rechtsübergang auf den Staat zur Folge. Und sie bewirkt insoweit auf der Seite des Betroffenen einen Eigentums- bzw. Rechtsverlust, § 75 StGB, § 26 OWiG. Die Voraussetzungen und Folgen der Einziehung differieren danach, ob der Eigentümer in die Tat als Straftäter oder Beteiligter der Ordnungswidrigkeit involviert war oder Drittperson ist. Gegen Letzteren gelten höhere Anforderungen. Kann der Zweck der Einziehung auch durch weniger einschneidende Maßnahmen erreicht werden, etwa durch Unbrauchbarmachung von Gegenständen oder durch Beseitigung von Einrichtungen oder Kennzeichnungen, gehen diese Maßnahmen vor, § 74f Abs. 2 StGB, § 24 OWiG. Wird die entsprechende Anweisung befolgt, wird der Vorbehalt der Einziehung aufgehoben.

Haftung für Medizinprodukte

Literatur

Backmann, Produkthaftung bei Medizinprodukten. Eine Rechtsprechungsübersicht, MPR 2012, 37; Bebert, Gassner, Wigge, Minderwertige Brustimplantate – Reaktionen und Perspektiven, StoffR 2014, 134; Brock, Lach, Produkthaftung auch bei Fehlerverdacht?, Richtungsentscheidung des EuGH erwartet, PharmR 2013, 480; Dahm-Loraing, Koyuncu, Haftung für Medizinprodukte – Teil 1: Haftung des Herstellers nach dem ProdHaftG, PHi 2010, 108; dies., Haftung für Medizinprodukte – Teil 2: Die deliktische Produzentenhaftung gem. § 823 BGB, PHi 2010, 142; Deutsch, Das Organisationsverschulden des Krankenhausträgers, NJW 2000, 1745; ders., Schmerzensgeld für Unfälle bei der Prüfung von Arzneimitteln und Medizinprodukten?, MPR 2001, 11; Gaidzik, Weimer, Die Krankenhaushaftung in: Huster, Kaltenborn (2010), § 13; Gaßner, Reich-Malter, Die Haftung bei fehlerhaften Medizinprodukten und Arzneimitteln – Recht und Rechtsprechung, MedR 2006, 147; Geiß, Greiner, Arzthaftpflichtrecht (2014); Handorn, Anmerkung zum Urteil des LG Nürnberg-Fürth, vom 10.09.2013 – 11 O 3900/13 (MPR 2014, 14), MPR 2014, 18; ders., Industriesilikon in Brustimplantaten – OLG Zweibrücken bestätigt fehlende Haftung der Benannten Stelle, MPR 2014, 84; ders., Anmerkung zu den Urteilen des BGH vom 09.06.2015 – VI ZR 284/12 und VI ZR 317/12 (MPR 2015, 203), MPR 2015, 207; ders., Martin, Der Fehlerverdacht in der Gerichtspraxis – eine erste Momentaufnahme mit Hüftprothesen, MPR 2016, 76; Heil, Haftung der Hersteller, Betreiber und Anwender für Medizinprodukte in: Anhalt, Dieners (Hrsg.) (2000), § 22; Helmig, Herstellerverantwortung im Unionsrecht – Prävention und Prophylaxe in der EuGH-Rechtsprechung, PHi 2015, 86; Holzapfel, Der Rückruf fehlerhafter Medizinprodukte bei deliktischer Produkthaftung (2017); Hoxhaj, Quo vadis Medizintechnikhaftung? (2000); Jenke, Haftung für fehlerhafte Arzneimittel und Medizinprodukte (2004); Knauer, Produkthaftungsrechtliche Verantwortung des Betreibers von aufbereiteten Medizinprodukten?, MPR 2016, 37; Koch, Folgen der „Boston-Scientific"-Urteile des EuGH vom 05.03.2015 (VersR 2015, 900) und des BGH vom 09.06.2015 (VersR 2015, 1038) für die Produkthaftung und die Betriebs- und Produkthaftpflichtversicherung, VersR 2015, 1467; Koyuncu, Haftung für Medizinprodukte in der Klinischen Prüfung in: Gassner (Hrsg.) (2006); Koyuncu, Dahm-Loraing, Die Haftung des Arztes und Krankenhauses für Medizinprodukte – Teil 1: Grundlagen und Behandlungsfehlerhaftung, PHi 2009, 172; dies., Die Haftung des Arztes und Krankenhauses für Medizinprodukte – Teil 2: Aufklärungsfehler, Prozessrecht und Ausblick, PHi 2009, 218; Koyuncu, Müller, Medizinproduktehaftung, Auskunftsansprüche, Beweisfragen und Hinweise zur Anwenderkommunikation, MPR 2012, 158; Lach, Schönberger, Die Haftung des Vertriebshändlers von Medizinprodukten, MPR 2012, 73; Lenz, Prüfung der Konformität von Medizinprodukten durch eine vom Hersteller beauftragte Stelle – Der „PIP-Skandal", PHi 2016, 198; Oeben, Einordnung des Fehlverdachts bei Medizinprodukten als Produktfehler – Mögliche Konsequenzen einer richtungsweisenden Entscheidung des EuGH, MPR 2013, 188; ders., Anmerkung zu BGH, Beschl. v. 09.04.2015 – VII ZR 36/14 (OLG Zweibrücken), MedR 2016, 42; ders., Der potenzielle Produktfehler nach der EuGH-Rechtsprechung (2016); Oechsler, ProdhaftG in: Staudinger; Ortner, Daubenbüchel, Medizinprodukte 4.0 – Haftung, Datenschutz, IT-Sicherheit, NJW 2016, 2923; Quaas, Zuck, Medizinrecht (2014); Rehborn, Krankenhausbehandlungsvertrag in: Huster, Kaltenborn (2010), § 12; Rott, Glinski, Die Haftung der Zertifizierungsstelle im Produktsicherheitsrecht, ZEuP 2015, 192; Spickhoff, ProdHaftG in: BeckOGK; Stockhardt, Lücker, In-Haus-Herstellung von Medizinprodukten in Krankenhäusern in: Gassner (2006), 95; Timke, Erhöhtes Ausfallrisiko von Medizinprodukten als Produktfehler, NJW 2015, 3060; Wagner, Produktvigilanz und Haftung, VersR 2014, 905; ders., Fehlerverdacht als Produktfehler, JZ 2016, 292; Weimer, Medizinproduktehaftung – Straf- und zivilrechtliche Haftung der Anwender und Betreiber von Medizinprodukten – Teil 3, MPR 2007, 119; ders., Produkthaftung des Krankenhausträgers bei Reparatur bzw. Modifikation von Medizinprodukten – Fremdreparatur vs. Herstellerreparatur, KHR 2010, 41.

Inhaltsverzeichnis

I. Grundlagen... 1
II. Haftung des Herstellers 7
III. Haftung des Krankenhauses.. 40
IV. Haftung der Benannten Stelle 44
V. Abgrenzung der Haftungssphären 46

I. Grundlagen

1. Haftungsebenen

1 Entsteht bei der Anwendung von Medizinprodukten ein Schaden, sind – vereinfacht betrachtet – drei Haftungsebenen zu unterscheiden: die zivilrechtliche, die verwaltungsrechtliche und die straf- und ordnungswidrigkeitenrechtliche. Die zivilrechtliche Haftungsebene regelt den Ausgleich des entstandenen Schadens an Rechtsgütern, wie z. B. Leben und körperliche Unversehrtheit. Da es im Gegensatz zu Arzneimitteln (vgl. §§ 84 ff. AMG) kein eigenes Haftungsregime für Medizinprodukt gibt, richtet sich die zivilrechtliche Haftung nach den allgemeinen Regeln. Somit kommen vertragliche und deliktische sowie produkthaftungsrechtliche Schadensersatzansprüche in Betracht. Auf der verwaltungsrechtlichen Haftungsebene kann der für eine Pflichtverletzung Verantwortliche Adressat von Maßnahmen der zuständigen Behörde (vgl. §§ 28 f. MPG) werden. Die straf- und ordnungswidrigkeitenrechtliche Haftungsebene (§§ 40 ff. MPG) betrifft zum einen Bußgelder, die von der zuständigen Behörde verhängt werden und zum anderen gerichtliche Geld- bzw. Freiheitsstrafen bei schwerwiegenden Verstößen. Die erfolgreiche Durchführung von Konformitätsbewertungsverfahren hat keine Legitimationswirkung.

Vielmehr lässt sie die zivil- und strafrechtliche Haftung des Verantwortlichen nach § 5 MPG unberührt (§ 6 Abs. 4 MPG).

Die drei Haftungsebenen sind zwar nicht in rechtlicher, aber doch in tatsächlicher Hinsicht von unterschiedlicher Bedeutung: In der derzeitigen Anwendungspraxis steht die zivilrechtliche Haftung ganz im Vordergrund.

2. Haftungssphären

Die zivilrechtliche Haftung für Medizinprodukte ist nicht auf die Grundkonstellation des infolge eines Produktfehlers entstandenen Personenschadens begrenzt. Namentlich kann die schadensverursachende Pflichtverletzung auch durch Betrieb und Anwendung des Medizinprodukts entstehen. Neben dem Hersteller können also auch Betreiber i.S.v. § 2 Abs. 2 MPBetreibV und Anwender i.S.v. § 2 Abs. 3 MPBetreibV haften. Darüber hinaus bestehen weitere Haftungssphären im Zusammenhang mit der Durchführung eines Konformitätsbewertungsverfahrens. Die Benannte Stelle, aber auch die sie akkreditierende bzw. benennende Stelle, wie auch die für die Marktüberwachung zuständige Behörde können sich ebenfalls durch Pflichtverletzungen haftbar machen. Bei der klinischen Prüfung von Medizinprodukten und der Leistungsbewertungsprüfung von In-vitro-Diagnostika eröffnen sich weitere Haftungsräume, u. a. für die Genehmigungsbehörde und die Ethik-Kommission. Schließlich können auch aus dem zivilrechtlich geprägten Verhältnis von Benannter Stelle und Hersteller Schadensersatzansprüche entstehen.[1]

2

3. Haftungsadressaten

Als Adressat von Schadensersatzansprüchen kommen demnach vor allem in Betracht:

3

- der **Hersteller** gegenüber Ansprüchen des Patienten, des Anwenders und dritter Geschädigter,
- der **Anwender** gegenüber dem Patienten und dritten Geschädigten,
- der **Krankenhausträger** gegenüber dem Patienten, Anwender und dritten Geschädigten,
- die **Benannte Stelle** gegenüber dem Patienten, Anwender, dritten Geschädigten und Hersteller,
- die **Deutsche Akkreditierungsstelle GmbH (DAkkS)** gegenüber dem Patienten, Anwender, dritten Geschädigten und Hersteller,

---

[1] Vgl. oben die Kommentierung zu § 18 Rz. 5.

- die **Zentralstelle der Länder für Gesundheitsschutz bei Arzneimitteln und Medizinprodukten (ZLG)** gegenüber dem Patienten, Anwender, dritten Geschädigten und Hersteller,
- die zuständige **Aufsichtsbehörde** gegenüber dem Patienten, Betreiber, Anwender, dritten Geschädigten und Hersteller,
- die zuständige **Genehmigungsbehörde** bei der klinischen Prüfung von Medizinprodukten und der Leistungsbewertungsprüfung von In-vitro-Diagnostika gegenüber dem Patienten, Studienteilnehmer, Betreiber, Anwender, dritten Geschädigten und Hersteller,
- die zuständige **Ethik-Kommission** bei der klinischen Prüfung von Medizinprodukten und der Leistungsbewertungsprüfung von In-vitro-Diagnostika gegenüber dem Patienten, Studienteilnehmer, Betreiber, Anwender, dritten Geschädigten und Hersteller.

Die größte praktische Bedeutung hat im Zusammenhang mit Medizinprodukten die Haftung des Herstellers, des Krankenhauses und der Benannten Stelle. Diese Haftungsadressaten stehen daher im Mittelpunkt der folgenden Darlegungen.

4. Anspruchsberechtigte

a. Anspruchsberechtigte aus originärem Recht

4   Als originäre Anspruchsberechtigte kommen vor allem in Betracht:

- der **Patient** gegenüber den anderen Beteiligten,
- der **dritte Geschädigte** gegenüber den anderen Beteiligten,
- der **Studienteilnehmer** gegenüber den anderen Beteiligten,
- der **Anwender** gegenüber den anderen Beteiligten,
- der **Hersteller** gegenüber der Benannten Stelle, der ZLG, der DAkkS, der Ethik-Kommission und der zuständigen Aufsichts- bzw. Genehmigungsbehörde.

b. Anspruchsberechtigte aus abgeleitetem Recht

5   Private Krankenversicherungsunternehmen sowie gesetzliche Krankenkassen sind häufig Anspruchsberechtigte bei Personenschäden. Dies wird durch einen gesetzlichen Forderungsübergang bewirkt (§ 86 Abs. 1 VVG, § 116 Abs. 1 SGB X[2]). In der Praxis spielen insofern Teilungsabkommen zwischen Versicherern sowie zwischen diesen und den Krankenversicherungsträgern eine große Rolle. Bei ihnen handelt es sich um Rahmenverträge, die der vergleichsweisen Erledigung künftiger durch Schadensfälle entstehender Rechtsverhältnisse dienen.

---

[2] Vgl. z. B. BGH, MPR 2015, 203.

5. Rechtsnatur und Rechtsweg

Die Ansprüche gegenüber den Obengenannten sind in erster Linie zivilrechtlicher **6** Natur. Für den verletzten Patienten und Drittgeschädigte ist regelmäßig der Zivilrechtsweg eröffnet. Ansprüche gegen die DAkkS, die ZLG, die Ethik-Kommission und die Aufsichts- bzw. Genehmigungsbehörde wegen Verletzung ihrer Amtspflichten haben jedoch öffentlich-rechtlichen Charakter. Hätte also z. B. die DAkkS als Beliehene eine Benannte Stelle nicht akkreditieren dürfen und entsteht daraus im weiteren Verlauf eine Verletzung und ein Schaden, so kommt ungeachtet ihrer privaten Rechtsform die Amtshaftung nach § 839 BGB i.V.m. Art. 34 GG in Betracht.[3] Gleichwohl sind für entsprechende Klagen auf Schadensersatz nicht die Verwaltungsgerichte zuständig. Vielmehr ist für sie der Zivilrechtsweg eröffnet (Art. 34 S. 3 GG, § 40 Abs. 2 S. 1 Hs. 1 VwGO).

II. Haftung des Herstellers

1. Haftungstypen

a. Vertragliche Haftung

Der Schuldner, der eine Verpflichtung aus dem Vertrag, auch eine Nebenpflicht zum **7** Schutz der Rechtsgüter des Vertragspartners, verletzt, ist zum Ersatz des daraus entstehenden Schadens verpflichtet (§§ 280 Abs. 1 S. 1, 241 Abs. 2 BGB). Vertraglich geschützt ist demnach auch das Integritätsinteresse des Patienten, d. h. sein Interesse an der Unversehrtheit seiner außerhalb der vertraglichen Beziehung liegenden Rechtsgüter, wie z. B. Gesundheit. Der Hersteller kann sich allerdings dadurch befreien, dass er dartut, die Verpflichtung schuldlos, etwa in Unkenntnis des Bestehens, verletzt zu haben (§§ 280 Abs. 1 S. 2, 276 Abs. 2 BGB).

Die vertragliche Haftung des Herstellers kann nicht eingreifen, wenn zwischen Schädiger und Geschädigtem kein Vertrag besteht. Das ist freilich der Regelfall. Denn in den meisten Fällen werden Medizinprodukte vom Vertriebshändler erworben. Eine Vertragshaftung des Herstellers kommt also regelmäßig nur bei Direktvertrieb des Medizinprodukts in Betracht.

Zweifelhaft ist allerdings, ob Dritte in die Schutzwirkung der Verträge zwischen **8** Herstellern und Betreibern von Medizinprodukten eingeschlossen sind. Dies könnte sich aus dem Institut des Vertrags mit Schutzwirkung zugunsten Dritter ergeben, das auf einer maßgeblich durch das Prinzip von Treu und Glauben (§ 242 BGB) geprägten ergänzenden Vertragsauslegung (§ 157 BGB) beruht. Danach wird ein Dritter in die aus einem Vertrag folgenden Sorgfalts- und Schutzpflichten einbezogen, wenn er mit der Hauptleistung nach dem Inhalt des Vertrags bestimmungsgemäß in Berührung kommen soll, ein schutzwürdiges Interesse des Gläubigers an der Einbeziehung des Dritten besteht, den Interessen des Schuldners durch Erkennbarkeit

---
[3] Bebert, Gassner, Wigge, StoffR 2014, 138.

und Zumutbarkeit der Haftungserweiterung Rechnung getragen wird und der Dritte schutzbedürftig ist.[4] Die Haftung des Herstellers auf der Grundlage eines Vertrags mit Schutzwirkung zugunsten Dritter hat der BGH in zwei älteren Urteilen zugunsten der Arbeitnehmer des Käufers bejaht, die bestimmungsgemäß mit der Kaufsache in Berührung kommen.[5] Zu diesem Personenkreis gehören namentlich die zum Einsatz von Medizinprodukten am Patienten befugten Personen in einer Gesundheitseinrichtung i.S.v. § 2 Abs. 4 MPBetreibV. Mit Blick auf Patienten wird dem Vertrag zwischen dem Hersteller und dem Betreiber einer Gesundheitseinrichtung dagegen in der Regel keine bestimmungsgemäße Leistungsberührung zu entnehmen sein. Gegen eine Einbeziehung von Patienten in den Schutzbereich von Verträgen innerhalb der Lieferkette spricht, dass der Kreis der von den Schutzpflichten eines Vertrages umfassten Personen nicht uferlos ausgeweitet werden darf.[6] Das Haftungsrisiko für den Schuldner soll kalkulierbar und letztlich auch versicherbar gehalten werden. Er soll für Schäden Dritter nicht einstehen müssen, wenn ihm nach Treu und Glauben und unter Berücksichtigung des Vertragszwecks nicht zugemutet werden kann, sich ohne zusätzliche Vergütung auf das Risiko einer erweiterten Haftung einzulassen.[7] Jedenfalls dürfte der Hersteller nach neuerer Rechtsprechung[8] auf der Grundlage eines Vertrags mit Schutzwirkung zugunsten Dritter auch deshalb nicht haften, weil es an der für dessen Begründung erforderlichen Schutzbedürftigkeit der geschädigten Patienten fehlt. Denn ihnen stehen aus der außervertraglichen Haftung des Herstellers regelmäßig Ansprüche zu, die denselben oder zumindest einen gleichwertigen Inhalt haben wie diejenigen Ansprüche, die sie auf dem Weg über die Einbeziehung in den Schutzbereich eines zwischen anderen geschlossenen Vertrags durchsetzen wollen.[9] Aus diesem Grund dürften letztlich auch Ansprüche der durch das Medizinprodukt geschädigten Arbeitnehmer des Betreibers aus einem Vertrag mit Schutzwirkung zugunsten Dritter ausscheiden.

b. Außervertragliche Haftung

9 Unabhängig von einer Vertragsbeziehung mit dem Geschädigten kann der Hersteller aus § 823 Abs. 1 BGB wegen unerlaubter Handlung, aus § 823 Abs. 2 BGB wegen Verletzung eines Schutzgesetzes und aus § 831 BGB wegen der unerlaubten Handlung seines Verrichtungsgehilfen sowie wegen eines durch Produktfehler verursachten Schadens nach § 1 Abs. 1 S. 1 ProdHaftG haften. Die Vorschriften über die Gefährdungshaftung des Arzneimittelherstellers (vgl. §§ 84 ff. AMG) sind nicht analog anwendbar.

---

[4] Std. Rspr., vgl. zuletzt etwa BGH, NJW 2014, 3580; NJW 2015, 1098; NJW 2015, 2737; NJW 2016, 3432.

[5] BGH, NJW 1956, 1193; NJW 1959, 1676.

[6] Vgl. schon BGH, NJW 1968, 885; NJW 1973, 2059; NJW 1978, 883; zuletzt etwa OLG Zweibrücken, MPR 2014, 62.

[7] Vgl. z. B. OLG Zweibrücken, MPR 2014, 62.

[8] Anders noch BGH, NJW 1978, 2502; vgl. dazu BGH, NJW 2004, 3420.

[9] Vgl. zu diesem Kriterium allgemein BGH, NJW 1978, 883; NJW 1996, 2927; NJW 2004, 3420.

Die außervertraglichen Haftungstatbestände werden nebeneinander, d. h. kumulativ, angewendet. Hierbei sind zwei Haftungsformen zu unterscheiden. Während die Haftung nach dem ProdHaftG verschuldensunabhängig ist, stellt die deliktische Haftung des BGB eine Verschuldenshaftung dar. Da das Verschulden in der Regel vermutet wird, unterscheidet sich die Haftung nach §§ 823 ff. BGB aber kaum von einer Gefährdungshaftung.[10] Auch in den übrigen Sachfragen bestehen regelmäßig keine Unterschiede zwischen der Haftung aus § 1 Abs. 1 S. 1 ProdHaftG und der deliktischen Haftung nach §§ 823 ff. BGB.[11] Eine – aus Sicht des Geschädigten – vorteilhafte Ausnahme bietet die Deliktshaftung insofern, als sie keine Haftungshöchstbeträge für Personenschäden kennt (vgl. § 10 ProdHaftG).

2. Schadensersatz

Die Verschuldenshaftung verpflichtet zum Ersatz sowohl materieller als auch immaterieller Schäden. Zu den materiellen Schäden zählen namentlich die Behandlungskosten zur Beseitigung der eingetretenen Verletzungen, die Aufwendungen für vermehrte Bedürfnisse, der Verdienstausfall sowie der Dritten geschuldete Unterhalt.[12] Zum Ausgleich nicht unerheblicher immaterieller Schäden bei einer Verletzung des Körpers oder der Gesundheit kann Schmerzensgeld in grundsätzlich unbeschränktem Ausmaß beansprucht werden (§ 253 Abs. 2 BGB). Die Höhe des Schmerzensgelds beurteilt sich auf der Grundlage einer Gesamtbetrachtung der Umstände des Einzelfalls.[13]

10

Auch die Haftung nach dem ProdHaftG gewährt Ersatz des materiellen und immateriellen Schadens (§§ 7 ff. ProdHaftG). Bei Sachbeschädigungen besteht allerdings ein Selbstbehalt von 500 Euro (§ 11 ProdHaftG). Zudem ist die Haftung der Höhe nach begrenzt. Für Personenschäden ist eine Höchstgrenze von 85 Mio. Euro vorgesehen (§ 10 Abs. 1 ProdHaftG). Sind mehrere Geschädigte vorhanden, so verringern sich die einzelnen Entschädigungen in dem Verhältnis, in dem der Gesamtbetrag zu dem Höchstbetrag steht (§ 10 Abs. 2 ProdHaftG).

3. Fehlerkategorien

Den typologischen Anknüpfungspunkt für die Haftung bilden herkömmlich bestimmte Fehlerkategorien. Sowohl bei der deliktischen Produzentenhaftung als auch bei der Produkthaftung nach §§ 1 ff. ProdHaftG lassen sich Konstruktions-, Fabrikations-, Instruktions- und Produktionsbeobachtungsfehler sowie neuerdings der Fehlerverdacht unterscheiden. Diese Kategorien konkretisieren im Deliktsrecht die Verletzung bestimmter Verkehrspflichten des Herstellers im Rahmen von § 823

11

---
[10] BeckOGK, Spindler, § 823 BGB Rz. 617; Heil, in: Anhalt, Dieners (Hrsg.), § 22 Rz. 13.
[11] Vgl. nur Dahm-Loraing, Koyuncu, PHi 2010, 142; Koyuncu, Müller, MPR 2012, 159.
[12] Vgl. nur Koyuncu, Dahm-Loraing, PHi 2009, 175.
[13] Ebd.

Abs. 1 BGB sowie den Begriff des Fehlers in § 3 Abs. 1 ProdHaftG, für den die jeweiligen berechtigten Sicherheitserwartungen maßgeblich sind. Trotz ihrer unterschiedlichen normativen Konstruktion beurteilen sie sich grundsätzlich nach denselben objektiven Maßstäben und sind damit im Kern weitgehend identisch.[14]

So ist sowohl die auf die deliktische Produkthaftung als auch die auf das ProdHaftG gestützte Ersatzpflicht des Herstellers ausgeschlossen, wenn der schadensverursachende Fehler des Produkts im Zeitpunkt seiner Inverkehrgabe nach dem damaligen Stand von Wissenschaft und Technik nicht erkennbar war (sog. Entwicklungsfehler).[15] Trotz des grundsätzlichen Gleichlaufs beider Haftungstypen gibt es aber auch Unterschiede. So erfasst die deliktische Produzentenhaftung nicht sog. Ausreißer. Zudem kennt die Haftung nach dem ProdHaftG keine Produktbeobachtungspflicht.

a. Konstruktionsfehler

12   Ein Konstruktionsfehler liegt vor, wenn sich ein Produkt schon nach seiner Konzeption nicht dafür eignet, die berechtigten Sicherheitserwartungen i.S.v. § 3 Abs. 1 ProdHaftG zu erfüllen,[16] also unter dem gebotenen Sicherheitsstandard bleibt.[17] Dementsprechend haftet ein Konstruktionsfehler nie nur einem Produkt an, sondern einer ganzen Serie von Produkten. Der Hersteller ist verpflichtet, ein Produkt so zu konstruieren, dass es der durchschnittliche Verwender im Rahmen des Verwendungszwecks gefahrlos gebrauchen kann.[18] Hierbei sind auch Gefahren einer vorsehbaren Zweckentfremdung oder eines unsachgemäßen Gebrauchs vom Hersteller einzubeziehen.[19]

13   Mindestanforderungen für die Konstruktion von Medizinprodukten finden sich zum einen in § 7 Abs. 1 MPG i.V.m. Anhang I der Richtlinien 90/385/EWG (für aktiv implantierbare Medizinprodukte), 98/79/EG (für In-vitro-Diagnostika) und 93/42/EWG (für sonstige Medizinprodukte). Unter den Voraussetzungen von § 7 Abs. 2 MPG müssen bei Medizinprodukten, die auch Maschinen i.S.v. Art. 2 lit. a Richtlinie 2006/42/EWG sind, auch die grundlegenden Gesundheits- und Sicherheitsanforderungen des Anhangs I dieser Richtlinie beachtet werden. Bei Medizinprodukten, die vom Hersteller auch zur Verwendung entsprechend den Vorschriften über persönliche Schutzausrüstungen der Richtlinie 89/686/EWG bestimmt sind, müssen auch die einschlägigen grundlegenden Gesundheits- und Sicherheitsanforderungen dieser Richtlinie erfüllt werden (§ 7 Abs. 3 MPG). Zum anderen ergeben sich Mindestanforderungen auch aus Sicherheitsanforderungen, die in technischen

---

[14] BT-Drucks. 11/2447, S. 17 f.; BGH, NJW 2009, 2952; NJW 2014, 2106; OLG Saarbrücken, MPR 2011, 158.

[15] BGH, NJW 2009, 2952; BeckOGK, Spindler, § 823 BGB Rz. 631.

[16] BGH, NJW 2009, 2952; NJW 2013, 1303; vgl. zum Konstruktionsfehler eines Wirbelsäulen-Titan-Cages, der konstruktionsbedingt nicht die erforderliche Bruchfestigkeit zur Verwendung in der Halswirbelsäule bietet, OLG Frankfurt, MPR 2015, 101.

[17] BGH, NJW 2009, 2952; BeckOGK, Spindler, § 823 BGB Rz. 632.

[18] BGH, NJW-RR 1999, 25; OLG Frankfurt, NJW-RR 2000, 1268.

[19] BGH, NJW 2013, 1302; BeckOGK, Spindler, § 823 BGB Rz. 632.

Normen und Regelwerken aufgestellt sind (z. B. DIN-, VDE-, ISO-, CENELEC-oder CEN-Normen), und zwar gleichviel, ob sie harmonisiert sind oder nicht.

Über diese Mindestanforderungen hinaus muss der Hersteller Sicherungsmaßnahmen ergreifen, die nach dem im Zeitpunkt des Inverkehrbringens des Produkts vorhandenen neuesten Stand der Wissenschaft und Technik konstruktiv möglich sind.[20] Dies gilt besonders dann, wenn die technische Entwicklung bereits fortgeschritten ist oder wenn die Produkte Gefahren verursachen, welche die technischen Normen noch nicht ausweisen.[21] Demnach ist ein Medizinproduktehersteller selbst dann im Rahmen des Zumutbaren zur Abwendung aller derjenigen Gefahren verpflichtet, von denen er bei seiner Produktbeobachtung Kenntnis erlangt hat, wenn ein Medizinprodukt einer technischen Norm entspricht, die technische Entwicklung jedoch über sie hinausgegangen ist.[22]

Anders als der Hersteller haftet der Vertriebshändler grundsätzlich nicht für Konstruktionsfehler.[23] Eine Haftung ist namentlich dann ausgeschlossen, wenn er mit dem Hersteller kapitalmäßig oder rechtlich verbunden ist.[24]

b. Fabrikationsfehler

Im Gegensatz zum Konstruktionsfehler kennzeichnet den Fabrikationsfehler eine mangelhafte Fertigung einzelner Stücke bzw. einzelne fehlerhafte Stücke. Er haftet also nicht der ganzen Serie an.[25]

Fabrikationsfehler beruhen – neben anderen möglichen Ursachen wie Fehlern beim Herstellungsprozess, Abweichung von Konstruktionsplänen, Verwendung fehlerhaften Materials oder menschlichem Versagen – häufig auch auf nur beschränkt wirksamen Qualitätskontrollen. Gerade für Medizinprodukte haben Qualitätssicherungssysteme eine erhebliche rechtliche und praktische Bedeutung (vgl. Anhang II Richtlinie 93/42/EWG, DIN EN ISO 13485:2016–08). Verstößt ein Hersteller gegen diese Qualitätssicherungsanforderungen, verletzt er seine betriebliche Organisationspflicht.[26] Darüber hinaus ist der Endhersteller auch verpflichtet, Zulieferer sorgfältig auszuwählen, zu überprüfen und entsprechende Wareneingangskontrollen vorzunehmen.[27] Im Übrigen werden die betrieblichen Organisationspflichten in den einschlägigen Bestimmungen des Medizinprodukterechts konkretisiert. So ist etwa unverzüglich nach Aufnahme der Tätigkeit ein Sicherheitsbeauftragter für Medizinprodukte zu ernennen (§ 30 Abs. 1 MPG).[28]

---

[20] BGH, NJW 1988, 2611; VersR 1989, 1307; BeckOGK, Spindler, § 823 BGB Rz. 632.

[21] BGH, NJW 1994, 3349; OLG Hamm, NJW-RR 2011, 893; BeckOGK, Spindler, § 823 BGB Rz. 632.

[22] BGH, NJW 1994, 3349; Dahm-Loraing, Koyuncu, PHi 2010, 143.

[23] BGH, NJW 1987, 1009.

[24] OLG Düsseldorf, MPR 2012, 50.

[25] BGH, VersR 1956, 410; BeckOGK, Spindler, § 823 BGB Rz. 637.

[26] Vgl. dazu ausführlich Jenke, 193 ff., 198.

[27] BGH, NJW 1994, 3349; OLG Düsseldorf, NJW 1978, 1693; OLG Saarbrücken, NJW-RR 1988, 611; Dahm-Loraing, Koyuncu, PHi 2010, 143 f.; Jenke, 196 f.

[28] Dahm-Loraing, Koyuncu, PHi 2010, 143 f.

Bei der Produkthaftung nach dem ProdHaftG ist es grundsätzlich unerheblich, ob die Abweichung vom Standard durch sog. Ausreißer vermeidbar oder unvermeidbar ist.[29] Dagegen begründen sie mangels Verschulden keine deliktische Haftung, wenn sie trotz aller zumutbaren Vorkehrungen unvermeidbar sind.[30]

Ebenso wie für Konstruktionsfehler haftet der Vertriebshändler grundsätzlich auch nicht für Fabrikationsfehler.[31]

c. Instruktionsfehler

16 Ein Instruktionsfehler liegt vor, wenn der Verwender des Produkts durch fehlende oder unzureichende Gebrauchsanweisungen, Anleitungen oder Warnungen und dergleichen nicht oder nur unzureichend über die Art und Weise der Produktnutzung oder Produktrisiken aufgeklärt wird. Die Instruktionen müssen inhaltlich klar und allgemein verständlich erfolgen. Je größer das Gefahrenpotential ist, desto deutlicher müssen Warnungen erfolgen. Im Übrigen sind an die Pflicht zur Aufklärung und Warnung besonders strenge Anforderungen zu stellen, wenn die Verwendung des Produkts mit erheblichen Gefahren für die Gesundheit von Menschen verbunden ist.[32] Für die Instruktionspflichten von Medizinprodukteherstellern ist insoweit Anhang I Nr. 13 der Richtlinie 93/42/EWG richtungsweisend.[33] Danach sind jedem Medizinprodukt Informationen beizufügen, die – unter Berücksichtigung des Ausbildungs- und Kenntnisstands des vorgesehenen Anwenderkreises – die sichere und ordnungsgemäße Anwendung des Produkts ermöglichen.

Im Übrigen folgt aus § 3 Abs. 1 lit. b ProdHaftG, dass hierbei nicht nur auf die Gefahren des bestimmungsgemäßen und korrekten Gebrauchs hinzuweisen ist, sondern auch auf solche, die sich aus einem nahe liegenden Fehlgebrauch ergeben.[34] Nicht gewarnt werden muss jedoch vor den Gefahren eines aus Sicht eines verständigen Herstellers fern liegenden Produktmissbrauchs.[35] Eine Instruktionspflicht besteht besonders dann nicht, wenn es um die Verwirklichung von Gefahren geht, die sich aus einem vorsätzlichen oder äußerst leichtfertigen Fehlgebrauch ergeben.[36]

d. Produktbeobachtungsfehler

17 Ab Inverkehrbringen des Produkts ist der Hersteller zu einer aktiven Produktbeobachtung im Hinblick auf zuvor unbekannte Gefahren verpflichtet[37] und darf sich

---

[29] BeckOGK, Goehl, § 3 ProdHaftG Rn. 63; Staudinger, Oechsler, § 3 ProdHaftG Rz. 104.
[30] BGH, NJW 1969, 269; NJW 1995, 2162; NJW 2009, 1669; BeckOGK, Spindler, § 823 BGB Rz. 638; Jenke, 198.
[31] BGH, NJW 1987, 1009.
[32] BGH, NJW 1992, 560; OLG Düsseldorf, MPR 2012, 50.
[33] Dahm-Loraing, Koyuncu, PHi 2010, 144 f.; Hoxhaj, 195.
[34] BGH, NJW 2009, 2952; OLG Nürnberg, NZV 2014, 523.
[35] BeckOGK, Goehl, § 3 ProdHaftG Rz. 67.
[36] BGH, NJW 1981, 2514; NJW 1999, 2815.
[37] BGH, NJW 1981, 1606; NJW 1994, 3349; NJW 2009, 1080.

nicht auf eine zufällige, rein passive Kenntniserlangung von Gefahren des Produkts verlassen.[38] Im Rahmen des Zumutbaren muss er selbstständig Fachliteratur und technische Regelwerke regelmäßig auswerten, Ergebnisse wissenschaftlicher Kongresse[39] und die Erfahrungen von Konkurrenten sowie deren Produktentwicklungen im Hinblick auf deren verbesserte Sicherheitsstandards verfolgen.[40] Zudem trifft ihn auch eine passive Produktbeobachtungspflicht, d. h. er muss Beschwerden von Abnehmern bzw. Verbrauchern nachgehen.[41] Die Produktbeobachtungspflicht erstreckt sich nach der Rechtsprechung auch auf Gefahren, die durch die Kombination des eigenen mit fremden Produkten, insbesondere mit auf dem Markt angebotenen Zubehörteilen, entstehen können.[42] Da das ProdHaftG eine solche weitgehende Haftung nicht kennt, käme der deliktischen Produktbeobachtungspflicht besondere Bedeutung zu.[43] Indes dürfte die Rechtsprechung mit ihrer generellen Ausdehnung der Beobachtungspflichten auf Zubehörteile oder Kombinationsgefahren über das Ziel hinausschießen.[44]

18 Sind Produktgefahren aufgetreten, muss der Hersteller vor diesen warnen und die Abnehmer instruieren.[45] Den Vertriebshändler trifft insofern grundsätzlich keine Herstellerverantwortung. Hat die Vertriebsgesellschaft aber eine Schlüssel- oder Monopolstellung inne, etwa weil sie einziger Repräsentant eines ausländischen Herstellers auf dem deutschen Markt ist, können sie bezüglich der von ihr vertriebenen Produkte eigene Beobachtungs- und Instruktionspflichten treffen.[46]

Da die Pflicht zur Warnung eine besondere Ausprägung der nachträglich zu erteilenden Instruktion ist,[47] können die hierfür geltenden Grundsätze entsprechend herangezogen werden.[48] Der Umfang der Aufklärungspflichten im Einzelfall hängt neben der Kenntnis von den Gefahren auch von der Art der betroffenen Rechtsgüter ab. Je bedeutender ein Rechtsgut für den Einzelnen ist, desto geringer sind die Anforderungen an die Nähe und die Intensität der Gefährdung. Bloß entfernte Möglichkeiten einer Rechtsgutbeeinträchtigung reichen regelmäßig nicht aus. Vielmehr sind konkrete Anhaltspunkte erforderlich.[49] Sind die Rechtsgüter „körperliche Unversehrtheit" und „Gesundheit" betroffen, bedeutet dies, dass die Aufklärungspflicht nicht erst bei überwiegend wahrscheinlichen Gefährdungen

---

[38] BeckOGK, Spindler, § 823 BGB Rz. 656.
[39] BGH, NJW 1981, 1603; NJW 1992, 560; NJW 1995, 1286.
[40] BGH NJW 1990, 906; BeckOGK, Spindler, § 823 BGB Rz. 656.
[41] BeckOGK, Spindler, § 823 BGB Rz. 656.
[42] BGH, NJW 1987, 1009; NJW 1994, 3349; NJW 1995, 1286.
[43] Dahm-Loraing, Koyuncu, PHi 2010, 145.
[44] Vgl. BeckOGK, Spindler, § 823 BGB Rz. 657.
[45] BGH, NJW 1994, 517; NJW-RR 1995, 342; NJW 2009, 1080; OLG Saarbrücken, NJW-RR 2013, 271.
[46] BGH, NJW 1987, 1009; NJW 1994, 517; OLG Frankfurt, NJW-RR 2000, 1268; OLG Düsseldorf, MPR 2012, 50.
[47] BGH, NJW 1986, 1863.
[48] BeckOGK, Spindler, § 823 BGB Rz. 657.
[49] BGH, NJW 1981, 1606; OLG Frankfurt, NJW-RR 2000, 1268.

entsteht, sondern bereits zu dem Zeitpunkt, in dem sich eine nicht unerhebliche Gefährdung als durchaus wahrscheinlich herausstellt.[50] Nicht zur Warnung verpflichtet sind Hersteller und Vertriebsgesellschaft jedoch, wenn sie berechtigterweise davon ausgehen können, dass der Produktverwender (Arzt) den Produktbenutzer (Patient) über die Risiken und Nebenwirkungen des Medizinprodukts ausreichend aufklärt, sofern sie in der Gebrauchsanweisung selbst deutlich auf die Gefahren hingewiesen haben.[51]

19 Bei Gefährdungen hochrangiger Rechtsgüter, namentlich von Leib und Leben, kann den Hersteller – ausnahmsweise auch den Vertriebshändler[52] – als letztes Mittel eine Pflicht zum Rückruf treffen. Die Rückrufpflicht dient dem Schutz des Integritätsinteresses und befindet sich im Spannungsfeld zum nur vertragsrechtlich geschützten Äquivalenzinteresse. Weitreichende Maßnahmen wie ein Produktrückruf zum Zweck der Reparatur oder Nachrüstung auf Kosten des Herstellers sind daher nur geboten, soweit diese im konkreten Fall erforderlich sind, um Gefahren von den nach § 823 Abs. 1 BGB geschützten Rechtsgütern der Produktnutzer oder Dritter (Leben, Körper, Gesundheit usw.) abzuwenden.[53] Soweit nicht nur das Äquivalenzinteresse berührt ist, bleibt der Hersteller allerdings verpflichtet, grundsätzlich alles ihm Zumutbare zu unternehmen, um eine Schädigung des Produktbenutzers zu vermeiden. Hierbei kommt es auf die Umstände des Einzelfalls an. Eine Rückrufpflicht kann etwa dann entstehen, wenn Grund zu der Annahme besteht, dass die Warnung, selbst wenn sie hinreichend deutlich und detailliert erfolgt, den Benutzern des Produkts nicht ausreichend ermöglicht, die Gefahren einzuschätzen und ihr Verhalten darauf einzurichten. Dasselbe gilt, wenn die Warnung zwar ausreichende Gefahrkenntnis bei den Benutzern eines Produkts herstellt, aber Grund zu der Annahme besteht, diese würden sich – auch bewusst – über die Warnung hinwegsetzen und dadurch Dritte gefährden. Keine Rückrufpflicht besteht also, wenn der Benutzer so gewarnt und ggf. instruiert wird, dass er selbst einen Schaden vermeiden kann, sofern er die Warnung versteht und ernst nimmt. Demgemäß ist die Annahme einer Rückrufpflicht sowohl vom Rang der betroffenen Rechtsgüter abhängig als auch von der Wahrscheinlichkeit, mit der Warnungen den Produktbenutzer erreichen und von diesem umgesetzt werden können.[54]

20 Nach Auffassung des OLG Düsseldorf stellen die in der MPSV normierten Melde- und Reaktionspflichten Regelungen dar, die die aus der allgemeinen Verkehrssicherungspflicht resultierende Produktbeobachtungs- und daraus folgende Reaktionspflicht (Warn- und Rückrufpflicht) für Medizinprodukte abschließend

---

[50] OLG Frankfurt, NJW-RR 2000, 1268.

[51] Ebd.

[52] BGH, NJW 1987, 1009; NJW 1994, 517; NJW-RR 1995, 342; OLG Frankfurt, NJW-RR 2000, 1268; OLG Düsseldorf, MPR 2012, 50.

[53] BGH, NJW 2009, 1080.

[54] BGH, NJW 1990, 2560; NJW 2009, 1080; BeckOGK, Spindler, § 823 BGB Rz. 662; Dahm-Loraing, Koyuncu, PHi 2010, 145 ff.

festlegen; nur dann liege eine Verkehrssicherungspflichtverletzung vor, wenn den Vorschriften der MPSV nicht Genüge getan worden sei.[55] Ganz überwiegend ist allerdings anerkannt, dass öffentlich-rechtliche Normen die deliktsrechtlich geforderten Verkehrspflichten grundsätzlich nicht abschließend normieren können.[56] Die Einhaltung der Anforderungen des öffentlichen Sicherheitsrechts befreit also nicht von der privatrechtlichen Haftung. Es besteht kein Anlass von diesem Ergänzungsverhältnis von öffentlichem Sicherheits- und privatem Haftungsrecht speziell bei Produktbeobachtungspflichten abzuweichen.[57] Zwar ließe sich für die These einer abschließenden Determinationswirkung der MPSV der Gesichtspunkt der Rechtssicherheit ins Feld führen.[58] Hinzu kommt, dass zahlreiche Gemeinsamkeiten oder zumindest Ähnlichkeiten mit dem deliktsrechtlichen Pflichtenregime bestehen, wie z. B. die Voraussetzungen des Rückrufs und seine Ziele. Doch gibt es auch grundlegende Unterschiede. So erlaubt es § 28 Abs. 2 S. 2 MPG der Behörde auch unabhängig davon, ob Vorkommnisse i.S.v. § 2 Nr. 1 MPSV aufgetreten sind, einen Produktrückruf zu veranlassen. Zudem kann der Hersteller auch für nachträglich erkannte Entwicklungsfehler verantwortlich gemacht werden.[59] Zudem knüpft die medizinprodukterechtliche Verantwortlichkeit an das erstmalige Inverkehrbringen des Medizinprodukts (§ 5 S. 1 und 2 MPG) an und schließt ebenso wie die MPSV eine Auffangverantwortlichkeit des inländischen Vertreibers aus. Schließlich geht das Medizinprodukterecht in § 5 S. 1 und 2 MPG von der primären Pflichtenstellung des Verantwortlichen aus und weist der Behörde in § 15 MPSV für korrektive Maßnahmen nur eine subsidiäre Zuständigkeit zu, was ebenfalls als Indiz für ein bloßes Ergänzungsverhältnis gedeutet werden könnte. Daher dürfte der MPSV (oder sonstigen medizinprodukterechtlichen Vorschriften) keine abschließende Determinationswirkung zukommen. Vielmehr ist eher von einem wechselbezüglichen Gleichlauf oder Ergänzungsverhältnis der beiden Produktbeobachtungs- und Reaktionskonzepte auszugehen.[60]

Abschließend bleibt festzuhalten, dass das ProdHaftG die Verletzung von Produktbeobachtungspflichten nicht erfasst.[61] Denn die Herstellerhaftung beruht einzig und allein auf der Fehlerhaftigkeit des Produkts zum Zeitpunkt seines Inverkehrbringens (vgl. § 1 Abs. 2 Nr. 2 und 5 ProdHaftG), sodass nachgelagerte Kenntnisse keine Handlungspflichten auslösen können.[62]

21

---

[55] OLG Düsseldorf, MPR 2012, 50.
[56] BGH, NJW 1978, 419; NJW 1983, 751; NJW 1987, 372; NJW 1997, 582; NJW 1998, 2436; NJW 1998, 2905; NJW 2008, 3778; BeckOGK, Spindler, § 823 BGB Rz. 91; Wagner, VersR 2014, 911 f.
[57] Wagner, VersR 2014, 912.
[58] Lach, Schönberger, MPR 2012, 79.
[59] Diesen Unterschied heben auch Dahm-Loraing, Koyuncu, PHi 2010, 147, hervor.
[60] Vgl. Holzapfel, 160 ff.; vgl. allgemein zum Verhältnis zwischen privatem Produkthaftungs- und öffentlichem Produktsicherheitsrecht auch Wagner, VersR 2014, 915 f.
[61] BeckOGK, Goehl, § 3 ProdHaftG Rz. 70.
[62] Staudinger, Oechsler, § 3 ProdHaftG Rz. 112.

e. Fehlerverdacht

22 Lange Zeit galt es als gesicherte Erkenntnis, dass Ansprüche nach dem ProdHaftG einen tatsächlich vorhandenen Fehler des einzelnen Medizinprodukts voraussetzen. In der jüngeren Vergangenheit entbrannte jedoch am Beispiel implantierbarer cardioverter Defibrillatoren (ICD) und Herzschrittmacher eine Auseinandersetzung darüber, ob für die Bejahung eines Produktfehlers ein auf eine Serie bezogener Fehlerverdacht nicht ausreichend sein könne.[63] Der EuGH hat nun entschieden, dass eine erhöhte Fehlerwahrscheinlichkeit ausreicht, um einen Produktfehler zu bejahen. Danach ist also ein Fehlerverdacht dem festgestellten Fehler gleichzusetzen. Begründet wird diese recht weite Auslegung des Fehlerbegriffs mit der besonderen Verletzlichkeit der Benutzergruppe, die auf die Sicherheit des Produkts angewiesen ist, sowie dem Verwendungszweck, der direkt der Gesundheits- und Lebenserhaltung des Benutzers dient. Dementsprechend ist es in diesen Fällen nun nicht mehr notwendig, einen tatsächlichen Fehler in einem konkreten Produkt nachzuweisen, vielmehr gelten alle Produkte derselben Gruppe oder Serie bei Bestehen eines erhöhten Fehlerrisikos als fehlerhaft.[64] Das KG Berlin überträgt die Gleichstellungsthese des EuGH pauschal auf Hüftprothesen.[65] Das erscheint nach den vom Gerichtshof herangezogenen Kriterien (Verwendungszweck, objektive Merkmale und Eigenschaften des Produkts, Besonderheiten der Benutzergruppe) zwar höchst zweifelhaft.[66] Doch kann dies auf Grundlage des EuGH-Urteils nicht generell ausgeschlossen werden.[67] Denn danach kommt es maßgeblich darauf an, ob mit dem Produkt die „anormale Potenzialität eines Personenschadens"[68] einhergeht. Um eine ganz von den Besonderheiten des Einzelfalls abhängige Wertungs- oder Abwägungsfrage handelt es sich hierbei nicht.[69] Vielmehr lässt sich wie folgt typisieren: Sämtliche implantierbaren Medizinprodukte bergen in der Regel eine erhöhte „anormale" Wahrscheinlichkeit von Gesundheitsrisiken, da bei Fehlerverdacht eine prophylaktische Revisionsoperation erforderlich ist. Dagegen kann bei allen nicht-implantierbaren Medizinprodukten das erwartbare Sicherheitsniveau durch Beendigung der Anwendung des potenziell fehlerhaften Produkts und dessen Ersatz durch ein fehlerfreies Produkt wiederhergestellt werden. Ein produkthaftungsrechtlich relevanter Schaden beim Patienten durch präventive Sicherheitsmaßnahmen kann nicht auftreten.[70] Entsprechendes gilt für In-vitro-Diagnostika.[71] Auch

---

[63] Vgl. zu der einschlägigen Rechtsprechung z. B. Brock, Lach, PharmR 2013, 482 f.; Oeben, MPR 2013, 190 f.; ders., 55 ff.; Wagner, JZ 2016, 293 ff.

[64] EuGH, NJW 2015, 1163; BGH, NJW 2015, 2507; NJW 2015, 3096; kritisch dazu Oeben, 84 ff.

[65] KG, MPR 2016, 56; MPR 2016, 67.

[66] Handorn, Martin, MPR 2016, 78 ff.

[67] Helmig, PHi 2015, 87; Oeben, 84 ff.

[68] EuGH, NJW 2015, 1164.

[69] So aber Timke, NJW 2015, 3064; Ortner, Daubenbüchel, NJW 2016, 2923.

[70] Helmig, PHi 2015, 87; Handorn, MPR 2015, 208; Koch, VersR 2015, 1467; Oeben, 164 f., 170 f.; Wagner, JZ 2016, 303.

[71] Oeben, 172 f.

Mobile-Health-Produkte, die der Überwachung kritischer Gesundheitszustände dienen, können daher nicht ohne individuellen Nachweis als fehlerhaft beurteilt werden.[72]

Der im Rahmen der Produzentenhaftung ergangenen Rechtsprechung zum potenziellen Produktfehler ist grundsätzlich auch für die deliktische Produkthaftung zu folgen.[73] Nicht übertragbar ist die Gleichstellungsthese des EuGH jedoch auf Fabrikationsfehler, da diese typischerweise nur einzelnen Produkten zuzuschreiben sind.[74] 23

4. Beweisfragen

In Produkthaftungsverfahren besonders umkämpft ist stets die Frage, ob dem Kläger Beweiserleichterungen in Gestalt des Anscheinsbeweis oder der Beweislastumkehr zugutekommen sollen.[75] Dies ist deshalb von besonderer Bedeutung, weil Beweisschwierigkeiten gerade auch bei der Medizinproduktehaftung häufig streitentscheidend sind.[76] Nicht selten scheitern Klagen schon an dem Beweis des Produktfehlers.[77] 24

5. Produkthaftung (§§ 1 ff. ProdHaftG)

a. Quasi-objektive Haftung

Nach den § 1 Abs. 1 S. 1 ProdHaftG haftet der Hersteller, also auch der Medizinproduktehersteller,[78] für einen Produktfehler, der zur Verletzung einer Person geführt hat. Hierbei handelt es sich um keine klassische Gefährdungshaftung. Zwar ist einerseits ein Verschulden nicht explizite Haftungsvoraussetzung, andererseits aber knüpft die Haftung nicht etwa an eine gefährliche Tätigkeit, sondern an einen Produktfehler an (§ 3 ProdHaftG). Zudem ist nach § 1 Abs. 2 Nr. 5 ProdHaftG die Haftung ausgeschlossen, wenn der haftungsbegründende Produktfehler nach dem Stand der Wissenschaft und Technik zum Zeitpunkt des Inverkehrbringens nicht erkannt werden konnte. Demnach kennzeichnet die Haftung aus §§ 1 ff. ProdHaftG, dass sie einen quasi-objektiven Hybridcharakter aufweist.[79] 25

---

[72] A. A. Ortner, Daubenbüchel, NJW 2016, 2923.
[73] Oeben, 176 ff.; BeckOGK, Spindler, § 823 BGB Rz. 643.
[74] Oeben, 179 f.
[75] Backmann, MPR 2012, 37; Koyuncu, Müller, MPR 2012, 159.
[76] Koyuncu, Müller, MPR 2012, 159.
[77] Ebd.; vgl. etwa OLG Frankfurt, MPR 2012, 169; LG Nürnberg-Fürth, MPR 2014, 14; LG Frankenthal, MPR 2013, 138.
[78] OLG Saarbrücken, MPR 2011, 156.
[79] BeckOGK, Seibl, § 1 ProdHaftG Rz. 1.

b. Hersteller

26 Hersteller i.S.d. § 4 Abs. 1 S. 1 ProdHaftG ist der Hersteller im engeren Sinne, also derjenige, der das Endprodukt, einen Grundstoff oder ein Teilprodukt tatsächlich hergestellt hat. Hierunter fällt auch die Eigenherstellung von Medizinprodukten. Hersteller des Produkts kann also auch ein Krankenhaus oder ein Krankenhausträger sein.[80] Auch derjenige Betreiber, der das Medizinprodukt im Rahmen von Instandhaltungsmaßnahmen so modifiziert, dass sich die Leistungsdaten des Originalprodukts verändern, wird zum Hersteller.[81] Bei der Aufbereitung ist zu differenzieren: Erst wenn die Aufbereitungsarbeiten über das übliche Maß hinausgehen, wird man von einer „Aufbereitung als neu" und damit von einem Herstellungsprozess sprechen können, nicht aber schon dann, wenn ein Medizinprodukt bei der Aufbereitung in seinen wesentlichen Leistungs- und Funktionsmerkmalen unverändert bleibt.[82] Ferner macht allein die Konzernzugehörigkeit eine Gesellschaft nicht zum Hersteller.[83] Kein Hersteller ist auch die Tochtergesellschaft, die keine Produktionstätigkeit ausübt und sich darauf beschränkt, das Medizinprodukt zu vertreiben.[84] Ob durch den bloßen Austausch einzelner Komponenten ein neues Medizinprodukt hergestellt wird, ist in der Rechtsprechung umstritten. Nach Ansicht des OLG Koblenz ist dies grundsätzlich der Fall. Etwas anderes könne nur gelten, wenn die zusammengefügten Teilstücke von ein und demselben Produzenten bezogen und dann nach dessen vorgezeichneter Anleitung miteinander kombiniert worden wären.[85] Wie das KG Berlin zutreffend ausführt, kann dies schon nach dem Regelungszweck des ProdHaftG nicht überzeugen. Zudem wird nach der allgemeinen Verkehrsanschauung kein neues Gesamtprodukt geschaffen, sondern eine Reparatur. Schließlich lässt sich die Auffassung des OLG Koblenz dann nicht mit dem ärztlichen Heilungsauftrag vereinbaren, wenn der Arzt sich nicht zum Wohle des Patienten für einen schonenderen Austausch des schadhaften Teils mit einem modifizierten Teil entscheiden dürfte, ohne sich selbst dem Haftungsrisiko als Hersteller nach dem ProdHaftG auszusetzen.[86]

27 Daneben gilt nach § 4 Abs. 1 S. 2 ProdHaftG als Hersteller auch derjenige, der sich durch Anbringen seines Namens, seiner Marke oder eines anderen unterscheidungskräftigen Kennzeichens als Hersteller ausgibt (Quasi-Hersteller). Der Haftungsgrund der Norm liegt in dem mit der Kennzeichnung verbundenen Rechtsschein besonderer Verantwortung für die Produktsicherheit. Dementsprechend ist der maßgebliche Zeitpunkt der Produkterwerb durch den Geschädigten, da zu diesem Zeitpunkt das Vertrauen in die Produktverantwortung des Zeichenträgers investiert wird.[87] Daher reicht es auch aus, wenn der Quasi-Hersteller die jeweilige

---

[80] EuGH, NJW 2001, 2781.
[81] Stockhardt, Lücker in: Gassner (Hrsg.), 97.
[82] Knauer, MPR 2016, 39 f.
[83] OLG Düsseldorf, MPR 2012, 50; Lach, Schönberger, MPR 2012, 74.
[84] EuGH, NJW 2006, 825; OLG Düsseldorf, MPR 2012, 50; Lach, Schönberger, MPR 2012, 74.
[85] OLG Koblenz, GesR 2013, 735.
[86] KG, MPR 2014, 123.
[87] BGH, NJW 2005, 2695.

Darstellung nach ihrer Anbringung genehmigt. Dies kann auch konkludent erfolgen, etwa dadurch, dass ein Unternehmen die Verwendung eines Patientenausweises mit einem ihm bekannten Inhalt hinnimmt.[88] Ist die Zurechenbarkeit in dem beschriebenen Sinn gewährleistet, sind an den Begriff des „Anbringens" keine strikten Anforderungen zu stellen.[89] Die nach der Vorschrift erforderliche Verbindung zwischen Kennzeichen und Produkt ist auch dann gewährleistet, wenn lediglich die Verpackung des Produkts oder seine Gestaltung auf den Inanspruchgenommenen hinweist oder wenn es sich um einen vom Produkt getrennten Patientenausweis handelt.[90] Im Übrigen braucht der Quasi-Hersteller die Anbringung seines Namens oder sonstiger, auf ihn als Hersteller weisenden Zeichen nicht selbst zu bewirken. Vielmehr steht dem gleich, wenn er eine solche Anbringung mit seinem Einverständnis durch andere, insbesondere den tatsächlichen Hersteller vornehmen lässt.[91] Ferner kann bei der Beurteilung, ob sich ein Unternehmen durch die Verwendung des Zeichens als Hersteller ausgibt, ein Medizinprodukt mit dem Konzernkennzeichen nicht isoliert betrachtet werden, sondern muss im Zusammenhang mit der Verpackung bzw. Gebrauchsanweisung gesehen werden.[92]

Als Hersteller nach § 4 Abs. 2 ProdHaftG gilt auch, wer ein Produkt zum Zweck des Verkaufs, der Vermietung, des Mietkaufs oder einer anderen Form des Vertriebs mit wirtschaftlichem Zweck im Rahmen seiner geschäftlichen Tätigkeit in den Geltungsbereich des Abkommens über den EWR einführt oder verbringt. Keine geschäftliche Tätigkeit liegt vor, wenn die Einfuhr nur zum Zwecke privater Bedürfnisbefriedigung des Importeurs dient. Auch eine spätere unentgeltliche Weitergabe eines Produkts wirkt nicht haftungsbegründend über § 4 Abs. 2 ProdHaftG. Anders verhält es sich jedoch, wenn die unentgeltliche Weitergabe zu kommerziellen Zwecken erfolgt (Werbegeschenke).[93] Der Status als Bevollmächtigter des Importeurs i.S.v. § 5 S. 2 MPG als solcher begründet keine Herstellerhaftung.[94]

Nach § 4 Abs. 3 S. 1 ProdHaftG haftet der Lieferant eines fehlerhaften Produkts, wenn die primär haftenden Hersteller, also Produzent oder Quasi-Hersteller i.S.v. § 4 Abs. 1 ProdHaftG, nicht festgestellt werden können und er dem Geschädigten den wahren Hersteller oder seinen Vorlieferanten nicht binnen eines Monats nach Aufforderung mitteilt. Demnach tritt die Auffanghaftung des Lieferanten dann ein, wenn der Hersteller unbekannt ist. Sie scheidet aus, wenn der Hersteller benannt wurde, auch wenn Zweifel an seiner Verantwortung bestehen.[95] Im Übrigen kommt es für die Frage der fehlenden Feststellbarkeit vor allem auf die Schutzbedürftigkeit des Geschädigten an. Die Auffanghaftung des Lieferanten greift also nur dann

28

---

[88] OLG Düsseldorf, MPR 2012, 50.
[89] BGH, NJW 2005, 2695.
[90] OLG Düsseldorf, MPR 2012, 50.
[91] BGH, NJW 2005, 2695.
[92] OLG Düsseldorf, MPR 2012, 50; Lach, Schönberger, MPR 2012, 75.
[93] BeckOGK, Spickhoff, § 4 ProdHaftG Rz. 41.
[94] Lach, Schönberger, MPR 2012, 75.
[95] OLG Düsseldorf, MPR 2012, 50; Lach, Schönberger, MPR 2012, 76.

ein, wenn der Geschädigte tatsächlich auf dessen Auskunft angewiesen ist. Doch sind hieran entsprechend dem Schutzzweck des § 4 Abs. 3 S. 1 ProdHaftG keine zu hohen Anforderungen zu stellen.[96] Darüber hinaus gilt der Lieferant eines in den EWR importierten Produkts nach § 4 Abs. 3 S. 2 i.V.m. Abs. 2 ProdHaftG auch dann als Hersteller, wenn sich der Importeur nicht feststellen lässt. Die Norm setzt voraus, dass der Produkthersteller i.S.v. § 4 Abs. 1 ProdHaftG außerhalb des EWR ansässig ist. In diesem Fall kann der Geschädigte nach § 4 Abs. 2 ProdHaftG den Importeur in Anspruch nehmen. Folglich wirkt bei importierten Produkten die bloße Nichtfeststellbarkeit des Importeurs haftungsbegründend, gleichviel, ob der Name des Herstellers nun bekannt ist oder nicht.[97] Die Angabe des ausländischen Herstellers auf dem Produkt oder dessen Benennung durch den Lieferanten schließt also – anders als im Kontext von § 4 Abs. 3 S. 1 ProdHaftG – die Lieferantenhaftung nicht aus.[97] Wird der Hersteller bzw. Importeur rechtzeitig und vollständig benannt, hat der Lieferant seine Verpflichtung erfüllt. Sache des Geschädigten ist es dann, ggf. gerichtlich gegen den primär verantwortlichen Hersteller bzw. Importeur vorzugehen.[99]

c. Produktfehler

29 Das Medizinprodukt hat einen Fehler, wenn es nicht die Sicherheit bietet, die unter Berücksichtigung aller Umstände, insbesondere seiner Darbietung, des Gebrauchs, mit dem billigerweise gerechnet werden kann, und des Zeitpunkts, zu dem es in den Verkehr gebracht wurde, berechtigterweise erwartet werden kann (§ 3 Abs. 1 ProdHaftG). Maßgeblich für die berechtigten Erwartungen sind nicht die subjektiven Sicherheitserwartungen des jeweiligen Benutzers, sondern die objektiv berechtigten Sicherheitserwartungen.[100] Hierbei kann nicht generell auf den Horizont „der Allgemeinheit" oder „des Produktbenutzers" abgestellt werden. Vielmehr ist eine differenzierte Betrachtung im Einzelfall geboten.[101] Welche Sicherheit jeweils erwartet werden kann, ist vor allem unter Berücksichtigung des Verwendungszwecks und der objektiven Merkmale und Eigenschaften des betreffenden Medizinprodukts sowie der Besonderheiten der Benutzergruppe, für die es bestimmt ist, zu beurteilen.[102] Das Gesetz selbst nennt hierfür in § 3 Abs. 1 lit. a bis c ProdHaftG drei Kriterien.[103] Die Beurteilung der Fehlerhaftigkeit ist aber nicht auf diese Kriterien zu

---

[96] BGH NJW 2005, 2695; vgl. auch EuGH, NJW 2006, 1409.
[97] BeckOGK, Spickhoff, § 4 ProdHaftG Rz. 44.
[98] BeckOGK, Spickhoff, § 4 ProdHaftG Rz. 61.
[99] OLG Zweibrücken, VersR 2006, 1503; OLG Düsseldorf, MPR 2012, 50.
[100] BGH, NJW 2009, 2952.
[101] BeckOGK, Goehl, § 3 ProdHaftG Rz. 17.
[102] EuGH, NJW 2015, 1163; BGH, NJW 2015, 2507; NJW 2015, 3096; kritisch dazu Oeben, 93 ff., wegen fehlender Berücksichtigung der Herstellerangaben und des Anwenderhorizonts.
[103] Vgl. dazu näher Dahm-Loraing, Koyuncu, PHi 2010, 110 ff.

beschränken, wie sich aus dem Wort „insbesondere" ergibt.[104] Unabhängig hiervon dürfte aber die Funktions- oder Wirkungslosigkeit eines Medizinprodukts stets einen Fehler i.S.v. § 3 Abs. 1 ProdHaftG darstellen.[105]

d. Kausalität

Die Haftung nach § 1 Abs. 1 S. 1 ProdHaftG setzt voraus, dass die Rechtsgutsverletzung durch den Fehler des Produkts verursacht worden ist und sich in der Rechtsgutsverletzung gerade das Risiko der Fehlerhaftigkeit des Produkts verwirklicht.[106] Für die Annahme der Kausalität müssen andere Schadensursachen ausgeschlossen sein.[107] 30

e. Haftungsausschlussgründe

Die Ersatzpflicht des Herstellers entfällt, wenn er beweist, dass er das Produkt nicht in Verkehr gebracht hat (§ 1 Abs. 2 Nr. 1 ProdHaftG). Hat das fehlerhafte Produkt die medizinische Herrschaftssphäre (z. B. Apotheke als Hersteller und Krankenhaus) nicht verlassen, ist es dennoch in den Verkehr gebracht, wenn dessen Verwendung gerade dadurch gekennzeichnet ist, dass sich die Person, für die es bestimmt ist, selbst in diese Herrschaftssphäre begeben muss.[108] Auch die Abgabe und Verwendung eines Medizinprodukts zum Zwecke einer externen klinischen Prüfung stellt ein Inverkehrbringen i.S.v. § 1 Abs. 2 Nr. 1 ProdHaftG dar.[109] Der Entlastungsgrund der Fehlerfreiheit beim Inverkehrbringen (§ 1 Abs. 2 Nr. 2 ProdHaftG) wird etwa dann relevant, wenn der Fehler – etwa durch unsachgemäße Lagerung sowie unzureichende Pflege oder Wartung durch den Betreiber oder Anwender – erst später entsteht.[110] Darüber hinaus ist die Herstellerhaftung ausgeschlossen, wenn das Medizinprodukt nicht für den Verkauf oder eine andere Form des Vertriebs mit wirtschaftlichem Zweck hergestellt wurde (§ 1 Abs. 2 Nr. 3 ProdHaftG). Dieser Ausnahmetatbestand kann nicht auf Medizinprodukte in der klinischen Prüfung angewendet werden Denn der Hersteller stellt sie zumindest mittelbar mit Gewinnerzielungsabsicht, jedenfalls aber im Rahmen seiner wirtschaftlichen Tätigkeit[111] zur Verfügung. Ein Entlastungsgrund besteht auch dann, wenn der Fehler auf zwingenden Rechtsvorschriften beruht (§ 1 Abs. 2 Nr. 4 ProdHaftG). Mangels hoheitlich verbindlicher Rechtssetzungsmacht sind die von privaten Normungsorganisationen verfassten technischen Regelwerke wie DIN-, CEN- oder ISO-Normen als 31

---

[104] BGH, NJW 2009, 2952.
[105] BeckOGK, Goehl, § 3 ProdHaftG Rz. 17; Dahm-Loraing, Koyuncu, PHi 2010, 111.
[106] BeckOGK, Seibl, § 1 ProdHaftG Rz. 63.
[107] OLG Köln, Urt. v. 23.09.2009 – 5 U 220/08 –, juris; Dahm-Loraing, Koyuncu, PHi 2010, 115 f.
[108] EuGH, NJW 2001, 2781.
[109] Koyuncu in: Gassner (Hrsg.), 63 ff.
[110] Dahm-Loraing, Koyuncu, PHi 2010, 115.
[111] Deutsch, MPR 2001, 13; Heil in: Anhalt, Dieners (Hrsg.), § 22 Rz. 50.

solche keine zwingenden Rechtsvorschriften.[112] Dies gilt auch für harmonisierte Normen.[113] Die in den Grundlegenden Anforderungen festgelegten Mindeststandards fallen ebenfalls nicht unter § 1 Abs. 2 Nr. 4 ProdHaftG, sodass die Bestimmung im Medizinprodukterecht ohne Bedeutung ist.[114] Praktisch besonders wichtig ist dagegen der Ausschluss der Haftung für das Entwicklungsrisiko. Kann der Hersteller beweisen, dass der Fehler nach dem Stand der Wissenschaft und Technik in dem Zeitpunkt, in dem er das Produkt in den Verkehr brachte, nicht erkannt werden konnte, scheidet eine Produkthaftung aus (§ 1 Abs. 2 Nr. 5 ProdHaftG). Dies gilt auch für Produkte in der klinischen Prüfung.[115] Für die Feststellung eines Entwicklungsfehlers kommt es auf die Erkennbarkeit der potenziellen Gefährlichkeit des Produkts, d. h. des mit der gewählten Konzeption allgemein verbundenen Fehlerrisikos an.[116] Es muss nicht erst zum konkreten Schadensfall kommen, damit ein Fehler nach dem Stand von Wissenschaft und Technik erkennbar wird.[117]

f. Beweislast

32 Um einen Anspruch aus § 1 Abs. 1 S. 1 ProdHaftG gerichtlich durchzusetzen, muss der Geschädigte, also der materiell-rechtliche Anspruchsteller, den Fehler, den Schaden und die Kausalität zwischen Fehler und Schaden beweisen (§ 1 Abs. 4 S. 1 ProdhaftG). Beweiserleichterungen, wie etwa der Anscheinsbeweis, sind hierbei namentlich mit Blick auf Produktfehler nicht ausgeschlossen.[118] So kann der Beweis des ersten Anscheins für eine fehlerhafte Konstruktion sprechen, wenn ein medizinisches Implantat ohne CE-Kennzeichnung Belastungen, denen es typischerweise ausgesetzt ist, nicht standhält.[119] Dagegen ist die Einhaltung bzw. Nichteinhaltung der zur Herstellung von Produkte bestehenden technischen Normen nicht einem Anscheinsbeweis zugänglich, sondern eher als Wertungsfrage zu betrachten.[120]

Gemäß § 1 Abs. 4 S. 1 ProdHaftG trägt der Hersteller die Beweislast für die tatsächlichen Voraussetzungen der Haftungsausschlussgründe des § 1 Abs. 2 und 3 ProdHaftG. Beweismaß ist hierbei grundsätzlich die volle richterliche Überzeugung des § 286 Abs. 1 S. 1 ZPO. Doch ist es namentlich bei § 1 Abs. 2 Nr. 2 ProdHaftG zugunsten des Herstellers zu reduzieren, weil dieser Ausschlussgrund schon dann greift, wenn „nach den Umständen davon auszugehen ist", dass das Produkt den

---

[112] BeckOGK, Seibl, § 1 ProdHaftG Rz. 111.
[113] Jenke, 187.
[114] BeckOGK, Seibl, § 1 ProdHaftG Rz. 113; Jenke, 187.
[115] Koyuncu in: Gassner (Hrsg.), 65.
[116] BGH, NJW 2009, 2952.
[117] LG Berlin, Urt. v. 19.09.2011 – 2 O 130/09 –, juris, mit Blick auf die Erhöhung des Bruchrisikos bei Hüftprothesen.
[118] BGH, NJW 1995, 2498; vgl. Backmann, MPR 2012, 38 f.; BeckOGK, Seibl, § 1 ProdHaftG Rz. 143.
[119] OLG Frankfurt, MPR 2015, 101.
[120] BeckOGK, Seibl, § 1 ProdHaftG Rz. 145.

schadensverursachenden Fehler zum Zeitpunkt seines Inverkehrbringens noch nicht aufwies. Nach zutreffender Ansicht ist hierbei auf die einfach überwiegende Wahrscheinlichkeit abzustellen.[121]

g. Verjährung

Nach § 12 Abs. 1 ProdHaftG verjährt ein Anspruch aus § 1 Abs. 1 S. 1 ProdhaftG in drei Jahren von dem Zeitpunkt an, in dem der Ersatzberechtigte von dem Schaden, dem Fehler und von der Person des Ersatzpflichtigen Kenntnis erlangt hat oder hätte erlangen können. Hierbei genügt es für den Beginn der Verjährung, wenn der Ersatzberechtigte aufgrund einfacher Fahrlässigkeit keine Kenntnis von den anspruchsbegründenden Umständen hat. Der Fristbeginn weicht damit, was höchst praxisrelevant ist,[122] in zwei wesentlichen Punkten vom Beginn der regelmäßigen Verjährungsfrist nach §§ 195, 199 Abs. 1 BGB ab. Zum einen ist die Verjährungsfrist von drei Jahren nicht als Jahresendverjährung ausgestaltet, sondern beginnt bereits in dem Zeitpunkt, in dem Kenntnis oder die Möglichkeit der Kenntnisnahme von den haftungsbegründenden Umständen besteht. Zum anderen schadet bei der Kenntnisnahmemöglichkeit leicht fahrlässige Unkenntnis des Anspruchstellers, während § 199 Abs. 1 Nr. 2 BGB eine grob fahrlässige Unkenntnis erfordert. Im Ergebnis kommt bei Ansprüchen aus § 1 Abs. 1 S. 1 ProdhaftG, tendenziell eine frühere Verjährung als bei deliktischen Ansprüchen in Betracht.[123]

33

6. Deliktische Produkthaftung

a. Haftung aus § 823 Abs. 1 BGB

Die deliktische Produkt- oder Produzentenhaftung gemäß § 823 Abs. 1 BGB begründet eine Ersatzpflicht des Medizinprodukteherstellers – ebenso wie beim ProdHaftG nur ausnahmsweise des Vertriebshändlers[124] oder Importeurs[125] – für die rechtswidrige und schuldhafte Verletzung der ihm obliegenden Verkehrspflichten. Sie beruht auf der Vorstellung, dass mit dem Inverkehrbringen eines Produkts eine Gefahrenquelle eröffnet wird.[126] Bringt ein Hersteller ein Produkt in den Verkehr, ist er verpflichtet, im Rahmen des technisch Möglichen und wirtschaftlich Zumutbaren alle erforderlichen Maßnahmen zu treffen, um Schäden Dritter auszuschließen. Die jeweiligen Verkehrspflichten lassen sich in den oben dargestellten Fehlerkategorien abbilden.

34

---

[121] BeckOGK, Seibl, § 1 ProdHaftG Rz. 153.
[122] Vgl. z. B. BGH, MPR 2015, 203.
[123] Handorn, MPR 2015, 209.
[124] Vgl. BeckOGK, Seibl, § 1 ProdHaftG Rz. 690 ff.
[125] Vgl. BeckOGK, Seibl, § 1 ProdHaftG Rz. 694 ff.
[126] Vgl. nur OLG Saarbrücken, MPR 2011, 158; BeckOGK, Spindler, § 823 BGB Rz. 613 f.

Der Produktfehler muss kausal für den Schaden sein. Hieran fehlt es beim Instruktionsfehler, wenn der Geschädigte von einer Handlung selbst durch Anbringung eines Warnhinweises nicht abgehalten worden wäre.[127]
Zudem setzt eine Haftung aus § 823 Abs. 1 BGB ein schuldhaftes Handeln des Medizinprodukteherstellers voraus. Er müsste also zumindest fahrlässig gegen seine Verkehrssicherungspflichten verstoßen haben.[128] Deshalb begründen sog. Ausreißer mangels Verschuldens keine deliktische Haftung, wenn sie trotz aller zumutbaren Vorkehrungen unvermeidbar sind.[129]

35   Nach dem sog. Normbegünstigungsprinzip müsste der Geschädigte an sich alle tatsächlichen Voraussetzungen des § 823 Abs. 1 BGB beweisen. Doch tritt hinsichtlich der objektiven Pflichtwidrigkeit,[130] des Verschuldens des Herstellers[131] und der Kausalität zwischen dem Pflichtenverstoß und dem Produktfehler[132] eine Beweislastumkehr ein.[133] Denn allein der Hersteller kann die Produktionssphäre überblicken und die Endkontrolle der Produkte organisieren (sog. Sphärentheorie).[134] Der Geschädigte braucht also nur die Verletzung und den Fehler des Produkts sowie die Kausalität zwischen Produktfehler und Verletzung zu beweisen.

b. Haftung aus § 823 Abs. 2 BGB

36   Eine weitere Haftungsgrundlage gegen den Medizinproduktehersteller bildet § 823 Abs. 2 BGB i.V.m. einem Schutzgesetz. Eine Norm ist als Schutzgesetz anzusehen, wenn sie nach Zweck und Inhalt zumindest auch dazu dienen soll, den Einzelnen oder einzelne Personenkreise gegen die Verletzung eines bestimmten Rechtsguts zu schützen.[135] Diese Voraussetzung erfüllen im MPG namentlich folgende Vorschriften: § 4,[136] § 6 (Abs. 1 S. 1,[137] Abs. 2[138]) i.V.m. § 7 Abs. 1, §§ 11 Abs. 1, 2, 12, 14,

---

[127] BGH NJW 1999, 2273; BeckOGK, Spindler, § 823 BGB Rz. 667.

[128] Vgl. nur Dahm-Loraing, Koyuncu, PHi 2010, 148.

[129] BGH, NJW 1969, 269; NJW 1995, 2162; NJW 2009, 1669; BeckOGK, Spindler, § 823 BGB Rz. 638; Dahm-Loraing, Koyuncu, PHi 2010, 148; Jenke, 198.

[130] BGH, NJW 1981, 1603; NJW 1991, 1948; NJW 1996, 2507; NJW 1999, 102.

[131] BGH, NJW 1969, 269; NJW 1991, 1948; NJW 1992, 560; NJW 1996, 2507.

[132] OLG Hamburg, NJW 1990, 2322.

[133] Vgl. näher Dahm-Loraing, Koyuncu, PHi 2010, 148 f.; Heil in: Anhalt, Dieners (Hrsg.), § 22 Rz. 109 ff.

[134] BeckOGK, Spindler, § 823 BGB Rz. 667; vgl. auch Dahm-Loraing, Koyuncu, PHi 2010, 148; Heil in: Anhalt, Dieners (Hrsg.), § 22 Rz. 109.

[135] BGH, NJW 2010, 3651; NJW 2015, 2737.

[136] OLG Saarbrücken, MPR 2011, 156; BeckOGK, Spindler, § 823 BGB Rz. 678; Rott, Glinski, ZEuP 2015, 204.

[137] Vorsichtig bejahend OLG Saarbrücken, MPR 2011, 156; OLG Frankfurt, MPR 2015, 101; BeckOGK, Spindler, § 823 BGB Rz. 678.

[138] Vgl. zu § 6 Abs. 2 S. 1 MPG – tendenziell bejahend – BGH, NJW 2015, 2737; Rott, Glinski, ZEuP 2015, 204.

20, 21, 30 Abs. 1, 4, 31, 40 ff.[139] Darüber hinaus sind §§ 3 ff. MPV[140] und §§ 3, 13 Abs. 1 MPSV[141] als Schutzgesetze zu betrachten.

Für den Verstoß gegen das Schutzgesetz trägt grundsätzlich der Geschädigte die Darlegungs- und Beweislast. Dies gilt auch, wenn Verstöße gegen medizinproduktrechtliche Bestimmungen und die diesen zugrunde liegenden Richtlinien geltend gemacht werden.[142] In Bezug auf das Verschulden kommt dem Geschädigten allerdings die Vermutung zugute, dass bei einem objektiven Verstoß gegen ein Schutzgesetz zumindest von einem fahrlässigen Verhalten des Schädigers ausgegangen werden kann, so dass sich dieser entlasten muss.[143]

37

Aus Sicht des Geschädigten ist der praktische Nutzen für die deliktische Haftung aus § 823 Abs. 2 BGB eher gering. Denn die öffentlich-rechtlichen Normen stellen nur Mindeststandards dar, die von dem für die zivilrechtliche Haftung maßgeblichen Stand der Technik abweichen können.[144]

c. Beweislast

Die allgemeinen Grundsätze der Beweislastverteilung gelten im Prinzip auch für die deliktsrechtliche Produkthaftung. Der geschädigte Patient muss also den Produktfehler, die Rechtsgutsverletzung, die Kausalität zwischen Fehler und Verletzung sowie den Schaden darlegen und beweisen. Sowohl hinsichtlich der objektiven Pflichtwidrigkeit[145] als auch hinsichtlich des Verschuldens[146] des Herstellers ist jedoch grundsätzlich eine Beweislastumkehr anerkannt, da allein der Hersteller die Produktionssphäre überblicken und die Endkontrolle der Produkte organisieren kann.[147]

38

d. Verjährung

Die Verjährung des Anspruchs aus deliktischer Produkthaftung richtet sich ausschließlich nach §§ 195, 199 BGB. Nach § 199 Abs. 2 BGB verjähren Schadensersatzansprüche, die auf der Verletzung des Lebens, des Körpers oder der Gesundheit

39

---

[139] Vgl. Dahm-Loraing, Koyuncu, PHi 2010, 147 f.; Heil in: Anhalt, Dieners (Hrsg.), § 22 Rz. 54; Hoxhaj, 212 f.; Jenke, 208 ff.

[140] Jenke, 213; a. A. Heil in: Anhalt, Dieners (Hrsg.), § 22 Rz. 54 („nur Vertriebsregelungen"); vgl. zu § 7 MPV auch BGH, NJW 2015, 2737; LG Frankenthal, MPR 2013, 134.

[141] Dahm-Loraing, Koyuncu, PHi 2010, 148; Jenke, 213 f.

[142] OLG Saarbrücken, MPR 2011, 156.

[143] BGH, NJW 1968, 1279; NJW 1969, 269; NJW 1985, 1774; BeckOGK, Spindler, § 823 BGB Rz. 668.

[144] BeckOGK, Spindler, § 823 BGB Rz. 669; vgl. auch Staudinger, Oechsler, § 3 ProdHaftG Rz. 95; ebenso im Kontext von Produktbeobachtungspflichten BGH, NJW 1994, 3349.

[145] BGH, NJW 1981, 1603; NJW 1991, 1948; NJW 1996, 2507; NJW 1999, 1028.

[146] BGH, NJW 1969, 269; NJW 1991, 1948; NJW 1992, 560; NJW 1996, 2507.

[147] BeckOGK, Spindler, § 823 BGB Rz. 717.

beruhen, in 30 Jahren von der Begehung der Handlung, der Pflichtverletzung oder dem sonstigen, den Schaden auslösenden Ereignis an. Die Verjährung tritt ohne Rücksicht auf ihre Entstehung und die Kenntnis oder grob fahrlässige Unkenntnis ein.

III. Haftung des Krankenhauses

1. Haftungsgrundlagen

40 Der Krankenhausträger haftet dem geschädigten Patienten aus Vertrag und aus Delikt, ausnahmsweise auch nach den Regeln der berechtigten Geschäftsführung ohne Auftrag (§§ 677 ff. BGB).[148]

Für die Vertragsbeziehungen bei stationärer Behandlung in einem Krankenhaus haben sich in der Praxis mehrere Typen herausgebildet. Werden sämtliche Leistungen bei stationärer Behandlung in einem einzigen Vertragsverhältnis gebündelt liegt ein sog. totaler (einheitlicher) Krankenhausaufnahmevertrag vor. Die Leistungen einzelner Ärzte können aber auch vertraglich getrennt erfasst werden, was zu einem sog. gespaltenen Krankenhausaufnahmevertrag oder einem sog. totalen Krankenhausaufnahmevertrag mit Arztzusatzvertrag führt.[149] Hierdurch entsteht eine komplexe Haftungssituation.[150] Deshalb stehen die Fragen nach dem oder den richtigen Beklagten und nach der Abgrenzung der jeweiligen vertraglichen und deliktischen Haftungssphären nicht zufällig immer wieder im Mittelpunkt der gerichtlichen Auseinandersetzungen um die Krankenhaushaftung.[151]

41 Der sog. totale Krankenhausvertrag bildet die Regelform der stationären Krankenhausbetreuung und damit auch den Rahmen für die häufigste Haftungskonstellation. In einem solchen Vertrag verpflichtet sich der Krankenhausträger, alle für die stationäre Behandlung erforderlichen Leistungen einschließlich der gesamten ärztlichen Versorgung zu erbringen. Die behandelnden Ärzte stellen sich also nicht selbst als Vertragspartner des geschädigten Patienten dar. Vielmehr sind sie entweder Erfüllungsgehilfen (§ 278 BGB) oder verfassungsmäßig berufene Organe (§§ 31, 89 BGB) des Krankenhausträgers. In beiden Fällen werden dem Krankenhausträger die Pflichtverletzungen der Ärzte zugerechnet. Den Unterschied markiert das Kriterium der Leitungsfunktion: Chefärzte sowie Leiter einzelner Fachbereiche eines Krankenhauses sind als verfassungsmäßig berufene Vertreter des Krankenhausträgers anzusehen.[152] Diese Organhaftung gilt auch im Deliktsrecht. Für die

---

[148] Dies ist der Fall, wenn der Patient bei Einlieferung nicht willensfähig bzw. bei Bewusstsein ist, vgl. Gaidzik, Weimer in: Huster, Kaltenborn (Hrsg.), § 13 Rz. 7.
[149] Vgl. dazu z. B. Geiß, Greiner, Rz. A 21 ff.; Rehborn in: Huster, Kaltenborn (Hrsg.), § 12 Rz. 14 ff.
[150] Vgl. die tabellarische Übersicht der Haftungsstrukturen in Geiß, Greiner, Rn. F Anlagen 1 bis 3.
[151] Quaas in: Quaas, Zuck, § 14 Rz. 118.
[152] Vgl. z. B. BGH, NJW 1987, 2925; OLG Brandenburg, NJW-RR 2000, 398.

unerlaubten Handlungen der übrigen angestellten Ärzte (und des Pflegepersonals) haftet der Krankenhausträger nur nach § 831 BGB.[153] § 831 Abs. 1 S. 1 BGB verpflichtet denjenigen, der einen anderen zu einer Verrichtung bestellt (Verrichtungsgehilfe), zum Ersatz des Schadens, den der andere in Ausführung der Verrichtung einem Dritten widerrechtlich zufügt. Der Krankenhausträger kann der Haftung entgehen, wenn er beweist, bei Auswahl und Überwachung des Arztes sorgfältig gehandelt zu haben (§ 831 Abs. 1 S. 2 BGB). Hierfür maßgeblich sind die fachlichen und charakterlichen Anforderungen an einen selbstständig tätig werdenden Klinikarzt.[154] In der Praxis ist dieser Beweis nur schwer zu führen. Ein solcher Entlastungsbeweis ist bei der Organhaftung leitender Krankenhausärzte (§§ 31, 89 BGB) generell nicht möglich. Darüber hinaus kann der Krankenhausträger auch wegen eigener schuldhafter Pflichtverletzung (sog. Organisationshaftung oder -verschulden) ersatzpflichtig sein.[155]

Im Vordergrund auch der Krankenhaushaftung steht jedoch die Haftung des Krankenhausträgers für ärztliche Behandlungsfehler im weitesten Sinne.[156] Dessen Haftung folgt der vertraglichen oder deliktischen Haftung des Arztes, sofern die Voraussetzungen des einschlägigen Zurechnungstatbestands erfüllt sind.[157]

2. Ärztliche Pflichtverletzungen

Die haftungsbegründenden Voraussetzungen der vertraglichen und der deliktischen Arzthaftung sind nahezu identisch.[158] Hinsichtlich möglicher Pflichtverletzungen wird überwiegend zwischen Behandlungsfehlern und Aufklärungsfehlern unterschieden.[159]

Bei der Bestimmung der ärztlichen Pflichten und auch bei der Ermittlung des geschuldeten Sorgfaltsmaßstabs ist der medizinische Standard zu beachten. Der Arzt muss diejenigen Maßnahmen ergreifen, die von einem gewissenhaften und aufmerksamen Arzt aus berufsfachlicher Sicht seines Fachbereichs vorausgesetzt und erwartet werden.[160] Die an den Arzt konkret zu stellenden Anforderungen folgen aus dem jeweils aktuellen Stand der medizinischen Wissenschaft.[161] Der allgemeine

42

---

[153] BGH, NJW 1988, 2298; OLG Brandenburg, NJW-RR 2000, 398.
[154] BGH, NJW 1978, 1681; BeckOGK, Spindler, § 831 BGB Rz. 52.
[155] Vgl. Deutsch, NJW 2000, 1745 ff.; Quaas in: Quaas, Zuck, § 14 Rz. 119 ff.
[156] Quaas, in: Quaas, Zuck, § 14 Rz. 119.
[157] Vgl. BGH, NJW 1987, 705; NJW 1989, 767; OLG Saarbrücken, GesR 2015, 101; Koyuncu, Dahm-Loraing, PHi 2009, 172.
[158] Vgl. nur Koyuncu, Dahm-Loraing, PHi 2009, 174.
[159] Vgl. Geiß, Greiner, Rz. B 1 ff., C 1 ff.; Koyuncu, Dahm-Loraing, PHi 2009, 175 ff.; Quaas in: Quaas, Zuck, § 14 Rz. 74 ff.
[160] BGH, NJW 1987, 705; NJW 1999, 1778; NJW-RR 2014, 1053; OLG Saarbrücken, GesR 2015, 101.
[161] Koyuncu, Dahm-Loraing, PHi 2009, 175; Quaas in: Quaas, Zuck, § 14 Rz. 71 f.

medizinische Standard ist auch der Maßstab für die erforderliche Sorgfalt, mit der die notwendigen Krankenhausleistungen zu erbringen sind.[162]

43 Ob ein Behandlungsfehler anzunehmen ist, beantwortet sich danach, ob der Arzt unter Einsatz der von ihm zu fordernden medizinischen Kenntnisse und Erfahrungen im konkreten Fall vertretbare Entscheidungen über die diagnostischen sowie therapeutischen Maßnahmen getroffen und diese Maßnahmen sorgfältig durchgeführt hat.[163] Zu den Behandlungspflichten gehört auch die ordnungsgemäße und fachgerechte Anwendung der Medizinprodukte. Der behandelnde Arzt ist Anwender i.S.v. § 2 Abs. 3 MPBetreibV, da er Medizinprodukte entsprechend ihrer Zweckbestimmung einsetzt. Dementsprechend muss er die für Anwender geltenden Sicherheitsanforderungen der MPBetreibV beachten.[164] Im Übrigen kommen im Zusammenhang mit Medizinprodukten Fehler bei der Therapieauswahl, -durchführung und -überwachung sowie bei der Nachsorge in Betracht.[165] Hierbei verfügt der Arzt aber über einen gewissen Entscheidungsspielraum.[166] So obliegt die Wahl der Behandlungsmethode grundsätzlich dem Arzt. Dies gilt auch dann, wenn sie neu ist. Nur wenn es mehrere medizinisch indizierte und übliche Behandlungsmethoden gibt, die wesentlich unterschiedliche Risiken und Erfolgschancen aufweisen, so dass für den Patienten eine echte Wahlmöglichkeit besteht, muss diesem nach entsprechend vollständiger ärztlicher Aufklärung die Entscheidung überlassen bleiben, auf welchem Wege die Behandlung erfolgen soll und auf welches Risiko er sich einlassen will.[167] Zudem sind auch spezifische Organisationspflichten zu beachten.[168] Namentlich trifft den leitenden Krankenhausarzt eine gewisse Gesamtverantwortung für die Anwendung von Medizinprodukten in seinem Zuständigkeitsbereich,[169] und zwar auch jenseits der Anforderungen der MPBetreibV.[170]

Der Aufklärungsfehler ist gerade auch bei der Anwendung von Medizinprodukten von Bedeutung.[171] Anknüpfungspunkt der Haftung für Aufklärungsfehler ist der Grundsatz, dass die Zustimmung des Patienten eine hinreichende ärztliche Selbstbestimmungsaufklärung („informed consent") als Wirksamkeitsbedingung voraussetzt.[172] Grundsätzlich muss sich die Aufklärung auf typische Risiken einer Operation erstrecken, mögen sie auch selten auftreten. Risiken sind besonders dann als typisch zu qualifizieren, wenn sie die Lebensführung schwer belasten

---

[162] Quaas in: Quaas, Zuck, § 14 Rz. 128.
[163] BGH, NJW 1987, 2291; OLG Saarbrücken, GesR 2015, 101.
[164] Gaßner, Reich-Malter, MedR 2006, 152; Koyuncu, Dahm-Loraing, PHi 2009, 175.
[165] Näher Koyuncu, Dahm-Loraing, PHi 2009, 176 ff.
[166] Koyuncu, Dahm-Loraing, PHi 2009, 174, 176.
[167] BGH, NJW 2006, 2477; OLG Köln, GesR 2012, 507; OLG Saarbrücken, GesR 2015, 101.
[168] Näher Koyuncu, Dahm-Loraing, PHi 2009, 178 f.
[169] BGH, NJW 1994, 3349.
[170] Insofern missverständlich Gaßner, Reich-Malter, MedR 2006, 151; Koyuncu, Dahm-Loraing, PHi 2009, 178; Weimer, MPR 2007, 121.
[171] Koyuncu, Dahm-Loraing, PHi 2009, 218.
[172] Geiß, Greiner, Rz. C 2; Quaas in: Quaas, Zuck, § 14 Rz. 82.

und der medizinische Laie nach der Natur des Eingriffs nicht mit ihnen zu rechnen braucht.[173] Das gilt allerdings nur, soweit nach dem medizinischen Erfahrungsstand im Behandlungszeitpunkt ein solches Risiko bekannt und mit seinem Eintritt zu rechnen ist.[174] Bereichsspezifisch wird die Verletzung von Aufklärungspflichten vor allem bei der Auswahl eines Medizinprodukts und der jeweiligen Behandlungsalternativen relevant.[175]

IV. Haftung der Benannten Stelle

Die Frage der Haftung Benannter Stellen hat lange Zeit ein Dornröschendasein gefristet und ist erst mit dem sog. PIP-Skandal in den Fokus des juristischen Diskurses gerückt.[176] Außer Streit steht hierbei, dass Amtshaftungsansprüche nach § 839 BGB i.V.m. Art. 34 GG wegen Pflichtverletzungen im Konformitätsbewertungsverfahren nicht in Betracht kommen, da Benannte Stellen nicht hoheitlich tätig werden.[177] Sie sind – anders als die staatlichen Marktüberwachungsbehörden – nur „Begleiter" des Herstellers im Konformitätsverfahren.[178] Zwischen ihnen und den durch mögliche Pflichtverletzungen geschädigten Patienten bestehen keine vertraglichen Beziehungen. In Betracht kommen also nur deliktische Schadensersatzansprüche aus §§ 823 ff. BGB oder aus einem Vertrag mit Schutzwirkung zugunsten Dritter.

Das Institut des Vertrags mit Schutzwirkung zugunsten Dritter beruht auf einer maßgeblich durch das Prinzip von Treu und Glauben (§ 242 BGB) geprägten ergänzenden Vertragsauslegung (§ 157 BGB). Dritte können in die Schutzwirkungen eines Vertrags nur dann einbezogen werden, wenn diese bestimmungsgemäß mit der Hauptleistung in Berührung kommen, der Gläubiger an deren Schutz ein besonderes Interesse hat und Inhalt und Zweck des Vertrags erkennen lassen, dass diesen Interessen Rechnung getragen werden soll.[179] Ob nach diesen Maßstäben der mit dem Konformitätsbewertungsverfahren und der Einbeziehung der Benannten Stelle verfolgte Zweck, also primär der „Schutz aller potenziellen Patienten",[180]

44

---

[173] BGH, NJW 2007, 217; OLG Schleswig, NJW-RR 1996, 348; OLG Saarbrücken, GesR 2015, 101.
[174] BGH, NJW 1990, 1528; OLG Saarbrücken, GesR 2015, 101.
[175] Vgl. dazu etwa BGH, NJW 2006, 2477; OLG Köln, GesR 2012, 507; OLG Saarbrücken, GesR 2015, 101; näher Koyuncu, Dahm-Loraing, PHi 2009, 218 ff.
[176] Vgl. zu Entwicklung und Inhalt der einschlägigen Rechtsprechung Bebert, Gassner, Wigge, StoffR 2014, 134 ff.; Lenz, PHi 2016, 199 ff.
[177] OLG Zweibrücken, MPR 2014, 62; LG Karlsruhe, Urt. v. 25.11.2014 – 2 O 25/12, BeckRS 2015, 07880; Bebert, Gassner, Wigge, StoffR 2014, 137 f.; Rott, Glinski, ZEuP 2015, 203.
[178] LG Frankenthal, MPR 2013, 134; LG Nürnberg-Fürth, MPR 2014, 14; vgl. auch Generalanwältin Sharpston, PharmR 2016, 449, die die Rolle der Benannten Stellen „in erster Linie" als „eine wissenschaftliche" verstehen will.
[179] Std. Rspr., vgl. zuletzt etwa BGH, NJW 2014, 3580; NJW 2015, 1098; NJW 2015, 2737; NJW 2016, 3432.
[180] Generalanwältin Sharpston, PharmR 2016, 449.

Ausgangspunkt der ergänzenden Vertragsauslegung sein kann, erscheint zweifelhaft.[181] Denn der Hersteller beauftragt die Benannte Stelle mit der Durchführung von Konformitätsbewertungsverfahren, um sein Medizinprodukt vermarkten zu können. Unmittelbarer Vertragszweck ist also typischerweise nicht der Schutz Dritter. Ein Wille der Vertragspartner, die Anwender in den Schutzbereich des Vertrags mit einzubeziehen dürfte also regelmäßig ausscheiden. Auf die vom Gesetzgeber mit der Konformitätsbewertung verfolgten Ziele kann es insofern nicht ankommen.[182] Auch hat die Benannte Stelle kein entscheidendes Eigeninteresse an der Wahrung der Patienteninteressen. Zudem würde es gegen § 242 BGB verstoßen, wenn die Benannte Stelle gegenüber allen Anwendern des Medizinprodukts haftbar wäre. Denn andernfalls wäre ihr Haftungskreis unüberschaubar ausgeweitet, sodass sie das eigene Haftungsrisiko überhaupt nicht abschätzen und sich adäquat dagegen versichern könnte.[183] Ein Vertrag mit Schutzwirkung zugunsten Dritter kann daher keine Ersatzpflicht Benannter Stellen für Pflichtverletzungen im Zertifizierungsverfahren begründen.[184]

45 Dagegen haftet sie grundsätzlich aus § 823 Abs. 1 BGB und § 823 Abs. 2 BGB i.V.m. § 6 Abs. 2 S. 1 MPG[185] (i.V.m. § 37 Abs. 1 MPG, § 4 ff. MPSV i.V.m. Anhängen II bis VII der Richtlinie 93/42/EWG, Anhängen 2 bis 5 der Richtlinie 90/385/EWG, Anhängen III bis VII der Richtlinie 98/79/EG).[186] Die Kernfrage hierbei ist, ob – im Rahmen von § 823 Abs. 1 BGB – eine Pflichtverletzung bzw. eine pflichtwidrige Unterlassung oder – im Rahmen von § 823 Abs. 2 BGB – ein Verstoß gegen die Schutznorm des § 6 Abs. 2 S. 1 MPG vorliegt.[187] Dies beurteilt sich danach, welche Aufgaben der Benannten Stelle im Konformitätsbewertungsverfahren konkret übertragen sind. Ist sie nur dazu verpflichtet, das Qualitätssicherungssystem und die Produktauslegung (Design Dossier), nicht aber die Produkte als solche zu überprüfen, kann sie für entsprechende Versäumnisse grundsätzlich nicht deliktisch in Anspruch genommen werden.[188] Dasselbe gilt nach derzeitigem Recht

---

[181] So aber BGH, NJW 2015, 2737.

[182] Ähnlich OLG Zweibrücken, MPR 2014, 62; LG Nürnberg-Fürth, MPR 2014, 14; LG Karlsruhe, Urt. v. 25.11.2014 – 2 O 25/12, BeckRS 2015, 07880; LG Essen, Urt. v. 09.02.2015 – 1 O 212/13 –, juris.

[183] OLG Zweibrücken, MPR 2014, 62; LG Essen, Urt. v. 09.02.2015 – 1 O 212/13 –, juris.

[184] OLG Zweibrücken, MPR 2014, 62; LG Nürnberg-Fürth, MPR 2014, 14; LG Frankenthal, MPR 2013, 138; LG Karlsruhe, Urt. v. 25.11.2014 – 2 O 25/12, BeckRS 2015, 07880; LG Essen, Urt. v. 09.02.2015 – 1 O 212/13 –, juris; zweifelnd BGH, NJW 2015, 2737.

[185] Vgl. zur Drittschutzwirkung dieser Bestimmung BGH, NJW 2015, 2737 (tendenziell bejahend).

[186] Vgl. – mit unterschiedlicher Akzentuierung – BGH, NJW 2015, 2737; OLG Zweibrücken, MPR 2014, 62; LG Nürnberg-Fürth, MPR 2014, 14; LG Frankenthal, MPR 2013, 138; LG Karlsruhe, Urt. v. 25.11.2014 – 2 O 25/12, BeckRS 2015, 07880; LG Essen, Urt. v. 09.02.2015 – 1 O 212/13 –, juris.

[187] Vgl. auch BGH, NJW 2015, 2737.

[188] OLG Zweibrücken, MPR 2014, 62; LG Essen, Urt. v. 09.02.2015 – 1 O 212/13 –, juris; a. A. Rott, Glinski, ZEuP 2015, 204.

mit Blick auf die Vornahme verdachtsunabhängiger, unangekündigter Kontrollen[189] oder sonstige Maßnahmen.[190] Aus der Empfehlung 2013/473/EU kann sich schon deshalb nichts anderes ergeben, weil sie sich nicht auf das Pflichtenprogramm der Benannten Stelle auswirken kann.[191] Sobald der Benannten Stelle jedoch bekannt wird, dass ein Klasse III-Medizinprodukt fehlerhaft sein könnte, dürfte sie mit Blick auf § 18 MPG dazu verpflichtet sein, die ihr zur Verfügung stehenden Befugnisse besonders sorgfältig auszuüben.[192] Für alle Medizinprodukte sind unangemeldete Inspektionen schon dann erforderlich, wenn konkrete Verdachtsmomente dafür vorliegen, dass die angemeldeten, regelmäßigen Kontrollen nicht ausreichen,[193] der Benannten Stelle bekannt wird, dass die Angaben des Herstellers nicht der Wahrheit entsprachen[194] oder sich sonst ein besonderer Anlass ergibt.[195]

V. Abgrenzung der Haftungssphären

Bei der Anwendung von Medizinprodukten ergeben sich komplexe Haftungskonstellationen, da sich hier u. a. die Verantwortungssphären von Arzt, Krankenhaus, Produkthersteller, Benannter Stelle und staatlicher Behörden infolge der allen Akteuren gegenüber dem Patienten obliegenden Schutzpflichten überlagern.[196] Auf diese Weise entsteht eine Risikoverantwortungsgemeinschaft.[197]

46

Besonders prekär und kompliziert ist die Abgrenzung zwischen Arzt- (bzw. Krankenhaus-) und Produkthaftung. Generell lässt sich dazu vereinfacht feststellen, dass der Hersteller für die Produktsicherheit und die ordnungsgemäße Produktinformation verantwortlich ist, wohingegen der Arzt die Anwendungssicherheit gewährleisten muss.[198] Dementsprechend haftet nicht der Arzt für eine reine Fehlfunktion des Medizinprodukts, sondern ausschließlich der Hersteller.[199] Eine

---

[189] LG Nürnberg-Fürth, MPR 2014, 14; Handorn, MPR 2014, 19.
[190] A. A. Rott, Glinski, ZEuP 2015, 206 f.
[191] Bebert, Gassner, Wigge, StoffR 2014, 141; Handorn, MedR 2014, 85; Oeben, MedR 2016, 43; a. A. Helmig, PHi 2015, 90.
[192] Vgl. Generalanwältin Sharpston, Schlussanträge vom 15.09.2015, Schmitt, C-219/15, EU:C:2016:694. Ihr zufolge soll diese Verpflichtung für Benannte Stellen ohne entsprechenden Versicherungsschutz erst ab Verkündung eines entsprechenden EuGH-Urteils gelten.
[193] OLG Zweibrücken, MPR 2014, 62.
[194] LG Nürnberg-Fürth, MPR 2014, 14.
[195] LG Frankenthal, MPR 2013, 138.
[196] Vgl. z. B. OLG Schleswig, GesR 2014, 671 (Arzt, Krankenhausträger); OLG Köln, Urteil v. 23.09.2009 – 5 U 220/08 –, juris (Arzt, Krankenhausträger, Vertriebshändler); LG Essen, Urt. v. 09.02.2015 – 1 O 212/13 –, juris (Hersteller, Zulieferer, Benannte Stelle, Haftpflichtversicherer); LG Karlsruhe, Urt. v. 25.11.2014 – 2 O 25/12, BeckRS 2015, 07880 (Arzt, Benannte Stelle, Zulieferer, Haftpflichtversicherer, BfArM).
[197] Vgl. Koyuncu, Dahm-Loraing, PHi 2009, 224; Koyuncu in: Gassner (Hrsg.), 70.
[198] Koyuncu, Dahm-Loraing, PHi 2009, 224.
[199] Vgl. z. B. BGH, VersR 2007, 1416.

Mithaftung des Arztes kommt aber dann in Betracht, wenn er den Fehler hätte entdecken können. Entsprechendes gilt, wenn sich der Arzt sorgfaltspflichtwidrig auf die vom Hersteller erhaltenen Informationen verlässt. Unterlaufen beiden Beteiligten haftungsrelevante Fehler, haften Arzt und Hersteller als Gesamtschuldner (§ 840 BGB).[200]

---

[200] Koyuncu, Dahm-Loraing, PHi 2009, 224.

Neunter Abschnitt
Übergangsbestimmungen

§ 44 Übergangsbestimmungen

(1) Medizinprodukte mit Verfalldatum, die vor dem 30.06.2007 zum Zweck des Zivil- und Katastrophenschutzes an die zuständigen Behörden des Bundes oder der Länder oder zur Durchführung ihrer besonderen Aufgaben an die Bundeswehr abgegeben wurden, dürfen auch nach Ablauf des Verfalldatums angewendet werden. Die zuständigen Behörden stellen sicher, dass Qualität, Leistung und Sicherheit der Medizinprodukte gewährleistet sind.

(2) Auf Medizinprodukte im Sinne des § 3 Nr. 3 sind die Vorschriften dieses Gesetzes ab dem 13.06.2002 anzuwenden. Medizinprodukte nach § 3 Nr. 3 dürfen noch bis zum 13.12.2005 nach den am 13.12.2000 in Deutschland geltenden Vorschriften in Deutschland erstmalig in Verkehr gebracht werden. Das weitere Inverkehrbringen und die Inbetriebnahme der danach erstmalig in Verkehr gebrachten Medizinprodukte ist bis zum 13.12.2007 zulässig.

(3) Die Vorschriften des § 14 sowie der Rechtsverordnung nach § 37 Abs. 5 gelten unabhängig davon, nach welchen Vorschriften die Medizinprodukte erstmalig in den Verkehr gebracht wurden.

(4) Für klinische Prüfungen nach § 20 und Leistungsbewertungsprüfungen nach § 24 des Medizinproduktegesetzes, mit denen vor dem 20.03.2010 begonnen wurde, sind die §§ 19 bis 24 des Medizinproduktegesetzes in der Fassung der Bekanntmachung vom 07.08.2002 (BGBl. I S. 3146), das zuletzt durch Artikel 1 des Gesetzes vom 14.06.2007 (BGBl. I S. 1066) geändert worden ist, weiter anzuwenden.

(5) Für klinische Prüfungen und Leistungsbewertungsprüfungen nach Absatz 4 ist ab dem 21.03.2010 die Medizinprodukte-Sicherheitsplanverordnung vom 24.06.2002 (BGBl. I S. 2131), die zuletzt durch Artikel 3 des Gesetzes vom 14.06.2007 (BGBl. I S. 1066) geändert worden ist, in der jeweils geltenden Fassung entsprechend anzuwenden, die sie durch Artikel 3 des Gesetzes vom 29.07.2009 (BGBl. I S. 2326) erhält.

Inhaltsverzeichnis

I.	Die Bedeutung der Norm	1
II.	Inkrafttreten und Geltungsbeginn	2
III.	Sonderregelungen	3

I. Die Bedeutung der Norm

Wenn diese Zeilen erscheinen, wird nicht nur § 44 MPG sondern auch das gesamte nationale Recht der Medizinprodukte und In-vitro-Diagnostika der Vergangenheit angehören. Denn es wird dann durch die beiden Verordnungen der EU zu

1

Medizinprodukten[1] und zu In-vitro.Diagnostika[2] abgelöst worden sein. Es gelten dann die Übergangsvorschriften dieser Verordnungen also Art. 122 VO über MP und Art. 112 VO IVD.

II. Inkrafttreten und Geltungsbeginn

2   In den beiden Verordnungen sind zwei wesentliche Zeitpunkte festgelegt. Zu einen ist es das „Inkrafttreten" und zum anderen der „Geltungsbeginn". Die Verordnungen sind zwanzig Tage nach Veröffentlichung im Amtsblatt in Kraft getreten, d. h. am 26.05.2017. Die neuen Verordnungen sind danach, drei Jahren (also für die MP-Verordnung ab 26.05.2020) bzw. fünf Jahre (für die IVD- Verordnung 26.05.2022) nach dem Datum des Inkrafttretens zu beachten und anzuwenden und zwar einheitlich in der gesamten Europäischen Union, ohne dass es einer Umsetzung in nationales Recht bedürfte. Sie wirken direkt gegenüber Herstellern, Anwendern und sonstigen Beteiligten. Sollte die europäische Datenbank Eudamed bis zum Geltungsbeginn nicht voll funktionsfähig sein, dann gelten für den Informationsaustausch zu Klinischen Prüfungen, Leistungsstudien Vigilanzberichterstattungen, Registrierung von Produkten, Wirtschaftsakteuren und Bescheinigungen die Vorschriften der bisherigen Richtlinien fort.

Die bisher für Medizinprodukte maßgeblichen Richtlinien 90/385 EWG und 93/42 EWG werden durch die Verordnungen ersatzlos aufgehoben. D. h. ab diesem Zeitpunkt gibt es keine parallel verlaufenden Regelungssysteme mehr, sondern nur noch die neuen Vorschriften (Art. 122 Satz 1 VO-MP, 112 VO-IVD).

III. Sonderregelungen

3   Daneben gibt es in Kap. X beider Verordnungen noch Sonderregelungen für einzelne Bereiche. Bereits nach dem Inkrafttreten und vor dem Geltungszeitpunkt können die Verordnungen für bestimmte Konstellationen bereits Wirkung entfalten.

1. Benannte Stellen

4   So verlieren die bisherigen Benannten Stellen im Geltungszeitpunkt ihre bisherige Akkreditierung (Art. 123 Abs. 3 Abs. 1 VO-MP, 113 Abs. 3 VO-IVD). Wenn diese Benannten Stellen ihr Geschäftsmodell weiter betreiben wollen, müssen sie also vor dem Geltungszeitpunkt eine nach den neuen Vorschriften zu beurteilende

---

[1] Verordnung (EU) 2017/745 des Europäischen Parlaments und des Rates über Medizinprodukte und zur Änderung der Richtlinie 2001/83/EG, der Verordnung (EG) Nr. 178/2002 und der Verordnung (EG) Nr. 1223/2009 vom 05.04.2017 (ABl. L 117 vom 05.05.2017 S. 1).

[2] Verordnung (EU) 2017/746 des Europäischen Parlaments und des Rates über In-vitro-Diagnostika vom 05.04.2017 (ABl. L 117 vom 05.05.2017 S. 176).

Akkreditierung beantragen. Dieser Antrag kann bereits ab dem sechsten Monat nach Inkrafttreten gestellt werden Art. 123 Abs. 3 i.V.m. Art. 28 bis 40 VO-MP). Wird ihrem Antrag entsprochen, können sie dementsprechend auch schon vor Geltungsbeginn Zertifikate nach den neuen Regeln ausstellen. Die Mitgliedsstaaten müssen ebenfalls innerhalb von sechs Monaten nach Inkrafttreten die Akkreditierungsbehörden gemäß Art. 76 mit dem notwenigen Personal und Verfahren ausgestattet haben, damit die nach altem Recht benannten Stellen ihre Anträge stellen können. Umstritten ist, ob die nach neuem Recht akkreditierten Benannten Stellen während der Übergangszeit bis zum Geltungszeitpunkt auch noch Zertifikate nach altem Recht ausstellen können. Dies wird zum Teil mit dem Argument angenommen, dass Kapitel IV eine vergleichbare Bestimmung wie Art. 123 Abs. 3 VO-MP nicht enthält und damit in der Übergangsfrist ein automatischer Verlust der Zertifizierung nach altem Recht nicht eintritt.[3]

Zertifikate, die vor dem Inkrafttreten erteilt wurden, bleiben bis zu dem im Zertifikat genannten Zeitpunkt gültig. Zertifikate, die nach dem Inkrafttreten, aber vor dem Geltungszeitpunkt erteilt wurden, behalten ihre Gültigkeit, sofern der Zeitraum von fünf Jahren seit Ausstellung nicht überschritten ist. Gemäß Art. 120 Abs. 2 Satz 2 VO-MP verlieren sie aber auch dann spätestens vier Jahre nach dem Gültigkeitsbeginn ihre Gültigkeit.

2. Meldungen an die UDI-Datenbank

Beide Verordnungen begründen umfangreiche Pflichten zur Meldung von Daten an die UDI-Datenbank, Diese muss aber erst noch eingerichtet werden und funktionieren. Deshalb sind die Meldepflichten auch so lange suspendiert (Art. 123 Abs. 3 VO-MP), Die Pflicht zur Aufbringung der UDI-Träger auf dem Etikett des MP wird für die MP der unterschiedlichen Klassen zwischen 1 und 5 Jahren aufgeschoben (Art. 123 Abs. 3 c VO-MP).

3. Durchführung klinischer Prüfungen mit MP

Das Verfahren zur Koordinierung klinischer Prüfungen, die in mehreren Mitgliedsstaaten durchgeführt werden sollen (Art. 78) wird für die Dauer von 7 Jahren ab Inkrafttreten nur in denjenigen Mitgliedsstaaten durchgeführt, die sich ihm angeschlossen haben.

4. Das Inverkehrbringen von MP

Schwieriger ist das Inverkehrbringen und die Verkehrsfähigkeit von Medizinprodukten einzuschätzen, die nach dem Geltungsbeginn In Verkehr gebracht werden sollen, aber zuvor zulässigerweise hergestellt worden waren. Dabei ist der Begriff

---

[3] Lücker, MPJ 2016, 283, 285. Lippert, Der Verkehr mit Medizinprodukten und In-vitro-Diagnostika in Deutschland nach den Verordnungen der EU, MedR 2017, 614ff.

des Inverkehrbringens nach der VO-MP und nicht nach dem bisherigen MPG zugrunde zu legen. Nach Art. 2 Abs. 17 VO-MP ist darunter die erstmalige Bereitstellung eines Produkts innerhalb der EU zu verstehen. Dies hat aber auch zur Konsequenz, dass ein Hersteller nach dem Geltungsbeginn sein Warenlager so gut als möglich geräumt haben sollte. Für Medizinprodukte, die vor dem Geltungsbeginn in Verkehr gebracht wurden, gilt eine fünfjährige Übergangsfrist, beginnend mit dem Gültigkeitsbeginn, also längstens bis zum 26.05.2022. Eine Abmilderung kann sich ergeben, wenn ein Altzertifikat über den Geltungsbeginn hinaus Gültigkeit beanspruchen kann. Für den Handel mit bereits in Verkehr gebrachten Medizinprodukten bringt die VO-MP eine klare Regelung. Anders als frühere darf mit diesen zulässigerweise In Verkehr gebrachten Medizinprodukten nur noch längsten bis fünf Jahre nach dem Gültigkeitsbeginn gehandelt werden. Bis zu diesem Zeitpunkt muss also der letzte Anwender gefunden sein.

Verordnung über das Errichten, Betreiben und Anwenden von Medizinprodukten (Medizinprodukte- Betreiberverordnung –MPBetreibV)

in der Fassung der Bekanntmachung vom 21.08.2002 (BGBl. I S. 3396), die zuletzt durch Artikel 1 der Verordnung vom 27.09.2016 (BGBl. I S. 2203) geändert worden ist.

§ 1 Anwendungsbereich

(1) Diese Verordnung gilt für das Betreiben und Anwenden von Medizinprodukten im Sinne des Medizinproduktegesetzes einschließlich der damit zusammenhängenden Tätigkeiten.

(2) Diese Verordnung gilt nicht für Medizinprodukte

1. zur klinischen Prüfung,

2. zur Leistungsbewertungsprüfung oder

3. die in ausschließlich eigener Verantwortung für persönliche Zwecke erworben und angewendet werden.

(3) Die Vorschriften des Arbeitsschutzgesetzes sowie die Rechtsvorschriften, die aufgrund des Arbeitsschutzgesetzes erlassen wurden, sowie Unfallverhütungsvorschriften bleiben unberührt.

§ 1 neu gef. mWv 01.01.2017 durch VO v. 27.09.2016 (BGBl. I S. 2203).

§ 2 Begriffsbestimmungen

(1) Tätigkeiten im Zusammenhang mit dem Betreiben und Anwenden von Medizinprodukten sind insbesondere

1. das Errichten,

2. das Bereithalten,

3. die Instandhaltung,

4. die Aufbereitung sowie

[*Amtl. Anm.:] Die Verpflichtung aus der Richtlinie 98/34/EG des Europäischen Parlaments und des Rates vom 22.06.1998 über ein Informationsverfahren auf dem Gebiet der Normen und technischen Vorschriften und der Vorschriften für die Dienste der Informationsgesellschaft (ABl. EG Nr. L 204 S. 37), geändert durch die Richtlinie 98/48/EG des Europäischen Parlaments und des Rates vom 20.06.1998 (ABl. EG Nr. L 217 S. 18), zuletzt geändert durch Artikel 26 Absatz 2 der Verordnung (EU) Nr. 1025/2012 des Europäischen Parlaments und des Rates vom 25.10.2012 (ABl. L 316 vom 14.11.2012, S. 12), sind beachtet worden.

5. sicherheits- und messtechnische Kontrollen.

(2) Betreiber eines Medizinproduktes ist jede natürliche oder juristische Person, die für den Betrieb der Gesundheitseinrichtung verantwortlich ist, in der das Medizinprodukt durch dessen Beschäftigte betrieben oder angewendet wird. Abweichend von Satz 1 ist Betreiber eines Medizinproduktes, das im Besitz eines Angehörigen der Heilberufe oder des Heilgewerbes ist und von diesem zur Verwendung in eine Gesundheitseinrichtung mitgebracht wird, der betreffende Angehörige des Heilberufs oder des Heilgewerbes. Als Betreiber gilt auch, wer außerhalb von Gesundheitseinrichtungen in seinem Betrieb oder seiner Einrichtung oder im öffentlichen Raum Medizinprodukte zur Anwendung bereithält.

(3) Anwender ist, wer ein Medizinprodukt im Anwendungsbereich dieser Verordnung am Patienten einsetzt.

(4) Gesundheitseinrichtung im Sinne dieser Verordnung ist jede Einrichtung, Stelle oder Institution, einschließlich Rehabilitations- und Pflegeeinrichtungen, in der Medizinprodukte durch medizinisches Personal, Personen der Pflegeberufe oder sonstige dazu befugte Personen berufsmäßig betrieben oder angewendet werden.

§ 2 eingef. mWv 01.01.2017 durch VO v. 27.09.2016 (BGBl. I S. 2203).

§ 3 Pflichten eines Betreibers

(1) Der Betreiber hat die ihm nach dieser Verordnung obliegenden Pflichten wahrzunehmen, um ein sicheres und ordnungsgemäßes Anwenden der in seiner Gesundheitseinrichtung am Patienten eingesetzten Medizinprodukte zu gewährleisten.

(2) ¹Die Pflichten eines Betreibers hat auch wahrzunehmen, wer Patienten mit Medizinprodukten zur Anwendung durch sich selbst oder durch Dritte in der häuslichen Umgebung oder im sonstigen privaten Umfeld aufgrund einer gesetzlichen oder vertraglichen Verpflichtung versorgt. ²Werden Medizinprodukte gemäß Satz 1 aufgrund einer Veranlassung des Versorgenden durch einen Dritten bereitgestellt, so können die dem Versorgenden aus den Pflichten nach Satz 1 resultierenden Aufgaben vertraglich auf den Dritten übertragen werden. ³In diesen Fällen hat der Versorgende, der die Bereitstellung veranlasst, die erforderlichen Vorkehrungen dafür zu treffen, dass diese Aufgaben ordnungsgemäß erfüllt werden. ⁴Die Sätze 1 bis 3 gelten auch, wenn Medizinprodukte, die nach Satz 1 überlassen oder nach Satz 2 bereitgestellt wurden, vom Patienten in eine Gesundheitseinrichtung mitgenommen und dort von ihm angewendet werden.

§ 3 eingef. mWv 01.01.2017 durch VO v. 27.09.2016 (BGBl. I S. 2203).

I. Die Bedeutung der Norm

Rechtsgrundlage für die MPBetreibV ist §§ 37 Abs. 5, 14 iVm 33 MPG. Sie gilt für das Betreiben und Anwenden von Medizinprodukten am Menschen. Die VO ist zuletzt durch die Verordnung zur Änderung medizinprodukterechtlicher Vorschriften vom 27.09.2016 umfassend geändert worden. Ob dies kurz vor dem Inkrafttreten der EU- Verordnung Medizinprodukte noch sinnvoll ist, wird in der Begründung für die Änderung nicht verraten. Mit der Neufassung wird jedenfalls auf Probleme in der Praxis reagiert.

Definiert werden in § 2 Abs. 2 die Begriffe „Betreiber", „Anwender" und „Gesundheitseinrichtung". Das Betreiben und Anwenden soll dabei die in § 2 Abs. 1 (nicht abschließend) aufgeführten Tätigkeiten einschließen. Mit den Neufassungen von §§ 2 und 3 sollten auch die Abgrenzungsprobleme sowohl für den Geltungsbereich der Verordnung als auch die Betreibereigenschaft aus der Welt geschafft werden (Krankenbettenfall).[1]

II. Der Anwendungsbereich

Betreiber[2] eines Medizinproduktes ist derjenige, der die tatsächliche Sachherrschaft über das Medizinprodukt ausübt. Betreiber ist etwa auch der Geräteverantwortliche, der die Aufgaben des Betreibers über Medizinprodukte in einem bestimmten Bereich wahrnimmt.

Anwender[3] ist diejenige natürliche Person, die das Medizinprodukt tatsächlich anwendet (oder implantiert). Betreiber und Anwender können auch personenidentisch sein. Sowohl der Betreiber wie auch der Anwender müssen über eine entsprechende Ausbildung und die für das Betreiben und Anwenden erforderlichen Kenntnisse und Erfahrungen verfügen.

Sachlich bezieht sich die MPBetreibV auf Medizinprodukte im Sinne von § 3 Nr. 1 MPG samt Zubehör (§ 3 Nr. 9). Der Verordnung unterfallen ferner Medizinprodukte, die quasi Arzneimittel (§ 3 Nr. 2) und die quasi Blutprodukte sind (§ 3 Nr. 3), die In-vitro-Diagnostika und solche zur Eigenanwendung (§ 3 Nr. 4 u.5), Kalibriermaterial (§ 3 Nr. 7) sowie Sonderanfertigungen und In-Haus-Herstellungen (§ 3 Nr. 8).

---

[1] GesR 2004, 194 = MPJ 2004, 81 m. Anm. Baumann; vgl. auch oben § 4 Rz. 8; wie hier Nöthlichs, § 2 Nr. 2.1.2; differenzierend Schorn, § 14 Rz. 12 ff.
[2] Nöthlichs, § 14 MPG Nr. 2.2.
[3] Nöthlichs, § 14 MPG Nr. 2.3.

6   Die MPBetreibV findet Anwendung auf alle in Deutschland errichteten, betriebenen angewendeten und instandgehaltenen Medizinprodukte. Dazu zählen auch Medizinprodukte, die in deutschen Luftfahrzeugen und unter deutscher Flagge fahrende See- und Binnenschiffen errichtet, betrieben, angewendet und instandgehalten werden. Auf wesentliche Änderungen eines Medizinproduktes findet die MPBetreibV keine Anwendung. Die wesentlichen Änderungen sind unter Berücksichtigung von §§ 4 u. 14 MPG zu beurteilen.[4]

III. Rechtsfolgen

7   So weit die Vorschriften der MPBetreibV Pflichten des Betreibers und des Anwenders begründen, haben diese Pflichten haftungsrechtliche Konsequenzen, denn es handelt sich dabei um Ausprägungen der im Verkehr einzuhaltenden Sorgfalt im Sinne von § 276 BGB. Ihre Verletzung kann im Bereich der vertraglichen wie der deliktischen Haftung relevant werden, wenn die Anwendung von Medizinprodukten zu Schäden beim Patienten führt.

IV. Sanktionen

Keine.

§ 4 Allgemeine Anforderungen

(1) Medizinprodukte dürfen nur ihrer Zweckbestimmung entsprechend und nach den Vorschriften dieser Verordnung sowie den allgemein anerkannten Regeln der Technik betrieben und angewendet werden.

(2) Medizinprodukte dürfen nur von Personen betrieben oder angewendet werden, die die dafür erforderliche Ausbildung oder Kenntnis und Erfahrung besitzen.

(3) ¹Eine Einweisung in die ordnungsgemäße Handhabung des Medizinproduktes ist erforderlich. ²Abweichend von Satz 1 ist eine Einweisung nicht erforderlich, wenn das Medizinprodukt selbsterklärend ist oder eine Einweisung bereits in ein baugleiches Medizinprodukt erfolgt ist. ³Die Einweisung in die ordnungsgemäße Handhabung aktiver nichtimplantierbarer Medizinprodukte ist in geeigneter Form zu dokumentieren.

---

[4] Nöthlichs, § 1 Nr. 3.2.2.

(4) Miteinander verbundene Medizinprodukte sowie mit Zubehör einschließlich Software oder mit anderen Gegenständen verbundene Medizinprodukte dürfen nur betreiben und angewendet werden, wenn sie zur Anwendung in dieser Kombination unter Berücksichtigung der Zweckbestimmung und der Sicherheit der Patienten, Anwender, Beschäftigten oder Dritten geeignet sind.

(5) Der Betreiber darf nur Personen mit dem Anwenden von Medizinprodukten beauftragen, die die in Absatz 2 genannten Voraussetzungen erfüllen und in das anzuwendende Medizinprodukt gemäß Absatz 3 eingewiesen sind.

(6) ¹Der Anwender hat sich vor dem Anwenden eines Medizinproduktes von der Funktionsfähigkeit und dem ordnungsgemäßen Zustand des Medizinproduktes zu überzeugen und die Gebrauchsanweisung sowie die sonstigen beigefügten sicherheitsbezogenen Informationen und Instandhaltungshinweise zu beachten. ²Satz 1 gilt entsprechend für zur Anwendung miteinander verbundene Medizinprodukte, für Zubehör einschließlich Software oder andere Gegenstände, die mit Medizinprodukten zur Anwendung verbunden sind, sowie für die jeweilige Kombination.

(7) Die Gebrauchsanweisung und die dem Medizinprodukt beigefügten Hinweise sind so aufzubewahren, dass die für die Anwendung des Medizinproduktes erforderlichen Angaben dem Anwender jederzeit zugänglich sind.

(8) **Medizinprodukte der Anlage 2 dürfen nur betrieben oder angewendet werden, wenn sie die im Leitfaden nach § 14 Absatz 1 Satz 2 angegebenen Fehlergrenzen einhalten.**

Bish. § 2 wird § 4 und neu gef. mWv 01.01.2017 durch VO v. 27.09.2016 (BGBl. I S. 2203).

§ 4a [nicht mehr belegt]

§ 5 Besondere Anforderungen

(1) Sofern für eine Tätigkeit nach dieser Verordnung besondere Anforderungen vorausgesetzt werden, darf diese Tätigkeit nur durchführen, wer

1. hinsichtlich der jeweiligen Tätigkeit über aktuelle Kenntnisse aufgrund einer geeigneten Ausbildung und einer einschlägigen beruflichen Tätigkeit verfügt,

2. hinsichtlich der fachlichen Beurteilung keiner Weisung unterliegt und

3. über die Mittel, insbesondere Räume, Geräte und sonstige Arbeitsmittel, wie geeignete Mess- und Prüfeinrichtungen, verfügt, die erforderlich sind, die jeweilige Tätigkeit ordnungsgemäß und nachvollziehbar durchzuführen.

(2) ¹Die Erfüllung dieser besonderen Anforderungen kann durch die Vorlage eines Zertifikats einer von der nach dem Dritten Abschnitt des Medizinproduktegesetzes zuständigen Behörde anerkannten Stelle nachgewiesen werden. ²Die Erfüllung der besonderen Anforderungen kann auch durch Zertifikate, die von der zuständigen Stelle in einem anderen Mitgliedstaat der Europäischen Union oder einem Vertragsstaat des Europäischen Wirtschaftsraums ausgestellt wurden und die inhaltlich den Zertifikaten nach Satz 1 entsprechen, nachgewiesen werden.

§ 5 eingef. mWv 01.01.2017 durch VO v. 27. 09.2016 (BGBl. I S. 2203); Abs. 2 angef. mWv 01.01.2020 durch VO v. 27.09.2016 (BGBl. I S. 2203).

Literatur
Lippert, Die Durchführung der Funktionsprüfung bei Medizinprodukten durch den Anwender, GesR 2006, 249; Pitz, Nochmals: Die Durchführung der Funktionsprüfung bei Medizinprodukten durch den Anwender, GesR 2006, 491.

I. Die Bedeutung der Norm

1   § 4 enthält sowohl personenbezogene als auch sachbezogene allgemeine Anforderungen, die bei der Errichtung, der Anwendung und beim Betrieb von Medizinprodukten einzuhalten sind. § 5 regelt die besonderen persönlichen und sächlichen Anforderungen, die nach den unterschiedlichen Vorschriften der MPBetreibV hinzukommen müssen.

II. Sachliche Anforderungen

2   § 4 umschreibt die Rahmenbedingungen innerhalb derer Medizinprodukte errichtet, betrieben, angewendet und instand gehalten werden dürfen. Errichter, Betreiber, Anwender und Instandhalter sind dabei einmal an die Zweckbestimmung des Herstellers gebunden, zum anderen an die Vorschriften der MPBetreibV (und wohl auch an die Vorschriften des MPG).

Medizinprodukte werden häufig miteinander verbunden und zu einem neuen Medizinprodukt vereinigt. Abs. 4 schreibt vor, dass dies nur geschehen darf, wenn die Einzelkomponenten unter Berücksichtigung ihrer Zweckbestimmung dazu geeignet sind und wenn die Sicherheit von Patienten, Anwendern, Beschäftigen oder Dritten gewährleistet ist.

III. Persönliche Anforderungen

§ 5 MPBetreibV will sicherstellen, dass nur ausreichend befähigtes Personal 3
beim Errichten, Betreiben, Anwenden und Instandhalten eingesetzt wird. Die für
die jeweilige Fähigkeit zu fordernde Befähigung wird dabei differenziert gesehen
werden müssen. Der Anwender wird eine andere Befähigung nachweisen müssen
als der Errichter oder der Betreiber oder der Instandhalter. Die Befähigung hängt
auch wiederum von der Art des Medizinproduktes und von ihm bei zweckentsprechender Handhabung ausgehenden Gefährdung ab.

Abs. 2 schreibt keine bestimmten Kenntnisse und Fähigkeiten vor. Die für die 4
genannten Tätigkeiten erforderliche Befähigung kann nach der Verordnung zum
einen durch eine entsprechende Ausbildung erbracht werden (so es eine solche
überhaupt gibt) oder durch entsprechende (anderweitig erworbene) Kenntnisse und
Erfahrungen. Auf das Vorliegen derjenigen Kenntnisse und Fähigkeiten, die in einer
geregelten Ausbildung erworben und durch eine Prüfung nachzuweisen waren,
kann sich derjenige, der einen anderen mit einer entsprechenden Aufgabe beauftragt, gemeinhin verlassen, auch wenn stichprobenhafte Kontrollen angebracht sind.

Für den Betreiber ist in § 4 Absatz 5 die Verpflichtung, nur ausreichend befähig- 5
tes Personal mit dem Errichten und Anwenden von Medizinprodukten zu betrauen,
nochmals ausdrücklich normiert.

Betreiber ist derjenige, der die Sachherrschaft über das Medizinprodukt ausübt. 6
Wendet er das Medizinprodukt etwa als Arzt in der Praxis an, so kann er zugleich
Anwender sein. Ansonsten benötigt er die Befähigung des Anwenders nicht. Er hat
allerdings dafür zu sorgen, dass nur ausreichend befähigtes Personal Medizinprodukte anwendet.

Der Anwender muss zunächst die allgemeinen Anforderungen des § 4 Abs. 2
erfüllen und hat zusätzlich der Pflicht zur Funktionsprüfung aus Abs. 5 nachzukommen. Bei der Anwendung von aktiven Medizinprodukten tritt nach § 4 Abs. 3 noch
die entsprechende (auch zu dokumentierende) Einweisung hinzu.

Der Pflicht zur Funktionsprüfung kommt in der Praxis große Bedeutung zu. Sie 7
ist für den Anwender eigentlich die letzte Chance Funktionsmängel des Medizinproduktes vor seiner Anwendung festzustellen und es stilllegen zu können, ehe es
zu einer Gefährdung des Patienten, Dritter oder dessen Anwenders selbst kommen
kann.

In einigen Bereichen im Krankenhaus ist es üblich, dass speziell ausgebildetes 8
Personal Medizinprodukte für die eigentliche Anwendung aufbereitet (so z. B. im
Bereich der Anästhesie bezüglich der Narkosegeräte), weil dies zu seinen Aufgaben gehört. Dieses Assistenzpersonal wendet das Medizinprodukt aber nicht an,
sondern bereitet es lediglich vor. Hier obliegt es dem Anwender nach wie vor die

Funktionsprüfung durchzuführen.⁵ Die Praxis handhabt dies aber wohl nicht immer so.⁶

IV. Vollzug

9   Im Rahmen der Medizinprodukteüberwachung kann die Verwaltungsbehörde durch Anordnungen nach § 28 Abs. 2 und gegebenenfalls mit den Mitteln des Verwaltungszwanges auf der Einhaltung und Beachtung der Verpflichtungen aus § 4 und 5 dringen.

V. Sanktionen

10 Eine Ordnungswidrigkeit nach § 17 Nr. 1 MPBetreibV begeht, wer ein Medizinprodukt betreibt oder anwendet, bei dem die Fehlergrenzen nach § 4 Abs. 8 oder § 10 Abs. 1 MPBetreibV nicht eingehalten werden.

§ 6 Beauftragter für Medizinproduktesicherheit

(1) Gesundheitseinrichtungen mit regelmäßig mehr als 20 Beschäftigten haben sicherzustellen, dass eine sachkundige und zuverlässige Person mit medizinischer, naturwissenschaftlicher, pflegerischer, pharmazeutischer oder technischer Ausbildung als Beauftragter für Medizinproduktesicherheit bestimmt ist.

(2) Der Beauftragte für Medizinproduktesicherheit nimmt als zentrale Stelle in der Gesundheitseinrichtung folgende Aufgaben für den Betreiber wahr:

1. die Aufgaben einer Kontaktperson für Behörden, Hersteller und Vertreiber im Zusammenhang mit Meldungen über Risiken von Medizinprodukten sowie bei der Umsetzung von notwendigen korrektiven Maßnahmen,

2. die Koordinierung interner Prozesse der Gesundheitseinrichtung zur Erfüllung der Melde- und Mitwirkungspflichten der Anwender und Betreiber und

---

⁵ Wie hier Lippert, GesR 2006, 249; dagegen Pitz, GesR 2006, 491, der für die Anwendung des Vertrauensgrundsatzes auch hier plädiert. Er lässt bei seiner Argumentation außer Acht, dass die in der Praxis bekannt gewordenen Schadensfälle (aus der Anästhesie) allesamt daran gekrankt haben, dass das Funktionspersonal seine Pflichten gerade nicht sorgfältig erfüllt hat und diese Geräte eben deshalb nicht funktionsfähig gewesen sind. Strafrechtlich hat den betroffenen Ärzten der Verweis auf den Vertrauensgrundsatz in diesen Schadensfällen nicht viel geholfen.

⁶ So Pitz, GesR 2006, 491. Inzwischen empfiehlt die DGAI den Gerätecheck zweigleisig durchzuführen: den Grundcheck führt der Anästhesiepfleger durch, den abschließenden vor dem Anschluss an den Patienten der Anästhesist, der die Narkose durchführt (A + I 2009, 573). Hoffentlich hält sich die Praxis daran.

3. die Koordinierung der Umsetzung korrektiver Maßnahmen und der Rückrufmaßnahmen durch den Verantwortlichen nach § 5 des Medizinproduktegesetzes in den Gesundheitseinrichtungen.

(3) Der Beauftragte für Medizinproduktesicherheit darf bei der Erfüllung der nach Absatz 2 übertragenen Aufgaben nicht behindert und wegen der Erfüllung der Aufgaben nicht benachteiligt werden.

(4) Die Gesundheitseinrichtung hat sicherzustellen, dass eine Funktions-E-Mail-Adresse des Beauftragten für die Medizinproduktesicherheit auf ihrer Internetseite bekannt gemacht ist.

§ 6 eingef. mWv 01.01.2017 durch VO v. 27.09.2016 (BGBl. I S. 2203).

I. Die Bedeutung der Norm

§ 31 MPG verpflichtet Hersteller von Medizinprodukten dazu, einen Sicherheitsbeauftragten zu bestellen. Diese Person soll sich – so jedenfalls die Begründung zur Neufassung der MPBetreibV[7] – dort grundsätzlich bewährt haben. Deshalb werden Gesundheitseinrichtungen mit mehr als 20 Mitarbeitern durch § 6 verpflichtet, einen Beauftragten für Medizinproduktesicherheit zu bestellen.   1

II. Die Stellung des Beauftragten für Medizinproduktesicherheit

Der Beauftragte für Medizinproduktesicherheit soll zentrale Ansprechperson für Behörden, Hersteller und Vertreiber von Medizinprodukten sein. Und für die Melde- und Mitwirkungspflichten des Betreibers einstehen. Als Beauftragter kann er die für diese Stellung üblichen Schutzrechte für sich in Anspruch nehmen(Benachteiligungsverbot etc.). Wohl muss ihm auch ein unmittelbares Vortrags- und Informationsrecht gegenüber dem Leiter der Einrichtung zugebilligt werden.   2

III. Sanktionen

Der Beauftragte für Medizinproduktesicherheit muss über eine eigene Email-Adresse erreichbar sein. Wie wichtig dem Normgeber dies war, ergibt sich daraus, dass ihr Fehlen für den Betreiber als Ordnungswidrigkeit ausgestaltet ist. Macht dies Schule, dann werden die Pflichtangaben im Impressum der Homepages bald zu einem unübersichtlichen Wald von Informationen unterschiedlicher Art verkommen. Ein Eldorado für Abmahner.   3

---

[7] BRDrs 397/16 Seite 33.

§ 7 Instandhaltung von Medizinprodukten

(1) Die Instandhaltung von Medizinprodukten umfasst insbesondere Instandhaltungsmaßnahmen und die Instandsetzung. ²Instandhaltungsmaßnahmen sind insbesondere Inspektionen und Wartungen, die erforderlich sind, um den sicheren und ordnungsgemäßen Betrieb der Medizinprodukte fortwährend zu gewährleisten. ³Die Instandhaltungsmaßnahmen sind unter Berücksichtigung der Angaben des Herstellers durchzuführen, der diese Angaben dem Medizinprodukt beizufügen hat. ⁴Die Instandsetzung umfasst insbesondere die Reparatur zur Wiederherstellung der Funktionsfähigkeit.

(2) Der Betreiber darf mit der Instandhaltung nur Personen, Betriebe oder Einrichtungen beauftragen, die selbst oder deren Beschäftigte, die die Instandhaltung durchführen, die Voraussetzungen nach § 5 hinsichtlich der Instandhaltung des jeweiligen Medizinproduktes erfüllen.

(3) Nach der Instandhaltung nach Absatz 1 müssen die für die Sicherheit und Funktionstüchtigkeit der Medizinprodukte wesentlichen konstruktiven und funktionellen Merkmale geprüft werden, soweit sie durch die Maßnahmen beeinträchtigt werden können.

(4) Die durch den Betreiber mit den Prüfungen nach Absatz 3 beauftragten Personen, Betriebe oder Einrichtungen müssen die Voraussetzungen nach Absatz 2 erfüllen und bei der Durchführung und Auswertung der Prüfungen in ihrer fachlichen Beurteilung weisungsunabhängig sein.

Früherer § 3 neu gef. mWv 29.07.2014 durch VO v. 25.07.2014 (BGBl. I S. 1227); bish. § 3 wird § 7 und Abs. 2 neu gef. mWv 01.01.2017 durch VO v. 27.09.2016 (BGBl. I S. 2203).

§ 8 Aufbereitung von Medizinprodukten

(1) Die Aufbereitung von bestimmungsgemäß keimarm oder steril zur Anwendung kommenden Medizinprodukten ist unter Berücksichtigung der Angaben des Herstellers mit geeigneten validierten Verfahren so durchzuführen, dass der Erfolg dieser Verfahren nachvollziehbar gewährleistet ist und die Sicherheit und Gesundheit von Patienten, Anwendern oder Dritten nicht gefährdet wird. ²Dies gilt auch für Medizinprodukte, die vor der erstmaligen Anwendung desinfiziert oder sterilisiert werden.

(2) Eine ordnungsgemäße Aufbereitung nach Absatz 1 Satz 1 wird vermutet, wenn die gemeinsame Empfehlung der Kommission für Krankenhaushygiene und Infektionsprävention am Robert Koch-Institut und des Bundesinstitutes für Arzneimittel und Medizinprodukte zu den Anforderungen an die Hygiene bei der Aufbereitung von Medizinprodukten beachtet wird. ²Die Fundstelle wird vom Bundesministerium für Gesundheit im Bundesanzeiger bekannt gemacht.

(3) Für die Aufbereitung von Medizinprodukten mit besonders hohen Anforderungen an die Aufbereitung („Kritisch C") gemäß der Empfehlung nach Absatz 2 ist die entsprechend dieser Empfehlung vorzunehmende Zertifizierung des Qualitätsmanagementsystems durch eine von der nach dem Dritten Abschnitt des Gesetzes über Medizinprodukte zuständigen Behörde anerkannten Stelle Voraussetzung.

(4) Der Betreiber darf mit der Aufbereitung nur Personen, Betriebe oder Einrichtungen beauftragen, die selbst oder deren Beschäftigte, die die Aufbereitung durchführen, die Voraussetzungen nach § 5 hinsichtlich der Aufbereitung des jeweiligen Medizinproduktes erfüllen. ²Sofern die beauftragte Person oder die Beschäftigten des beauftragten Betriebs oder der beauftragten Einrichtung nicht über eine nach § 5 erforderliche Ausbildung verfügen, kann für den Nachweis der aktuellen Kenntnis die Teilnahme an fachspezifischen Fortbildungsmaßnahmen berücksichtigt werden. ³Die Validierung und Leistungsbeurteilung des Aufbereitungsprozesses muss im Auftrag des Betreibers durch qualifizierte Fachkräfte, die die Voraussetzungen nach § 5 hinsichtlich der Validierung derartiger Prozesse erfüllen, erfolgen.

Früherer § 4 neu gef. mWv 29.07.2014, Abs. 3 eingef. mWv 01.10.2015 durch VO v. 25.07.2014 (BGBl. I S. 1227); bish. § 4 wird § 8 und Abs. 3 geänd., Abs. 4 neu gef. mWv 01.01.2017 durch VO v. 27.09.2016 (BGBl. I S. 2203).

I. Die Bedeutung der Norm

Medizinprodukte dürfen Patienten, Anwender und Dritte nicht gefährden. Der Betreiber hat dafür zu sorgen, dass Medizinprodukte während der gesamten Lebensdauer in einem ordnungsgemäßen Zustand gehalten werden, der eine Gefährdung der genannten Personen ausschließt. Dazu hat er die Medizinprodukte in Stand zu halten. Welche Maßnahmen dazu ergriffen werden müssen regelt § 7, wenn auch nicht im Detail.

II. Persönliche Voraussetzungen

Die Verpflichtung, Medizinprodukte instand zu halten, richtet sich ausschließlich an den Betreiber. Er darf damit nur sachkundige Personen, Betriebe und Einrichtungen betrauen. Diese müssen die sachlichen Voraussetzungen für eine ordnungsgemäße Instandhaltung erfüllen.

III. Instandhaltung von Medizinprodukten

Nicht zu Unrecht legt die Medizinproduktebetreiberverordnung besonderen Wert darauf, dass Medizinprodukte auch instand gehalten werden. Denn die Praxis zeigt, dass nicht sachgemäß instandgehaltene Medizinprodukte sehr schnell zu einer Gefahr für Patienten und Anwender werden können. Die Verordnung subsumiert unter dem Begriff der Instandhaltung die Wartung einschließlich der Sterilisation, die Inspektion die Instandsetzung sowie die Reinigung, Desinfektion und Sterilisation.

4   Der Begriff der Instandhaltung lässt sich folgendermaßen definieren. Er umfasst alle Maßnahmen, die vorsorglich zu treffen sind, um zu verhindern, dass ein Medizinprodukt unvorhergesehen versagt.[8] Diese Maßnahmen sind vor Eintritt des Verschleißes notwendig. Eigentlich müsste die Inspektion vor der Wartung rangieren, denn die Inspektion ist zeitlich gesehen die erste Instandhaltungsmaßnahme. Sie ist die Prüfung darüber, ob das Medizinprodukt sich noch in einem fortdauernden sicheren Zustand befindet, oder ob äußerlich erkennbare Mängel bestehen[9].

Die Pflicht zur Inspektion wird nicht schon dadurch erfüllt, dass sich der Anwender von dem ordnungsgemäßen Zustand des Medizinproduktes (Funktionsprüfung) überzeugt.

5   Die Wartung geht über die Inspektion hinaus. Sie umfasst Maßnahmen, die erforderlich sind, um Verschleiß- und Alterungserscheinungen zu verhindern, also die ursprüngliche Betriebsfähigkeit des Medizinproduktes zu erhalten.[10] Die Instandsetzung schließlich soll dazu dienen, den Verschleiß oder die Beschädigung von Medizinprodukten durch handwerkliche Arbeit zu beseitigen und Medizinprodukte in ihren früheren, betriebsbereiten Zustand zurück zu versetzen.

6   Eine gesteigerte Pflicht zur Instandhaltung besteht für Medizinprodukte im Sinne der Anlage 1. Diese Medizinprodukte unterliegen zusätzlich einer besonderen sicherheitstechnischen Kontrolle nach § 6.[11] § 11 sieht überdies messtechnische Kontrollen für Medizinprodukte mit Messfunktionen vor.

7   Art, Umfang und zeitliche Intervalle der Instandhaltungsmaßnahmen schreibt der Verordnungsgeber nicht vor. Diese richten sich nach dem Stand der Technik und den Vorgaben des Herstellers. Ebenfalls vom Begriff der Instandhaltung umfasst wird auch die Aufbereitung von Medizinprodukten (§ 3 Nr. 14 MPG). Unter den Begriff fallen die Reinigung, die Desinfektion und die Sterilisation von Medizinprodukten (§ 4 Abs. 2). Absatz 2 geht dabei auf die Anhänge 1 der Richtlinien 93/42/EWG (Nr. 13.6) und 90/385/EWG (Nr. 14.1) zurück. Reinigung, Desinfektion und Sterilisation sind nach den Angaben des Herstellers in einem validierten Verfahren durchzuführen, so dass der Erfolg dieser Verfahren nachvollziehbar gewährleistet ist. Das Verfahren ist so auszulegen, dass es weder die Gesundheit und die Sicherheit von Patienten, Anwendern oder Dritten gefährdet. Warum der Verordnungsgeber nur bei

---

[8] Nöthlichs, § 4 Nr. 2.1.
[9] Nöthlichs, § 4 Nr. 2.1.
[10] Nöthlichs, § 4 Nr. 2.1.
[11] Nöthlichs, § 4 Nr. 2.1.

den Maßnahmen nach Absatz 2 vorschreibt, dass die Verfahren die Gesundheit und Sicherheit von Patienten, Anwendern und Dritten nicht gefährden dürfen, ist nicht so recht einzusehen, denn auch die Instandhaltungsmaßnahmen dürfen dies nicht. Letztlich kann die Frage aber dahingestellt bleiben, denn die erfolgreiche Durchführung aller Instandhaltungsmaßnahmen muss zum Ziel haben, dass der Betrieb jeden Medizinprodukts weder den Patienten noch den Anwender oder gar Dritte gefährdet. Dieser allgemeine Vorbehalt gilt immer und ist daher von Hersteller, Betreiber und Anwender in jedem Fall zu beachten.

IV. Der mit der Instandhaltung Beauftragte

Wen der Betreiber mit der Instandhaltung seiner Medizinprodukte betraut, obliegt seiner freien Entscheidung. Er kann sie selbst mit eigenem Personal durchführen, er kann damit den Hersteller oder eine Einrichtung beauftragen, die sich auf derlei Maßnahmen spezialisiert hat. Wichtig ist dabei lediglich, dass das Ergebnis der Maßnahmen ein Medizinprodukt ist, das weder den Patienten noch den Anwender noch Dritte schädigt oder gefährdet. Die beauftragten Personen, Betriebe oder Einrichtungen müssen die erforderliche Sachkenntnis haben und die Voraussetzungen für die ordnungsgemäße Erfüllung der Aufgabe bieten und über die erforderlichen Mittel verfügen. Übernimmt der Betreiber selbst die Instandhaltung, so muss er die Anforderungen von § 4 Abs. 3 erfüllen. 8

Der mit der Instandhaltung Beauftragte muss entweder aufgrund praktischer Erfahrungen oder durch eine einschlägige Ausbildung die erforderliche Sachkenntnisse zur Erfüllung dieser Aufgaben haben. Die Sachkenntnisse ist medizinprodukteebezogen und hier auf die Art der Instandhaltungsmaßnahme hin zu prüfen und nachzuweisen. Eine Weisungsfreiheit der mit der Instandhaltung Beauftragten braucht, abzusehen von den in Absatz 4 genannten Fallgestaltungen, nicht gegeben zu sein. Obgleich eigentlich selbstverständlich, regelt Abs. 3 Nr. 2, dass dem mit der Instandhaltung Beauftragten die erforderlichen Sachmittel zur Verfügung gestellt werden müssen. 9

V. Aufbereitung (Reinigung, Desinfektion, Sterilisation)

§ 8 der Verordnung regelt die Aufbereitung von Medizinprodukten. Die Definition der Aufbereitung findet sich in § 3 Nr. 14 MPG. Die Vorschrift geht letztlich zurück auf die Anhänge 1 der Richtlinien 90/385/EWG (Nr. 14.1) und 93/42/EWG (Nr. 13.6 lit. h), wobei die Sterilisierung im Vordergrund steht. Reinigung, Desinfektion und Sterilisation sind nach Angaben des Herstellers – in validierten also nachvollziehbaren – Verfahren durchzuführen. 10

Die Resterilisation von Einmalartikeln im Krankenhaus durch dieses oder durch einen Lohnsterilisierer außerhalb ist möglich. Festzuhalten bleibt allerdings, dass der Hersteller die Verantwortung nur für das erste Inverkehrbringen (und 11

Verwenden) übernehmen will.[12] Die Verantwortung für das erneut steril gemachte Medizinprodukt übernimmt derjenige, der es nach dem Verfahren erneut einsetzt und anwendet ggf. gemeinsam mit demjenigen der die Resterilisierung durchgeführt hat als Gesamtschuldner.

12 § 12 Abs. 2 Nr. 4 sieht vor, dass Maßnahmen der Instandhaltung im Medizinproduktebuch mit den dort aufgeführten Aufgaben zu dokumentieren sind.

VI. Vollzug

13 Die Instandhaltung von Medizinprodukten unterliegt der Überwachung nach § 26 Abs. 1 MPG. Stellt die Behörde Mängel fest, so hat sie durch geeignete personelle und sachliche Änderungen auf Abhilfe zu dringen. Dulden Instandhaltungsmaßnahmen keinen Aufschub, so kann die Behörde auch die sofortige Stilllegung des Medizinproduktes anordnen. (§ 28 Abs. 2 MPG).

VII. Sanktionen

14 Ordnungswidrig handelt, wer Personen, Betriebe oder Einrichtungen mit der Instandhaltung von Medizinprodukten beauftragt, die nicht die Sachkenntnis, die Voraussetzungen und die erforderlichen Mittel zur Ausführung der Instandhaltung besitzen (§ 17 Nr. 4).

Ordnungswidrig handelt, wer die Reinigung, Desinfektion oder Sterilisation von Medizinprodukten nicht oder nicht nach den angaben des Herstellers mit geeigneten validierten Verfahren durchführt (§ 17 Nr. 5).

15 Eine Ordnungswidrigkeit begeht, wer bei qualitativ labormedizinischen Untersuchungen keine internen und externen Kontrolluntersuchungen durchführt oder die Ergebnisse nicht überwacht (§ 17 Nr. 7).

Eine Ordnungswidrigkeit begeht auch, wer die Unterlagen über die Kontrolluntersuchungen oder die Bescheinigungen über die Teilnahme an Ringversuchen nicht, nicht mindestens 5 Jahre aufbewahrt oder nicht rechtzeitig vorlegt (§ 17 Nr. 7).

§ 9 Qualitätssicherungssystem für medizinische Laboratorien

(1) ¹Wer laboratoriumsmedizinische Untersuchungen durchführt, hat vor Aufnahme dieser Tätigkeit ein Qualitätssicherungssystem nach dem Stand der medizinischen Wissenschaft und Technik zur Aufrechterhaltung der erforderlichen Qualität, Sicherheit und Leistung bei der Anwendung von In-vitro-Diagnostika sowie zur Sicherstellung der Zuverlässigkeit der damit erzielten Ergebnisse einzurichten. ²Eine ordnungsgemäße Qualitätssicherung nach Satz 1 wird vermutet, wenn Teil A der Richtlinie der Bundesärztekammer zur Qualitätssicherung laboratoriumsmedizinischer Untersuchungen

---

[12] Wie hier, Nöthlichs, § 4 Nr. 2.2.2.

(Deutsches Ärzteblatt, Jg. 111, Heft 38 vom 19.09.2014, S. A 1583) beachtet wird.

(2) Die Unterlagen über das eingerichtete Qualitätssicherungssystem sind für die Dauer von fünf Jahren aufzubewahren, sofern aufgrund anderer Vorschriften keine längere Aufbewahrungsfrist vorgeschrieben ist.

Früherer § 9 aufgeh., bish. § 4a wird § 9 und neu gef. mWv 01.01.2017 durch VO v. 27.09.2016 (BGBl. I S. 2203).

I. Die Bedeutung der Norm

§ 9 ist als § 4a neu in die Verordnung eingeführt worden und ist Folge der Einbeziehung auch von In-vitro-Diagnostika in das Medizinproduktegesetz. § 9 verpflichtet denjenigen, der quantitative labormedizinische Untersuchungen durchführt zur Teilnahme an Qualitätssicherungsmaßnahmen. Dies geschieht einmal durch Kontrolluntersuchungen als Maßnahme interner Qualitätssicherung und durch Teilnahme an Ringversuchen (interne Qualitätssicherung), und zwar jedes Quartal. Anzuwenden sind die Richtlinien der Bundesärztekammer zur Qualitätssicherung in medizinischen Laboratorien. 1

II. Vollzug

Die Instandhaltung von Medizinprodukten unterliegt der Überwachung nach § 26 Abs. 1 MPG. Stellt die Behörde Mängel fest, so hat sie durch geeignete personelle und sachliche Änderungen auf Abhilfe zu dringen. Dulden Instandhaltungsmaßnahmen keinen Aufschub, so kann die Behörde auch die sofortige Stilllegung des Medizinproduktes anordnen. (§ 28 Abs. 2 MPG). 2

III. Sanktionen

Ordnungswidrig handelt, wer Personen, Betriebe oder Einrichtungen mit der Instandhaltung von Medizinprodukten beauftragt, die nicht die Sachkenntnis, die Voraussetzungen und die erforderlichen Mittel zur Ausführung der Instandhaltung besitzen (§ 17 Nr. 4). 3

Ordnungswidrig handelt, wer die Reinigung, Desinfektion oder Sterilisation von Medizinprodukten nicht oder nicht nach den angaben des Herstellers mit geeigneten validierten Verfahren durchführt (§ 17 Nr. 5).

Eine Ordnungswidrigkeit begeht, wer bei qualitativ labormedizinischen Untersuchungen keine internen und externen Kontrolluntersuchungen durchführt oder die Ergebnisse nicht überwacht (§ 17 Nr. 7). 4

Eine Ordnungswidrigkeit begeht auch, wer die Unterlagen über die Kontrolluntersuchungen oder die Bescheinigungen über die Teilnahme an Ringversuchen nicht, nicht mindestens 5 Jahre aufbewahrt oder nicht rechtzeitig vorlegt (§ 17 Nr. 9).

§ 10 Betreiben und Anwenden von ausgewählten aktiven Medizinprodukten

(1) Der Betreiber darf ein in der Anlage 1 aufgeführtes Medizinprodukt nur betreiben, wenn zuvor der Hersteller oder eine dazu befugte Person, die im Einvernehmen mit dem Hersteller handelt,

1. dieses Medizinprodukt am Betriebsort einer Funktionsprüfung unterzogen hat und

2. die vom Betreiber beauftragte Person anhand der Gebrauchsanweisung sowie beigefügter sicherheitsbezogener Informationen und Instandhaltungshinweise in die sachgerechte Handhabung und Anwendung und den Betrieb des Medizinproduktes sowie in die zulässige Verbindung mit anderen Medizinprodukten, Gegenständen und Zubehör eingewiesen hat.

Eine Einweisung nach Nummer 2 ist nicht erforderlich, sofern diese für ein baugleiches Medizinprodukt bereits erfolgt ist.

(2) In der Anlage 1 aufgeführte Medizinprodukte dürfen nur von Personen angewendet werden, die durch den Hersteller oder durch eine nach Absatz 1 Nr. 2 vom Betreiber beauftragte Person unter Berücksichtigung der Gebrauchsanweisung in die sachgerechte Handhabung dieses Medizinproduktes eingewiesen worden sind.

(3) Die Durchführung der Funktionsprüfung nach Absatz 1 Nr. 1 und die Einweisung der vom Betreiber beauftragten Person nach Absatz 1 Nr. 2 sind zu belegen.

(4) Absatz 2 gilt nicht für in der Anlage 1 aufgeführte Medizinprodukte, die nach der Kennzeichnung, der Gebrauchsanweisung oder den Werbematerialien durch den Personenkreis nach § 3 Nummer 15 des Medizinproduktegesetzes zur Anwendung durch Laien vorgesehen sind. Einweisungspflichten nach anderen Vorschriften werden hiervon nicht berührt.

Früherer § 5 Abs. 4 angef. mWv 29.07.2014 durch VO v. 25.07.2014 (BGBl. I S. 1227); bish. § 5 wird § 10 und Überschrift, Abs. 2 geänd. mWv 01.01.2017 durch VO v. 27.09.2016 (BGBl. I S. 2203).

I. die Bedeutung der Norm

1 Die Definition für aktive Medizinprodukte findet sich in § 3 Nr. 3 MPG. Zusammengefasst handelt es sich um Medizinprodukte, deren Funktion durch eine Energiequelle, üblicherweise Strom, unterstützt oder ermöglicht wird. Verwiesen wird auf die in der Anlage 1 genannten Medizinprodukte. Dies sind ausschließlich aktive nicht implantierbare Medizinprodukte.

II. Funktionsprüfung vor Inbetriebnahme

Es handelt sich um die Funktionsprüfung durch den Hersteller bzw. eine von ihm beauftragte Person im Rahmen der Übergabe, also nicht um die ggfls. tägliche Überprüfung durch das dafür verantwortliche ärztliche und nichtärztliche Personal beim Betreiber.

III. Vom Betreiber beauftragte Person für Geräteeinweisung

Die vom Betreiber zu beauftragende Person muss, wie auch der Anwender, die Qualifikation nach § 5 erfüllen. Sie hat ihrerseits wiederum die Anwender einzuweisen. Bei der Einweisung ist festzustellen, ob die Anwender die Voraussetzungen nach § 5 erfüllen. Dies setzt je nach Gerät und den damit zusammenhängenden Fachkenntnissen voraus, dass sich die einweisende Person nicht nur auf die Gebrauchsinformation beschränkt,[13] sondern auch die intellektuelle Aufnahme der vermittelten Information zu überprüfen hat.

IV. Dokumentation der Funktionsprüfung und Einweisung

Die Funktionsprüfung und die Einweisung sowie die vom Betreiber beauftragte Person sind im Medizinproduktebuch zu dokumentieren. Hierzu gehören auch die Namen der Eingewiesenen sowie der Zeitpunkt der Einweisung (§ 12 Abs. 2 Nr. 3).

§ 11 Sicherheitstechnische Kontrollen

(1) Der Betreiber hat für die in der Anlage 1 aufgeführten Medizinprodukte sicherheitstechnische Kontrollen nach den allgemein anerkannten Regeln der Technik und nach Satz 2 oder Satz 3 durchzuführen oder durchführen zu lassen. Er hat für die sicherheitstechnischen Kontrollen solche Fristen vorzusehen, dass entsprechende Mängel, mit denen aufgrund der Erfahrung gerechnet werden muss, rechtzeitig festgestellt werden können. Die sicherheitstechnischen Kontrollen sind jedoch spätestens alle zwei Jahre mit Ablauf des Monats durchzuführen, in dem die Inbetriebnahme des Medizinproduktes erfolgte oder die letzte sicherheitstechnische Kontrolle durchgeführt wurde. Die sicherheitstechnischen Kontrollen schließen die Messfunktionen ein. Für andere Medizinprodukte sowie Zubehör einschließlich Software oder andere Gegenstände, die der Betreiber mit Medizinprodukten nach Satz 1 verbunden verwendet, gelten die Sätze 1 bis 3 entsprechend.

(2) Abweichend von Absatz 1 kann für Automatische Externe Defibrillatoren im öffentlichen Raum, die für die Anwendung durch Laien vorgesehen

---

[13] OLG Hamm, VersR 2001, 464 zum Umfang der Instruktionspflicht eines Herstellers nach § 3 III GSG.

sind, eine sicherheitstechnische Kontrolle entfallen, wenn der Automatische Externe Defibrillator selbsttestend ist und eine regelmäßige Sichtprüfung durch den Betreiber erfolgt.

(3) Über die sicherheitstechnische Kontrolle ist ein Protokoll anzufertigen, das das Datum der Durchführung und die Ergebnisse der sicherheitstechnischen Kontrolle unter Angabe der ermittelten Messwerte, der Messverfahren und sonstiger Beurteilungsergebnisse enthält. Das Protokoll nach Satz 1 hat der Betreiber zumindest bis zur nächsten sicherheitstechnischen Kontrolle aufzubewahren.

(4) Der Betreiber darf mit der Durchführung der sicherheitstechnischen Kontrollen nur Personen, Betriebe oder Einrichtungen beauftragen, die selbst oder deren Beschäftige, die die sicherheitstechnischen Kontrollen durchführen, die Voraussetzungen nach § 5 hinsichtlich der sicherheitstechnischen Kontrollen des jeweiligen Medizinproduktes erfüllen.

I. Die Bedeutung der Norm

1   Die Kontrollpflicht des Betreibers nach § 11 erstreckt sich auf alle aktiven Medizinprodukte, nicht nur die in der Anlage 1 genannten, soweit der Hersteller derartige Kontrollen vorgeschrieben hat. Für die in der Anlage 1 aufgeführten aktiven Medizinprodukte gilt die Kontrollpflicht auch dann, wenn sie der Hersteller nicht vorgeschrieben hat. Für die Fristen sind zunächst die Herstellerangaben maßgeblich. Fehlen sie, gelten Erfahrungswerte. Hat der Betreiber keine eigenen Erfahrungswerte, muss er sich kundig machen. § 11 Abs. 1 S. 3 sieht als Obergrenze zwei Jahre vor. Sowohl die Herstellerfristen als auch die Regelhöchstfrist kann von der zuständigen Überwachungsbehörde verlängert werden, wenn dadurch keine Risikoerhöhung zu erwarten ist. Nicht jeder festgestellte Mangel führt zu einer Stilllegung oder Meldepflicht. Meldepflichtig sind vielmehr nur die Vorkommnisse nach der MPSV.

§ 12 Medizinproduktebuch

(1) Für die in den Anlagen 1 und 2 aufgeführten Medizinprodukte hat der Betreiber ein Medizinproduktebuch nach Absatz 2 zu führen. Satz 1 gilt nicht für elektronische Fieberthermometer als Kompaktthermometer und Blutdruckmessgeräte mit Quecksilber- oder Aneroidmanometer zur nichtinvasiven Messung.

(2) In das Medizinproduktebuch, für das alle Datenträger zulässig sind, sind folgende Angaben zu dem jeweiligen Medizinprodukt einzutragen:

1. erforderliche Angaben zur eindeutigen Identifikation des Medizinproduktes,

2. Beleg über die Funktionsprüfung und Einweisung nach § 10 Absatz 1,

3. Name der nach § 10 Absatz 1 Satz 1 Nummer 2 beauftragten Person, Zeitpunkt der Einweisung sowie Namen der eingewiesenen Personen,

4. Fristen und Datum der Durchführung sowie das Ergebnis von vorgeschriebenen sicherheits- und messtechnischen Kontrollen und Datum von Instandhaltungen sowie der Name der verantwortlichen Person oder der Firma, die diese Maßnahme durchgeführt hat,

5. Datum, Art und Folgen von Funktionsstörungen und wiederholten gleichartigen Bedienungsfehlern sowie

6. Angaben zu Vorkommnismeldungen an Behörden und Hersteller.

(3) Das Medizinproduktebuch ist so aufzubewahren, dass die Angaben dem Anwender während der Arbeitszeit zugänglich sind. Nach der Außerbetriebnahme des Medizinproduktes ist das Medizinproduktebuch noch fünf Jahre aufzubewahren.

§ 13 Bestandsverzeichnis

(1) Der Betreiber hat für alle aktiven nichtimplantierbaren Medizinprodukte der jeweiligen Betriebsstätte ein Bestandsverzeichnis zu führen. Die Aufnahme in ein Verzeichnis, das auf Grund anderer Vorschriften geführt wird, ist zulässig.

(2) In das Bestandsverzeichnis sind für jedes Medizinprodukt nach Absatz 1 folgende Angaben einzutragen:

1. Bezeichnung, Art und Typ, Loscode oder die Seriennummer, Anschaffungsjahr des Medizinproduktes,

2. Name oder Firma und die Anschrift des für das jeweilige Medizinprodukt Verantwortlichen nach § 5 des Medizinproduktegesetzes,

3. die der CE-Kennzeichnung hinzugefügte Kennnummer der Benannten Stelle, soweit diese nach den Vorschriften des Medizinproduktegesetzes angegeben ist,

4. soweit vorhanden, betriebliche Identifikationsnummer,

5. Standort und betriebliche Zuordnung,

6. die nach § 11 Absatz 1 Satz 2 und 3 festgelegte Frist für sicherheitstechnische Kontrollen.

(3) Für das Bestandsverzeichnis sind alle Datenträger zulässig, sofern die Angaben nach Absatz 2 Satz 1 innerhalb einer angemessenen Frist lesbar gemacht werden können.

I. Die Bedeutung der Normen

§§ 12 und 13 regeln die Dokumentation bezüglich der in Betrieb befindlichen Medizinprodukte. § 12 betrifft das einzelne Medizinprodukt, § 13 das Gesamtverzeichnis der in der Betriebsstätte der vorhandenen Medizinprodukte und § 9 den Umgang mit den Medizinprodukten zugehörigen Gebrauchsanweisungen.

II. Das Medizinproduktebuch

2 § 12 enthält detaillierte Vorschriften über den Inhalt des Medizinproduktebuchs sowie die aufzeichnungspflichtigen Angaben. Das Medizinproduktebuch kann digitalisiert geführt werden, sofern die Verfügbarkeit der Daten gesichert ist. Es handelt sich um eine öffentlich-rechtliche Konkretisierung der ohnehin bestehenden zivilrechtlichen Dokumentationspflichten. Nach der Außerbetriebnahme eines Medizinproduktes ist das Medizinproduktebuch noch fünf Jahre aufzubewahren (§ 12 Abs. 3 S. 2). Weitergehende Aufbewahrungsfristen z. B. für die ärztliche Dokumentation bleiben unberührt. Die jederzeitige Zugänglichkeit des Medizinproduktebuchs ist wichtig, damit sich die Verantwortlichen bei einem Zwischenfall sofort ein Bild machen können. Für die Aufmachung eines Medizinproduktebuchs gibt es, soweit die Pflichtangaben eingetragen werden können, keine bestimmte Vorgabe. Verbände[14] und andere private Anbieter halten Muster vorrätig.

Dass das Medizinproduktebuch Teil der Patientendokumentation sein soll, in welches der Patient ein Recht auf Einsicht haben soll, verkennt die Funktion des Medizinproduktebuches.[15] Im Übrigen gehört der Einsatz medizinischen Geräts, zu welchem auch Medizinprodukte zählen, zum voll beherrschbaren Bereich des Krankenhausträgers als Betreiber, für den er einzustehen hat. Es gilt hier die Umkehr der Beweislast, mit der Folge, dass sich der Träger, in dessen Bereich sich ein durch ein Medizinprodukt verursachter Schaden zugetragen hat, enthaften muss.[16]

III. Das Bestandsverzeichnis

3 Für alle aktiven nichtimplantierbaren Medizinprodukte der jeweiligen Betriebsstätte hat der Betreiber ein Bestandsverzeichnis zu führen, am besten in zentraler Form. Mit diesem Verzeichnis soll es dem Betreiber erleichtert werden, die Übersicht über den Bestand der Medizinprodukte in seiner Betriebsstätte zu behalten. Das Bestandsverzeichnis und die zu den Medizinprodukten gehörigen Gebrauchsanweisungen enthalten wichtige Informationen für den Anwender. Sie sind deshalb für diese zugänglich aufzubewahren.

IV. Sanktionen

4 Eine Ordnungswidrigkeit begeht, wer ein Medizinproduktebuch oder ein Bestandsverzeichnis nicht, nicht richtig oder nicht vollständig führt, § 17 Nr. 10.

---

[14] Beispielsweise Muster des F + O und ZVEI.
[15] So aber Nöthlichs, § 7 Nr. 10.

§ 14 Messtechnische Kontrollen

(1) Der Betreiber hat für die in der Anlage 2 aufgeführten Medizinprodukte nach den allgemein anerkannten Regeln der Technik messtechnische Kontrollen nach Absatz 4 durchzuführen oder durchführen zu lassen. Eine ordnungsgemäße Durchführung der messtechnischen Kontrollen nach Satz 1 wird vermutet, wenn der Leitfaden zu messtechnischen Kontrollen von Medizinprodukten mit Messfunktion der Physikalisch-Technischen Bundesanstalt beachtet wird. Der Leitfaden wird in seiner jeweils aktuellen Fassung auf der Internetseite der Physikalisch-Technischen Bundesanstalt bekannt gemacht und von der Physikalisch-Technischen Bundesanstalt archiviert.

(2) Durch die messtechnischen Kontrollen wird festgestellt, ob das Medizinprodukt die zulässigen maximalen Messabweichungen (Fehlergrenzen) einhält, die in dem Leitfaden nach Absatz 1 Satz 2 angegeben sind.

(3) Für die messtechnischen Kontrollen dürfen, sofern in der Anlage 2 nicht anders angegeben, nur messtechnische Normale benutzt werden, die auf ein nationales oder internationales Normal rückgeführt sind und hinreichend kleine Fehlergrenzen und Messunsicherheiten einhalten. Die Fehlergrenzen und Messunsicherheiten gelten als hinreichend klein, wenn sie den Anforderungen des in Absatz 1 Satz 2 genannten Leitfadens entsprechen oder wenn sie ein Drittel der Fehlergrenzen und Messunsicherheiten des zu prüfenden Medizinproduktes nicht überschreiten.

(4) Die messtechnischen Kontrollen sind innerhalb der in Anlage 2 festgelegten Fristen durchzuführen. Für die Wiederholungen der messtechnischen Kontrollen gelten dieselben Fristen. Die Fristen beginnen mit Ablauf des Jahres, in dem das Medizinprodukt in Betrieb genommen oder die letzte messtechnische Kontrolle durchgeführt wurde. ⁴Eine messtechnische Kontrolle ist unverzüglich durchzuführen, wenn

1. Anzeichen dafür vorliegen, dass das Medizinprodukt die Fehlergrenzen nach Absatz 2 nicht einhält oder

2. die messtechnischen Eigenschaften des Medizinproduktes durch einen Eingriff oder auf andere Weise beeinflusst worden sein könnten.

(5) Der Betreiber darf mit messtechnischen Kontrollen nur beauftragen:

1. für das Messwesen zuständige Behörden oder

2. Personen, Betriebe oder Einrichtungen, die selbst oder deren Beschäftigte, die die messtechnischen Kontrollen durchführen, die Voraussetzungen von

---

[16] Allg. Meinung, vgl. statt aller Katzenmeier, Arzthaftung S. 483, Martis, Winkhart, Arzthaftungsrecht S. 391 jeweils m.w. Nachweisen.

§ 5 hinsichtlich der messtechnischen Kontrollen des jeweiligen Medizinproduktes erfüllen.

(6) Personen, die beabsichtigen, künftig messtechnische Kontrollen durchzuführen, haben dies der zuständigen Behörde vor Aufnahme der ersten messtechnischen Kontrolle anzuzeigen und auf Verlangen der zuständigen Behörde nachzuweisen, dass sie die Voraussetzungen nach § 5 erfüllen.

(7) Derjenige, der messtechnische Kontrollen durchführt, hat

1. über die messtechnische Kontrolle ein Protokoll anzufertigen, das das Datum der Durchführung und die Ergebnisse der messtechnischen Kontrolle unter Angabe der ermittelten Messwerte, der Messverfahren und sonstiger Beurteilungsergebnisse enthält, und

2. das Medizinprodukt nach erfolgreicher messtechnischer Kontrolle mit einem Zeichen zu kennzeichnen; aus dem Zeichen müssen das Jahr der nächsten messtechnischen Kontrolle und die Behörde oder Person, die die messtechnische Kontrolle durchgeführt hat, eindeutig und rückverfolgbar hervorgehen.

Das Protokoll nach Satz 1 hat der Betreiber zumindest bis zur nächsten messtechnischen Kontrolle aufzubewahren.

Die Vorschrift ist aus sich heraus verständlich. Auf eine Kommentierung wird daher verzichtet.

§ 15 Besondere Pflichten bei implantierbaren Medizinprodukten

(1) Die für die Implantation verantwortliche Person hat unverzüglich nach Abschluss der Implantation eines in der Anlage 3 aufgeführten Medizinproduktes dem Patienten folgende Dokumente auszuhändigen:

1. eine schriftliche oder elektronische Information, die

a) in allgemein verständlicher Weise die für die Sicherheit des Patienten nach der Implantation notwendigen Verhaltensanweisungen einschließlich der Maßnahmen, die bei einem Vorkommnis mit dem Medizinprodukt zu treffen sind, enthält und

b) Hinweise zu erforderlichen Kontrolluntersuchungen enthält, sowie

2. einen Implantatpass, der mindestens die folgenden Daten enthält:

a) Vor- und Zuname des Patienten,

b) Bezeichnung, Art und Typ sowie Loscode oder die Seriennummer des Medizinproduktes,

c) Name oder Firma des Herstellers des Medizinproduktes,

d) Datum der Implantation und

e) Name der verantwortlichen Person und der Einrichtung, die die Implantation durchgeführt hat.

(2) ¹Der Betreiber einer Einrichtung, in der die in Anlage 3 genannten Medizinprodukte implantiert werden, hat die Dokumentation zu diesen Implantaten, mit der Patienten im Falle von korrektiven Maßnahmen nach der Medizinprodukte- Sicherheitsplanverordnung eindeutig identifiziert und erreicht werden können, so aufzubewahren, dass der betroffene Patientenkreis innerhalb von drei Werktagen über den Typ und die Chargen- oder Seriennummer des Implantates sowie über den Namen des Verantwortlichen nach § 5 des Medizinproduktegesetzes ermittelt werden kann. ²Die Aufzeichnungen sind für die Dauer von 20 Jahren nach der Implantation aufzubewahren; danach sind sie unverzüglich zu vernichten.

(3) Kann der Patient über die Dokumentation gemäß Absatz 2 nicht erreicht werden, kann die Einrichtung unter Angabe der Krankenversicherungsnummer die Übermittlung der für die Kontaktaufnahme erforderlichen Daten des Patienten von seiner Krankenkasse verlangen.

I. Die Bedeutung der Norm

Es handelt sich um die bisher in § 10 der Altfassung der MPBetreibV geregelten Materie. Dem Patienten ist nunmehr ein Implantatpass auszuhändigen. Eine entsprechende Vorschrift wird auch die EUVO Medizinprodukte enthalten. An diese neuen Vorschriften lehnt sich auch Abs. 2 an, der die Rückverfolgbarkeit der implantierten Medizinprodukte im Fall einer korrektiven Maßnahme sicherstellen will.

Abs. 1 Nr. legt fest, welche Verhaltensmaßregeln dem Patienten nach der Implantierung an die Hand zu geben sind, damit er sein Verhalten daran ausrichten kann.

§ 16 Medizinprodukte der Bundeswehr

(1) Für Medizinprodukte im Bereich der Bundeswehr steht die Aufsicht über die Ausführung dieser Verordnung dem Bundesministerium der Verteidigung oder den von ihm bestimmten zuständigen Stellen und Sachverständigen zu.

(2) Das Bundesministerium der Verteidigung kann für Medizinprodukte im Bereich der Bundeswehr Ausnahmen von den Vorschriften dieser Verordnung zulassen, wenn

1. dies zur Durchführung der besonderen Aufgaben gerechtfertigt ist oder

2. die Besonderheiten eingelagerter Medizinprodukte dies erfordern oder

3. die Erfüllung zwischenstaatlicher Verpflichtungen der Bundesrepublik Deutschland dies erfordern

und die Sicherheit einschließlich der Messsicherheit auf andere Weise gewährleistet ist.

I. Die Bedeutung der Norm

§ 16 knüpft an die §§ 38, 39 MPG an, die Abweichungen von den Vorschriften des MPG für den Bereich der Bundeswehr vorsehen. Deren Umsetzung dient in der MPBetreibV § 16.

§ 17 Ordnungswidrigkeiten

Ordnungswidrig im Sinne des § 42 Absatz 2 Nummer 16 des Medizinproduktegesetzes handelt, wer vorsätzlich oder fahrlässig

1. entgegen § 4 Absatz 8 oder § 10 Absatz 1 Satz 1 oder Absatz 2 ein dort genanntes Medizinprodukt betreibt oder anwendet,

2. entgegen § 6 Absatz 1 nicht sicherstellt, dass ein Beauftragter für Medizinproduktesicherheit bestimmt ist,

3. entgegen § 6 Absatz 4 nicht sicherstellt, dass eine Funktions-E-Mail-Adresse bekannt gemacht ist,

4. entgegen § 7 Absatz 2, § 8 Absatz 4 Satz 1 und 3, § 11 Absatz 4 oder § 14 Absatz 5 Nummer 2 eine Person, einen Betrieb oder eine Einrichtung beauftragt,

5. entgegen § 8 Absatz 1 Satz 1, auch in Verbindung mit Satz 2, die Aufbereitung eines dort genannten Medizinproduktes nicht richtig durchführt,

6. ohne Zertifizierung nach § 8 Absatz 3 ein dort genanntes Medizinprodukt aufbereitet,

7. entgegen § 9 Absatz 1 Satz 1 ein Qualitätssicherungssystem nicht, nicht richtig, nicht in der vorgeschriebenen Weise oder nicht rechtzeitig einrichtet,

8. entgegen § 11 Absatz 1 Satz 1, auch in Verbindung mit Satz 5, oder § 14 Absatz 1 Satz 1 eine Kontrolle nicht, nicht richtig, nicht in der vorgeschriebenen Weise oder nicht rechtzeitig durchführt oder nicht, nicht richtig, nicht in der vorgeschriebenen Weise oder nicht rechtzeitig durchführen lässt,

9. entgegen § 11 Absatz 3 Satz 2 ein dort genanntes Protokoll nicht oder nicht für die vorgeschriebene Dauer aufbewahrt,

10. entgegen § 12 Absatz 1 Satz 1 oder § 13 Absatz 1 Satz 1 ein Medizinproduktebuch oder ein Bestandsverzeichnis nicht, nicht richtig oder nicht vollständig führt,

11. entgegen § 14 Absatz 6 eine dort genannte Tätigkeit nicht, nicht richtig oder nicht rechtzeitig anzeigt,

12. entgegen § 14 Absatz 7 Nummer 1 eine dort genannte Eintragung nicht, nicht richtig, nicht vollständig oder nicht rechtzeitig macht,

13. entgegen § 14 Absatz 7 Nummer 2 ein Medizinprodukt nicht, nicht richtig, nicht vollständig, nicht in der vorgeschriebenen Weise oder nicht rechtzeitig kennzeichnet,

14. entgegen § 15 Absatz 1 ein dort genanntes Dokument nicht, nicht richtig, nicht vollständig oder nicht rechtzeitig aushändigt,

15. entgegen § 15 Absatz 2 Satz 1 oder Satz 2 erster Halbsatz eine dort genannte Dokumentation oder Aufzeichnung nicht, nicht richtig, nicht vollständig, nicht in der vorgeschriebenen Weise oder nicht mindestens 20 Jahre aufbewahrt oder

16. entgegen § 19 Nummer 1 oder Nummer 2 Satz 1, auch in Verbindung mit Satz 2, ein Medizinprodukt betreibt oder weiterbetreibt.

Literatur
Erbs, Kohlhaas, Strafrechtliche Nebengesetze, 5. Aufl. 1988; Horn, Das Inverkehrbringen als Zentralbegriff des Nebenstrafrechts, NJW 1977, 2329; Schmidt-Salzer, Produkthaftung, Band 1, 1988; ders. Strafrechtliche Verantwortung von Herstellungsleitern, Vorgesetzten und Mitarbeitern für das Inverkehrbringen fehlerhafter Arzneimittel, PharmaR 1989, 20; Schünemann, Unternehmenskriminalität und Strafrecht, 1979; Stratenwerth, Arbeitsteilung und ärztliche Sorgfaltspflicht in: FS für Eb. Schmidt, 1961, 383; Taschner, Friesch, Produkthaftungsgesetz und EG-Produkthaftungsrichtlinie, 2. Aufl. 1990; Weißauer, Arbeitsteilung und Abgrenzung der Verantwortung zwischen Anästhesist und Operateur, Der Anästhesist, 1962, 239; Weißauer, Lippert, Das Rettungswesen, 1984.

I. Die Bedeutung der Norm

§ 17 MPBetreibV enthält die in Rechtsverordnungen üblichen Tatbestände von 1
Ordnungswidrigkeiten. Sanktioniert wird durch sie ein Verstoß gegen Pflichten aus der MPBetreibV, die kein kriminalstrafrechtliches Verhalten darstellen. Mit der Sanktionierung als Ordnungswidrigkeiten will der Gesetzgeber den Normadressaten aber dazu anhalten auch Verwaltungsvorschriften nach dem MPBetreibV einzuhalten und Verstöße hiergegen mittels Androhung von Bußgeld geahndet wissen.

II. Das Verhältnis zum Ordnungswidrigkeitengesetz

Bei den Tatbeständen von Ordnungswidrigkeiten nach § 17 MPBetreibV handelt es 2
sich um Sondervorschriften zum Ordnungswidrigkeitengesetz. Für die Beschreibung der Tatbestände der einzelnen Ordnungswidrigkeiten ist zunächst § 43 MPG und die in ihm genannten weiteren Vorschriften des MPG maßgeblich. Unter welchen

näheren Voraussetzungen ein normwidriges Verhalten den Tatbestand einer Ordnungswidrigkeit erfüllt, ergibt sich allerdings aus dem Ordnungswidrigkeitengesetz.

III. Die Ordnungswidrigkeiten nach § 43 MPG

3   Ordnungswidrig ist eine rechtswidrige und vorwerfbare Handlung, die den Tatbestand einer Ordnungswidrigkeit nach dem OwiG oder einem anderen, gesetzlich bestimmten Tatbestand einer Ordnungswidrigkeit verwirklicht und der die Ahndung mit Geldbuße zulässt. Eine Handlung ist tatbestandsmäßig, wenn sie der abstrakten Beschreibung einer Vorschrift des MPG entspricht. Unter der Handlung ist nicht nur jedes aktive Tun, sondern auch jedes Unterlassen zu verstehen. Ordnungswidrig handelt allerdings nur derjenige, der ein aktives Tun unterlässt, wenn er zum aktiven Handeln verpflichtet ist, dafür einzutreten, dass ein vom Gesetz missbilligter Erfolg nicht eintritt. Das Unterlassen muss nach § 8 OwiG dem aktiven Tun entsprechen.

4   Wer durch eine Handlung den Tatbestand einer Bußgeldvorschrift verwirklicht, handelt rechtswidrig, wenn ihm kein Rechtfertigungsgrund zur Seite steht. Dies können wie bei der Straftat etwa die Notwehr oder der rechtfertigende Notstand sein. Die Einwilligung des durch das MPG Geschützten ist im Regelfall unbeachtlich, weil die entsprechenden Schutznormen und Rechtsgüter öffentlich-rechtliche Pflichten normieren, die nicht dessen Dispositionsbefugnis unterliegen. Gegen eine Bußgeldvorschrift kann normalerweise nur vorsätzlich verstoßen werden. Fahrlässige Verstöße werden nur geahndet, sofern das Gesetz dies ausdrücklich vorsieht.

5   Vorsatz ist Kenntnis der Tatumstände, die zum gesetzlichen Tatbestand einer Ordnungswidrigkeit gehören. Zum Tatbestand der Ordnungswidrigkeit gehört nicht das Bewusstsein, ordnungswidrig gehandelt zu haben. Wer bei der Begehung der Ordnungswidrigkeit die Tatumstände nicht kannte, die zum gesetzlichen Tatbestand gehören, handelt nicht vorsätzlich. Hier kommt nur eine Ahndung wegen fahrlässiger Handlung in Betracht.

6   Fehlt dem Täter bei Begehung der Handlung die Einsicht, etwas Unerlaubtes zu tun, handelt er nicht schuldhaft, wenn er diesen Irrtum nicht vermeiden konnte. Konnte er den Irrtum vermeiden, bleibt die Tat schuldhaft; die Geldbuße kann jedoch gemindert werden.

IV. Der Normadressat der Ordnungswidrigkeit

7   Einer Ordnungswidrigkeit schuldig machen kann sich nach § 43 MPG i.V.m. der entsprechenden Norm des MPG nur, wer Normadressat ist. Im allgemeinen Ordnungswidrigkeitenrecht ist dies jede natürliche, mündige Person. Entsprechend der Regelung in § 14 StGB erweitert § 9 OwiG den Kreis derjenige Personen, die unter weiteren Umständen eine Ordnungswidrigkeit begehen können, auf Personen, die für einen anderen handeln, wie z. B. Organe juristischer Personen oder gesetzliche

Vertreter. Aber auch Personen, die vom Inhaber oder Leiter eines Betriebes beauftragt worden sind, können (zusätzlich zu diesem) eine Ordnungswidrigkeit verwirklichen. Die bußgeldrechtlichen Vorschriften des MPG und der MPBetreibV sollen zusätzlich zu den Strafvorschriften des MPG sicherstellen, dass der Zweck des MPG auch dort, wo er durch verwaltungsrechtliches Handeln umgesetzt werden soll, erfüllt wird.

Die Verantwortlichkeit für arbeitsteiliges Handeln ist im Recht der Ordnungswidrigkeiten wie im Strafrecht nichts neues. Die Probleme der ordnungswidrigkeitsrechtlichen Verantwortung für ein industriell hergestelltes Produkt sind daher wie im strafrechtlichen Bereich weniger im dogmatischen Bereich als vielmehr im tatsächlichen Erfassen der im Einzelfall gegebenen Verantwortungsgrenzen zu suchen. Typisch ist dabei die Verteilung der Verantwortlichkeit und der Tatbeiträge auf mehrere Personen. Dabei bleibt es ebenfalls beim Grundsatz, dass ordnungswidrigkeitenrechtlich auch in einer betrieblichen Organisation jeder nur für seinen innerbetrieblichen Verantwortungsbereich einzustehen hat. Insofern kann auf die Ausführungen zum strafrechtlichen Normadressaten (siehe Kommentierung zu § 40) verwiesen werden.

V. Die Sanktionen

Für Verstöße gegen Ordnungswidrigkeitstatbestände nach dem MPG kann eine Geldbuße verhängt werden.

VI. Verjährung

Ordnungswidrigkeiten nach § 17 MPBetreibV verjähren nach drei Jahren (§ 31 Abs. 2 Nr. 1 OwiG).

§ 18 Übergangsbestimmung

Sofern ein Betreiber vor dem 01.01.2017 ein Medizinproduktebuch nach § 7 in der am 31.122016 geltenden Fassung begonnen hat, darf er dieses als Medizinproduktebuch im Sinne des § 12 in der am 01.01.2017 geltenden Fassung nach § 7 in der am 31.12.2016 geltenden Fassung weiterführen.

Anlage 1 [1]

(zu § 10 Absatz 1 und 2, § 11 Absatz 1 und § 12 Absatz 1)

[Nichtimplantierbare Medizinprodukte]

1	Nichtimplantierbare aktive Medizinprodukte zur
1.1	Erzeugung und Anwendung elektrischer Energie zur unmittelbaren Beeinflussung der Funktion von Nerven und/oder Muskeln bzw. der Herztätigkeit einschließlich Defibrillatoren,
1.2	intrakardialen Messung elektrischer Größen oder Messung anderer Größen unter Verwendung elektrisch betriebener Messsonden in Blutgefäßen bzw. an freigelegten Blutgefäßen,
1.3	Erzeugung und Anwendung jeglicher Energie zur unmittelbaren Koagulation, Gewebezerstörung oder Zertrümmerung von Ablagerungen in Organen,
1.4	unmittelbare Einbringung von Substanzen und Flüssigkeiten in den Blutkreislauf unter potentiellem Druckaufbau, wobei die Substanzen und Flüssigkeiten auch aufbereitete oder speziell behandelte körpereigene sein können, deren Einbringen mit einer Entnahmefunktion direkt gekoppelt ist,
1.5	maschinelle Beatmung mit oder ohne Anästhesie,
1.6	Diagnose mit bildgebenden Verfahren nach dem Prinzip der Kernspinresonanz,
1.7	Therapie mit Druckkammern,
1.8	Therapie mittels Hypothermie und
2	Säuglingsinkubatoren sowie
3	externe aktive Komponenten aktiver Implantate.

[1] Anl. 1 geänd. mWv 01.01.2017 durch VO v. 27.09.2016 (BGBl. I S. 2203).

Anlage 2 [1]

(zu § 12 Absatz 1 und § 14 Absatz 1)

[Messtechnische Kontrollen]

1	Medizinprodukte, die messtechnischen Kontrollen nach § 14 Absatz 1 Satz 1 unterliegen	
		Nachprüffristen in Jahren
1.1	Medizinprodukte zur Bestimmung der Hörfähigkeit (Ton- und Sprachaudiometer)	1
1.2	Medizinprodukte zur Bestimmung von Körpertemperaturen (mit Ausnahme von Quecksilberglasthermometern mit Maximumvorrichtung)	
1.2.1	– medizinische Elektrothermometer	2
1.2.2	– mit austauschbaren Temperaturfühlern	2
1.2.3	– Infrarot-Strahlungsthermometer	1
1.3	Messgeräte zur nichtinvasiven Blutdruckmessung	2

1	Medizinprodukte, die messtechnischen Kontrollen nach § 14 Absatz 1 Satz 1 unterliegen	
1.4	Medizinprodukte zur Bestimmung des Augeninnendrucks (Augentonometer)	2
1.5	Therapiedosimeter bei der Behandlung von Patienten von außen	
1.5.1	mit Photonenstrahlung im Energiebereich bis 1,33 MeV	
	– allgemein	2
	– mit geeigneter Kontrollvorrichtung, wenn der Betreiber in jedem Messbereich des Dosimeters mindestens halbjährliche Kontrollmessungen ausführt, ihre Ergebnisse aufzeichnet und die bestehenden Anforderungen erfüllt werden	6
1.5.2	mit Photonenstrahlung im Energiebereich ab 1,33 MeV und mit Elektronenstrahlung aus Beschleunigern mit messtechnischer Kontrolle in Form von Vergleichsmessungen	2
1.5.3	mit Photonenstahlung aus Co-60-Bestrahlungsanlagen wahlweise nach 1.5.1 oder 1.5.2	
1.6	Diagnostikdosimeter zur Durchführung von Mess- und Prüfaufgaben, sofern sie nicht nach § 34 Absatz 3 der Röntgenverordnung dem Mess- und Eichgesetz unterliegen	5
1.7	Tretkurbelergometer zur definierten physikalischen und reproduzierbaren Belastung von Patienten	2
2	**Ausnahmen von messtechnischen Kontrollen**	
	Abweichend von 1.5.1 unterliegen keiner messtechnischen Kontrolle Therapiedosimeter, die nach jeder Einwirkung, die die Richtigkeit der Messung beeinflussen kann, sowie mindestens alle zwei Jahre in den verwendeten Messbereichen kalibriert und die Ergebnisse aufgezeichnet werden. Die Kalibrierung muss von fachkundigen Personen, die vom Betreiber bestimmt sind, mit einem Therapiedosimeter durchgeführt werden, dessen Richtigkeit entsprechend § 14 Absatz 2 sichergestellt worden ist und das bei der die Therapie durchführenden Stelle ständig verfügbar ist.	
3	**Messtechnische Kontrollen in Form von Vergleichsmessungen**	
3.1	Luftimpuls-Tonometer (1.4) werden nicht auf ein nationales Normal, sondern auf ein klinisch geprüftes Referenzgerät gleicher Bauart zurückgeführt. Für diesen Vergleich dürfen nur von einem nationalen Metrologieinstitut geprüfte Verfahren und Transfernormale verwendet werden.	
3.2	Vergleichsmessungen nach 1.5.2 werden von einer durch die zuständige Behörde beauftragten Messstelle durchgeführt.	

[1] Anl. 2 geänd. mWv 01.01.2015 durch VO v. 11.12.2014 (BGBl. I S. 2010); geänd. mWv 01.01.2017 durch VO v. 27.09.2016 (BGBl. I S. 2203).

Anlage 3 [1]

(zu § 15 Absatz 1 und 2)

[Implantierbare Medizinprodukte]

1.	Aktive implantierbare Medizinprodukte
2.	Nachfolgende implantierbare Produkte:
2.1	Herzklappen
2.2	nicht resorbierbare Gefäßprothesen und -stützen
2.3	Gelenkersatz für Hüfte oder Knie
2.4	Wirbelkörperersatzsysteme und Bandscheibenprothesen
2.5	Brustimplantate

[1] Anl. 3 angef. mWv 01.10.2015 durch VO v. 25.07.2014 (BGBl. I S. 1227); geänd. mWv 01.01.2017 durch VO v. 27.09.2016 (BGBl. I S. 2203).

Verordnung über Medizinprodukte (Medizinprodukte-Verordnung - MPV)

Vom 20. Dezember 2001

(BGBl. I S. 3854)

Zuletzt geändert durch Art. 3 der Verordnung vom 27. September 2016. (BGBl. I S. 2203).

Abschnitt 1

§ 1 Anwendungsbereich und Allgemeine Anforderungen an die Konformitätsbewertung

Diese Verordnung regelt die Bewertung und Feststellung der Übereinstimmung von Medizinprodukten mit den Grundlegenden Anforderungen gemäß § 7 des Medizinproduktegesetzes (Konformitätsbewertung), die Sonderverfahren für Systeme und Behandlungseinheiten und die Änderung der Klassifizierung von Medizinprodukten durch Rechtsakte der Kommission der Europäischen Gemeinschaft.

§ 2 Biologische Sicherheitsprüfung

Zur Bewertung der biologischen Verträglichkeit von Medizinprodukten sind biologische Sicherheitsprüfungen mit Tierversuchen durchzuführen, soweit sie

1. bei Medizinprodukten im Sinne des § 3 Nr. 2 des Medizinproduktegesetzes nach der Richtlinie 2001/83/EG des Europäischen Parlaments und des Rates vom 6. November 2001 zur Schaffung eines Gemeinschaftskodex für Humanarzneimittel (ABl. L 311 S. 67), zuletzt geändert durch die Verordnung (EG) Nr. 1394/2007 des Europäischen Parlaments und des Rates vom 13. November 2007 über Arzneimittel für neuartige Therapien und zur Änderung der Richtlinie 2001/83/EG und der Verordnung (EG) Nr. 726/2004 (ABl. L 324, S. 121), in der jeweils geltenden Fassung oder nach den Arzneimittelprüfrichtlinien nach § 26 des Arzneimittelgesetzes,

2. nach harmonisierten Normen im Sinne des § 3 Nr. 18 des Medizinproduktegesetzes oder

3. nach dem jeweiligen Stand der wissenschaftlichen Erkenntnisse erforderlich sind.

§ 3 Allgemeine Vorschriften zur Durchführung der Konformitätsbewertung

(1) Die Konformitätsbewertung erfolgt nach Maßgabe des Absatzes 2 und der §§ 4 bis 7 durch den Hersteller. Die Verfahren nach den Anhängen 3, 4 und 6 der Richtlinie 90/385/EWG des Rates vom 20. Juni 1990 zur Angleichung

der Rechtsvorschriften der Mitgliedstaaten über aktive implantierbare medizinische Geräte (ABl. EG Nr. L 189 S. 17), zuletzt geändert durch Artikel 1 der Richtlinie 2007/47/EG (ABl. L 247 S. 21) zuletzt geändert durch Richtlinie 93/68/EWG des Rates vom 22. Juli 1993 (ABl. EG Nr. L 220 S. 1), den Anhängen III, V, VI und VIII der Richtlinie 98/79/EG des Europäischen Parlaments und des Rates vom 27. Oktober 1998 über In-vitro-Diagnostika (ABl. EG Nr. L 331 S. 1), zuletzt geändert durch die Verordnung (EG) Nr. 1882/2003 des Europäischen Parlaments und des Rates vom 29. September 2003 zur Anpassung der Bestimmungen über die Ausschüsse zur Unterstützung der Kommission bei der Ausübung von deren Durchführungsbefugnissen, die in Rechtsakten vorgesehen sind, für die das Verfahren des Artikel 251 des EG Vertrages gilt, an den Beschluss 1999/468/EG des Rates (ABl. L 284 S. 7)und den Anhängen III, IV, VII und VIII der Richtlinie 93/42/EWG des Rates vom 14. Juni 1993 über Medizinprodukte (ABl. EG Nr. L 169 S. 1), zuletzt geändert durch Richtlinie 2000/70/EG des Europäischen Parlaments und des Rates vom 16. November 2000 (ABl. EG Nr. L 313 S. 22), in den jeweils geltenden Fassungen, können im Auftrag des Herstellers auch von seinem Bevollmächtigten im Sinne des § 3 Nr. 16 des Medizinproduktegesetzes durchgeführt werden.

(2) Soweit die Verfahren unter Beteiligung einer Benannten Stelle im Sinne des § 3 Nr. 20 des Medizinproduktegesetzes durchgeführt werden, beauftragen der Hersteller oder sein Bevollmächtigter eine Benannte Stelle ihrer Wahl, die für das entsprechende Verfahren und die jeweiligen Medizinprodukte benannt ist. Die Benannte Stelle und der Hersteller oder sein Bevollmächtigter legen einvernehmlich die Fristen für die Durchführung der Prüfungen und Bewertungen fest.

(3) Die Benannte Stelle kann im Konformitätsbewertungsverfahren alle Informationen und Angaben fordern, die zur Durchführung der Überprüfungen und Bewertungen und zur Erteilung von Bescheinigungen erforderlich sind.

(4) Im Verfahren der Konformitätsbewertung sind Ergebnisse von Prüfungen und Bewertungen, die für die jeweiligen Produkte bereits durchgeführt wurden, angemessen zu berücksichtigen.

(5) Die Geltungsdauer von Bescheinigungen, die nach den Anhängen 2 und 5 der Richtlinie 90/385/EWG, den Anhängen III, IV und V der Richtlinie 98/79/EG und den Anhängen II, III, V und VI der Richtlinie 93/42/EWG ausgestellt werden, ist auf höchstens fünf Jahre zu befristen.

Abschnitt 2

Anforderung an die Verfahren der Konformitätsbewertung

§ 4 Konformitätsbewertungsverfahren

für aktive implantierbare Medizinprodukte

(1) Für aktive implantierbare Medizinprodukte mit Ausnahme der Produkte nach Absatz 2 und 4, hat der Hersteller

1. das Verfahren der EG-Konformitätserklärung nach Anhang 2 der Richtlinie 90/385/EWG oder

2. das Verfahren der EG-Baumusterprüfung nach Anhang 3 der Richtlinie 90/385/EWG in Verbindung mit dem Verfahren der EG-Prüfung nach Anhang 4 der Richtlinie 90/385/EWG oder dem Verfahren der EG-Erklärung zur Übereinstimmung mit dem Baumuster nach Anhang 5 der Richtlinie 90/385/EWG einzuhalten.

(2) Für Sonderanfertigungen hat der Hersteller die Erklärung nach Nummer 2.1 des Anhangs 6 der Richtlinie 90/385/EWG auszustellen und dem Produkt beizufügen. Die Erklärung muss für den in diesem Anhang genannten betreffenden Patienten verfügbar sein. Der Hersteller hat die Dokumentation nach Nummer 3.1 des Anhangs 6 zu erstellen und alle erforderlichen Maßnahmen zu treffen, um die Übereinstimmung der hergestellten Medizinprodukte mit dieser Dokumentation sicherzustellen. Erklärung und Dokumentation sind mindestens 15 Jahre aufzubewahren. Der Hersteller sichert zu, unter Berücksichtigung der in Anhang 7 der Richtlinie 90/385/ EG enthaltenen Bestimmungen die Erfahrungen mit Produkten in der der Herstellung nachgelagerten Phase auszuwerten und zu dokumentieren. Er hat angemessene Vorkehrungen zu treffen, um erforderliche Korrekturen durchzuführen. Dies schließt die Verpflichtung des Herstellers ein, die zuständige Bundesoberbehörde unverzüglich über folgende Vorkommnisse zu unterrichten, sobald er selbst davon Kenntnis erlangt hat, und die einschlägigen Korrekturen vorzunehmen:

1. jede Funktionsstörung und jede Änderung der Merkmale oder der Leistung sowie jede Unsachgemäßheit der Kennzeichnung oder der Gebrauchsanweisung eines Produkts, die zum Tode oder zu einer schwerwiegenden Verschlechterung des Gesundheitszustandes eines Patienten oder eines Anwenders führen kann oder dazu geführt hat;

2. jeden Grund technischer oder medizinischer Art, der aufgrund der unter Nummer 1 genannten Ursachen durch die Merkmale und Leistungen des Produkts bedingt ist und zum systematischen Rückruf von Produkten desselben Typs durch den Hersteller geführt hat. Für Sonderanfertigungen hat der Hersteller die Erklärung nach Nummer 2.1 des Anhangs 6 der Richtlinie 90/385/EWG auszustellen. Er hat die Dokumentation nach Nummer 3.1 des Anhangs 6 zu erstellen und alle erforderlichen Maßnahmen zu treffen, um die Übereinstimmung der hergestellten Medizinprodukte mit dieser Dokumentation zu gewährleisten. Erklärung und Dokumentation sind mindestens fünf Jahre aufzubewahren.

(3) Wer aktive implantierbare Medizinprodukte nach § 10 Abs. 3 Satz 2 des Medizinproduktegesetzes aufbereitet, hat im Hinblick auf die Sterilisation

und die Aufrechterhaltung der Funktionsfähigkeit ein Verfahren entsprechend Anhang 4 oder 5 der Richtlinie 90/385/EWG durchzuführen und eine Erklärung auszustellen, die die Aufbereitung nach einem geeigneten validierten Verfahren bestätigt. Die Erklärung ist mindestens 15 Jahre aufzubewahren.

(4) Für aktive implantierbare Medizinprodukte aus Eigenherstellung hat der Hersteller vor der Inbetriebnahme eine Erklärung auszustellen, die folgende Angaben enthält:

1. Name und Anschrift des Herstellers,

2. die zur Identifizierung des jeweiligen Produktes notwendigen Daten,

3. die Versicherung, dass das Produkt den in Anhang I der Richtlinie 90/385/EWG aufgeführten Grundlegenden Anforderungen entspricht, und gegebenenfalls die Angabe der Grundlegenden Anforderungen, die nicht vollständig eingehalten worden sind, mit Angabe der Gründe.

Er hat eine Dokumentation zu erstellen, aus der die Fertigungsstätte sowie Auslegung, Herstellung und Leistungsdaten des Produktes, einschließlich der vorgesehenen Leistung, hervorgehen, so dass sich beurteilen lässt, ob es den Grundlegenden Anforderungen der Richtlinie 90/385/EWG entspricht. Er hat auch alle erforderlichen Maßnahmen zu treffen, um die Übereinstimmung der hergestellten Medizinprodukte mit dieser Dokumentation zu gewährleisten. Absatz 2 Satz 4 bis 7 gilt entsprechend.

§ 5 Konformitätsbewertungsverfahren für In-vitro-Diagnostika

(1) Für In-vitro-Diagnostika nach Anhang II Liste A der Richtlinie 98/79/EG mit Ausnahme der Produkte nach Absatz 6, hat der Hersteller

1. das Verfahren der EG-Konformitätserklärung (vollständiges Qualitätssicherungssystem) nach Anhang IV der Richtlinie 98/79/EG oder

2. das Verfahren der EG-Baumusterprüfung nach Anhang V der Richtlinie 98/79/EG in Verbindung mit dem Verfahren der EG-Konformitätserklärung (Qualitätssicherung Produktion) nach Anhang VII der Richtlinie 98/79/EG durchzuführen.

(2) Für In-vitro-Diagnostika nach Anhang II Liste B de Richtlinie 98/79/EG mit Ausnahme der Produkte nach Absatz 6, hat der Hersteller

1. das Verfahren der EG-Konformitätserklärung (vollständiges Qualitätssicherungssystem) nach Anhang IV de Richtlinie 98/79/EG oder

2. das Verfahren der EG-Baumusterprüfung nach Anhang V der Richtlinie 98/79/EG in Verbindung mit den Verfahren der EG-Prüfung nach Anhang VI oder den Verfahren der EG-Konformitätserklärung (Qualitätssicherung Produktion) nach Anhang VII der Richtlinie 98/79/EG durchzuführen.

(3) Für In-vitro-Diagnostika zur Eigenanwendung mit Ausnahme der in Anhang II genannten Produkte hat de Hersteller das Verfahren nach Anhang III der Richtlinie 98/79/EG oder ein Verfahren nach Absatz 1 oder 2 durch zuführen.

(4) Für die sonstigen In-vitro-Diagnostika hat der Hersteller das Verfahren nach Anhang III der Richtlinie 98/79/EG durchzuführen; Nummer 6 dieses Anhangs findet keine Anwendung.

(5) Der Hersteller muss die Konformitätserklärung, die technische Dokumentation gemäß den Anhängen III bis VIII der Richtlinie 98/79/EG sowie die Entscheidungen, Berichte und Bescheinigungen der Benannten Stellen aufbewahren und sie den zuständigen Behörden in einem Zeitraum von fünf Jahren nach Herstellung des letzten Produktes auf Anfrage zur Prüfung vorlegen.

(6) Für In-vitro-Diagnostika aus Eigenherstellung, die nicht im industriellen Maßstab hergestellt werden, hat der Hersteller vor der Inbetriebnahme eine Erklärung auszustellen, die folgende Angaben enthält,

1. Name und Anschrift des Herstellers,

2. die zur Identifizierung des jeweiligen Produktes notwendigen Daten, 3. die Versicherung, dass das Produkt den in Anhang I der Richtlinie 98/79/EG aufgeführten Grundlegenden Anforderungen entspricht, und gegebenenfalls die Angabe der Grundlegenden Anforderungen, die nicht vollständig eingehalten worden sind, mit Angabe der Gründe.

Er hat eine Dokumentation zu erstellen, aus der die Fertigungsstätte sowie Auslegung, Herstellung und Leistungsdaten des Produktes, einschließlich der vorgesehenen Leistung, hervorgehen, so dass sich beurteilen lässt, ob es den Grundlegenden Anforderungen der Richtlinie 98/79/EG entspricht und alle erforderlichen Maßnahmen zu treffen, um die Übereinstimmung der hergestellten Medizinprodukte mit dieser Dokumentation zu gewährleisten. Erklärung und Dokumentation sind mindestens fünf Jahre aufzubewahren. Der Hersteller sichert zu, die Erfahrungen mit Produkten in der der Herstellung nachgelagerten Phase auszuwerten und zu dokumentieren, und angemessene Vorkehrungen zu treffen, um erforderliche Korrekturen durchzuführen. § 4 Absatz 2 Satz 6 und 7 gilt entsprechend.

§ 6 (aufgeboben)

§ 7 Konformitätsbewertungsverfahren für die sonstigen Medizinprodukte

(1) Für Medizinprodukte der Klasse III, mit Ausnahme der Produkte nach Absatz 5 und 9, hat der Hersteller

1. das Verfahren der EG-Konformitätserklärung (vollständiges Qualitätssicherungssystem) nach Anhang II der Richtlinie 93/42/EWG oder

2. das Verfahren der EG-Baumusterprüfung nach Anhang III der Richtlinie 93/42/EWG in Verbindung mit dem Verfahren der EG-Prüfung nach Anhang IV der Richtlinie 93/42/EWG oder dem Verfahren der EG-Konformitätserklärung (Qualitätssicherung Produktion) nach Anhang V der Richtlinie 93/42/EWG durchzuführen.

(2) Für Medizinprodukte der Klasse IIb, mit Ausnahme der Produkte nach Absatz 5 und 9, hat der Hersteller

1. das Verfahren der EG-Konformitätserklärung (vollständiges Qualitätssicherungssystem) nach Anhang II der Richtlinie 93/42/EWG mit Ausnahme der Nummer 4 oder

2. das Verfahren der EG-Baumusterprüfung nach Anhang III der Richtlinie 93/42/EWG in Verbindung mit dem Verfahren der EG-Prüfung nach Anhang IV oder dem Verfahren der EG-Konformitätserklärung (Qualitätssicherung Produktion) nach Anhang V oder dem Verfahren der EG-Konformitätserklärung (Qualitätssicherung Produkt) nach Anhang VI der Richtlinie 93/42/EWG durchzuführen.

(3) Für Medizinprodukte der Klasse IIa, mit Ausnahme der Produkte nach Absatz 5 und 9, hat der Hersteller

1. das Verfahren der EG-Konformitätserklärung nach Anhang VII der Richtlinie 93/42/EWG in Verbindung mit dem Verfahren der EG-Prüfung nach Anhang IV oder dem Verfahren der EG-Konformitätserklärung (Qualitätssicherung Produktion) nach Anhang V oder dem Verfahren der EG-Konformitätserklärung (Qualitätssicherung Produkt) nach Anhang VI der Richtlinie 93/42/EWG oder

2. das Verfahren nach Absatz 2 Nr. 1 durchzuführen.

(4) Für Medizinprodukte der Klasse I, mit Ausnahme der Produkte nach Absatz 5 und 9, hat der Hersteller das Verfahren nach Anhang VII der Richtlinie 93/42/EWG durchzuführen.

(5) Für Sonderanfertigungen hat der Hersteller die Erklärung nach Nummer 2.1 des Anhangs VIII der Richtlinie 93/42/EWG auszustellen und Sonderanfertigungen der Klassen IIa, IIb und III bei der Abgabe eine Kopie beizufügen, die für den durch seinen Namen, ein Akronym oder einen numerischen Code identifizierbaren Patienten verfügbar sein muss. Er hat die Dokumentation nach Nummer 3.1 des Anhangs VIII der Richtlinie 93/42/EWG zu erstellen und alle erforderlichen Maßnahmen zu treffen, um die Übereinstimmung der hergestellten Medizinprodukte mit dieser Dokumentation zu gewährleisten. Erklärung und Dokumentation sind mindestens fünf Jahre und im Falle von implantierbaren Produkten mindestens 15 Jahre aufzubewahren. Der Hersteller sichert zu, unter Berücksichtigung der in Anhang X

der Richtlinie 93/42/EWG enthaltenen Bestimmungen die Erfahrungen mit Produkten in der der Herstellung nachgelagerten Phase auszuwerten und zu dokumentieren und angemessene Vorkehrungen zu treffen, um erforderliche Korrekturen durchzuführen. § 4 Absatz 2 Satz 7 gilt entsprechend.

(6) Für Systeme und Behandlungseinheiten nach § 10 Abs. 1 des Medizinproduktegesetzes hat der Hersteller die Erklärung nach Artikel 12 Abs. 2 Satz 1 der Richtlinie 93/42/EWG auszustellen. Die Erklärung ist mindestens fünf Jahre und im Falle von implantierbaren Produkten mindestens 15 Jahre aufzubewahren. Für Systeme und Behandlungseinheiten nach § 10 Abs. 2 des Medizinproduktegesetzes gelten die Vorschriften der Absätze 1 bis 4 entsprechend.

(7) Wer Medizinprodukte nach § 10 Abs. 3 Satz 1 des Medizinproduktegesetzes sterilisiert, hat im Hinblick auf die Sterilisation ein Verfahren nach Anhang II oder V der Richtlinie 93/42/EWG durchzuführen und eine Erklärung auszustellen, dass die Sterilisation gemäß den Anweisungen des Herstellers erfolgt ist. Die Erklärung ist mindestens fünf Jahre aufzubewahren.

(8) Wer Medizinprodukte nach § 10 Abs. 3 Satz 2 des Medizinproduktegesetzes aufbereitet, hat im Hinblick auf die Sterilisation und die Aufrechterhaltung der Funktionsfähigkeit der Produkte ein Verfahren entsprechend Anhang II oder V der Richtlinie 93/42/EWG durchzuführen und eine Erklärung auszustellen, die die Aufbereitung nach einem geeigneten validierten Verfahren bestätigt. Die Erklärung ist mindestens fünf Jahre und im Falle von implantierbaren Produkten mindestens 15 Jahre aufzubewahren.

(9) Für Medizinprodukte aus Eigenherstellung hat der Eigenhersteller vor der Inbetriebnahme eine Erklärung auszustellen, die folgende Angaben enthält:

1. Name und Anschrift des Eigenherstellers,

2. die zur Identifizierung des jeweiligen Produktes notwendigen Daten,

3. die Versicherung, dass das Produkt den in Anhang I der Richtlinie 93/42/EWG aufgeführten Grundlegenden Anforderungen entspricht, und gegebenenfalls die Angabe der Grundlegenden Anforderungen, die nicht vollständig eingehalten worden sind, mit Angabe der Gründe.

Er hat eine Dokumentation zu erstellen, aus der die Fertigungsstätte sowie Auslegung, Herstellung und Leistungsdaten des Produktes, einschließlich der vorgesehenen Leistung, hervorgehen, so dass sich beurteilen lässt, ob es den Grundlegenden Anforderungen der Richtlinie 93/42/EWG entspricht, und alle erforderlichen Maßnahmen zu treffen, um die Übereinstimmung der hergestellten Medizinprodukte mit dieser Dokumentation zu gewährleisten.

Erklärung und Dokumentation sind mindestens fünf Jahre und im Falle von implantierbaren Produkten mindestens 15 Jahre aufzubewahren. Der Eigenhersteller sichert zu, unter Berücksichtigung der in Anhang X der Richtlinie 93/42/EWG enthaltenen Bestimmungen die Erfahrungen mit Produkten in der der Herstellung nachgelagerten Phase auszuwerten und zu dokumentieren und angemessene Vorkehrungen zu treffen, um erforderliche Korrekturen durchzuführen. § 4 Absatz 2 Satz 7 gilt entsprechend.

(10) Für unter Verwendung von Gewebe tierischen Ursprungs hergestellte Medizinprodukte gelten die besonderen Anforderungen der Verordnung (EU) Nr. 722/2012.

§ 7 Konformitätsbewertungsverfahren für die sonstigen Medizinprodukte

(1) Für Medizinprodukte der Klasse III, mit Ausnahme der Produkte nach Absatz 5 hat der Hersteller

1. das Verfahren der EG Konformitätserklärung (vollständiges Qualitätssicherungs-system) nach Anhang II der Richtlinie 93/42/EWG oder

2. das Verfahren der EG-Baumusterprüfung nach Anhang III der Richtlinie 93/42/EWG in Verbindung m dem Verfahren der EG-Prüfung nach Anhang IV der Richtlinie 93/42/EWG oder dem Verfahren der EG Konformitätserklärung (Qualitätssicherung Produktion) nach Anhang V der Richtlinie 93/42/EWG durchzuführen.

(2) Für Medizinprodukte der Klasse IIb, mit Ausnahme der Produkte nach Absatz 5 hat der Hersteller

1. das Verfahren der EG-Konformitätserklärung (vollständiges Qualitätssicherungs-system) nach Anhang II der Richtlinie 93/42/EWG mit Ausnahme der Nummer 4 oder

2. das Verfahren der EG-Baumusterprüfung nach Anhang III der Richtlinie 93/42/EWG in Verbindung mit dem Verfahren der EG-Prüfung nach Anhang IV oder dem Verfahren der EG-Konformitätserklärung (Qualitätssicherung Produktion) nach Anhang V oder dem Verfahren der EG-Konformitätserklärung (Qualitätssicherung Produkt) nach Anhang VI der Richtlinie 93/42/EWG durchzuführen.

(3) Für Medizinprodukte der Klasse IIa, mit Ausnahme der Produkte nach Absatz 5 hat der Hersteller

1. das Verfahren der EG-Konformitätserklärung nach Anhang VlI der Richtlinie 93/42/EWG in Verbindung mit dem Verfahren der EG-Prüfung nach Anhang IV oder dem Verfahren der EG-Konformitätserklärung (Qualitätssicherung Produktion) nach Anhang V oder dem.Verfahren der EG-Konformitätserklärung (Qualitätssicherung Produkt) nach Anhang VI der Richtlinie 93/42/EWG oder

2. das Verfahren nach Absatz 2 Nr. 1 durchzuführen.

(4) Für Medizinprodukte der Klasse I, mit Ausnahme der Produkte nach Absatz 5 hat der Hersteller das Verfahren nach Anhang VII der Richtlinie 93/42/EWG durchzuführen.

(5) Für Sonderanfertigungen hat der Hersteller die Erklärung nach Nummer 2.1 des Anhangs VIII der Richtlinie 93/42/EWG auszustellen und Sonderanfertigungen der Klassen IIa, IIb und III bei der Abgabe eine Kopie beizufügen, die für den durch seinen Namen, ein Akronym oder einen numerischen Code identifizierbaren Patienten verfügbar sein muss. Er hat die Dokumentation nach Nummer 3.1 des Anhangs VIII der Richtlinie 93/42/ EWG zu erstellen und alle erforderlichen Maßnahmen zu treffen, um die Übereinstimmung der hergestellten Medizinprodukte mit dieser Dokumentation zu gewährleisten. Erklärung und Dokumentation sind mindestens fünf Jahre und im Falle von implantierbaren Produkten mindestens 15 Jahre aufzubewahren. Der Hersteller sichert zu, unter Berücksichtigung der in Anhang X der Richtlinie 93/42/EG enthaltenen Bestimmungen die Erfahrungen mit Produkten in der der Herstellung nachgelagerten Phase auszuwerten und zu dokumentieren, und angemessene Vorkehrungen zu treffen, um erforderliche Korrekturen durchzuführen. § 4 Absatz 2 Satz 6 und 7 gilt entsprechend.

(6) Für Systeme und Behandlungseinheiten nach § 10 Abs. 1 des Medizinproduktegesetzes hat der Hersteller die Erklärung nach Artikel 12 Abs. 2 Satz 1 der Richtlinie 93/42/EWG auszustellen. Die Erklärung ist mindestens fünf Jahre und im Falle von implantierbaren Produkten mindestens 15 Jahre aufzubewahren. Für Systeme und Behandlungseinheiten nach § 10 Abs. 2 des Medizinproduktegesetzes gelten die Vorschriften der Absätze 1 bis 4 entsprechend.

(7) Wer Medizinprodukte nach § 10 Abs. 3 Satz 1 des Medizinproduktegesetzes sterilisiert, hat im Hinblick auf die Sterilisation ein Verfahren nach Anhang II, oder V der Richtlinie 93/42/EWG durchzuführen und eine Erklärung auszustellen, dass die Sterilisation gemäß den Anweisungen des Herstellers erfolgt ist. Die Erklärung ist mindestens fünf Jahre aufzubewahren.

(8) Wer Medizinprodukte nach § 10 Absatz 3 Satz 2 des Medizinproduktegesetzes aufbereitet, hat im Hinblick auf die Sterilisation und die Aufrechterhaltung der Funktionsfähigkeit der Produkte ein Verfahren entsprechend Anhang II oder V der Richtlinie 93/42/EWG durchzuführen und eine Erklärung auszustellen, die die Aufbereitung nach einem geeigneten validierten Verfahren bestätigt. Die Erklärung ist mindestens fünf Jahre und im Falle von implantierbaren Produkten mindestens 15 Jahre aufzubewahren.

(9) Für Medizinprodukte aus Eigenherstellung hat der Hersteller vor der Inbetriebnahme eine Erklärung auszustellen, die folgende Angaben enthält,

1. Name und Anschrift des Herstellers,

2. die zur Identifizierung des jeweiligen Produktes notwendigen Daten,

3. die Versicherung, dass das Produkt den in Anhang I der Richtlinie 93/42/ EG aufgeführten Grundlegenden Anforderungen entspricht, und gegebenenfalls die Angabe der Grundlegenden Anforderungen, die nicht vollständig eingehalten worden sind, mit Angabe der Gründe.

Er hat eine Dokumentation zu erstellen, aus der die Fertigungsstätte sowie Auslegung, Herstellung und Leistungsdaten des Produktes, einschließlich der vorgesehenen Leistung, hervorgehen, so dass sich beurteilen lässt, ob es den Grundlegenden Anforderungen der Richtlinie 93/42/EG entspricht und alle erforderlichen Maßnahmen zu treffen, um die Übereinstimmung der hergestellten Medizinprodukte mit dieser Dokumentation zu gewährleisten. Erklärung und Dokumentation sind mindestens fünf Jahre aufzubewahren. Der Hersteller sichert zu, unter Berücksichtigung der in Anhang X der Richtlinie 93/42/EG enthaltenen Bestimmungen die Erfahrungen mit Produkten in der der Herstellung nachgelagerten Phase auszuwerten und zu dokumentieren, und angemessene Vorkehrungen zu treffen, um erforderliche Korrekturen durchzuführen. § 4 Absatz 2 Satz 6 und 7 gilt entsprechend.

Abschnitt 3

Änderung der Klassifizierung von Medizinprodukten

§ 8 Brustimplantate

§ 13 Abs. 1 Satz 2 des Medizinproduktegesetzes in Verbindung mit Anhang IX der Richtlinie 93/42/EWG des Rates vom 14. Juni 1993 über Medizinprodukte (ABl. EG Nr. L 169 S. 1) zuletzt geändert durch die Verordnung(EG) Nr. 1882/2003 des Europäischen Parlaments und des Rates vom 29. September 2003 (ABl. EU Nr. L 284 S. 1) in der jeweils geltenden Fassung, findet auf Brustimplantate keine Anwendung. Brustimplantate werden der Klasse III zugeordnet.

§ 9 Gelenkersatz für Hüfte, Knie und Schulter

(1) § 13 Abs. 1 Satz 2 des Medizinproduktegesetzes in Verbindung mit Anhang IX der Richtlinie 93/42/EWG des Rates vom 14. Juni 1993 über Medizinprodukte (ABl. EG Nr. L 169 S. 1) zuletzt geändert durch die Verordnung(EG) Nr. 1882/2003 des Europäischen Parlaments und des Rates vom 29. September 2003 (ABl. EU Nr. L 284 S. 1) in der jeweils geltenden Fassung, findet auf Gelenkersatz für Hüfte, Knie und Schulter keine Anwendung. Gelenkersatz für Hüfte, Knie und Schulter werden der Klasse III zugeordnet.

(2) Ein Gelenkersatzteil für Hüfte, Knie und Schulter ist eine implantierbare Gesamtheit von Teilen, die dazu bestimmt sind, zusammen die Funktion des natürlichen Hüft-, Knie- oder Schultergelenks möglichst vollständig zu erfüllen. Dazu gehören nicht Zubehörteile.

Abschnitt 4

Übergangsbestimmungen

§ 10 (aufgehoben)

§ 11 Übergangsbestimmungen für Gelenkersatz für Hüfte, Knie und Schulter

(1) Medizinprodukte im Sinne von § 9 Abs. 2, für die ein Konformitätsbewertungsverfahren nach § 7 Abs. 2 Nr. 1 durchgeführt wurde, dürfen nach dem 1. September 2009 nur dann in den Verkehr gebracht und in Betrieb genommen werden, wenn der Hersteller zu diesem Zeitpunkt für diese Medizinprodukte entweder

a) eine ergänzende Konformitätsbewertung nach Anhang II Nr. 4 (EG-Auslegungsprüfbescheinigung) der Richtlinie 93/42/EWG oder

b) das Verfahren der EG- Baumusterprüfung nach Anhang III der Richtlinie 93/42/EWG in Verbindung mit dem Verfahren der EG-Prüfung nach Anhang IV oder dem Verfahren der EG-Konformitätserklärung (Qualitätssicherung Produktion) nach Anhang V durchgeführt hat.

(2) Medizinprodukte im Sinne von § 9 Abs. 2 für die das Verfahren der EG-Baumusterprüfung nach Anhang III der Richtlinie 93/42/EWG in Verbindung mit der EG-Konformitätserklärung (Qualitätssicherung Produkt) nach Anhang VI der Richtlinie 93/42/EWG durchgeführt wurde, dürfen nach dem 1. September 2010 nur dann in den Verkehr gebracht werden, wenn der Hersteller bis zu diesem Zeitpunkt für das Medizinprodukt entweder

a) das Verfahren im Sinne von § 9 Abs. 2 für die das Verfahrender EG-Baumusterprüfung nach Anhang III der Richtlinie 93/42/EWG in Verbindung mit dem Verfahren der EG-Prüfung nach Anhang IV oder dem Verfahren der EG-Konformitätserklärung (Qualitätssicherung Produktion) nach Anhang V Richtlinie 93/42/EWG oder

b) das Verfahren der EG-Konformitätserklärung (vollständiges Qualitätssicherungssystem) nach Anhang II der Richtlinie 93/42/EWG durchgeführt hat.

Medizinprodukte nach Satz 1 Halbsatz 1 dürfen auch nach dem 1. September 2010 in Betrieb genommen werden.

Kommentierung:

Inhaltsverzeichnis

I. Die Bedeutung der Normen 1
II. Die einzelnen Konformitätsbewertungsverfahren 2
III. Änderung der Klassifizierung von Medizinprodukten 3

I. Die Bedeutung der Normen

1 Die MPV regelt in Ergänzung von § 7 MPG das einzuhaltende Konformitätsbewertungsverfahren, ohne dessen Durchführung Medizinprodukte nicht mit dem CE-Kennzeichen versehen und in den Verkehr gebracht werden dürfen. Das Konformitätsbewertungsverfahren dient der Überprüfung, ob ein Medizinprodukt mit den grundlegenden Anforderungen übereinstimmt. Verantwortlich dafür, dass dieses Verfahren durchgeführt wird, ist der Hersteller eines Medizinproduktes.

Die Konformitätsbewertungsverfahren in §§ 4–6 setzen die Rili 90/385/EWG, 93/42/EWG und 98/79/EG ins nationale Recht um. Die einschlägigen Anhänge der Richtlinien bauen dabei auf dem Globalen Konzept der EU zur Konformitätsbewertung von Produkten auf. Allerdings nehmen die Vorschriften Rücksicht auf die Besonderheiten von Medizinprodukten Rücksicht und präzisieren die Modulbeschreibungen des Globalen Konzepts für Medizinprodukte.[1] Nur die Rili 93/42/EWG kennt für die Durchführung des Konformitätsbewertungsverfahrens die Einordnung der ihr unterfallenden Medizinprodukte in 4 Risikoklassen (I, IIa, IIb, III), für die aktiven, implantierbaren Medizinprodukte und die In-vitro-Diagnostika gibt es sie nicht.

II. Die einzelnen Konformitätsbewertungsverfahren

2 § 4 enthält die Regeln für das Konformitätsbewertungsverfahren für aktive, implantierbare Medizinprodukte. § 7 bezieht sich auf Medizinprodukte nach der Rili 93/42/EWG und § 5 auf In-vitro-Diagnostika. Für Medizinprodukte, die unter Verwendung von tierischen Gewebe hergestellt sind, gilt § 6. Das jeweilige Konformitätsbewertungsverfahren wird (ausgenommen bei Medizinprodukten der Risikoklasse I nach der Rili 93/42/EWG) durch eine Benannte Stelle durchgeführt.

1. Konformitätsbewertungsverfahren nach Rili 90/385/EWG

Für aktive, implantierbare Medizinprodukte gelten einheitlich dieselben Vorschriften für das Konformitätsbewertungsverfahren. Es ist dies das Verfahren nach Anhang 2 zur Richtlinie, also vollständiges Qualitätssicherungssystem oder die Bauartprüfung nach Anlage 3 in Verbindung mit einem Verfahren nach Anlage 4 (EG-Prüfung) oder nach Anhang 5 Qualitätssicherung der Produktion.[2]

---

[1] Edelhäuser in: Anhalt, Dieners, § 5 Rz. 10 ff. m.w. Nachw.

[2] Edelhäuser in: Anhalt, Dieners, § 5 Rz. 36.

2. Konformitätsbewertungsverfahren nach Rili 93/42/EWG

Medizinprodukte, die unter die Rili 93/42/EWG fallen, sind vier Risikoklassen zugeteilt. Dementsprechend unterschiedlich sind auch die Konformitätsbewertungsverfahren ausgestaltet. Von der CE- Kennzeichnung ausgeschlossen sind Medizinprodukte zur klinischen Prüfung und Sonderanfertigungen.[3]

a. Produkte der Risikoklasse I

Bei diesen Produkten – ausgenommen solchen mit Messfunktion und solchen, die steril in den Verkehr gebracht werden – wird das Konformitätsbewertungsverfahren ausschließlich vom Hersteller durchgeführt und zwar nach Anhang VII der Richtlinie. Bei Medizinprodukten der Risikoklasse I mit Messfunktion und bei sterilen Medizinprodukten ist eine Benannte Stelle einzuschalten. Deren Prüfung beschränkt sich allerdings auf die Messfunktion bzw. auf die Herstellungsschritte im Zusammenhang mit der Sterilisation (Anhänge IV, V oder VI).

b. Produkte der Risikoklasse IIa

Hier tritt zur Konformitätserklärung des Herstellers eine Prüfung der Produktphase durch die Benannte Stelle hinzu. Zur Auswahl stehen hier die Produktprüfung nach Anhang IV oder die Genehmigung des Qualitätssicherungssystems durch die Benannte Stelle. Alternativ steht auch noch das Verfahren nach Anhang II zur Verfügung, allerdings findet keine Auslegungsprüfung statt.

c. Produkte der Risikoklasse IIb

Auch bei Produkten der Risikoklasse II b gibt der Hersteller die Konformitätserklärung ab. Allerdings ist die Benannte Stelle bereits auf der Stufe der Produktauslegung (vollständiges Qualitätssicherungssystem nach Anhang II) in den Produktionsprozess einbezogen. Oder es findet eine Baumusterprüfung an einem repräsentativen Exemplar des Produktes (nach Anhang III) statt. Die Übereinstimmung der serienmäßig hergestellten Produkte mit dem repräsentativen Produkt muss bescheinigt werden.

d. Produkte er Risikoklasse III

Produkte, die der Risikoklasse III zugeordnet sind, sind solche mit dem höchsten Risikopotenzial. Daher sind die Anforderungen an die Konformitätserklärung nochmals höher. Auch bei diesen Produkten kann der Herstelle zwei Wege beschreiten, um zur Konformitätserklärung zu gelangen. Möglich ist der Weg über die Baumusterprüfung und anschließende EG-Prüfung (Anhang IV). Wählt der Hersteller den

---

[3] Zu den Einzelheiten bei Edelhäuser in. Anhalt, Dieners, § 5 Rz. 25 ff.

Weg über das vollständige Qualitätssicherungssystem (Anhang II) so ist eine EG-Auslegungsprüfung mit Auslegungsprüfbescheinigung vorgeschrieben.

III. Änderung der Klassifizierung von Medizinprodukten

3   Im Abschnitt 3 der Verordnung finden sich zwei Vorschriften, in denen Änderungen der Klassifizierung von Medizinprodukten getroffen werden, die der Rili 93/42/EWG unterfallen. Zum einen handelt es sich um Brustimplantate (§ 8) zum anderen um Gelenkersatz für Hüfte, Knie und Schulter (§ 9). Beide Medizinprodukte werden der Risikoklasse III zugeordnet. Der Normgeber reagiert damit auf die höheren Risiken, die von diesen Medizinprodukten für den Verbraucher ausgehen können.

Verordnung über die Erfassung, Bewertung und Abwehr von Risiken bei Medizinprodukten (Medizinprodukte-Sicherheitsplanverordnung - MPSV)

vom 24.06.2002 (BGBl. I S. 2131), die durch Artikel 4 der Verordnung vom. 27.09.2016 (BGBl. I 2203) geändert worden ist.

Abschnitt 1

Anwendungsbereich, Begriffsbestimmungen

§ 1 Anwendungsbereich

Diese Verordnung regelt die Verfahren zur Erfassung, Bewertung und Abwehr von Risiken im Verkehr oder in Betrieb befindlicher Medizinprodukte.

§ 2

Begriffsbestimmungen

Im Sinne dieser Verordnung ist

1. „Vorkommnis" eine Funktionsstörung, ein Ausfall oder eine Änderung der Merkmale oder der Leistung oder eine Unsachgemäßheit der Kennzeichnung oder der Gebrauchsanweisung eines Medizinprodukts, die unmittelbar oder mittelbar zum Tod oder zu einer schwerwiegenden Verschlechterung des Gesundheitszustands eines Patienten, eines Anwenders oder einer anderen Person geführt hat, geführt haben könnte oder führen könnte,

2. „korrektive Maßnahme" eine Maßnahme zur Beseitigung, Verringerung oder Verhinderung des erneuten Auftretens eines von einem Medizinprodukt ausgehenden Risikos,

3. „Rückruf" eine korrektive Maßnahme, mit der die Rücksendung, der Austausch, die Um- oder Nachrüstung, die Aussonderung oder Vernichtung eines Medizinprodukts veranlasst wird oder Anwendern, Betreibern oder Patienten Hinweise für die weitere sichere Anwendung oder den Betrieb von Medizinprodukten gegeben werden,

4. „Maßnahmenempfehlung" eine Mitteilung des Verantwortlichen nach § 5 des Medizinproduktegesetzes, mit der eine korrektive Maßnahme veranlasst wird,

---

Umsetzung der EGRL 47/2007 (CELEX Nr: 32007L0047) vgl. G v. 29.07.2009 BGBl.I 2326 Durchführung der EGV 765/2008 (CELEX Nr: 32008R0765) vgl. G v. 29.07.2009 BGBl. I 2326.

© Springer-Verlag GmbH Deutschland, ein Teil von Springer Nature 2018
E. Deutsch et al., *Kommentar zum Medizinproduktegesetz (MPG)*,
https://doi.org/10.1007/978-3-662-55461-6_60

5. Schwerwiegendes unerwünschtes Ereignis jedes in einer genehmigungspflichtigen klinischen Prüfung oder einer genehmigungspflichtigen Leistungsbewertungsprüfung auftretende ungewollte Ereignis, das unmittelbar oder mittelbar zum Tod oder zu einer schwerwiegenden Verschlechterung des Gesundheitszustands eines Probanden, eines Anwenders oder einer anderen Person geführt hat, geführt haben könnte oder führen könnte ohne zu berücksichtigen, ob das Ereignis vom Medizinprodukt verursacht wurde; das Vorgesagte gilt entsprechend für schwerwiegende unerwünschte Ereignisse, die in einer klinischen Prüfung oder Leistungsbewertungsprüfung, für die eine Befreiung von der Genehmigungspflicht nach § 20 Absatz 1 Satz 2 des Medizinproduktegesetzes erteilt wurde, aufgetreten sind.

Abschnitt 2

Meldung von Vorkommnissen und Rückrufen

§ 3

Meldepflichten

(1) Der Verantwortliche nach § 5 des Medizinproduktegesetzes hat Vorkommnisse, die in Deutschland aufgetreten sind, sowie in Deutschland durchgeführte Rückrufe der zuständigen Bundesoberbehörde zu melden. In anderen Vertragsstaaten des Abkommens über den Europäischen Wirtschaftsraum aufgetretene Vorkommnisse und durchgeführte Rückrufe hat er den dort zuständigen Behörden zu melden. Rückrufe, die auf Grund von Vorkommnissen, die außerhalb des Europäischen Wirtschaftsraums aufgetreten sind, auch im Europäischen Wirtschaftsraum durchgeführt werden, sind meldepflichtig. Die Meldung derartiger korrektiver Maßnahmen, einschließlich des zugrunde liegenden Vorkommnisses, hat an die zuständige Bundesoberbehörde zu erfolgen, wenn der Verantwortliche nach § 5 des Medizinproduktegesetzes seinen Sitz in Deutschland hat.

(2) Wer Medizinprodukte beruflich oder gewerblich betreibt oder anwendet, hat dabei aufgetretene Vorkommnisse der zuständigen Bundesoberbehörde zu melden. Satz 1 gilt entsprechend für Ärzte und Zahnärzte, denen im Rahmen der Diagnostik oder Behandlung von mit Medizinprodukten versorgten Patienten Vorkommnisse bekannt werden.

(3) Wer, ohne Verantwortlicher nach § 5 des Medizinproduktegesetzes zu sein, beruflich oder gewerblich oder in Erfüllung gesetzlicher Aufgaben oder Verpflichtungen Medizinprodukte zur Eigenanwendung durch Patienten oder andere Laien an den Endanwender abgibt, hat ihm mitgeteilte Vorkommnisse der zuständigen Bundesoberbehörde zu melden. In allen anderen Fällen informieren Vertreiber und Händler den Verantwortlichen nach § 5 des Medizinproduktegesetzes über ihnen mitgeteilte Vorkommnisse.

(4) Die Verpflichtungen nach den Absätzen 2 und 3 gelten für Angehörige der Heilberufe als erfüllt, soweit Meldungen an Kommissionen oder andere Einrichtungen der Heilberufe, die im Rahmen ihrer Aufgaben Risiken von Medizinprodukten erfassen, erfolgen und dort eine unverzügliche Weiterleitung an die zuständige Bundesoberbehörde sichergestellt ist.

(5) Der Prüfer oder der Hauptprüfer hat dem Sponsor jedes schwerwiegende unerwünschte Ereignis zu melden.

(6) Der Sponsor hat schwerwiegende unerwünschte Ereignisse der zuständigen Bundesoberbehörde zu melden. Dies gilt auch, wenn sie außerhalb von Deutschland aufgetreten sind. Wird eine klinische Prüfung auch in anderen Vertragsstaaten des Abkommens über den Europäischen Wirtschaftsraum durchgeführt, hat der Sponsor den dort zuständigen Behörden ebenfalls Meldung über in Deutschland aufgetretene schwerwiegende unerwünschte Ereignisse zu erstatten.

(7) Die zuständige Bundesoberbehörde bestätigt der nach den Absätzen 1 bis 4 und 6 meldenden Person oder Stelle den Eingang der Meldung. Sie informiert unverzüglich den Verantwortlichen nach § 5 des Medizinproduktegesetzes über Meldungen nach den Absätzen 2 bis 4, der daraufhin eine Meldung nach Absatz 1 mit allen erforderlichen Angaben oder eine Begründung übermittelt, warum kein Vorkommnis im Sinne des § 2 Abs. 1 vorliegt oder die Voraussetzungen nach § 4 erfüllt sind. Schließt sich die zuständige Bundesoberbehörde dieser Begründung nicht an, kann sie eine Meldung nach Absatz 1 verlangen.

§ 4

Ausnahmen von der Meldepflicht und besondere Verfahren

(1) Die zuständige Behörde des Bundes kann für bereits ausreichend untersuchte Vorkommnisse Ausnahmen von der Meldepflicht oder eine zusammenfassende Meldung in regelmäßigen Zeitabständen anordnen. Liegen die Voraussetzungen nach Satz 1 vor, kann eine Ausnahme von der Meldepflicht auch auf Antrag des Verantwortlichen nach § 5 des Medizinproduktegesetzes zugelassen werden.

(2) Vorkommnisse, die bereits Gegenstand einer Maßnahmenempfehlung des Verantwortlichen nach § 5 des Medizinproduktegesetzes oder einer Anordnung der zuständigen Behörde waren und danach weiterhin auftreten können, sind von diesem in regelmäßigen, mit der zuständigen Bundesoberbehörde im Einzelfall abgestimmten Zeitabständen zusammenfassend zu melden. Der Inhalt der Meldung nach Satz 1 wird zwischen der zuständigen Behörde des Bundes und dem Verantwortlichen nach § 5 des Medizinproduktegesetzes abgesprochen.

§ 5

Fristen

(1) Der Verantwortliche nach § 5 des Medizinproduktegesetzes hat Vorkommnisse entsprechend der Eilbedürftigkeit der durchzuführenden Risikobewertung zu melden, spätestens jedoch innerhalb von 30 Tagen, nachdem er Kenntnis hiervon erhalten hat. Bei Gefahr im Verzug hat die Meldung unverzüglich zu erfolgen. Rückrufe sowie Vorkommnisse im Sinne des § 3 Abs. 1 Satz 3 sind spätestens mit Beginn der Umsetzung der Maßnahmen zu melden.

(2) Die Meldungen und Mitteilungen nach § 3 Absatz 2 bis 5 und 6 Satz 3 haben unverzüglich zu erfolgen. Dies gilt auch für Meldungen von schwerwiegenden unerwünschten Ereignissen, für die ein Zusammenhang mit dem zu prüfenden Medizinprodukt, einem Vergleichsprodukt oder den in der klinischen Prüfung angewandten therapeutischen oder diagnostischen Maßnahmen oder den sonstigen Bedingungen der Durchführung der klinischen Prüfung nicht ausgeschlossen werden kann. Alle anderen schwerwiegenden unerwünschten Ereignisse sind vollständig zu dokumentieren und in zusammenfassender Form vierteljährlich oder auf Aufforderung der zuständigen Bundesoberbehörde zu melden.

§ 6

Meldung durch Vertreiber

Soweit im Auftrag des Verantwortlichen nach § 5 des Medizinproduktegesetzes von einem in Deutschland ansässigen Vertreiber Meldungen erstattet werden, gelten die den Verantwortlichen nach § 5 des Medizinproduktegesetzes betreffenden Vorschriften der §§ 3 bis 5 entsprechend.

§ 7

Modalitäten der Meldung

(1) Das Bundesministerium für Gesundheit macht die zuständigen Bundesoberbehörden unter Angabe ihrer Zuständigkeitsbereiche, ihrer Postanschriften und der Telekommunikationsnummern der für die Risikoerfassung und -bewertung zuständigen Organisationseinheiten sowie Hinweise zur Erreichbarkeit außerhalb der üblichen Dienstzeiten auf seiner Internetseite bekannt und sorgt für eine fortlaufende Aktualisierung dieser Bekanntmachung.

(2) Die Meldungen nach § 3 Absatz 1 und 6 erfolgen elektronisch als Datei in der Originalformatierung. Die zuständigen Bundesoberbehörden machen die Informationen zur elektronischen Übermittlung der sonstigen Meldungen sowie die zur Verwendung empfohlenen Formblätter und deren Bezugsquellen auch auf ihren Internetseiten bekannt.

Abschnitt 3

Risikobewertung durch die zuständige Bundesoberbehörde

§ 8

Aufgaben der Behörde

Die zuständige Bundesoberbehörde hat für alle ihr nach § 3 zu meldenden Vorkommnisse, Rückrufe und schwerwiegenden unerwünschten Ereignisse, die ihr bekannt werden, eine Risikobewertung vorzunehmen. Sie hat wissenschaftliche Untersuchungen durchzuführen oder durchführen zu lassen, um mögliche Risiken zu ermitteln.

§ 9

Ziel und Inhalt der Risikobewertung

Ziel und Inhalt der Risikobewertung durch die zuständige Bundesoberbehörde ist es, festzustellen, ob ein unvertretbares Risiko vorliegt und welche korrektiven Maßnahmen geboten sind. Sofern der Verantwortliche nach § 5 des Medizinproduktegesetzes eigenverantwortliche korrektive Maßnahmen trifft, schließt die Risikobewertung durch die zuständige Bundesoberbehörde die Prüfung ein, ob diese Maßnahmen angemessen sind. Satz 2 gilt für eigenverantwortliche korrektive Maßnahmen des Sponsors oder der die klinische Prüfung oder Leistungsbewertungsprüfung durchführenden Personen entsprechend.

§ 10

Verfahren der Risikobewertung

Die Risikobewertung erfolgt in Zusammenarbeit mit dem Verantwortlichen nach § 5 des Medizinproduktegesetzes und, soweit erforderlich, mit den jeweils betroffenen Betreibern und Anwendern. Die Risikobewertung im Falle von klinischen Prüfungen oder Leistungsbewertungsprüfungen schließt die Zusammenarbeit mit dem Sponsor oder dem Leiter der klinischen Prüfung oder der Leistungsbewertungsprüfung ein. Soweit erforderlich, können die für das Medizinproduktewesen, das Eich- und Messwesen sowie den Arbeits- oder Strahlenschutz zuständigen Behörden des Bundes und der Länder, die Strafverfolgungsbehörden, Behörden anderer Staaten, die einschlägigen wissenschaftlichen Fachgesellschaften, der Medizinische Dienst des Spitzenverbandes Bund der Krankenkassen, Benannte Stellen sowie sonstige Einrichtungen, Stellen, Ethik-Kommissionen und Personen beteiligt werden, die auf Grund ihrer Kenntnisse und Erfahrungen zur Beantwortung spezifischer Fragestellungen beitragen können. Die zuständige Bundesoberbehörde hat durch geeignete organisatorische Maßnahmen sicherzustellen, dass besonders eilbedürftige Fälle unverzüglich bearbeitet werden.

§ 11

Befugnisse der Behörde

(1) Die zuständige Bundesoberbehörde kann vom Verantwortlichen nach § 5 Satz 1 und 2 des Medizinproduktegesetzes sowie dem in § 3 Absatz 2, 3 und 5 genannten Personenkreis alle für die Sachverhaltsaufklärung oder die Risikobewertung erforderlichen Auskünfte und Unterlagen sowie die Überlassung des betroffenen Produkts oder von Mustern der betroffenen Produktcharge, bei In-vitro-Diagnostika auch des von einem Vorkommnis betroffenen Probenmaterials, zu Untersuchungszwecken verlangen. Patientendaten sind vor der Übermittlung an die zuständige Bundesoberbehörde so zu anonymisieren, dass ein Personenbezug nicht mehr hergestellt werden kann. Andere personenbezogene Daten dürfen nur erhoben, gespeichert, genutzt und übermittelt werden, soweit dies zur Durchführung der Aufgaben nach dieser Verordnung erforderlich ist. Die zuständige Bundesoberbehörde kann in begründeten Fällen und in Abstimmung mit der zuständigen Behörde Produktprüfungen und Überprüfungen der Produktionsverfahren im Betrieb des Verantwortlichen nach § 5 des Medizinproduktegesetzes oder bei dessen Unterauftragnehmer vornehmen.

(2) Wenn eine ordnungsgemäße Risikobewertung wegen unzureichender Mitwirkung des Verantwortlichen nach § 5 des Medizinproduktegesetzes, der keinen Sitz in Deutschland hat, nicht möglich ist, informiert die zuständige Bundesoberbehörde, soweit erforderlich, Betreiber und Anwender hierüber und kann vorsorgliche Maßnahmen empfehlen.

§ 12

Mitwirkungspflichten

(1) Die in § 11 Abs. 1 Satz 1 genannten Personen haben die zuständige Bundesoberbehörde bei der Erfüllung ihrer Aufgaben nach § 8 Satz 1 zu unterstützen und die verlangten Auskünfte zu erteilen. Der Auskunftspflichtige kann die Auskunft auf solche Fragen verweigern, deren Beantwortung ihn selbst oder einen seiner in § 383 Abs. 1 Nr. 1 bis 3 der Zivilprozessordnung bezeichneten Angehörigen der Gefahr strafrechtlicher Verfolgung oder eines Verfahrens nach dem Gesetz über Ordnungswidrigkeiten aussetzen würde; er ist darauf hinzuweisen. Im Übrigen bleiben Bestimmungen zum Schutz personenbezogener Daten, gesetzliche Geheimhaltungspflichten und die ärztliche Schweigepflicht unberührt.

(2) Der Verantwortliche nach § 5 des Medizinproduktegesetzes hat die für die Risikobewertung erforderlichen Untersuchungen unverzüglich durchzuführen und der zuständigen Bundesoberbehörde die Ergebnisse mitzuteilen. Er hat zu jeder Meldung einen Abschlussbericht sowie auf Verlangen alle zweckdienlichen Unterlagen, insbesondere relevante Auszüge aus der Risikoanalyse und der klinischen Bewertung, vorzulegen. Vor einer zerstörenden Prüfung des betroffenen Produkts oder der vorhandenen Muster der

betroffenen Produktcharge hat sich der Verantwortliche nach § 5 des Medizinproduktegesetzes mit der zuständigen Bundesoberbehörde ins Benehmen zu setzen.

(3) Im Falle von klinischen Prüfungen oder Leistungsbewertungsprüfungen gelten die in Absatz 1 und 2 genannten Mitwirkungspflichten entsprechend für den Sponsor sowie die die klinische Prüfung oder die Leistungsbewertungsprüfung durchführenden Personen.

(4) Anwender, Betreiber und Prüfer haben dafür Sorge zu tragen, dass Medizinprodukte und Probematerialien, die im Verdacht stehen, an einem Vorkommnis beteiligt zu sein oder ein schwerwiegendes unerwünschtes Ereignis verursacht zu haben, nicht verworfen werden, bis die Untersuchungen abgeschlossen sind.

(5) Der Verantwortliche nach § 5 des Medizinproduktegesetzes hat auf Verlangen der zuständigen Bundesoberbehörde Unterlagen, die für die Sachverhaltsaufklärung und Risikobewertung notwendig sind, elektronisch zur Verfügung zu stellen, sofern ihm dies möglich und zumutbar ist.

§ 13

Abschluss der Risikobewertung

Die zuständige Bundesoberbehörde teilt das Ergebnis ihrer Risikobewertung dem Verantwortlichen nach § 5 des Medizinproduktegesetzes und der Person, die ihr das Vorkommnis oder das schwerwiegende unerwünschte Ereignis gemeldet hat, sowie nach Maßgabe des § 20 den zuständigen Behörden mit. Die Risikobewertung durch die Bundesoberbehörde ist damit abgeschlossen. Auf der Grundlage neuer Erkenntnisse kann eine erneute Risikobewertung erforderlich werden.

Abschnitt 4

Korrektive Maßnahmen

§ 14

Eigenverantwortliche korrektive Maßnahmen des Verantwortlichen nach § 5 des Medizinproduktegesetzes

(1) Der Verantwortliche nach § 5 des Medizinproduktegesetzes hat die gebotenen korrektiven Maßnahmen durchzuführen. Bei der Auswahl der Maßnahmen hat er die in den Grundlegenden Anforderungen der einschlägigen Richtlinien formulierten Grundsätze der integrierten Sicherheit anzuwenden. Er hat Vorkehrungen zu treffen, damit erforderlichenfalls der Rückruf von Medizinprodukten, von denen unvertretbare Risiken ausgehen, schnell und zuverlässig durchgeführt werden kann.

(2) Der Verantwortliche nach § 5 des Medizinproduktegesetzes hat über korrektive Maßnahmen die sonstigen Inverkehrbringer, die betroffenen

Betreiber und die Anwender durch eine Maßnahmenempfehlung schriftlich in deutscher Sprache zu informieren. Diese Maßnahmenempfehlungen haben für mögliche Rückfragen eine Kontaktperson oder eine Kontaktstelle mit Hinweisen zur Erreichbarkeit anzugeben, die betroffenen Produkte und Produktchargen klar und eindeutig zu bezeichnen, den festgestellten Mangel oder die festgestellte Fehlfunktion und, soweit bekannt, deren Ursache zu beschreiben, das von den Produkten ausgehende Risiko und die der Bewertung zugrunde liegenden Tatsachen und Überlegungen hinreichend ausführlich darzustellen und die erforderlichen korrektiven Maßnahmen unmissverständlich vorzugeben. Weitere Angaben können gemacht werden, soweit sie zweckdienlich sind. Aufmachungen und Ausführungen, die geeignet sind, das Risiko zu verharmlosen, sowie Werbeaussagen sind unzulässig.

(3) Der Verantwortliche nach § 5 des Medizinproduktegesetzes hat die ordnungsgemäße Durchführung der Maßnahmen nach Absatz 1 sicherzustellen und deren Wirksamkeit zu überprüfen. Die Durchführung und die Überprüfungen sind zu dokumentieren.

(4) Die zuständige Behörde überwacht die vom Verantwortlichen nach § 5 des Medizinproduktegesetzes durchgeführten Maßnahmen.

(5) Soweit korrektive Maßnahmen im Auftrag des Verantwortlichen nach § 5 des Medizinproduktegesetzes von einem in Deutschland ansässigen Vertreiber durchgeführt werden, gelten die Vorschriften der Absätze 2 bis 4 entsprechend.

§ 14a

Eigenverantwortliche korrektive Maßnahmen des Sponsors von klinischen Prüfungen oder Leistungsbewertungsprüfungen

(1) Treten während der klinischen Prüfung oder der genehmigungspflichtigen Leistungsbewertungsprüfung Umstände auf, die die Sicherheit der Probanden, Anwender oder Dritter beeinträchtigen können, so ergreifen der Sponsor sowie die die klinische Prüfung oder die Leistungsbewertungsprüfung durchführenden Personen unverzüglich alle erforderlichen Sicherheitsmaßnahmen, um die Probanden, Anwender oder Dritte vor unmittelbarer oder mittelbarer Gefahr zu schützen.

(2) Der Sponsor unterrichtet unverzüglich die zuständige Bundesoberbehörde und veranlasst die Information der zuständigen Ethik-Kommission über diese neuen Umstände.

(3) Die zuständige Behörde überwacht die vom Sponsor durchgeführten Maßnahmen.

§ 15

Maßnahmen der zuständigen Behörden

Soweit ein Verantwortlicher nach § 5 des Medizinproduktegesetzes die erforderlichen korrektiven Maßnahmen nicht eigenverantwortlich trifft oder die getroffenen Maßnahmen nicht ausreichen, trifft die zuständige Behörde die notwendigen Maßnahmen gegen den Verantwortlichen nach § 5 des Medizinproduktegesetzes oder den in Deutschland ansässigen Vertreiber. Dies gilt für den Sponsor oder die die klinischen Prüfung oder die Leistungsbewertungsprüfung durchführenden Personen entsprechend.

§ 16

Verpflichtung zur Mitwirkung an den korrektiven Maßnahmen

(1) Der in § 3 Absatz 2, 3 und 5 genannte Personenkreis hat an den korrektiven Maßnahmen entsprechend den eigenverantwortlich oder auf Anordnung der zuständigen Behörde herausgegebenen Maßnahmenempfehlungen des Verantwortlichen nach § 5 des Medizinproduktegesetzes mitzuwirken. Dies gilt für Maßnahmenempfehlungen des Sponsors der klinischen Prüfung oder Leistungsbewertungsprüfung entsprechend.

(2) Damit Patienten, die mit den in der Anlage aufgeführten implantierbaren Medizinprodukten versorgt worden sind, zum Zweck der Durchführung korrektiver Maßnahmen schnell identifiziert und erreicht werden können, haben die Betreiber und Anwender Aufzeichnungen zu führen über

1. den Namen, das Geburtsdatum und die Anschrift des Patienten,

2. das Datum der Implantation,

3. den Typ und die Chargen- oder Seriennummer des Implantats sowie

4. den Verantwortlichen nach § 5 des Medizinproduktegesetzes.

Die Aufzeichnungen sind für die Dauer von 20 Jahren nach der Implantation aufzubewahren; danach sind sie unverzüglich zu vernichten.

§ 17

Maßnahmen der zuständigen Behörden gegen Betreiber und Anwender

Soweit durch Maßnahmen nach den §§ 14 und 15 eine ausreichende Risikominimierung nicht oder nicht hinreichend schnell erreicht wird oder erreicht werden kann, treffen die zuständigen Behörden die notwendigen Maßnahmen, um das Betreiben oder Anwenden der betroffenen Medizinprodukte zu untersagen oder einzuschränken.

§ 18

Notfallplanung der zuständigen Behörden

Die zuständigen Behörden teilen die Angaben zur Erreichbarkeit außerhalb der üblichen Dienstzeiten dem Bundesministerium für Gesundheit und den zuständigen Bundesoberbehörden mit. Das Bundesministerium für

Gesundheit macht die Erreichbarkeit im Bundesanzeiger bekannt und sorgt für eine fortlaufende Aktualisierung dieser Bekanntmachung.

Abschnitt 5

Unterrichtungspflichten und Informationsaustausch

§ 19

Unterrichtung des Bundesministeriums für Gesundheit durch die zuständige Bundesbehörde

Die zuständige Bundesoberbehörde informiert das Bundesministerium für Gesundheit unverzüglich über alle eingehenden Meldungen, die Vorkommnisse mit Todesfolge oder sonstige besonders bedeutsame Vorkommnisse betreffen. Darüber hinaus unterrichtet sie das Bundesministerium für Gesundheit über alle korrektiven Maßnahmen, die in Deutschland im Verkehr oder in Betrieb befindliche Produkte betreffen.

§ 20

Informationsaustausch zwischen der zuständigen Bundesoberbehörde und den zuständigen Landesbehörden

(1) Die zuständige Bundesoberbehörde informiert

1. die für den Sitz des Verantwortlichen nach § 5 des Medizinproduktegesetzes oder, sofern der Verantwortliche seinen Sitz nicht in Deutschland hat und ein in Deutschland ansässiger Vertreiber bekannt ist, des Vertreibers sowie die für den Ort des Vorkommnisses zuständige oberste Landesbehörde oder die von dieser benannte zuständige Behörde über eingehende Meldungen von Vorkommnissen und Rückrufen sowie über den Abschluss und das Ergebnis der durchgeführten Risikobewertung,

2. die für den Sitz des Sponsors oder seines Vertreters nach § 20 Absatz 1 Satz 4 Nummer 1a des Medizinproduktegesetzes oder, sofern diese ihren Sitz nicht in Deutschland haben, die für die Prüfstellen in Deutschland sowie die für den Ort des schwerwiegenden unerwünschten Ereignisses zuständige oberste Landesbehörde oder die von dieser benannte zuständige Behörde über eingehende Meldungen von schwerwiegenden unerwünschten Ereignissen, über den Abschluss und das Ergebnis der durchgeführten Risikobewertung.

Die Information kann auch in der Weise erfolgen, dass das Deutsche Institut für Medizinische Dokumentation und Information der zuständigen Behörde mitteilt, dass für sie neue Daten nach § 29 Absatz 1 Satz 4 des Medizinproduktegesetzes zum Abruf bereitgehalten werden. Sofern der Verantwortliche nach § 5 des Medizinproduktegesetzes oder der Sponsor nicht bereit ist, erforderliche korrektive Maßnahmen eigenverantwortlich durchzuführen, teilt die zuständige Bundesoberbehörde die auf Grund der Risikobewertung für erforderlich erachteten Maßnahmen mit.

(2) Die zuständige Behörde teilt der zuständigen Bundesoberbehörde alle getroffenen Anordnungen mit und informiert sie über Fortgang und Abschluss der Maßnahmen. Sie informiert ferner die zuständige Bundesoberbehörde, wenn sie deren Bewertung des Risikos nicht teilt.

(3) Das Bundesinstitut für Arzneimittel und Medizinprodukte führt in Abstimmung mit dem Paul-Ehrlich-Institut regelmäßige Besprechungen (Routinesitzungen) mit den für Medizinprodukte zuständigen obersten Bundes- und Landesbehörden sowie der zuständigen Behörde nach § 15 des Medizinproduktegesetzes über die Grundlagen und das Verfahren der Risikoerfassung und -bewertung sowie Fälle von allgemeinem Interesse durch. Bei Abstimmungsbedarf zu speziellen Fragen kann die zuständige Bundesoberbehörde zu einer Sondersitzung einladen. Soweit sinnvoll, sollen der Medizinische Dienst der Spitzenverbände der Krankenkassen, Vertreter der Heilberufe und der Krankenhäuser, die Verbände der Medizinprodukte-Industrie sowie sonstige betroffene Behörden und Organisationen beteiligt werden.

§ 21

Europäischer und internationaler Informationsaustausch

(1) Die zuständige Bundesoberbehörde unterrichtet die zuständigen Behörden der anderen Vertragsstaaten des Abkommens über den Europäischen Wirtschaftsraum und die Europäische Kommission sowie auf der Grundlage von Vereinbarungen oder Verwaltungsabsprachen oder auf Anfrage auch die zuständigen Behörden anderer Staaten über als Folge eines Vorkommnisses durchgeführte oder für erforderlich erachtete korrektive Maßnahmen; dies schließt Informationen über die zugrunde liegenden Vorkommnisse ein. Auf Anfrage übermittelt sie auch Informationen und Auskünfte zu vorliegenden Meldungen und durchgeführten Risikobewertungen. Bei korrektiven Maßnahmen nach § 14 kann, soweit keine Anfrage vorliegt, eine Unterrichtung unterbleiben, wenn diese für den Empfänger im Hinblick auf die ordnungsgemäße Aufgabenwahrnehmung keinen relevanten Erkenntnisgewinn darstellt. § 11 Abs. 1 Satz 2 findet entsprechende Anwendung.

(2) Die zuständige Bundesoberbehörde leitet von den zuständigen Behörden der anderen Vertragsstaaten des Abkommens über den Europäischen Wirtschaftsraum sowie anderer Staaten sowie von internationalen Organisationen erhaltene Mitteilungen über durchgeführte oder von diesen für erforderlich erachtete korrektive Maßnahmen nach Prüfung auf Plausibilität an die für den Sitz des Verantwortlichen nach § 5 des Medizinproduktegesetzes oder, sofern der Verantwortliche seinen Sitz nicht in Deutschland hat und ein in Deutschland ansässiger Vertreiber bekannt ist, des Vertreibers zuständige oberste Landesbehörde oder die von dieser benannte zuständige Behörde weiter. Sofern der Verantwortliche nach § 5 des Medizinproduktegesetzes seinen Sitz nicht in Deutschland hat und ein in Deutschland ansässiger

Vertreiber nicht bekannt ist, entscheidet die zuständige Bundesoberbehörde nach den Umständen des jeweiligen Einzelfalls, welche zuständigen obersten Landesbehörden oder von diesen benannte Behörden eine Mitteilung nach Satz 1 erhalten.

(3) Die zuständige Bundesoberbehörde unterrichtet die zuständigen Behörden der anderen Vertragsstaaten des Abkommens über den Europäischen Wirtschaftsraum und die Europäische Kommission über aus Gründen der Sicherheit abgelehnte, ausgesetzte oder beendete klinische Prüfungen sowie über angeordnete wesentliche Änderungen oder vorübergehende Unterbrechungen von klinischen Prüfungen. § 22a Absatz 6 Satz 2 und 3 des Medizinproduktegesetzes gilt entsprechend.

§ 22

Unterrichtung sonstiger Behörden, Organisationen und Stellen

(1) Die zuständige Bundesoberbehörde unterrichtet das Bundesministerium für Umwelt, Naturschutz, Bau und Reaktorsicherheit über eingehende Meldungen von Vorkommnissen und Rückrufen sowie über den Abschluss und das Ergebnis der durchgeführten Risikobewertungen, soweit der Strahlenschutz betroffen ist, und das Robert-Koch-Institut, soweit Medizinprodukte betroffen sind, die zu Desinfektionszwecken bestimmt sind.

(2) Die zuständige Bundesoberbehörde unterrichtet das Bundesministerium der Verteidigung, die zuständige Behörde nach § 15 des Medizinproduktegesetzes sowie die in der Vorkommnismeldung angegebene Benannte Stelle über eingehende Meldungen von Vorkommnissen und Rückrufen sowie über den Abschluss und das Ergebnis der durchgeführten Risikobewertungen. Die Unterrichtung kann auch durch Gewährung des Zugriffs auf die Daten erfolgen, die dem Deutschen Institut für Medizinische Dokumentation und Information gemäß § 29 Absatz 1 Satz 4 des Medizinproduktegesetzes zur zentralen Verarbeitung und Nutzung übermittelt worden sind.

(3) Informationen und Auskünfte zu vorliegenden Meldungen, durchgeführten Risikobewertungen und korrektiven Maßnahmen dürfen auch an den Medizinischen Dienst des Spitzenverbandes Bund der Krankenkassen, die Deutsche Krankenhausgesellschaft und andere Organisationen, Stellen und Personen übermittelt werden, soweit von diesen ein Beitrag zur Risikoverringerung geleistet werden kann oder ein berechtigtes Interesse besteht.

(4) § 11 Abs. 1 Satz 2 findet entsprechende Anwendung.

(5) Ist das Bundesinstitut für Arzneimittel und Medizinprodukte im Rahmen eines Konsultationsverfahrens nach Anhang II (Absatz 4.3) und III (Absatz 5) der Richtlinie 93/42/EWG des Rates vom 14.06.1993 über Medizinprodukte (ABl. L 169 vom 12.07.1993, S. 1), die zuletzt durch Artikel

2 der Richtlinie 2007/47/EG (ABl. L 247 vom 21.09.2007, S. 21) geändert worden ist, oder nach Anhang 2 (Absatz 4.3) und Anhang 3 (Absatz 5) der Richtlinie 90/385/EWG des Rates vom 20.06.1990 zur Angleichung der Rechtsvorschriften der Mitgliedstaaten über aktive implantierbare medizinische Geräte (ABl. L 189 vom 20.07.1990, S. 17), die zuletzt durch Artikel 1 der Richtlinie 2007/47/EG (ABl. L 247 vom 21.09.2007, S. 21) geändert worden ist, in den jeweils geltenden Fassungen tätig geworden und erhält später Informationen über den verwendeten ergänzenden Stoff, die Auswirkungen auf das Nutzen-/Risiko-Profil der Verwendung dieses Stoffes im Medizinprodukt haben könnten, so informiert es darüber die beteiligten Benannten Stellen. Die Benannte Stelle prüft, ob diese Information Auswirkungen auf das Nutzen-/Risiko-Profil der Verwendung des Stoffes in dem Medizinprodukt hat, und veranlasst gegebenenfalls eine Neubewertung des Konformitätsbewertungsverfahrens.

§ 23

Wissenschaftliche Aufarbeitung der durchgeführten Risikobewertungen

Die zuständige Bundesoberbehörde führt eine regelmäßige wissenschaftliche Aufarbeitung der durchgeführten Risikobewertungen durch und gibt die Ergebnisse bekannt. Personenbezogene Daten sind dabei zu anonymisieren.

§ 24

Veröffentlichung von Informationen über das Internet

Die zuständige Behörde des Bundes kann über durchgeführte korrektive Maßnahmen, Empfehlungen und Ergebnisse der wissenschaftlichen Aufarbeitung nach § 23 über die Internetseite der Behörde informieren. Die Information über korrektive Maßnahmen darf außer den Angaben nach § 14 Abs. 2 Satz 2 sowie der im Handelsregister als vertretungsberechtigt ausgewiesenen Personen keine personenbezogenen Daten enthalten.

Anlage (zu § 16 Abs. 2 Satz 1)

1.	Aktive implantierbare Medizinprodukte
1.1	Herzschrittmacher
1.2	Defibrillatoren
1.3	Infusionssysteme
2.	Sonstige implantierbare Medizinprodukte
2.1	Herzklappen
2.2	Gefäßprothesen und Gefäßstützen
2.3	Brustimplantate
2.4	Hüftendoprothesen

Inhaltsverzeichnis

I. Die Bedeutung der Normen 1
II. Meldepflichtige Vorkommnisse 2
III. Die (behördliche) Risikobewertung 3
IV. Korrektive Maßnahmen 4
V. Informationsaustausch 5

I. Die Bedeutung der Normen

1   Die Vorschriften regeln das Vorgehen bei der Erfassung, Bewertung und der Abwehr von Risiken, die sich aus Medizinprodukten ergeben können, die sich im Verkehr befinden oder die betrieben werden. Sie dienen der Sicherheit im Umgang mit Medizinprodukten, indem sie die Betreiber, Anwender und Prüfer von Medizinprodukten dazu verpflichten, Vorkommnisse, die im Umgang mit Medizinprodukten auftreten zu melden, damit aus ihnen Erkenntnisse gewonnen werden und Schutzmaßnahmen ergriffen werden können. Rechtsgrundlage der Verordnung ist § 37 Abs. 7 MPG. Die unionsrechtlichen Vorgaben in den Richtlinien 90/385/EWG, und 93/42/EWG werden über § 29 MPG und die MPSV in nationales Recht umgesetzt. Sie fordern von den Mitgliedsstaaten, die erforderlichen Maßnahmen zu ergreifen, damit Vorkommnisse im Zusammenhang mit Medizinprodukten gemeldet, dort zentral erfasst und ausgewertet werde. In Deutschland laufen diese Meldungen bei der Bundesoberbehörde zusammen, die ihrerseits das Bundesgesundheitsministerium unterrichtet.

II. Meldepflichtige Vorkommnisse

2   Der Definition des „Vorkommnisses" in § 2 Ziff. 1 lassen sich trotz der Ausführlichkeit drei wesentliche Komponenten entnehmen.[1] Zum einen ist es das Medizinprodukt, zum zweiten die Folge für einen Menschen und drittens die Ursächlichkeit der Anwendung des Medizinprodukts und der Beeinflussung des Gesundheitszustandes eines Menschen.

Primär obliegt die Pflicht, Vorkommnisse der zuständigen Behörde zu melden dem Verantwortlichen nach § 5 MPG. Er hat in Deutschland auftretende Vorkommnisse und Rückrufe zu melden. Diese Pflicht trifft auch diejenigen, die gewerblich Medizinprodukte betreiben oder anwenden. Die Meldepflicht kann auch durch entsprechende berufsrechtliche Verpflichtungen, denen der Angehörige eines Heilberufes nachkommt, erfüllt werden. Bei der klinischen Prüfung trifft die Meldepflicht sowohl den Sponsor als auch den Hauptprüfer und den Prüfer wenn diese von Vorkommnissen Kenntnis erhalten. Die Modalitäten der Meldung sind in § 7 geregelt, die Ausnahmen in § 4.

---

[1] Lücker, Spickhoff, MPSV § 2 Rn. 2 ff.

III. Die (behördliche) Risikobewertung

Grundlage für die behördliche Risikobewertung der über Medizinprodukte gemeldeten Vorkommnisse ist eine umfassende Erhebung der Tatsachen. Hierzu kann die Bundesoberbehörde auf externen und internen Sachverstand zugreifen und weitere Behörden und Einrichtungen um Informationen ersuchen. Auch ein Zugriff auf Patientendaten ist (in anonymisierter Form) möglich. Ziel der Risikobewertung ist es, festzustellen, ob ein unvertretbares Risiko vorliegt und welche korrektiven Maßnahmen ergriffen werden sollen. Ergreift der Verantwortliche selbst korrektive Maßnahmen, so sind diese ebenfalls Gegenstand der behördlichen Risikobewertung. Gleiches gilt bezüglich klinischer Prüfungen für korrektive Maßnahmen des Sponsors und der Prüfer.

3

IV. Korrektive Maßnahmen

Die Verordnung selbst schreibt den Verantwortlichen keine korrektiven Maßnahmen vor, die er ergreifen müsste, um eine von dem Medizinprodukt ausgehende Gefährdung zu beseitigen. Sie verweist insoweit auf die Grundsätze der integrierten Sicherheit in den Richtlinien. Der Rückruf eines Medizinproduktes als die einschneidenste Maßnahme ist allerdings explizit genannt. Erweisen sich die zur Beseitigung der Gefährdung ergriffenen Maßnahmen des Verantwortlichen als nicht ausreichend, so kann die Behörde das Betreiben und die Anwendung von Medizinprodukten untersagen oder einschränken. Die so ergriffenen Maßnahmen müssen verhältnismäßig sein.

4

V. Informationsaustausch

Der fünfte Abschnitt der Verordnung regelt die Unterrichtungspflichten und den Informationsaustausch der involvierten Behörden untereinander und zwar national (Bundes- und Landesbehörden) wie international im gesamten EWR. Das auf der Grundlage der MPSV geschaffene Vigilanzsystem kann nur effektiv sei, wenn der Informationsaustausch der beteiligten Behörden auf allen Ebenen untereinander und miteinander funktioniert.[2]

5

---

[2] Lücker, Spickhoff, MPSV vor § 19 Rz. 1.

Anhang Richtlinien

Richtlinie 90/385/EWG

vom 20. Juni 1990

zur Angleichung der Rechtsvorschriften der Mitgliedstaaten über aktive implantierbare medizinische Geräte

(ABl. L 189 vom 20.07.1990, S. 17) zuletzt geändert durch: Richtlinie 2007/47/EG des Europäischen Parlaments und des Rates vom 5. September 2007 (ABl. L 247 21.09.2007, S. 21)

ANHANG 1

GRUNDLEGENDE ANFORDERUNGEN

I. ALLGEMEINE ANFORDERUNGEN

1. Die Geräte sind so auszulegen und herzustellen, dass ihre Verwendung weder den klinischen Zustand noch die Sicherheit der Patienten gefährdet, wenn sie unter den vorgesehenen Bedingungen und zu den vorgesehenen Zwecken implantiert sind. Sie dürfen weder für die Personen, die die Implantation vornehmen, noch gegebenenfalls für Dritte eine Gefahr darstellen.

2. Die Geräte müssen die vom Hersteller vorgegebenen Leistungen erbringen, d. h. sie müssen so ausgelegt und hergestellt sein, dass sie geeignet sind, eine oder mehrere der in Artikel 1 Absatz 2 Buchstabe a) genannten Funktionen zu erfüllen, und zwar entsprechend den Angaben des Herstellers.

3. Die Merkmale und die Leistungen gemäß den Abschnitten 1 und 2 dürfen sich nicht derart ändern, dass der klinische Zustand und die Sicherheit der Patienten und gegebenenfalls von Dritten während der vom Hersteller vorgesehenen Lebensdauer der Geräte gefährdet werden, wenn diese Geräte Belastungen ausgesetzt sind, die unter normalen Einsatzbedingungen auftreten können.

4. Die Geräte sind so auszulegen, herzustellen und zu verpacken, dass sich ihre Merkmale und ihre Leistungen unter den vom Hersteller vorgesehenen Lagerungs- und Transportbedingungen (Temperatur, Feuchtigkeit usw.) nicht ändern.

5. Etwaige unerwünschte Nebenwirkungen dürfen unter Berücksichtigung der vorgegebenen Leistungen keine unvertretbaren Risiken darstellen.

5a. Der Nachweis der Übereinstimmung mit den grundlegenden Anforderungen muss eine klinische Bewertung gemäß Anhang 7 umfassen.

II. ANFORDERUNGEN FÜR DIE AUSLEGUNG UND DIE KONSTRUKTION

6. Die vom Hersteller bei der Auslegung und der Konstruktion der Geräte gewählten Lösungen müssen sich nach den Grundsätzen der integrierten Sicherheit richten, und zwar unter Berücksichtigung des allgemein anerkannten Standes der Technik.

7. Die implantierbaren Geräte müssen in geeigneter Weise ausgelegt, hergestellt und in nicht wiederverwendbaren Verpackungen abgepackt sein, so dass sie beim Inverkehrbringen steril sind und diese Eigenschaft unter den vom Hersteller vorgesehenen Lagerungs- und Transportbedingungen bis zum Öffnen der Verpackung für die Implantation beibehalten.

8. Die Geräte müssen so ausgelegt und hergestellt sein, dass folgende Risiken ausgeschlossen oder so weit wie möglich verringert werden:

- Verletzungsgefahren im Zusammenhang mit ihren physikalischen Eigenschaften, einschließlich der Abmessungen;

- Gefahren im Zusammenhang mit der Verwendung der Energiequellen, wobei bei der Verwendung von elektrischer Energie besonders auf Isolierung, Ableitströme und Erwärmung der Geräte zu achten ist;

- Gefahren im Zusammenhang mit vernünftigerweise vorhersehbaren Umgebungsbedingungen, insbesondere im Zusammenhang mit Magnetfeldern, elektrischen Fremdeinflüssen, elektrostatischen Entladungen, Druck und Druckschwankungen, Beschleunigung;

- Gefahren im Zusammenhang mit medizinischen Eingriffen, insbesondere bei der Anwendung von Defibrillatoren oder Hochfrequenz-Chirurgiegeräten;

- Gefahren im Zusammenhang mit ionisierenden Strahlungen, die von radioaktiven Stoffen freigesetzt werden, die unter Einhaltung der Schutzanforderungen der Richtlinie 96/29/Euratom des Rates vom 13. Mai 1996 zur Festlegung der grundlegenden Sicherheitsnormen für den Schutz der Gesundheit der Arbeitskräfte und der Bevölkerung gegen die Gefahren durch ionisierende Strahlungen ( ) sowie der Richtlinie 97/43/Euratom des Rates vom 30. Juni 1997 über den Gesundheitsschutz von Personen gegen die Gefahren ionisierender Strahlung bei medizinischer Exposition ( ) in dem Gerät enthalten sind;

- Gefahren, die sich dadurch ergeben können, dass keine Wartung oder Kalibrierung vorgenommen werden kann, insbesondere Gefahren im Zusammenhang mit

- einer übermäßigen Zunahme der Ableitströme;
- einer Alterung der verwendeten Werkstoffe;
- einer übermäßigen Wärmeentwicklung des Gerätes;
- nachlassender Genauigkeit einer Meß- oder Kontrollvorrichtung.

9. Die Geräte müssen so ausgelegt und hergestellt sein, dass die Merkmale und die Leistungen gemäß den unter Ziffer I genannten allgemeinen Anforderungen gewährleistet sind, wobei besonders auf folgende Punkte zu achten ist:

- Auswahl der eingesetzten Werkstoffe, insbesondere hinsichtlich der Toxizität;
- Wechselseitige Verträglichkeit zwischen den eingesetzten Werkstoffen und den Geweben, biologischen Zellen sowie Körperflüssigkeiten, und zwar unter Berücksichtigung der vorgesehenen Verwendung des Gerätes;
- Verträglichkeit der Geräte mit den Stoffen, die sie abgeben sollen;
- Qualität der Verbindungsstellen, insbesondere in sicherheitstechnischer Hinsicht;
- Zuverlässigkeit der Energiequelle;
- Gegebenenfalls angemessene Dichtigkeit;
- Einwandfreies Funktionieren der Steuerungs-, Programmierungs- und Kontrollsysteme, einschließlich der Software. Bei Geräten, die Software enthalten oder bei denen es sich um medizinische Software an sich handelt, muss die Software entsprechend dem Stand der Technik validiert werden, wobei die Grundsätze des Software-Lebenszyklus, des Risikomanagements, der Validierung und Verifizierung zu berücksichtigen sind.

10. Enthält ein Gerät als festen Bestandteil einen Stoff, der bei gesonderter Verwendung als Arzneimittel im Sinne des Artikels 1 der Richtlinie 2001/83/EG angesehen werden und der in Ergänzung zu dem Gerät eine Wirkung auf den menschlichen Körper entfalten kann, sind die Qualität, die Sicherheit und der Nutzen dieses Stoffes analog zu den in Anhang I der Richtlinie 2001/83/EG genannten Verfahren zu überprüfen. Für die in Absatz 1 genannten Stoffe ersucht die Benannte Stelle nach Überprüfung des Nutzens des Stoffes als Bestandteil des medizinischen Geräts und unter Berücksichtigung der Zweckbestimmung des Geräts eine der von den Mitgliedstaaten benannten zuständigen Behörden oder die Europäische Arzneimittel-Agentur (EMEA), vertreten insbesondere durch den gemäß der Verordnung (EG) Nr. 726/2004 (3) tätigen Ausschuss, um ein wissenschaftliches Gutachten zu Qualität und Sicherheit des Stoffes, einschließlich des klinischen Nutzen-/Risiko-Profils der Verwendung des Stoffes in dem Gerät. Bei der Erstellung des Gutachtens berücksichtigt die zuständige Behörde oder die EMEA den Herstellungsprozess und die Angaben über den Nutzen der Verwendung des Stoffes in dem Gerät, wie von der Benannten Stelle ermittelt. Enthält ein Gerät als festen Bestandteil ein Derivat aus menschlichem Blut, ersucht die Benannte Stelle nach Überprüfung des Nutzens des Stoffes als Bestandteil des medizinischen Geräts und unter Berücksichtigung der Zweckbestimmung des Geräts die EMEA, vertreten

insbesondere durch ihren Ausschuss, um ein wissenschaftliches Gutachten zu Qualität und Sicherheit des Stoffes, einschließlich des klinischen Nutzen-/Risiko-Profils der Verwendung des Derivats aus menschlichem Blut in dem Gerät. Bei der Erstellung des Gutachtens berücksichtigt die EMEA den Herstellungsprozess und die Angaben über den Nutzen der Verwendung des Stoffes in dem Gerät, wie von der benannten Stelle ermittelt. Werden Änderungen an einem in dem Gerät verwendeten ergänzenden Stoff vorgenommen, insbesondere im Zusammenhang mit dem Herstellungsprozess, wird die Benannte Stelle von den Änderungen in Kenntnis gesetzt und konsultiert die für das entsprechende Arzneimittel zuständige Behörde (d. h. die an der ursprünglichen Konsultation beteiligte Behörde), um zu bestätigen, dass Qualität und Sicherheit des verwendeten ergänzenden Stoffes erhalten bleiben. Die zuständige Behörde berücksichtigt die Angaben über den Nutzen der Verwendung des Stoffes in dem Gerät, wie von der benannten Stelle ermittelt, um sicherzustellen, dass sich die Änderungen nicht negativ auf das Nutzen-/Risiko-Profil auswirken, das hinsichtlich der Aufnahme des Stoffes in das Gerät erstellt wurde. Erhält die zuständige Arzneimittelbehörde (d. h. die an der ursprünglichen Konsultation beteiligte Behörde) Informationen über den verwendeten ergänzenden Stoff, die Auswirkungen auf das Nutzen-/Risiko-Profil der Verwendung des Stoffes in dem Gerät haben könnten, so teilt sie der benannten Stelle mit, ob diese Information Auswirkungen auf das Nutzen-/Risiko- Profil der Verwendung des Stoffes in dem Gerät hat oder nicht. Die Benannte Stelle berücksichtigt das aktualisierte wissenschaftliche Gutachten bei ihren Überlegungen zu einer erneuten Bewertung des Konformitätsbewertungsverfahrens.

11. Die Geräte und gegebenenfalls ihre Bauteile müssen so kenntlich gemacht sein, dass jede geeignete Maßnahme ergriffen werden kann, die aufgrund der Feststellung einer möglichen Gefährdung in Zusammenhang mit den Geräten und den Bauteilen geboten erscheint.

12. Die Geräte müssen einen Code zur eindeutigen Identifizierung des Gerätes (insbesondere in Bezug auf Typ und Herstellungsjahr) und des Herstellers aufweisen; dieser Code muss sich gegebenenfalls ohne operativen Eingriff ermitteln lassen.

13. Werden auf einem Gerät oder seinen Zubehörteilen für den Betrieb des Gerätes erforderliche Anleitungen gegeben oder werden auf ihnen Betriebs- oder Regelparameter mit Hilfe von Anzeigesystemen angegeben, müssen diese Informationen für den Anwender und gegebenenfalls für den Patienten verständlich sein.

14. Jedes Gerät muss mit folgenden leicht lesbaren und unauslöschlichen Angaben, gegebenenfalls in Form allgemein anerkannter Symbole, versehen sein:

14.1. Auf der Steril-Verpackung:

- Sterilisationsverfahren;
- Kenntlichmachung dieser Verpackung als Steril-Verpackung;
- der Name und die Anschrift des Herstellers;
- die Bezeichnung des Gerätes;
- bei einem für klinische Prüfungen bestimmten Gerät der Hinweis „ausschließlich für klinische Prüfungen";
- bei einer Sonderanfertigung der Hinweis „Sonderanfertigung";
- Hinweis, dass sich das implantierbare Gerät in sterilem Zustand befindet;
- die Angabe des Monats und des Jahres der Herstellung;
- die Angabe des Verfalldatums für die gefahrlose Implantation des Gerätes.

14.2. Auf der Handelsverpackung:

- der Name und die Anschrift des Herstellers und der Name und die Anschrift des Bevollmächtigten, wenn der Hersteller keinen Firmensitz in der Gemeinschaft hat;
- die Bezeichnung des Gerätes;
- die Zweckbestimmung des Gerätes;
- die einschlägigen Verwendungsmerkmale;
- bei einem für klinische Prüfungen bestimmten Gerät der Hinweis „ausschließlich für klinische Prüfungen";
- bei einer Sonderanfertigung der Hinweis „Sonderanfertigung";
- Hinweis, dass sich das implantierbare Gerät in sterilem Zustand befindet;
- die Angabe des Monats und des Jahres der Herstellung;
- die Angabe des Verfalldatums für die gefahrlose Implantation des Gerätes;
- die Bedingungen für Transport und Lagerung des Gerätes;
- im Falle eines unter Artikel 1 Absatz 4a fallenden Geräts ein Hinweis darauf, dass das Gerät als Bestandteil ein Derivat aus menschlichem Blut enthält.

15. Jedem Gerät muss, wenn es in den Verkehr gebracht wird, eine Gebrauchsanweisung beigefügt sein, die folgende Angaben enthält:

- das Jahr der Genehmigung zum Anbringen der CE-Kennzeichnung;
- die Angaben gemäß den Abschnitten 14.1 und 14.2 mit Ausnahme jeweils des achten und neunten Gedankenstrichs;

- die Leistungsdaten gemäß Abschnitt 2 sowie etwaige unerwünschte Nebenwirkungen;
- die erforderlichen Angaben, anhand derer der Arzt das geeignete Gerät sowie die entsprechende Software und die entsprechenden Zubehörteile auswählen kann;
- die Angaben zur Anwendung, die es dem Arzt sowie gegebenenfalls dem Patienten ermöglichen, das Gerät, seine Zubehörteile und seine Software ordnungsgemäß zu verwenden, sowie die Angaben über Art, Umfang und Fristen der Kontrollen und Funktionsüberprüfungen und gegebenenfalls die Wartungsmaßnahmen;
- die zweckdienlichen Informationen, die zur Vermeidung bestimmter Risiken im Zusammenhang mit der Implantation des Gerätes gegebenenfalls zu beachten sind;
- die Informationen zu den Gefahren wechselseitiger Beeinflussung (), die sich durch das Gerät bei speziellen Untersuchungen oder Behandlungen ergeben;
- die Anweisungen für den Fall, dass die Steril-Verpackung beschädigt wird, und gegebenenfalls die Angabe geeigneter Resterilisationsmethoden;
- gegebenenfalls der Hinweis, dass das Gerät nur wiederverwendet werden kann, nachdem es zur Erfüllung der grundlegenden Anforderungen unter der Verantwortung des Herstellers aufbereitet worden ist. Die Gebrauchsanweisung muss ferner Angaben enthalten, anhand derer der Arzt den Patienten über Gegenanzeigen und Vorsichtsmaßnahmen unterrichten kann. Diese Angaben betreffen insbesondere folgendes:
- die Informationen zur Bestimmung der Lebensdauer der Energiequelle;
- die Vorsichtsmaßnahmen im Falle von Leistungsänderungen des Gerätes;
- die Vorsichtsmaßnahmen für den Fall, dass das Gerät unter vernünftigerweise vorhersehbaren Umgebungsbedingungen Magnetfeldern, elektrischen Fremdeinflüssen, elektrostatischen Entladungen, Druck oder Druckschwankungen, Beschleunigung usw. ausgesetzt ist;
- die geeigneten Informationen über das von dem betreffenden Gerät abzugebende Arzneimittel;
- das Datum der Ausgabe oder die Angabe des jeweiligen Überarbeitungszustandes der Gebrauchsanleitung.

16. Die Bestätigung, dass die Anforderungen an Merkmalen und Leistungen gemäß den unter Ziffer I genannten allgemeinen Anforderungen an das Gerät unter normalen Verwendungsbedingungen erfüllt werden, sowie die Beurteilung von Nebenwirkungen oder unerwünschten Wirkungen müssen sich auf klinische Daten stützen, die gemäß Anhang 7 gewonnen worden sind.

Richtlinie 93/42/EWG

vom 14. Juni 1993

über Medizinprodukte

(ABl. L 169 vom 12.07.1993, S. 1) zuletzt geändert durch Verordnung (EG) Nr. 1882/2003 des Europäischen Parlaments und des Rates vom 29. September 2003 (ABl. L 284 1 31.10.2003) Zuletzt geändert durch Art. 2 ÄndRL 2007/47/ EG vom 05.09.2007 (ABl. Nr. L 247 S. 21)

ANHANG I

GRUNDLEGENDE ANFORDERUNGEN

I. ALLGEMEINE ANFORDERUNGEN

1. Die Produkte müssen so ausgelegt und hergestellt sein, dass ihre Anwendung weder den klinischen Zustand und die Sicherheit der Patienten noch die Sicherheit und die Gesundheit der Anwender oder gegebenenfalls Dritter gefährdet, wenn sie unter den vorgesehenen Bedingungen und zu den vorgesehenen Zwecken eingesetzt werden, wobei etwaige Risiken verglichen mit der nützlichen Wirkung für den Patienten vertretbar und mit einem hohen Maß des Schutzes von Gesundheit und Sicherheit vereinbar sein müssen.

2. Die vom Hersteller bei der Auslegung und der Konstruktion der Produkte gewählten Lösungen müssen sich nach den Grundsätzen der integrierten Sicherheit richten, und zwar unter Berücksichtigung des allgemein anerkannten Standes der Technik. Bei der Wahl der angemessensten Lösungen muss der Hersteller folgende Grundsätze anwenden, und zwar in der angegebenen Reihenfolge:

- Beseitigung oder Minimierung der Risiken (Integration des Sicherheitskonzepts in die Entwicklung und den Bau des Produkts);
- gegebenenfalls Ergreifen angemessener Schutzmaßnahmen, einschließlich Alarmvorrichtungen, gegen nicht zu beseitigende Risiken;
- Unterrichtung der Benutzer über die Restrisiken für die keine angemessenen Schutzmaßnahmen getroffen werden können.

3. Die Produkte müssen die vom Hersteller vorgegebenen Leistungen erbringen, d. h., sie müssen so ausgelegt, hergestellt und verpackt sein, dass sie geeignet sind, eine oder mehrere der in Artikel 1 Absatz 2 Buchstabe a) genannten Funktionen entsprechend den Angaben des Herstellers zu erfüllen.

4. Die Merkmale und Leistungen gemäß den Abschnitten 1, 2 und 3 dürfen sich nicht derart ändern, dass der klinische Zustand und die Sicherheit der Patienten und gegebenenfalls Dritter während der Lebensdauer der Produkte nach Maßgabe der vom Hersteller gemachten Angaben gefährdet werden, wenn diese

Produkte Belastungen ausgesetzt sind, die unter normalen Einsatzbedingungen auftreten können.

5. Die Produkte sind so auszulegen, herzustellen und zu verpacken, dass sich ihre Einsatzmerkmale und -leistungen während der Lagerung und des Transports unter Berücksichtigung der Anweisungen und Informationen des Herstellers nicht ändern.

6. Unerwünschte Nebenwirkungen dürfen unter Berücksichtigung der vorgegebenen Leistungen keine unvertretbaren Risiken darstellen.

II. ANFORDERUNGEN AN DIE AUSLEGUNG UND DIE KONSTRUKTION

7. Chemische, physikalische und biologische Eigenschaften

7.1. Die Produkte müssen so ausgelegt und hergestellt sein, dass die Merkmale und Leistungen gemäß Abschnitt I „Allgemeine Anforderungen" gewährleistet sind. Dabei ist besonders auf folgende Punkte zu achten:

- Auswahl der eingesetzten Werkstoffe, insbesondere hinsichtlich der Toxizität und gegebenenfalls der Entflammbarkeit;
- wechselseitige Verträglichkeit zwischen den eingesetzten Werkstoffen und den Geweben, biologischen Zellen sowie Körperflüssigkeiten, und zwar unter Berücksichtigung der Zweckbestimmung des Produkts.

7.2. Die Produkte müssen so ausgelegt, hergestellt und verpackt sein, dass die Risiken für das Transport-, Lager- und Bedienpersonal sowie die Patienten durch Schadstoffe und Rückstände bei bestimmungsgemäßer Anwendung soweit wie möglich verringert werden. Dabei ist den exponierten Geweben sowie der Dauer und Häufigkeit der Exposition besondere Aufmerksamkeit zu widmen.

7.3. Die Produkte müssen so ausgelegt und hergestellt sein, dass eine sichere Anwendung in Verbindung mit Materialien, Stoffen und Gasen, mit denen sie bei normaler Anwendung oder bei Routineverfahren in Kontakt kommen, gewährleistet ist; sind die Produkte zur Verabreichung von Arzneimitteln bestimmt, müssen sie so ausgelegt und hergestellt sein, dass sie entsprechend den für diese Arzneimittel geltenden Bestimmungen und Beschränkungen mit den Arzneimitteln verträglich sind und dass ihre Leistung entsprechend ihrer Zweckbestimmung aufrechterhalten bleibt.

7.4. Gehört zu den Bestandteilen eines Produkts ein Stoff, der bei gesonderter Anwendung als Arzneimittel im Sinne des Artikels 1 der Richtlinie 65/65/EWG angesehen werden und der in Ergänzung zu dem Produkt eine Wirkung auf den menschlichen Körper entfalten kann, sind die Sicherheit, die Qualität und der Nutzen dieses Stoffes unter Berücksichtigung der Zweckbestimmung des Produkts mit den geeigneten Verfahren der Richtlinie 75/318/EWG zu überprüfen.

Gehört zu den Bestandteilen eines Produkts ein Derivat aus menschlichem Blut, so muss die Benannte Stelle ein wissenschaftliches Gutachten der Europäischen Agentur für die Beurteilung von Arzneimitteln (EMEA) über die Qualität und die Sicherheit dieses Derivats unter Berücksichtigung der einschlägigen Gemeinschaftsbestimmungen und insbesondere in entsprechender Anwendung der Vorschriften der Richtlinien 75/318/EWG und 89/381/EWG anfordern. Der Nutzen dieses Derivats als Bestandteil des Medizinprodukts ist unter Berücksichtigung der Zweckbestimmung des Produkts zu überprüfen. Gemäß Artikel 4 Absatz 3 der Richtlinie 89/381/EWG ist von jeder Ausgangs- und/oder fertigen Produktcharge des Derivats aus menschlichem Blut eine Probe durch ein staatliches oder ein zu diesem Zweck von einem Mitgliedstaat benanntes Laboratorium zu prüfen.

7.5. Die Produkte müssen so ausgelegt und hergestellt sein, dass die Risiken durch Stoffe, die dem Produkt entweichen, soweit wie möglich verringert werden.

7.6. Die Produkte müssen so ausgelegt und hergestellt sein, dass die Risiken durch unbeabsichtigtes Eindringen von Stoffen in das Produkt unter Berücksichtigung des Produkts und der Art der Umgebung, in der es eingesetzt werden soll, soweit wie möglich verringert werden.

8. Infektion und mikrobielle Kontamination

8.1. Die Produkte und ihre Herstellungsverfahren müssen so ausgelegt sein, dass das Infektionsrisiko für Patienten, Anwender und Dritte ausgeschlossen oder soweit wie möglich verringert wird. Die Auslegung muss eine leichte Handhabung erlauben und die Kontamination des Produkts durch den Patienten oder umgekehrt während der Anwendung so gering wie möglich halten.

8.2. Gewebe tierischen Ursprungs müssen von Tieren stammen, die tierärztlichen Kontroll- und Überwachungsmaßnahmen unterzogen wurden, die der bestimmungsgemäßen Verwendung der Gewebe angemessen sind. Die benannten Stellen bewahren Angaben über den Herkunftsort der Tiere auf. Die Verarbeitung, Konservierung, Prüfung und Behandlung von Geweben, Zellen und Stoffen tierischen Ursprungs muss so erfolgen, dass optimale Sicherheit gewährleistet ist. Insbesondere ist durch anerkannte Verfahren zur Ausmerzung oder Inaktivierung von Viren im Verlauf des Herstellungsprozesses für den Schutz vor Viren und anderen übertragbaren Erregern zu sorgen.

8.3. In sterilem Zustand gelieferte Produkte müssen so ausgelegt, hergestellt und in einer nicht wiederverwendbaren Verpackung und/oder unter Verwendung geeigneter Verfahren so verpackt sein, dass ihre Sterilität beim Inverkehrbringen unter den vom Hersteller vorgesehenen Lager- und Transportbedingungen erhalten bleibt, bis die Steril-Verpackung beschädigt oder geöffnet wird.

8.4. In sterilem Zustand gelieferte Produkte müssen nach einem geeigneten, validierten Verfahren hergestellt und sterilisiert worden sein.

8.5. Produkte, die sterilisiert werden sollen, müssen unter angemessenen überwachten Bedingungen (z. B. Umgebungsbedingungen) hergestellt sein.

8.6. Verpackungssysteme für nicht sterile Produkte müssen so beschaffen sein, dass die vorgesehene Reinheit des Produkts unbeschadet erhalten bleibt und, wenn das Produkt vor einer Anwendung sterilisiert werden soll, das Risiko einer mikrobiellen Kontamination soweit wie möglich verringert wird; das Verpackungssystem muss sich für das vom Hersteller angegebene Sterilisationsverfahren eignen.

8.7. Verpackung und/oder Kennzeichnung des Produkts müssen eine Unterscheidung von gleichen oder ähnlichen Produkten erlauben, die sowohl in steriler als auch in nicht steriler Form in Verkehr gebracht werden.

9. Eigenschaften im Hinblick auf die Konstruktion und die Umgebungsbedingungen

9.1. Wenn ein Produkt zur Verwendung in Kombination mit anderen Produkten oder Ausrüstungen bestimmt ist, muss die Kombination einschließlich der Anschlüsse sicher sein, und sie darf die vorgesehene Leistung der Produkte nicht beeinträchtigen. Jede Einschränkung der Anwendung muss auf der Kennzeichnung oder in der Gebrauchsanweisung angegeben werden.

9.2. Die Produkte müssen so ausgelegt und hergestellt sein, dass folgende Risiken ausgeschlossen oder soweit wie möglich verringert werden:

- Verletzungsrisiken im Zusammenhang mit ihren physikalischen Eigenschaften, einschließlich des Verhältnisses Volumen/Druck, der Abmessungen und gegebenenfalls der ergonomischen Merkmale;
- Risiken im Zusammenhang mit vernünftigerweise vorhersehbaren Umgebungsbedingungen, wie z. B. Magnetfelder, elektrische Fremdeinflüsse, elektrostatische Entladungen, Druck, Temperatur oder Schwankungen des Drucks oder der Beschleunigung;
- Risiken im Zusammenhang mit wechselseitigen Störungen durch andere Produkte, die normalerweise für bestimmte Untersuchungen oder Behandlungen eingesetzt werden;
- Risiken aufgrund der Alterung der verwendeten Werkstoffe oder der nachlassenden Genauigkeit einer Meß- oder Kontrolleinrichtung, die sich dadurch ergeben, dass keine Wartung oder Kalibrierung vorgenommen werden kann (z. B. bei Implantaten).

9.3. Die Produkte müssen so ausgelegt und hergestellt sein, dass bei normaler Anwendung und beim Erstauftreten eines Defektes das Brand- oder Explosionsrisiko soweit wie möglich verringert wird. Dies gilt insbesondere für solche Produkte, die bestimmungsgemäß entflammbaren oder brandfördernden Stoffen ausgesetzt werden.

10. Produkte mit Meßfunktion

10.1. Produkte mit Meßfunktion müssen so ausgelegt und hergestellt sein, dass unter Berücksichtigung angemessener Genauigkeitsgrenzen entsprechend der Zweckbestimmung des Produkts eine ausreichende Konstanz und Genauigkeit der Messwerte gewährleistet sind. Die vom Hersteller gewählten Genauigkeitsgrenzen sind von ihm anzugeben.

10.2. Messskalen, Bedienungs- und Anzeigeeinrichtungen müssen so ausgelegt sein, dass sie unter Berücksichtigung der Zweckbestimmung des Produkts ergonomischen Grundsätzen entsprechen.

10.3. Bei Produkten mit Meßfunktionen sind die gesetzlichen Einheiten im Messwesen gemäß den Vorschriften der Richtlinie 80/181/EWG des Rates (1) zu verwenden.

11. Schutz vor Strahlungen

11.1. Allgemeine Bestimmungen

11.1.1. Die Produkte müssen so ausgelegt und hergestellt sein, dass die Strahlenexposition von Patienten, Anwendern und sonstigen Personen so weit verringert wird, wie dies mit der Zweckbestimmung der jeweiligen für therapeutische oder diagnostische Zwecke angezeigten Dosiswerte nicht beschränkt wird.

11.2. Beabsichtigte Strahlung

11.2.1. Bei Produkten, die zum Aussenden von Strahlung in einer gefährlichen Dosierung ausgelegt sind, die zur Erreichung eines speziellen medizinischen Zwecks erforderlich ist, dessen Nutzen als vorrangig gegenüber

den von der Emission ausgelösten Risiken angesehen werden kann, muss es dem Anwender möglich sein, die Emission zu kontrollieren. Diese Produkte müssen so ausgelegt und hergestellt sein, dass die Reproduzierbarkeit und Toleranz relevanter variabler Parameter gewährleistet ist.

11.2.2. Produkte, die zum Aussenden von potentiell gefährlichen sichtbaren und/oder unsichtbaren Strahlungen bestimmt sind, müssen, soweit durchführbar, mit visuellen und/oder akustischen Einrichtungen zur Anzeige dieser Strahlungen ausgestattet sein.

11.3. Unbeabsichtigte Strahlung

11.3.1. Die Produkte müssen so ausgelegt und hergestellt sein, dass die Exposition von Patienten, Anwendern und sonstigen Personen gegenüber unbeabsichtigter Strahlung bzw. Streustrahlung so weit wie möglich verringert wird.

11.4. Gebrauchsanweisung

11.4.1. Die Gebrauchsanweisung von Produkten, die Strahlungen aussenden, muss genaue Angaben zur Art der Strahlenemissionen, zu den Möglichkeiten des Strahlenschutzes für Patienten und Anwender und zur Vermeidung von Missbrauch und installationsbedingten Risiken beinhalten.

11.5. Ionisierende Strahlungen

11.5.1. Produkte, die zum Aussenden ionisierender Strahlungen bestimmt sind, müssen so ausgelegt und hergestellt sein, dass – soweit durchführbar – die

Quantität, die Geometrie und die Qualität der ausgesandten Strahlung unter Berücksichtigung des beabsichtigten Zwecks verändert und kontrolliert werden können.

11.5.2. Produkte, die ionisierende Strahlungen aussenden und für die radiologische Diagnostik bestimmt sind, müssen so ausgelegt und hergestellt sein, dass sie im Hinblick auf den vorgesehenen Anwendungszweck eine angemessene Bild- und/oder Ausgabequalität bei möglichst geringer Strahlenexposition von Patient und Anwender gewährleisten.

11.5.3. Produkte, die ionisierende Strahlungen aussenden und für die radiologische Therapie bestimmt sind, müssen so ausgelegt und hergestellt sein, dass sie eine zuverlässige Überwachung und Kontrolle der abgegebenen Strahlungsdosis, des Strahlentyps und der Strahlenenergie sowie gegebenenfalls der Qualität der Strahlung ermöglichen.

12. Anforderungen an Produkte mit externer oder interner Energiequelle

12.1. Produkte, die programmierbare Elektroniksysteme umfassen, müssen so ausgelegt sein, dass die Wiederholbarkeit, die Zuverlässigkeit und die Leistung dieser Systeme entsprechend der Zweckbestimmung gewährleistet sind. Für den Fall des Erstauftretens eines Defekts im System sollten geeignete Vorkehrungen getroffen werden, um sich daraus ergebende Risiken auszuschließen oder soweit wie möglich zu verringern.

12.2. Produkte mit interner Energiequelle, von der die Sicherheit des Patienten abhängt, müssen mit einer Einrichtung versehen sein, die eine Überprüfung des Ladezustands der Energiequelle gestattet.

12.3. Produkte mit externer Energiequelle, von der die Sicherheit des Patienten abhängt, müssen mit einem Alarmsystem ausgestattet sein, das jeden Ausfall der Energiequelle signalisiert.

12.4. Produkte, die zur Überwachung eines oder mehrerer klinischer Parameter eines Patienten dienen, müssen mit geeigneten Alarmsystemen ausgestattet sein, durch die der Anwender vor Situationen gewarnt wird, die den Tod oder eine erhebliche Verschlechterung des Gesundheitszustands des Patienten bewirken können.

12.5. Die Produkte müssen so ausgelegt und hergestellt sein, dass die Risiken im Zusammenhang mit der Erzeugung elektromagnetischer Felder, die in ihrer üblichen Umgebung befindliche weitere Einrichtungen oder Ausrüstungen in deren Funktion beeinträchtigen können, soweit wie möglich verringert werden.

12.6. Schutz vor Risiken durch elektrischen Strom

Die Produkte müssen so ausgelegt und hergestellt sein, dass das Risiko von unbeabsichtigten Stromstößen bei sachgemäßer Installation und normaler Anwendung sowie beim Erstauftreten eines Defekts soweit wie möglich ausgeschaltet wird.

12.7. Schutz vor mechanischen und thermischen Risiken

12.7.1. Die Produkte müssen so ausgelegt und hergestellt sein, dass Patient und Anwender vor mechanischen Risiken, beispielsweise im Zusammenhang mit mangelnder Festigkeit oder Stabilität oder infolge des Vorhandenseins von beweglichen Teilen, geschützt sind.

12.7.2. Die Produkte müssen so ausgelegt und hergestellt sein, dass die Risiken, die durch von den Produkten erzeugte mechanische Schwingungen bedingt sind, unter Berücksichtigung des technischen Fortschritts soweit wie möglich verringert werden, soweit diese Schwingungen nicht im Rahmen der vorgesehenen Anwendung beabsichtigt sind; dabei sind die vorhandenen Möglichkeiten zur Minderung der Schwingungen, insbesondere an deren Ursprung, zu nutzen.

12.7.3. Die Produkte müssen so ausgelegt und hergestellt sein, dass die Risiken, die durch von den Produkten erzeugten Lärm bedingt sind, unter Berücksichtigung des technischen Fortschritts soweit wie möglich verringert werden, soweit die akustischen Signale nicht im Rahmen der vorgesehenen Anwendung beabsichtigt sind; dabei sind die vorhandenen

Möglichkeiten zur Minderung des Lärms, insbesondere an dessen Ursprung, zu nutzen.

12.7.4. Vom Anwender zu bedienende Endeinrichtungen und Anschlüsse an Energiequellen für den Betrieb mit elektrischer, hydraulischer oder pneumatischer Energie oder mit Gas, müssen so ausgelegt und hergestellt sein, dass alle möglichen Risiken soweit wie möglich verringert werden.

12.7.5. Zugängliche Teile von Produkten mit Ausnahme von Teilen oder Bereichen, die Wärme abgeben oder bestimmte Temperaturen erreichen sollen sowie deren Umgebung dürfen keine Temperaturen erreichen, die bei normaler Anwendung eine Gefährdung darstellen können.

12.8 Schutz vor Risiken infolge der Abgabe von Energie oder Stoffen an den Patienten

12.8.1. Produkte, die zur Abgabe von Energie oder Stoffen an den Patienten bestimmt sind, müssen so ausgelegt und hergestellt sein, dass die abgegebene Menge zur Gewährleistung der Sicherheit von Patient und Anwender mit ausreichender Genauigkeit eingestellt und diese Einstellung beibehalten werden kann.

12.8.2. Die Produkte müssen mit Einrichtungen ausgestattet sein, die jegliche Störung der Mengenregelung, die eine Gefahr darstellen kann, verhindern und/oder signalisieren. Die Produkte müssen mit geeigneten Vorrichtungen ausgestattet sein, welche die unbeabsichtigte gefährlich überhöhte Abgabe von Energie durch die Energiequelle bzw. von Stoffen verhindern.

12.9. Die Funktion von Bedienungs- und Anzeigeeinrichtungen muss auf den Produkten deutlich angegeben sein.

Sind die Anweisungen für die Anwendung des Produkts auf diesem selbst angebracht oder werden die Betriebs- oder Regelungsparameter visuell angezeigt, so müssen diese Angaben für den Anwender und gegebenenfalls den Patienten verständlich sein.

13. Bereitstellung von Informationen durch den Hersteller

13.1. Jedem Produkt sind Informationen beizugeben, die unter Berücksichtigung des Ausbildungs- und Kenntnisstandes des vorgesehenen Anwenderkreises die sichere Anwendung des Produkts und die Ermittlung des Herstellers möglich machen. Diese Informationen bestehen aus Angaben auf der Kennzeichnung und solchen in der Gebrauchsanweisung. Die für die sichere Anwendung erforderlichen Informationen müssen, soweit dies praktikabel und angemessen ist, auf dem Produkt selbst und/oder auf der Stückpackung oder gegebenenfalls auf der Handelspackung angegeben sein. Falls eine Einzelverpackung nicht möglich ist, müssen die Angaben auf einer Begleitinformation für ein oder mehrere Produkte erscheinen. Jedem Produkt muss in seiner Verpackung eine Gebrauchsanweisung beigegeben sein. Eine Gebrauchsanweisung ist für Produkte der Klasse I und der Klasse IIa dann entbehrlich, wenn die vollständig sichere Anwendung des Produkts ohne Gebrauchsanweisung gewährleistet ist.

13.2. Die Angaben sollten nach Möglichkeit in Form von Symbolen gemacht werden. Wenn Symbole und gegebenenfalls Identifizierungsfarben verwendet werden, müssen diese den harmonisierten Normen entsprechen. Falls solche Normen für den betreffenden Bereich nicht existieren, müssen die Symbole und Identifizierungsfarben in der beigegebenen Produktdokumentation erläutert werden.

13.3. Die Kennzeichnung muss folgende Angaben enthalten:

a) Name oder Firma und Anschrift des Herstellers; bei Produkten, die in die Gemeinschaft eingeführt werden, um dort vermarktet zu werden, muss die Kennzeichnung oder die äußere Verpackung oder die Gebrauchsanweisung ferner den Namen und die Anschrift entweder der verantwortlichen Person gemäß Artikel 14 Absatz 2 oder des in der Gemeinschaft niedergelassenen Bevollmächtigten des Herstellers oder des in der Gemeinschaft niedergelassenen Importeurs enthalten;

b) alle unbedingt erforderlichen Angaben, aus denen der Anwender ersehen kann, worum es sich bei dem Produkt oder Packungsinhalt handelt;

c) gegebenenfalls den Hinweis „STERIL";

d) gegebenenfalls den Loscode nach dem Wort „LOS" oder die Seriennummer;

e) gegebenenfalls das Datum, angegeben nach Jahr und Monat, bis zu dem eine gefahrlose Anwendung des Produkts möglich ist;

f) gegebenenfalls den Hinweis, dass das Produkt zum einmaligen Gebrauch bestimmt ist;

g) bei Sonderanfertigungen den Hinweis „Sonderanfertigung";

h) bei für klinische Prüfungen bestimmten Produkten den Hinweis „nur für klinische Prüfungen";

i) gegebenenfalls besondere Hinweise zu Lagerung und/oder Handhabung;

j) gegebenenfalls besondere Anwendungshinweise;

k) gegebenenfalls Warnungen und/oder Hinweise auf zu treffende Vorsichtsmaßnahmen;

l) bei aktiven Produkten mit Ausnahme der Produkte gemäß Buchstabe e) Angabe des Herstellungsjahres; diese Angabe kann in der Los- bzw. Seriennummer erscheinen;

m) gegebenenfalls das Sterilisationsverfahren;

n) im Falle eines Produkts im Sinne von Artikel 1 Absatz 4a einen Hinweis darauf, dass das Produkt als Bestandteil ein Derivat aus menschlichem Blut enthält.

13.4. Wenn die Zweckbestimmung eines Produkts für den Anwender nicht offensichtlich ist, muss der Hersteller diese deutlich auf der Kennzeichnung und in der Gebrauchsanweisung angeben.

13.5. Die Produkte und ihre abnehmbaren Bauteile müssen gegebenenfalls auf der Ebene der Produktlose und soweit vernünftigerweise praktikabel identifizierbar sein, damit jede geeignete Maßnahme getroffen werden kann, um mögliche Risiken im Zusammenhang mit den Produkten und ihren abnehmbaren Bauteilen festzustellen.

13.6. Die Gebrauchsanweisung muss nach Maßgabe des konkreten Falles folgende Angaben enthalten:

a) die Angaben gemäß Abschnitt 13.3 mit Ausnahme der Angaben in dessen Buchstaben d) und e);

b) die Leistungsdaten gemäß Abschnitt 3 sowie etwaige unerwünschte Nebenwirkungen;

c) bei Produkten, die zur Erfüllung ihrer Zweckbestimmung mit anderen medizinischen Einrichtungen oder Ausrüstungen kombiniert oder an diese angeschlossen werden müssen: alle Merkmale, soweit sie zur Wahl der für eine sichere Kombination erforderlichen Einrichtungen oder Ausrüstungen erforderlich sind;

d) alle Angaben, mit denen überprüft werden kann, ob ein Produkt ordnungsgemäß installiert worden ist und sich in sicherem und betriebsbereitem Zustand befindet, sowie Angaben zu Art und Häufigkeit der Instandhaltungsmaßnahmen und der Kalibrierungen, die erforderlich sind, um den sicheren und ordnungsgemäßen Betrieb der Produkte fortwährend zu gewährleisten;

e) gegebenenfalls zweckdienliche Angaben, die zur Vermeidung bestimmter Risiken im Zusammenhang mit der Implantation des Produkts zu beachten sind;

f) Angaben zu den Risiken wechselseitiger Störung, die sich im Zusammenhang mit dem Produkt bei speziellen Untersuchungen oder Behandlungen ergibt;

g) Anweisungen für den Fall, dass die Steril-Verpackung beschädigt wird; dazu gegebenenfalls die Angabe geeigneter Verfahren zur erneuten Sterilisation;

h) bei wiederzuverwendenden Produkten Angaben über geeignete Aufbereitungsverfahren, z. B. Reinigung, Desinfektion, Verpackung und gegebenenfalls Sterilisationsverfahren, wenn eine erneute Sterilisation erforderlich ist, sowie Angaben zu einer eventuellen zahlenmäßigen Beschränkung der Wiederverwendungen; bei der Lieferung von Produkten, die vor der Anwendung zu sterilisieren sind, müssen die Angaben zur Reinigung und Sterilisation sicherstellen, dass das Produkt bei ihrer ordnungsgemäßen Befolgung die Anforderungen des Abschnitts I nach wie vor erfüllt;

i) Hinweise auf eine möglicherweise vor der Anwendung eines Produkts erforderliche besondere Behandlung oder zusätzliche Aufbereitung (z. B. Sterilisation, Montage usw.);

j) bei Produkten, die Strahlungen zu medizinischen Zwecken aussenden, Angaben zu Beschaffenheit, Art, Intensität und Verteilung dieser Strahlungen. Gegebenenfalls muss die Gebrauchsanweisung außerdem Angaben enthalten, die es dem medizinischen Personal erlauben, den Patienten auf Gegenanzeigen und zu treffende Vorsichtsmaßnahmen hinzuweisen. Dabei handelt es sich insbesondere um folgende Punkte:

k) Vorsichtsmaßnahmen, die im Falle von Änderungen in der Leistung des Produkts zu treffen sind;

l) Vorsichtsmaßnahmen für den Fall, dass es unter vernünftigerweise vorhersehbaren Umgebungsbedingungen zu einer Exposition gegenüber Magnetfeldern, elektrischen Fremdeinflüssen, elektrostatischen Entladungen, Druck oder Druckschwankungen, Beschleunigung, Wärmequellen mit der Gefahr einer Selbstentzündung usw. kommt;

m) ausreichende Angaben zu Arzneimitteln, für deren Verabreichung das betreffende Produkt bestimmt ist; hierzu zählen auch Angaben zu Beschränkungen in der Wahl der zu verabreichenden Stoffe;

n) Vorsichtsmaßnahmen für den Fall, dass ein Produkt im Hinblick auf seine Entsorgung eine besondere oder ungewöhnliche Gefahr darstellt;

o) Stoffe, die gemäß Abschnitt 7.4 einen Bestandteil des Produkts bilden;

p) bei Produkten mit Meßfunktion der vom Hersteller vorgegebene Genauigkeitsgrad;

14. Ist die Konformität mit den grundlegenden Anforderungen wie in Ziffer I Abschnitt 6 durch klinische Daten zu belegen, so müssen diese Daten gemäß Anhang X ermittelt werden.

RICHTLINIE 98/79/EG DES EUROPÄISCHEN PARLAMENTS UND DES RATES

vom 27. Oktober 1998

über In-vitro-Diagnostika

(ABl. L 331 vom 07.12.1998, S. 1) zuletzt geändert durch Verordnung (EG) Nr. 1882/2003 des Europäischen Parlaments und des Rates vom 29. September 2003 (ABl. L 284 vom 31.10.2003, S. 1)

Zuletzt geändert durch Art. 1 ÄndRL 2011/100/EU vom 20.12.2011 (ABl. Nr. L 341 S. 50)

ANHANG I

GRUNDLEGENDE ANFORDERUNGEN

A. ALLGEMEINE ANFORDERUNGEN

1. Die Produkte müssen so ausgelegt und hergestellt sein, dass ihre Anwendung weder den klinischen Zustand und die Sicherheit der Patienten noch die Sicherheit und Gesundheit der Anwender oder gegebenenfalls Dritter oder die Sicherheit von Eigentum direkt oder indirekt gefährdet, wenn sie unter den vorgesehenen Bedingungen und zu den vorgesehenen Zwecken eingesetzt werden. Etwaige Risiken im Zusammenhang mit ihrer Anwendung müssen im Vergleich zu der nützlichen Wirkung für den Patienten vertretbar und mit einem hohen Maß an Schutz von Gesundheit und Sicherheit vereinbar sein.

2. Die vom Hersteller bei der Auslegung und Konstruktion der Produkte gewählten Lösungen müssen den Grundsätzen der integrierten Sicherheit unter Berücksichtigung des allgemein anerkannten Stands der Technik entsprechen. Bei der Wahl der angemessensten Lösungen muss der Hersteller folgende Grundsätze in der angegebenen Reihenfolge anwenden:

- weitest mögliche Beseitigung oder Minimierung der Risiken (Integration des Sicherheitskonzepts in die Auslegung und Konstruktion des Produkts);

- gegebenenfalls Ergreifen angemessener Schutzmaßnahmen gegen nicht zu beseitigende Risiken;

- Unterrichtung der Benutzer über die Restrisiken, für die keine angemessenen Schutzmaßnahmen getroffen werden können.

3. Die Produkte müssen so ausgelegt und hergestellt sein, dass sie nach dem allgemein anerkannten Stand der Technik für die nach Artikel 1 Absatz 2 Buchstabe b) vom Hersteller festgelegte Zweckbestimmung geeignet sind. Sie müssen – soweit zutreffend – die Leistungsparameter insbesondere im Hinblick auf die

vom Hersteller angegebene analytische Sensitivität, diagnostische Sensitivität, analytische Spezifität, diagnostische Spezifität, Genauigkeit Wiederholbarkeit, Reproduzierbarkeit, einschließlich der Beherrschung der bekannten Interferenzen und Nachweisgrenzen, erreichen. Die Rückverfolgbarkeit der dem Kalibriermaterial und/oder dem Kontrollmaterial zugeschriebenen Werte muss durch verfügbare Referenzmeßverfahren und/oder übergeordnete Referenzmaterialien gewährleistet sein.

4. Die Merkmale und Leistungen gemäß den Nummern 1 und 3 dürfen sich nicht derart ändern, dass der klinische Zustand oder die Sicherheit der Patienten oder Anwender oder gegebenenfalls Dritter während der Lebensdauer der Produkte nach Maßgabe der vom Hersteller gemachten Angaben gefährdet werden, wenn diese Produkte Belastungen ausgesetzt werden, wie sie unter normalen Einsatzbedingungen auftreten können. Ist keine Lebensdauer angegeben, gilt die Forderung gleichermaßen für die von einem Produkt dieser Art vernünftigerweise zu erwartende Lebensdauer, wobei die Einsatzbedingungen und die Zweckbestimmung des Produkts zu berücksichtigen sind.

5. Die Produkte müssen so ausgelegt, hergestellt und verpackt sein, dass sich ihre Einsatzmerkmale und -leistungen während ihrer bestimmungsgemäßen Anwendung unter den nach der Gebrauchsanweisung und sonstigen Hinweisen des Herstellers entsprechenden Lagerungs- und Transportbedingungen (Temperatur, Feuchtigkeit usw.) nicht ändern.

B. ANFORDERUNGEN AN AUSLEGUNG UND HERSTELLUNG

1. Chemische und physikalische Eigenschaften

1.1. Die Produkte müssen so ausgelegt und hergestellt sein, dass die Merkmale und Leistungen gemäß Abschnitt A „Allgemeine Anforderungen" gewährleistet sind. Dabei ist bei bestimmungsgemäßer Anwendung besonders auf eine mögliche Beeinträchtigung der Analysenleistung des Produkts durch eine Unverträglichkeit zwischen den eingesetzten Materialien und den mit dem Produkt zu verwendenden Proben (z. B. biologische Gewebe, Zellen, Körperflüssigkeiten und Mikroorganismen) zu achten.

1.2. Die Produkte müssen so ausgelegt, hergestellt und verpackt sein, dass eine Gefährdung des Transport-, Lager- und Bedienungspersonals durch Stoffe, die dem Produkt entweichen, Schadstoffe und Rückstände bei bestimmungsgemäßer Anwendung so gering wie möglich gehalten wird.

2. Infektion und mikrobielle Kontamination

2.1. Die Produkte und ihre Herstellungsverfahren müssen so ausgelegt sein, dass das Infektionsrisiko für den Anwender und für Dritte ausgeschlossen oder minimiert wird. Die Auslegung muss eine leichte Handhabung erlauben und gegebenenfalls das Risiko einer Kontamination oder eines Entweichens von Stoffen aus dem Produkt während der Anwendung und bei Probenbehältnissen das Risiko einer Kontamination der Probe minimieren. Das Herstellungsverfahren muss darauf abgestimmt sein.

2.2 Gehören zu den Bestandteilen eines Produkts biologische Substanzen, so sind die Infektionsrisiken durch Auswahl geeigneter Spender, geeigneter Substanzen und durch Verwendung geeigneter, validierter Inaktivierungs-, Konservierungs-, Prüf- und Kontrollverfahren zu minimieren.

2.3. Produkte, deren Kennzeichnung entweder den Hinweis „STERIL" oder die Angabe eines speziellen mikrobiellen Status enthält, müssen unter Anwendung angemessener Verfahren so ausgelegt, hergestellt und in einer geeigneten Verpackung verpackt sein, dass gewährleistet ist, dass der auf der Kennzeichnung der Produkte angegebene mikrobielle Status nach dem Inverkehrbringen unter den vom Hersteller festgelegten Lager- und Transportbedingungen erhalten bleibt, solange die Steril-Verpackung nicht beschädigt oder geöffnet wird.

2.4. Produkte, deren Kennzeichnung entweder den Hinweis „STERIL" oder die Angabe eines speziellen mikrobiellen Status enthält, müssen nach einem geeigneten, validierten Verfahren hergestellt worden sein.

2.5. Verpackungssysteme für Produkte, die nicht unter Nummer 2.3 fallen, müssen so beschaffen sein, dass die vom Hersteller angegebene Reinheit des Produkts unbeschadet erhalten bleibt und, wenn die Produkte vor ihrer Anwendung sterilisiert werden müssen, das Risiko einer mikrobiellen Kontamination so gering wie möglich gehalten wird. Es sind Maßnahmen zu treffen, um das Risiko einer mikrobiellen Kontamination während der Auswahl und Handhabung von Rohstoffen sowie der Herstellung, der Lagerung und des Vertriebs soweit wie möglich zu verringern, wenn die Leistung des Produkts durch eine solche Kontamination beeinträchtigt werden kann.

2.6. Produkte, die sterilisiert werden sollen, müssen unter angemessenen überwachten Bedingungen (z. B. Umgebungsbedingungen) hergestellt sein.

2.7. Verpackungssysteme für nicht sterile Produkte müssen so beschaffen sein, dass die vorgesehene Reinheit des Produkts unbeschadet erhalten bleibt und, wenn das Produkt vor einer Anwendung sterilisiert werden soll, das Risiko einer mikrobiellen Kontamination soweit wie möglich verringert wird; das Verpackungssystem muss sich für das vom Hersteller angegebene Sterilisationsverfahren eignen.

3. Konstruktion und Umgebungsbedingungen

3.1. Wenn ein Produkt zur Anwendung in Kombination mit anderen Produkten oder Ausrüstungen bestimmt ist, muss die gesamte Kombination einschließlich der Anschlüsse sicher sein, und sie darf die vorgesehene Leistung der Produkte nicht beeinträchtigen. Jede Einschränkung der Anwendung muss auf der Kennzeichnung und/oder in der Gebrauchsanweisung angegeben werden.

3.2. Die Produkte müssen so ausgelegt und hergestellt sein, dass die Risiken im Zusammenhang mit ihrer Verwendung in Verbindung mit den Materialien, Stoffen und Gasen, mit denen sie bei ihrer normalen Verwendung in Kontakt kommen können, minimiert werden.

3.3. Die Produkte müssen so ausgelegt und hergestellt sein, dass folgende Risiken ausgeschlossen oder so gering wie möglich gehalten werden:

- Verletzungsrisiken im Zusammenhang mit ihren physikalischen Eigenschaften (einschließlich der Aspekte von Volumen × Druck, Abmessungen und gegebenenfalls ergonomischen Merkmalen);
- Risiken im Zusammenhang mit vernünftigerweise vorhersehbaren Umgebungsbedingungen, wie z. B. Magnetfeldern, elektrischen Fremdeinflüssen, elektrostatischen Entladungen, Druck, Feuchtigkeit, Temperatur, Druckschwankungen oder Beschleunigung oder die nicht beabsichtigte Penetration von Stoffen in das Produkt. Die Produkte müssen so ausgelegt und hergestellt sein, dass sie eine angemessene Festigkeit gegenüber elektromagnetischen Störungen aufweisen, so dass ein bestimmungsgemäßer Betrieb möglich ist.

3.4. Die Produkte müssen so ausgelegt und hergestellt sein, dass das Brand- oder Explosionsrisiko bei normaler Anwendung und beim Erstauftreten eines Defekts so gering wie möglich gehalten wird. Dies gilt insbesondere für solche Produkte, die entsprechend ihrer Zweckbestimmung entflammbaren oder brandfördernden Stoffen ausgesetzt oder damit in Verbindung gebracht werden.

3.5. Die Produkte müssen so ausgelegt und hergestellt sein, dass eine sichere Entsorgung möglich ist.

3.6. Meß-, Kontroll- und Anzeigeeinrichtungen (einschließlich Veränderungen bei der Farbanzeige und andere optische Indikatoren) müssen so ausgelegt und hergestellt sein, dass sie bei bestimmungsgemäßer Anwendung des Produkts ergonomischen Grundsätzen entsprechen.

4. Instrumente und Apparate mit Meßfunktion

4.1. Produkte, bei denen es sich um Instrumente oder Apparate mit primärer analytischer Meßfunktion handelt, müssen so ausgelegt und hergestellt sein, dass unter Berücksichtigung der Zweckbestimmung des Produkts und bestehender geeigneter Referenzmeßverfahren und -materialien innerhalb geeigneter Genauigkeitsgrenzen angemessene Konstanz und Genauigkeit der Messung gewährleistet sind. Die vom Hersteller gewählten Genauigkeitsgrenzen sind von ihm anzugeben.

4.2. Bei Angabe der Messwerte in numerischer Form sind die gesetzlichen Einheiten gemäß den Vorschriften der Richtlinie 80/181/EWG des Rates vom 20.

Dezember 1979 zur Angleichung der Rechtsvorschriften der Mitgliedstaaten über die Einheiten im Messwesen () zu verwenden.

5. Schutz vor Strahlungen

5.1. Die Produkte müssen so ausgelegt, hergestellt und verpackt sein, dass die Exposition von Anwendern und sonstigen Personen gegenüber ausgesandten Strahlungen auf das Mindestmaß beschränkt wird.

5.2. Produkte, die bestimmungsgemäß potentiell gefährliche sichtbare und/oder unsichtbare Strahlungen aussenden, müssen soweit möglich so ausgelegt und hergestellt sein, dass die Merkmale und Quantität der abgegebenen Strahlung kontrollier- und/oder einstellbar sind; mit visuellen und/oder akustischen Einrichtungen zur Anzeige dieser Strahlungen ausgestattet sein.

5.3. Die Gebrauchsanweisung von Produkten, die Strahlungen aussenden, muss genaue Angaben zu den Merkmalen der Strahlenemission, zu den Möglichkeiten des Strahlenschutzes für den Anwender und zur Vermeidung falscher Handhabung sowie zur Ausschaltung installationsbedingter Risiken enthalten.

6. Anforderungen an Medizinprodukte mit externer oder interner Energiequelle

6.1. Produkte, die mit programmierbaren Elektroniksystemen, einschließlich Software, ausgestattet sind, müssen so ausgelegt sein, dass Wiederholpräzision, Zuverlässigkeit und Leistung dieser Systeme entsprechend der Zweckbestimmung gewährleistet sind.

6.2. Die Produkte müssen so ausgelegt und hergestellt sein, dass die Gefahr der Entstehung elektromagnetischer Störungen, die in ihrer üblichen Umgebung befindliche weitere Einrichtungen oder Ausrüstungen in deren Funktion beeinträchtigen können, auf ein Mindestmaß beschränkt wird.

6.3. Die Produkte müssen so ausgelegt und hergestellt sein, dass das Risiko von unbeabsichtigten Stromstößen bei sachgemäßer Installation und Wartung sowie bei normaler Anwendung und beim Erstauftreten eines Defekts so weit wie möglich ausgeschaltet wird.

6.4. Schutz vor mechanischen und thermischen Gefahren

6.4.1. Die Produkte müssen so ausgelegt und hergestellt sein, dass der Anwender vor mechanischen Gefahren geschützt ist. Die Produkte müssen unter den vorgesehenen Betriebsbedingungen ausreichend stabil sein. Sie müssen den ihrem vorgesehenen Arbeitsumfeld eigenen Belastungen standhalten können, und diese Stabilität muss während der erwarteten Lebensdauer der Produkte gegeben sein; dies gilt vorbehaltlich der vom Hersteller angegebenen Inspektions- und Wartungsanforderungen. Sofern Risiken infolge des Vorhandenseins von beweglichen Teilen, Risiken aufgrund von Bersten oder Ablösung oder die Gefahr des Entweichens von Substanzen bestehen, müssen geeignete Schutzvorkehrungen in den Produkten vorgesehen sein. Schutzeinrichtungen oder sonstige an dem Produkt selbst vorgesehene Schutzvorrichtungen, insbesondere gegen Gefahren durch bewegliche Teile, müssen sicher sein und dürfen weder den Zugang im Hinblick auf die normale Bedienung des Produkts behindern, noch die vom Hersteller vorgesehene regelmäßige Wartung des Produkts einschränken.

6.4.2. Die Produkte müssen so ausgelegt und hergestellt sein, dass die Risiken, die durch von den Produkten erzeugte mechanische Schwingungen bedingt sind, unter Berücksichtigung des technischen Fortschritts so gering wie möglich gehalten werden, soweit diese Schwingungen nicht im Rahmen der vorgesehenen Anwendung beabsichtigt sind; dabei sind die vorhandenen Möglichkeiten zur Minderung der Schwingungen, insbesondere an deren Ursprung, zu nutzen.

6.4.3. Die Produkte müssen so ausgelegt und hergestellt sein, dass die Risiken, die durch Geräuschemissionen der Produkte bedingt sind, unter Berücksichtigung des technischen Fortschritts so gering wie möglich gehalten werden, soweit die akustischen Signale nicht im Rahmen der vorgesehenen Anwendung beabsichtigt sind; dabei sind die vorhandenen Möglichkeiten zur Minderung der Geräuschemissionen, insbesondere an deren Ursprung, zu nutzen.

6.4.4. Vom Anwender zu bedienende Endeinrichtungen und Anschlüsse an Energiequellen für den Betrieb mit elektrischer, hydraulischer oder pneumatischer Energie oder mit Gas müssen so ausgelegt und hergestellt sein, dass jede mögliche Gefährdung so gering wie möglich gehalten wird.

6.4.5. Zugängliche Teile von Produkten (mit Ausnahme von Teilen oder Bereichen, die Wärme abgeben oder bestimmte Temperaturen erreichen sollen) sowie deren Umgebung dürfen keine Temperaturen erreichen, die bei normaler Anwendung eine Gefährdung darstellen können.

7. Anforderungen an Produkte zur Eigenanwendung

Produkte zur Eigenanwendung müssen so ausgelegt und hergestellt sein, dass sie ihre Funktion unter Berücksichtigung der Fertigkeiten und Möglichkeiten der Anwender sowie der Auswirkungen der normalerweise zu erwartenden Schwankungen in der Verfahrensweise und der Umgebung der Anwender bestimmungsgemäß erfüllen können. Die vom Hersteller beigefügten Angaben und Anweisungen müssen für den Anwender leicht verständlich und anwendbar sein.

7.1. Produkte zur Eigenanwendung müssen so ausgelegt und hergestellt sein, dass

- gewährleistet ist, dass das Produkt für den nicht medizinisch ausgebildeten Anwender in allen Bedienungsphasen einfach anzuwenden ist, und
- die Gefahr einer falschen Handhabung des Produkts oder einer falschen Interpretation der Ergebnisse durch den Anwender so gering wie möglich gehalten wird.

7.2. Produkte zur Eigenanwendung müssen, soweit es unter vertretbaren Bedingungen möglich ist, mit einem Verfahren zur Anwenderkontrolle versehen sein, d. h. einem Verfahren, mit dem der Anwender kontrollieren kann, ob das Produkt bei der Anwendung bestimmungsgemäß arbeitet.

8. Bereitstellung von Informationen durch den Hersteller

8.1. Jedem Produkt sind Informationen beizugeben, die unter Berücksichtigung des Ausbildungs- und Kenntnisstandes des vorgesehenen Anwenderkreises die ordnungsgemäße und sichere Anwendung des Produkts und die Ermittlung des Herstellers ermöglichen. Diese Informationen umfassen die Angaben in der Kennzeichnung und in der Gebrauchsanweisung. Die für die ordnungsgemäße und sichere Anwendung erforderlichen Informationen müssen, soweit dies praktikabel und angemessen ist, auf dem Produkt selbst und/oder gegebenenfalls auf der Handelspackung angegeben sein. Falls die vollständige Kennzeichnung jeder Einheit nicht möglich ist, müssen die Angaben auf der Verpackung und/oder in der für ein oder mehrere Produkte mitgelieferten Gebrauchsanweisung erscheinen. Eine Gebrauchsanweisung muss jedem Produkt beigefügt oder in der Verpackung für ein oder mehrere Produkte enthalten sein. In hinlänglich begründeten Fällen ist eine Gebrauchsanweisung ausnahmsweise entbehrlich, wenn die ordnungsgemäße und sichere Anwendung des Produkts ohne Gebrauchsanweisung gewährleistet ist. Die Entscheidung über die Übersetzung der Gebrauchsanweisung und der Kennzeichnung in eine oder mehrere Sprachen der Europäischen Union wird den Mitgliedstaaten überlassen mit dem Vorbehalt, dass bei Produkten zur Eigenanwendung die Gebrauchsanweisung und die Kennzeichnung eine Übersetzung in der (den) Amtssprache(n) des Mitgliedstaats enthalten, in dem der Endverbraucher das Produkt zur Eigenanwendung erhält.

8.2. Die Angaben sollten gegebenenfalls in Form von Symbolen gemacht werden. Soweit Symbole und Identifizierungsfarben verwendet werden, müssen sie den harmonisierten Normen entsprechen. Falls solche Normen für den betreffenden Bereich nicht existieren, müssen die verwendeten Symbole und Identifizierungsfarben in der beigegebenen Produktdokumentation erläutert werden.

8.3. Bei Produkten, die eine Substanz oder Zubereitung enthalten, die aufgrund der Merkmale und der Menge ihrer Bestandteile sowie der Form, in der sie vorliegen, als gefährlich betrachtet werden kann, sind die jeweiligen Gefahrensymbole und Kennzeichnungsanforderungen gemäß den Richtlinien 67/548/EWG () und 88/379/EWG () anzuwenden. Wenn nicht alle Angaben auf dem Produkt oder in seiner Kennzeichnung angebracht werden können, sind die jeweiligen Gefahrensymbole in der Kennzeichnung anzubringen und die sonstigen gemäß diesen Richtlinien erforderlichen Angaben in der Gebrauchsanweisung zu machen. Die Bestimmungen der vorstehend genannten Richtlinien zum Sicherheitsdatenblatt gelten, wenn nicht alle zweckdienlichen Angaben bereits in der Gebrauchsanweisung enthalten sind.

8.4. Die Kennzeichnung muss folgende Angaben gegebenenfalls in Form von geeigneten Symbolen enthalten:

a) Name oder Firma und Anschrift des Herstellers. Bei Produkten, die in die Gemeinschaft eingeführt werden, um dort vertrieben zu werden, müssen die Kennzeichnung, die äußere Verpackung oder die Gebrauchsanweisung ferner den Namen und die Anschrift des Bevollmächtigten des Herstellers aufweisen;

b) alle unbedingt erforderlichen Angaben, aus denen der Anwender eindeutig ersehen kann, worum es sich bei dem Produkt oder Packungsinhalt handelt;

c) gegebenenfalls den Hinweis „STERIL" oder eine Angabe zum speziellen mikrobiellen Status oder Reinheitsgrad;

d) den Loscode nach dem Wort „LOS" oder die Seriennummer;

e) erforderlichenfalls das Datum, angegeben in der Reihenfolge von Jahr, Monat und gegebenenfalls Tag, bis zu dem das Produkt oder eines seiner Teile ohne Verminderung der Leistungsfähigkeit sicher angewendet werden kann;

f) bei Produkten für Leistungsbewertungszwecke den Hinweis „nur für Leistungsbewertungszwecke";

g) gegebenenfalls einen Hinweis darauf, dass es sich um ein Produkt zur In-vitro-Anwendung handelt;

h) besondere Hinweise zur Lagerung und/oder Handhabung;

i) gegebenenfalls besondere Anwendungshinweise;

j) geeignete Warnhinweise und/oder Hinweise auf zu treffende Vorsichtsmaßnahmen;

k) wenn Produkte zur Eigenanwendung bestimmt sind, ist dies deutlich hervorzuheben.

8.5. Wenn die Zweckbestimmung eines Produkts für den Anwender nicht offensichtlich ist, muss der Hersteller diese in der Gebrauchsanweisung und gegebenenfalls auf der Kennzeichnung deutlich angeben.

8.6. Soweit vernünftigerweise praktikabel, müssen die Produkte und ihre eigenständigen Komponenten gegebenenfalls auf der Ebene der Produktlose identifizierbar sein, damit jede geeignete Maßnahme getroffen werden kann, um eine mögliche Gefährdung im Zusammenhang mit den Produkten und ihren eigenständigen Komponenten festzustellen.

8.7. Die Gebrauchsanweisung muss nach Maßgabe des konkreten Falls folgende Angaben enthalten:

a) Die Angaben gemäß Nummer 8.4 mit Ausnahme der Angaben unter deren Buchstaben d) und e);

b) die Zusammensetzung des Reagenzprodukts nach Art und Menge oder Konzentration des bzw. der wirksamen Bestandteile des Reagenz (der Reagenzien) oder des Kits sowie gegebenenfalls einen Hinweis darauf, dass das Produkt noch weitere die Messung beeinflussende Inhaltsstoffe enthält;

c) die Lagerungsbedingungen und die Verwendungsdauer nach dem erstmaligen Öffnen der Primärverpackung, zusammen mit den Lagerungsbedingungen und der Stabilität der Arbeitsreagenzien;

d) die Leistungsdaten gemäß Abschnitt A Nummer 3;

e) Angaben zu eventuell erforderlichen besonderen Materialien, einschließlich der Informationen, die im Hinblick auf eine ordnungsgemäße Anwendung für die Identifizierung dieser Materialien erforderlich sind;

f) Angaben zur Art des zu verwendenden Spezimens, darunter gegebenenfalls besondere Bedingungen für die Gewinnung, Vorbehandlung und, soweit erforderlich, Lagerung sowie Hinweise zur Vorbereitung des Patienten;

g) eine detaillierte Beschreibung der bei der Anwendung des Produkts zu wählenden Verfahrensweise;

h) Angaben zu dem für das Produkt anzuwendenden Messverfahren, darunter, soweit zutreffend,

- zum Prinzip des Verfahrens;

- zu den speziellen Leistungsmerkmalen der Analyse (z. B. Empfindlichkeit, Spezifität, Genauigkeit, Wiederholbarkeit, Reproduzierbarkeit, Nachweisgrenzen und Messbereich, einschließlich der Angaben, die zur Kontrolle der bekannten relevanten Interferenzen erforderlich sind), den Begrenzungen des Verfahrens und zur Anwendung verfügbarer Referenzmeßverfahren und -materialien durch den Anwender;

- nähere Angaben zu weiteren, vor Anwendung des Produkts erforderlichen Verfahren oder Schritten (z. B. Rekonstitution, Inkubation, Verdünnung, Instrumentenprüfung usw.);

- gegebenenfalls der Hinweis, dass eine besondere Ausbildung erforderlich ist;

i) den mathematischen Ansatz, auf dem die Berechnung der Analysenergebnisse beruht;

j) die Maßnahmen, die im Fall von Änderungen in der Analysenleistung des Produkts zu treffen sind;

k) geeignete Angaben für den Anwender:

- zur internen Qualitätskontrolle, einschließlich spezieller Validierungsverfahren,

- zur Rückverfolgbarkeit der Kalibrierung des Produkts;

l) die Referenzbereiche für die Bestimmung der Messgrößen, einschließlich einer Angabe der geeigneten Referenzpopulationen;

m) bei Produkten, die zur Erfüllung ihrer Zweckbestimmung mit anderen Medizinprodukten oder Ausrüstungen kombiniert oder an diese angeschlossen werden müssen: alle Merkmale, die zur Wahl der für eine sichere und ordnungsgemäße Kombination erforderlichen Geräte oder Ausrüstungen erforderlich sind;

n) alle Angaben, mit denen überprüft werden kann, ob ein Produkt ordnungsgemäß installiert worden ist und sich in sicherem und betriebsbereitem Zustand befindet, dazu Angaben zu Art und Häufigkeit der Instandhaltungsmaßnahmen und der Kalibrierungen, die erforderlich sind, um den sicheren und ordnungsgemäßen Betrieb der Produkte auf Dauer zu gewährleisten; Angaben zu einer sicheren Entsorgung;

o) Hinweise auf eine möglicherweise vor der Anwendung eines Produkts erforderliche besondere Behandlung oder zusätzliche Aufbereitung (z. B. Sterilisation, Montage usw.);

p) Anweisungen für den Fall, dass die Schutzverpackung beschädigt wird; dazu gegebenenfalls die Angabe geeigneter Verfahren zur erneuten Sterilisation oder Dekontamination;

q) bei wiederzuverwendenden Produkten Angaben über geeignete Aufbereitungsverfahren, z. B. zur Reinigung, Desinfektion, Verpackung, erneuten Sterilisation oder Dekontamination, dazu Angaben zu einer eventuellen Beschränkung der Anzahl der Wieder-verwendungen;

r) Vorsichtsmaßnahmen für den Fall, dass es unter vernünftigerweise vorhersehbaren Umgebungsbedingungen zu einer Exposition gegenüber Magnetfeldern, elektrischen Fremdeinflüssen, elektrostatischen Entladungen, Druck oder Druckschwankungen, Beschleunigung, Wärmequellen mit der Gefahr einer Selbstentzündung usw. kommt;

s) Vorsichtsmaßnahmen gegen besondere oder ungewöhnliche Risiken im Zusammenhang mit der Verwendung oder Entsorgung des Produkts, einschließlich besonderer Schutzmaßnahmen; wenn das Produkt Stoffe menschlichen oder tierischen Ursprungs enthält, Hinweis auf das dadurch gegebene potentielle Infektionsrisiko;

t) Spezifikationen für Produkte zur Eigenanwendung:
- die Ergebnisse sind so anzugeben und darzustellen, dass sie von einem Laien ohne Schwierigkeiten verstanden werden; gleichzeitig sind Hinweise und Anweisungen für den Anwender zu den zu treffenden Maßnahmen (bei positivem, negativem oder unklarem Ergebnis) und zur Möglichkeit eines falsch positiven oder falsch negativen Ergebnisses erforderlich;

- besondere Angaben sind dann nicht erforderlich, wenn die anderen vom Hersteller gemachten Angaben ausreichen, um den Anwender in die Lage zu versetzen, das Produkt einzusetzen und das bzw. die vom Produkt erzeugten Ergebnisse zu verstehen;

- einen deutlichen Hinweis für den Anwender, dass dieser ohne vorherige Konsultation seines Arztes keine medizinisch wichtige Entscheidung treffen darf;

- aus den Hinweisen muss auch hervorgehen, dass der Patient, wenn er ein Produkt zur Eigenanwendung zur Kontrolle einer bereits bestehenden Erkrankung einsetzt, die betreffende Behandlung nur anpassen darf, wenn er die dazu erforderliche Schulung erhalten hat;

u) das Datum der Herausgabe oder der jüngsten Überarbeitung der Gebrauchsanweisung.

RICHTLINIE 2006/42/EG DES EUROPÄISCHEN PARLAMENTS UND DES RATES

vom 17. Mai 2006

über Maschinen und zur Änderung der Richtlinie 95/16/EG (Neufassung)

(ABl. L 157 vom 09.06.2006, S. 24). Zuletzt geändert durch Richtlinie 2009/127/EG des Europäischen Parlaments und des Rates vom 21. Oktober 2009 (ABl. L 310 25.11.2009 S. 29)

Zuletzt geändert durch Art. 77 ÄndVO (EU) 167/2013 vom 05.02.2013 (ABl. Nr. L 60 S. 1)

ANHANG I

Grundlegende Sicherheits- und Gesundheitsschutzanforderungen für Konstruktion und Bau von Maschinen

ALLGEMEINE GRUNDSÄTZE

1. Der Hersteller einer Maschine oder sein Bevollmächtigter hat dafür zu sorgen, dass eine Risikobeurteilung vorgenommen wird, um die für die Maschine geltenden Sicherheits- und Gesundheitsschutzanforderungen zu ermitteln. Die Maschine muss dann unter Berücksichtigung der Ergebnisse der Risikobeurteilung konstruiert und gebaut werden. Bei den vorgenannten iterativen Verfahren der Risikobeurteilung und Risikominderung hat der Hersteller oder sein Bevollmächtigter

- die Grenzen der Maschine zu bestimmen, was ihre bestimmungsgemäße Verwendung und jede vernünftigerweise vorhersehbare Fehlanwendung einschließt;

- die Gefährdungen, die von der Maschine ausgehen können, und die damit verbundenen Gefährdungssituationen zu ermitteln;

- die Risiken abzuschätzen unter Berücksichtigung der Schwere möglicher Verletzungen oder Gesundheitsschäden und der Wahrscheinlichkeit ihres Eintretens;
- die Risiken zu bewerten, um zu ermitteln, ob eine Risikominderung gemäß dem Ziel dieser Richtlinie erforderlich ist;
- die Gefährdungen auszuschalten oder durch Anwendung von Schutzmaßnahmen die mit diesen Gefährdungen verbundenen Risiken in der in Nummer 1.1.2 Buchstabe b festgelegten Rangfolge zu mindern.

2. Die mit den grundlegenden Sicherheits- und Gesundheitsschutzanforderungen verbundenen Verpflichtungen gelten nur dann, wenn an der betreffenden Maschine bei Verwendung unter den vom Hersteller oder seinem Bevollmächtigten vorgesehenen Bedingungen oder unter vorhersehbaren ungewöhnlichen Bedingungen die entsprechende Gefährdung auftritt. Die in Nummer 1.1.2 aufgeführten Grundsätze für die Integration der Sicherheit sowie die in den Nummern 1.7.3 und 1.7.4 aufgeführten Verpflichtungen in Bezug auf die Kennzeichnung der Maschine und die Betriebsanleitung gelten auf jeden Fall.

3. Die in diesem Anhang aufgeführten grundlegenden Sicherheits- und Gesundheitsschutzanforderungen sind bindend. Es kann jedoch sein, dass die damit gesetzten Ziele aufgrund des Stands der Technik nicht erreicht werden können. In diesem Fall muss die Maschine so weit wie möglich auf diese Ziele hin konstruiert und gebaut werden.

4. Dieser Anhang ist in mehrere Teile gegliedert. Der erste Teil hat einen allgemeinen Anwendungsbereich und gilt für alle Arten von Maschinen. Die weiteren Teile beziehen sich auf bestimmte spezifische Gefährdungen. Dieser Anhang ist jedoch stets in seiner Gesamtheit durchzusehen, damit die Gewissheit besteht, dass alle jeweils relevanten grundlegenden Anforderungen erfüllt werden. Bei der Konstruktion einer Maschine sind in Abhängigkeit von den Ergebnissen der Risikobeurteilung gemäß Nummer 1 der vorliegenden allgemeinen Grundsätze die Anforderungen des allgemeinen Teils und die Anforderungen eines oder mehrerer der anderen Teile zu berücksichtigen.

1. GRUNDLEGENDE SICHERHEITS- UND GESUNDHEITSSCHUTZANFORDERUNGEN

1.1. ALLGEMEINES

1.1.1. Begriffsbestimmungen

Im Sinne dieses Anhangs bezeichnet der Ausdruck

a) „Gefährdung" eine potenzielle Quelle von Verletzungen oder Gesundheitsschäden;

b) „Gefahrenbereich" den Bereich in einer Maschine und/oder in ihrem Umkreis, in dem die Sicherheit oder die Gesundheit einer Person gefährdet ist;

c) „gefährdete Person" eine Person, die sich ganz oder teilweise in einem Gefahrenbereich befindet;

d) „Bedienungspersonal" die Person bzw. die Personen, die für Installation, Betrieb, Einrichten, Wartung, Reinigung, Reparatur oder Transport von Maschinen zuständig sind;

e) „Risiko" die Kombination aus der Wahrscheinlichkeit und der Schwere einer Verletzung oder eines Gesundheitsschadens, die in einer Gefährdungssituation eintreten können;

f) „trennende Schutzeinrichtung" ein Maschinenteil, das Schutz mittels einer physischen Barriere bietet;

g) „nichttrennende Schutzeinrichtung" eine Einrichtung ohne trennende Funktion, die allein oder in Verbindung mit einer trennenden Schutzeinrichtung das Risiko vermindert;

h) „bestimmungsgemäße Verwendung" die Verwendung einer Maschine entsprechend den Angaben in der Betriebsanleitung;

i) „vernünftigerweise vorhersehbare Fehlanwendung" die Verwendung einer Maschine in einer laut Betriebsanleitung nicht beabsichtigten Weise, die sich jedoch aus leicht absehbarem menschlichem Verhalten ergeben kann.

1.1.2. Grundsätze für die Integration der Sicherheit

a) Die Maschine ist so zu konstruieren und zu bauen, dass sie ihrer Funktion gerecht wird und unter den vorgesehenen Bedingungen – aber auch unter Berücksichtigung einer vernünftigerweise vorhersehbaren Fehlanwendung der Maschine – Betrieb, Einrichten und Wartung erfolgen kann, ohne dass Personen einer Gefährdung ausgesetzt sind. Die getroffenen Maßnahmen müssen darauf abzielen, Risiken während der voraussichtlichen Lebensdauer der Maschine zu beseitigen, einschließlich der Zeit, in der die Maschine transportiert, montiert, demontiert, außer Betrieb gesetzt und entsorgt wird.

b) Bei der Wahl der angemessensten Lösungen muss der Hersteller oder sein Bevollmächtigter folgende Grundsätze anwenden, und zwar in der angegebenen Reihenfolge:

- Beseitigung oder Minimierung der Risiken so weit wie möglich (Integration der Sicherheit in Konstruktion und Bau der Maschine);

- Ergreifen der notwendigen Schutzmaßnahmen gegen Risiken, die sich nicht beseitigen lassen;

- Unterrichtung der Benutzer über die Restrisiken aufgrund der nicht vollständigen Wirksamkeit der getroffenen Schutzmaßnahmen; Hinweis auf eine eventuell erforderliche spezielle Ausbildung oder Einarbeitung und persönliche Schutzausrüstung.

c) Bei der Konstruktion und beim Bau der Maschine sowie bei der Ausarbeitung der Betriebsanleitung muss der Hersteller oder sein Bevollmächtigter nicht nur die bestimmungsgemäße Verwendung der Maschine, sondern auch jede vernünftigerweise vorhersehbare Fehlanwendung der Maschine in Betracht ziehen. Die Maschine ist so zu konstruieren und zu bauen, dass eine nicht bestimmungsgemäße Verwendung verhindert wird, falls diese ein Risiko mit sich bringt. Gegebenenfalls ist in der Betriebsanleitung auf Fehlanwendungen der Maschine hinzuweisen, die erfahrungsgemäß vorkommen können.

d) Bei der Konstruktion und beim Bau der Maschine muss den Belastungen Rechnung getragen werden, denen das Bedienungspersonal durch die notwendige oder voraussichtliche Benutzung von persönlichen Schutzausrüstungen ausgesetzt ist.

e) Die Maschine muss mit allen Spezialausrüstungen und Zubehörteilen geliefert werden, die eine wesentliche Voraussetzung dafür sind, dass die Maschine sicher eingerichtet, gewartet und betrieben werden kann.

1.1.3. Materialien und Produkte

Die für den Bau der Maschine eingesetzten Materialien oder die bei ihrem Betrieb verwendeten oder entstehenden Produkte dürfen nicht zur Gefährdung der Sicherheit und der Gesundheit von Personen führen. Insbesondere bei der Verwendung von Fluiden muss die Maschine so konstruiert und gebaut sein, dass sie ohne Gefährdung aufgrund von Einfüllung, Verwendung, Rückgewinnung und Beseitigung benutzt werden kann.

1.1.4. Beleuchtung

Die Maschine ist mit einer den Arbeitsgängen entsprechenden Beleuchtung zu liefern, falls das Fehlen einer solchen Beleuchtung trotz normaler Umgebungsbeleuchtung ein Risiko verursachen kann. Die Maschine muss so konstruiert und gebaut sein, dass die Beleuchtung keinen störenden Schattenbereich, keine Blendung und keine gefährlichen Stroboskopeffekte bei beweglichen Teilen verursacht. Falls bestimmte innen liegende Bereiche häufiges Prüfen, Einrichten oder Warten erfordern, sind sie mit geeigneter Beleuchtung zu versehen.

1.1.5. Konstruktion der Maschine im Hinblick auf die Handhabung

Die Maschine oder jedes ihrer Bestandteile müssen

- sicher gehandhabt und transportiert werden können;
- so verpackt oder konstruiert sein, dass sie sicher und ohne Beschädigung gelagert werden können.

Beim Transport der Maschine und/oder ihrer Bestandteile müssen ungewollte Lageveränderungen und Gefährdungen durch mangelnde Standsicherheit ausgeschlossen sein, wenn die Handhabung entsprechend der Betriebsanleitung erfolgt. Wenn sich die Maschine oder ihre verschiedenen Bestandteile aufgrund ihres Gewichtes, ihrer Abmessungen oder ihrer Form nicht von Hand bewegen lassen, muss die Maschine oder jeder ihrer Bestandteile

- entweder mit Befestigungseinrichtungen ausgestattet sein, so dass sie von einer Lastaufnahmeeinrichtung aufgenommen werden können,
- oder mit einer solchen Befestigungseinrichtung ausgestattet werden können
- oder so geformt sein, dass die üblichen Lastaufnahmemittel leicht angelegt werden können.
- Maschinen oder ihre Bestandteile, die von Hand transportiert werden, müssen
- entweder leicht transportierbar sein
- oder mit Greifvorrichtungen ausgestattet sein, die einen sicheren Transport ermöglichen.

Für die Handhabung von Werkzeugen und/oder Maschinenteilen, die auch bei geringem Gewicht eine Gefährdung darstellen können, sind besondere Vorkehrungen zu treffen.

1.1.6. Ergonomie

Bei bestimmungsgemäßer Verwendung müssen Belästigung, Ermüdung sowie körperliche und psychische Fehlbeanspruchung des Bedienungspersonals auf das mögliche Mindestmaß reduziert sein unter Berücksichtigung ergonomischer Prinzipien wie:

- Möglichkeit der Anpassung an die Unterschiede in den Körpermaßen, der Körperkraft und der Ausdauer des Bedienungspersonals;
- ausreichender Bewegungsfreiraum für die Körperteile des Bedienungspersonals;
- Vermeidung eines von der Maschine vorgegebenen Arbeitsrhythmus;
- Vermeidung von Überwachungstätigkeiten, die dauernde Aufmerksamkeit erfordern;
- Anpassung der Schnittstelle Mensch-Maschine an die voraussehbaren Eigenschaften des Bedienungspersonals.

1.1.7. Bedienungsplätze

Der Bedienungsplatz muss so gestaltet und ausgeführt sein, dass Risiken aufgrund von Abgasen und/oder Sauerstoffmangel vermieden werden. Ist die Maschine zum Einsatz in einer gefährlichen Umgebung vorgesehen, von der Risiken für Sicherheit und Gesundheit des Bedieners ausgehen, oder verursacht die Maschine selbst eine gefährliche Umgebung, so sind geeignete Einrichtungen vorzusehen, damit gute Arbeitsbedingungen für den Bediener gewährleistet sind und er gegen vorhersehbare Gefährdungen geschützt ist. Gegebenenfalls muss der Bedienungsplatz mit einer geeigneten Kabine ausgestattet sein, die so konstruiert, gebaut und/oder ausgerüstet ist, dass die vorstehenden Anforderungen erfüllt sind. Der Ausstieg muss ein schnelles Verlassen der Kabine gestatten. Außerdem ist gegebenenfalls ein Notausstieg vorzusehen, der in eine andere Richtung weist als der Hauptausstieg.

1.1.8. Sitze

Soweit es angezeigt ist und es die Arbeitsbedingungen gestatten, müssen Arbeitsplätze, die einen festen Bestandteil der Maschine bilden, für die Anbringung von Sitzen ausgelegt sein. Soll der Bediener seine Tätigkeit sitzend ausführen und ist der Bedienungsplatz fester Bestandteil der Maschine, so muss die Maschine mit einem Sitz ausgestattet sein. Der Sitz für den Bediener muss diesem sicheren Halt bieten. Ferner müssen der Sitz und sein Abstand zu den Stellteilen auf den Bediener abgestimmt werden können. Ist die Maschine Schwingungen ausgesetzt, muss der Sitz so konstruiert und gebaut sein, dass die auf den Bediener übertragenen Schwingungen auf das mit vertretbarem Aufwand erreichbare niedrigste Niveau reduziert werden. Die Sitzverankerung muss allen Belastungen standhalten, denen sie ausgesetzt sein kann. Befindet sich unter den Füßen des Bedieners kein Boden, sind rutschhemmende Fußstützen vorzusehen.

1.2. STEUERUNGEN UND BEFEHLSEINRICHTUNGEN

1.2.1. Sicherheit und Zuverlässigkeit von Steuerungen

Steuerungen sind so zu konzipieren und zu bauen, dass es nicht zu Gefährdungssituationen kommt. Insbesondere müssen sie so ausgelegt und beschaffen sein, dass

- sie den zu erwartenden Betriebsbeanspruchungen und Fremdeinflüssen standhalten;
- ein Defekt der Hardware oder der Software der Steuerung nicht zu Gefährdungssituationen führt;
- Fehler in der Logik des Steuerkreises nicht zu Gefährdungssituationen führen;
- vernünftigerweise vorhersehbare Bedienungsfehler nicht zu Gefährdungssituationen führen.

Insbesondere ist Folgendes zu beachten:

- Die Maschine darf nicht unbeabsichtigt in Gang gesetzt werden können;
- die Parameter der Maschine dürfen sich nicht unkontrolliert ändern können, wenn eine derartige unkontrollierte Änderung zu Gefährdungssituationen führen kann;
- das Stillsetzen der Maschine darf nicht verhindert werden können, wenn der Befehl zum Stillsetzen bereits erteilt wurde;

- ein bewegliches Maschinenteil oder ein von der Maschine gehaltenes Werkstück darf nicht herabfallen oder herausgeschleudert werden können;

- automatisches oder manuelles Stillsetzen von beweglichen Teilen jeglicher Art darf nicht verhindert werden;

- nichttrennende Schutzeinrichtungen müssen uneingeschränkt funktionsfähig bleiben oder aber einen Befehl zum Stillsetzen auslösen;

- die sicherheitsrelevanten Teile der Steuerung müssen kohärent auf eine Gesamtheit von Maschinen und/oder unvollständigen Maschinen einwirken.

Bei kabelloser Steuerung muss ein automatisches Stillsetzen ausgelöst werden, wenn keine einwandfreien Steuersignale empfangen werden; hierunter fällt auch ein Abbruch der Verbindung.

1.2.2. Stellteile

Stellteile müssen

- deutlich sichtbar und erkennbar sein; wenn geeignet, sind Piktogramme zu verwenden;

- so angebracht sein, dass sie sicher, unbedenklich, schnell und eindeutig betätigt werden können;

- so gestaltet sein, dass das Betätigen des Stellteils mit der jeweiligen Steuerwirkung kohärent ist;

- außerhalb der Gefahrenbereiche angeordnet sein, erforderlichenfalls mit Ausnahme bestimmter Stellteile wie NOT-HALT-Befehlsgeräte und Handprogrammiergeräte;

- so angeordnet sein, dass ihr Betätigen keine zusätzlichen Risiken hervorruft;

- so gestaltet oder geschützt sein, dass die beabsichtigte Wirkung, falls sie mit einer Gefährdung verbunden sein kann, nur durch eine absichtliche Betätigung erzielt werden kann;

- so gefertigt sein, dass sie vorhersehbaren Beanspruchungen standhalten; dies gilt insbesondere für Stellteile von NOT-HALT-Befehlsgeräten, die hoch beansprucht werden können.

Ist ein Stellteil für mehrere verschiedene Wirkungen ausgelegt und gebaut, d. h., ist seine Wirkung nicht eindeutig, so muss die jeweilige Steuerwirkung unmissverständlich angezeigt und erforderlichenfalls bestätigt werden. Stellteile müssen so gestaltet sein, dass unter Berücksichtigung ergonomischer Prinzipien ihre Anordnung, ihre Bewegungsrichtung und ihr Betätigungswiderstand mit der Steuerwirkung kompatibel sind. Die Maschine muss mit den für sicheren Betrieb notwendigen Anzeigeeinrichtungen und Hinweisen ausgestattet sein. Das Bedienungspersonal muss diese vom Bedienungsstand aus einsehen können. Von jedem Bedienungsplatz aus muss sich das Bedienungspersonal vergewissern können, dass niemand sich in den Gefahrenbereichen aufhält, oder die Steuerung muss so ausgelegt und gebaut sein, dass das Ingangsetzen verhindert wird, solange sich jemand im Gefahrenbereich aufhält. Ist das nicht möglich, muss die Steuerung so ausgelegt und gebaut sein, dass dem Ingangsetzen ein akustisches und/oder optisches Warnsignal vorgeschaltet ist. Einer gefährdeten Person muss genügend Zeit bleiben, um den Gefahrenbereich zu verlassen oder das Ingangsetzen der Maschine zu verhindern. Falls erforderlich, ist dafür zu sorgen, dass die Maschine nur von Bedienungsständen aus bedient werden kann, die sich in einer oder mehreren vorher festgelegten Zonen oder an einem oder mehreren vorher festgelegten Standorten befinden. Sind mehrere Bedienungsplätze vorhanden, so muss die Steuerung so ausgelegt sein, dass die Steuerung jeweils nur von einem Bedienungsplatz aus möglich ist; hiervon ausgenommen sind Befehlseinrichtungen zum Stillsetzen und Nothalt. Verfügt eine Maschine über mehrere Bedienungsstände, so muss jeder Bedienungsstand mit allen erforderlichen Befehlseinrichtungen ausgestattet sein, wobei auszuschließen ist, dass sich das Bedienungspersonal gegenseitig behindert oder in eine Gefährdungssituation bringt.

1.2.3. Ingangsetzen

Das Ingangsetzen einer Maschine darf nur durch absichtliches Betätigen einer hierfür vorgesehenen Befehlseinrichtung möglich sein.

Dies gilt auch

- für das Wiederingangsetzen nach einem Stillstand, ungeachtet der Ursache für diesen Stillstand;
- für eine wesentliche Änderung des Betriebszustands.

Gleichwohl kann das Wiederingangsetzen oder die Änderung des Betriebszustands durch absichtliches Betätigen einer anderen Einrichtung als der hierfür vorgesehenen Befehlseinrichtung möglich sein, sofern dadurch keine Gefährdungssituation entsteht.

Bei Maschinen, die im Automatikbetrieb arbeiten, darf das Ingangsetzen oder Wiederingangsetzen nach einer Abschaltung und die Änderung ihres Betriebszustands ohne Bedienereingriff möglich sein, sofern dies nicht zu einer Gefährdungssituation führt. Verfügt eine Maschine über mehrere Befehlseinrichtungen für das Ingangsetzen und führt dies dazu, dass sich das Bedienungspersonal gegenseitig gefährden kann, so sind zusätzliche Einrichtungen einzubauen, um derartige Risiken auszuschließen. Wenn es aus Sicherheitsgründen erforderlich ist, dass das Ingangsetzen und/oder das Stillsetzen in einer bestimmten Reihenfolge erfolgt, müssen Einrichtungen vorhanden sein, die die Einhaltung der richtigen Abfolge bei diesen Bedienungsvorgängen sicherstellen.

1.2.4. Stillsetzen

1.2.4.1. Normales Stillsetzen

Maschinen müssen mit einer Befehlseinrichtung zum sicheren Stillsetzen der gesamten Maschine ausgestattet sein. Jeder Arbeitsplatz muss mit einer Befehlseinrichtung ausgestattet sein, mit dem sich entsprechend der Gefährdungslage bestimmte oder alle Funktionen der Maschine stillsetzen lassen, um die Maschine in einen sicheren Zustand zu versetzen. Der Befehl zum Stillsetzen der Maschine muss Vorrang vor den Befehlen zum Ingangsetzen haben. Sobald die Maschine stillgesetzt ist oder ihre gefährlichen Funktionen stillgesetzt sind, muss die Energieversorgung des betreffenden Antriebs unterbrochen werden.

1.2.4.2. Betriebsbedingtes Stillsetzen

Ist ein Stillsetzen, bei dem die Energieversorgung des Antriebs unterbrochen wird, betriebsbedingt nicht möglich, so muss der Betriebszustand der Stillsetzung überwacht und aufrechterhalten werden.

1.2.4.3. Stillsetzen im Notfall

Jede Maschine muss mit einem oder mehreren NOT-HALT-Befehlsgeräten ausgerüstet sein, durch die eine unmittelbar drohende oder eintretende Gefahr vermieden werden kann.

Hiervon ausgenommen sind

- Maschinen, bei denen durch das NOT-HALT-Befehlsgerät das Risiko nicht gemindert werden kann, da das NOT-HALT-Befehlsgerät entweder die Zeit des Stillsetzens nicht verkürzt oder es nicht ermöglicht, besondere, wegen des Risikos erforderliche Maßnahmen zu ergreifen;
- handgehaltene und/oder handgeführte Maschinen.

Das NOT-HALT-Befehlsgerät muss

- deutlich erkennbare, gut sichtbare und schnell zugängliche Stellteile haben;
- den gefährlichen Vorgang möglichst schnell zum Stillstand bringen, ohne dass dadurch zusätzliche Risiken entstehen;
- erforderlichenfalls bestimmte Sicherungsbewegungen auslösen oder ihre Auslösung zulassen.

Wenn das NOT-HALT-Befehlsgerät nach Auslösung eines Haltbefehls nicht mehr betätigt wird, muss dieser Befehl durch die Blockierung des NOT-HALT-Befehlsgeräts bis zu ihrer Freigabe aufrechterhalten bleiben; es darf nicht möglich sein, das Gerät zu blockieren, ohne dass dieses einen Haltbefehl auslöst; das Gerät darf nur durch eine geeignete Betätigung freigegeben werden können; durch die Freigabe darf die Maschine nicht wieder in Gang gesetzt, sondern nur das Wiederingangsetzen ermöglicht werden. Die NOT-HALT-Funktion muss unabhängig von der Betriebsart jederzeit verfügbar und betriebsbereit sein.

NOT-HALT-Befehlsgeräte müssen andere Schutzmaßnahmen ergänzen, aber dürfen nicht an deren Stelle treten.

1.2.4.4. Gesamtheit von Maschinen

Sind Maschinen oder Maschinenteile dazu bestimmt zusammenzuwirken, so müssen sie so konstruiert und gebaut sein, dass die Einrichtungen zum Stillsetzen, einschließlich der NOT-HALT-Befehlsgeräte, nicht nur die Maschine selbst stillsetzen können, sondern auch alle damit verbundenen Einrichtungen, wenn von deren weiterem Betrieb eine Gefahr ausgehen kann.

1.2.5. Wahl der Steuerungs- oder Betriebsarten

Die gewählte Steuerungs- oder Betriebsart muss allen anderen Steuerungs- und Betriebsfunktionen außer dem NOT-HALT übergeordnet sein.

Ist die Maschine so konstruiert und gebaut, dass mehrere Steuerungs- oder Betriebsarten mit unterschiedlichen Schutzmaßnahmen und/oder Arbeitsverfahren möglich sind, so muss sie mit einem in jeder Stellung abschließbaren Steuerungs- und Betriebsartenwahlschalter ausgestattet sein. Jede Stellung des Wahlschalters muss deutlich erkennbar sein und darf nur einer Steuerungs- oder Betriebsart entsprechen. Der Wahlschalter kann durch andere Wahleinrichtungen ersetzt werden, durch die die Nutzung bestimmter Funktionen der Maschine auf bestimmte Personenkreise beschränkt werden kann. Ist für bestimmte Arbeiten ein Betrieb der Maschine bei geöffneter oder abgenommener trennender Schutzeinrichtung und/oder ausgeschalteter nichttrennender Schutzeinrichtung erforderlich, so sind der entsprechenden Stellung des Steuerungs- und Betriebsartenwahlschalters gleichzeitig folgende Steuerungsvorgaben zuzuordnen:

- alle anderen Steuerungs- oder Betriebsarten sind nicht möglich;
- der Betrieb gefährlicher Funktionen ist nur möglich, solange die entsprechenden Befehlseinrichtungen betätigt werden;
- der Betrieb gefährlicher Funktionen ist nur unter geringeren Risikobedingungen möglich, und Gefährdungen, die sich aus Befehlsverkettungen ergeben, werden ausgeschaltet;
- der Betrieb gefährlicher Funktionen durch absichtliche oder unabsichtliche Einwirkung auf die Sensoren der Maschine ist nicht möglich. Können diese vier Voraussetzungen nicht gleichzeitig erfüllt werden, so muss der Steuerungs- oder Betriebsartenwahlschalter andere Schutzmaßnahmen auslösen, die so angelegt und beschaffen sind, dass ein sicherer Arbeitsbereich gewährleistet ist. Vom Betätigungsplatz des Wahlschalters aus müssen sich die jeweils betriebenen Maschinenteile steuern lassen.

1.2.6. Störung der Energieversorgung

Ein Ausfall der Energieversorgung der Maschine, eine Wiederherstellung der Energieversorgung nach einem Ausfall oder eine Änderung der Energieversorgung darf nicht zu gefährlichen Situationen führen.

Insbesondere ist Folgendes zu beachten:

- die Maschine darf nicht unbeabsichtigt in Gang gesetzt werden können;
- die Parameter der Maschine dürfen sich nicht unkontrolliert ändern können, wenn eine derartige unkontrollierte Änderung zu Gefährdungssituationen führen kann;
- das Stillsetzen der Maschine darf nicht verhindert werden können, wenn der Befehl zum Stillsetzen bereits erteilt wurde;
- ein bewegliches Maschinenteil oder ein von der Maschine gehaltenes Werkstück darf nicht herabfallen oder herausgeschleudert werden können;
- automatisches oder manuelles Stillsetzen von beweglichen Teilen jeglicher Art darf nicht verhindert werden;
- nichttrennende Schutzeinrichtungen müssen uneingeschränkt funktionsfähig bleiben oder aber einen Befehl zum Stillsetzen auslösen.

1.3. SCHUTZMASSNAHMEN GEGEN MECHANISCHE GEFÄHRDUNGEN

1.3.1. Risiko des Verlusts der Standsicherheit

Die Maschine, ihre Bestandteile und ihre Ausrüstungsteile müssen ausreichend standsicher sein, um ein Umstürzen oder Herabfallen oder eine unkontrollierte Lageveränderung beim Transport, der Montage und der Demontage sowie jeder anderer Betätigung an der Maschine zu vermeiden. Kann aufgrund der Form oder der vorgesehenen Installation der Maschine keine ausreichende Standsicherheit gewährleistet werden, müssen geeignete Befestigungsmittel vorgesehen und in der Betriebsanleitung angegeben werden.

1.3.2. Bruchrisiko beim Betrieb

Die verschiedenen Teile der Maschine und ihre Verbindungen untereinander müssen den bei der Verwendung der Maschine auftretenden Belastungen standhalten.

Die verwendeten Materialien müssen entsprechend der vom Hersteller oder seinem Bevollmächtigten vorgesehenen Arbeitsumgebung der Maschine eine geeignete Festigkeit und Beständigkeit insbesondere in Bezug auf Ermüdung, Alterung, Korrosion und Verschleiß aufweisen.

In der Betriebsanleitung ist anzugeben, welche Inspektionen und Wartungsarbeiten in welchen Abständen aus Sicherheitsgründen durchzuführen sind. Erforderlichenfalls ist anzugeben, welche Teile dem Verschleiß unterliegen und nach welchen Kriterien sie auszutauschen sind.

Wenn trotz der ergriffenen Maßnahmen das Risiko des Berstens oder des Bruchs von Teilen weiter besteht, müssen die betreffenden Teile so montiert, angeordnet und/oder gesichert sein, dass Bruchstücke zurückgehalten werden und keine Gefährdungssituationen entstehen.

Starre oder elastische Leitungen, die Fluide – insbesondere unter hohem Druck – führen, müssen den vorgesehenen inneren und äußeren Belastungen standhalten; sie müssen sicher befestigt und/oder geschützt sein, so dass ein Bruch kein Risiko darstellt.

Bei automatischer Zuführung des Werkstücks zum Werkzeug müssen folgende Bedingungen erfüllt sein, um Risiken für Personen zu vermeiden:

- Bei Berührung zwischen Werkzeug und Werkstück muss das Werkzeug seine normalen Arbeitsbedingungen erreicht haben.
- Wird das Werkzeug (absichtlich oder unabsichtlich) in Bewegung gesetzt und/oder angehalten, so müssen Zuführbewegung und Werkzeugbewegung aufeinander abgestimmt sein.

1.3.3. Risiken durch herabfallende oder herausgeschleuderte Gegenstände

Es sind Vorkehrungen zu treffen, um das Herabfallen oder das Herausschleudern von Gegenständen zu vermeiden, von denen ein Risiko ausgehen kann.

1.3.4. Risiken durch Oberflächen, Kanten und Ecken

Zugängliche Maschinenteile dürfen, soweit ihre Funktion es zulässt, keine scharfen Ecken und Kanten und keine rauen Oberflächen aufweisen, die zu Verletzungen führen können.

1.3.5. Risiken durch mehrfach kombinierte Maschinen

Kann die Maschine mehrere unterschiedliche Arbeitsgänge ausführen, wobei zwischen den einzelnen Arbeitsgängen das Werkstück von Hand entnommen wird (mehrfach kombinierte Maschine), so muss sie so konstruiert und gebaut sein, dass jedes Teilsystem auch einzeln betrieben werden kann, ohne dass die übrigen Teilsysteme für gefährdete Personen ein Risiko darstellen. Dazu muss jedes Teilsystem, sofern es nicht gesichert ist, einzeln in Gang gesetzt und stillgesetzt werden können.

1.3.6. Risiken durch Änderung der Verwendungsbedingungen

Können mit der Maschine Arbeiten in verschiedenen Verwendungsbedingungen ausgeführt werden, so muss sie so konstruiert und gebaut sein, dass diese Verwendungsbedingungen gefahrlos und zuverlässig gewählt und eingestellt werden können.

1.3.7. Risiken durch bewegliche Teile

Die beweglichen Teile der Maschine müssen so konstruiert und gebaut sein, dass Unfallrisiken durch Berührung dieser Teile verhindert sind; falls Risiken dennoch bestehen, müssen die beweglichen Teile mit trennenden oder nichttrennenden Schutzeinrichtungen ausgestattet sein.

Es müssen alle erforderlichen Vorkehrungen getroffen werden, um ein ungewolltes Blockieren der beweglichen Arbeitselemente zu verhindern. Kann es trotz dieser Vorkehrungen zu einer Blockierung kommen, so müssen gegebenenfalls die erforderlichen speziellen Schutzeinrichtungen und das erforderliche Spezialwerkzeug mitgeliefert werden, damit sich die Blockierung gefahrlos lösen lässt. Auf die speziellen Schutzeinrichtungen und deren Verwendung ist in der Betriebsanleitung und nach Möglichkeit auf der Maschine selbst hinzuweisen.

1.3.8. Wahl der Schutzeinrichtungen gegen Risiken durch bewegliche Teile

Die für den Schutz gegen Risiken durch bewegliche Teile verwendeten Schutzeinrichtungen sind entsprechend der jeweiligen Risikoart zu wählen. Die Wahl ist unter Beachtung der nachstehenden Leitlinien zu treffen.

1.3.8.1. Bewegliche Teile der Kraftübertragung

Zum Schutz von Personen gegen Gefährdungen durch bewegliche Teile der Kraftübertragung sind zu verwenden:

- feststehende trennende Schutzeinrichtungen gemäß Nummer 1.4.2.1 oder

- bewegliche trennende Schutzeinrichtungen mit Verriegelung gemäß Nummer 1.4.2.2.

Die letztgenannte Lösung ist zu wählen, wenn häufige Eingriffe vorgesehen sind.

1.3.8.2. Bewegliche Teile, die am Arbeitsprozess beteiligt sind

Zum Schutz von Personen gegen Gefährdungen durch bewegliche Teile, die am Arbeitsprozess beteiligt sind, sind zu verwenden:

- feststehende trennende Schutzeinrichtungen gemäß Nummer 1.4.2.1 oder

- bewegliche trennende Schutzeinrichtungen mit Verriegelung gemäß Nummer 1.4.2.2 oder

- nichttrennende Schutzeinrichtungen gemäß Nummer 1.4.3 oder

- eine Kombination dieser Lösungen.

Können jedoch bestimmte direkt am Arbeitsprozess beteiligte bewegliche Teile während ihres Betriebes aufgrund von Arbeiten, die das Eingreifen des Bedienungspersonals erfordern, nicht vollständig unzugänglich gemacht werden, so müssen diese Teile versehen sein mit

- feststehenden trennenden Schutzeinrichtungen oder beweglichen trennenden Schutzeinrichtungen mit Verriegelung, die die für den Arbeitsgang nicht benutzten Teile unzugänglich machen, und

- verstellbaren trennenden Schutzeinrichtungen gemäß Nummer 1.4.2.3, die den Zugang zu den beweglichen Teilen auf die Abschnitte beschränken, zu denen ein Zugang erforderlich ist.

Anhang Richtlinien

1.3.9. Risiko unkontrollierter Bewegungen

Es muss verhindert werden, dass sich aus gleich welcher Ursache ein stillgesetztes Maschinenteil ohne Betätigung der Stellteile aus seiner Ruhestellung bewegt, oder diese Bewegung darf keine Gefährdung darstellen.

1.4. ANFORDERUNGEN AN SCHUTZEINRICHTUNGEN

1.4.1. Allgemeine Anforderungen

Trennende und nichttrennende Schutzeinrichtungen

- müssen stabil gebaut sein,
- müssen sicher in Position gehalten werden,
- dürfen keine zusätzlichen Gefährdungen verursachen,
- dürfen nicht auf einfache Weise umgangen oder unwirksam gemacht werden können,
- müssen ausreichend Abstand zum Gefahrenbereich haben,
- dürfen die Beobachtung des Arbeitsvorgangs nicht mehr als unvermeidbar einschränken und
- müssen die für das Einsetzen und/oder den Wechsel der Werkzeuge und zu Wartungszwecken erforderlichen Eingriffe möglichst ohne Abnahme oder Außerbetriebnahme der Schutzeinrichtungen zulassen,

wobei der Zugang ausschließlich auf den für die Arbeit notwendigen Bereich beschränkt sein muss. Ferner müssen trennende Schutzeinrichtungen nach Möglichkeit vor einem Herausschleudern oder Herabfallen von Werkstoffen und Gegenständen sowie vor den von der Maschine verursachten Emissionen schützen.

1.4.2. Besondere Anforderungen an trennende Schutzeinrichtungen

1.4.2.1. Feststehende trennende Schutzeinrichtungen

Die Befestigungen feststehender trennender Schutzeinrichtungen dürfen sich nur mit Werkzeugen lösen oder abnehmen lassen.

Die Befestigungsmittel müssen nach dem Abnehmen der Schutzeinrichtungen mit den Schutzeinrichtungen oder mit der Maschine verbunden bleiben.

Soweit möglich dürfen trennende Schutzeinrichtungen nach Lösen der Befestigungsmittel nicht in der Schutzstellung verbleiben.

1.4.2.2. Bewegliche trennende Schutzeinrichtungen mit Verriegelung

Bewegliche trennende Schutzeinrichtungen mit Verriegelung müssen

- soweit möglich, mit der Maschine verbunden bleiben, wenn sie geöffnet sind,

- so konstruiert und gebaut sein, dass sie nur durch eine absichtliche Handlung eingestellt werden können.

Bewegliche trennende Schutzeinrichtungen mit Verriegelung müssen mit einer Verriegelungseinrichtung verbunden sein,

- die das Ingangsetzen der gefährlichen Maschinenfunktionen verhindert, bis die Schutzeinrichtung geschlossen ist, und
- die einen Befehl zum Stillsetzen auslöst, wenn die Schutzeinrichtungen nicht mehr geschlossen sind.

Besteht die Möglichkeit, dass das Bedienungspersonal den Gefahrenbereich erreicht, bevor die durch die gefährlichen Maschinenfunktionen verursachten Risiken nicht mehr bestehen, so müssen bewegliche trennende Schutzeinrichtungen zusätzlich zu der Verriegelungseinrichtung mit einer Zuhaltung ausgerüstet sein,

- die das Ingangsetzen der gefährlichen Maschinenfunktionen verhindert, bis die Schutzeinrichtung geschlossen und verriegelt ist, und
- die die Schutzeinrichtung in geschlossener und verriegelter Stellung hält, bis das Risiko von Verletzungen aufgrund gefährlicher Funktionen der Maschine nicht mehr besteht.

Bewegliche trennende Schutzeinrichtungen mit Verriegelung müssen so konstruiert sein, dass bei Fehlen oder Störung eines ihrer Bestandteile das Ingangsetzen gefährlicher Maschinenfunktionen verhindert wird oder diese stillgesetzt werden.

1.4.2.3. Zugangsbeschränkende verstellbare Schutzeinrichtungen

Verstellbare Schutzeinrichtungen, die den Zugang auf die für die Arbeit unbedingt notwendigen beweglichen Teile beschränken, müssen

- je nach Art der Arbeit manuell oder automatisch verstellbar sein und
- leicht und ohne Werkzeug verstellt werden können.

1.4.3. Besondere Anforderungen an nichttrennende Schutzeinrichtungen

Nichttrennende Schutzeinrichtungen müssen so konstruiert und in die Steuerung der Maschine integriert sein, dass

- die beweglichen Teile nicht in Gang gesetzt werden können, solange sie vom Bedienungspersonal erreicht werden können,
- Personen die beweglichen Teile nicht erreichen können, solange diese Teile in Bewegung sind, und
- bei Fehlen oder Störung eines ihrer Bestandteile das Ingangsetzen der beweglichen Teile verhindert wird oder die beweglichen Teile stillgesetzt werden. Ihre Einstellung darf nur durch eine absichtliche Handlung möglich sein.

1.5. RISIKEN DURCH SONSTIGE GEFÄHRDUNGEN

1.5.1. Elektrische Energieversorgung

Eine mit elektrischer Energie versorgte Maschine muss so konstruiert, gebaut und ausgerüstet sein, dass alle von Elektrizität ausgehenden Gefährdungen vermieden werden oder vermieden werden können. Die Schutzziele der Richtlinie 73/23/EWG gelten für Maschinen. In Bezug auf die Gefährdungen, die von elektrischem Strom ausgehen, werden die Verpflichtungen betreffend die Konformitätsbewertung und das Inverkehrbringen und/oder die Inbetriebnahme von Maschinen jedoch ausschließlich durch die vorliegende Richtlinie geregelt.

1.5.2. Statische Elektrizität

Die Maschine muss so konstruiert und gebaut sein, dass eine möglicherweise gefährliche elektrostatische Auflagung vermieden oder begrenzt wird, und/oder mit Einrichtungen zum Ableiten solcher Ladungen ausgestattet sein.

1.5.3. Nichtelektrische Energieversorgung

Eine mit einer nichtelektrischen Energiequelle betriebene Maschine muss so konstruiert, gebaut und ausgerüstet sein, dass alle von dieser Energiequelle ausgehenden potenziellen Risiken vermieden werden.

1.5.4. Montagefehler

Fehler bei der Montage oder erneuten Montage bestimmter Teile, die ein Risiko verursachen könnten, müssen durch die Konstruktion und Bauart dieser Teile unmöglich gemacht oder andernfalls durch Hinweise auf den Teilen selbst und/oder auf ihrem Gehäuse verhindert werden. Die gleichen Hinweise müssen auf beweglichen Teilen und/oder auf ihrem Gehäuse angebracht sein, wenn die Kenntnis von der Bewegungsrichtung für die Vermeidung eines Risikos notwendig ist.

Erforderlichenfalls sind in der Betriebsanleitung zusätzliche Angaben zu diesen Risiken zu machen. Kann ein fehlerhafter Anschluss ein Risiko verursachen, so muss dies durch die Bauart der Anschlussteile unmöglich gemacht oder andernfalls durch Hinweise auf zu verbindenden Teilen und gegebenenfalls auf den Verbindungsmitteln unmöglich gemacht werden.

1.5.5. Extreme Temperaturen

Jedes Risiko einer Verletzung durch Berührung von heißen oder sehr kalten Maschinenteilen oder Materialien oder durch Aufenthalt in ihrer Nähe muss durch geeignete Vorkehrungen ausgeschlossen werden. Es sind die notwendigen Vorkehrungen zur Vermeidung von Spritzern von heißen oder sehr kalten Materialien oder zum Schutz vor derartigen Spritzern zu treffen.

1.5.6. Brand

Die Maschine muss so konstruiert und gebaut sein, dass jedes Brand- und Überhitzungsrisiko vermieden wird, das von der Maschine selbst oder von Gasen,

Flüssigkeiten, Stäuben, Dämpfen und anderen von der Maschine freigesetzten oder verwendeten Stoffen ausgeht.

1.5.7. Explosion

Die Maschine muss so konstruiert und gebaut sein, dass jedes Explosionsrisiko vermieden wird, das von der Maschine selbst oder von Gasen, Flüssigkeiten, Stäuben, Dämpfen und anderen von der Maschine freigesetzten oder verwendeten Stoffen ausgeht. Hinsichtlich des Explosionsrisikos, das sich aus dem Einsatz der Maschine in einer explosionsgefährdeten Umgebung ergibt, muss die Maschine den hierfür geltenden speziellen Gemeinschaftsrichtlinien entsprechen.

1.5.8. Lärm

Die Maschine muss so konstruiert und gebaut sein, dass Risiken durch Luftschallemission insbesondere an der Quelle so weit gemindert werden, wie es nach dem Stand des technischen Fortschritts und mit den zur Lärmminderung verfügbaren Mitteln möglich ist. Der Schallemissionspegel kann durch Bezugnahme auf Vergleichsemissionsdaten für ähnliche Maschinen bewertet werden.

1.5.9. Vibrationen

Die Maschine muss so konstruiert und gebaut sein, dass Risiken durch Maschinenvibrationen insbesondere an der Quelle so weit gemindert werden, wie es nach dem Stand des technischen Fortschritts und mit den zur Verringerung von Vibrationen verfügbaren Mitteln möglich ist. Der Vibrationspegel kann durch Bezugnahme auf Vergleichsemissionsdaten für ähnliche Maschinen bewertet werden.

1.5.10. Strahlung

Unerwünschte Strahlungsemissionen der Maschine müssen ausgeschlossen oder so weit verringert werden, dass sie keine schädlichen Auswirkungen für den Menschen haben. Alle funktionsbedingten Emissionen von ionisierender Strahlung sind auf das niedrigste Niveau zu begrenzen, das für das ordnungsgemäße Funktionieren der Maschine während des Einrichtens, des Betriebs und der Reinigung erforderlich ist. Besteht ein Risiko, so sind die notwendigen Schutzmaßnahmen zu ergreifen. Alle funktionsbedingten Emissionen von nicht ionisierender Strahlung während der Einstellung, des Betriebs oder der Reinigung müssen so weit begrenzt werden, dass sie keine schädlichen Auswirkungen für den Menschen haben.

1.5.11. Strahlung von außen

Die Maschine muss so konstruiert und gebaut sein, dass ihre Funktion durch Strahlung von außen nicht beeinträchtigt wird.

1.5.12. Laserstrahlung

Bei Verwendung von Lasereinrichtungen ist Folgendes zu beachten:

- Lasereinrichtungen an Maschinen müssen so konstruiert und gebaut sein, dass sie keine unbeabsichtigte Strahlung abgeben können.
- Lasereinrichtungen an Maschinen müssen so abgeschirmt sein, dass weder durch die Nutzstrahlung noch durch reflektierte oder gestreute Strahlung noch durch Sekundärstrahlung Gesundheitsschäden verursacht werden.
- Optische Einrichtungen zur Beobachtung oder Einstellung von Lasereinrichtungen an Maschinen müssen so beschaffen sein, dass durch die Laserstrahlung kein Gesundheitsrisiko verursacht wird.

1.5.13. Emission gefährlicher Werkstoffe und Substanzen

Die Maschine muss so konstruiert und gebaut sein, dass das Risiko des Einatmens, des Verschluckens, des Kontaktes mit Haut, Augen und Schleimhäuten sowie des Eindringens von gefährlichen Werkstoffen und von der Maschine erzeugten Substanzen durch die Haut vermieden werden kann. Kann eine Gefährdung nicht beseitigt werden, so muss die Maschine so ausgerüstet sein, dass gefährliche Werkstoffe und Substanzen aufgefangen, abgeführt, durch Sprühwasser ausgefällt, gefiltert oder durch ein anderes ebenso wirksames Verfahren behandelt werden können. Ist die Maschine im Normalbetrieb nicht vollkommen geschlossen, so sind die Einrichtungen zum Auffangen und/oder Abführen so anzuordnen, dass sie die größtmögliche Wirkung entfalten.

1.5.14. Risiko, in einer Maschine eingeschlossen zu werden

Die Maschine muss so konstruiert, gebaut oder ausgerüstet sein, dass eine Person nicht in ihr eingeschlossen wird oder, falls das nicht möglich ist, dass eine eingeschlossene Person Hilfe herbeirufen kann.

1.5.15. Ausrutsch-, Stolper- und Sturzrisiko

Die Teile der Maschine, auf denen Personen sich eventuell bewegen oder aufhalten müssen, müssen so konstruiert und gebaut sein, dass ein Ausrutschen, Stolpern oder ein Sturz auf oder von diesen Teilen vermieden wird. Diese Teile müssen erforderlichenfalls mit Haltevorrichtungen ausgestattet sein, die benutzerbezogen angebracht sind und dem Benutzer einen sicheren Halt ermöglichen.

1.5.16. Blitzschlag

Maschinen, die während ihrer Verwendung vor der Auswirkung von Blitzschlag geschützt werden müssen, sind mit einem Erdungssystem zur Ableitung der betreffenden elektrischen Ladung auszustatten.

1.6. INSTANDHALTUNG

1.6.1. Wartung der Maschine

Die Einrichtungs- und Wartungsstellen müssen außerhalb der Gefahrenbereiche liegen. Die Einrichtungs-, Instandhaltungs-, Reparatur-, Reinigungs- und Wartungsarbeiten müssen bei stillgesetzter Maschine durchgeführt werden können. Kann mindestens eine der vorgenannten Bedingungen aus technischen Gründen nicht erfüllt werden, so sind die erforderlichen Maßnahmen zu ergreifen, damit diese Arbeiten sicher ausgeführt werden können (siehe Nummer 1.2.5). Bei automatischen Maschinen und gegebenenfalls bei anderen Maschinen ist eine Schnittstelle zum Anschluss einer Fehlerdiagnoseeinrichtung vorzusehen. Teile von automatischen Maschinen, die häufig ausgewechselt werden müssen, sind für einfache und gefahrlose Montage und Demontage auszulegen. Der Zugang zu diesen Teilen ist so zu gestalten, dass diese Arbeiten mit den notwendigen technischen Hilfsmitteln nach einem festgelegten Verfahren durchgeführt werden können.

1.6.2. Zugang zu den Bedienungsständen und den Eingriffspunkten für die Instandhaltung

Die Maschine muss so konstruiert und gebaut sein, dass alle Stellen, die für den Betrieb, das Einrichten und die Instandhaltung der Maschine zugänglich sein müssen, gefahrlos erreicht werden können.

1.6.3. Trennung von den Energiequellen

Die Maschine muss mit Einrichtungen ausgestattet sein, mit denen sie von jeder einzelnen Energiequelle getrennt werden kann. Diese Einrichtungen sind klar zu kennzeichnen. Sie müssen abschließbar sein, falls eine Wiedereinschaltung eine Gefahr für Personen verursachen kann. Die Trenneinrichtung muss auch abschließbar sein, wenn das Bedienungspersonal die permanente Unterbrechung der Energiezufuhr nicht von jeder Zugangsstelle aus überwachen kann. Bei elektrisch betriebenen Maschinen, die über eine Steckverbindung angeschlossen sind, genügt die Trennung der Steckverbindung, sofern das Bedienungspersonal die permanente Trennung der Steckverbindung von jeder Zugangsstelle aus überwachen kann. Die Restenergie oder die gespeicherte Energie, die nach der Unterbrechung der Energiezufuhr noch vorhanden sein kann, muss ohne Risiko für Personen abgeleitet werden können. Abweichend von den vorstehenden Anforderungen ist es zulässig, dass bestimmte Kreise nicht von ihrer Energiequelle getrennt werden, z. B. um Teile in ihrer Position zu halten, um Daten zu sichern oder um die Beleuchtung innen liegender Teile zu ermöglichen. In diesem Fall müssen besondere Vorkehrungen getroffen werden, um die Sicherheit des Bedienungspersonals zu gewährleisten.

1.6.4. Eingriffe des Bedienungspersonals

Die Maschine muss so konstruiert, gebaut und ausgerüstet sein, dass sich möglichst wenig Anlässe für ein Eingreifen des Bedienungspersonals ergeben. Kann ein Eingreifen des Bedienungspersonals nicht vermieden werden, so muss es leicht und sicher auszuführen sein.

1.6.5. Reinigung innen liegender Maschinenteile

Die Maschine muss so konstruiert und gebaut sein, dass die Reinigung innen liegender Maschinenteile, die gefährliche Stoffe oder Zubereitungen enthalten haben, möglich ist, ohne dass ein Einsteigen in die Maschine erforderlich ist; ebenso müssen diese Stoffe und Zubereitungen, falls erforderlich, von außen abgelassen werden können. Lässt sich das Einsteigen in die Maschine nicht vermeiden, so muss die Maschine so konstruiert und gebaut sein, dass eine gefahrlose Reinigung möglich ist.

1.7. INFORMATIONEN

1.7.1. Informationen und Warnhinweise an der Maschine

Informationen und Warnhinweise an der Maschine sollten vorzugsweise in Form leicht verständlicher Symbole oder Piktogramme gegeben werden. Alle schriftlichen oder verbalen Informationen und Warnhinweise müssen in der bzw. den Amtssprachen der Gemeinschaft abgefasst sein, die gemäß dem Vertrag von dem Mitgliedstaat, in dem die Maschinen in den Verkehr gebracht und/oder in Betrieb genommen wird, bestimmt werden kann bzw. können, und auf Verlangen können sie zusätzlich auch in jeder anderen vom Bedienungspersonal verstandenen Amtssprache bzw. Amtssprachen der Gemeinschaft abgefasst sein.

1.7.1.1. Informationen und Informationseinrichtungen

Die für die Bedienung einer Maschine erforderlichen Informationen müssen eindeutig und leicht verständlich sein. Dabei ist darauf zu achten, dass das Bedienungspersonal nicht mit Informationen überlastet wird. Optische Anzeigeeinrichtungen oder andere interaktive Mittel für die Kommunikation zwischen dem Bedienungspersonal und der Maschine müssen leicht zu verstehen sein und leicht zu benutzen sein.

1.7.1.2. Warneinrichtungen

Wenn Sicherheit und Gesundheit der gefährdeten Personen durch Funktionsstörungen einer Maschine, deren Betrieb nicht überwacht wird, beeinträchtigt werden können, muss die Maschine mit einer entsprechenden akustischen oder optischen Warnvorrichtung versehen sein. Ist die Maschine mit Warneinrichtungen ausgestattet, so müssen deren Signale eindeutig zu verstehen und leicht wahrnehmbar sein. Das Bedienungspersonal muss über Möglichkeiten verfügen, um die ständige Funktionsbereitschaft dieser Warneinrichtungen zu überprüfen. Die Vorschriften der speziellen Gemeinschaftsrichtlinien über Sicherheitsfarben und -zeichen sind anzuwenden.

1.7.2. Warnung vor Restrisiken

Bestehen trotz der Maßnahmen zur Integration der Sicherheit bei der Konstruktion, trotz der Sicherheitsvorkehrungen und trotz der ergänzenden

Schutzmaßnahmen weiterhin Risiken, so sind die erforderlichen Warnhinweise, einschließlich Warneinrichtungen, vorzusehen.

1.7.3. Kennzeichnung der Maschinen

Auf jeder Maschine müssen mindestens folgende Angaben erkennbar, deutlich lesbar und dauerhaft angebracht sein:

- Firmenname und vollständige Anschrift des Herstellers und gegebenenfalls seines Bevollmächtigten,
- Bezeichnung der Maschine,
- CE-Kennzeichnung (siehe Anhang III),
- Baureihen- oder Typbezeichnung,
- gegebenenfalls Seriennummer,
- Baujahr, d. h. das Jahr, in dem der Herstellungsprozess abgeschlossen wurde.

Es ist untersagt, bei der Anbringung der CE-Kennzeichnung das Baujahr der Maschine vor- oder nachzudatieren. Ist die Maschine für den Einsatz in explosionsgefährdeter Umgebung konstruiert und gebaut, muss sie einen entsprechenden Hinweis tragen. Je nach Beschaffenheit müssen auf der Maschine ebenfalls alle für die Sicherheit bei der Verwendung wesentlichen Hinweise angebracht sein. Diese Hinweise unterliegen den Anforderungen der Nummer 1.7.1. Muss ein Maschinenteil während der Benutzung mit Hebezeugen gehandhabt werden, so ist sein Gewicht leserlich, dauerhaft und eindeutig anzugeben.

1.7.4. Betriebsanleitung

Jeder Maschine muss eine Betriebsanleitung in der oder den Amtssprachen der Gemeinschaft des Mitgliedstaats beiliegen, in dem die Maschine in Verkehr gebracht und/oder in Betrieb genommen wird. Die der Maschine beiliegende Betriebsanleitung muss eine „Originalbetriebsanleitung" oder eine „Übersetzung der Originalbetriebsanleitung" sein; im letzteren Fall ist der Übersetzung die Originalbetriebsanleitung beizufügen. Abweichend von den vorstehenden Bestimmungen kann die Wartungsanleitung, die zur Verwendung durch vom Hersteller oder von seinem Bevollmächtigten beauftragtes Fachpersonal bestimmt ist, in nur einer Sprache der Gemeinschaft abgefasst werden, die von diesem Fachpersonal verstanden wird. Die Betriebsanleitung ist nach den im Folgenden genannten Grundsätzen abzufassen.

1.7.4.1. Allgemeine Grundsätze für die Abfassung der Betriebsanleitung

- Die Betriebsanleitung muss in einer oder mehreren Amtssprachen der Gemeinschaft abgefasst sein. Die Sprachfassungen, für die der Hersteller oder sein Bevollmächtigter die Verantwortung übernimmt, müssen mit dem Vermerk „Originalbetriebsanleitung" versehen sein.

- Ist keine Originalbetriebsanleitung in der bzw. den Amtssprachen des Verwendungslandes vorhanden, hat der Hersteller oder sein Bevollmächtigter oder derjenige, der die Maschine in das betreffende Sprachgebiet einführt, für eine Übersetzung in diese Sprache(n) zu sorgen. Diese Übersetzung ist mit dem Vermerk „Übersetzung der Originalbetriebsanleitung" zu kennzeichnen.

- Der Inhalt der Betriebsanleitung muss nicht nur die bestimmungsgemäße Verwendung der betreffenden Maschine berücksichtigen, sondern auch jede vernünftigerweise vorhersehbare Fehlanwendung der Maschine.

- Bei der Abfassung und Gestaltung der Betriebsanleitung für Maschinen, die zur Verwendung durch Verbraucher bestimmt sind, muss dem allgemeinen Wissensstand und der Verständnisfähigkeit Rechnung getragen werden, die vernünftigerweise von solchen Benutzern erwartet werden können.

1.7.4.2. Inhalt der Betriebsanleitung

Jede Betriebsanleitung muss erforderlichenfalls folgende Mindestangaben enthalten:

a) Firmenname und vollständige Anschrift des Herstellers und seines Bevollmächtigten;

b) Bezeichnung der Maschine entsprechend der Angabe auf der Maschine selbst, ausgenommen die Seriennummer (siehe Nummer 1.7.3);

c) die EG-Konformitätserklärung oder ein Dokument, das die EG-Konformitätserklärung inhaltlich wiedergibt und Einzelangaben der Maschine enthält, das aber nicht zwangsläufig auch die Seriennummer und die Unterschrift enthalten muss;

d) eine allgemeine Beschreibung der Maschine;

e) die für Verwendung, Wartung und Instandsetzung der Maschine und zur Überprüfung ihres ordnungsgemäßen Funktionierens erforderlichen Zeichnungen, Schaltpläne, Beschreibungen und Erläuterungen;

f) eine Beschreibung des Arbeitsplatzes bzw. der Arbeitsplätze, die voraussichtlich vom Bedienungspersonal eingenommen werden;

g) eine Beschreibung der bestimmungsgemäßen Verwendung der Maschine;

h) Warnhinweise in Bezug auf Fehlanwendungen der Maschine, zu denen es erfahrungsgemäß kommen kann;

i) Anleitungen zur Montage, zum Aufbau und zum Anschluss der Maschine, einschließlich der Zeichnungen, Schaltpläne und der Befestigungen, sowie Angabe des Maschinengestells oder der Anlage, auf das bzw. in die die Maschine montiert werden soll;

j) Installations- und Montagevorschriften zur Verminderung von Lärm und Vibrationen;

k) Hinweise zur Inbetriebnahme und zum Betrieb der Maschine sowie erforderlichenfalls Hinweise zur Ausbildung bzw. Einarbeitung des Bedienungspersonals;

l) Angaben zu Restrisiken, die trotz der Maßnahmen zur Integration der Sicherheit bei der Konstruktion, trotz der Sicherheitsvorkehrungen und trotz der ergänzenden Schutzmaßnahmen noch verbleiben;

m) Anleitung für die vom Benutzer zu treffenden Schutzmaßnahmen, gegebenenfalls einschließlich der bereitzustellenden persönlichen Schutzausrüstung;

n) die wesentlichen Merkmale der Werkzeuge, die an der Maschine angebracht werden können;

o) Bedingungen, unter denen die Maschine die Anforderungen an die Standsicherheit beim Betrieb, beim Transport, bei der Montage, bei der Demontage, wenn sie außer Betrieb ist, bei Prüfungen sowie bei vorhersehbaren Störungen erfüllt;

p) Sicherheitshinweise zum Transport, zur Handhabung und zur Lagerung, mit Angabe des Gewichts der Maschine und ihrer verschiedenen Bauteile, falls sie regelmäßig getrennt transportiert werden müssen;

q) bei Unfällen oder Störungen erforderliches Vorgehen; falls es zu einer Blockierung kommen kann, ist in der Betriebsanleitung anzugeben, wie zum gefahrlosen Lösen der Blockierung vorzugehen ist;

r) Beschreibung der vom Benutzer durchzuführenden Einrichtungs- und Wartungsarbeiten sowie der zu treffenden vorbeugenden Wartungsmaßnahmen;

s) Anweisungen zum sicheren Einrichten und Warten einschließlich der dabei zu treffenden Schutzmaßnahmen;

t) Spezifikationen der zu verwendenden Ersatzteile, wenn diese sich auf die Sicherheit und Gesundheit des Bedienungspersonals auswirken;

u) folgende Angaben zur Luftschallemission der Maschine:

- der A-bewertete Emissionsschalldruckpegel an den Arbeitsplätzen, sofern er 70 dB(A) übersteigt; ist dieser Pegel kleiner oder gleich 70 dB(A), so ist dies anzugeben;

- der Höchstwert des momentanen C-bewerteten Emissionsschalldruckpegels an den Arbeitsplätzen, sofern er 63 Pa (130 dB bezogen auf 20 µPa) übersteigt;

- der A-bewertete Schallleistungspegel der Maschine, wenn der A-bewertete Emissionsschalldruckpegel an den Arbeitsplätzen 80 dB(A) übersteigt.

Diese Werte müssen entweder an der betreffenden Maschine tatsächlich gemessen oder durch Messung an einer technisch vergleichbaren, für die geplante Fertigung repräsentativen Maschine ermittelt worden sein. Bei Maschinen mit sehr großen Abmessungen können statt des A-bewerteten Schallleistungspegels die A-bewerteten Emissionsschalldruckpegel an bestimmten Stellen im Maschinenumfeld angegeben werden. Kommen keine harmonisierten Normen zur Anwendung, ist zur Ermittlung der Geräuschemission nach der dafür am besten geeigneten Messmethode zu verfahren. Bei jeder Angabe von Schallemissionswerten ist die für diese Werte bestehende Unsicherheit anzugeben. Die Betriebsbedingungen der Maschine während der Messung und die Messmethode sind zu beschreiben. Wenn der Arbeitsplatz bzw. die Arbeitsplätze nicht festgelegt sind oder sich nicht festlegen lassen, müssen die Messungen des A-bewerteten Schalldruckpegels in einem Abstand von 1 m von der Maschinenoberfläche und 1,60 m über dem Boden oder der Zugangsplattform vorgenommen werden. Der höchste Emissionsschalldruckpegel und der zugehörige Messpunkt sind anzugeben. Enthalten spezielle Gemeinschaftsrichtlinien andere Bestimmungen zur Messung des Schalldruck- oder Schallleistungspegels, so gelten die Bestimmungen dieser speziellen Richtlinien und nicht die entsprechenden Bestimmungen der vorliegenden Richtlinie. v) Kann die Maschine nichtionisierende Strahlung abgeben, die Personen, insbesondere Träger aktiver oder nicht aktiver implantierbarer medizinischer Geräte, schädigen kann, so sind Angaben über die Strahlung zu machen, der das Bedienungspersonal und gefährdete Personen ausgesetzt sind.

1.7.4.3. Verkaufsprospekte

Verkaufsprospekte, in denen die Maschine beschrieben wird, dürfen in Bezug auf die Sicherheits- und Gesundheitsschutzaspekte nicht der Betriebsanleitung widersprechen. Verkaufsprospekte, in denen die Leistungsmerkmale der Maschine beschrieben werden, müssen die gleichen Angaben zu Emissionen enthalten wie die Betriebsanleitung.

2. ZUSÄTZLICHE GRUNDLEGENDE SICHERHEITS- UND GESUNDHEITSSCHUTZANFORDERUNGEN AN BESTIMMTE MASCHINENGATTUNGEN

Nahrungsmittelmaschinen, Maschinen für kosmetische oder pharmazeutische Erzeugnisse, handgehaltene und/oder handgeführte Maschinen, tragbare Befestigungsgeräte und andere Schussgeräte sowie Maschinen zur Bearbeitung von Holz und von Werkstoffen mit ähnlichen physikalischen Eigenschaften müssen alle in diesem Kapitel genannten grundlegenden Sicherheits- und Gesundheitsschutzanforderungen erfüllen (siehe Allgemeine Grundsätze, Nummer 4).

2.1. NAHRUNGSMITTELMASCHINEN UND MASCHINEN FÜR KOSMETISCHE ODER PHARMAZEUTISCHE ERZEUGNISSE

2.1.1. Allgemeines

Maschinen, die für die Verwendung mit Lebensmitteln oder mit kosmetischen oder pharmazeutischen Erzeugnissen bestimmt sind, müssen so konstruiert und gebaut sein, dass das Risiko einer Infektion, Krankheit oder Ansteckung ausgeschlossen ist.

Folgende Anforderungen sind zu beachten:

a) Die Materialien, die mit Lebensmitteln, kosmetischen oder pharmazeutischen Erzeugnissen in Berührung kommen oder kommen können, müssen den einschlägigen Richtlinien entsprechen. Die Maschine muss so konstruiert und gebaut sein, dass diese Materialien vor jeder Benutzung gereinigt werden können; ist dies nicht möglich, sind Einwegteile zu verwenden.

b) Alle mit Lebensmitteln, kosmetischen oder pharmazeutischen Erzeugnissen in Berührung kommenden Flächen mit Ausnahme der Flächen von Einwegteilen müssen

- glatt sein und dürfen keine Erhöhungen und Vertiefungen aufweisen, an denen organische Stoffe zurückbleiben können; das Gleiche gilt für Verbindungsstellen zwischen Flächen,

- so gestaltet und gefertigt sein, dass Vorsprünge, Kanten und Aussparungen an Bauteilen auf ein Minimum reduziert werden,

- leicht zu reinigen und zu desinfizieren sein, erforderlichenfalls nach Abnehmen leicht demontierbarer Teile; die Innenflächen müssen Ausrundungen mit ausreichendem Radius aufweisen, damit sie vollständig gereinigt werden können.

c) Von Lebensmitteln, kosmetischen und pharmazeutischen Erzeugnissen sowie von Reinigungs-, Desinfektions- und Spülmitteln stammende Flüssigkeiten, Gase und Aerosole müssen vollständig aus der Maschine abgeleitet werden können (möglichst in Reinigungsstellung).

d) Die Maschine muss so konstruiert und gebaut sein, dass in Bereiche, die nicht zur Reinigung zugänglich sind, keine Substanzen oder Lebewesen, insbesondere Insekten, eindringen können und dass sich darin keine organischen Bestandteile festsetzen können.

e) Die Maschine muss so konstruiert und gebaut sein, dass gesundheitsgefährliche Betriebsstoffe, einschließlich Schmiermittel, nicht mit den Lebensmitteln, kosmetischen oder pharmazeutischen Erzeugnissen in Berührung kommen können. Sie muss gegebenenfalls so konstruiert und gebaut sein, dass die fortdauernde Erfüllung dieser Anforderung überprüft werden kann.

2.1.2. Betriebsanleitung

In der Betriebsanleitung für Nahrungsmittelmaschinen und für Maschinen zur Verwendung mit kosmetischen oder pharmazeutischen Erzeugnissen müssen die empfohlenen Reinigungs-, Desinfektions- und Spülmittel und -verfahren angegeben werden, und zwar nicht nur für die leicht zugänglichen Bereiche, sondern auch für Bereiche, zu denen ein Zugang unmöglich oder nicht ratsam ist.

2.2. HANDGEHALTENE UND/ODER HANDGEFÜHRTE TRAGBARE MASCHINEN

2.2.1. Allgemeines

Handgehaltene und/oder handgeführte tragbare Maschinen müssen

- je nach Art der Maschine eine ausreichend große Auflagefläche und eine ausreichende Zahl von angemessen dimensionierten Griffen und Halterungen besitzen, die so gestaltet sein müssen, dass die Stabilität der Maschine bei bestimmungsgemäßer Verwendung gewährleistet ist,

- falls die Griffe nicht ohne Gefahr losgelassen werden können, mit Stellteilen zum Ingangsetzen und Stillsetzen ausgestattet sein, die so angeordnet sind, dass sie ohne Loslassen der Griffe betätigt werden können; dies gilt jedoch nicht, wenn diese Anforderung technisch nicht erfüllbar ist oder wenn ein unabhängiges Stellteil vorhanden ist,

- so beschaffen sein, dass keine Risiken durch ungewolltes Anlaufen und/oder ungewolltes Weiterlaufen nach Loslassen der Griffe bestehen. Ist es technisch nicht möglich, diese Anforderung zu erfüllen, so müssen gleichwertige Vorkehrungen getroffen werden,

- es ermöglichen, dass erforderlichenfalls der Gefahrenbereich und das Bearbeiten des Materials durch das Werkzeug optisch kontrolliert werden können.

Die Griffe tragbarer Maschinen müssen so konstruiert und ausgeführt sein, dass sich die Maschinen mühelos in Gang setzen und stillsetzen lassen.

2.2.1.1. Betriebsanleitung

Die Betriebsanleitung von handgehaltenen oder handgeführten tragbaren Maschinen muss folgende Angaben über die von ihnen ausgehenden Vibrationen enthalten:

- den Schwingungsgesamtwert, dem die oberen Körpergliedmaßen ausgesetzt sind, falls der ermittelte Wert 2,5 m/s2 übersteigt. Liegt dieser Wert nicht über 2,5 m/s2, so ist dies anzugeben,

- die Messunsicherheiten.

Diese Werte müssen entweder an der betreffenden Maschine tatsächlich gemessen oder durch Messung an einer technisch vergleichbaren, für die geplante Fertigung repräsentativen Maschine ermittelt worden sein.

Kommen keine harmonisierten Normen zur Anwendung, ist zur Ermittlung der Vibrationsdaten nach der dafür am besten geeigneten Messmethode zu verfahren.

Die Betriebsbedingungen der Maschine während der Messung und die Messmethode sind zu beschreiben oder es ist die zugrunde liegende harmonisierte Norm genau anzugeben.

2.2.2. Tragbare Befestigungsgeräte und andere Schussgeräte

2.2.2.1. Allgemeines

Tragbare Befestigungsgeräte und andere Schussgeräte müssen so konstruiert und gebaut sein, dass

- die Energie über ein Zwischenglied, das im Gerät verbleibt, an das einzuschlagende Teil abgegeben wird,
- eine Sicherungsvorrichtung eine Schlagauslösung nur zulässt, wenn die Maschine korrekt auf dem Werkstück positioniert ist und mit ausreichender Kraft angedrückt wird,
- eine unbeabsichtigte Schlagauslösung verhindert wird; wenn notwendig muss zur Schlagauslösung die Einhaltung einer vorgegebenen Abfolge von Handgriffen an der Sicherungsvorrichtung und am Stellteil erforderlich sein,
- eine unbeabsichtigte Schlagauslösung bei der Handhabung oder bei Stoßeinwirkung verhindert wird,
- ein leichtes und sicheres Laden und Entladen möglich ist.

Erforderlichenfalls muss es möglich sein, das Gerät mit einem Splitterschutz auszustatten, und die geeigneten Schutzeinrichtungen müssen vom Hersteller der Maschine bereitgestellt werden.

2.2.2.2. Betriebsanleitung

In der Betriebsanleitung sind Angaben zu folgenden Punkten zu machen:

- Zubehörteile und auswechselbare Ausrüstungen, die für die Maschine geeignet sind,
- passende Befestigungsteile oder andere Einschlagteile, die mit dem Gerät verwendet werden können,
- gegebenenfalls passende Magazine.

2.3. MASCHINEN ZUR BEARBEITUNG VON HOLZ UND VON WERKSTOFFEN MIT ÄHNLICHEN PHYSIKALISCHEN EIGENSCHAFTEN

Maschinen zur Bearbeitung von Holz und von Werkstoffen mit ähnlichen physikalischen Eigenschaften müssen folgende Anforderungen erfüllen:

a) Sie müssen so konstruiert, gebaut oder ausgerüstet sein, dass das Werkstück sicher aufgelegt und geführt werden kann. Wird das Werkstück auf einem Arbeitstisch mit der Hand gehalten, so muss dieser Tisch während der Arbeit ausreichend standsicher sein und darf die Bewegung des Werkstücks nicht behindern.

b) Wird die Maschine voraussichtlich unter Bedingungen verwendet, die das Risiko eines Rückschlags von Werkstücken oder von Teilen davon mit sich bringen, so muss sie so konstruiert, gebaut oder ausgerüstet sein, dass ein Rückschlag vermieden wird oder, wenn das nicht möglich ist, der Rückschlag für das Bedienungspersonal und/oder gefährdete Personen kein Risiko bewirkt.

c) Die Maschine muss mit selbsttätigen Bremsen ausgerüstet sein, die das Werkzeug in ausreichend kurzer Zeit zum Stillstand bringen, wenn beim Auslaufen das Risiko eines Kontakts mit dem Werkzeug besteht.

d) Ist das Werkzeug in eine nicht vollautomatisch arbeitende Maschine eingebaut, so ist diese Maschine so zu konstruieren und zu bauen, dass das Risiko von Verletzungen ausgeschaltet oder verringert wird.

2.4. MASCHINEN ZUR AUSBRINGUNG VON PESTIZIDEN

2.4.1. *Begriffsbestimmung*

„Maschinen zur Ausbringung von Pestiziden": Maschinen, die speziell zur Ausbringung von Pflanzenschutzmitteln im Sinne des Artikels 2 Absatz 1 der Verordnung (EG) Nr. 1107/2009 des Europäischen Parlaments und des Rates vom 21. Oktober 2009 über das Inverkehrbringen von Pflanzenschutzmitteln (1) bestimmt sind.

(1) ABl. L 309 vom 24.11.2009, S. 1.

2.4.2. *Allgemeines*

Der Hersteller einer Maschine zur Ausbringung von Pestiziden oder sein Bevollmächtigter hat sicher zu stellen, dass im Einklang mit dem Verfahren der Risikobeurteilung und Risikominderung gemäß den Allgemeinen Grundsätzen Nummer 1 eine Beurteilung der Risiken einer unbeabsichtigten Exposition der Umwelt gegenüber Pestiziden vorgenommen wird. Maschinen zur Ausbringung von Pestiziden sind unter Berücksichtigung der Ergebnisse der in Absatz 1 genannten Risikobeurteilung so zu konstruieren und zu bauen, dass sie ohne unbeabsichtigte Exposition der Umwelt gegenüber Pestiziden betrieben, eingerichtet und gewartet werden können. Undichtigkeiten sind stets zu verhüten.

2.4.3. *Bedienung und Überwachung*

Es muss möglich sein, die Ausbringung der Pestizide von den Bedienungsplätzen aus einfach und präzise zu steuern, zu überwachen und sofort abzubrechen.

2.4.4. *Füllung und Entleerung*

Die Maschine ist so zu konstruieren und zu bauen, dass das präzise Füllen mit der erforderlichen Pestizidmenge erleichtert und das einfache und vollständige Entleeren gewährleistet wird und dabei das Verschütten von Pestiziden vermieden und die Kontamination der Entnahmestellen für Wasser verhindert wird.

2.4.5. *Ausbringung von Pestiziden*

2.4.5.1. Ausbringungsrate

Die Maschine muss mit Vorrichtungen zur einfachen, präzisen und zuverlässigen Einstellung der Ausbringungsrate ausgestattet sein.

2.4.5.2. Verteilung, Anlagerung und Abdrift von Pestiziden

Die Maschine ist so zu konstruieren und zu bauen, dass sichergestellt ist, dass das Pestizid auf den Zielflächen angelagert wird, unbeabsichtigte Freisetzungen auf anderen Flächen möglichst gering gehalten werden und die Abdrift von

Pestiziden in die Umgebung vermieden wird. Wo dies angemessen ist, muss eine gleichmäßige Verteilung und homogene Anlagerung des Pestizids sichergestellt sein.

2.4.5.3. Prüfungen

Um festzustellen, ob die entsprechenden Teile der Maschine die unter 2.4.5.1 und 2.4.5.2 genannten Anforderungen erfüllen, hat der Hersteller oder sein Bevollmächtigter für jeden Maschinentyp die entsprechenden Prüfungen durchzuführen oder durchführen zu lassen.

2.4.5.4. Unbeabsichtigte Freisetzungen während und nach der Abschaltung

Die Maschine ist so zu konstruieren und zu bauen, dass unbeabsichtigte Freisetzungen von Pestiziden während und nach der Abschaltung der Ausbringungsfunktion vermieden werden.

2.4.6. *Wartung*

2.4.6.1. Reinigung

Die Maschine ist so zu konstruieren und zu bauen, dass sie einfach und gründlich gereinigt werden kann, ohne dass dabei die Umwelt kontaminiert wird.

2.4.6.2. Instandhaltung

Die Maschine ist so zu konstruieren und zu bauen, dass der Austausch verschlissener Teile ungehindert möglich ist, ohne dass dabei die Umwelt kontaminiert wird.

2.4.7. *Kontrollen*

Es muss möglich sein, die erforderlichen Messinstrumente einfach an die Maschine anzuschließen, um das ordnungsgemäße Funktionieren der Maschine zu überprüfen.

2.4.8. *Kennzeichnung von Düsen, Sieben und Filtern*

Düsen, Siebe und Filter sind so zu kennzeichnen, dass ihr Typ und ihre Größe klar erkennbar sind.

2.4.9. *Angabe des verwendeten Pestizids*

Wo dies angemessen ist, muss die Maschine mit einer besonderen Vorrichtung versehen sein, an der das Bedienungspersonal die Bezeichnung des verwendeten Pestizids anbringen kann.

2.4.10. *Betriebsanleitung*

Die Betriebsanleitung muss folgende Angaben enthalten:

a) die Vorkehrungen, die beim Mischen, Einfüllen, Anwenden, Entleeren, Reinigen, Warten und Transport zu treffen sind, um die Kontamination der Umwelt zu vermeiden;

b) ausführliche Bedingungen für die Verwendung in den verschiedenen vorgesehenen Betriebsumgebungen, einschließlich der dazugehörigen notwendigen Vorbereitung und Einstellung, durch die die Anlagerung des Pestizids auf den Zielflächen bei gleichzeitiger Minimierung der unbeabsichtigten Freisetzungen auf anderen Flächen, die Verhinderung der Abdrift in die Umgebung und, wo dies angemessen ist, die gleichmäßige Verteilung und homogene Anlagerung des Pestizids sichergestellt wird;

c) die Bandbreite der Typen und Größen der Düsen, Siebe und Filter, mit denen die Maschine betrieben werden kann;

d) in Bezug auf Verschleißteile, die Auswirkungen auf den ordnungsgemäßen Betrieb der Maschine haben, wie Düsen, Siebe und Filter, Angaben dazu, in welchen Abständen sie zu überprüfen sind, und die Kriterien und das Verfahren für ihren Austausch;

e) Spezifikation der Kalibrierung, täglichen Wartung, Vorbereitung für das Überwintern und anderer Überprüfungen, die zur Gewährleistung des ordnungsgemäßen Funktionierens der Maschine erforderlich sind;

f) Arten von Pestiziden, die Fehlfunktionen der Maschine hervorrufen können;

g) einen Hinweis darauf, dass das Bedienungspersonal stets die Bezeichnung des gerade verwendeten Pestizids in der unter Nummer 2.4.9. genannten besonderen Vorrichtung aktualisieren sollte;

h) Anschluss und Verwendung von Spezialausrüstungen und Zubehörteilen und die Vorkehrungen, die zu treffen sind;

i) einen Hinweis darauf, dass die Maschine nationalen Vorschriften für eine regelmäßige Überprüfung durch bezeichnete Stellen, wie in der Richtlinie 2009/128/EG des Europäischen Parlaments und des Rates vom 21. Oktober 2009 über einen Aktionsrahmen der Gemeinschaft für die nachhaltige Verwendung von Pestiziden (1) vorgesehen, unterliegen kann;

j) die Merkmale der Maschine, die zur Gewährleistung ihres ordnungsgemäßen Betriebs überprüft werden müssen;

k) eine Anleitung für den Anschluss der erforderlichen Messinstrumente.

3. ZUSÄTZLICHE GRUNDLEGENDE SICHERHEITS- UND GESUNDHEITSSCHUTZANFORDERUNGEN ZUR AUSSCHALTUNG DER GEFÄHRDUNGEN, DIE VON DER BEWEGLICHKEIT VON MASCHINEN AUSGEHEN

Maschinen, von denen aufgrund ihrer Beweglichkeit Gefährdungen ausgehen, müssen alle in diesem Kapitel genannten grundlegenden Sicherheits- und Gesundheitsschutzanforderungen erfüllen (siehe Allgemeine Grundsätze, Nummer 4).

3.1. ALLGEMEINES

3.1.1. Begriffsbestimmungen

a) Eine „Maschine, von der aufgrund ihrer Beweglichkeit Gefährdungen ausgehen", ist:

- eine Maschine, die bei der Arbeit entweder beweglich sein muss oder kontinuierlich oder halbkontinuierlich zu aufeinander folgenden festen Arbeitsstellen verfahren werden muss, oder

- eine Maschine, die während der Arbeit nicht verfahren wird, die aber mit Einrichtungen ausgestattet werden kann, mit denen sie sich leichter an eine andere Stelle bewegen lässt.

b) Ein „Fahrer" ist eine Bedienungsperson, die mit dem Verfahren einer Maschine betraut ist. Der Fahrer kann auf der Maschine aufsitzen, sie zu Fuß begleiten oder fernsteuern.

3.2. BEDIENERPLÄTZE

3.2.1. Fahrerplatz

Die Sicht vom Fahrerplatz aus muss so gut sein, dass der Fahrer die Maschine und ihre Werkzeuge unter den vorhersehbaren Einsatzbedingungen ohne jede Gefahr für sich und andere gefährdete Personen handhaben kann. Den Gefährdungen durch unzureichende Direktsicht muss erforderlichenfalls durch geeignete Einrichtungen begegnet werden. Eine Maschine mit aufsitzendem Fahrer muss so konstruiert und gebaut sein, dass am Fahrerplatz für den Fahrer kein Risiko durch unbeabsichtigten Kontakt mit Rädern und Ketten besteht. Sofern dies das Risiko nicht erhöht und es die Abmessungen zulassen, ist der Fahrerplatz für den aufsitzenden Fahrer so zu konstruieren und auszuführen, dass er mit einer Kabine ausgestattet werden kann. In der Kabine muss eine Stelle zur Aufbewahrung der notwendigen Anweisungen für den Fahrer vorgesehen sein.

3.2.2. Sitze

Besteht das Risiko, dass das Bedienungspersonal oder andere auf der Maschine beförderte Personen beim Überrollen oder Umkippen der Maschine insbesondere bei Maschinen, die mit dem in den Nummern 3.4.3 oder 3.4.4 genannten Schutzaufbau ausgerüstet sind zwischen Teilen der Maschine und dem Boden eingequetscht werden können, so müssen die Sitze so konstruiert oder mit einer Rückhaltevorrichtung ausgestattet sein, dass die Personen auf ihrem Sitz gehalten werden, ohne dass die notwendigen Bedienungsbewegungen behindert oder von der Sitzaufhängung hervorgerufene Bewegungen eingeschränkt werden. Rückhaltevorrichtungen dürfen nicht eingebaut werden, wenn sich dadurch das Risiko erhöht.

3.2.3. Plätze für andere Personen

Können im Rahmen der bestimmungsgemäßen Verwendung gelegentlich oder regelmäßig außer dem Fahrer andere Personen zum Mitfahren oder zur Arbeit auf der Maschine transportiert werden, so sind geeignete Plätze vorzusehen, die eine Beförderung oder ein Arbeiten ohne Risiko gestatten. Nummer 3.2.1 Absätze 2 und 3 gilt auch für die Plätze für andere Personen als den Fahrer.

3.3. STEUERUNG

Erforderlichenfalls sind Maßnahmen zu treffen, die eine unerlaubte Benutzung der Steuerung verhindern. Bei Fernsteuerung muss an jedem Bedienungsgerät klar ersichtlich sein, welche Maschine von diesem Gerät aus bedient werden soll.

Die Fernsteuerung muss so konstruiert und ausgeführt sein, dass

- sie ausschließlich die betreffende Maschine steuert,
- sie ausschließlich die betreffenden Funktionen steuert.

Eine ferngesteuerte Maschine muss so konstruiert und gebaut sein, dass sie nur auf Steuerbefehle von dem für sie vorgesehenen Bedienungsgerät reagiert.

3.3.1. Stellteile

Der Fahrer muss vom Fahrerplatz aus alle für den Betrieb der Maschine erforderlichen Stellteile betätigen können; ausgenommen sind Funktionen, die nur über an anderer Stelle befindliche Stellteile sicher ausgeführt werden können. Zu diesen Funktionen gehören insbesondere diejenigen, für die anderes Bedienungspersonal als der Fahrer zuständig ist oder für die der Fahrer seinen Fahrerplatz verlassen muss, um sie sicher steuern zu können. Gegebenenfalls vorhandene Pedale müssen so gestaltet, ausgeführt und angeordnet sein, dass sie vom Fahrer mit möglichst geringem Fehlbedienungsrisiko sicher betätigt werden können; sie müssen eine rutschhemmende Oberfläche haben und leicht zu reinigen sein. Kann die Betätigung von Stellteilen Gefährdungen, insbesondere gefährliche Bewegungen verursachen, so müssen diese Stellteile ausgenommen solche mit mehreren vorgegebenen Stellungen in die Neutralstellung zurückkehren, sobald die Bedienungsperson sie loslässt. Bei Maschinen auf Rädern muss die Lenkung so konstruiert und ausgeführt sein, dass plötzliche Ausschläge des Lenkrades oder des Lenkhebels infolge von Stößen auf die gelenkten Räder gedämpft werden. Stellteile zum Sperren des Differenzials müssen so ausgelegt und angeordnet sein, dass sie die Entsperrung des Differenzials gestatten, während die Maschine in Bewegung ist. Nummer 1.2.2 Absatz 6 betreffend akustische und/oder optische Warnsignale gilt nur für Rückwärtsfahrt.

3.3.2. Ingangsetzen/Verfahren

Eine selbstfahrende Maschine mit aufsitzendem Fahrer darf Fahrbewegungen nur ausführen können, wenn sich der Fahrer am Bedienungsstand befindet. Ist eine Maschine zum Arbeiten mit Vorrichtungen ausgerüstet, die über ihr normales

Lichtraumprofil hinausragen (z. B. Stabilisatoren, Ausleger usw.), so muss der Fahrer vor dem Verfahren der Maschine leicht überprüfen können, ob die Stellung dieser Vorrichtungen ein sicheres Verfahren erlaubt. Dasselbe gilt für alle anderen Teile, die sich in einer bestimmten Stellung, erforderlichenfalls verriegelt, befinden müssen, damit die Maschine sicher verfahren werden kann. Das Verfahren der Maschine ist von der sicheren Positionierung der oben genannten Teile abhängig zu machen, wenn das nicht zu anderen Risiken führt. Eine unbeabsichtigte Fahrbewegung der Maschine darf nicht möglich sein, während der Motor in Gang gesetzt wird.

3.3.3. Stillsetzen/Bremsen

Unbeschadet der Straßenverkehrsvorschriften müssen selbstfahrende Maschinen und zugehörige Anhänger die Anforderungen für das Abbremsen, Anhalten und Feststellen erfüllen, damit bei jeder vorgesehenen Betriebsart, Belastung, Fahrgeschwindigkeit, Bodenbeschaffenheit und Geländeneigung die erforderliche Sicherheit gewährleistet ist.

Eine selbstfahrende Maschine muss vom Fahrer mittels einer entsprechenden Haupteinrichtung abgebremst und angehalten werden können. Außerdem muss das Abbremsen und Anhalten über eine Noteinrichtung mit einem völlig unabhängigen und leicht zugänglichen Stellteil möglich sein, wenn dies erforderlich ist, um bei einem Versagen der Haupteinrichtung oder bei einem Ausfall der zur Betätigung der Haupteinrichtung benötigten Energie die Sicherheit zu gewährleisten. Sofern es die Sicherheit erfordert, muss die Maschine mit Hilfe einer Feststelleinrichtung arretierbar sein. Als Feststelleinrichtung kann eine der im Absatz 2 bezeichneten Einrichtungen dienen, sofern sie rein mechanisch wirkt.

Eine ferngesteuerte Maschine muss mit Einrichtungen ausgestattet sein, die unter folgenden Umständen den Anhaltevorgang automatisch und unverzüglich einleiten und einem potenziell gefährlichen Betrieb vorbeugen:

- wenn der Fahrer die Kontrolle über sie verloren hat,
- wenn sie ein Haltesignal empfängt,
- wenn ein Fehler an einem sicherheitsrelevanten Teil des Systems festgestellt wird,
- wenn innerhalb einer vorgegebenen Zeitspanne kein Überwachungssignal registriert wurde.

Nummer 1.2.4 findet hier keine Anwendung.

3.3.4. Verfahren mitgängergeführter Maschinen

Eine mitgängergeführte selbstfahrende Maschine darf eine Verfahrbewegung nur bei ununterbrochener Betätigung des entsprechenden Stellteils durch den Fahrer ausführen können. Insbesondere darf eine Verfahrbewegung nicht möglich sein, während der Motor in Gang gesetzt wird. Die Stellteile von mitgängergeführten Maschinen müssen so ausgelegt sein, dass die Risiken durch eine unbeabsichtigte

Bewegung der Maschine für den Fahrer so gering wie möglich sind; dies gilt insbesondere für die Gefahr,

- eingequetscht oder überfahren zu werden,
- durch umlaufende Werkzeuge verletzt zu werden.

Die Verfahrgeschwindigkeit der Maschine darf nicht größer sein als die Schrittgeschwindigkeit des Fahrers. Bei Maschinen, an denen ein umlaufendes Werkzeug angebracht werden kann, muss sichergestellt sein, dass bei eingelegtem Rückwärtsgang das Werkzeug nicht angetrieben werden kann, es sei denn, die Fahrbewegung der Maschine wird durch die Bewegung des Werkzeugs bewirkt. Im letzteren Fall muss die Geschwindigkeit im Rückwärtsgang so gering sein, dass der Fahrer nicht gefährdet wird.

3.3.5. Störung des Steuerkreises

Bei Ausfall einer eventuell vorhandenen Lenkhilfe muss sich die Maschine während des Anhaltens weiterlenken lassen.

3.4. SCHUTZMASSNAHMEN GEGEN MECHANISCHE GEFÄHRDUNGEN

3.4.1. Unkontrollierte Bewegungen

Die Maschine muss so konstruiert, gebaut und gegebenenfalls auf ihrem beweglichen Gestell montiert sein, dass unkontrollierte Verlagerungen ihres Schwerpunkts beim Verfahren ihre Standsicherheit nicht beeinträchtigen und zu keiner übermäßigen Beanspruchung ihrer Struktur führen.

3.4.2. Bewegliche Übertragungselemente

Abweichend von Nummer 1.3.8.1 brauchen bei Motoren die beweglichen Schutzeinrichtungen, die den Zugang zu den beweglichen Teilen im Motorraum verhindern, nicht verriegelbar zu sein, wenn sie sich nur mit einem Werkzeug oder Schlüssel oder durch Betätigen eines Stellteils am Fahrerplatz öffnen lassen, sofern sich dieser in einer völlig geschlossenen, gegen unbefugten Zugang verschließbaren Kabine befindet.

3.4.3. Überrollen und Umkippen

Besteht bei einer selbstfahrenden Maschine mit aufsitzendem Fahrer und mitfahrendem anderem Bedienungspersonal oder anderen mitfahrenden Personen ein Überroll- oder Kipprisiko, so muss die Maschine mit einem entsprechenden Schutzaufbau versehen sein, es sei denn, dies erhöht das Risiko. Dieser Aufbau muss so beschaffen sein, dass aufsitzende bzw. mitfahrende Personen bei Überrollen oder Umkippen durch einen angemessenen Verformungsgrenzbereich gesichert sind. Um festzustellen, ob der Aufbau die in Absatz 2 genannte Anforderung erfüllt, muss der Hersteller oder sein Bevollmächtigter für jeden Aufbautyp die entsprechenden Prüfungen durchführen oder durchführen lassen.

3.4.4. Herabfallende Gegenstände

Besteht bei einer selbstfahrenden Maschine mit aufsitzendem Fahrer und mitfahrendem anderem Bedienungspersonal oder anderen mitfahrenden Personen ein Risiko durch herabfallende Gegenstände oder herabfallendes Material, so muss die Maschine entsprechend konstruiert und, sofern es ihre Abmessungen gestatten, mit einem entsprechenden Schutzaufbau versehen sein. Dieser Aufbau muss so beschaffen sein, dass aufsitzende bzw. mitfahrende Personen beim Herabfallen von Gegenständen oder Material durch einen angemessenen Verformungsgrenzbereich gesichert sind. Um festzustellen, ob der Aufbau die in Absatz 2 genannte Anforderung erfüllt, muss der Hersteller oder sein Bevollmächtigter für jeden Aufbautyp die entsprechenden Prüfungen durchführen oder durchführen lassen.

3.4.5. Zugänge

Halte- und Aufstiegsmöglichkeiten müssen so konstruiert, ausgeführt und angeordnet sein, dass das Bedienungspersonal sie instinktiv benutzt und sich zum leichteren Aufstieg nicht der Stellteile bedient.

3.4.6. Anhängevorrichtungen

Maschinen, die zum Ziehen eingesetzt oder gezogen werden sollen, müssen mit Anhängevorrichtungen oder Kupplungen ausgerüstet sein, die so konstruiert, ausgeführt und angeordnet sind, dass ein leichtes und sicheres An- und Abkuppeln sichergestellt ist und ein ungewolltes Abkuppeln während des Einsatzes verhindert wird. Soweit die Deichsellast es erfordert, müssen diese Maschinen mit einer Stützvorrichtung ausgerüstet sein, deren Auflagefläche der Stützlast und dem Boden angepasst sein muss.

3.4.7. Kraftübertragung zwischen einer selbstfahrenden Maschine (oder einer Zugmaschine) und einer angetriebenen Maschine

Abnehmbare Gelenkwellen zwischen einer selbstfahrenden Maschine (oder einer Zugmaschine) und dem ersten festen Lager einer angetriebenen Maschine müssen so konstruiert und ausgeführt sein, dass während des Betriebs alle beweglichen Teile über ihre gesamte Länge geschützt sind. Die Abtriebswelle der selbstfahrenden Maschine (oder Zapfwelle der Zugmaschine), an die die abnehmbare Gelenkwelle angekuppelt ist, muss entweder durch einen an der selbstfahrenden Maschine (oder der Zugmaschine) befestigten und mit ihr verbundenen Schutzschild oder eine andere Vorrichtung mit gleicher Schutzwirkung geschützt sein.

Dieser Schutzschild muss für den Zugang zu der abnehmbaren Gelenkwelle geöffnet werden können. Nach der Anbringung des Schutzschilds muss genügend Platz bleiben, damit die Antriebswelle bei Fahrbewegungen der Maschine (oder der Zugmaschine) den Schutzschild nicht beschädigen kann. Die angetriebene

Welle der angetriebenen Maschine muss von einem an der Maschine befestigten Schutzgehäuse umschlossen sein.

Ein Drehmomentbegrenzer oder ein Freilauf für die abnehmbare Gelenkwelle ist nur auf der Seite zulässig, auf der sie mit der angetriebenen Maschine gekuppelt ist. In diesem Fall ist die Einbaulage auf der abnehmbaren Gelenkwelle anzugeben. Eine angetriebene Maschine, für deren Betrieb eine abnehmbare Gelenkwelle erforderlich ist, die sie mit einer selbstfahrenden Maschine (oder einer Zugmaschine) verbindet, muss mit einer Halterung für die abnehmbare Gelenkwelle versehen sein, die verhindert, dass die abnehmbare Gelenkwelle und ihre Schutzeinrichtung beim Abkuppeln der angetriebenen Maschine durch Berührung mit dem Boden oder einem Maschinenteil beschädigt werden. Die außen liegenden Teile der Schutzeinrichtung müssen so konstruiert, ausgeführt und angeordnet sein, dass sie sich nicht mit der abnehmbaren Gelenkwelle mitdrehen können. Bei einfachen Kreuzgelenken muss die Schutzeinrichtung die Welle bis zu den Enden der inneren Gelenkgabeln abdecken, bei Weitwinkelgelenken mindestens bis zur Mitte des äußeren Gelenks oder der äußeren Gelenke. Befinden sich in der Nähe der abnehmbaren Gelenkwelle Zugänge zu den Arbeitsplätzen, so müssen sie so konstruiert und ausgeführt sein, dass die Wellenschutzeinrichtungen nicht als Trittstufen benutzt werden können, es sei denn, sie sind für diesen Zweck konstruiert und gebaut.

3.5. SCHUTZMASSNAHMEN GEGEN SONSTIGE GEFÄHRDUNGEN

3.5.1. Batterien

Das Batteriefach muss so konstruiert und ausgeführt sein, dass ein Verspritzen von Elektrolyt auf das Bedienungspersonal selbst bei Überrollen oder Umkippen verhindert und eine Ansammlung von Dämpfen an den Bedienungsplätzen vermieden wird.

Die Maschine muss so konstruiert und gebaut sein, dass die Batterie mit Hilfe einer dafür vorgesehenen und leicht zugänglichen Vorrichtung abgeklemmt werden kann.

3.5.2. Brand

Je nachdem, mit welchen Gefährdungen der Hersteller rechnet, muss die Maschine, soweit es ihre Abmessungen zulassen,

- die Anbringung leicht zugänglicher Feuerlöscher ermöglichen oder
- mit einem integrierten Feuerlöschsystem ausgerüstet sein.

3.5.3. Emission von gefährlichen Stoffen

Nummer 1.5.13 Absätze 2 und 3 gilt nicht, wenn die Hauptfunktion der Maschine das Versprühen von Stoffen ist. Das Bedienungspersonal muss jedoch vor dem Risiko einer Exposition gegenüber Emissionen dieser Stoffe geschützt sein.

3.6. INFORMATIONEN UND ANGABEN

3.6.1. Zeichen, Signaleinrichtungen und Warnhinweise

Wenn es für die Sicherheit und zum Schutz der Gesundheit von Personen erforderlich ist, muss jede Maschine mit Zeichen und/oder Hinweisschildern für ihre Benutzung, Einstellung und Wartung versehen sein. Diese sind so zu wählen, zu gestalten und auszuführen, dass sie deutlich zu erkennen und dauerhaft sind.

Unbeschadet der Straßenverkehrsvorschriften müssen Maschinen mit aufsitzendem Fahrer mit folgenden Einrichtungen ausgestattet sein:

- mit einer akustischen Warneinrichtung, mit der Personen gewarnt werden können,

- mit einer auf die vorgesehenen Einsatzbedingungen abgestimmten Lichtsignaleinrichtung; diese Anforderung gilt nicht für Maschinen, die ausschließlich für den Einsatz unter Tage bestimmt sind und nicht mit elektrischer Energie arbeiten,

- erforderlichenfalls mit einem für den Betrieb der Signaleinrichtungen geeigneten Anschluss zwischen Anhänger und Maschine.

Ferngesteuerte Maschinen, bei denen unter normalen Einsatzbedingungen ein Stoß- oder Quetschrisiko besteht, müssen mit geeigneten Einrichtungen ausgerüstet sein, die ihre Bewegungen anzeigen, oder mit Einrichtungen zum Schutz von Personen vor derartigen Risiken. Das gilt auch für Maschinen, die bei ihrem Einsatz wiederholt auf ein und derselben Linie vor- und zurückbewegt werden und bei denen der Fahrer den Bereich hinter der Maschine nicht direkt einsehen kann. Ein ungewolltes Abschalten der Warn- und Signaleinrichtungen muss von der Konstruktion her ausgeschlossen sein. Wenn es für die Sicherheit erforderlich ist, sind diese Einrichtungen mit Funktionskontrollvorrichtungen zu versehen, die dem Bedienungspersonal etwaige Störungen anzeigen. Maschinen, bei denen die eigenen Bewegungen und die ihrer Werkzeuge eine besondere Gefährdung darstellen, müssen eine Aufschrift tragen, die es untersagt, sich der Maschine während des Betriebs zu nähern. Sie muss aus einem ausreichenden Abstand lesbar sein, bei dem die Sicherheit der Personen gewährleistet ist, die sich in Maschinennähe aufhalten müssen.

3.6.2. Kennzeichnung

Auf jeder Maschine müssen folgende Angaben deutlich lesbar und dauerhaft angebracht sein:

- die Nennleistung ausgedrückt in Kilowatt (kW),

- die Masse in Kilogramm (kg) beim gängigsten Betriebszustand sowie gegebenenfalls

- die größte zulässige Zugkraft an der Anhängevorrichtung in Newton (N),

- die größte zulässige vertikale Stützlast auf der Anhängevorrichtung in Newton (N).

3.6.3. Betriebsanleitung

3.6.3.1. Vibrationen

Die Betriebsanleitung muss folgende Angaben zu den von der Maschine auf die oberen Gliedmaßen oder auf den gesamten Körper übertragenen Vibrationen enthalten:

- den Schwingungsgesamtwert, dem die oberen Körpergliedmaßen ausgesetzt sind, falls der Wert 2,5 m/s2 übersteigt. Beträgt dieser Wert nicht mehr als 2,5 m/s2, so ist dies anzugeben,
- den höchsten Effektivwert der gewichteten Beschleunigung, dem der gesamte Körper ausgesetzt ist, falls der Wert 0,5 m/s2 übersteigt. Beträgt dieser Wert nicht mehr als 0,5 m/s2, ist dies anzugeben,
- die Messunsicherheiten.

Diese Werte müssen entweder an der betreffenden Maschine tatsächlich gemessen oder durch Messung an einer technisch vergleichbaren, für die geplante Fertigung repräsentativen Maschine ermittelt worden sein.

Kommen keine harmonisierten Normen zur Anwendung, so ist zur Ermittlung der Vibrationsdaten nach der dafür am besten geeigneten Messmethode zu verfahren.

Die Betriebsbedingungen der Maschine während der Messung und die Messmethode sind zu beschreiben.

3.6.3.2. Mehrere Verwendungsmöglichkeiten

Gestattet eine Maschine je nach Ausrüstung verschiedene Verwendungen, so müssen ihre Betriebsanleitung und die Betriebsanleitungen der auswechselbaren Ausrüstungen die Angaben enthalten, die für eine sichere Montage und Benutzung der Grundmaschine und der für sie vorgesehenen auswechselbaren Ausrüstungen notwendig sind.

4. ZUSÄTZLICHE GRUNDLEGENDE SICHERHEITS- UND GESUNDHEITSSCHUTZANFORDERUNGEN ZUR AUSSCHALTUNG DER DURCH HEBEVORGÄNGE BEDINGTEN GEFÄHRDUNGEN

Maschinen, von denen durch Hebevorgänge bedingte Gefährdungen ausgehen, müssen alle einschlägigen in diesem Kapitel genannten grundlegenden Sicherheits- und Gesundheitsschutzanforderungen erfüllen (siehe Allgemeine Grundsätze, Nummer 4).

4.1. ALLGEMEINES

4.1.1. Begriffsbestimmungen

a) „Hebevorgang": Vorgang der Beförderung von Einzellasten in Form von Gütern und/oder Personen unter Höhenverlagerung.

b) „Geführte Last": Last, die während ihrer gesamten Bewegung an starren Führungselementen oder an beweglichen Führungselementen, deren Lage im Raum durch Festpunkte bestimmt wird, geführt wird.

c) „Betriebskoeffizient": arithmetisches Verhältnis zwischen der vom Hersteller oder seinem Bevollmächtigten garantierten Last, die das Bauteil höchstens halten kann, und der auf dem Bauteil angegebenen maximalen Tragfähigkeit.

d) „Prüfungskoeffizient": arithmetisches Verhältnis zwischen der für die statische oder dynamische Prüfung der Maschine zum Heben von Lasten oder des Lastaufnahmemittels verwendeten Last und der auf der Maschine zum Heben von Lasten oder dem Lastaufnahmemittel angegebenen maximalen Tragfähigkeit.

e) „Statische Prüfung": Prüfung, bei der die Maschine zum Heben von Lasten oder das Lastaufnahmemittel zunächst überprüft und dann mit einer Kraft gleich dem Produkt aus der maximalen Tragfähigkeit und dem vorgesehenen statischen Prüfungskoeffizienten belastet wird und nach Entfernen der Last erneut überprüft wird, um sicherzustellen, dass keine Schäden aufgetreten sind.

f) „Dynamische Prüfung": Prüfung, bei der die Maschine zum Heben von Lasten in allen möglichen Betriebszuständen mit einer Last gleich dem Produkt aus der maximalen Tragfähigkeit und dem vorgesehenen dynamischen Prüfungskoeffizienten und unter Berücksichtigung ihres dynamischen Verhaltens betrieben wird, um ihr ordnungsgemäßes Funktionieren zu überprüfen.

g) „Lastträger": Teil der Maschine, auf oder in dem Personen und/oder Güter zur Aufwärts- oder Abwärtsbeförderung untergebracht sind.

4.1.2. Schutzmaßnahmen gegen mechanische Gefährdungen

4.1.2.1. Risiken durch mangelnde Standsicherheit

Die Maschine muss so konstruiert und gebaut sein, dass die in Nummer 1.3.1 vorgeschriebene Standsicherheit sowohl im Betrieb als auch außer Betrieb und in allen Phasen des Transports, der Montage und der Demontage sowie bei absehbarem Ausfall von Bauteilen und auch bei den gemäß der Betriebsanleitung durchgeführten Prüfungen gewahrt bleibt. Zu diesem Zweck muss der Hersteller oder sein Bevollmächtigter die entsprechenden Überprüfungsmethoden anwenden.

4.1.2.2. An Führungen oder auf Laufbahnen fahrende Maschinen

Die Maschine muss mit Einrichtungen ausgestattet sein, die auf Führungen und Laufbahnen so einwirken, dass ein Entgleisen verhindert wird. Besteht trotz dieser Einrichtungen das Risiko eines Entgleisens oder des Versagens von Führungseinrichtungen oder Laufwerksteilen, so muss durch geeignete Vorkehrungen verhindert werden, dass Ausrüstungen, Bauteile oder die Last herabfallen oder dass die Maschine umkippt.

4.1.2.3. Festigkeit

Die Maschine, das Lastaufnahmemittel und ihre Bauteile müssen den Belastungen, denen sie im Betrieb und gegebenenfalls auch außer Betrieb ausgesetzt sind, unter den vorgesehenen Montage- und Betriebsbedingungen und in allen entsprechenden Betriebszuständen, gegebenenfalls unter bestimmten Witterungseinflüssen und menschlicher Krafteinwirkung, standhalten können. Diese Anforderung muss auch bei Transport, Montage und Demontage erfüllt sein. Die Maschine und das Lastaufnahmemittel sind so zu konstruieren und zu bauen, dass bei bestimmungsgemäßer Verwendung ein Versagen infolge Ermüdung und Verschleiß verhindert ist. Die in der Maschine verwendeten Werkstoffe sind unter Berücksichtigung der vorgesehenen Einsatzumgebung zu wählen, insbesondere im Hinblick auf Korrosion, Abrieb, Stoßbeanspruchung, Extremtemperaturen, Ermüdung, Kaltbrüchigkeit und Alterung. Die Maschine und das Lastaufnahmemittel müssen so konstruiert und gebaut sein, dass sie den Überlastungen bei statischen Prüfungen ohne bleibende Verformung und ohne offenkundige Schäden standhalten. Der Festigkeitsberechnung sind die Koeffizienten für die statische Prüfung zugrunde zu legen; diese werden so gewählt, dass sie ein angemessenes Sicherheitsniveau gewährleisten. Diese haben in der Regel folgende Werte:

a) durch menschliche Kraft angetriebene Maschinen und Lastaufnahmemittel: 1,5;

b) andere Maschinen: 1,25.

Die Maschine muss so konstruiert und gebaut sein, dass sie den dynamischen Prüfungen mit der maximalen Tragfähigkeit, multipliziert mit dem Koeffizienten für die dynamische Prüfung, einwandfrei standhält. Der Koeffizient für die dynamische Prüfung wird so gewählt, dass er ein angemessenes Sicherheitsniveau gewährleistet; er hat in der Regel den Wert 1,1. Die Prüfungen werden in der Regel bei den vorgesehenen Nenngeschwindigkeiten durchgeführt. Lässt die Steuerung der Maschine mehrere Bewegungen gleichzeitig zu, so ist die Prüfung unter den ungünstigsten Bedingungen durchzuführen, und zwar indem in der Regel die Bewegungen miteinander kombiniert werden.

4.1.2.4. Rollen, Trommeln, Scheiben, Seile und Ketten

Der Durchmesser von Rollen, Trommeln und Scheiben muss auf die Abmessungen der Seile oder Ketten abgestimmt sein, für die sie vorgesehen sind. Rollen und Trommeln müssen so konstruiert, gebaut und angebracht sein, dass die Seile oder Ketten, für die sie bestimmt sind, ohne seitliche Abweichungen vom vorgesehenen Verlauf aufgerollt werden können. Seile, die unmittelbar zum Heben oder Tragen von Lasten verwendet werden, dürfen lediglich an ihren Enden verspleißt sein. An Einrichtungen, die für laufendes Einrichten entsprechend den jeweiligen Betriebserfordernissen konzipiert sind, sind Verspleißungen jedoch auch an anderen Stellen zulässig. Der Betriebskoeffizient von Seilen und Seilenden insgesamt muss so gewählt werden, dass er ein angemessenes Sicherheitsniveau gewährleistet; er hat in der Regel den Wert 5.

Der Betriebskoeffizient von Hebeketten muss so gewählt werden, dass er ein angemessenes Sicherheitsniveau gewährleistet; er hat in der Regel den Wert 4. Um festzustellen, ob der erforderliche Betriebskoeffizient erreicht ist, muss der Hersteller oder sein Bevollmächtigter für jeden Ketten- und Seiltyp, der unmittelbar zum Heben von Lasten verwendet wird, und für jede Seilendverbindung die entsprechenden Prüfungen durchführen oder durchführen lassen.

4.1.2.5. Lastaufnahmemittel und ihre Bauteile

Lastaufnahmemittel und ihre Bauteile sind unter Berücksichtigung der Ermüdungs- und Alterungserscheinungen zu dimensionieren, die bei einer der vorgesehenen Lebensdauer entsprechenden Anzahl von Betriebszyklen und unter den für den vorgesehenen Einsatz festgelegten Betriebsbedingungen zu erwarten sind. Ferner gilt Folgendes:

a) Der Betriebskoeffizient von Drahtseilen und ihren Endverbindungen insgesamt muss so gewählt werden, dass er ein angemessenes Sicherheitsniveau gewährleistet; er hat in der Regel den Wert 5. Die Seile dürfen außer an ihren Enden keine Spleiße oder Schlingen aufweisen.

b) Werden Ketten aus verschweißten Gliedern verwendet, so müssen die Kettenglieder kurz sein. Der Betriebskoeffizient von Ketten muss so gewählt werden, dass er ein angemessenes Sicherheitsniveau gewährleistet; er hat in der Regel den Wert 4.

c) Der Betriebskoeffizient von Textilfaserseilen oder -gurten ist abhängig von Werkstoff, Fertigungsverfahren, Abmessungen und Verwendungszweck. Er muss so gewählt werden, dass er ein angemessenes Sicherheitsniveau gewährleistet; er hat in der Regel den Wert 7, sofern die verwendeten Werkstoffe von nachweislich sehr guter Qualität sind und das Fertigungsverfahren den vorgesehenen Einsatzbedingungen entspricht. Andernfalls ist der Betriebskoeffizient in der Regel höher zu wählen, wenn ein vergleichbares Sicherheitsniveau gewährleistet sein soll. Textilfaserseile oder -gurte dürfen außer an den Enden bzw. bei Endlosschlingen an den Ringschlussteilen keine Knoten, Spleiße oder Verbindungsstellen aufweisen.

d) Der Betriebskoeffizient sämtlicher Metallteile eines Anschlagmittels oder der mit einem Anschlagmittel verwendeten Metallteile wird so gewählt, dass er ein angemessenes Sicherheitsniveau gewährleistet; er hat in der Regel den Wert 4.

e) Die maximale Tragfähigkeit eines mehrsträngigen Anschlagmittels wird aus der maximalen Tragfähigkeit des schwächsten Strangs, der Anzahl der Stränge und einem von der Anschlagart abhängigen Minderungsfaktor errechnet.

f) Um festzustellen, ob ein ausreichender Betriebskoeffizient erreicht ist, muss der Hersteller oder sein Bevollmächtigter für jeden Typ der unter den Buchstaben a, b, c und d genannten Bauteiltypen die entsprechenden Prüfungen durchführen oder durchführen lassen.

4.1.2.6. Bewegungsbegrenzung

Bewegungsbegrenzungseinrichtungen müssen so wirken, dass sie die Maschine, an der sie angebracht sind, in sicherer Lage halten.

a) Die Maschine muss so konstruiert und gebaut oder mit solchen Einrichtungen ausgestattet sein, dass die Bewegungen ihrer Bauteile innerhalb der vorgesehenen Grenzen gehalten werden. Gegebenenfalls muss es durch ein Warnsignal angekündigt werden, wenn diese Einrichtungen zur Wirkung kommen.

b) Wenn mehrere fest installierte oder schienengeführte Maschinen gleichzeitig Bewegungen ausführen können und das Risiko besteht, dass es dabei zu Zusammenstößen kommt, müssen sie so konstruiert und gebaut sein, dass sie mit Einrichtungen zur Ausschaltung dieses Risikos ausgerüstet werden können.

c) Die Maschine muss so konstruiert und gebaut sein, dass sich die Lasten nicht in gefährlicher Weise verschieben oder unkontrolliert herabfallen können, und zwar selbst dann, wenn die Energieversorgung ganz oder teilweise ausfällt oder der Bediener ein Stellteil nicht mehr betätigt.

d) Außer bei Maschinen, für deren Einsatz dies erforderlich ist, darf es unter normalen Betriebsbedingungen nicht möglich sein, eine Last allein unter Benutzung einer Reibungsbremse abzusenken.

e) Halteeinrichtungen müssen so konstruiert und gebaut sein, dass ein unkontrolliertes Herabfallen der Lasten ausgeschlossen ist.

4.1.2.7. Bewegungen von Lasten während der Benutzung

Der Bedienungsstand von Maschinen muss so angeordnet sein, dass der Bewegungsverlauf der in Bewegung befindlichen Teile optimal überwacht werden kann, um mögliche Zusammenstöße mit Personen, Vorrichtungen oder anderen Maschinen zu verhindern, die gleichzeitig Bewegungen vollziehen und eine Gefährdung darstellen können. Maschinen mit geführter Last müssen so konstruiert und gebaut sein, dass die Verletzung von Personen durch Bewegungen der Last, des Lastträgers oder etwaiger Gegengewichte verhindert wird.

4.1.2.8. Maschinen, die feste Ladestellen anfahren

4.1.2.8.1. Bewegungen des Lastträgers

Die Bewegung des Lastträgers von Maschinen, die feste Ladestellen anfahren, muss hin zu den Ladestellen und an den Ladestellen starr geführt sein. Auch Scherensysteme gelten als starre Führung.

4.1.2.8.2. Zugang zum Lastträger

Können Personen den Lastträger betreten, so muss die Maschine so konstruiert und gebaut sein, dass sich der Lastträger während des Zugangs, insbesondere beim Be- und Entladen, nicht bewegt. Die Maschine muss so konstruiert und gebaut sein, dass ein Höhenunterschied zwischen dem Lastträger und der angefahrenen Ladestelle kein Sturzrisiko verursacht.

4.1.2.8.3. Risiken durch Kontakt mit dem bewegten Lastträger

Wenn es zur Erfüllung der in Nummer 4.1.2.7 Absatz 2 ausgeführten Anforderung erforderlich ist, muss der durchfahrene Bereich während des Normalbetriebs unzugänglich sein. Besteht bei Inspektion oder Wartung ein Risiko, dass Personen, die sich unter oder über dem Lastträger befinden, zwischen dem Lastträger und fest angebrachten Teilen eingequetscht werden, so muss für ausreichend Freiraum gesorgt werden, indem entweder Schutznischen vorgesehen werden oder indem mechanische Vorrichtungen die Bewegung des Lastträgers blockieren.

4.1.2.8.4. Risiken durch vom Lastträger herabstürzende Lasten

Besteht ein Risiko, dass Lasten vom Lastträger herabstürzen, so muss die Maschine so konstruiert und gebaut sein, dass diesem Risiko vorgebeugt wird.

4.1.2.8.5. Ladestellen

Dem Risiko, dass Personen an den Ladestellen mit dem bewegten Lastträger oder anderen in Bewegung befindlichen Teilen in Kontakt kommen, muss vorgebeugt werden. Besteht ein Risiko, dass Personen in den durchfahrenen Bereich stürzen können, wenn der Lastträger sich nicht an der Ladestelle befindet, so müssen trennende Schutzeinrichtungen angebracht werden, um diesem Risiko vorzubeugen. Solche Schutzeinrichtungen dürfen sich nicht in Richtung des Bewegungsbereichs öffnen. Sie müssen mit einer Verriegelungseinrichtung verbunden sein, die durch die Position des Lastträgers gesteuert wird und Folgendes verhindert:

- gefährliche Bewegungen des Lastträgers, bis die trennenden Schutzeinrichtungen geschlossen und verriegelt sind,
- ein mit Gefahren verbundenes Öffnen einer trennenden Schutzeinrichtung, bis der Lastträger an der betreffenden Ladestelle zum Stillstand gekommen ist.

4.1.3. Zwecktauglichkeit

Wenn Maschinen zum Heben von Lasten oder Lastaufnahmemittel in Verkehr gebracht oder erstmals in Betrieb genommen werden, muss der Hersteller oder sein Bevollmächtigter durch das Ergreifen geeigneter Maßnahmen oder durch bereits getroffene Maßnahmen dafür sorgen, dass die betriebsbereiten Maschinen oder Lastaufnahmemittel ihre vorgesehenen Funktionen sicher erfüllen können, und zwar unabhängig davon, ob sie hand- oder kraftbetrieben sind. Die in Nummer 4.1.2.3 genannten statischen und dynamischen Prüfungen müssen an allen Maschinen zum Heben von Lasten durchgeführt werden, die für die Inbetriebnahme bereit sind. Kann die Montage der Maschine nicht beim Hersteller oder seinem Bevollmächtigten erfolgen, so müssen am Ort der Verwendung geeignete Maßnahmen getroffen werden. Ansonsten können die Maßnahmen entweder beim Hersteller oder am Ort der Verwendung getroffen werden.

4.2. ANFORDERUNGEN AN MASCHINEN, DIE NICHT DURCH MENSCHLICHE KRAFT ANGETRIEBEN WERDEN

4.2.1. Bewegungssteuerung

Zur Steuerung der Bewegungen der Maschine oder ihrer Ausrüstungen müssen Stellteile mit selbsttätiger Rückstellung verwendet werden. Für Teilbewegungen oder vollständige Bewegungen, bei denen keine Gefahr eines An- oder Aufprallens der Last oder der Maschine besteht, können statt der Stellteile jedoch Steuereinrichtungen verwendet werden, die ein automatisches Stillsetzen an verschiedenen vorwählbaren Positionen zulassen, ohne dass das Bedienungspersonal das entsprechende Stellteil ununterbrochen betätigen muss.

4.2.2. Belastungsbegrenzung

Maschinen mit einer maximalen Tragfähigkeit größer oder gleich 1 000 kg oder einem Kippmoment größer oder gleich 40 000 Nm müssen mit Einrichtungen ausgestattet sein, die den Fahrer warnen und eine Gefahr bringende Bewegung verhindern, und zwar bei

- Überlastung, entweder durch Überschreiten der maximalen Tragfähigkeiten oder durch Überschreiten der maximalen Lastmomente, oder
- Überschreiten der Kippmomente.

4.2.3. Seilgeführte Einrichtungen

Tragseile, Zugseile, sowie kombinierte Trag- und Zugseile müssen durch Gegengewichte oder eine die ständige Regelung der Seilspannung ermöglichende Vorrichtung gespannt werden.

4.3. INFORMATIONEN UND KENNZEICHNUNG

4.3.1. Ketten, Seile und Gurte

Jeder Strang einer Kette, eines Seils oder eines Gurtes, der nicht Teil einer Baugruppe ist, muss eine Kennzeichnung oder, falls dies nicht möglich ist, ein Schild oder einen nicht entfernbaren Ring mit dem Namen und der Anschrift des Herstellers oder seines Bevollmächtigten und der Kennung der entsprechenden Erklärung tragen.

Diese Erklärung muss mindestens folgende Angaben enthalten:

a) den Namen und die Anschrift des Herstellers und gegebenenfalls seines Bevollmächtigten;

b) die Beschreibung der Kette, des Seils oder des Gurtes mit folgenden Angaben:

- Nennabmessungen,
- Aufbau,
- Werkstoff und
- eventuelle metallurgische Sonderbehandlung;

c) Angabe der verwendeten Prüfmethode;

d) maximale Tragfähigkeit der Kette, des Seils oder des Gurtes. Es kann auch eine Spanne von Werten in Abhängigkeit vom vorgesehenen Einsatz angegeben werden.

4.3.2. Lastaufnahmemittel

Auf Lastaufnahmemitteln muss Folgendes angegeben sein:

- die Angabe des Werkstoffs, sofern dies für eine sichere Verwendung erforderlich ist,
- die maximale Tragfähigkeit.

Lassen sich die erforderlichen Angaben nicht auf dem Lastaufnahmemittel selbst anbringen, so sind sie auf einem Schild oder auf einem anderen gleichwertigen, fest mit dem Lastaufnahmemittel verbundenen Gegenstand anzubringen. Die Angaben müssen gut leserlich sein und an einer Stelle angebracht sein, an der sie nicht durch Verschleiß unkenntlich werden können und auch nicht die Festigkeit des Lastaufnahmemittels beeinträchtigen können.

4.3.3. Maschinen zum Heben von Lasten

Auf der Maschine muss durch eine Kennzeichnung an gut sichtbarer Stelle die maximale Tragfähigkeit angegeben werden. Diese Angabe muss gut leserlich und dauerhaft in nicht verschlüsselter Form angebracht sein. Wenn die maximale Tragfähigkeit vom jeweiligen Betriebszustand der Maschine abhängig ist, muss jeder Bedienungsplatz mit einem Tragfähigkeitsschild versehen sein, auf dem die zulässigen Tragfähigkeiten für die einzelnen Betriebszustände vorzugsweise in Form von Diagrammen oder von Tragfähigkeitstabellen angegeben sind.

Maschinen, die nur zum Heben von Lasten bestimmt sind und mit einem Lastträger ausgerüstet sind, der auch von Personen betreten werden kann, müssen einen deutlichen und dauerhaft angebrachten Hinweis auf das Verbot der Personenbeförderung tragen. Dieser Hinweis muss an allen Stellen sichtbar sein, an denen ein Zugang möglich ist.

4.4. BETRIEBSANLEITUNG

4.4.1. Lastaufnahmemittel

Jedem Lastaufnahmemittel und jeder nur als Ganzes erhältlichen Gesamtheit von Lastaufnahmemitteln muss eine Betriebsanleitung beiliegen, die mindestens folgende Angaben enthält:

Anhang Richtlinien

a) bestimmungsgemäße Verwendung;

b) Einsatzbeschränkungen (insbesondere bei Lastaufnahmemitteln wie Magnet- und Sauggreifern, die die Anforderungen der Nummer 4.1.2.6 Buchstabe e nicht vollständig erfüllen);

c) Montage-, Verwendungs- und Wartungshinweise;

d) für die statische Prüfung verwendeter Koeffizient.

4.4.2. Maschinen zum Heben von Lasten

Jeder Maschine zum Heben von Lasten muss eine Betriebsanleitung beiliegen, die folgende Angaben enthält:

a) technische Kenndaten der Maschine, insbesondere Folgendes:

- maximale Tragfähigkeit und gegebenenfalls eine Wiedergabe des in Nummer 4.3.3 Absatz 2 genannten Tragfähigkeitsschilds oder der dort genannten Tragfähigkeitstabelle,
- Belastung an den Auflagern oder Verankerungen und gegebenenfalls Kenndaten der Laufbahnen,
- gegebenenfalls Angaben über Ballastmassen und die Mittel zu ihrer Anbringung;

b) Inhalt des Wartungsheftes, falls ein solches nicht mitgeliefert wird;

c) Benutzungshinweise, insbesondere Ratschläge, wie das Bedienungspersonal mangelnde Direktsicht auf die Last ausgleichen kann;

d) gegebenenfalls einen Prüfbericht, in dem die vom Hersteller oder seinem Bevollmächtigten oder für diese durchgeführten statischen und dynamischen Prüfungen im Einzelnen beschrieben sind;

e) notwendige Angaben für die Durchführung der in Nummer 4.1.3 genannten Maßnahmen vor der erstmaligen Inbetriebnahme von Maschinen, die nicht beim Hersteller einsatzfertig montiert werden.

5. ZUSÄTZLICHE GRUNDLEGENDE SICHERHEITS- UND GESUNDHEITSSCHUTZANFORDERUNGEN AN MASCHINEN, DIE ZUM EINSATZ UNTER TAGE BESTIMMT SIND

Maschinen, die zum Einsatz unter Tage bestimmt sind, müssen alle in diesem Kapitel genannten grundlegenden Sicherheits- und Gesundheitsschutzanforderungen erfüllen (siehe Allgemeine Grundsätze, Nummer 4).

5.1. RISIKEN DURCH MANGELNDE STANDSICHERHEIT

Ein Schreitausbau muss so konstruiert und gebaut sein, dass beim Schreitvorgang eine entsprechende Ausrichtung möglich ist und ein Umkippen vor und während der Druckbeaufschlagung sowie nach der Druckminderung unmöglich ist. Der Ausbau muss Verankerungen für die Kopfplatten der hydraulischen Einzelstempel besitzen.

5.2. BEWEGUNGSFREIHEIT

Ein Schreitausbau muss so konstruiert sein, dass sich Personen ungehindert bewegen können.

5.3. STELLTEILE

Stellteile zum Beschleunigen und Bremsen schienengeführter Maschinen müssen mit der Hand betätigt werden. Zustimmungsschalter können dagegen mit dem Fuß betätigt werden. Die Stellteile eines Schreitausbaus müssen so konstruiert und angeordnet sein, dass das Bedienungspersonal beim Schreitvorgang durch ein feststehendes Ausbauelement geschützt ist. Die Stellteile müssen gegen unbeabsichtigtes Betätigen gesichert sein.

5.4. ANHALTEN DER FAHRBEWEGUNG

Für den Einsatz unter Tage bestimmte selbstfahrende schienengeführte Maschinen müssen mit einem Zustimmungsschalter ausgestattet sein, der so auf den Steuerkreis für die Fahrbewegung der Maschine einwirkt, dass die Fahrbewegung angehalten wird, wenn der Fahrer die Fahrbewegung nicht mehr steuern kann.

5.5. BRAND

Die Anforderung der Nummer 3.5.2 zweiter Gedankenstrich gilt zwingend für Maschinen mit leicht entflammbaren Teilen.

Das Bremssystem der für den Einsatz unter Tage bestimmten Maschinen muss so konstruiert und gebaut sein, dass es keine Funken erzeugen oder Brände verursachen kann. Für Maschinen mit Verbrennungsmotoren, die für den Einsatz unter Tage bestimmt sind, sind nur Motoren zulässig, die mit einem Kraftstoff mit niedrigem Dampfdruck arbeiten und bei denen sich keine elektrischen Funken bilden können.

5.6. EMISSION VON ABGASEN

Emissionen von Abgasen aus Verbrennungsmotoren dürfen nicht nach oben abgeleitet werden.

6. ZUSÄTZLICHE GRUNDLEGENDE SICHERHEITS- UND GESUNDHEITSSCHUTZANFORDERUNGEN AN MASCHINEN, VON DENEN DURCH DAS HEBEN VON PERSONEN BEDINGTE GEFÄHRDUNGEN AUSGEHEN

Maschinen, von denen durch das Heben von Personen bedingte Gefährdungen ausgehen, müssen alle in diesem Kapitel genannten relevanten grundlegenden Sicherheits- und Gesundheitsschutzanforderungen erfüllen (siehe Allgemeine Grundsätze, Nummer 4).

6.1. ALLGEMEINES

6.1.1. Festigkeit

Der Lastträger, einschließlich aller Klappen und Luken, muss so konstruiert und gebaut sein, dass er entsprechend der zulässigen Höchstzahl beförderter Personen und entsprechend der maximalen Tragfähigkeit den erforderlichen Platz und die erforderliche Festigkeit aufweist. Die in den Nummern 4.1.2.4 und 4.1.2.5 festgelegten Betriebskoeffizienten reichen für Maschinen zum Heben von Personen nicht aus; sie müssen in der Regel verdoppelt werden. Für das Heben von Personen oder von Personen und Gütern bestimmte Maschinen müssen über ein Aufhängungs- oder Tragsystem für den Lastträger verfügen, das so konstruiert und gebaut ist, dass ein ausreichendes allgemeines Sicherheitsniveau gewährleistet ist und dem Risiko des Absturzens des Lastträgers vorgebeugt wird. Werden Seile oder Ketten zur Aufhängung des Lastträgers verwendet, so sind in der Regel mindestens zwei voneinander unabhängige Seile oder Ketten mit jeweils eigenen Befestigungspunkten erforderlich.

6.1.2. Belastungsbegrenzung bei nicht durch menschliche Kraft angetriebenen Maschinen

Es gelten die Anforderungen der Nummer 4.2.2 unabhängig von der maximalen Tragfähigkeit und dem Kippmoment, es sei denn, der Hersteller kann den Nachweis erbringen, dass kein Überlastungs- oder Kipprisiko besteht.

6.2. STELLTEILE

Sofern in den Sicherheitsanforderungen keine anderen Lösungen vorgeschrieben werden, muss der Lastträger in der Regel so konstruiert und gebaut sein, dass die Personen im Lastträger über Stellteile zur Steuerung der Aufwärts- und Abwärtsbewegung sowie gegebenenfalls anderer Bewegungen des Lastträgers verfügen. Im Betrieb müssen diese Stellteile Vorrang vor anderen Stellteilen für dieselbe Bewegung haben, NOT-HALT Geräte ausgenommen. Die Stellteile für die genannten Bewegungen müssen eine kontinuierliche Betätigung erfordern (selbsttätige Rückstellung), es sei denn, dass der Lastträger selbst vollständig umschlossen ist.

6.3. RISIKEN FÜR IN ODER AUF DEM LASTTRÄGER BEFINDLICHE PERSONEN

6.3.1. Risiken durch Bewegungen des Lastträgers

Maschinen zum Heben von Personen müssen so konstruiert, gebaut oder ausgestattet sein, dass Personen durch die Beschleunigung oder Verzögerung des Lastträgers keinem Risiko ausgesetzt werden.

6.3.2. Risiko des Sturzes aus dem Lastträger

Der Lastträger darf sich auch bei Bewegung der Maschine oder des Lastträgers nicht so weit neigen, dass für die beförderten Personen Absturzgefahr besteht. Ist der Lastträger als Arbeitsplatz ausgelegt, so muss für seine Stabilität gesorgt werden, und gefährliche Bewegungen müssen verhindert werden.

Falls die in Nummer 1.5.15 vorgesehenen Maßnahmen nicht ausreichen, muss der Lastträger mit einer ausreichenden Zahl von geeigneten Befestigungspunkten für die zulässige Zahl beförderter Personen ausgestattet sein. Die Befestigungspunkte müssen stark genug sein, um die Verwendung von persönlichen

Absturzsicherungen zu ermöglichen. Ist eine Bodenklappe, eine Dachluke oder eine seitliche Tür vorhanden, so muss diese so konstruiert und gebaut sein, dass sie gegen unbeabsichtigtes Öffnen gesichert ist und sich nur in eine Richtung öffnet, die jedes Risiko eines Absturzes verhindert, wenn sie sich unerwartet öffnet.

6.3.3. Risiken durch auf den Lastträger herabfallende Gegenstände

Besteht ein Risiko, dass Gegenstände auf den Lastträger herabfallen und Personen gefährden können, so muss der Lastträger mit einem Schutzdach ausgerüstet sein.

6.4. MASCHINEN, DIE FESTE HALTESTELLEN ANFAHREN

6.4.1. Risiken für in oder auf dem Lastträger befindliche Personen

Der Lastträger muss so konstruiert und gebaut sein, dass Risiken durch ein Anstoßen von Personen und/oder Gegenständen in oder auf dem Lastträger an feste oder bewegliche Teile verhindert werden. Wenn es zur Erfüllung dieser Anforderung erforderlich ist, muss der Lastträger selbst vollständig umschlossen sein und über Türen mit einer Verriegelungseinrichtung verfügen, die gefährliche Bewegungen des Lastträgers nur dann zulässt, wenn die Türen geschlossen sind. Wenn das Risiko eines Absturzes aus dem oder vom Lastträger besteht, müssen die Türen geschlossen bleiben, wenn der Lastträger zwischen den Haltestellen anhält. Die Maschine muss so konstruiert, gebaut und erforderlichenfalls mit entsprechenden Vorrichtungen ausgestattet sein, dass unkontrollierte Aufwärts- oder Abwärtsbewegungen des Lastträgers ausgeschlossen sind. Diese Vorrichtungen müssen in der Lage sein, den Lastträger zum Stillstand zu bringen, wenn er sich mit seiner maximalen Traglast und mit der absehbaren Höchstgeschwindigkeit bewegt. Der Anhaltevorgang darf ungeachtet der Belastungsbedingungen keine für die beförderten Personen gesundheitsschädliche Verzögerung verursachen.

6.4.2. Befehlseinrichtungen an den Haltestellen

Die Befehlseinrichtungen an den Haltestellen ausgenommen die für die Verwendung in Notfällen bestimmten Befehlseinrichtungen dürfen keine Bewegung des Lastträgers einleiten, wenn

- die Stellteile im Lastträger zu diesem Zeitpunkt gerade betätigt werden,
- sich der Lastträger nicht an einer Haltestelle befindet.

6.4.3. Zugang zum Lastträger

Die trennenden Schutzeinrichtungen an den Haltestellen und auf dem Lastträger müssen so konstruiert und gebaut sein, dass unter Berücksichtigung der absehbaren Bandbreite der zu befördernden Güter und Personen ein sicherer Übergang vom und zum Lastträger gewährleistet ist.

6.5. KENNZEICHNUNG

Auf dem Lastträger müssen die für die Gewährleistung der Sicherheit erforderlichen Angaben angebracht sein; hierzu gehört unter anderem

- die zulässige Zahl beförderter Personen,
- die maximale Tragfähigkeit.

Linkliste

RICHTLINIE DES RATES vom 20. Juni 1990 zur Angleichung der Rechtsvorschriften der Mitgliedstaaten über aktive implantierbare medizinische Geräte (90/385/EWG)
(ABl. L 189 vom 20.07.1990, S. 17) zuletzt geändert durch: Richtlinie 2007/47/EG des Europäischen Parlaments und des Rates vom 5. September 2007 (ABl. L 247 21.09.2007 S. 21).
http://eur-lex.europa.eu/legal-content/DE/TXT/?qid=1449836797371&uri=CELEX:01990L0385-20071011

RICHTLINIE 93/42/EWG DES RATES vom 14. Juni 1993 über Medizinprodukte
(ABl. L 169 vom 12.07.1993, S. 1) zuletzt geändert durch Verordnung (EG) Nr. 1882/2003 des Europäischen Parlaments und des Rates vom 29. September 2003 (ABl. L 284 1 31.10.2003) Zuletzt geändert durch Art. 2 ÄndRL 2007/47/EG vom 5.09.2007 (ABl. Nr. L 247 S. 21).
http://eur-lex.europa.eu/legal-content/DE/TXT/?qid=1449836922209&uri=CELEX:01993L0042-20071011

RICHTLINIE 98/79/EG DES EUROPÄISCHEN PARLAMENTS UND DES RATES vom 27. Oktober 1998 über In-vitro-Diagnostika
(ABl. L 331 vom 07.12.1998, S. 1) zuletzt geändert durch Verordnung (EG) Nr. 1882/2003 des Europäischen Parlaments und des Rates vom 29. September 2003 (ABl. L 284 vom 31.10.2003, S. 1). Zuletzt geändert durch Art. 1 ÄndRL 2011/100/EU vom 20.12.2011 (ABl. Nr. L 341 S. 50).
http://eur-lex.europa.eu/legal-content/DE/TXT/?qid=1449836988469&uri=CELEX:01998L0079-20120111

RICHTLINIE 2006/42/EG DES EUROPÄISCHEN PARLAMENTS UND DES RATES
vom 17. Mai 2006 über Maschinen und zur Änderung der Richtlinie 95/16/EG (Neufassung)
(ABl. L 157 vom 09.06.2006, S. 24). Zuletzt geändert durch Richtlinie 2009/127/EG des Europäischen Parlaments und des Rates vom 21. Oktober 2009 (ABl. L 310 25.11.2009 S. 29). Zuletzt geändert durch Art. 77 ÄndVO (EU) 167/2013 vom 05.02.2013 (ABl. Nr. L 60 S. 1).
http://eur-lex.europa.eu/legal-content/DE/TXT/?qid=1449837054218&uri=CELEX:02006L0042-20091215

Verordnungen der EU

Verordnung (EU) 2017 /745 des Europäischen Parlaments und des Rates über Medizinprodukte und zur Änderung der Richtlinie 2001/83/EG, der Verordnung (EG) Nr. 178/2002 und der Verordnung (EG) Nr. 1223/2009 vom 5. April 2017 (ABl. L 117 vom 5. 5. 2017 S. 1).
http://eurlex.europa.eu/legal-content/DE/TXT/?uri=uriserv:OJ.L_.2017.117.01.0001.01.DEU&toc=OJ:L:2017:117:TOC

Verordnung (EU) 2017 / 746 des Europäischen Parlaments und des Rates über In-vitro-Diagnostika vom 5. April 2017, (ABl. L 117 vom 5.5.2017 S. 176).
http://eur-lex.europa.eu/legal-content/DE/TXT/?uri=uriserv:OJ.L_.2017.117.01.0176.01.DEU&toc=OJ:L:2017:117:TOC

Stichwortverzeichnis

A
Abgeben § **2**, 2
Abhilfemaßnahmen § **18**, 3
Akkreditierung § **15**, 2
Akkreditierungsstelle § **3**, 38
Amtshaftung **Haftung für Medizinprodukte**, 6
Amtspflicht **Haftung für Medizinprodukte**, 6
Änderung § **11**, 5; § **22c**
  wesentliche § **11**, 5; § **22c**
Anfechtungsklage § **28**, 2
Anforderungen **Vorbemerkungen vor § 4 ff**, 4; § **4**, 1, 24; § **5**, 1; § **7**, 3, 10; § **8**, 2; § **12**, 2, 7; § **43**, 23; **Haftung für Medizinprodukte**, 31 § **4**, 18; § **6**, 3, 4, 10; § **7**, 1
  Allgemeine § **6**, 4; § **7**, 3
  Grundlegende **Vorbemerkungen vor § 4 ff**, 4 § **4**, 18 § **8**, 2
Anordnung § **28**, 1
  vorläufige § **28**, 1
Anscheinsbeweis **Haftung für Medizinprodukte**, 24
Anstiftung § **43**, 24
Anwender § **2**, 2, 10; **Vorbemerkungen vor § 4 ff**, 5; § **4**, 1, 8; **Vorbemerkungen vor §§ 19–24**, 1; § **28**, 3; **Haftung für Medizinprodukte; Verordnung über das Errichten, Betreiben und Anwenden von Medizinprodukten (Medizinprodukte-Betreiberverordnung –MPBetreibV)**, 4
Anwendung **Einleitung**, 5; § **4**, 24
  bestimmungsgemäße **Einleitung**, 5
  sachgerechte § **4**, 24
Anwendungsbeschränkung § **10**, 4
  Hersteller § **10**, 4

Anzeigepflicht § **5**, 5
Äquivalenztheorie § **43**, 9
Arzneibuch § **8**, 1, 3
  Europäisches § **8**, 1
Arzneimittel § **2**, 13, 15; § **32**,
  homöopathische § **32**,
  stoffliche § **2**, 15
Arzneimittelhersteller **Haftung für Medizinprodukte**, 9
  Haftung des **Haftung für Medizinprodukte**, 9
Arzneimittelkommission der Deutschen Ärzteschaft § **29**, 16; § **30**, 1; § **38**, 4
Arzneimittelwerbung § **26**, 1
Aufbereitung § **4**, 14; **Haftung für Medizinprodukte**, 26
Aufhebungstatbestände § **16**, 4
  Rücknahme, Widerruf, Ruhen der Benennung § **16**, 4
Aufklärung § **20**, 16; § **21**, 3
Aufklärungsfehler **Haftung für Medizinprodukte**, 42, 43
Aufmachung § **4**, 24
  irreführende § **4**, 24
Aufsichtsbehörde § **20**, 9
Auftragsforschung § **20**, 10
Ausbildungsnachweise § **30**, 2
  Sicherheitsbeauftragter § **30**, 2
Auskunft § **26**, 12
Auskunftsverweigerungsrech § **29**, 7
Auslegungsprüfbescheinigung **Verordnung über Medizinprodukte (Medizinprodukte-Verordnung - MPV)**
Ausreißer **Haftung für Medizinprodukte**, 11
Aussagepflicht § **26**, 14
Ausstellen § **2**, 11; § **4**; § **12**, 8, 10

B

Baumusterprüfung Verordnung über Medizinprodukte (Medizinprodukte-Verordnung - MPV)
Beauftragte § 43, 22
  ausdrücklich § 43, 22
Bedingungen § 11, 3
Begehung § 43, 39
  fahrlässige § 43, 39
Begehungsdelikte § 43, 6
Behandlung Haftung für Medizinprodukte, 40
  stationäre Haftung für Medizinprodukte, 40
Behandlungseinheiten § 10, 1
Behandlungsfehler Haftung für Medizinprodukte, 41
  ärztlicher Haftung für Medizinprodukte, 41
Behandlungsvertrag § 21, 5
  Kündigung § 21, 5
Beihilfe § 43, 24, 25
  durch Unterlassen § 43, 25
Beinahe-Vorkommnisse § 29, 1, 14; § 30, 1
Belastung § 23b, 4
  geringfügige § 23b, 4
Benannte Stelle § 3, 37; § 6, 2; § 13, 1; § 15, 1, 9; § 16, 1; § 17; § 18, 7; § 23b, 2; § 30, 1; Haftung für Medizinprodukte, 44; Verordnung über Medizinprodukte (Medizinprodukte-Verordnung - MPV), Benennung § 16, 1
  Unterrichtungspflicht § 18, 7
Benannte Stellen § 18, 7; § 33; § 36, 1
  Hopping unter § 18, 7
Benennung § 15a, 5; § 16, 4
  Erlöschen § 15a, 5
  unter Auflage § 16, 4
Benennungsverfahren § 15, 3
Beobachtungssystem § 29, 15
Berufsverbot § 43, 33
Bescheinigung § 17, 1, 4; § 18, 2
  Änderung § 18, 2
  Geltungsdauer § 17, 1
  Verlängerung § 17, 4
  Verlängerungsantrag § 17
  Einschränkung nachträglich § 18, 1
Bestandsverzeichnis § 2, 9; § 4, 7; Verordnung über das Errichten, Betreiben und Anwenden von Medizinprodukten (Medizinprodukte- Betreiberverordnung –MPBetreibV), 3
Bestimmtheitsgrundsatz § 43, 37
Betreiben § 2, 2, 8; § 4, 7; § 14, 2

Betreiber § 2, 6; § 4, 5; § 28, 3; Haftung für Medizinprodukte, 2; Verordnung über das Errichten, Betreiben und Anwenden von Medizinprodukten (Medizinprodukte- Betreiberverordnung –MPBetreibV), 3
  Haftung Haftung für Medizinprodukte, 2
Betreiberverantwortung § 3, 1
Betretungsrecht § 26, 17
Betrieb § 26, 3, 4
Bevollmächtigter § 5, 3; § 34, 2
  mehrere § 5, 3
Beweiserleichterungen Haftung für Medizinprodukte, 24
Beweislast Haftung für Medizinprodukte, 32, 38
Beweislastumkehr Haftung für Medizinprodukte, 24, 35
Bewertung § 22, 7, 8; § 22b, 1, 6
  Fristen § 22, 8
  Versagung § 22, 7
  zustimmende § 22b, 1
Bezeichnung § 4, 24
  irreführende § 4, 24
Blanketttatbestände § 43, 4
Blut § 2, 23; § 32
Blutgruppe § 8, 4
Brustimplantate Verordnung über Medizinprodukte (Medizinprodukte-Verordnung - MPV), 3
Bundesgesundheitsamt § 32, 1
Bundesinstitut für Arzneimittel und Medizinprodukte § 32, 1
Bundesministeriums für Gesundheit § 32, 1
Bundesoberbehörde § 20, 7; § 22a, 1, 2; § 22b, 7; § 22c, 5; § 23b, 1; § 29, 1; § 32, 1
  BfArM § 20, 7
Bundesverwaltung § 32, 1
Bundeswehr § 39, 1
Bußgeldtatbestände § 43, 36

C

CE-Kennzeichen § 3, 1; **Vorbemerkungen vor § 4 ff**, 6; § 5, 5; § 6, 1, 10; § 9, 1, 6; § 10, 1, 3; § 11, 4; § 12, 3; § 13, 1; § 18, 5; **Vorbemerkungen vor §§ 19–24**, 2; § 23b, 1; § 27, 1; § 34, 2; § 43, 23; Verordnung über Medizinprodukte (Medizinprodukte-Verordnung - MPV), 1
  Vermutungswirkung § 13, 1
  Verpackung § 10, 3
CEN § 8, 2
CENELEC § 8, 2
Chefarzt Haftung für Medizinprodukte, 41

Leitungsfunktion **Haftung für Medizinprodukte**, 41
conditio-sine-qua-non-Formel **§ 43**, 8

D
Daten **§ 3**, 44
　klinische **§ 3**, 44
Datenbank **§ 29**, 1
　Europäische **§ 29**, 1
Datenerhebung **§ 20**, 17
Datenschutz **§ 29**, 14
Deckungsvorsorge **§ 26**, 11
Definitionsmacht **§ 10**, 4
Deklaration von Helsinki **§ 20**, 16
Delegation **§ 43**, 42
Delikt **§ 43**, 6
　vollendetes **§ 43**, 6
　der Öffentlichkeit **§ 28**, 4
　Informationsinteresse **§ 28**, 4
Diagnostika **§ 32**, 3
DIMDI **§ 18**, 7; **§ 22a**, 8; **§ 29**, 1, 14; **§ 33**, 1; **§ 36**, 1
　Unterrichtungspflichten **§ 18**, 7
Dokumentation **§ 12**, 4; **§ 22c**, 2; **Verordnung über das Errichten, Betreiben und Anwenden von Medizinprodukten (Medizinprodukte- Betreiberverordnung –MPBetreibV)**, 2
　ärztliche **Verordnung über das Errichten, Betreiben und Anwenden von Medizinprodukten (Medizinprodukte- Betreiberverordnung –MPBetreibV)**, 2
Dritte **Vorbemerkungen vor § 4 ff**, 5; **Vorbemerkungen vor §§ 19–24**, 1
Drittländer **§ 34**, 1

E
Eigennutz **§ 43**, 32
　grober **§ 43**, 32
Eigentum **§ 24**, 5
Eilbedürftigkeit **§ 28**, 1
Einfuhr **§ 34**, 2
Einführer **§ 3**, 45; **§ 5**, 4
Einheitstäterbegriff **§ 43**, 18, 40
Einmalartikel **§ 3**, 31; **§ 4**, 14; **Verordnung über das Errichten, Betreiben und Anwenden von Medizinprodukten (Medizinprodukte- Betreiberverordnung –MPBetreibV)**, 11
　Resterilisation **Verordnung über das Errichten, Betreiben und Anwenden von Medizinprodukten (Medizinprodukte- Betreiberverordnung –MPBetreibV)**, 11
Einrichtung **§ 26**, 3, 4
Einsichtsrecht **§ 26**, 17
Einwilligung **§ 20**, 16, 17; **§ 21**, 3; **§ 24**, 5; **Verordnung über das Errichten, Betreiben und Anwenden von Medizinprodukten (Medizinprodukte- Betreiberverordnung –MPBetreibV)**, 4
　des Vertreters **§ 21**, 3
　Widerruf **§ 20**, 17
Einziehung **§ 43**, 2, 44
Energiequelle **§ 7**, 4
　externe **§ 7**, 4
Erfüllungsgehilfen **Haftung für Medizinprodukte**, 41
Erkenntnisse
　wissenschaftliche Siehe Wissenschaft
Erlaubnistatbestandsirrtum Siehe Irrtum
Erlaubnisvorbehalt **Vorbemerkungen vor § 4 ff**, 5
　Verbot mit **Vorbemerkungen vor § 4 ff**, 5
Ermessen **§ 43**, 35
　pflichtgemäßes **§ 43**, 35
Errichten **§ 2**, 2, 6; **§ 4**, 5; **§ 14**, 2
Ersatzpflicht **Haftung für Medizinprodukte**, 31
Ethik-Kommission **Vorbemerkungen vor §§ 19–24**, 2; **§ 20**, 8, 22; **§ 22**, 1, 4; **§ 22a**, 8; **§ 22b**, 6; **§ 22c**
　Bewertung **Vorbemerkungen vor §§ 19–24**, 2
　Verfahren **§ 22**, 4
EU-Richtlinien **Vorbemerkungen vor § 4 ff**, 1
EUDAMED **§ 36**, 1
Europäischer Wirtschaftsraum **§ 29**, 16

F
Fabrikationsfehler **Haftung für Medizinprodukte**, 11, 15, 23
Fachaufsicht **§ 32**, 1
Fahrlässigkeit **§ 43**, 11, 12; **Haftung für Medizinprodukte**, 33; **Verordnung über das Errichten, Betreiben und Anwenden von Medizinprodukten (Medizinprodukte- Betreiberverordnung –MPBetreibV)**, 5
　bewusste **§ 43**, 12
　einfache **Haftung für Medizinprodukte**, 33
Fälle **§ 43**, 28
　schwere **§ 43**, 28

Fehlerfreiheit **Haftung für Medizinprodukte**, 31
   als Entlastungsgrund **Haftung für Medizinprodukte**, 31
Fehlerverdacht **Haftung für Medizinprodukte**, 11, 22
Fertigarzneimittel **§ 2**, 19; **§ 32**,
Flaggenprinzip **§ 43**, 5, 37
Forschungsprojekte **§ 22**, 3
Freiheitsstrafe **§ 43**, 1
Funktion **§ 2**, 14
   physiologische **§ 2**, 14
Funktionsarzneimittel **§ 2**, 16
Funktionsprüfung **Verordnung über das Errichten, Betreiben und Anwenden von Medizinprodukten (Medizinprodukte-Betreiberverordnung –MPBetreibV)**, 4
   dokumentieren **Verordnung über das Errichten, Betreiben und Anwenden von Medizinprodukten (Medizinprodukte- Betreiberverordnung –MPBetreibV)**, 4
Funktionsstörung **§ 29**, 4

G

Garantenstellung **§ 43**, 6
Gebrauch **§ 4**, 24; **Haftung für Medizinprodukte**, 16
   bestimmungsgemäßer **§ 4**, 24
Gebrauchsanweisung **§ 3**, 3; **§ 4**, 14; **§ 5**, 7; **§ 9**, 4, 6; **§ 10**, 4
   per Fax **§ 5**, 7
   Sprache **§ 5**, 7
Gebühren **§ 22**, 5
Gefahr **§ 4**, 3, 11
Gefahr im Verzuge **§ 26**, 10; **§ 28**, 2; **§ 29**, 5
Gefahrabwehrmaßnahmen **§ 29**, 2, 14
Gefährdung **§ 4**, 10, 16, 18; **§ 43**, 30
   unmittelbar **§ 4**, 16
Gefährdungsdelikt **§ 43**, 7
   abstraktes **§ 43**, 7
Gefahrenabwehr **Vorbemerkungen vor § 4 ff**, 5; **§ 26**, 2; **§ 28**, 1, 3
   staatliche **§ 28**, 1
Geldbuße **§ 43**, 43; **Verordnung über das Errichten, Betreiben und Anwenden von Medizinprodukten (Medizinprodukte-Betreiberverordnung –MPBetreibV)**, 9
Geldstrafe **§ 43**, 1
Gelenkersatz **§ 10**, 2; **Verordnung über Medizinprodukte (Medizinprodukte-Verordnung - MPV)**, 3
Genehmigung **§ 22a**, 1, 6; **§ 22b**, 1, 3
   Fiktion der **§ 22a**, 6

Widerruf **§ 22b**, 3
Genehmigung Rücknahme **§ 22c**, 4
Genehmigungsverfahren **§ 22**, 1
   Bundesoberbehörde **§ 22**, 1
Gesamtbuße **§ 43**, 38
Gesamtschuldner **Haftung für Medizinprodukte**, 46
   Haftung als **Haftung für Medizinprodukte**, 46
Gesamtsystem **§ 10**, 4
Gesetz **§ 2**, 1
   Anwendungsbereich **§ 2**, 1
Gesetzestext **§ 1**, 1
Gesetzeszweck **§ 1**, 1
Gesundheit **§ 39**, 2; **§ 43**, 30
   Sicherheit der **§ 39**, 2
Gesundheitseinrichtung **Haftung für Medizinprodukte**, 8; **Verordnung über das Errichten, Betreiben und Anwenden von Medizinprodukten (Medizinprodukte- Betreiberverordnung –MPBetreibV)**, 4
Gesundheitsschutz **Vorbemerkungen vor § 4 ff**; **§ 11**, 2; **§ 28**, 4
Gewinnsucht **§ 43**, 32
Gewissheit **§ 43**, 10
   absolute **§ 43**, 10
Globales Konzept **Verordnung über Medizinprodukte (Medizinprodukte-Verordnung - MPV)**, 1
Grenzfallregelung **§ 2**, 17
Grundlegende Anforderung Siehe Anforderungen
Güter **§ 2**, 11; **§ 4**,
   Beförderung gefährlicher **§ 2**, 11

H

Haarzell-Leukämie **§ 24**, 5
Haftung **Haftung für Medizinprodukte**, 2, 9
   ProdHaftG **Haftung für Medizinprodukte**, 9
   unerlaubte Handlung **Haftung für Medizinprodukte**, 9
   zivilrechtliche **Haftung für Medizinprodukte**, 2
Haftungsausschlussgrund **Haftung für Medizinprodukte**, 32
Haftungserweiterung **§ 43**, 23
Haftungshöchstbetrag **Haftung für Medizinprodukte**, 9
Haftungsregelung **Einleitung**, 8
   allgemein **Einleitung**, 8
Haftungssphären **Haftung für Medizinprodukte**, 46

Abgrenzung von **Haftung für Medizinprodukte**, 46
Handel **Vorbemerkungen vor § 4 ff**
innergemeinschaftlicher **Vorbemerkungen vor § 4 ff**
Handeln **§ 43**, 41; **Verordnung über das Errichten, Betreiben und Anwenden von Medizinprodukten (Medizinprodukte- Betreiberverordnung –MPBetreibV)**, 8
arbeitsteiliges **§ 43**, 41
Handelshemmnis **§ 6**, 2; **§ 8**, 2
Handelspackung **§ 5**; **§ 9**, 4, 6
Hauptprüfer **§ 20**, 5
Haupttat **§ 43**, 26
Vollendung der **§ 43**, 26
Hauptwirkung **§ 2**, 14
bestimmungsgemäße **§ 2**, 14
Heilberufe **§ 29**, 5
Angehörige von **§ 29**, 5
Heilversuche **§ 21**, 1
Hersteller **§ 2**, 15; **§ 10**, 3; **§ 13**, 4; **§ 18**, 3, 5; **§ 30**, 1; **§ 31**, 1; **Haftung für Medizinprodukte**, 26, 28
Anhörung **§ 18**, 3
ausländischer **Haftung für Medizinprodukte**, 28
Hilfssendung **§ 34**, 1
HIV-Skandal **§ 32**, 1
Hüftprothese **§ 10**, 1; **Haftung für Medizinprodukte**, 22

I
Impfstoffe **§ 32**, 3
Importeur **Haftung für Medizinprodukte**, 27, 28
Bevollmächtigter **Haftung für Medizinprodukte**, 27
Haftung **Haftung für Medizinprodukte**, 28
In-Haus-Herstellung **§ 6**, 5; **§ 12**, 1, 7
In-vitro-Diagnostik **§ 29**, 15
In-vitro-Diagnostika **§ 3**, 13, 40; **§ 5**, 8; **§ 6**, 5; **§ 8**, 4, 5; **§ 12**, 1, 6; **§ 13**, 3; **Vorbemerkungen vor §§ 19–24**, 3; **§ 24**, 1; **§ 29**, 3; **§ 30**, 1; **Haftung für Medizinprodukte**, 22; **Verordnung über das Errichten, Betreiben und Anwenden von Medizinprodukten (Medizinprodukte- Betreiberverordnung –MPBetreibV)**, 1; **Verordnung über Medizinprodukte (Medizinprodukte-Verordnung - MPV)**, 2
Abgabe von **§ 5**, 8
Eigenherstellung **§ 3**, 40

Leistungsbewertung **Vorbemerkungen vor §§ 19–24**, 3
zur Leistungsprüfung **§ 12**, 1
zur klinischen Prüfung **§ 12**
Inbetriebnahme **§ 2**, 2, 7; **§ 4**, 6; **§ 5**, 8; **§ 11**, 3
Information **§ 7**, 4; **§ 28**, 4
Informationsaustausch **Verordnung über die Erfassung, Bewertung und Abwehr von Risiken bei Medizinprodukten (Medizinprodukte-Sicherheitsplanverordnung - MPSV)**, 5
Installation **§ 4**, 12
Instandhaltung **§ 4**, 13; **§ 14**, 2; **Verordnung über das Errichten, Betreiben und Anwenden von Medizinprodukten (Medizinprodukte- Betreiberverordnung –MPBetreibV)**, 9
Beauftragter **Verordnung über das Errichten, Betreiben und Anwenden von Medizinprodukten (Medizinprodukte- Betreiberverordnung –MPBetreibV)**, 9
sachgemäße **§ 4**, 13
Instruktionsfehler **Haftung für Medizinprodukte**, 11, 16
Integrierte Sicherheit **§ 7**, 3
Interesse **§ 24**, 6
kommerzielles **§ 24**, 6
Inverkehrbringen **§ 2**, 2, 5; **§ 4**, 4, 24; **§ 5**, 8; **§ 6**, 5; **§ 10**, 3; **§ 11**, 2, 3; **§ 12**, 2; **§ 28**, 3; **§ 33**; **§ 43**, 30
erstmaliges **§ 2**, 5
Irreführung **§ 4**, 18, 19
bewusste **§ 4**, 19
Irrtum **Verordnung über das Errichten, Betreiben und Anwenden von Medizinprodukten (Medizinprodukte- Betreiberverordnung –MPBetreibV)**, 6
vermeidbarer **Verordnung über das Errichten, Betreiben und Anwenden von Medizinprodukten (Medizinprodukte- Betreiberverordnung –MPBetreibV)**, 6

J
juristische Personen **Verordnung über das Errichten, Betreiben und Anwenden von Medizinprodukten (Medizinprodukte-Betreiberverordnung –MPBetreibV)**, 7
Organe **Verordnung über das Errichten, Betreiben und Anwenden von Medizinprodukten (Medizinprodukte- Betreiberverordnung –MPBetreibV)**, 7

K

Kalibriermaterial § 7, 7
Kausalität § 43, 8, 10; **Haftung für Medizinprodukte**, 30, 35
  alternative § 43, 10
Kennzeichnung § 4, 14; § 5
Kernstrafrecht § 43, 3
Klassifizierung **Vorbemerkungen vor § 4 ff**, 6; § 6, 2; § 13, 4, 6; **Verordnung über Medizinprodukte (Medizinprodukte-Verordnung - MPV)**, 3
  Änderung **Verordnung über Medizinprodukte (Medizinprodukte-Verordnung - MPV)**, 3
  in Abgrenzungsfragen § 13, 6
Klassifizierungskriterien § 13, 2
Klassifizierungsregeln **Vorbemerkungen vor § 4 ff**, 6
Klinische Prüfung **Einleitung**, 8; § 6, 1
Knochenzement § 3,
Kollegialentscheidungen § 43, 42
Komponenten § 10, 2
Konformität § 7, 1
Konformitätsbewertungsverfahren **Einleitung**, 6; § 2, 3; § 3, 37; § 6, 2, 10; § 8, 1; § 9, 2; § 10, 2, 4; § 11, 1; § 12, 2; § 13, 1; § 15, 1; § 16, 5; **Vorbemerkungen vor §§ 19–24**, 1; § 27, 1; § 43, 23; **Haftung für Medizinprodukte**, 2, 44; **Verordnung über Medizinprodukte (Medizinprodukte-Verordnung - MPV)**, 1
  Übergang § 16, 5
Konformitätsvermutung § 8, 2, 6
Konformitätszeichen § 27, 1
Konstruktionsfehler **Haftung für Medizinprodukte**, 11, 12
Kontrolle § 28, 1; **Verordnung über das Errichten, Betreiben und Anwenden von Medizinprodukten (Medizinprodukte-Betreiberverordnung –MPBetreibV)**, 6
  sicherheitstechnische **Verordnung über das Errichten, Betreiben und Anwenden von Medizinprodukten (Medizinprodukte- Betreiberverordnung –MPBetreibV)**, 6
Kontrollmaterial § 7, 7; § 8, 4
Konzept § 8, 2
  Modulares § 8, 2
Konzeption § 8, 2
  neue § 8, 2
Körperverletzungsdelikt § 43, 3
kosmetische Mittel § 2, 22
Krankenhausaufnahmevertrag **Haftung für Medizinprodukte**, 40

totaler, gespaltener **Haftung für Medizinprodukte**, 40
Krankenhausinformationssystem § 3, 1
Krankenhausträger **Haftung für Medizinprodukte**, 40
  Haftung **Haftung für Medizinprodukte**, 40
Krankenkasse **Haftung für Medizinprodukte**, 5
Krankenversicherung § 29, 2
  Medizinischer Dienst der § 29, 2

L

Laboratorien. **Verordnung über das Errichten, Betreiben und Anwenden von Medizinprodukten (Medizinprodukte- Betreiberverordnung –MPBetreibV)**, 1
  Qualitätssicherung **Verordnung über das Errichten, Betreiben und Anwenden von Medizinprodukten (Medizinprodukte- Betreiberverordnung –MPBetreibV)**, 1
Laborautomat § 10, 1
Lagerungsbedingungen § 7, 9
Ledersprayentscheidung § 43, 23
Leistung § 4, 20; § 7, 3
  vorgegebene § 7, 3
Leistungsbewertungsprüfung § 12, 6; **Vorbemerkungen vor §§ 19–24**, 3; § 24, 2; § 33
Lenz § 1, 1
  Siegfried § 1, 1
Lieferant **Haftung für Medizinprodukte**, 28
  Haftung **Haftung für Medizinprodukte**, 28
Lohnsterilisierer **Verordnung über das Errichten, Betreiben und Anwenden von Medizinprodukten (Medizinprodukte-Betreiberverordnung –MPBetreibV)**, 11

M

Markt § 8, 2
  gemeinsamer § 8, 2
Maßnahmen § 29, 6, 10, 12, 14; **Verordnung über die Erfassung, Bewertung und Abwehr von Risiken bei Medizinprodukten (Medizinprodukte-Sicherheitsplanverordnung - MPSV)**, 4
  korrektive § 29, 6
Medizinprodukt **Einleitung**, 5, 6; § 2, 5, 7, 9; § 3, 1, 3, 9, 12, 19, 25, 29, 39; § 4, 1, 4, 6, 7, 21; § 5, 8; § 6, 1, 4; § 7, 3, 4, 10; § 9, 5; § 10, 3; § 11, 1, 9; § 12, 1, 5; § 15a, 3; **Vorbemerkungen vor §§ 19–24**, 3;

Stichwortverzeichnis

§ 22a, 3; § 23; § 23b, 3; § 29, 5, 10, 15, 16; § 33; § 34, 1; § 43, 3, 27; **Haftung für Medizinprodukte**, 2, 15, 26, 29, 45; **Verordnung über das Errichten, Betreiben und Anwenden von Medizinprodukten (Medizinprodukte- Betreiberverordnung –MPBetreibV)**, 1, 7, 9, 1, 4, 2, 3; **Verordnung über die Erfassung, Bewertung und Abwehr von Risiken bei Medizinprodukten (Medizinprodukte-Sicherheitsplanverordnung - MPSV)**, 1
aktiv implantierbar § 12, 5
aktiv, implantierbar § 2, 7
aktives § 22a, 3
aktives implantierbares § 29, 16
Anwenden **Verordnung über das Errichten, Betreiben und Anwenden von Medizinprodukten (Medizinprodukte- Betreiberverordnung –MPBetreibV)**, 1
aufbereitetes § 5, 8
Aufbereitung § 3, 29
ausstellten § 12
bedenkliches § 34, 1
Belastbarkeit § 7, 3
Betreiben **Verordnung über das Errichten, Betreiben und Anwenden von Medizinprodukten (Medizinprodukte- Betreiberverordnung –MPBetreibV)**, 1
Betreiber, Kontrollpflicht **Verordnung über das Errichten, Betreiben und Anwenden von Medizinprodukten (Medizinprodukte- Betreiberverordnung –MPBetreibV)**, 1
Eigenherstellung § 3, 39
Einweisung **Verordnung über das Errichten, Betreiben und Anwenden von Medizinprodukten (Medizinprodukte- Betreiberverordnung –MPBetreibV)**, 3
fehlerhaft **Haftung für Medizinprodukte**, 45
Fehlfunktion § 29, 15
Funktionsprüfung **Verordnung über das Errichten, Betreiben und Anwenden von Medizinprodukten (Medizinprodukte- Betreiberverordnung –MPBetreibV)**, 7
Gebrauchsanweisung **Verordnung über das Errichten, Betreiben und Anwenden von Medizinprodukten (Medizinprodukte- Betreiberverordnung –MPBetreibV)**, 3
gefährliches § 4, 1
Hersteller § 29, 5
Hersteller des § 5
Implantatpass **Verordnung über das Errichten, Betreiben und Anwenden von Medizinprodukten (Medizinprodukte- Betreiberverordnung –MPBetreibV)**, 1
implantierbar § 23,
Inbetriebnahme § 2, 5
Inspektion **Verordnung über das Errichten, Betreiben und Anwenden von Medizinprodukten (Medizinprodukte- Betreiberverordnung –MPBetreibV)**, 4
Instandhaltung **Verordnung über das Errichten, Betreiben und Anwenden von Medizinprodukten (Medizinprodukte- Betreiberverordnung –MPBetreibV)**, 1
Kennzeichnung des § 9, 5
Klassifizierung **Einleitung**, 6
klinische Bewertung **Einleitung**, 6
klinische Prüfung **Haftung für Medizinprodukte**, 2
Konstruktion § 6, 4
Kontamination § 7, 4
leihweise überlassen § 2, 9
mit Messefunktion § 7, 4
neu aufbereitet § 3, 25
pharmakologische Wirkung § 3, 3
Risikoklassenzugehörigkeit **Einleitung**, 6
Rückruf von § 29, 16
Sicherheitsbeauftragter **Haftung für Medizinprodukte**, 15
Tissue-Engineering § 3, 12
Transportfähigkeit § 7, 3
Überwachung **Verordnung über das Errichten, Betreiben und Anwenden von Medizinprodukten (Medizinprodukte- Betreiberverordnung –MPBetreibV)**, 9
Unbedenklichkeit § 6, 1
Verkehr mit **Einleitung**, 5; **Vorbemerkungen vor § 4 ff**, 2
Vernichtung § 29, 10
verschreibungspflichtig § 3, 19
Vertriebsweg § 3, 19
Verwendungszweck **Vorbemerkungen vor §§ 19–24**, 3
vorgefertigtes § 10, 3
Vorkommnis mit **Verordnung über die Erfassung, Bewertung und Abwehr von Risiken bei Medizinprodukten**

(Medizinprodukte-Sicherheitsplanverordnung - MPSV), 1
Wiederverwendung § 3, 9
Wirksamkeit § 6, 1
wirkungslos Haftung für Medizinprodukte, 29
zugelassenes § 11, 9
Zulassung von § 11, 1
zur Ausfuhr § 4, 21
zur Eigenanwendung § 29, 5
zur klinischen Prüfung § 12, 1
Zweckbestimmung § 23b, 3
Medizinprodukte § 1, 2; § 2, 1, 3, 5, 9, 12, 21; Vorbemerkungen vor § 4 ff, 1, 2; § 4, 4, 7, 15; § 9, 1; § 11, 6; § 12, 4; § 13, 1, 3, 4, 5; § 17, 1; Vorbemerkungen vor §§ 19–24, 1; § 21, 1; § 26, 1, 6; § 29, 4; § 30, 1; § 39, 1; Verordnung über das Errichten, Betreiben und Anwenden von Medizinprodukten (Medizinprodukte-Betreiberverordnung –MPBetreibV), 6, 1; Verordnung über Medizinprodukte (Medizinprodukte-Verordnung - MPV)
Abgabe von § 2, 5
Abgrenzung zu anderen Produkten § 13, 5
aktive implantierbare § 13, 3
allgemeine Anforderungen Verordnung über das Errichten, Betreiben und Anwenden von Medizinprodukten (Medizinprodukte- Betreiberverordnung –MPBetreibV), 1
deutsche § 13, 4
Dokumentation für § 12, 4
fiktive § 2, 12
gefährliche § 1, 2
Inverkehrbringen § 17, 1
Kennzeichnung von § 9, 1
klassifizieren § 2, 21
Klassifizierung § 13, 1
Luftfahrzeuge Verordnung über das Errichten, Betreiben und Anwenden von Medizinprodukten (Medizinprodukte- Betreiberverordnung –MPBetreibV), 6
mangelhafte § 4, 15
Rückruf § 30, 1
Sicherheitsniveau bei § 39, 1
sterile Verordnung über Medizinprodukte (Medizinprodukte-Verordnung - MPV),
Verkehr mit § 1, 2
zu Hause § 2, 9
Zubehör § 2, 3
Medizinprodukte-Sicherheitsplanverordnung § 29, 14

Medizinprodukteberater § 31, 1, 2
Sachkenntnis § 31, 2
Medizinproduktebetreiberverordnung Vorbemerkungen vor § 4 ff, 6; § 14, 1, 4
Medizinproduktebuch Verordnung über das Errichten, Betreiben und Anwenden von Medizinprodukten (Medizinprodukte-Betreiberverordnung –MPBetreibV), 2
Medizinprodukteherstellung § 26, 6
Zulassung von § 11, 6
Medizinprodukterecht § 10, 3; § 35, 1, 2
Hersteller § 10, 3
Sicherungssysteme § 25, 1
Medizinprodukterecht Sicherungssysteme § 25, 1, 2
Anzeigepflicht § 25, 1
Medizinprodukteüberwachung § 26, 2
Medizinprodukteverordnung § 6, 2; § 9, 3
Medizinprodukteverschreibungsverordnung § 11, 7
Meldefristen § 23a, 5
Meldepflicht § 13, 6; Verordnung über die Erfassung, Bewertung und Abwehr von Risiken bei Medizinprodukten (Medizinprodukte-Sicherheitsplanverordnung - MPSV), 2
Meldesystem § 29, 5, 15
Merkmale § 43, 26
persönliche § 43, 26
Messfunktion Verordnung über Medizinprodukte (Medizinprodukte-Verordnung - MPV)
Metabolismus § 3, 3
Mittäterschaft § 43, 5, 20
Mitwirkungspflichten § 29, 14
des Herstellers § 29, 14
Monitor § 20, 11
Monographien § 8, 1
MPSV Haftung für Medizinprodukte, 20
Meldepflicht Haftung für Medizinprodukte, 20

N
Nebenwirkung Einleitung, 6, 8; § 4, 20; § 7, 3; § 23a, 3
schädigende § 4, 20
unerwartete § 23a, 3
unerwünscht Einleitung, 6
Normen Vorbemerkungen vor § 4 ff, 6; § 8, 5, 6
harmonisierte Vorbemerkungen vor § 4 ff, 6
Notfall § 21, 4
Notfrist § 22a, 7
nulla-poena-sine-lege-Prinzip § 43, 4

Nutzen § 21, 2
　individueller § 21, 2
Nutzen – Risiko – Abwägung **Vorbemerkungen vor § 4 ff**, 3

O
Opportunitätsprinzip § 43, 35
Ordnung § 26, 10
Ordnungswidrigkeit § 43, 2, 14, 39; **Verordnung über das Errichten, Betreiben und Anwenden von Medizinprodukten (Medizinprodukte- Betreiberverordnung –MPBetreibV)**, 1, 2
Ordnungswidrigkeiten § 43, 38
Ordnungswidrigkeitenkatalog § 43, 35
Organisationspflicht **Haftung für Medizinprodukte**, 15
　betriebliche **Haftung für Medizinprodukte**, 15
Organisationspflichten **Haftung für Medizinprodukte**, 43

P
Patient **Haftung für Medizinprodukte**,
Patienten **Vorbemerkungen vor § 4 ff**, 5; **§ 4**, 1; **§ 7**, 5; **Vorbemerkungen vor §§ 19–24**, 1; **§ 22c**; **§ 28**, 3
　Sicherheit und Gesundheit § 7, 5
Patientenausweis **Haftung für Medizinprodukte**, 27
Patientendaten § 26, 11; **Verordnung über die Erfassung, Bewertung und Abwehr von Risiken bei Medizinprodukten (Medizinprodukte-Sicherheitsplanverordnung - MPSV)**, 3
　personenbezogene § 26, 11
Patientenrechtegesetz § 21, 5
Patientenvermittlung § 3, 23
　gegen Entgelt § 3, 23
Paul-Ehrlich-Institut § 32, 3
Person § 20, 4; § 21, 2; § 43, 40
　einwilligungsfähig § 21, 2
　einwilligungsunfähig § 21, 2
　juristische § 43, 40
　teilnehmende § 20, 4
Personal **Verordnung über das Errichten, Betreiben und Anwenden von Medizinprodukten (Medizinprodukte- Betreiberverordnung –MPBetreibV)**, 5
　Befähigung **Verordnung über das Errichten, Betreiben und Anwenden von Medizinprodukten (Medizinprodukte- Betreiberverordnung –MPBetreibV)**, 5

Personen § 26, 13
　natürliche § 26, 13
Personenvereinigung § 43, 40
Persönlichkeitsrecht § 24, 1
Pflicht **Verordnung über das Errichten, Betreiben und Anwenden von Medizinprodukten (Medizinprodukte- Betreiberverordnung –MPBetreibV)**, 4
　öffentlich-rechtlich **Verordnung über das Errichten, Betreiben und Anwenden von Medizinprodukten (Medizinprodukte- Betreiberverordnung –MPBetreibV)**, 4
Pflichtwidrigkeitszusammenhang § 43, 10
Phantasiebezeichnung § 4, 19
Pharmaberater § 31, 1
Proband § 22c; § 24, 1
Probandeninformation § 20, 16
Probandenversicherung § 20, 14, 21
Probandenvertrag § 20, 18
Probenahme § 24, 2
　invasive § 24, 2
Produkt **Einleitung**, 2; § 4, 14; § 43, 6; **Haftung für Medizinprodukte**, 34, 35
　Deklarierung des § 4, 14
　Fehler des **Haftung für Medizinprodukte**, 35
　Inverkehrbringen **Haftung für Medizinprodukte**, 34
　medizinisch **Einleitung**, 2
　Rückruf eines § 43, 6
Produktauslegung **Verordnung über Medizinprodukte (Medizinprodukte-Verordnung - MPV)**,
Produktbeobachtung **Haftung für Medizinprodukte**, 17
Produktbeobachtungspflicht **Haftung für Medizinprodukte**, 21
Produkteigenschaft § 4, 20
Produktfehler **Haftung für Medizinprodukte**, 2, 9, 25
Produkthaftung **Einleitung**, 8
　Gefährdungshaftung **Einleitung**, 8
Produkthaftungsgesetz **Einleitung**, 8
Produktionsbeobachtungsfehler **Haftung für Medizinprodukte**, 11
Produktmissbrauch **Haftung für Medizinprodukte**, 16
Produktrisiko **Haftung für Medizinprodukte**, 16
Produktsicherheit **Vorbemerkungen vor § 4 ff**, 3
Produktverantwortlichen § 6, 1
Produzentenhaftung **Haftung für Medizinprodukte**, 34

Prüfer § 3, 43; § 20, 5
 Qualifikation § 20, 5
Prüfplan § 20, 14, 24, 25; § 22a, 4; § 22c, 1
 Änderung § 22c, 1
Prüfstelle § 20, 6
Prüfstellen § 20, 5
Prüfung § 2, 5; **Vorbemerkungen vor § 4 ff**, 6; § **4**, 4; § **5**, 8; § **7**, 4; **Vorbemerkungen vor §§ 19–24**, 1, 2, 3; § **20**, 1, 5, 12, 14, 20, 24; § **21**, 1, 7, 8; § **22**, 4; § **22c**; § **23a**, 1, 2, 3; § **23b**, 1; § **29**, 3, 15
 an Minderjährigen § 20, 20
 Genehmigung Rücknahme **Vorbemerkungen vor §§ 19–24**, 3
 Klinische § 7, 4
 klinische § 2, 5
 klinische Abbruch § 23a, 3
 klinische Änderung **Vorbemerkungen vor §§ 19–24**, 3
 klinische Ausnahme **Vorbemerkungen vor §§ 19–24**, 3
 klinische Genehmigung **Vorbemerkungen vor §§ 19–24**, 2
 klinische, beenden § 23a, 2
 Minderjährige § 20, 14
 multizentrisch § 22, 4
 multizentrische § 20, 5
 therapeutische § 21, 1

Q
Qualifikationszertifikat § 27, 1
Qualitätssicherung § 26, 14; **Verordnung über das Errichten, Betreiben und Anwenden von Medizinprodukten (Medizinprodukte- Betreiberverordnung –MPBetreibV)**, 1; **Verordnung über Medizinprodukte (Medizinprodukte-Verordnung - MPV)**
 Produktion **Verordnung über Medizinprodukte (Medizinprodukte-Verordnung - MPV)**
Qualitätssicherungssystem **Einleitung**, 6; **Verordnung über Medizinprodukte (Medizinprodukte-Verordnung - MPV)**,
Quasi-Hersteller **Haftung für Medizinprodukte**, 27

R
Reagenzien § 8, 4
Rechtfertigungsgrund § 43, 13; **Verordnung über das Errichten, Betreiben und Anwenden von Medizinprodukten (Medizinprodukte- Betreiberverordnung –MPBetreibV)**, 4

anerkannter § 43, 13
Rechtfertigungsgründe § 43, 39
Rechtsverordnung § 43, 37
Rechtsweg § 13,
Rechtswidrigkeit § 43, 1
Referenzmessverfahren § 7, 7
Regelbeispiele § 43, 28
Regelbeispielskatalog § 43, 30
Regelsprache § 5, 7
 Deutsch § 5, 7
Resterilisation § 3, 25
Risiken § 7, 6; § 29, 15
 Minimierung § 7, 6
Risiko **Verordnung über die Erfassung, Bewertung und Abwehr von Risiken bei Medizinprodukten (Medizinprodukte-Sicherheitsplanverordnung - MPSV)**, 1, 3
 Bewertung **Verordnung über die Erfassung, Bewertung und Abwehr von Risiken bei Medizinprodukten (Medizinprodukte-Sicherheitsplanverordnung - MPSV)**, 1
 unvertretbares **Verordnung über die Erfassung, Bewertung und Abwehr von Risiken bei Medizinprodukten (Medizinprodukte-Sicherheitsplanverordnung - MPSV)**, 3
Risiko – Nutzen – Abwägung § 20, 2
Risikobewertung § 29, 6, 9; **Verordnung über die Erfassung, Bewertung und Abwehr von Risiken bei Medizinprodukten (Medizinprodukte-Sicherheitsplanverordnung - MPSV)**, 3
 behördliche **Verordnung über die Erfassung, Bewertung und Abwehr von Risiken bei Medizinprodukten (Medizinprodukte-Sicherheitsplanverordnung - MPSV)**, 3
Risikoeinschätzung § 28, 4
Risikoerfassung § 32
Risikoklasse § 2, 21; § 6, 2; § 13, 1; **Verordnung über Medizinprodukte (Medizinprodukte-Verordnung - MPV)**
Risikominimierung § 29, 13
Risikovorsorge § 1, 2
Riskoabwehr § 33, 2
Rollstuhl § 2, 9; § 4, 7
Röntgenverordnung § 6, 10
Rückruf § 29, 5, 16; § 43, 23
Rückrufpflicht **Haftung für Medizinprodukte**, 19
Rücktritt § 43, 1, 16
 strafbefreiender § 43, 16

Rücktrittshorizont § 43, 16
  Lehre vom § 43, 16

S
Sachherrschaft § 2, 8; § 4, 7
Sachprinzip § 26, 3
Sachverständige § 26, 5
Schaden **Haftung für Medizinprodukte**, 10
  materieller **Haftung für Medizinprodukte**, 10
Schadensersatz **Haftung für Medizinprodukte**, 1
  deliktischer **Haftung für Medizinprodukte**, 1
Schadensersatzanspruch § 20, 25
Schädigung **Vorbemerkungen vor § 4 ff**, 5
Schlussbericht § 23a, 4
Schmerzensgeld **Haftung für Medizinprodukte**, 10
Schuld § 43, 1, 39
Schuldrechtsmodernisierungsgesetz § 6, 8
Schuldtheorie § 43, 13
Schutz § 18, 5; § 43, 27
  Anwender § 43, 27
  Dritter § 43, 27
  Patienten § 43, 27
  von Patienten, Anwendern, Dritten § 18, 5
Schutzausrüstungen § 7, 10
  persönliche § 7, 10
Schutzgesetz § 4, 23; § 5, 9; § 11, 8; § 12, 9; § 14, 5; § 21, 6; **Haftung für Medizinprodukte**, 36
  MPV und MPSV als **Haftung für Medizinprodukte**, 36
Schutzklauselverfahren § 28, 3
Schutzmaßnahme § 7, 6
  angemessene § 7, 6
Schutznorm **Haftung für Medizinprodukte**, 45
  unerlaubte Handlung **Haftung für Medizinprodukte**, 45
Schutzvorkehrungen § 4, 3
Selbstbestimmungsaufklärung **Haftung für Medizinprodukte**, 43
  ärztliche **Haftung für Medizinprodukte**, 43
Sensibilität § 7, 7
  analytische § 7, 7
Sicherheit § 26, 10, 16; § 28, 1; **Verordnung über die Erfassung, Bewertung und Abwehr von Risiken bei Medizinprodukten (Medizinprodukte-Sicherheitsplanverordnung - MPSV)**, 4
  integrierte **Verordnung über die Erfassung, Bewertung und Abwehr von Risiken bei Medizinprodukten (Medizinprodukte-Sicherheitsplanverordnung - MPSV)**, 4
  öffentliche § 26, 16
Sicherheitsbeauftragter § 5, 4; § 30, 1, 2; § 31, 1; **Verordnung über das Errichten, Betreiben und Anwenden von Medizinprodukten (Medizinprodukte- Betreiberverordnung –MPBetreibV)**, 1
Sicherheitserwartung **Haftung für Medizinprodukte**, 29
Sicherheitsplan § 29, 2, 14
Sicherheitsprüfung § 20, 25
sicherheitstechnische Kontrolle **Verordnung über das Errichten, Betreiben und Anwenden von Medizinprodukten (Medizinprodukte- Betreiberverordnung –MPBetreibV)**, 1
Sicherungsmaßnahmen **Haftung für Medizinprodukte**, 14
Software § 3, 1
  als Medizinprodukt § 3, 1
Sonderanfertigung **Vorbemerkungen vor § 4 ff**, 6; § 5, 5; § 6, 1, 5; § 12, 1, 2
Sorgfaltspflicht § 43, 41; **Verordnung über das Errichten, Betreiben und Anwenden von Medizinprodukten (Medizinprodukte- Betreiberverordnung –MPBetreibV)**, 7
Spezifikation **Vorbemerkungen vor § 4 ff**, 6; § 8, 1, 5
  gemeinsame technische § 8, 1
  technische **Vorbemerkungen vor § 4 ff**, 6
Spezifität § 7, 7
  diagnostische § 7, 7
Sphärentheorie **Haftung für Medizinprodukte**, 35
Sponsor § 3, 42; § 20, 3; § 22a, 3; § 22b, 4; § 22c, 4; § 23a, 3
Stand der Technik § 7, 7
Standard **Haftung für Medizinprodukte**, 42
  medizinoischer **Haftung für Medizinprodukte**, 42
Sterilisation § 10, 5
Sterilverpackung § 9, 2
Straffreiheit § 43, 1
Strafrecht § 43, 5
  deutsches § 43, 5
Strafschärfung § 43, 2
Straftat § 43, 5
  im Ausland § 43, 5
Strafzumessungsregeln § 43, 2

Strahlen § 6, 10
  ionisierende § 6, 10
Strahlenschutzverordnung § 6, 10
Strahlung § 6, 4
Strohmann § 43, 21
Stufenplanbeauftragter § 30, 1
Stufenplanverfahren § 29, 6
Substitutenhaftung § 43, 22
Systeme § 10, 1
Systemkomponenten § 10, 4

T
Tat § 43, 29
  vollendete § 43, 29
Tatbestandsirrtum § 43, 13
Tateinheit § 43, 38
Tatentschluss § 43, 15
Täter § 43, 20
  unmittelbarer § 43, 20
Täterschaft § 43, 19
Täterschaftsform § 43, 18
Tatherrschaft § 43, 26
  eigene § 43, 26
Tatort § 43, 5
Täuschung § 4, 19
Täuschungsverbot § 4, 18
Technik **Vorbemerkungen vor § 4 ff**; **§ 14**, 3
  Regeln der § 14, 3
  Stand der **Vorbemerkungen vor § 4 ff**
Teilnahme § 43, 5, 24
Teilnahmeform § 43, 18
Teilnahmehandlung § 43, 24
Therapieauswahl **Haftung für Medizinprodukte**, 43
  Fehler bei **Haftung für Medizinprodukte**, 43
Tierseuchengesetz § 32, 3
Tissue-Engineering § 3, 12
Tod § 43, 31
  Gefahr des § 43, 31
Transplantat § 2, 24
Tun § 43, 6, 15
  aktives § 43, 6
  vorsätzliches § 43, 15

U
Überlassen § 2, 2
Überwachung § 26, 1, 2, 14; § 28, 1; § 29, 14; § 32
  Mitwirkung an § 26, 14
  staatliche § 26, 2
Überwachungsbehörde § 26, 6; § 28, 1

Überwachungsmaßnahme § 26, 6
Überwachungspflicht § 43, 23
Unbedenklichkeitsbescheinigung § 10, 4
Unbrauchbarmachung § 43, 45
  von Gegenständen § 43, 45
Unfallverhütungsvorschriften § 14, 3
Unterlassen § 43, 6, 15, 39; **Verordnung über das Errichten, Betreiben und Anwenden von Medizinprodukten (Medizinprodukte- Betreiberverordnung –MPBetreibV)**, 3
  echtes § 43, 39
  pflichtwidriges § 43, 6
Unterlassung § 43, 38
Unterlassungsdelikte § 43, 6
  unechte § 43, 6
Unternehmen § 43, 21
  Strafbarkeit von § 43, 21
Unterrichtungspflichten **Verordnung über die Erfassung, Bewertung und Abwehr von Risiken bei Medizinprodukten (Medizinprodukte-Sicherheitsplanverordnung - MPSV)**, 5
Untersuchung § 23b, 4; § 24, 3; **Verordnung über das Errichten, Betreiben und Anwenden von Medizinprodukten (Medizinprodukte- Betreiberverordnung –MPBetreibV)**, 1
  belastende § 24, 3
  invasive § 23b, 4
  labormedizinische **Verordnung über das Errichten, Betreiben und Anwenden von Medizinprodukten (Medizinprodukte- Betreiberverordnung –MPBetreibV)**, 1

V
Verantwortlicher § 5; § 29, 7; **Verordnung über die Erfassung, Bewertung und Abwehr von Risiken bei Medizinprodukten (Medizinprodukte-Sicherheitsplanverordnung - MPSV)**, 2
Verbandmittel § 8, 3
Verbot § 4, 2
  mit Erlaubnisvorbehalt § 4, 2
  präventiv § 4, 2
  Täuschung § 4, 2
Verbotsirrtum § 43, 13
  vermeidbarer § 43, 13
Verbraucher § 1, 2; § 29, 14
  Schutz der § 1, 2
Verdacht § 4, 11, 24

begründeter § 4, 11
Verdachts-Arzneimittel § 2, 15
Verdachts-Medizinprodukte § 2, 15
Verfahren § 24, 4
  etabliertes § 24, 4
Verfahrensbevollmächtigter § 5, 3
Verfalldatum § 4, 17, 25; § 39, 2
Verfolgungsverjährung § 43, 43
Verhältnismäßigkeit **Vorbemerkungen vor § 4 ff**, 5; **§ 4**, 3, 22; **§ 16**, 4; **§ 26**, 15; **§ 28**, 1; **§ 29**, 13
  Grundsatz der **Vorbemerkungen vor § 4 ff**, 5
Verjährung § 43, 34; **Haftung für Medizinprodukte**, 33, 39
Verjährungsfrist **Haftung für Medizinprodukte**, 33
  regelmäßige **Haftung für Medizinprodukte**, 33
Verkehrssicherungspflicht § 43, 7; **Haftung für Medizinprodukte**, 34
  Verstoß gegen **Haftung für Medizinprodukte**, 34
Vermögensvorteil § 43, 32
Verpackung § 5,
Versagungsgrund § 22a, 5; § 22b, 2
  Genehmigung § 22a, 5
Versicherer **Haftung für Medizinprodukte**, 5
  Teilungsabkommen **Haftung für Medizinprodukte**, 5
Versorgungsweg, verkürzter § 3, 20
Versteinerungsregel § 2, 18
Versuch § 43, 1, 14, 17
  strafbarer § 43, 14
  untauglicher § 43, 17
Versuchsstadium § 43, 24
Vertrag **Haftung für Medizinprodukte**, 7, 8, 44
  Haftung aus **Haftung für Medizinprodukte**, 7
  mit Schutzwirkung **Haftung für Medizinprodukte**, 44
  zugunsten Dritter **Haftung für Medizinprodukte**, 8
Vertrauensgrundsatz § 43, 42
Vertriebshändler **Haftung für Medizinprodukte**, 14
Verwaltungsakt § 11, 3; § 13, 4; § 22b, 4; § 28, 2
  Anfechtungsklage § 13, 4
Verweisung § 5, 7; § 7, 1
  dynamische § 5, 7

Verweisungsketten § 43, 4, 37
Verwendungszweck **Haftung für Medizinprodukte**, 29
Verwertungsverbot § 26, 14
Vigilanzsystem **Verordnung über die Erfassung, Bewertung und Abwehr von Risiken bei Medizinprodukten (Medizinprodukte-Sicherheitsplanverordnung - MPSV)**, 5
Vioxx § 23a, 3
Vorkommnis § 29, 16; § 30, 1, **Verordnung über die Erfassung, Bewertung und Abwehr von Risiken bei Medizinprodukten (Medizinprodukte-Sicherheitsplanverordnung - MPSV)**, 2
  meldepflichtiges § 30, 1, **Verordnung über die Erfassung, Bewertung und Abwehr von Risiken bei Medizinprodukten (Medizinprodukte-Sicherheitsplanverordnung - MPSV)**, 2
Vorkommnisse § 29, 4, 14
  meldepflichtige § 29, 4
Vorsatz § 43, 1, 12; **Verordnung über das Errichten, Betreiben und Anwenden von Medizinprodukten (Medizinprodukte-Betreiberverordnung –MPBetreibV)**, 5
Vorsatzform § 43, 12
Vorverfahren § 28, 2
Votum § 22, 7
  zustimmendes § 22, 7

W
Wahrscheinlichkeit § 43, 8
  an Sicherheit grenzende § 43, 8
Warenverkehr **Einleitung**, 5; **Vorbemerkungen vor § 4 ff**, 1
  freier **Einleitung**, 5; **Vorbemerkungen vor § 4 ff**, 1
Warnhinweis **Haftung für Medizinprodukte**, 16
Warnung § 28, 3
  öffentliche § 28, 3
Werbematerial § 10, 4; § 26, 11
Werbung § 9, 5
Widerruf § 18, 2
Widerspruch § 28, 2
Wiederaufbereitung § 3, 33
  Aufklärung über § 3, 33
Wiederverwendung § 4, 14
Wirkung **Vorbemerkungen vor § 4 ff**, 4; § 28, 2
  aufschiebende § 28, 2
  schädliche **Vorbemerkungen vor § 4 ff**, 4
Wirtschaftsraum § 9, 2
  Europäischer § 9, 2

Wissenschaft § 4, 15; **Haftung für Medizinprodukte**, 31
Erkenntnisse der medizinischen § 4, 15
Stand der **Haftung für Medizinprodukte**, 31
Wissenschaft und Technik **Haftung für Medizinprodukte**, 31

Z
Zeichen § 9, 5
zusätzliche § 9, 5
Zertifizierung **Vorbemerkungen vor § 4 ff**; **§ 8, 2; § 18, 4**
Aussetzung § 18, 4
Zertifizierungsvoraussetzung § 18, 3
Fehlen der § 18, 3
ZLG § 15, 3
Zulassung § 2, 19; **Vorbemerkungen vor § 4 ff**, 6
Zulassungspflicht § 11, 1
Zurechnung § 43, 10
objektive § 43, 10
Zurückziehung § 18, 2
Zustand § 9, 2
steril § 9, 2
Zuständigkeit § 4, 9
konkurrierende § 4, 9
Zweckbestimmung **Einleitung**, 6; § 2, 7; § 3, 1, 2, 32; § 4, 6, 14; § 7, 7; § 10, 3; § 12, 3; **Verordnung über das Errichten, Betreiben und Anwenden von Medizinprodukten (Medizinprodukte- Betreiberverordnung –MPBetreibV)**, 2
Zwischenauswertung § 22c
Zwischenprodukt § 6, 6